Reclams Ballettführer

Reclams Ballettführer

Von
Hartmut Regitz,
Otto Friedrich Regner,
Heinz-Ludwig Schneiders

ELFTE, DURCHGESEHENE AUFLAGE

MIT 32 ABBILDUNGEN

PHILIPP RECLAM JUN. STUTTGART

Universal-Bibliothek Nr. 8042

Satz: Wilhelm Röck, Weinsberg
Druck und Bindung: Reclam, Ditzingen
Printed in Germany 1992

ISBN 3-15-008042-8

Einleitung

Das klassische Ballett ist ein Kind der Renaissance. Maß aller Dinge für diese immer noch junge Kunst ist der Mensch, der sich freigemacht hat von allen Zwängen des Mittelalters. Wenn man will, kann man die Antike ihren Mythos nennen, sind die griechischen Götter ihre Götter. Mit Dämonen hat sie nicht viel im Sinn. Sie ist eher apollinisch als dionysisch. Denn ob ein Ballett gelungen ist oder nicht, darüber entscheidet niemals die Handlung oder eine wie auch immer kostümierte Gestalt, vielmehr allein die Form, die Bewegung des »nackten« Menschen in Raum und Zeit, korrespondierend mit der Musik – das also, was man Choreographie nennt.

Diese Definition gilt auch für den aus dem Ausdruckstanz hervorgegangenen Modern Dance, die zweite lebendige Bühnentanz-Disziplin. Ihre Ideologen gehen sogar noch einen Schritt weiter. Sie verlangen die reine Bewegung des »nackten« Menschen in Raum und Zeit – ohne Musik. Dennoch gibt es nur wenige musiklose Ballette.

Weitere Unterschiede sind: Das klassische Ballett ist mediterran, der Ausdruckstanz germanisch; das erste ist extrovertiert, der letztere introvertiert; es ist rational, er ist irrational; es strebt in die Luft, er bleibt bodenverhaftet. Die Erde, das Leben, »die Mütter« sind der Mythos des Modern Dance, darüber hinaus die Natur, der Rhythmus als kosmische Urkraft und die körperlich-tänzerische Bewegung als weltumfassendes Prinzip. Für das klassische Ballett gibt es keinen anderen Bezug als den Menschen hier und heute im Mittelpunkt alles Seins.

Eigentlich sind die beiden Bühnentanz-Disziplinen unvereinbare Gegensätze. Tatsächlich aber beeinflussen sie einander heute wechselseitig. Ob ein Ballett der einen Gattung oder der anderen zuzurechnen ist, läßt sich allenfalls noch am Übergewicht des jeweiligen Vokabulars ablesen. Die Grenzen sind fließend. Der moderne Choreograph hat die Freiheit zu tun, was er will. Zweifellos ein Verdienst des Ausdruckstanzes, der ursprünglich gegen das klassische Ballett angetreten war, das in Konventionen zu erstarren drohte.

Heute noch die eine gegen die andere Bühnentanz-Disziplin auszuspielen, ist sinnlos geworden, um so mehr als beide, abgesehen von den gegenseitigen Anleihen, offen sind für jede andere Bewegungsform: von der Folklore über den Jazztanz, der sich inzwischen so sehr verselbständigt hat, daß man ihn die dritte Bühnentanz-Disziplin nennen müßte, bis zu den neuesten Gesellschaftstänzen. Selbst nichttänzerische Bewegungsformen wie Sport und körperliche Arbeit haben Pate gestanden bei modernen Balletten; nicht zu vergessen die Pantomime, die selbst den umgekehrten Weg eingeschlagen hat und durch Aufnahme tänzerischer Elemente immer mehr zum Ballett wird.

Die Technik

An dieser Stelle ist es unmöglich, auf das Spezifische aller Bewegungsformen einzugehen. Nur drei sind wirklich wichtig; sie bilden die Basis für moderne Ballette: klassischer Tanz, Modern Dance und Jazztanz. Das klassische Ballett und der Jazztanz stehen im Gegensatz zum Modern Dance am vorläufigen Ende der Entwicklung des Tanzes. Das klassische Ballett läßt sich zurückverfolgen von den Festen des Barock und der Renaissance über die Mysterienspiele des Mittelalters, die römische Komödie, die griechische Tragödie, den Dionysos-Kult, die rituellen Tänze der Urzeit bis hin zu jenem Menschen, der spontan die erste tänzerische Bewegung machte; der Jazztanz von den Gesellschaftstänzen seiner Entstehungszeit bis hin zu den Tänzen der Naturvölker. Der Jazztanz ist jedoch wie der Jazz selbst eine höchst komplexe Erscheinung, die nicht einfach auf die Tänze der afrikanischen Vorfahren der amerikanischen Neger zurückgeführt werden kann. Der Jazz- wie auch der Steptanz sind aus der Begegnung von

Schwarz und Weiß als originale Kulturleistungen der Vereinigten Staaten entstanden. Man sollte hier auf keinen Fall den Einfluß der Weißen, ihrer Tänze und Bewegungsformen, Musik und Konventionen auf die Tänze der Schwarzen unterschätzen, mögen diese auch alles in ihr ganz spezifisches Körpergefühl übersetzt haben.

Der Modern Dance ist traditionslos. Er ist ein künstliches Produkt unseres Jahrhunderts. In programmatischer Ablehnung des Balletts, des Volkstanzes und der Gesellschaftstänze ihrer Zeit erfand jede einzelne Ausdruckstänzerin ihr eigenes Bewegungsvokabular. Es dauerte freilich nicht lange, bis eine Tänzerin Schritte von der anderen übernahm, das Vokabular allgemein wurde und sich schließlich zu einer übertragbaren, lehr- und lernbaren Technik zusammenfassen ließ.

Das Wesentliche am klassischen Ballett in seiner reinsten Ausprägung sind das »En dehors« (Auswärts) und das »En avant« (Nach vorne), nicht zu vergessen die vollkommen gerade Achse durch den Tänzerkörper. Die aufrechte, stolze Haltung des klassischen Tänzers ist sowohl von der aristokratischen Attitüde seiner feudalen Vertreter abzuleiten wie aus der Würde des Menschen ganz allgemein, um die es von Anfang an ging. Das Menschenbild der Renaissance war an der Antike und deren Statuen orientiert. Der klassische Tänzer ist die wieder lebendig gewordene griechische Statue, der Mensch in seiner idealen Verkörperung. Das Gesetz von der Unverletzbarkeit der Würde des Menschen war von Anbeginn das Gesetz des klassischen Balletts. Die aus höfischen Tänzen und Folklore entwickelten spezifischen Ballettschritte gehorchen diesem Gesetz. Selbst das »Auswärts« und das »Nach vorne« sind im Grunde daran orientiert, geistige Prinzipien also, obwohl man sie auch ganz banal erklären kann. Das »En dehors« als Notwendigkeit, die sich aus der Anatomie des menschlichen Körpers ergibt, indem die nach auswärts gedrehten Beine und die nach auswärts gestellten Füße der Bewegung einen größeren Spielraum wie dem Tänzer größere Sicherheit verleihen, als es die gewöhnliche oder gar einwärts gerichtete Haltung tut, die dazu zwingt, am Boden zu bleiben (niemand wird beim Sprung mit steifen Knien und nach innen gesetzten Füßen landen, es sei denn, er habe die Absicht, sich den Hals zu brechen; jeder wird im Gegenteil in die Knie gehen, in die Kniebeuge, ins Plié, und seine Füße wegen der größeren Standfestigkeit nach außen setzen). Das »En avant« ist sowohl ein gesellschaftlicher Imperativ wie eine Folge des Guckkastentheaters. Zunächst war es ganz selbstverständlich, daß man dem Herrscher, sofern er nicht selbst mittanzte, nicht den Rükken zuwendete, sondern ins Gesicht blickte, zumindest aber in die Richtung tanzte, wo er saß. An die Stelle des Herrschers trat bald der Zuschauer. Ihm den Rücken zuzukehren wäre nicht nur unhöflich, es verstieße gegen das Gesetz der Menschenwürde, die man selbst verkörpern will. Darüber hinaus zwang die nur nach einer Seite offene Guckkastenbühne die Ausrichtung des ganzen Balletts, der Choreographie, also der Bewegung des Menschen in Raum und Zeit (korrespondierend mit der Musik) in diese eine Richtung: nach vorne, »en avant«. Was das »En dehors« noch zwingender machte, denn die nach auswärts, vom Körper weg gerichtete Bewegung erscheint bei einer so einseitig nach vorne ausgerichteten Tanzform viel plastischer als jede andere. Das seitlich nach außen gedrehte Bein ist besser zu sehen, plastischer in seinem Anblick als das nur nach vorne oder hinten gestreckte. Das in der Umgangssprache gebräuchliche »En face« (Von vorn, gegenüber) meint das gleiche. Klassisches Ballett und Publikum bilden stets ein Gegenüber; Tänzer und Zuschauer sehen sich immer »en face«. Selbst dort, wo der Tänzer sich »en profil« bewegt wie zum Beispiel im Sprung, tut er es nur, um die Bewegung dem Zuschauer »en face« zu bieten, der die »en dehors«, nach außen, nach den Seiten gestreckten Beine sehen soll, während die Körperachse des Tänzers »en avant«, nach vorne, und sein Kopf »en face« ins Publikum gerichtet bleiben. Jeder Schritt (Pas) des klassischen Balletts ist »en dehors«, von den fünf Positionen der Füße bis zur denkbar kompliziertesten, schwierigsten Pose; und jede klassisch orientierte Choreographie ist grundsätzlich »en avant«. Man kann ein klassisches Ballett nicht von der Seite, etwa aus der Bühnengasse anschauen, oder es gar aus einem anderen Blickwinkel als dem des Theaterbesuchers für Film oder Fernsehen aufnehmen. Geschieht es dennoch, entsteht ein verfälschtes Bild von der Choreographie.

Das »En avant« gilt auch für die meisten Modern-Dance-Ballette, weil die Guckkastenbühne nun einmal die verbreitetste Theaterform ist. Aber es ist kein wesentliches Element wie beim klassischen Ballett. Modern Dance ist durchaus als von allen Seiten betrachtbar vorzustellen. Wie er überhaupt weniger durch Regeln eingeschränkt scheint. In Wirklichkeit aber gehorcht der Modern Dance in seiner reinsten Ausprägung mindestens so strengen Gesetzen wie das klassische Ballett. Aus seiner Introvertiertheit ergibt sich die Forderung, daß der Tänzer jede Bewegung aus sich herausholen soll. Sie soll nicht nur körperlich sein, sondern zugleich seelisch. Das Wort »Seelentänzer« hat durchaus seine Berechtigung. Dabei entspricht das Von-innen-nach-außen dem Ein- und Ausatmen. Die Atemtechnik ist für moderne Tänzer mindestens so wichtig wie für Sänger und Schauspieler, weil sie für den modernen Tänzer nicht nur eine Methode ist, sondern Einklang bedeutet mit der Natur, mit dem ganzen Kosmos. Ein- und Ausatmen im richtigen Rhythmus vereint ihn mit allem Lebendigen, macht ihn eins mit dem All. Man kann sagen: Angestrebt wird die Harmonie mit den Sphärenklängen. Der Puls des Tänzers und der der vorstellbaren Welt sollen vollkommen übereinstimmen. (Der Idealismus, der in dieser Annahme steckt, wird den Vertretern des Modern Dance offenbar nicht bewußt; daß sich die Welt – bis an ihre räumlich-zeitliche Grenze – ständig in Konvulsionen wälzt, wird negiert.)

Eine der für den Modern Dance charakteristischsten Haltungen ist folgende: Der Tänzer macht bei einwärts gesetzten Füßen und zusammengepreßten Beinen eine halbe Kniebeuge. Der Körper selbst ist nach vorne geknickt, der Bauch so weit wie irgend möglich eingezogen, so daß eine Höhlung entsteht, in die der Tänzer Arme und Kopf birgt. Die nächste Bewegung – die Hebung des Kopfes, das Auseinanderbreiten der Arme, die sich zum Tanz trennenden Beine – ist buchstäblich eine Öffnung von innen nach außen. Die Wirkung ist oft pathetisch, expressionistisch. Diese Grundfigur, die sichtbar macht, was am Modern Dance wesentlich ist, läßt sich ebenso zurückverfolgen bis zum Ausdruckstanz wie fast jede der vielen Bewegungen, die am Boden ausgeführt werden. Das klassische Ballett drängt nach außen und will vom Boden weg; der Modern Dance motiviert die Motion aus dem Innern des Tänzers und hält ihn zur Erdverbundenheit an. Einzig in den vielen Gleichgewichtsübungen geschieht im Modern Dance etwas Ähnliches wie im klassischen Ballett. Die zuweilen ein wenig neckische Note des Modern Dance, die vor allem dann zutage tritt, wenn er von Männern ausgeführt wird, ist einerseits damit zu erklären, daß sowohl der Ausdruckstanz wie der daraus hervorgegangene Modern Dance von Frauen erfunden wurden, andererseits damit, daß Tanzen hier, fast immer, auch da, wo man es bestreitet, ideologisch motiviert wird. Sei es auch nur, daß man sich auf das von Anfang an postulierte Recht völliger Freiheit, Regellosigkeit und Zügellosigkeit beruft – obwohl man fast ausnahmslos auf die in der Martha-Graham-Technik »kodifizierten« Schritte zurückgreift, womit dieser ursprünglich erhobene Anspruch gegenüber dem Ballett aufgegeben, ja sogar ad absurdum geführt ist, da die Schritte des Modern Dance damit heute ebenso festgelegt sind wie die Pas des klassischen Tanzes. Schon die selbsterfundenen Bewegungen der Ausdruckstänzerinnen waren nur scheinbar natürlich, denn erstens waren sie notwendigerweise stilisiert und zweitens immer ideologisch begründet, und sei es auch nur aus der Antihaltung zum klassischen Ballett. Die Wörter »natürlich« und »unnatürlich«, im Zusammenhang mit Kunst gebraucht, beziehen sich notwendigerweise immer auf die aller Kunst eigene Stilisierung.

Man kann den Jazztanz eine natürliche Sache nennen, weil er vom spezifischen Körperbewußtsein der Neger abhängig war. Heute hat man auch aus ihm eine übertragbare, lehr- und lernbare Technik entwickelt. Die Neger machen trotzdem immer noch eine bessere Figur beim Jazztanz, weil sie ihre Glieder – wohl ganz unbewußt – besser zu koordinieren verstehen, worauf es bei dieser Tanzform wesentlich ankommt. Kopf, Schultern, Arme, Brust, Bauch, Beine, beinahe alle Muskeln am menschlichen Körper muß der Jazztänzer isolieren, für sich bewegen können, völlig unabhängig vom ganzen übrigen Leib. Dennoch muß der Zusammenhang mit dem Ganzen erhalten bleiben. Es ist ein ebenso wunderlicher wie imponierender Anblick, wenn ein sonst völlig unbewegter Jazztänzer seine Bauchmuskulatur im wahrsten Sinne des Wortes »kreisen« läßt. Hinzukommt der Drive, die Attacke, die im Verein mit dieser Art von Isolationstechnik den Jazztänzer in einen Panther verwandelt, ein auf Katzenpfoten angreifendes Raubtier, das wahrhaft schön anzusehen ist. Man könnte den Jazztanz ganz einfach »animalisch« nennen. Aber das würde am Essentiellen vorbeigehen. Im Jazztanz geschieht etwas, was der Wunschtraum jedes modernen europäischen Menschen ist, weil er als Erbe einer christlichen Kultur gewohnt ist, sie zu trennen, nämlich die Vereinigung von Körper und Seele in vollkommener Harmonie, ja mehr noch zu einer unauflöslichen Einheit. Das setzt Einverständnis mit dem Körperlichen voraus, was den Negern offenbar leichter fällt als den Weißen, was freilich evolutionsgeschichtlich leicht zu erklären ist. Weil das so ist, begegnet man kaum einmal dem reinen Jazztanz, am ehesten noch bei Ballettcompagnien, die aus Negern oder mittel- und südamerikanischen Mischlingen bestehen. Im allgemeinen ist das, was sich Jazztanz nennt, eine Variante, die unter Beibehaltung durchaus wesentlicher Elemente für das Musical am Broadway, für Film und Fernsehen in den USA entwickelt wurde.

Beim Training, dem sich der Jazztänzer ebenso täglich unterziehen muß wie die Vertreter jeder anderen Bühnentanz-Disziplin, übt er die Bewegungen seiner Gattung in ihrer reinsten Form. Wenn man Jazztanz, Modern Dance oder klassisches Ballett, aber auch spanische, ungarische oder polnische Folklore, absolut pur sehen will, muß man in den Trainingssaal gehen. Hier werden das ABC des Tanzes und einzelne »Wörter« immer und immer wieder repetiert, die Schritte und Bewegungsabläufe, aus denen der Choreograph dann ganze Sätze bilden, die Choreographie stellen wird. Es ist naheliegend, dabei an Schreiben zu denken, weil man Choreographie mit »Tanzschrift« übersetzen kann. Aber damit hat die Tätigkeit des Choreographen nur im übertragenen Sinne zu tun. Am besten ist zweifellos, um Mißverständnissen vorzubeugen, zu sagen, daß sie mit Schreiben überhaupt nichts zu tun hat. Der Choreograph »stellt«. Gemeinsam mit den Tänzern fügt er im Ballettsaal oder auf der Probebühne Schritt für Schritt (aus dem beim Training geübten Vokabular) zu Bewegungsabläufen und schließlich zu einer ganzen Choreographie zusammen, unter Berücksichtigung des Raums und in Korrespondenz zur Musik, die meistens Zeitmaß und -dauer bestimmt. Das, was der Choreograph hier tut, ist am ehesten noch mit der Arbeit eines Regisseurs zu vergleichen – mit einem Unterschied allerdings: Der Regisseur interpretiert den Autor eines Stücks, der Choreograph *ist* der Autor eines Stücks! Er schafft ein originales Werk, das, sobald es auf der Bühne erscheint, nicht mehr veränderbar ist. Von nun an müssen die Tänzer in jeder Vorstellung des neuen Balletts die gleichen Schritte, die gleichen Bewegungsabläufe tanzen, wie sie vom Choreographen im Trainingssaal festgelegt wurden. Es ist ganz ausgeschlossen, daß ein Tänzer Änderungen an der Choreographie vornimmt oder gar tanzend – improvisiert! Änderungen oder Korrekturen an einer Choreographie vorzunehmen oder zu erlauben, steht allein dem Choreographen zu, und zwar mit dem gleichen Recht, das ein Schriftsteller für seinen Text in Anspruch nimmt. Zumindest theoretisch. Denn wenn eine Choreographie nicht schwarz auf weiß, mit Tinte auf Papier fixiert ist, wird der Choreograph sein Recht kaum durchsetzen können, zumal er selbst gewöhnlich kein allzu gutes Schritt-Gedächtnis besitzt.

So hat man von Anfang an – und sogar schon vor dem Beginn der eigentlichen Ballettgeschichte (wie etwa 1463 Guglielmo Ebreo aus Pesaro) – nach einer Methode gesucht, Tanzschritte und darüber hinaus ganze Choreographien festhalten, »notieren« zu können. Immer wieder wurden »Tanzschriften«, Notationen erfunden, die, obwohl sie dem einen oder anderen Ballettmeister mehr Ruhm eintrugen als alle seine Choreographien zusammen, sich nicht durchsetzten, weil sie niemand sonst als der Erfinder selbst entschlüsseln konnte (Arbeau, 1588; Beauchamp, 1699; Feuillet, 1701; Blasis, 1820/30; Bournonville, 1891; und Saint-Léon, 1852).

Die erste Notation, nach der Ballette rekonstruiert werden konnten, obwohl deren Choreographen nicht mehr lebten, war die von Wladimir Stepanow (1866–96). Anhand seiner Niederschriften hat Nicholas Sergejew (1876–1951) die russischen Ballettklassiker mit dem Londoner Royal Ballet einstudiert, das seitdem mit einigem Recht behaupten kann, sie im Original zu besitzen.

Inzwischen haben sich zwei Notationen durchgesetzt, die sowohl angewandt wie an den Ballettschulen gelehrt werden, so daß immer mehr Tänzer, Pädagogen und Choreographen die Fähigkeit besitzen werden, sie auch entziffern zu können. Die »Kinetographie« Rudolf von Labans (1879–1958) und ihre amerikanische Weiterentwicklung, die »Labanotation«, haben sich vor allem in den USA behaupten können, wo sowohl klassische wie moderne Ballette nach diesen Methoden aufgezeichnet werden.

In Europa bevorzugt man die 1955/56 in London veröffentlichte Notation von Joan und Rudolf Benesh, die sich durch größere Einfachheit als alle vorangegangenen auszeichnet. Nach dieser »Tanzschrift« werden zum Beispiel heute alle Choreographien für das englische Royal Ballet und für das Stuttgarter Ballett (Choreologin: Georgette Tsinguirides) aufgezeichnet. Die Tätigkeit nennt man auch Choreologie. Parallel zu den Noten und Takten in der Partitur der unterlegten Musik werden auf zusätzlichen Notenlinien Symbole für die jeweiligen Schritte eingetragen. Die Aufzeichnungen ermöglichen jedem, der sie lesen kann, Choreographien auf der Bühne zu rekonstruieren – mit einer Einschränkung: Das spezifische Fluidum eines Balletts, das oft von den Ausführenden abhängt, kann nicht eingefangen werden. Es steht zwischen den Zeilen und geht oft verloren, weil die, die ein Ballett anhand der Notation wiederherstellen, nicht unbedingt wissen müssen, unter welchen besonderen Umständen ein Ballett entstanden ist und getanzt wurde.

Aus all dem geht hervor, daß »Ballett« ein sehr mißverständliches Wort geworden ist. Denn ob eine Choreographie auf dem klassischen Tanz oder auf dem Modern Dance, Jazztanz, Folklore, Pantomime oder auf einer der anderen möglichen Bewegungsformen beruht, man nennt sie fast immer Ballett. Hinzuzufügen ist in jedem Fall ein die Sache näher umreißendes Adjektiv, sofern einer der Stile im angewandten Vokabular überwiegt, was meistens der Fall sein wird.

Das gleiche gilt für das Wort »Choreographie«, weil es, über die sehr eindeutige Definition von der Bewegung des Menschen in Zeit und Raum und in Korrespondenz zur Musik hinaus, auch für die Bewegungsregie in Schauspiel und Oper gebraucht wird, also nicht nur die tänzerischen Einlagen allein, sondern auch die vom Regisseur festgelegten Gänge von Schauspielern und Sängern meint.

In diesem Zusammenhang sei auf die Opern und Schauspiele hingewiesen, an denen das Ballett in mehr oder weniger starkem Maße beteiligt ist (sie wurden nicht in diesen Führer aufgenommen, weil sie in »Reclams Opernführer« oder »Reclams Schauspielführer« enthalten sind). Der Tanz war ein wesentlicher Bestandteil aller Theaterformen der Renaissance. Beispiele dafür sind Monteverdis Oper *L'Orfeo* und sogar Shakespeares *Sommernachtstraum*. Die Theatergattungen gingen noch ineinander über. Aber auch nach der Trennung wurde noch lange in den Balletten gesungen und gesprochen und in Schauspielen, zum Beispiel in Molières (1622–73) Stücken zu Musik von Lully (1632–87), getanzt. Dabei handelte es sich keineswegs um bloße Einlagen, sondern um die Handlung vorantreibende Szenen.

Ballett und Schauspiel aber verzichteten schließlich mit wenigen Ausnahmen auf gegenseitige Anleihen. Eine ähnliche Entwicklung für die Oper verhinderten die französischen Ballettomanen. Im 18. Jahrhundert waren Ballettopern sehr beliebt, vor allem die Jean Philippe Rameaus (1683–1764), von denen die eine oder andere immer wieder einmal zu kurzem Leben erweckt wird. Im 19. Jahrhundert bestand man in Paris zumindest auf einer ausgedehnten Balletteinlage, möglichst sogar als Höhepunkt der ganzen Oper. So zwangen zum Beispiel die Ballettliebhaber der Seine-Metropole Richard Wagner, nachträglich eine Ballettmusik für seine romantische Oper *Tannhäuser* zu komponieren. Diese Verbindung von Oper und Ballett hatte, so paradox es klingt, auf die Selbständigkeit des Pariser Opéra-Balletts keinen Einfluß, verzögerte aber die Emanzipierung der deutschen Ballettcompagnien. Diese sind immer noch – mit Ausnahme der Ballette in Stuttgart und Düsseldorf-Duisburg – vom Opernbetrieb abhängig, verpflichtet, die Tanzeinlagen in den Aufführungen der anderen Disziplin zu besorgen. In zunehmendem Maße aber bietet sich das Ballett als willkommener Ersatz an, da die Spielpläne der großen Opernhäuser immer abhängiger werden von den Terminkalendern der »Zugvögel«, der Star-Dirigenten und -Sänger. Die Ballettcompagnie, die bereit ist einzuspringen, gewinnt so verständlicherweise von Mal zu Mal größeren Einfluß. Es gibt heute mehr Ballettabende in Deutschland, im Westen wie im Osten, als jemals zuvor. Auch finden häufiger Ballettpremieren statt als noch vor wenigen Jahren. Vor allem aber sind die Ansprüche an Qualität und Attraktivität gestiegen. Begehrt sind vor allem Choreographen, die entweder international anerkannt sind, oder aber solche, die Experimente machen. Beide finden ihr Publikum. Das Interesse am Bühnentanz in Deutschland ist gewachsen.

Eine gute Ballettcompagnie braucht mindestens zehn Jahre kontinuierlicher Aufbauarbeit unter demselben Choreographen. Diese Einsicht hat sich bisher beispielsweise in Düsseldorf-Duisburg, Hamburg und Stuttgart dank der jeweiligen Intendanten als fruchtbar erwiesen.

Das moderne Musiktheater ist auf das Ballett als Bühnendisziplin angewiesen. Das gilt nicht nur für die Mischformen der neuen musikalischen Szene wie Strawinskys *Geschichte vom Soldaten,* Orffs *Carmina burana,* Schönbergs *Moses und Aron* (s. »Reclams Opernführer«) und die Stücke des avantgardistischen Tanztheaters, die ohne Tänzer gar nicht zu realisieren wären. Ganz besonders gilt das für das Musical, aber auch für die Operette, deren Wiedergeburt (nach den Gesetzen des modernen Musiktheaters, wie sie sich unter anderem im Musical manifestieren) überhaupt erst dann möglich sein wird, wenn wir Darsteller haben, die nicht nur singen, sondern zugleich sprechen und sich bewegen, also tanzen können. Der Opernsänger muß sich heute, um den Anforderungen der Bühne gerecht zu werden, musikalisch oder zumindest natürlich wie ein gewöhnlicher Mensch auf der Bühne bewegen können. Die Wiederbelebung der Operette würde sich in vielen Fällen sicher lohnen, setzt aber ein dem Musical entsprechendes Tempo und Perfektion in der Bewegung voraus. Das Musical verdankt seinen Erfolg vor allem der Personalunion von Choreograph und Regisseur: *Cabin in the Sky* (George Balanchine), *Allegro* (Agnes de Mille), *Li'l Abner* (Michael Kidd), *Singin' in the Rain* (Gene Kelly), *Carnival* (Gower Champion), *No Strings* (Joe Layton), *Bells are Ringing, West Side Story* und *Fiddler on the Roof* (alle Jerome Robbins), *Cabaret* und *Pippin* (Bob Fosse).

Das klassische Ballett

Zu tanzen ist offenbar ein menschlich-allzumenschliches, sehr ursprüngliches, um nicht zu sagen biologisches Bedürfnis. Jedenfalls ist kein Kraut dagegen gewachsen. Die Kirche hat jahrhundertelang versucht, den Tanz zu unterdrücken. Es gelang ihr, ihn zu diskriminieren, ihn zu einer Sache des Pöbels zu stempeln. Zwei Dinge mußten zusammenkommen, ihn aus diesen Niederungen zu befreien: Erstens die Erkenntnis, daß der Mensch das Maß aller Dinge ist, zweitens die, daß der menschliche Körper nicht nur schön, sondern auch gut, oder besser: nicht böse sein kann.

Diese Einsichten hätten freilich wenig genützt, wenn nicht die italienischen Renaissance-Fürsten sie zu ihrem eigenen Nutz und Frommen durchgesetzt hätten. Überwiegend bürgerlicher Herkunft, Patrizier eher als Aristokraten, Bankiers und Kaufleute, war ihnen die Vorstellung, daß der Mensch auf sich selbst gestellt ist, durchaus vertraut. Weder Gnade noch Stammbaum hatten ihnen bei ihrem Aufstieg zu Macht und Reichtum geholfen. Die meisten von ihnen gefielen sich in dem Gedanken, Halbgötter oder Göttersöhne zu sein und ließen sich als solche in Farbe, Marmor oder Bronze darstellen und in beinahe rituellen Feierlichkeiten verherrlichen. Dabei war kein Gottesgnadentum – wie später bei den französischen Königen – im Spiel. Sie verstanden sich durchaus als Prototypen des Menschen schlechthin, im Guten wie im Bösen.

Ihre Feste der Selbstverherrlichung waren Gesamtkunstwerke, in denen der Tanz eine große Rolle spielte, aber noch keine selbständige Kunst war. Die oft tagelang währenden Festlichkeiten aus einem mehr oder weniger bedeutenden Anlaß hatten meist einen Stoff aus der griechischen oder römischen Mythologie zum Inhalt, so daß die Tänzer auch während der Gastmähler, Umzüge, Opern- und Schauspielaufführungen genug Gelegenheiten fanden, als Faune und Nymphen umherzuspringen (prüde war man dabei nicht). Zum Ballett wurde das Fest eigentlich nur dann, wenn alle Beteiligten tanzten, sei es, daß man das Generalthema als Zwischenspiel tänzerisch darstellte oder die Feierlichkeiten in einem Ballo oder Balletto gipfeln ließ (Balletto von it. ballare = tanzen).

Es wird immer wieder behauptet, Katharina von Medici (1519–89) habe das Ballett von Italien nach Frankreich gebracht. Richtig ist jedoch, daß die Italienerin das eigentliche Ballett erst in Paris erfunden hat. Mit der Macht einer französischen Königin ausgestattet (sie war die Frau Heinrichs II.), ließ sie ganze Haupt- und Staatsaktionen tanzen, tänzerisch umrahmen oder in stundenlangem Tanz kulminieren wie im *Ballet Comique de la Reine* aus Anlaß der Hochzeit der Margarete von Lothringen mit dem Herzog von Joyeuse, 1581 (Heinrich Mann hat die Anfänge des Balletts in seinem Roman *Henri Quatre* geschildert). Damit war der entscheidende Schritt getan – in Frankreich, nicht in Italien, das von nun an fast nur noch durch Ballettmeister von sich reden macht, die in Paris zu Ruhm und Ehre gelangen. Das Ballett hat sich in Frankreich als selbständige Kunstform etabliert, nicht zuletzt dadurch, daß es in den folgenden hundert Jahren ein Privileg der französischen Könige war, die jeden, der nicht zum Hof gehörte, davon ausschlossen und schließlich sogar den Frauen das Tanzen im Ballett verboten. Dabei fühlten sich die französischen Könige als Vertreter des ganzen Menschengeschlechts und als Nachfolger des emanzipierten Menschen der Renaissance. Für das höfische Ballett – zur Karnevalszeit tanzten König und Hof auch Choreographien vor dem Volk – war der Mensch notwendigerweise das Maß aller Dinge, und den Ersten Tänzer verkörperte die Majestät selbst.

Erst Ludwig XIV. (1638–1715), der seinen Beinamen »der Sonnenkönig« der gleichnamigen Rolle in dem *Ballet de la Nuit* von 1653 verdankt, hob alle Beschränkungen wieder auf. Er sah sich dazu gezwungen, weil das Bewegungsvokabular, entwickelt aus den Schritten der zeitgenössischen Folklore und der höfischen Tänze (die übrigens auch nur Weiterentwicklungen von Volkstänzen waren), inzwischen so schwierig geworden war, daß es kaum mehr von Dilettanten ausgeführt werden konnte. Es erforderte den professionellen Tänzer, der wenn schon nicht täglich – wie heute –, so doch regelmäßig trainieren mußte. Darüber hinaus berief Ludwig XIV. 1661 die Académie Royale de Danse, bestehend aus zunächst dreizehn Ballettmeistern (die sich übrigens anfangs in einer Taverne, »L'Épée de Bois«, trafen). Diese Académie, vergleichbar dem bis heute existierenden Institut de France, hatte die Aufgabe, die Ballettschritte zu kodifizieren, eventuell neue Pas in das Verzeichnis aufzunehmen, und darüber zu wachen, daß die Reinheit der Sprache des klassischen Tanzes erhalten blieb. Diese Einrichtung lebte bis 1861, obwohl schon bald eine andere Académie, die der Musik, geläufiger unter dem Namen Pariser Opéra, viel wichtiger wurde für die Entwicklung des Balletts. »Académie Royale de Musique« war seit 1671 der erste offizielle Name der Opéra, die schon 1669 gegründet worden war. Heute heißt sie amtlich »Opéra de Paris«, nachdem sie mehrmals umbenannt worden war von »Académie Royale« in »Académie Impériale« und »Académie Nationale«.

In den nächsten hundert Jahren geht es den Tänzern verständlicherweise, obwohl Komponisten wie Rameau das Ballett als Kunst voranzubringen trachteten, um die Vollendung ihrer Technik. Wer springt höher, wer dreht schneller, war die Devise. Und der erste Reformer des Balletts, Jean-Georges Noverre, hatte Grund, in seinen *Lettres ... sur la Danse,* 1759/60 in Stuttgart erschienen, den Verfall seiner Kunst zum Kunststück zu beklagen. Noverre riet zum Handlungsballett, betonte freilich, daß sich das Ballett nur solcher Stoffe annehmen solle, die nicht mehr durch das Wort in Drama oder Oper auszudrücken seien, der großen Leidenschaften also, die sprachlos machen. An diese richtige Überlegung halten sich allerdings die wenigsten Handlungsballette, was aber kaum ins Gewicht fällt, da ja nicht der Stoff über die Qualität eines Balletts entscheidet, sondern die Choreographie. Im übrigen aber gibt der Erfolg recht. Jeder Stoff ist letztlich übertragbar, wenn man ihn ins Tänzerische zu transponieren versteht. Wo das nicht möglich war, behalf sich das 19. Jahrhundert mit der Pantomime. Sie wird heute allerdings im Ballett möglichst vermieden, wie überhaupt jede untänzerische Lösung. Doch am Ende gilt auch hier: Erlaubt ist, was gefällt.

Von Noverre ist außer seinen Schriften und der Mozartschen Musik zu dem für seinen Stil ganz untypischen Schäferspiel *Les Petits Riens* nicht viel überliefert. Eine Ahnung von dem, was er gewollt hat, geben am ehesten das Libretto von Viganò und die Musik Ludwig van Beethovens zu *Die Geschöpfe des Prometheus,* dessen Choreographie ebensowenig erhalten ist wie die zu allen anderen Balletten vor 1836 – mit einer Ausnahme.

Die Ästhetik des klassischen Balletts

Diese Ausnahme verdanken wir dem Königlich Dänischen Ballett, dessen historischer Schatz allerdings erst nach 1945 gehoben wurde. Es ist das Ballett *Die Launen des Cupido und des Ballettmeisters* von Vincenzo Galeotti, das seit 1786 getanzt wird. Ebenfalls mit Choreographie konserviert wurde in Kopenhagen das erste Ballett von überragender Bedeutung für die Ästhetik des klassischen Bühnentanzes: *La Sylphide,* das August Bournonville 1836 in Anlehnung an das verlorengegangene Pariser Original von 1832 choreographiert hatte.

La Sylphide ist allerdings nicht ohne das drei Jahre nach *Die Launen des Cupido* entstandene Ballett *La Fille Mal Gardée* des Noverre-Schülers Dauberval zu verstehen.

Denn in seiner bunten Handlung werden die bunten Akte der klassischen Ballette der Romantik von Bournonville, Perrot, Petipa und Iwanow, von *La Sylphide* über *Giselle* (1841) bis *Schwanensee* (1895) vorweggenommen. Jedes dieser Ballette beginnt wie die meisten anderen aus dieser Zeit mit einem bunten Akt auf dem Lande und erzählt soviel von der Handlung, wie zum Verständnis des Ganzen notwendig ist. Es sind Ballets d'action, Handlungsballette im eigentlichen Sinne des Wortes. Was dann folgt, ist handlungsarm, ist Ballet blanc, weißes Ballett, weißer Akt, beinahe schon »abstraktes Ballett«. Es treten die Sylphiden und Wilis und Schwanenmädchen auf und – tanzen. Während das Schwergewicht in den bunten Akten auf der Handlung liegt (die zum Beispiel in *Fern von Dänemark* von Bournonville überhaupt nur pantomimisch erzählt wird), liegt es bei den weißen Akten auf dem Tanz. *Giselle* ist das Paradebeispiel, wie es überhaupt eine unerschöpfliche Fundgrube für den bedeutet, der sich mit der Ästhetik und der Dramaturgie des klassischen Bühnentanzes beschäftigen will. Im ersten Akt, der während der Weinlese spielt, wird der Inhalt des zweiten Aktes in der Pantomime, im Tanz wie in der Musik (Leitmotive) vorweggenommen. Es wäre unverzeihlich, hier auf die Pantomime zu verzichten, denn ohne sie zerfällt das Ballett in zwei Welten, die anscheinend nichts miteinander zu tun haben: in das Reich der Winzer und das der Wilis, jener Geistermädchen, die dazu verurteilt sind, bis zum Jüngsten Tag zu tanzen, nicht nur weil sie Bräute waren, als sie sterben mußten, sondern – über das zugrunde liegende Motiv von Heinrich Heine hinaus – weil sie allzusehr der Tanzleidenschaft gefrönt, weil sie den Tanz mehr geliebt hatten als ihr Leben.

In *Giselle* wird nicht irgendeine Geschichte von einer schönen Winzerin und einem schnöden Prinzen erzählt. Das wäre eine allzu oberflächliche Betrachtungsweise. Das Ballett *Giselle* handelt von dem, was es ist, vom Tanz. Aus diesem Grunde und aus keinem anderen ist diese Choreographie, die seit über hundert Jahren im Original getanzt wird, das Nonplusultra für alle die, die das Ballett, den klassischen Tanz nicht nur lieben, sondern auch über ihn nachdenken.

Die Brücke zwischen *La Fille Mal Gardée* und *Giselle* schlägt *La Sylphide,* das erste bedeutende klassische Ballett der Romantik mit der charakteristischen Zweiteilung in einen bunten und einen weißen Akt, beziehungsweise mit dem Wechsel von Handlungsballett und fast purem Tanz. Darüber hinaus begann mit *La Sylphide* der Siegeszug des Spitzentanzes, der nur eine weitere Konsequenz des Ballett-Prinzips ist, sich vom Boden zu lösen. Ganz sicher war Marie Taglioni, die Tochter des Choreographen Filippo Taglioni, der die Pariser Uraufführungsversion von 1832 besorgte, nicht – wie immer wieder kolportiert wird – die erste Ballerina, die sich »auf die Spitze« gestellt hat, so wenig wie der Spitzentanz überhaupt eine Erfindung der Romantik ist. Die Folklore kannte ihn lange vorher; die Männer bei den Grusiniern und Donkosaken tanzen auf der Spitze. Aber mit *La Sylphide* wurde der Spitzentanz zu einem Wesensmerkmal des klassischen Balletts. Er ist es heute noch. Selbst scheinbare Avantgardisten wie Maurice Béjart lassen ihre Mädchen auf Spitze tanzen. (Béjart ist kein Avantgardist. Seine Choreographien basieren auf dem klassischen Vokabular. Seine Themen sind modisch.)

Ein anderes ästhetisches Merkmal des klassischen Balletts der Romantik ist die zentrale Stellung der Ballerina in der Choreographie, wofür es die verschiedensten Erklärungen gibt. Für die einen ist die Petipa-Ballerina eine Manifestation der herrschenden Klassen im zaristischen Rußland, was zumindest ihr gesellschaftlicher Status zu bestätigen scheint. Für die anderen ist sie die Konsequenz des Satzes vom Menschen als Maß aller Dinge im Ballett. Jedenfalls bezieht sich alles in den Balletten Petipas auf die Ballerina. Die Choreographie für das Corps de ballet dient ihr zum Schmuck, ist Dekor. Die Ballerina wird geradezu isoliert. Sie hat einen Anspruch auf eine bestimmte Anzahl von Soli und Pas de deux (mit ihrem Partner), den sie auch gegen den Willen des Choreographen durchsetzt – wie das Beispiel der Moskauer Uraufführung von *Schwanensee* zeigt. Erst Petipas Schüler Lew Iwanow hat in der St. Petersburger Fassung des gleichen Balletts die Kluft zwischen Solisten und Gruppe wieder geschlossen. Er ließ zum Beispiel die Pas de deux vom Corps de ballet accompagnieren. Freilich wäre Iwanow ohne Petipa gar nicht denkbar. Denn ganz offenbar standen zu des einen Anteil an *Schwanensee* des anderen Ballette wie *La Bayadère* Pate. So wie Petipa wiederum nicht ohne die italienische Schule des Allegros mit schnellen kleinen Schritten *(La Sylphide)* und ohne die französische des Adagios mit langsamen, großen Figuren *(Giselle),* die er zur russischen Schule vereinte, vorstellbar ist. (Dem Allegro stark verpflichtet blieb dagegen die dänische Schule Bournonvilles.)

Vom Ausdruckstanz zum Modern Dance

Die ästhetischen Erkenntnisse Iwanows für das klassische Ballett wurden allerdings erst Gemeingut, als die russische Ballettschule die französische in den Ballettsälen der Welt ablöste. Bis 1909 wußte man außerhalb Rußlands so gut wie nichts von der lebendigen Ballettkultur in St. Petersburg.

So mußte nach 1870, nachdem das Pariser Opéra-Ballett mit der *Coppélia* eine letzte kurze Scheinblüte erlebt hatte, im Westen der Eindruck entstehen, das Ballett habe sich als Kunst erschöpft. Der klassische Tanz war im Laufe von wenigen Jahrzehnten zu einer reinen Frauensache geworden. Die Männerrollen wurden von den Mädchen en travestie getanzt, so zum Beispiel der Part des Franz in *Coppélia*. Außerdem brachten die »Ballettratten« der Opéra die ganze Gattung in Verruf, weil sie sich von reichen Männern aushalten ließen. Ballett war kein künstlerisches Ereignis mehr, sondern bestenfalls ein gesellschaftliches. Die Erbauer des neuen Opernhauses in Paris trugen dem Rechnung. Sie statteten das Foyer de la Danse hinter der Bühne, wo sich die »Liebhaber« des Balletts versammelten, mit der gleichen Pracht aus wie das öffentliche Entrée.

Als dann das Mädchen aus dem Goldenen Westen, Isadora Duncan (geb. 1877 in San Francisco, gest. 1927 in Nizza), um die Jahrhundertwende nach Europa kam und verkündete, das klassische Ballett sei tot, fand sie, da kaum einer es besser wußte, allgemeine Zustimmung. Anstelle der Danse d'école, die sie gründlich in Mißkredit brachte, verkündete sie den Freien Tanz, frei von allen Regeln, künstlerischen wie moralischen. Sie trat gegen den Puritanismus des Viktorianischen und Wilhelminischen Zeitalters an. Jeder solle so leben, wie es ihm passe, und jeder so tanzen, wie er es vermöge, postulierte sie. Die Duncan stellte sich mit ihrer ganzen faszinierenden Persönlichkeit im Leben (das eine nicht abreißende Kette von Sensationen bildete) wie im Tanz, der an antiken Vasenbildern und Reliefs orientiert war, an die Spitze der Bewegung, die besonders in Deutschland großen Zulauf fand.

In ihrer Nachfolge – wobei man sich stets wie sie selbst auf die »Natur« berief – drängten Hunderte von jungen Mädchen auf die Bühne, um jenseits von Bindung und Gesetz in selbstgeschaffenen Tänzen auszudrücken, was sie höchst persönlich bewegte, obwohl sie stets den Anspruch auf Allgemeingültigkeit stellten. Sie nannten sich Ausdruckstänzerinnen im Gegensatz zu den klassischen Tänzern, denen sie die Möglichkeit, sich mit ihrem festgelegten Vokabular auszudrücken, absprachen. Das stimmte und stimmte nicht. Selbstverständlich ist das klassische Ballett keine gefühllose Sache, da es von Menschen gemacht und getanzt wird, die niemals das, was sie denken und fühlen, ganz vergessen können, und auch gar nicht sollen. Schließlich ist der Mensch der Mittelpunkt, um den sich im klassischen Ballett alles dreht. Es bedurfte auch nicht des Gegenbeweises von Michail Fokine im *Sterbenden Schwan,* denn ein Ballett wie *Giselle* verlangte schon immer den Einsatz des ganzen Menschen, sowohl den Tänzer mit seiner Technik wie den Darsteller mit seinen mimischen Ausdrucksmöglichkeiten. Der Unterschied zwischen den sich befehdenden Tänzern bestand darin, daß die einen die eigenen Leiden und Freuden, die private Person im Tanz ausdrücken zu können meinten, während die anderen dazu angehalten waren, allgemeingültige, objektive Zustände darzustellen.

Eines dieser Mädchen, die dem persönlichen Ausdruck huldigten, war Mary Wigman (Marie Wiegmann, geb. 1886 in Hannover, gest. 1973 in Berlin). Sie studierte an der Dalcroze-Schule in Dresden-Hellerau, wo man die nur pädagogisch gemeinte »rhythmische Erziehung« des Genfers Émile Jaques-Dalcroze (1865–1950) ideologisiert hatte zum »Rhythmus als kosmische Urkraft«. Aus den Übungen für Musikstudenten leitete man Tänzerisches ab (das gleiche hat Nijinsky in seinen Balletten *Nachmittag eines Fauns, Sacre du Printemps* und *Jeux* getan). Ungleich wichtiger für Mary Wigman war jedoch die von der Frau des Malers Emil Nolde vermittelte Begegnung mit dem großen Theoretiker und Lehrer des Ausdruckstanzes Rudolf von Laban (»tänzerisch-körperliche Bewegung als weltumfassendes Prinzip«) 1913 in Rom. Er gab ihr das Rüstzeug, über ihre Konkurrentinnen hinauszuwachsen zu der tänzerischen Inkarnation einer ganzen Kunstrichtung, bezeichnenderweise der einzigen von deutschen Künstlern bestimmten Variante der Moderne: der des Expressionismus. (Später hat sie in ihrer Schule selbst so bedeutende Ausdruckstänzer wie Harald Kreutzberg, Gret Palucca und Yvonne Georgi ausgebildet.)

Mary Wigman eroberte mit ihren expressionistischen Tänzen zwischen 1930 und 1933 die Neue Welt. Hier begegnete sie Martha Graham, mit der sie den Glauben an »die Mütter« teilte. Die deutsche Tänzerin hatte das weiterentwickelt und vollendet, was Isadora Duncan wollte; Martha Graham war aus der Schule Ruth St. Denis' (1879–1968) hervorgegangen, die seit 1906 ähnliche Ideen in Amerika vertreten hatte wie ihre berühmtere Landsmännin seit 1900 in Europa. Gemeinsam mit ihrem Mann Ted Shawn (1891–1972) gründete Ruth St. Denis die Denishawn School, das historisch bedeutendste Institut für den Freien Tanz in den USA.

1933 ist wohl das wichtigste Datum für den Modern Dance. Die Begegnung mit Mary Wigman macht so tiefen Eindruck auf Martha Graham, daß sie deren Erkenntnisse mit denen ihrer Lehrer vereint und den offensichtlich durch seine Beschränkung auf den einzelnen Tänzer und dessen subjektives Bewegungsvokabular in eine Sackgasse geratenen Ausdruckstanz in den Modern Dance verwandelt, indem sie die zum Gemeingut gewordenen Schritte sowohl der amerikanischen wie der deutschen Vertreter des Freien Tanzes zusammenfaßt, aus ihnen eine verbindliche Technik schafft, die sowohl gelehrt wie gelernt, also vom einzelnen auf viele übertragen, im Ballettsaal trainiert und schließlich als Vokabular vom Choreographen genutzt werden kann. Diese nach ihr benannte Methode, die »Martha-Graham-Technik«, wurde zur Grundlage all dessen, was sich heute Modern Dance nennt. Seine bedeutendsten Vertreter wie Merce Cunningham, Paul Taylor und Glen Tetley sind Schüler Martha Grahams und wenden deren Technik beim Training im Ballettsaal wie deren Vokabular in ihren Choreographien an, unbeschadet ihrer persönlichen Handschrift.

Auch andere – wie Mary Wigman selbst in ihren chorischen Tänzen, die aber ohne Folgen blieben – erkannten um 1933, daß der Ausdruckstanz nur dann für den Bühnentanz verbindlich werden konnte, wenn es gelang, ihn vom einzelnen Tänzer zu lösen und auf die Gruppe zu übertragen. Der einzige, der neben Martha Graham einen gangbaren Weg fand, war Kurt Jooss. Er schuf in dem bedeutendsten Beispiel des »German Dance«, des deutschen Tanzes *Der grüne Tisch* (1932), das auch den Vertretern des Modern Dance als Klassiker gilt, eine Synthese aus Ausdruckstanz und klassischem Ballett. Obwohl weitgehend von der Martha-Graham-Technik verdrängt, hat seine

Methode dennoch Schule gemacht und beeinflußt heute noch direkt, zum Beispiel durch seine Schülerinnen Pina Bausch und Reinhild Hoffmann in Deutschland, und indirekt, indem Vertreter des klassischen Balletts wie des Modern Dance immer wieder Synthesen aus den ursprünglich ja tatsächlich als These und Antithese gedachten Tanzgattungen anstreben, die gesamte Weltszene des Bühnentanzes.

Die Renaissance des klassischen Balletts

Michail Fokine, nach Noverre der zweite Reformer des klassischen Balletts, wiederum aus der Sorge, die Technik könne zum Selbstzweck werden, die Petipaschen Ballerinen das Ballett zum Zirkus ihrer Selbstherrlichkeiten machen, schien zunächst stark von den Ideen Isadora Duncans beeinflußt. Auch er propagierte – wie Noverre – das Handlungsballett. Tatsächlich aber knüpfte er in seinen wegweisenden Balletten *Der sterbende Schwan* (1907) und *Les Sylphides* (1907–09) an Iwanows choreographische Revolution, die Solisten vom Corps de ballet accompagnieren zu lassen, und an Taglionis Ballet blanc *La Sylphide* an, nur daß er auf den bunten ersten Akt, die Handlung also, verzichtete und damit das erste – »abstrakte Ballett« schuf, das Ballett in seiner reinsten Gestalt, nicht reduziert, sondern komprimiert auf das Wesentliche, die Korrespondenz von Bewegung und Musik.

Fokine war der erste Choreograph der Ballets Russes, die mit ihrem Auftreten am 19. Mai 1909 im Théâtre du Châtelet die Renaissance des klassischen Balletts in Westeuropa einleiteten. Hervorgegangen aus dem St. Petersburger Marientheater-Ballett, der Wirkungsstätte Petipas, erneuerten die Tänzer der Ballets Russes den Männertanz. Vor allem aber gelang es ihnen, allen voran Anna Pawlowa und Waslaw Nijinsky, in den Balletten Fokines die Disziplin selbst wieder als Kunst glaubwürdig zu machen. Darüber hinaus vermochte es ihr Impresario, der geniale Dilettant Serge Diaghilew (1872–1929), zwanzig Jahre lang, die kunstinteressierte Welt in Atem zu halten durch die Entdeckung und Mobilisierung immer neuer tänzerischer, poetischer, malerischer und musikalischer Talente für seine Compagnie. Es gibt kaum einen Klassiker der Moderne, der nicht wenigstens einmal für die Ballets Russes gearbeitet hätte. Unter ihnen ragen durch die enge Zusammenarbeit mit Diaghilew hervor: Cocteau, Picasso und Igor Strawinsky. Letzterer, der wohl größte Komponist der ersten Hälfte des 20. Jahrhunderts, widmete sein Lebenswerk dem Bühnentanz. Höhepunkte seines Schaffens für die Ballets Russes waren *Der Feuervogel, Petruschka, Sacre, Les Noces* und vor allem *Apollon Musagète.* Dieses Ballett ragt nicht so sehr durch seine – vom Komponisten immer verteidigte – musikalische Qualität hervor als dadurch, daß man sich mit ihm, nicht zuletzt auf Strawinskys Drängen, nach einer endlosen Reihe unfruchtbarer Experimente, die allein den anderen Künsten nützten, auf den klassischen Tanz besann. Strawinsky wollte, wie er ausdrücklich betonte, das »weiße Ballett« – dem er im gleichen Jahr 1928 mit *Kuß der Fee* ein weiteres Mal huldigte –, also die Tradition seit *La Sylphide* rehabilitieren. Damit war der Kreis geschlossen. Mit Fokines *Les Sylphides* begann das, was man »modernes Ballett« genannt hat. Mit *Apollon Musagète* schuf der junge George Balanchine, indem er auf Petipa und dessen Vorgänger und Nachfolger zurückgriff, das Rüstzeug für das nun bald schon ein halbes Jahrhundert alte »neoklassizistische Ballett«. *Apollon Musagète* ist so reich an Bewegungserfindung, daß man bei jeder Wiederbegegnung Neues entdecken kann – ähnlich wie in *Giselle.* Motionen aus der Balanchine-Choreographie kann man in fast allen zeitgenössischen Balletten entdecken – bis hin zu *Der Widerspenstigen Zähmung* von John Cranko, der darin *Apollon Musagète,* aber auch zum Beispiel Fokines *Carnaval* zitiert. Selbst die jüngste und allerjüngste Choreographengarde, die im übrigen auf Martha Grahams Bewegungskodex des Modern Dance zurückgreift, ist außerordentlich stark von Balanchine beeinflußt. Was Cranko oder der Holländer Hans van Manen oder Glen Tetley von Balanchine unterscheidet, ist, daß sie den Tänzer nicht nur als Instrument betrachten, welches die extrem puristische Korrespondenz von Bewegung und Musik ermöglicht (wie in Balanchine-Strawinskys den Laien erkältendem *Agon*), sondern in ihnen wieder Menschen aus Fleisch und Blut sehen.

Keine Bewegung im Ballett kann je an sich bestehen, da sie immer von Menschen ausgeführt wird – und damit gewollt oder ungewollt stets Ausdruck menschlicher Regungen ist. Nach Balanchine haben fast alle Choreographen versucht, das zu berücksichtigen, ganz bewußt den Menschen, den ganzen Menschen in all seinen Stärken und Schwächen wieder zum Maß aller Dinge im Ballett zu machen.

Die Zentren des klassischen Balletts in unserer Zeit

Alle bedeutenden klassischen Ballettcompagnien unserer Zeit sind direkt oder indirekt Erben der Ballets Russes und des St. Petersburger Marientheater-Balletts. Petipas russische Ballettschule hat alle anderen mit Ausnahme der dänischen verdrängt. Alle klassischen Tänzer auf der Welt trainieren heute – in mehr oder weniger abgewandelter Form – nach der Methode des großen Russen.

Das gilt auch für das französische Ballett, sowohl für die Compagnie de l'Opéra in Paris selbst wie für die Truppen von Roland Petit oder Maurice Béjart. Denn es war ein ehemaliges Mitglied der Ballets Russes, Serge Lifar, welches das Pariser Opernballett, das zu völliger Bedeutungslosigkeit herabgesunken war, nach 1929 wieder zu einem Zentrum des Bühnentanzes machte. Es ist Lifars Verdienst, daß Roland Petit nach dem Zweiten Weltkrieg für eine kurze Zeit mit seinen Ballets des Champs-Élysées und Ballets de Paris internationales Aufsehen erregen konnte, und Maurice Béjart mit seinem Brüsseler »Ballett des

XX. Jahrhunderts« heute zumindest einen Faktor darstellt, mit dem man rechnen muß.

Weitaus wichtiger aber als das französische Ballett, das seine frühere Bedeutung nie mehr ganz erreicht hat, sind die beiden angelsächsischen Ballettcompagnien, die von ehemaligen Mitgliedern der Ballets Russes geschaffen wurden: das Londoner Royal Ballet (von Ninette de Valois) und das New York City Ballet (von George Balanchine). Beide Truppen nehmen die heute geläufigen Namen erst nach 1945 an, das New York City Ballet 1948, das Royal Ballet durch Dekret der englischen Königin vom 31. Oktober 1956. Ihre Vorgeschichte ist verwirrend dadurch, daß die Compagnien immer wieder neu gegründet werden mußten oder häufig ihren Namen wechselten. In beiden Fällen aber bleiben vom ständigen Wechsel unberührt die School of American Ballet, gegründet 1934 von Balanchine und seinem Mäzen Lincoln Kirstein (geb. 1907), und die Sadler's Wells School, gegründet 1931 von Ninette de Valois (heute Royal Ballet School), aus denen die Tänzer beider »Nationalballette« hervorgehen.

Für das angelsächsische Ballett von Bedeutung ist darüber hinaus die Rambert School in London. Ihre Begründerin Marie Rambert war ebenfalls Mitglied der Ballets Russes, nachdem sie sowohl bei Isadora Duncan wie bei Jaques-Dalcroze studiert hatte. Ihre Schule und das damit seit 1930/35 verbundene Ballet Rambert waren von Anfang an mehr choreographische Werkstatt als Ausbildungsstätte für Tänzer. Sie sind es bis heute, sind es auch nach ihrem Tode geblieben. Aus ihr sind die neben Balanchine bedeutendsten Choreographen der angelsächsischen Ballettszene hervorgegangen: Antony Tudor und Frederick Ashton, der unter Ninette de Valois Choreograph und nach deren Abschied Leiter des Royal Ballet war.

Alle drei waren Vorbilder für die nachfolgenden Choreographen-Generationen: Jerome Robbins wurde sowohl von Balanchine wie Tudor beeinflußt; Kenneth MacMillan, einige Jahre Direktor des Royal Ballet, von Ashton und

Tudor; John Cranko bewußt oder unbewußt von allen dreien und von Jerome Robbins. Sie haben inzwischen selbst bereits wieder Schüler gefunden, Robbins in Eliot Feld und Cranko in John Neumeier. Welcher Generation aber auch immer angehörend, ihr »Stammbaum« läßt sich in gerader Linie zurückverfolgen bis zu den Ballets Russes und bis zum St. Petersburger Marientheater-Ballett, dem heutigen Kirow-Ballett in Leningrad. Nach wie vor ist diese Compagnie die künstlerisch wichtigere für den Bühnentanz in Rußland, obwohl das Bolschoi-Ballett seit der Oktoberrevolution, seit der Übersiedlung der Regierung nach Moskau, scheinbar das Primat besitzt und zweifellos nach 1945 großen Einfluß auf die internationale Ballettszene genommen hat. Aber alle bedeutenden Tänzer und Choreographen des Bolschoi, ob Leonid Lawrowski, Galina Ulanowa oder sein heutiger künstlerischer Direktor Juri Grigorowitsch sind aus dem Kirow-Ballett hervorgegangen.

Selbst das klassische Ballett der Nachkriegszeit in Deutschland hat seine Wurzeln in St. Petersburg. Tatjana Gsovsky (Berlin), seine eigentliche Begründerin, hat in St. Petersburg studiert. Ihre wichtigsten Nachfolger Erich Walter (Wuppertal und Düsseldorf-Duisburg) und John Cranko (Stuttgart) beriefen sich zeit ihres Lebens ganz selbstverständlich auf Balanchine und damit auf die Ballets Russes und das Marientheater-Ballett.

Das tun auch die Holländer Hans van Manen und Rudi van Dantzig. Beide aber sind zugleich Vertreter des Modern Dance. Die gegenwärtige Compagnie van Manens, das Nederlands Dans Theater, versteht sich sogar im Unterschied zu allen bisher genannten klassischen Ballett-Truppen als Brücke zwischen den Stilen – wie heute auch van Dantzigs Truppe, Het Nationale Ballet. An ihr orientieren sich, sowohl was das freie Spiel mit dem Vokabular der verschiedenen Tanzgattungen wie auch die Einbeziehung der avantgardistischen Künste in das Ballett oder die Propagierung revolutionärer Ideen über Theater und Gesellschaft durch den Tanz angeht, unter anderen: Peter

Darrell (1929–87) erst mit seinem englischen Western Theatre Ballet, dann mit dem Scottish Ballet, für die er eine Reihe von Choreographien wie *The Prisoners, A Wedding Present* und *Mods and Rockers* stellte, die vor allem britische Tabus auf eine ebenso rüde wie unterhaltsame Art entlarvten; oder Gerald Arpino (geb. 1929), der das amerikanische Joffrey Ballet mit seinen Choreographien *Viva Vivaldi!, Olympics* und *The Clowns* zu einem zugleich provozierenden wie vergnüglichen Tanztheater zwischen Kitsch und Kunst, Sentimentalität und tödlichem Ernst machte; oder Norman Morrice (geb. 1931), der von 1977 bis 1986 Direktor des Londoner Royal Ballet gewesen ist. Am nächsten stehen dem Nederlands Dans Theater aber zweifellos Experimentierbühnen wie das London Contemporary Dance Theatre, das französische Ballet-Théâtre Contemporain und das Kölner Tanz-Forum.

Es scheint, wenn man die internationale Ballettszene von hier aus betrachtet, als sei alles in Bewegung geraten. Oft fehlt es dabei nur an historischem Bewußtsein. Vieles, was als nagelneu bezeichnet wird, ist in den meisten Fällen schon von denen ausprobiert worden, gegen die man anstürmt, die sogenannten »Alten«. So scheint in Vergessenheit geraten zu sein, daß die Ausdruckstänzer schon in den zwanziger Jahren unseres Jahrhunderts einzeln und in Gruppen nackt getanzt haben, daß Balanchine schon zur gleichen Zeit Filme in seine experimentellen Choreographien einbezogen hat, und daß die Ballets Suédois zwischen 1920 und 1925 schon Milchkübel auf der Bühne ausgekippt und ähnlich belustigende Dinge getrieben haben. Vor allem aber scheint man vergessen zu haben, daß, was auch immer man auf die Bühne bringt, letztlich und ganz allein die Choreographie, die Bewegung des Menschen in Raum und Zeit (korrespondierend mit der Musik), entscheidend ist für die Qualität eines Balletts. Es sei denn, das Ballett ist Ausgangsbasis für ein Bewegungstheater wie das von Alwin Nikolais. Aber dabei handelt es sich immer noch um eine Erscheinung, über deren Zukunft man nur spekulieren kann. Ob das Ballett eines Tages durch ein totales Theater aus Bewegung, Licht und Musik ersetzt werden wird, ist eine Frage, die man heute noch nicht beantworten kann.

Stuttgart, August 1974 *Heinz-Ludwig Schneiders*

In zehn Jahren kann manches geschehen, was die Ballettwelt verändert. Entwicklungen, die sich 1974 erst angebahnt haben, sind inzwischen vielleicht an einem Ende angelangt. Neue Tendenzen zeichnen sich ab. Was vor zehn Jahren als akzeptabel galt, wird heute unter Umständen bereits wieder in Frage gestellt. Was einst einmal avantgardistisch schien, was aktuell, ist mittlerweile möglicherweise schon vergessen. Im selben Maße, wie sich die Persönlichkeiten des Balletts gewandelt haben, haben sich die Compagnien gewandelt. Das Stuttgarter Ballett beispielsweise behauptet auch unter Marcia Haydée seine Spitzenstellung in der Bundesrepublik. Aber längst sind ihm andere Ensembles auf den Fersen. Immer häufiger wird das Ballett der Hamburgischen Staatsoper ins Ausland eingeladen: Man schätzt eben die Aufbauarbeit und die choreographische Individualität von John Neumeier. Das Wuppertaler Tanztheater reist um die halbe Welt: die Autoren-Stücke Pina Bauschs haben Geschichte gemacht und dem Tanz ungeahnte Ausdrucksdimensionen erschlossen. Das Kölner Tanz-Forum unter Jochen Ulrich, das Bremer Tanztheater unter Reinhild Hoffmann (das 1986 nach Bochum übergewechselt ist), das Essener Folkwang Tanz-Studio der Susanne Linke: überall sind sie als Gäste willkommen. Das Entwicklungsland Bundesrepublik: im Lauf der Zeit ist es zu einer Ballettnation geworden – man muß nur den Begriff Ballett etwas weiter fassen als früher. Der Tanz in all seinen Spielarten hat in

Deutschland Fuß gefaßt. Selbst alternative Gruppen haben eine Chance.
Es erscheint nur allzu verständlich, daß ein Ballettführer diesen Veränderungen Rechnung tragen muß. Er kann nicht auf Bestehendem beharren. Aber nicht nur Choreographen wie Pina Bausch, Gerhard Bohner, Reinhild Hoffmann, Johann Kresnik, John Neumeier oder Uwe Scholz finden sich in diesem Buch ausführlich vertreten, ohne daß deswegen auf andere verzichtet wird. Auch das geschärfte Geschichtsbewußtsein dokumentiert sich in der Neuauflage durch eine Vielzahl von Korrekturen, Ergänzungen und zusätzlichen Stichworten. Und natürlich macht ein Ballettführer, selbst wenn er sich auf die Bundesrepublik konzentrieren sollte, an nationalen Grenzen nicht halt. Gerade in einer Zeit des intensiven Gedanken- und Choreographie-Austauschs will man wissen, was für eine Bedeutung ein George Balanchine hat, will man informiert sein über die wichtigsten Arbeiten eines Alvin Ailey, Maurice Béjart, Rudi van Dantzig, Jiří Kylián, Hans van Manen, Tom Schilling oder Heinz Spoerli. Vielleicht sind sie schon morgen auch bei uns zu sehen. Internationalität wird darum wieder großgeschrieben. Die beiden früheren Herausgeber Otto Friedrich Regner und Heinz-Ludwig Schneiders haben es so gehalten. Ich halte es ebenso.

Stuttgart, August 1984 *Hartmut Regitz*

Ohne die Hilfe meiner Freunde und Kollegen wäre die Neufassung wohl nie zustande gekommen. Mein besonderer Dank gilt deshalb Horst Koegler, der mir mit seinem Rat immer zur Seite gestanden ist. Große Unterstützung habe ich aber auch durch Alfred Oberzaucher, Kurt Peters, Helmut Scheier, Jochen Schmidt und Jens Wendland erfahren. Nützliche Hinweise verdanke ich Dr. Gunhild

Schüller. Wenn mich meine eigenen Unterlagen und Bücher im Stich gelassen haben, ist immer wieder Karin Kunze von der Württembergischen Landesbibliothek Stuttgart für mich auf literarische Spurensuche gegangen.
Es ist unmöglich, an dieser Stelle die gesamte Literatur aufzulisten, die ich bei der Überarbeitung des Ballettführers durchgesehen habe. Ich beschränke mich deshalb auf die wichtigsten Quellen:

Albrecht, Christoph (Hrsg.): 10 Jahre John Neumeier und das Hamburger Ballett 1973–1983. Hamburg 1983.
Anderson, Jack: The One and Only: The Ballet Russe de Monte Carlo. London 1981.
Balanchine, George: Balanchine's New Complete Stories of the Great Ballets. Garden City, N. Y., 1968.
Béjart, Maurice: Ein Augenblick in der Haut eines anderen. Memoiren. München 1980.
Bournonville, August: My Theatre Life. Middletown 1979.
Buckle, Richard: Nijinsky. New York 1971.
Chujoy, Anatol / Manchester, P. W. (Hrsg.): The Dance Encyclopedia. New York 1967.
Clarke, Mary / Crisp, Clement: Ballet in Art: From the Renaissance to the Present. London 1978.
– / Vaughan, David (Hrsg.): The Encyclopedia of Dance & Ballet. London 1977.
Duncan, Isadora: Memoiren. Zürich/Leipzig/Wien 1928.
Flury, Philipp / Kaufmann, Peter: Heinz Spoerli, Ballettfaszination. Zürich 1983.
Fokine, Michail: Gegen den Strom – Erinnerungen eines Ballettmeisters. Berlin 1974.
Fonteyn, Margot: Vom Zauber des Tanzes. Zürich 1981.
Günther, Helmut: Jazz Dance. Berlin 1980.
– Die Tänze und Riten der Afro-Amerikaner. Bonn 1982.
Guest, Ivor: The Ballet of the Second Empire 1847–1858. London 1955.
– The Ballet of the Second Empire 1858–1879. London 1953.

Guest, Ivor: The Romantic Ballet in Paris. London 1980.
Kirstein, Lincoln: Movement & Metaphor. New York 1970.
Kochno, Boris: Diaghilev and the Ballets Russes. New York 1970.
Koegler, Horst: Ballett. Chronik und Bilanz des Ballettjahres. Velber 1965 ff.
– The Concise Oxford Dictionary of Ballet. London ²1982.
– / Günther, Helmut (Hrsg.): Reclams Ballettlexikon. Stuttgart 1984.
Köllinger, Bernd: Tanztheater – Tom Schilling und die zeitgenössische Choreographie. Berlin 1983.
Leabo, Karl (Hrsg.): Martha Graham. New York 1962.
Livio, Antoine: Béjart. Lausanne 1970.
Lörinc, György (Hrsg.): Methodik des klassischen Tanzes. Berlin 1964.
Masson, Colette / Rousseau, Jean-Louis / Facheux, Pierre: Béjart by Béjart. New York 1980.
McDonagh, Don: Martha Graham. New York 1973.
– The Rise and Fall and Rise of Modern Dance. New York 1970.
Müller, Hedwig / Servos, Norbert: Pina Bausch – Wuppertaler Tanztheater. Köln 1979.
Niehaus, Max: Isadora Duncan. Wilhelmshaven 1981.
Noverre, Jean-Georges: Briefe über die Tanzkunst und über die Ballette. Hamburg/Bremen 1769 (Reprogr. Nachdr. Leipzig 1977).
Peters, Kurt: Lexikon der klassischen Tanztechnik. Hamburg 1961.
Petipa, Marius: Meister des klassischen Balletts. Berlin 1975.
Rebling, Eberhard: Ballett A–Z. Berlin 1966. ³1977.
Roslavleva, Natalia: Era of the Russian Ballet. London 1966.
Schlemmer, Oskar: Briefe und Tagebücher. Hrsg. von Tut Schlemmer. München 1958. Stuttgart 1977.

Schmidt-Garré, Helmut: Ballett – Vom Sonnenkönig bis Balanchine. Velber 1966.
Walker, Kathrine Sorley: De Basil's Ballets Russes. London 1982.
Strawinsky, Igor: Leben und Werk – von ihm selbst. Mainz 1957.
Tarrasow, Nikolai J.: Klassischer Tanz – Die Schule des Tänzers. Berlin 1974.
Traguth, Fred: Modern Jazz Dance. Bonn o. J.
Tugal, Pierre: Jean-Georges Noverre. Der große Reformator des Balletts. Berlin 1959.
Waganowa, Agrippina: Grundlagen des klassischen Tanzes. Berlin 1954.
Wilson, G. B. L.: A Dictionary of Ballet. London ³1974.
Wolgina, Lydia / Pietsch, Ulrich (Hrsg.): Die Welt des Tanzes in Selbstzeugnissen. Berlin 1977.
Woolliams, Anne: Ballettsaal. Stuttgart 1973.

Außerdem wurden Jahrgänge der Tanzzeitschriften »Ballett International« (Köln), »Ballett-Journal / Das Tanzarchiv« (Overath), »Ballet News« (New York), »Dance and Dancers« (London), »Dance Magazine« (New York), »Dancing Times« (London), »Danser« (Paris) und »Les Saisons de la danse« (Paris) verwendet.

Zur elften Auflage

RECLAMS BALLETTFÜHRER hat Otto Friedrich Regner (1913 bis 1963) im Jahre 1956 zuerst herausgegeben. Nach seinem Tod war Heinz-Ludwig Schneiders (1934–79) mit der Ergänzung der folgenden Auflagen betraut.
Mit der Durchsicht und Erweiterung der 8. Auflage (1980) hat Hartmut Regitz die kontinuierliche Bearbeitung des Bandes übernommen. So auch für die 10. und die vorliegende 11., wiederum aktualisierte Auflage.

Philipp Reclam jun.

Abraxas

Ballett in fünf Bildern. Libretto: Werner Egk; Musik: Werner Egk; Choreographie: Marcel Luipart; Ausstattung: Wolfgang Znamenacek; Kostüme: Elly Ohms; Uraufführung: Bayerische Staatsoper, Prinzregententheater, München, 6. Juni 1948. (Dauer: abendfüllend.)

Personen: Faust; Archisposa; Bellastriga; die Schlange; der Tiger; Satanas; der spanische König; Helena; Margarethe; Hofgesellschaft; Buhlinnen und Buhlen; Gefährtinnen und Gefährten; Bacchanten; mittelalterliches Volk, Burschen und Mädchen.

1. Bild: Der Pakt. Der greise Faust beschwört die Hölle. Es erscheinen der Tiger, die Schlange und Bellastriga, die schöne Hexe. Dieser gelingt es, Faust zu einem Pakt mit der Hölle zu überreden, nachdem sie ihm die Erscheinung der Archisposa, der Erzbuhlin des Teufels, gezeigt hat. Der Pakt gibt Faust die Jugend zurück und verleiht ihm übernatürliche Kräfte. Bellastriga begleitet von nun an Faust wie sein Schatten.

2. Bild: Die Verstrickung. Am spanischen Hof findet Faust Archisposa in der Gestalt der Königin von Spanien. Zur Unterhaltung des Hofes beschwört er antike Erscheinungen: Hektor im Kampf mit Achill und die Entführung Europas durch Jupiter. Zuletzt zaubert er sein Spiegelbild und das der Königin an die Stelle der klassischen Bilder. Während der Hof gebannt diese Illusionen betrachtet, ergreift Faust Besitz von der Königin und entführt sie.

3. Bild: Pandämonium. Auf dem Gipfel ihrer Liebesraserei finden sich Faust und Archisposa zu einer Orgie in der Hölle ein. Als Archisposa bei der »Schwarzen Messe« ihre Pflicht als Erzbuhlin des Teufels erfüllen muß, flieht Faust angewidert.

4. Bild: Das Trugbild. Faust hat sich zu Helena in die klassischen Gefilde seliger Harmonie und Gelöstheit geflüchtet. Archisposa bricht in diese Welt ein und vernichtet Fausts Traum. Die antike Welt zerfällt in Staub und Asche.

5. Bild: Die Begleichung. Im Trubel eines mittelalterlichen Volksfestes findet Faust die reine Liebe Margarethes. Bellastriga fürchtet, Faust könne sich durch sie den höllischen Kreisen entziehen, und ruft Archisposa mit ihrem Gefolge zu Hilfe. Der Pakt wird präsentiert. Faust zerfetzt ihn und wird von der Menge zerstampft. Auch Margarethe kommt um.

Obwohl das Libretto zu dem fünfaktigen Ballett »Abraxas« von Werner Egk stammt, heißt der geistige Vater dieses Werkes doch Heinrich Heine. Und gerade Heines letzter Satz in den »Einleitenden Bemerkungen« zu »Der Doktor Faust; ein Tanzpoem (Entwurf zu einem Ballett)« rechtfertigt Egk, auf dieses Heinesche Libretto zurückzugreifen; hier schreibt der Dichter: »... Das ist die Genesis der Faustfabel, von dem Theophilusgedichte bis auf Goethe, der sie zu ihrer jetzigen Popularität erhoben hat.« Egk hat die Gliederung des Tanzpoems beibehalten, wie sie Heine vorschwebte, sein Libretto dagegen recht frei bearbeitet. (Heines Libretto hatte weder einen Komponisten noch einen Choreographen gefunden; der Direktor des Theaters Ihrer Majestät der Königin zu London, Mr. Lumley, honorierte das Libretto, aber er verhinderte seine Realisierung. Erst der tschechoslowakische Komponist František Škvor hielt sich mit seinem Ballett »Doktor Faust«, 1926, eng an den Text des deutschen Dichters.) Die Bellastriga in Egks Buch heißt bei Heine Mephistophela, sie erscheint aber dort schon als »eine Ballettänzerin«; die Archisposa ist Heines Domina, die Satansbraut, sie trägt den güldenen Schuh. Die Aufhebung von »konkreter Zeit« im Ablauf des Balletts ist ebenfalls schon bei Heine angewendet, das 1. und 5. Bild sind im »gotischen Stil«, das 2. wird im »ältesten Rokokogeschmack« dargestellt, im 3. verlangt Heine eine Mischung von »märchenhafter Pracht und positivem Grauen«; das 4. Bild »atmet griechische Heiterkeit, ambrosischen Götterfrieden, klassische Ruhe«. Egk verschafft sich damit, daß er im 2. Bild den spanischen

Hof Karls IV. wählt, die Möglichkeit zum Kontrast zwischen der höchsten formalen gesellschaftlichen Disziplin und dem hemmungslosen Treiben Fausts und der Erzbuhlin. Das Pandämonium hat Egk ins Fin de siècle verlegt. Der von Egk gewählte Titel »Abraxas« weist auf die Magier-Lehre der Kabbala. Das Wort muß in diesem Zusammenhang so verstanden werden, daß der Böse über ungezählte Möglichkeiten der Verwandlung verfügt.

Die Münchner Uraufführung war für das deutsche Tanztheater das erste große Ereignis nach dem Zweiten Weltkrieg. Denn es gab eine heftige öffentliche Auseinandersetzung, die um die Fragen der »sittlichen Anstößigkeit« und der »künstlerischen Freiheit« kreiste. Endlich geriet der »Abraxas«-Streit ins Feld der politischen Querelen in Bayern. Nach nur fünf Vorstellungen im Münchner Prinzregententheater mußte die Uraufführungsversion abgesetzt werden. Die Affäre machte das Ballett in ganz Deutschland populär. Nach dem neuerlichen Erfolg des Balletts ein Jahr später in der Choreographie Janine Charrats (s. »'adame Miroir«) für die Städtische Oper Berlin haben viele Bühnen das Werk übernommen. Heute hingegen begegnet man »Abraxas« nur noch selten auf bundesdeutschen Bühnen. In der DDR wurde das Ballett – vor allem in den Einstudierungen von Tom Schilling (1957 Staatsoper Dresden, 1967 Komische Oper Ostberlin, 1982 Deutsche Staatsoper Ostberlin) – häufiger gespielt.

Werner Egk (1901–83), dessen gemäßigt moderner Kompositionsstil kaum eindeutig zu klassifizieren ist, hat eine ganze Reihe weiterer Ballettpartituren geschaffen, unter denen »Die chinesische Nachtigall« (s. d.) und »Joan von Zarissa« (s. d.) hervorragen. Sie zeichnen sich alle – wie auch seine Auftragsarbeit für das Ballett der Bayerischen Staatsoper, »Casanova in London« – durch ihre leichte Verständlichkeit im Musikalischen aus. Egks Vorliebe für die Bühnendisziplin Ballett kommt auch darin zum Ausdruck, daß er nichts gegen die »Vertanzung« seiner Konzertstücke einzuwenden hatte.

Marcel Luipart (1912–89), der zunächst als Mitglied der Ballets Russes de Monte Carlo, später als Solist des sogenannten »Reichsballetts« hervortrat und noch einige Jahre nach dem Zweiten Weltkrieg als der bedeutendste unter den in Deutschland geborenen klassischen Tänzern galt, schuf mit »Abraxas« seine erste wichtige Choreographie. Drei weitere Ballette, für die Günter Grass, der mit Luipart befreundet ist, die Libretti schrieb, hielten das Interesse an dem Choreographen wach. Unter ihnen ragt »Die Vogelscheuchen« (s. d.) hervor.

Laut Programmheft der Bayerischen Staatsoper fand die Uraufführung von »Abraxas« am 6. Juni 1948 statt, nicht am 8., wie in manchen Quellen angegeben. Solisten der Uraufführung waren: Marcel Luipart, Solange Schwarz, Irina Kladiwowa und Nika Nilanowa-Sanftleben.

Die Faust-Legende ist schon mehrfach als Ballett-Sujet verwendet worden. So spielte 1808 in Leipzig und Dresden die Deutsche Schauspieler-Gesellschaft ein »Faust«-Ballett. Eines der erfolgreichsten Ballette des berühmten Choreographen Jules Perrot (s. »Giselle«) war das 1848 in der Mailänder Scala zum erstenmal aufgeführte Ballett »Faust« mit Fanny Elßler als Margarethe und Perrot als Mephisto. Das Libretto – ebenfalls von Perrot – stützte sich auf den ersten Teil des Goetheschen »Faust«. Perrot inszenierte »Faust« 1854 in St. Petersburg mit Marius Petipa (s. »La Bayadère«) in der Titelrolle. Das Ballett blieb jahrzehntelang im Repertoire des Marientheater-Balletts.

Adagio Hammerklavier

Ballett in einem Akt. Musik: Ludwig van Beethoven (das Adagio aus der Hammerklaviersonate op. 106, 1817/18); Choreographie: Hans van Manen; Ausstattung: Jean-Paul Vroom; Uraufführung: Het Nationale Ballet, Stadsschouwburg, Amsterdam, 4. Oktober 1973. (Dauer: 24 Minuten.)

»Adagio Hammerklavier« ist das am meisten lyrische und (vom Technischen her) akademische Ballett, das *Hans van Manen* (s. a. »Metaforen«) bislang kreiert hat. Ein Ballett für drei Paare; es zeigt zuerst den Mißklang der Beziehungen zwischen ihnen, der durch unerfüllte Wünsche aufgekommen ist. Zorn und Melancholie herrschen. Im ersten Duett schwanken stets die Gefühle zwischen Anziehung und Zurückweisung, die sich im zweiten Duo steigern. Die kleinen, negativen Wellen der Irritation, die durch ein nicht beachtetes Appellieren an den Partner auftauchen, werden im Finalduett aufgegeben. Pure Harmonie ist nun der Grundgedanke. Die Quintessenz des Balletts wird klar durch das menschliche Variationsvermögen: Zuerst Stolz, aber dann die Geste, die um bedingungsloses Akzeptieren bittet.

Die Fülle von sentimentalen Ausbrüchen baut Hans van Manen in seiner Choreographie zu einer sich ständig steigernden Spannung auf, die aber immer vor dem Höhepunkt zurückgezogen wird. Dadurch entsteht eine fließende Bewegung, in der die angehaltenen Posen genauso wichtig sind wie das Tanzen.

Hans van Manen verlangt, daß »Adagio Hammerklavier« stets nur nach dem von Christoph Eschenbach bespielten Band des Adagio der Hammerklaviersonate von *Ludwig van Beethoven* (s. »Die Geschöpfe des Prometheus«) getanzt wird. Eschenbachs Interpretation zeichnet sich durch extrem langsame Tempi aus, die Hans van Manen auch für einen wesentlichen Bestandteil seiner Choreographie hält.

»Dies ist zugleich sein klassischstes und sein romantischstes Ballett – von einer überwältigenden Klarheit und Reinheit der Konstruktion. Man muß es sich auf der Linie ›Serenade‹ (s. d.) – ›Dances at a Gathering‹ (s. d.) denken – als deren Verlängerung mit typisch van Manenschen Mitteln und Formen, die sich hier in einem neuen Sublimierungsgrad präsentieren. In der ganzen Ballettliteratur hat es bisher noch keine Choreographie von so extremer

Langsamkeit über eine derart lange Zeitdauer mit einer so geradezu atemberaubenden Spannungsintensität gegeben.« (Horst Koegler)

»Adagio Hammerklavier« ist für den spezifischen Stil Hans van Manens (s. auch »Four Schumann Pieces«, »5 Tangos«, »Große Fuge«, »Metaforen«, »Septet extra« und »Twilight«), des wohl bedeutendsten lebenden europäischen Choreographen, außerordentlich charakteristisch. Es kann kein Zweifel daran bestehen, daß George Balanchine (s. »Agon«) Pate gestanden hat zum Gesamtwerk des Holländers. Doch weisen die meisten seiner Arbeiten über Balanchines Neoklassizismus hinaus. Ist Balanchines Choreographie im strengsten Sinne klassische Bewegung in Zeit und Raum und in Korrespondenz zur Musik, so kommen bei van Manen einige Stilelemente hinzu, die, mit einem Wort, ›utopisch‹ wirken. Aufbauend zwar auf dem akademischen Bewegungsmaterial – man erkennt die klassischen Pas, wie zum Beispiel die in »Adagio Hammerklavier« häufig, um nicht zu sagen geradezu programmatisch angewandte Arabesque, durchaus wieder –, veranlaßt van Manen die Tänzer zu einem Duktus der Motion, den man umschreiben muß, um ein Bild davon zu geben, was ihn von den Handschriften aller anderen Choreographen unterscheidet. Auch Balanchines Tänzer erscheinen athletisch – wie Sportler unserer Zeit. Die Tänzer van Manens aber sind mehr als das: Sie verkörpern ein Menschenbild, das ein Versprechen auf die Zukunft ist. Es ist der emanzipierte Mensch, der da tanzt, der von allen Zwängen, Frustrationen, Neurosen befreite Mensch, der Mensch, der seinen Körper nicht nur beherrscht wie ein Sportler, sondern ihn auch akzeptiert in all seinen Äußerungen – und der daraus seine unnachahmliche Würde bezieht. Hans van Manen erreicht das durch technische Mittel, zum Beispiel durch die sehr oft V-förmig nach oben gestreckten Arme

oder durch den fast permanenten Einsatz des Plié (Kniebeuge auswärts) oder des Fondu (Kniebeuge auswärts des Spielbeins), was dem Schreiten der Tänzer eine federnde, ja stählerne Note verleiht. Und geschritten, gelaufen wird bei Hans van Manen sehr viel. Allerdings nie sinnlos. Damit wird zunächst einmal der Raum erkundet und begrenzt (indem zum Beispiel das Viereck der Bühne abgeschritten wird). Oder es wird damit eine musikalische Phrase aus dem Gesamtgeschehen der Choreographie hervorgehoben: So schreitet ein Tänzer zu einem Instrumentensolo von einer Gasse über die Bühne in die gegenüberliegende Gasse. Man muß wohl an dieser Stelle betonen – weil diese Methode Hans van Manens inzwischen mit oft zweifelhaftem Erfolg Schule gemacht hat –, daß seine Gänge stets musikalisch und darüber hinaus dramaturgisch motiviert sind.

Ein anderes Mittel, das Hans van Manen mit schöner Regelmäßigkeit benutzt, um nachdrücklich zu zeigen, was er will, ist der Pas de deux für Männer. Damit will er darauf hinweisen, daß sich auch der männliche Tänzer emanzipieren muß – denn noch immer herrscht keine Gleichberechtigung im Ballett: die Ballerina ist die Sonne, um die sich alles dreht. Selbst ein weibliches Corps-de-ballet-Mitglied wird im allgemeinen immer noch höher eingeschätzt als ein männliches. Aber natürlich will Hans van Manen mit seinen Männer-Pas-de-deux (die übrigens nie peinlich wirken, dazu sind sie viel zu sehr den Gesetzen der Ballettästhetik unterworfen) auch sagen, daß die Emanzipation des Menschen erst dann vollständig sein kann, wenn er sich nicht mehr am Anderssein seines Nachbarn stört. Und er will auch damit sagen, daß Anderssein in einer Zeit der zunehmenden Gesichtslosigkeit, Uniformität in Habitus und Kleidung eine Qualität ist, die sehr hoch eingeschätzt werden sollte.

Die Uraufführung von »Adagio Hammerklavier« tanzten Alexandra Radius und Han Ebbelaar, Monique Sand und Henny Jurriëns, Sonja Marchiolli und Francis Sinceretti.

»Adagio Hammerklavier«, u. a. auch von der Deutschen Oper in Westberlin getanzt, wurde wiederholt vom deutschen Fernsehen ausgestrahlt.

'adame Miroir

Ballett in sechs Szenen. Libretto: Jean Genet; Musik: Darius Milhaud; Choreographie: Janine Charrat; Ausstattung: Paul Delvaux; Kostüme: Jacques Fath; Uraufführung: Les Ballets de Paris de Roland Petit, Théâtre Marigny, Paris, 31. Mai 1948.

Personen: Der Matrose; sein Spiegelbild; der Domino (der Tod).

I. *Auftritt und Tanz des Matrosen vor den Spiegeln.*
II. *Der Matrose und sein Spiegelbild.* Pas de deux.
III. *Auftritt des Todes und Tanz mit dem Matrosen und seinem Spiegelbild.* Pas de trois.
IV. *Tanz des Todes und des Matrosen.*
V. *Der Tod und das Spiegelbild des Matrosen.* Final.
VI. *Der Tod allein.* Danse macabre fuguée.

Ein junger schöner Matrose gerät auf einem Jahrmarkt in einen Spiegelpalast und weiß bald nicht mehr, wer er ist. Denn sein Spiegelbild, in das er verliebt ist, tritt aus dem Rahmen und tanzt mit ihm eine zärtliche Weise. Der Domino (der Tod) tritt zwischen sie und tötet den Matrosen. Das Spiegelbild bleibt allein zurück. Später tanzt es mit dem wiederaufgetretenen Domino, hinter dessen Maske sich aber nun der wirkliche Matrose verbirgt. Die beiden wechseln die Kleider: Der Matrose schlüpft in die Uniform des Spiegelbildes, das Spiegelbild in das Gewand des Dominos. Der Matrose wird selbst zum Spiegelbild, indem er in einen der Spiegel eindringt, wohin ihm der Domino (das ursprüngliche Spiegelbild) vergeblich zu folgen versucht.

Es gibt nur wenige Ballette, von denen man sagen kann, daß sie ihrer Zeit voraus waren. »'adame Miroir« von *Jean Genet* (1910–86) war es. Es ist nicht nur das erste absurde Ballett, sondern eines der ersten absurden Theaterstücke überhaupt. Vielleicht ist es sogar die allererste Arbeit eines absurden Dichters für das Theater. Fest steht jedenfalls, daß »'adame Miroir« fünf Jahre vor Becketts »Warten auf Godot« (1953) und zwei vor Ionescos »Kahler Sängerin« (1950) uraufgeführt worden ist, aber noch früher entstanden sein muß, da das Ballett schon in Genets autobiographischem »Tagebuch eines Diebes« erwähnt wird, das er 1947 abschloß. Es steht thematisch zwischen Genets Prosawerk »Querelle de Brest« und seinem ersten Schauspiel »Unter Aufsicht«. Um so merkwürdiger ist, daß »'adame Miroir« lange Zeit hindurch völlig vergessen war. Seit der Uraufführung war das Ballett nur einmal in Deutschland choreographiert worden: 1953 von Betty Merck in Gelsenkirchen. Wiederentdeckt wurde das Ballett von Hans Bender, der im Februar 1963 eine deutsche Übersetzung des Librettos in der von ihm redigierten Zeitschrift »magnum« veröffentlichte, und von Gise Furtwängler, die es im Dezember 1964 in Münster auf die Bühne brachte. Jean Genet selbst gab in seinem »Tagebuch eines Diebes« den Hinweis, der zur Wiederentdeckung führte: »Der ›Spiegelpalast‹, eine Jahrmarktsattraktion, ist eine Bude, deren Inneres ein Labyrinth aus gläsernen Wänden ist – teils Spiegel, teils durchsichtige Scheiben. Hat man gezahlt, so kann man eintreten. Da stößt man sich verzweifelt an seinem eigenen Spiegelbild oder an einer Glasscheibe, hinter der ein anderer Besucher steht. Die Gaffer im Freien verfolgen interessiert die vergebliche Suche nach dem Weg. (Die Szene lieferte mir den Stoff zu einem Ballett mit dem Titel ›'adame Miroir‹.)« Mit »'adame Miroir« wird das Generalthema aller Theaterstücke Genets angeschlagen. Der Mensch ist in einem Spiegelkabinett eingeschlossen, sein eigenes, sich stets verwandelndes und niemals zu fixierendes Spiegelbild führt ihn in die Irre. Dabei versucht er doch immer wieder, den Ausgang des Labyrinths zu finden, zu den anderen Menschen durchzustoßen. Aber er findet den Weg von Spiegeln versperrt. Die Welt ist mit Spiegeln verstellt, die nicht die Wirklichkeit widerspiegeln, sondern unsere Wunschträume, unsere geheimsten Wunschträume, die nach und nach zu Angstträumen werden. Genets Helden sind immer Ausgestoßene, die nutzlose Versuche unternehmen, aus dem Spiegelkabinett ihrer erotischen, von Sehnsucht getränkten Angstträume auszubrechen. Genets Spiegelkabinett besagt, daß das ganze Leben eine Illusion sei, Teil eines Traumes. Es demonstriert, niemand könne der Wirklichkeit sicher sein, nicht einmal der Identität der eigenen Person.

Nichts anderes finden wir in Genets Ballett »'adame Miroir« dargestellt. Bei dem Wort »'adame« mit einem Apostroph vor dem klein zu schreibenden a und mit einem stummen End-e handelt es sich offenbar um eine Wortschöpfung aus »Madame« und dem Namen des ersten Menschen. Gemeint ist die Unmöglichkeit, die Identität eines Menschen zu fixieren. Dabei ist das Zwittertum, das sich in der Zusammenziehung des weiblichen Madame und des männlichen Adam zeigt, sowohl im übertragenen Sinne wie buchstäblich zu verstehen. Alle Helden Genets sind zwitterhafte Geschöpfe – wie Adam es war. Das zweite Wort des Titels und des Namens ist »Miroir« – Spiegel. Der Matrose 'adame Spiegel also.

»'adame Miroir« ist ein beispielhaftes Ballettlibretto, denn es läßt sich auf kein anderes Medium übertragen. Hinzu kommt, daß das Ballett als Theaterdisziplin seiner Natur nach absurd, surreal ist, daß mithin alles Absurde, Surreale, bei ihm seinen Platz findet, was so weit geht, daß uns das Verrückte, Unnatürliche, Alogische im Ballett oft schon wieder normal, natürlich, logisch erscheinen will.

Janine Charrat (geb. 1924) gehört mit Roland Petit und Maurice Béjart zu jener Choreographengeneration, die dem französischen Ballett nach dem Zweiten Weltkrieg noch einmal zu einer kurzen Blüte verhalf. Ihr Stil entspricht dem ihrer Generationsgenossen. Der klassisch-akademische Tanz, auf dem die Ballette der Charrat basieren, wird durch Bewegungsmaterial aus Tanzlokal, Revue und Stadion erweitert. Ihren ersten großen Erfolg als Choreographin hatte sie mit einer Version von Strawinskys »Jeu de Cartes« (1945; s. d.), das sie in einer Turnhalle spielen ließ. Als ihr bedeutendstes Werk gilt »Les Algues«, in dem sie Bewegungen von Geisteskranken verwendete. Ihre Neigung zu literarischen Stoffen, die allen französischen Choreographen seit Serge Lifars Tätigkeit an der Pariser Opéra eigen ist, hat sich vor allem in »'adame Miroir« niedergeschlagen. In Deutschland ist sie mit einer eigenen Version von Egks »Abraxas« (1949; s. d.), »Ein Sommertag« (1950) und »Casanova in London« (1969) desselben Komponisten hervorgetreten.

Darius Milhaud (1892–1974) ist aus dem Kreis der französischen Neutöner hervorgegangen, die sich die »Six« nannten. Er war stets – ganz bewußt – ein Eklektiker vom Romantizismus bis zur Atonalität und Polytonalität. Sein Ehrgeiz war, jedem seiner Werke eine eigene, unverwechselbare Sprache zu verleihen. Unter den Partituren, die Milhaud für das Ballett schrieb, ragen hervor: »La Création du Monde« (s. d.), »L'Homme et son Désir« (1921), »Le Train Bleu« (1924) und »Salade« (1924).

Laut Partitur fand die Uraufführung von »'adame Miroir« am 31. Mai 1948 statt, nicht – wie in manchen Quellen angegeben – am 2. Juni.

Die Solisten der Pariser Uraufführung waren Petit, Skouratoff, Perrault und Hamilton, die der Version Gise Furtwänglers in Münster Tilly Söffing, Heiner Schunke und Joachim Cubasch.

Agon

Ballett für zwölf Tänzer. Musik: Igor Strawinsky; Choreographie: George Balanchine; Uraufführung: New York City Ballet, City Center, New York, 27. November 1957.

I. Teil

A. *Pas de quatre.* Vier Jungen.
B. *Double Pas de quatre.* Acht Mädchen.
C. *Triple Pas de quatre. Coda.* Acht Mädchen und vier Jungen.

II. Teil

A. *Erster Pas de trois.* 1. *Prélude. Entrée.* Ein Junge und zwei Mädchen. 2. *Sarabande.* Solo für einen Jungen. 3. *Gaillarde.* Zwei Mädchen. 4. *Coda.* Ein Junge und zwei Mädchen.
B. *Zweiter Pas de trois.* 1. *Interlude. Entrée.* Ein Mädchen und zwei Jungen. 2. *Bransle Simple.* Zwei Jungen. 3. *Bransle Gay.* Ein Mädchen. 4. *Bransle de Poitou (Bransle Double). Coda.* Ein Mädchen und zwei Jungen.
C. *Pas de deux.* 1. *Interlude. Entrée.* Ein Mädchen und ein Junge. 2. *Adagio.* Beide. 3. *Variation.* Der Junge. 4. *Variation.* Das Mädchen. 5. *Refrain.* Der Junge. 6. *Coda.* Beide.

III. Teil

A. *Quasi Stretto.* Vier Mädchen und vier Jungen.
B. *Danse de quatre duos.* Vier Paare.
C. *Danse de quatre trios.* Acht Mädchen und vier Jungen.
D. *Coda.* Vier Jungen.

»Agon« (griech. Wettkampf) ist eine Suite von Tänzen. Der Klang wird nie lauter als Kammermusik. Auf der Bühne sind höchstens zwölf, meistens weniger Tänzer in schwarzweißem Trainingszeug.

Das Thema wird immer tänzerisch, niemals pantomimisch demonstriert. Trotzdem bilden Tanz und Thema eine immer wieder überraschende (übrigens stets amüsierende) Einheit. Erreicht wird das, indem der klassisch-akademische Tanz durch ungewöhnliche Akzentuierung in einen Charakterstil verwandelt wird. Die Grundhaltung der Tänzer ist dabei die olympischer Athleten. Die der Tänzerinnen ist von einer sehr weiblichen Note kühler Koketterie geprägt.

»Agon« fand die einmütige Zustimmung der Ballettkritik in der ganzen Welt. Nach der europäischen Erstaufführung am 24. Juni 1962 in der Hamburger Staatsoper schrieb Klaus Geitel in »Die Welt«: »Diese Wettkämpfe ... sind gleichzeitig ein Höhepunkt im Werk Balanchines wie im europäischen Ballett überhaupt. Wenn man eine Auswahl der für unser Jahrhundert repräsentativen Werke treffen müßte, Balanchines ›Agon‹ dürfte nicht fehlen.«

Bei der Uraufführung, die laut Balanchine am 27. 11., nicht am 1. 12. 1957 stattfand, wurden die Hauptrollen u. a. getanzt von: Hayden, Adams, Watts, Mitchell und Bolender.

Das Werk wird heute meist in der Choreographie von Balanchine aufgeführt. Als erste Compagnie nach dem New York City Ballet durfte das Stuttgarter Ballett diese dreizehn Jahre eifersüchtig gehütete Version übernehmen, inzwischen wird das Werk Balanchines aber auch von anderen Ensembles getanzt.

»Agon« zieht die Summe aus den Erfahrungen, die Strawinsky mit seinen Ballettpartituren »Apollon Musagète« (s. d.) und »Orpheus« (s. d.) gesammelt hat. Es ist ihnen stilistisch verwandt. Für seine seriellen Teile gilt das, was Strawinsky über seine seriellen Kompositionen überhaupt gesagt hat: »Selbstverständlich höre ich harmonisch und komponiere auf dieselbe Art wie bisher ... Die Intervalle meiner Reihen basieren auf der Tonalität.« Die Satzbezeichnungen: Sarabande, Gaillarde, Bransle ... sind einem französischen Tanzlehrbuch aus der Mitte des 17. Jahrhunderts entnommen.

Igor Strawinsky (1882–1971) war der bedeutendste Ballettkomponist der ersten Hälfte unseres Jahrhunderts. Sein Leben war von Anfang an eng verknüpft mit der Kunst des Bühnentanzes. Entdeckt wurde er von Serge Diaghilew, dem Impresario der Ballets Russes, für die er die meisten seiner Ballettpartituren zwischen 1910 und 1928 schrieb. Sein Schaffen in dieser Zeit läßt sich simplifizierend in zwei Perioden einteilen: Erstens die russische mit »Feuervogel« (s. d.), »Petruschka« (s. d.) und »Sacre du Printemps« (s. d.) als Höhepunkten. Ausgehend vom russischen Volkslied mit seinem Reihungsprinzip und seiner elementaren Rhythmik gelangte Strawinsky zu seiner sprichwörtlich gewordenen rhythmischen Motorik, die in Verbindung mit einer raffinierten Kompositionstechnik schließlich alle Elemente der Musik niederstampfte (»Sacre«), um sie dann jenseits der Tradition neu zu gewinnen.

»Les Noces« (s. d.) markiert den Übergang zur zweiten, neoklassizistischen Periode, die mit »Pulcinella« (s. d.) beginnt, mit der »Geschichte vom Soldaten« (s. Reclams Opernführer) fortgeführt wird und in »Kuß der Fee« (s. d.) und »Persephone« (s. d.), vor allem aber in »Apollon Musagète« (s. d.) gipfelt. In dieser Periode überprüft Strawinsky klassische Techniken auf ihre Zeitlosigkeit, indem er sie seiner stets sehr persönlichen Handschrift unterwirft, auch wenn er wie in »Pulcinella« Notenmaterial der Klassik (Pergolesi) oder aber wie in »Kuß der Fee« nur Zitate verwendet, im übrigen aber den Geist, hier den Tschaikowskys, zu treffen versucht. »Kuß der Fee« und »Apollon Musagète« sind darüber hinaus Musterbeispiele für den Neoklassizismus im Ballett selbst. Nachdem Diaghilew jahrelang über der Zusammenarbeit mit der künstlerischen Avantgarde das Wesentliche, nämlich den Tanz, vernachlässigt hatte, besann er sich Ende der zwanziger Jahre, nicht zuletzt durch Strawinsky dazu veranlaßt, auf das große

Erbe des russischen Balletts. Balanchine knüpfte 1928 in »Apollon Musagète« unmittelbar an Marius Petipa (s. »La Bayadère«) an, womit er Strawinskys Freundschaft gewann, der ihm in der Folgezeit alle seine Ballettpartituren zur Uraufführung anvertraute: so z. B. »Jeu de Cartes« (s. d.) und »Orpheus« (s. d.).

Die dritte Periode im Schaffen Strawinskys, seine überraschende, ja verblüffende Auseinandersetzung mit der seriellen Kompositionstechnik, gipfelte in »Agon«. Die spezifische Handschrift bleibt freilich auch in diesem Ballett bewahrt. Am Ende schließt sich der Kreis: »Agon« ist so unverwechselbar Strawinsky, wie es »Feuervogel« am Anfang war. In »Agon« hat Strawinsky seine Auffassung, daß die Musik eine »Sache für sich«, eine »absolute« Kunst sei, die völlig unabhängig von der gesellschaftlichen Wirklichkeit existiert und unabhängig von Gefühlen und Gedanken sein müsse, die sie bei den Zuhörern erwecken möge, konsequent weitergeführt, nachdem er schon in »Scènes de Ballet« (s. d.) ein abstraktes, handlungsloses Ballett geschaffen hatte. Bereits in den dreißiger Jahren hatte Strawinsky das Wesen der Musik folgendermaßen definiert: »Das Phänomen der Musik ist uns zu dem einzigen Zweck gegeben, eine Ordnung zwischen den Dingen herzustellen ... Um realisiert zu werden, erfordert diese Ordnung einzig und allein und mit gebieterischer Notwendigkeit eine Konstruktion. Wenn die Konstruktion vorhanden und die Ordnung erreicht ist, ist alles gesagt. Es wäre vergebens, dann noch etwas anderes zu suchen, etwas anderes zu erwarten.« (Igor Strawinsky, »Mein Leben«.)

Was hier Strawinsky für die Musik postuliert hat, gilt nicht weniger absolut für die Choreographie. Sie bedeutet nichts, aber auch gar nichts anderes als die Bewegung des Tänzers im Raum in Korrespondenz zur Musik, die unter anderem das Zeitmaß stellt. Balanchines Choreographie zu »Agon« entspricht völlig dieser Auffassung. »Strawinsky und ich haben ›Agon‹ für zwölf unserer fähigsten Techniker geplant. Es hat keine Handlung außer dem Tanz selbst. Es ist weniger ein Kampf oder ein Wettstreit als eine Maßkonstruktion im Raum, realisiert durch die sich bewegenden Körper, basierend auf ganzen Mustern und Folgen und Rhythmen und Melodien in zahllosen Verknüpfungen.« (Aus der amerikanischen Zeitschrift »Play Bill«.)

George Balanchine (Balantschiwadse) war nicht nur Strawinskys bevorzugter Choreograph, sondern ist auch einer der größten Ballettschöpfer unserer Zeit. Geboren 1904, erhielt er seine Ausbildung als Tänzer und Choreograph an der berühmtesten Ballettschule der Welt, der des Marientheaters in St. Petersburg (heute Kirow-Theater in Leningrad). Seine ersten Choreographien schuf er noch in Sowjetrußland. Von 1925 bis 1929 ist er Choreograph der Ballets Russes Diaghilews. Er gilt als der eigentliche Schöpfer des neoklassizistischen Balletts, der Erneuerung des Bühnentanzes aus dem Geiste Petipas und dessen Vorgängern. »Apollon Musagète« (s. d.) steht am Anfang als Schlüsselwerk, das alles Folgende erklärt. Erst mit »Agon« beginnt für Balanchine eine Schaffensperiode, in der er den klassischen Kodex nach dem Vorbild Strawinskys in Frage stellt (wenn auch nie restlos aufgibt) und im übertragenen Sinne seriell choreographiert. Auch hier – wie schon bei Strawinsky – bleibt die spezifische Handschrift stets erhalten, gleichgültig welcher Periode ein Ballett zuzurechnen ist. Balanchines Stärke waren stets die sogenannten abstrakten Ballette, Choreographien ohne Handlung, Kulissen und Kostüme. Ihm kam es stets nur auf die Korrespondenz zwischen Bewegung und Musik an, auf das also, was Ballett letztlich ist. Deshalb überrascht es auch gar nicht weiter, daß sich Balanchine immer wieder mit der Musik seines Freundes Igor Strawinsky beschäftigt hat. Von »Apollon Musagète« über »Baiser de la Fée«, »Danses Concertantes«, »Orpheus«, »Agon«, »Monumentum pro Gesualdo« und »Movements for Piano and Orchestra« bis hin zu dem »Violinkonzert« und dem »Duo Concertant« als sinnfälligste Ergebnisse eines großangelegten Strawinsky-Festivals im Jahre 1972 liest sich deshalb der gemeinsame

Werkkatalog wie eine Entwicklungsgeschichte des zeitgenössischen Balletts.

Bevor es freilich so weit war, dauerte es seine Zeit. Nach Diaghilews Tod 1929 lebte Balanchine künstlerisch von der Hand in den Mund. Erst das Angebot Lincoln Kirsteins, doch nach Amerika zu kommen, um in New York die Leitung der soeben gegründeten School of American Ballet zu übernehmen, ermöglichte schließlich wieder eine längerfristige Perspektive. Balanchine nahm an, wagte sich auf Neuland – und machte einen ballethistorischen Schritt. Denn was damals allenfalls als tänzerisches Entwicklungsland akzeptiert wurde, behauptete sich in der Folgezeit immer mehr als die Heimat des Balletts, das zwar auf den Traditionen aufbaut, sich aber neuen, gewandelten Einsichten und ästhetischen Erfahrungen nicht länger mehr verschließt. Balanchine nahm Abstand vom literarischen Ballett, das ohnehin nicht seine Domäne war; er warf Ballast ab, suchte zuletzt sogar die totale Abstraktion. Der Tanz erhielt in seinen Choreographien eine neue Bedeutung, er wurde unabhängig von anderen Künsten. Balanchine machte, mit einem Wort, das Ballett mündig. Seine Selbstcharakterisierung war daher mehr als ein bloßes Bonmot: »So wie der Papst Christus vertritt, bin ich der Stellvertreter Terpsichores, der Göttin des Tanzes.«

Wie recht er damit hatte, beweist ein kurzer Blick auf die Spielpläne aller Theater. Ohne die Übernahmen aus dem Repertoire des New York City Ballets, ohne die Kompositionen für sein Instrument, das er sich von 1948 an geschaffen hat, sähe es heute öde aus. Choreographien wie »Serenade« oder »La Valse«, »Concerto Barocco« oder »Allegro Brillante«, um nur ein paar der bekanntesten zu nennen, gehören heute gewissermaßen zur »eisernen Ration« eines jeden etablierten Ensembles.

Am 30. April 1983 starb George Balanchine, nachdem er schon vorher einer schweren Erkrankung wegen die Leitung des New York City Ballets hatte abgeben müssen. Zu Chefballettmeistern und somit zu seinen Nachfolgern wurden Peter Martins und Jerome Robbins ernannt, die schon vorher teils mit ihm, teils unter ihm einen Großteil der Ballettarbeit erledigt hatten.

Allegro Brillante

Klassisches Ballett. Musik: Peter Iljitsch Tschaikowsky; Choreographie: George Balanchine; Kostüme: Karinska; Licht: Jean Rosenthal; Uraufführung: New York City Ballet, City Center, New York, 1. März 1956.

Das erste Klavierkonzert von Tschaikowsky (s. »Dornröschen«) wird so oft gespielt, daß viele seine anderen Kompositionen für Klavier und Orchester darüber vergessen. Das »Ballet Imperial« (s. d.) von Georg Balanchine (s. »Agon«) auf Tschaikowskys zweites Klavierkonzert hat dieses Werk besser bekannt gemacht. Auch das dritte, unvollendete Klavierkonzert e-Moll op. 75 erschien Balanchine für ein Ballett geeignet. Es war Tschaikowskys letzte Komposition. Er starb am 25. 10. 1893, kurz nachdem er die Instrumentierung des ersten Satzes, »Allegro brillante«, vollendet hatte. Die Musik war ursprünglich als Teil einer Sinfonie konzipiert. Aber Tschaikowsky ließ die Idee fallen und schrieb den ersten Satz für Klavier und Orchester um. Besondere Merkmale der Musik: Sie ist lebhaft und ausdrucksstark, aber gleichzeitig verinnerlicht.

Balanchine erzählt keine Geschichte in diesem Ballett. Die Tänzer sollen nur die Musik sichtbar machen. Tatsächlich gelingt es Balanchine – wie in vielen anderen seiner Ballette –, den Theaterbesucher durch den Tanz nachdrücklich auf die Musik aufmerksam zu machen. Das Ballett macht die Struktur der Musik durchschaubar. »Allegro Brillante« erfreut sich nicht zuletzt darum großer Beliebtheit, weil es mit der kleinen Besetzung von einem Solistenpaar, vier weiblichen und vier männlichen Corps-de-ballet-Tänzern auskommt.

Barbara Karinska (1886–1983) war Balanchines bevorzugte Kostümbildnerin. Sie kam offenbar mit ihrem zaristischen Pomp dem Geschmack des ehemaligen Russen entgegen. *Jean Rosenthal* (1912–69) galt als die größte Beleuchtungskünstlerin, die das amerikanische Theater hervorgebracht hat. Unter anderem schuf sie die Beleuchtung für »West Side Story«. Die Bedeutung, die dem Licht in den Theatern der USA zugemessen wird, wird von Europäern immer unterschätzt. In Amerika ist das Ausleuchten eines Bühnenstücks eine anerkannte Kunst.

Getanzt wurde die Uraufführung u. a. von Maria Tallchief, Nicholas Magallanes, Arthur Mitchell und Jonathan Watts.

American Landscapes

Tanzstück in sechs Bildern. Musik: Charles Ives und George Gershwin; Choreographie: Jochen Ulrich; Bühnenbild: Uwe Lehofer nach Bildern von Jean-Paul Vroom; Kostüme: Reinhard von der Thannen; Beleuchtung: Hans Toelstede; Uraufführung: Tanz-Forum der Oper der Stadt Köln, Opernhaus, Köln, 5. Februar 1983. (Dauer: abendfüllend.)

1. Bild: Highway Number One

Musik: »Orchestral Set No. 2«, Satz 1 und 2, sowie »Three Places in New England«, Satz 1, von Charles Ives.

Personen: Zwei Reisende, sechs Jugendfreunde, der Seiltänzer, drei Beobachter, die Läuferin.

2. Bild: Nevada

Musik: »Three Places in New England«, Satz 2 und 3, von Charles Ives.

Personen: Zwei Reisende, zwei Damen, eine vierköpfige Familie, die Verwandte, drei Beobachter, der Indianer.

3. Bild: Las Vegas

Musik: »Central Park in the Dark«, »Decoration Day«, »The Unanswered Question« von Charles Ives.

Personen: Zwei Reisende, drei Verführer, eine Jugendfreundin, sechs Showleute, das Tanzpaar, die Tanzprinzessin, sechs Artisten, zwei Idole, ihre fünf Begleiter.

4. Bild: Houston, Downtown

Musik: Songs von George Gershwin.

Personen: Ein Designer, drei Assistenten, zwölf Modelle.

5. Bild: Palm Springs

Musik: »Washington's Birthday« von Charles Ives.

Personen: Der Betrachter, dreizehn Motelgäste.

6. Bild: Californian Sunset

Musik: »Orchestral Set No. 2«, Satz 1 und 2, sowie »The Unanswered Question« von Charles Ives.

Personen: Abendgesellschaft (Ensemble).

Jean-Paul Vroom, bevorzugter Ausstatter des holländischen Avantgarde-Choreographen Hans van Manen (s. »Adagio Hammerklavier«), hat zwischen 1978 und 1980 – also mehr als ein Jahrzehnt nach seiner ersten Amerika-Reise – seine Eindrücke in einen Zyklus von sechs Siebdrucken gebannt, dem er selbst den Titel »Six American Landscapes« gab. »Als Jochen Ulrich diesen Zyklus sah«, so Helmut Scheier im Programmheft zur Uraufführung, »wurde er spontan zu einem Tanzstück inspiriert. Die Folge trägt den Titel: ›Highway Number One‹, ›Nevada‹, ›Las Vegas‹, ›Houston, Downtown‹, ›Palm Springs‹, ›Californian Sunset‹ und fixiert damit ziemlich genau das europäische Klischee von Amerika, den amerikanischen Traum, den der Europäer zu träumen nicht aufhört, einen Traum, in dem sich Wunsch und Wirklichkeit, trügerische Utopie und ernüchternde Realität miteinander verbinden. Was Ulrich an Vrooms Amerika-Bildern reizt, ist zunächst die Tatsache, daß sie alle menschenleer sind. Bloße Kulissen also? Nein, diese Natur- und Stadtlandschaften verlangen nach Menschen, suggerieren Erlebnisse, Geschichten, die sich darin zugetragen haben könnten an der Grenze zwischen Imagination und Realität, träumerisch illusionär, zugleich aber gebrochen, verstört durch Zeichen lebenbedrohender Alltäglichkeit einer ›modernen‹ Gesellschaft westlichen Zuschnitts. Damit aber ist auch deutlich, daß es Ulrich nicht darum zu tun ist, eine Interpretation Amerikas zu geben.«

In seiner Vieldeutigkeit ist dieses Tanzstück typisch für die Ästhetik, die *Jochen Ulrich* (geb. 1944) als Chef des Kölner Tanz-Forums im Lauf der Jahre entwickelt hat. Obwohl er im Grunde nur die Geschichte eines Freundespaares erzählt, die am eigenen Leib Amerika »erfahren«, erliegt er nie der Versuchung, die herkömmliche Ballettdramaturgie für ihn bedeutet. Seine Arbeit bleibt offen. Den harten Fotorealismus eines Jean-Paul Vroom, den der Bühnenbildner Uwe Lehofer nicht einfach reproduziert, sondern auf mannigfaltige Weise zu regelrechten Räumen ausweitet, nützt er in erster Linie dazu, ein Spiel seiner Phantasie in Gang zu setzen. Dabei bedient er sich der unterschiedlichsten Stilmittel, stellt tänzerische Sequenzen neben Formelemente des Bewegungstheaters, mischt Modern Dance mit zeitgenössischer Revue-Choreographie, wie er das zuvor schon in anderen Werken getan hat. Am Kölner Institut für Bühnentanz durch Leon Woizikowsky, Jonathan Watts und Peter Appel ausgebildet, wurde Ulrich 1967 Mitglied des Kölner Opernballetts und avancierte dort bald zu einem der führenden Solisten. Zusammen mit Helmut Baumann, Jürg Burth und Gray Veredon war er 1971 maßgeblich an der künstlerischen Neuorientierung des Ensembles und an der Gründung des Tanz-Forums der Oper der Stadt Köln beteiligt, das sich das Ballet Rambert und das Nederlands Dans Theater zum Vorbild nahm und sich demonstrativ vom hierarchisch strukturierten Theaterballett abgrenzte. Zuvor schon verschiedentlich als Choreograph hervorgetreten, machte er sich in der Folgezeit mit Stücken wie »Lewis C.« (Ivo Malec, 1970), »Des Knaben Wunderhorn« (Gustav Mahler, 1974) und »Für Maurice Ravel« (1975) rasch einen Namen. Zu seinen wichtigsten Arbeiten gehören auch »Die Regel war unabänderlich« (Johannes G. Fritsch, 1976), »Walzerträume« (Kurt Schwertsik, 1977), »Der blaue Mantel« (Benjamin Britten/Claude Debussy, 1979), »Der wunderbare Mandarin« (Béla Bartók, 1980), »Canto General« nach dem gleichnamigen Text Pablo Nerudas (Fritsch, 1981), »Coppélia« (Léo Delibes, 1987), »Lulu« (Nino Rota, 1990), »Graf Dracula« (Samuelina Tahija, 1991). Zunächst Mitglied eines Direktoriums, ist Jochen Ulrich seit 1979 alleiniger Direktor und Chefchoreograph des Kölner Tanz-Forums.

In seinem Tanzstück »American Landscapes« verwendet Ulrich in fünf Bildern verschiedene Kompositionen von *Charles Ives.* Der amerikanische Komponist (1874–1954) hat zwar keine Ballettmusik geschrieben, aber immer wieder haben sich Choreographen seiner Stücke angenommen – so George Balanchine (s. »Agon«) 1954 in »Ivesiana«, so Heinz Spoerli (s. »Vier Gesänge für Frauenchor«) 1975 in »Flowing Landscapes«. Als Grund zunehmender Auseinandersetzung wird immer die Komplexität seiner Musik genannt. Und in der Tat: Ives hat in seinen Stücken vorweggenommen, was Schönberg, Strawinsky und Bartók erst zehn bis zwanzig Jahre später geschaffen haben. In seinen Kompositionen entdecken wir »diejenigen Mittel, die insgesamt das kompositionstechnische Repertoire der Musik des 20. Jahrhunderts ausmachen und deren sich auch Cage, Boulez und Stockhausen bedienen. Die Integration der Dissonanz bis hin zu Cluster, Polytonalität, Polyrhythmik und das gleichzeitige Erklingen völlig unterschiedlicher musikalischer Materialien als Collagen sind für ihn wichtige Kompositionstechniken. Er verwendet für den damaligen Orchesterapparat ungewöhnliche Instrumente wie Okarina,

Banjo, Jazzinstrumentarium und bedient sich einer völlig originellen Notation.« (Werner Füsser)

Solisten der Uraufführung waren Leszek Kuligowski und Thomas Yang.

El Amor Brujo (Der Liebeszauber)

Ballett in einem Akt. Libretto: Gregorio Martinez Sierra; Musik: Manuel de Falla; Choreographie: Pastora Imperio; Uraufführung: Teatro de Lara, Madrid, 15. April 1915.

Personen: Candelas, eine junge Zigeunerfrau; Lucia, Zigeunermädchen; Carmelo, Liebhaber Candelas; das Gespenst (Tänzer); alte und junge Zigeunerinnen.

Ouvertüre (Allegro furioso, ma non troppo vivo). Die Szene stellt einen typischen andalusischen Dorfplatz dar: *»chez les Gitaneo«* – die Zigeuner tanzen und singen (Tranquillo misterioso). Eine der Zigeunerinnen singt ein Lied (*Chanson du chagrin d'amour;* Allegro), eine Liebesklage, die übereinstimmt mit dem Leid der Candelas; sie liebte einen Zigeuner, der ihretwegen niedergestochen worden war. Der Geist des Ermordeten verfolgt sie und raubt ihr alle Ruhe. Carmelo, ein frischer junger Zigeuner, wirbt um Candelas, aber wenn Carmelo sich ihr nähert, erscheint drohend das Gespenst (Mosso marcato). Candelas kann sich vom Einfluß des Gespensts nicht freimachen (*Danse de la frayeur;* Allegro ritmico).

Die Dorffrauen beschließen, Candelas zu veranlassen, dem Geist ein Opfer zu bringen. Reuevoll klagt sich Candelas in einem magischen Kreis (Andante molto tranquillo) an. Die Dorffrauen folgen ihr mit einem Beschwörungstanz (*Minuit – Les Sortilèges;* Lento e lontano), dem Candelas den rituellen Feuertanz folgen läßt (Allegro ma non troppo). Beschwörungsrufe (Aih! Aih!) verleihen dem Tanz den Charakter einer kultischen Raserei. Doch alles ist vergebens.

Nun entschließt sich Carmelo, Candelas die Furcht zu nehmen. Er selbst wird als Geist erscheinen. Lucia, die Freundin, ist eingeweiht (*Pantomime;* Allegro). Carmelo bedrängt seine geliebte Candelas (Andante tranquillo), aber da fällt sein Blick auf Lucia. Candelas scheint für ihn nicht mehr zu existieren, er folgt (Molto tranquillo) der Lucia und läßt Candelas zurück.

Carmelo kehrt in seiner gewöhnlichen Gestalt zu Candelas zurück. Die Liebe hat die Schatten der Erinnerung besiegt (*Danse du jeu d'amour;* Allegretto mosso). Das Finale (*Les cloches du matin;* Allegretto tranquillo) vereinigt das Paar beim Klang der Morgenglocken. Das ganze Dorf freut sich mit den Glücklichen.

Das Ballett »El Amor Brujo« von *de Falla* (s. »Der Dreispitz«) beruht auf einer alten iberischen Sage. Von der Handlung haben sich viele namhafte Choreographen inspirieren lassen. Die Uraufführung des Jahres 1915 fand über Madrid hinaus kein Echo, denn der Anregerin dieses Werkes, der Tänzerin *Pastora Imperio* (1894–1961), war kein Erfolg beschieden.

Berühmt war die Interpretation der großen Meisterin des spanischen Tanzes, der Argentina, die »El Amor Brujo« (in der Opéra Comique zu Paris) in den Blickpunkt der internationalen Öffentlichkeit rückte. Diese Aufführung ist zum Modell geworden für alle folgenden. Besonders der Rolle der Candelas wegen wird »Liebeszauber«, so der deutsche Titel, von Tanzheroinen bevorzugt, nicht nur von Spanierinnen (Argentina, Pilar Lopez, Carmen Amaya), sondern von allen Darstellerinnen, die dem Tanz leidenschaftlichen Ausdruck zu verleihen vermögen. Der »Feuertanz« war ein Paradestück für Podiumstänzer.

Apollon Musagète (Apollo)

Ballett in zwei Bildern. Libretto und Musik: Igor Strawinsky; 1. Choreographie: Adolph Bolm; Uraufführung: Kongreßbibliothek, Washington, 27. April 1928; 2. Choreographie: George Balanchine; Ausstattung: André Bauchant; Kostüme: Coco Chanel; Europäische Erstaufführung: Diaghilews Ballets Russes, Théâtre Sarah Bernhardt, Paris, 12. Juni 1928.

Personen: Apollon; Calliope; Polyhymnia; Terpsichore; Leto; Nymphen.

1. Bild: Die Geburt des Apollon. Das Largo der Musik ist der Ausdruck einer vom Szenischen her fast statisch dargestellten ungewöhnlichen Stunde: Leto gebiert im Morgengrauen das mit Zeus gezeugte Kind. Sie sitzt hoch auf einem Gerüst, Arme und Beine weit von sich gestreckt. Mehrere Male bäumt sie sich auf. Dann fällt sie vornüber. Das Licht, das sie aus der Dunkelheit herausgehoben hat, erlischt. Am Fuß des Gerüsts wird es hell. Der eben geborene Apollon erscheint: ein ausgewachsenes Wickelkind. Ungeschickt hüpft er nach vorn. Zwei Nymphen eilen herbei, ergreifen ihn und wickeln ihn aus seinen breiten weißen Bandagen. Aber noch bevor sie ihr Werk vollendet haben, führt der junge Gott voll plötzlicher Energie eine machtvolle Drehung aus und befreit sich selbst von dem Rest der Binden. Halbnackt, in weißen Trikothosen, steht Apollon nun da, ein wenig unsicher noch. Die Nymphen bringen ihm eine langhalsige Laute, auf der er göttliche Musik erklingen lassen soll. Dem Neugeborenen aber ist die Technik der Laute fremd. Die Nymphen, die hinter ihm stehen, lehren sie ihn, indem sie mit weit ausholenden Armbewegungen über die Saiten streichen. Bald ahmt er ihre Bewegungen nach: Apollon wird zum Gott der Musik.

2. Bild: Apollon und die Musen. Apollon, gekleidet in eine kurze Tunika, spielt (zu einem Violinsolo) auf seiner

Laute. Als zöge er eine Melodie nach der anderen herbei, tanzt er, beschwörend die Arme kreiseln lassend. Der Solovioline gesellt sich ein zweites Instrument hinzu. Apollon legt seine Laute nieder, und getragen von der »Macht der Musik« tanzt er in völliger Übereinstimmung mit ihr.

Pas d'action. Die Musen erscheinen: Calliope (Dichtung), Polyhymnia (Gesang) und Terpsichore (Tanz). Apollon schenkt jeder der drei Musen das Zeichen ihrer Kunst. Calliope erhält eine Tafel, Polyhymnia eine Maske und Terpsichore eine Lyra.

Variation der Calliope (Allegretto). Strawinsky schrieb den Tanz der Calliope im Maße der Alexandriner, der französischen Versform. Calliope mit der Tafel tanzt ein sehr bewegtes Solo; sobald sie vor Apollon erscheint, macht sie alle Anstrengungen, ihm zu gefallen. Sie schreibt Verse auf ihre Tafel. Die Musik schildert ihre »Begrenzung«. Furchtsam, ob sie die Gesetze ihrer Kunst erfüllt habe, bringt Calliope dem Apollon ihre Verse dar.

Variation der Polyhymnia (Allegro). Sie trägt eine Maske, und der Tanz beginnt mit brillanter Würde. Bald aber legt die Muse ihre Maske ab und folgt der drängenden, rhythmischen Melodie. Während des Tanzes hat Polyhymnia anstelle der abgelegten Maske ein anderes Zeichen gewählt: sie verschließt sich den Mund mit dem Finger. Doch überwältigt sie ihr jugendlicher Enthusiasmus, sie »vergißt sich« und öffnet den Mund zum Schrei. Apollon weist sie mit einer herrischen Geste von der Szene.

Variation der Terpsichore (Allegretto). Mit der Lyra, die sie hoch über sich hält, beginnt Terpsichore ihren Tanz. Ihre Arme bilden die Lyra nach – so die völlige Übereinstimmung der ganzen Person mit ihrer Kunst ausdrückend, die im Tanze gefordert werden muß. Mit ihren Pas und einer Serie wohlausbalancierter *Arabesquen* ist sie die Verkörperung der Schönheit und Anmut. Sie tanzt zu der gleichen Melodie, die Calliopes Tanz begleitete.

Variation des Apollon (Lento). Der Gott der Künste hebt seine Arme gen Himmel und kniet ergriffen nieder – er hat sein Werk, die Schaffung der Künste, vollbracht. Als wolle er noch einmal bestätigen, daß alle Kunst von ihm komme, tanzt er seine Variation.

Pas de deux: Apollon und Terpsichore (Adagio). Apollon läßt der großen Bewegung den feierlichen Akzent der Ruhe folgen. Terpsichore, die ihn völlig verstanden hat, kehrt zurück. Sie berührt mit der Fingerspitze – nach dem Vorbild des Adam-Freskos von Michelangelo – den ihr entgegengestreckten Zeigefinger des auf dem Boden liegenden Apollon. Sie schaffen den Übergang in eine aufs höchste gesteigerte Bewegung: zum Pas de deux, der ein Hymnus auf die klassische Schönheit ist.

Coda: Apollon und die Musen (Vivo). Die Musen folgen den göttlichen Inspirationen. Inmitten der drei Musen steht Apollon. Von seiner Bewegung gehen die Bewegungen der Musen aus. Apollon führt sie als Troika über die Bühne. Am Ende beugt sich Apollon vor und ruht aus, sein Haupt in die Hände der Musen legend.

Apothéose (Largo e tranquillo). Mit kräftigen Akkorden ruft der unsichtbare Zeus aus der Höhe seinen Sohn. Apollon lauscht dem Ruf, dann wendet er sich den Musen zu, segnet sie und führt sie zum Gerüst zurück. Das Ballett endet mit einem Fries. Apollon auf der Plattform des Gerüsts, die drei Musen hintereinander auf der Treppe, Leto und die Nymphen am Boden huldigen Zeus.

Strawinsky (s. »Agon«) hat die Komposition im Auftrag der Mäzenin Elizabeth Sprague-Coolidge geschrieben. *Adolph Bolm* (1884–1951), Landsmann Strawinskys, einst Solotänzer bei Diaghilew in der Ära Fokine, Partner der Pawlowa, vielbegehrter Tänzer und einer der Pioniere des Balletts in Amerika, schuf die erste Choreographie und war der erste Apollon. Ruth Page tanzte damals die Terpsichore. Nach dem internen Fest in Washington bot Strawinsky das Ballett Diaghilew zur Aufführung an. Der zweite Choreograph war *George Balanchine* (s. »Agon«), der es wenige Monate später in Paris auf die Bühne brachte.

Die Titelrolle in dieser Version tanzte Serge Lifar; die drei Musen waren Felia Dubrowska (Calliope), Lubow Tschernitschewa (Polyhymnia) und Alice Nikitina, alternierend mit Alexandra Danilowa (Terpsichore). Die Choreographie Balanchines hat seit der Erstaufführung einige Änderungen erfahren. Das Bühnenbild verschwand fast vollständig. Ursprünglich mit Requisiten dargestellte Szenen werden heute tänzerisch ausgeführt.

Das Ballett wird heute fast nur noch in der choreographischen Version Balanchines getanzt. Sie gilt als Schlüsselwerk des Neoklassizismus, der Moderne im akademischen Ballett überhaupt. Das Bewegungsmaterial von »Apollon Musagète« ist die Basis für alle folgenden Ballette Balanchines, aber auch für die meisten Arbeiten der jüngeren Choreographen in seiner Nachfolge.

Zum Verständnis des Balletts als Bühnenkunst in unserer Zeit sollte man wenigstens fünf Choreographien kennen: »La Sylphide« (s. d.), »Giselle« (s. d.), »Schwanensee« (s. d.), »Les Sylphides« (s. d.) und »Apollon Musagète«.

In den angelsächsischen Ländern wird »Apollon Musagète« heute meist unter dem Titel »Apollo« aufgeführt.

Aureole

Ballett in einem Akt. Musik: Georg Friedrich Händel; Choreographie: Paul Taylor; Beleuchtung: Thomas Skelton; Uraufführung: Paul Taylor Dance Company, Connecticut College, New England, Conn., 4. August 1962.

Das abstrakte Ballett, choreographiert zu Händels Concerto grosso Nr. 3, G-Dur, sowie dem 4. Satz aus dessen »Alexander-Fest«, gilt als eine der populärsten Arbeiten Paul Taylors. In dem kleinen Werk für zwei Tänzer und drei Tänzerinnen »fließt beispielsweise der Gefühlsausdruck des Freien Tanzes so harmonisch in den Formtyp eines konzertanten Balletts, daß man keiner stilistischen Reibung gewahr wird. Es ist ein taufrisches, jugendliches, blendend weißes, aus dem dynamischen Gegensatz der Contraction-Release-Technik aufgeladenes Stück, bei dem Händels Musik nicht in wörtlichem, sondern in einem übertragenen Sinn reflektiert wird: gleichsam gebrochen durch ein Prisma. ›Aureole‹ ist ein bewegendes Ballett, voll von bizarren Sprüngen, eigensinnigen Variationen, Diagonalen und skulpturalen Posen des Innehaltens. Von durchflutender Helle, von echtem Bewegungswitz und von einer Sparsamkeit, die innerer Reichtum ist.« (Gerhard Brunner in einer Besprechung für die »Stuttgarter Zeitung«.) Nach seiner Uraufführung durch Taylors eigene Compagnie wurde »Aureole« auch vom Ballett der Pariser Opéra und vom Königlich Dänischen Ballett ins Repertoire genommen. Auch Rudolf Nurejew hat die Choreographie verschiedentlich interpretiert.

Paul Taylor (geb. 1930) weiß sich in seinen Stücken immer seinen einstigen Lehrern verpflichtet: »Ich kann nicht behaupten, daß ich irgendwelche Theorien über Tanz besäße. Ich bin stolz auf das Erbe und auf die Grundlagen, die der amerikanische Tanz mir gegeben hat: die Freiheit zu tun, was immer ich zu tun für wert halte. Natürlich stehe ich in der Schuld meiner Lehrer und Förderer – Martha Graham, George Balanchine, Merce Cunningham und Antony Tudor, so wie auch alle anderen meiner Generation. Am meisten aber stehe ich in der Schuld meiner Compagnie, denn sie ist das Mark, die eigentliche Essenz dieser ›Augenweide‹, die wir anbieten.«

Seine Compagnie: 1960 hat Paul Taylor sie gegründet, um das zu verwirklichen, was er sich unter modernem Tanz vorstellt. Er bedient sich in seinen Choreographien vorwiegend des von Martha Graham (s. »Klytemnestra«) erarbeiteten Vokabulars. Was ihn von anderen Vertretern des Modern Dance amerikanischer Prägung unterscheidet, ist sein Humor, der einem Europäer allerdings zuweilen unfreiwillig vorkommt. Unter seinen Balletten ragen hervor: »Junction« (Bach), »Duet« (Haydn) und »Esplanade«

(Bach). Seine Choreographie »Three Epitaphs«, auf amerikanische Volksweisen, wie sie von ländlichen Kapellen bei Neger-Hochzeiten und -Begräbnissen in Alabama, Louisiana und Mississippi gespielt werden, verulkt Beerdigungsbräuche aus diesen Landschaften auf eine recht makabre Art. Von »Three Epitaphs« gibt es eine mustergültige Fernsehfassung, wichtig sowohl für den Tanz wie als Adaptation durch das Massenmedium.

Die Solisten der Uraufführung waren: Paul Taylor, Elizabeth Walton, Dan Wagoner, Sharon Kinney und Renee Kimball.

Ballet Imperial

Klassisches Ballett in drei Sätzen. Musik: Peter Iljitsch Tschaikowsky; Choreographie: George Balanchine; Ausstattung: Mstislav Doboujinsky; Uraufführung: American Ballet Caravan, Hunter College Playhouse, New York, 27. Mai 1941.

1. Satz: Allegro brillante. Nachdem Klavier und Orchester das Thema zum erstenmal gespielt haben, öffnet sich der Vorhang vor einer Diagonalen von acht Paaren. Die Partner schauen einander an, machen die Reverenz und beginnen zu tanzen. Weitere acht Mädchen treten auf, gefolgt von einer Solistin, die die Primaballerina ankündigt (wie am russischen Hof eine Großfürstin immer die Ankunft der Kaiserin ankündigte). Sie tanzt zur Klavierkadenz eine Serie von brillanten Pas. Später kommt ihr Kavalier hinzu. Dem Pas de deux folgt ein Pas de trois für die Solistin mit zwei männlichen Begleitern. Der Satz endet mit dem Wiederauftritt der Primaballerina und ihres Kavaliers in einem blendenden Finale.

2. Satz: Andante non troppo. Der Kavalier der Kaiserin – wie der Prinz in »Dornröschen« die Vision der schlafenden Schönen erwartend – tanzt zuerst mit acht Corps-de-ballet-Tänzern, die eine Arkade bilden. Dann tritt die

Ballerina auf und tanzt mit ihrem Prinzen ein Liebesduett. Am Ende aber geht die Primaballerina nicht mit dem Kavalier, sondern mit ihren anderen Begleitern ab. Der Prinz bleibt allein zurück.

3. Satz: Allegro con fuoco. Das Corps de ballet tritt zu den Klängen einer Polonaise auf, bald gefolgt von der Primaballerina und ihrem Partner. Der allgemeine Teil geht in ein kurzes Trio für die Solisten über, bevor das ganze Ensemble sich zu einem hinreißenden Finale vereint.

»Ballet Imperial« ist eine Huldigung *George Balanchines* (s. »Agon«) an Petipa (s. »La Bayadère«), die Welt des Marientheater-Balletts in St. Petersburg, die Attitüden und Gepflogenheiten des klassischen Balletts und (umstritten) die des Zarenhofes. Es ist eine wunderbare tänzerische Übersetzung der unterlegten Partitur, Tschaikowskys Klavierkonzert Nr. 2 (auf das Fragment des dritten Klavierkonzerts choreographierte er sein Ballett »Allegro Brillante«; s. d.). Die Musik *Tschaikowskys* (s. »Dornröschen«) ist eine großartige Basis für die hier angestrebte Beschwörung des Klassischen, wie es einmal war.

Solisten der Uraufführung waren: Marie-Jeanne, Gisella Caccialanza und William Dollar.

La Bayadère (Die Bajadere)

Ballett in vier Akten. Libretto: Sergei Chudekoff; Musik: Ludwig Minkus; Choreographie: Marius Petipa; Uraufführung: Marientheater, St. Petersburg, 23. Januar / 4. Februar 1877 (Jul./Greg. Kalender). (Dauer: abendfüllend.)

Personen: Solor, ein Krieger; Nikija, eine Bajadere; ein Brahmane; Gamsatti, Tochter eines Radscha.

Solor, ein Krieger, verliebt sich in die Bajadere (Tempeltänzerin) Nikija. Sie wird auch von einem Brahmanen geliebt. Aber ihn weist sie ab. Solor soll Gamsatti, die

Tochter eines Radscha, heiraten, was er nicht ablehnen kann. Gamsatti erfährt von Solors Liebe zu der Bajadere. Sie schickt Nikija einen Korb mit einer Giftschlange, an deren Biß die Bajadere stirbt. Solor träumt, daß er ihr ins Schattenreich folgt, dort mit ihr tanzt und sie um Verzeihung bittet. Im 5. Akt, der heute nicht mehr aufgeführt wird, heiratet Solor Gamsatti. Ihr Palast wird vom Blitz getroffen, stürzt zusammen und begräbt beide unter sich.

Der Librettist *Sergei Chudekoff* (1837–1927) war ein enger Freund Petipas. Er ist der Autor einer vierbändigen Geschichte des Tanzes.

Als das Kirow-Ballett 1961 zum erstenmal in Westeuropa auftrat, zeigte es nichts Schöneres und Aufregenderes als die Szene im Schattenreich aus »La Bayadère«. Aus der Mitte des Rückprospekts treten nacheinander 32 Bajaderen auf, die sich in Serpentinen bis zur Rampe bewegen, wobei sie eine Arabesque penchée an die andere fügen. Am meisten bewundert man hier, wie Petipa es versteht, mit nur einer brillanten Figur die größte Wirkung zu erzielen.

In der Version des englischen Royal Ballet (vom 27. November 1963), die von Rudolf Nurejew inszeniert und von Philip Prowse ausgestattet wurde, ist die Reihenfolge im Schattenreich folgende: Auftritt Corps de ballet; Pas de trois für drei Solisten; Pas de deux; Pas de trois für drei Solisten; Pas de deux von Solor und Nikija; Corps de ballet und Soli für Nikija; Solo für Solor; Variationen für drei Solisten; Duett Solor-Nikija; Solo für Nikija; Pas de trois mit Corps de ballet; Pas de deux von Solor und Nikija; Solo für Nikija; Solo für Solor; Finale.

»Das Reich der Schatten« ist ein choreographisches Meisterwerk. Die Wirkung beruht auf tänzerischen, kaum auf dramatischen Effekten.

Ein sowjetischer Kritiker hat die Struktur »sinfonisch« genannt, was insofern zutrifft, als das Corps de ballet den Tanz der Solisten reflektiert oder überhöht. Das »Schattenreich« erinnert auch an den 2. Akt von »Giselle« (s. d.).

Aber der überfließende Ideenreichtum der Choreographie ist nicht mit dem in »Giselle« zu vergleichen. Jede der drei Variationen für die drei Solisten ist ein Juwel. Der Part für Solor und besonders der für Nikija sind bewunderungswürdig. Petipa hat die Rolle der Nikija für seine Lieblingsballerina, Jekaterina Wasem (1848–1937), choreographiert. Die Wasem war der Prototyp der Petipa-Ballerinen. Sie besaß eine fehlerlose Technik, war aber kalt und ausdruckslos. Am erstaunlichsten ist wohl, daß das Ballett so modern erscheint. Es ist viel weniger an seine Entstehungszeit gebunden als viele andere Ballette. »La Bayadère« ist ein glanzvolles Zeugnis für die zeitlose Frische des klassischen Tanzes.

Ludwig Minkus (1826–1917) wurde 1861 der offizielle Ballettkomponist am Bolschoi-Theater in Moskau. 1872 erhielt er die gleiche Position am Marientheater in St. Petersburg, was zu einer engen Zusammenarbeit mit Marius Petipa führte. 1886 trat er von seinem Posten zurück und kehrte nach Österreich heim. Seine erfolgreichsten Ballettpartituren waren »Fiammetta«, »Don Quixote« (s. d.), »Camargo«, »La Bayadère«, »Paquita« (s. d.) und »La Source«. Minkus schrieb Gebrauchsmusik, die nicht so sehr nach ihrer musikalischen Substanz als nach ihrer theatralischen Wirksamkeit beurteilt werden sollte, um so mehr als Petipa ihm genau vorschrieb, was verlangt wurde (s. dazu auch »Dornröschen« über die detaillierten Anforderungen, die Petipa an Tschaikowsky stellte).

Marius Petipa (geb. 1818 in Marseille, gest. 1910 bei St. Petersburg) kam nach einer erfolgreichen Karriere als Tänzer in Europa und Amerika, unter anderem als Partner der großen romantischen Ballerinen Carlotta Grisi und Fanny Elßler, 1847 nach Rußland. Zunächst war er Premier danseur des Marientheater-Balletts in St. Petersburg. Ab 1862 war er dessen Maître de ballet. In den folgenden 48 Jahren schuf er für das Hofballett des Zaren 54 neue Ballette, überholte 17 ältere Produktionen und stellte die Tänze in ungefähr 35 Opern. Seine Ballette, die in den meisten Fällen romantische Themen behandeln, sind formal der vollkommene Ausdruck ihrer Zeit. Sie enthalten stets mindestens einen großen Pas de deux mit einer Variation für die Ballerina, einer Variation für ihren Partner und Coda, außerdem verschiedene Pas d'action und Pas de caractère, ein Ballabile für das Corps de ballet, sowie Märsche und Polonaisen als Hintergrund für die Auftritte der Ballerina, für die das Ballett bestimmt war, deren Vehikel es zu sein hatte. Petipa erfand mit der Übernahme des Adagios (der langsam ausgeführten Schritte) der französischen Ballettschule und des Allegros (der schnell ausgeführten Pas) der italienischen Schule einen neuen Stil, den der Russischen Ballettschule. Der Akzent liegt freilich bei Petipa auf der Brillanz der Ausführung, ob es sich dabei um die halsbrecherischen Arabesquen in »La Bayadère«, die Attitüden des Rosen-Adagios in »Dornröschen« (s. d.) oder um das überschnelle Allegro der Pas und Jetés im »Blauen Vogel«-Pas-de-deux (ebenfalls »Dornröschen«) handelt. »Dornröschen« ist Petipas Hauptwerk, nicht »Schwanensee«, für das er nur die sogenannten »bunten Akte« (I. und III.) choreographierte. Von seinem Mitarbeiter Lew Iwanow stammen die berühmteren »weißen Akte« (II. und IV.), freilich, wie wir heute wissen, in Anlehnung an Petipas »La Bayadère«. Von den vielen Balletten Petipas werden heute neben den schon genannten auch außerhalb Rußlands noch »Dornröschen« (s. d.), »Raymonda« (s. d.), »Die Jahreszeiten« (s. d.) und »Paquita« (s. d.) getanzt.

Le Beau Danube (An der schönen blauen Donau)

Ballett in einem Akt. Libretto: Léonide Massine; Musik: Johann, Joseph und Eduard Strauß, arrangiert von Roger Désormière; Choreographie: Léonide Massine; Bild: Wladimir Polunin (nach Constantin Guys); Kostüme: Comte Étienne de Beaumont; Uraufführung: Théâtre de la Cigale, Paris, 17. Mai 1924.

Personen: Die Straßentänzerin; die Tochter; die Erste Hand; der Husar; der Dandy-König; der Athlet; der Manager; die Mutter; der Vater; ein Maler; der Gärtner; Modistinnen; Näherinnen; Stadtdamen; Dandies; wohlhabende Herren.

Wiener Sonntag im Prater. Wenn der Vorhang aufgeht, sieht man das Sonntagsvölkchen der »guten alten Zeit« und hört Musik des Walzerkönigs Johann Strauß. Ein junger Maler steht vor seiner Staffelei. Einige Strolche bummeln unbekümmert im Park und freuen sich am Anblick der zwei jungen schönen Mädchen, die mit ihren Eltern promenieren, an den Stadtdämchen, den Näherinnen und den Dandies. Der Maler ist begeistert von der Ersten Hand (der Anführerin der Näherinnen), und er beginnt mit ihr einen Flirt, vorgebend, sie malen zu wollen. Das Mädchen fühlt sich geschmeichelt. Aber da kommt der Dandy-König, der offenbar ältere Ansprüche hat, und führt die Erste Hand weg. Nun promeniert ein Husar mit der Tochter der Familie, ehrerbietig gegen die Eltern und draufgängerisch-charmant gegen das Mädchen. Sie tanzen eine *Mazurka* (Allegro), ein glückliches Paar. Hand in Hand gehen sie nach dem Tanz in den Park hinein.

Eine kleine Truppe von »fahrenden Artisten« tritt auf, sie produzieren sich hier im Freien: der Manager preist seine Attraktion an, die Straßentänzerin beginnt ein Solo, das schließlich in einen *Pas de trois* übergeht, als Athlet und Manager eine tolle »Hebe- und Schwung-Nummer« mit ihr produzieren (Presto). Alle Umstehenden applaudieren heftig.

Jetzt kehrt der Husar mit seinem Bräutchen zurück. Als die Straßentänzerin ihn erblickt, stürzt sie sich auf ihn – nun hat sie den Ausreißer wieder! Das Bräutchen erschrickt furchtbar und ist untröstlich, sie fällt in Ohnmacht – ihre Familie, empört, will nie mehr etwas von einem Husaren wissen. Die Straßentänzerin ihrerseits inszeniert auch einen Eifersuchtsanfall mit Ohnmacht. Die Spaziergänger gehen weiter. Schließlich ist der unentschlossene, hin- und hergerissene Husar allein – allein mit der Straßentänzerin. Die ersten Takte des Walzers »An der schönen blauen Donau« klingen auf – das Paar schmollt noch, keiner will den ersten Schritt tun. Aber dann setzt der Walzer ein, und der Husar und die Straßentänzerin werden von der Musik zu einem überschäumenden Tanz fortgetragen *(Pas de deux)*.

Das liebende junge Mädchen will nicht aufgeben. Denn der Husar ist ja einer von jenen, denen jede Frau zu verzeihen bereit ist. So viel rührende Liebe bezwingt auch den leichten Husaren – er läßt die Straßentänzerin stehen, der Walzer klingt aus, und nun schließt er das schöne, frische junge Mädchen aufs neue ins Herz. Die Eltern wollen zwar zunächst nichts mehr von dem schwankenden Freier wissen, doch die Schwester erwirkt den väterlichen Segen.

Das Finale verbindet alle zu einem »Hoch« auf das nun endgültig verlobte junge Paar.

Mit diesem Werk hat Léonide Massine die ganze Welt erobert. Es ist ein fröhliches Divertissement, in einen fast glaubwürdigen, jedenfalls aber liebenswürdigen Rahmen gestellt. Ununterbrochen blieb dieses Ballett auf dem Repertoire des Russischen Balletts während seiner Tourneen kreuz und quer durch die Welt. Alexandra Danilowa als Tänzerin und Tatjana Riabouschinska als die Tochter sind gerade mit diesen Rollen international berühmt geworden. Léonide Massine war der erste Husar, David Lichine der Dandy-König. Auch in Deutschland wird dieses leichte Werkchen gelegentlich aufgeführt.

Léonide Massine (1895–1979) erhielt seine Ausbildung als Tänzer an der Kaiserlichen Ballettschule in Moskau. 1914 engagierte ihn Diaghilew als Nachfolger von Nijinsky, der die Ballets Russes verlassen hatte. Massine debütierte mit der Titelrolle in der »Josephslegende« (s. d.). Sein erstes Ballett choreographierte er 1915. Nach Fokine und Nijinsky war er der dritte bedeutende Choreograph der Ballets Russes. Für sie schuf er unter anderem »Parade« (s. d.), »Der Zauberladen« (s. d.), »Der Dreispitz« (s. d.),

»Gesang der Nachtigall« (s. d.) und »Pas d'Acier« (1927). Berühmt geworden sind außerdem seine Ballette »Gaîté Parisienne« (1938), »Symphonie Fantastique« (1936) sowie seine Choreographien zu Tschaikowskys Fünfter, Brahms' Vierter, Beethovens Siebter und Schostakowitschs Erster Sinfonie, mit denen er eine Gattung schuf, die mißverständlich »Sinfonisches Ballett« genannt wurde. Darunter versteht man heute eine Choreographie, die den sinfonischen Charakter einer Musik tänzerisch nachvollzieht. Massines »sinfonisches« Ballett aber meint ganz simpel, daß dem Ballett eine ursprünglich für den Konzertsaal bestimmte Sinfonie unterlegt ist. Seine Handschrift wurde im Gegensatz zu der der meisten russischen Choreographen seiner Generation nicht so sehr von Petipa (s. »La Bayadère«) bestimmt als vom Stil des Bolschoi-Balletts, aus dem er hervorgegangen ist, und von Fokine, seinem Lehrer bei den Ballets Russes. Seine besten Ballette sind Charakterstücke wie »Der Dreispitz«. Darüber hinaus ist die Choreographie von Massen eine seiner Stärken.

Die Befragung

Ballett in einem Akt. Musik: Bernd Alois Zimmermann; Choreographie: John Cranko; Kostüme: John Neumeier; Uraufführung: Stuttgarter Ballett, Württembergische Staatstheater, Kleines Haus, Stuttgart, 12. Februar 1967.

Wenn sich der Vorhang öffnet, stehen in der Bühnenmitte drei Menschen ineinander verknäuelt, eine schmutzigrot- und eine weißgekleidete Tänzerin, dazu ein Tänzer in grauem Pullover und grauen Straßenhosen. Zu ihnen stürmt aus den Kulissen eine olivgrün uniformierte Gruppe, sechs Tänzerinnen, vier Tänzer; alle tragen Masken vor den Gesichtern, die sie zu anonymen Mitgliedern einer totalitären Gesellschaft machen. Diese Gruppe zerrt das verknäuelte Trio auseinander, trennt es, scheucht es in die Kulissen und formiert sich dann zu einem zum Publikum hin geöffneten Halbkreis, in den jeder der drei Hauptakteure, allein, zurücktritt, um sich der »Befragung« zu unterziehen.

Jeder der drei »Befragten« reagiert anders. Das Mädchen im schlechtgeschnittenen roten Sackkleid ist sich seiner Schuld – einer kafkaesken, unbestimmten Schuld – offenbar bewußt und sucht eine mitfühlende Seele unter seinen Peinigern. Der Mann unternimmt erfolglose Ausbruchsversuche, wird jedoch immer wieder eingefangen und muß für sein Aufbegehren mit brutaler Folterung büßen. Die Frau im bräutlich weißen Kleid scheint geistesabwesend und beinahe unbeteiligt an dem, was sie tut und duldet.

Zum Schluß ist das Trio wieder allein auf der Bühne; nun bilden die drei mit den Rücken zueinander einen kleinen Kreis, Hand in Hand, vergeblich bemüht, die Verklammerung der Finger zu lösen.

John Cranko »hat in diesem Werk auf jede äußere Brillanz, jede technische Virtuosität verzichtet; es gibt weder Sprünge noch Drehungen, fast tanzen die dreizehn Akteure mehr mit den Nerven als mit dem Körper. Trotzdem taucht Monotonie, der gefährlichste Feind solcher Werke, bei der ›Befragung‹ nie auf; Cranko geht auch den neuen Weg sicher; er herrscht, auch auf diesem Gebiet, souverän. Zur Deutung des nicht eben einfachen und nicht eben leicht zugänglichen Werkes scheint sich das Motto anzubieten, das Bernd Alois Zimmermann seiner – in Stuttgart von Siegfried Palm sensibel vorgetragenen – Cello-Sonate mitgab; es steht in der Vulgata, Liber ecclesiastes III, 1: ›. . . et suis spatiis transeunt universa sub coelo.‹

Die Vergänglichkeit, die sich ›unter dem Himmel‹ und in den ›allem zugeteilten Zeiträumen‹ vollzieht, faßt Crankos Choreographie – die genau auf der Musik Zimmermanns sitzt – in wirklich umfassenden Dimensionen. In solchen nämlich, die auch das in und an der Welt leidende menschliche Individuum miteinbeziehen, das gequält wird von Mitmenschen, die ihr Gesicht hinter Masken verborgen halten, und das der Trost des Ecclesiasten vielleicht nicht erreicht.« (Jochen Schmidt in der »Frankfurter Allgemeinen Zeitung«.)

Weniger verallgemeinernd könnte man »Die Befragung« eine Fortsetzung des von Cranko schon in der »Antigone« behandelten Themas vom Menschen, der in das Räderwerk machtpolitischer Interessen gerät, mit anderen Mitteln nennen. Hierher gehört auch sein letztes großes Ballett: »Spuren« auf die Zehnte von Gustav Mahler.

John Cranko (geb. 1927 in Südafrika, gest. 1973 bei Dublin auf dem Rückflug von einer Amerika-Tournee des Stuttgarter Balletts) schuf sein erstes Ballett, Strawinskys »Geschichte vom Soldaten« (s. Reclams Opernführer), für den Cape Town Ballet Club im Alter von 16 Jahren. 1946 wurde er als Tänzer nach England an das Sadler's Wells Theatre Ballet engagiert. Für diese Compagnie choreographierte er unter anderem »Tritsch-Tratsch«, das noch heute ab und zu aufgeführt wird. Bekannter geworden sind aus dieser Zeit seine Ballette »Pineapple Poll« (s. d.), »Beauty and the Beast« und »Harlequin in April«.

Die Arbeit für die beiden Compagnien Sadler's Wells Ballet und Sadler's Wells Theatre Ballet (heute beide: Royal Ballet) ließ Cranko Zeit, auch für andere Compagnien zu choreographieren, so für das New York City Ballet, das Ballet Rambert, die Pariser Opéra (»La Belle Hélène«) und die Mailänder Scala (»Romeo und Julia«). Über das Ballett hinaus bekannt wurde er mit der intellektuellen Revue »Cranks«, für die er das Buch geschrieben und deren Inszenierung er besorgt hatte. Höhepunkt seiner Karriere in England war, daß Benjamin Britten ihm die Uraufführungschoreographie von »Der Prinz der Pagoden« (s. d.) anvertraute, die einzige Partitur des Komponisten für den Bühnentanz und das erste abendfüllende Ballett überhaupt, das von englischen Künstlern geschaffen wurde. Mit dem »Pagodenprinzen« für die Württembergischen Staatstheater in Stuttgart begann 1960 auch Crankos deutsche Karriere. 1961 wurde er vom damaligen Stuttgarter Intendanten Walter Erich Schäfer zum Ballettdirektor berufen. Innerhalb von zehn Jahren machte er aus der bis dahin kaum bekannten Compagnie das als »deutsches Ballettwunder« apostrophierte »Stuttgarter Ballett«. 1969 errang man in New York, 1972 in Rußland die Anerkennung als international konkurrenzfähiges Ensemble. Auch heute noch, nach Crankos tragischem Tod, sind die Stuttgarter eine der führenden Ballettcompagnien der Bundesrepublik. Seit 1971 gibt es in Stuttgart die erste westdeutsche Ballettschule mit Internat (anfangs unter Leitung von Anne Woolliams, dann Heinz Clauss, später Alex Ursuliak), vergleichbar den Instituten in Leningrad, Kopenhagen und London. Die Aufgabe dieser Schule ist, nicht nur gute deutsche Tänzer heranzubilden, sondern auch das von Cranko in Stuttgart Geschaffene zu bewahren. Das Geheimnis von Crankos Erfolg war unter anderem, tänzerische Begabungen erkennen zu können. So ist die Stuttgarter Primaballerina, Marcia Haydée, heute eine der besten Tänzerinnen der Welt und inzwischen als Nachfolgerin von Glen Tetley Direktorin des Stuttgarter Balletts, eine Entdeckung Crankos. Ähnliches gilt für die männlichen Solisten Egon Madsen und Richard Cragun. Darüber hinaus besaß Cranko einen untrüglichen Instinkt für das Theater, verbunden mit dem Wunsch, sein Publikum zu unterhalten, wobei ihm sein Humor zustatten kam. Er war unbestritten der größte Choreograph von Handlungsballetten in unserer Zeit. Neben seinen abendfüllenden Handlungsballetten wie »Romeo und Julia« (s. d.), »Onegin« (s. d.) und »Der Widerspenstigen Zähmung« (s. d.) hat Cranko auch immer wieder sogenannte abstrakte Ballette in der Nachfolge Balanchines (s. »Agon«) choreographiert; mit gelungenen Experimenten wie »Opus 1« (s. d.), »Die Befragung« und »Présence« (s. d.) entwikkelte er den Bühnentanz weiter. Sein im Januar 1972 entstandenes Ballett »Initialen R. B. M. E.« (s. d.) auf das 2. Klavierkonzert von Brahms zog mit choreographischem Genie die Summe aller bis dahin gemachten Erfahrungen.

Im Gegensatz zu Balanchine geht es Cranko in allen seinen Balletten um den Menschen. Das hat auch seine Handschrift beeinflußt, die, auf dem klassisch-akademischen Tanz basierend, sehr expressiv, oft sogar unerbittlich bis zum Terroristischen ist, vergleichbar dieser Qualität in der avantgardistischen Musik.

Innerhalb kürzester Zeit machte sich der Kölner Komponist *Bernd Alois Zimmermann* (1918–70) mit der Oper »Die Soldaten« und einem halben Dutzend Balletten den Namen, der bedeutendste Szeniker seit Alban Berg und Igor Strawinsky zu sein. Unter Berufung auf James Joyce hat er eine Revolution angezettelt, die das Musiktheater verändern sollte: Oper wie Ballett. Es ist keine Übertreibung, wenn man sagt, daß seine »Soldaten« für die Oper und sein »Présence« (s. d.) für das Ballett sind, was der »Ulysses« für den Roman war. Und das im weitesten Sinne, denn Zimmermanns Gesamtœuvre steht unter dem Gesetz des Joyceschen »Stundentanzes der Simultaneität«, ist eine Auseinandersetzung mit der Zeit, dem Zeitbegriff der Moderne, wie er vor allem in der Literatur geprägt ist, von Joyce und Pound und Proust und Musil und Mann und Gide ... Die Auseinandersetzung mit der Zeit und mit dem Musiktheater findet sich schon in Zimmermanns opus 1, der Ballettmusik »Alagoana« (1940). Im dritten Satz dieser fünfteiligen Brasilianischen Capricen schieben sich die musikalischen Ereignisse, die sich ursprünglich nacheinander einstellen, immer dichter zusammen, so daß die verschiedenen Einsätze nicht mehr zeitlich getrennt, sondern identisch sind. Man nennt diese dichten Klanggefüge heute Tontrauben oder geläufiger »Cluster«. In ihnen hebt sich die musikalische Zeit auf, kommt zum Stillstand, wird überwunden. »Vergangenheit, Gegenwart und Zukunft sind«, sagt Zimmermann, »lediglich in ihrer Erscheinung als kosmische Zeit an den Vorgang der Sukzession gebunden. In unserer geistigen Wirklichkeit existiert diese Sukzession jedoch nicht. Die Zeit biegt sich gewissermaßen zu einer Kugelgestalt zusammen.« In »Alagoana« vollzieht sich der »zeitliche« Prozeß nur in der Musik. Die Szene wird nicht ausdrücklich einbezogen. Zeit wird hörbar, aber nicht unbedingt sichtbar gemacht, es sei denn, der Choreograph besäße soviel Einsicht in das »offene« Wesen Zimmermannscher Musik – die im hohen Maße gestisch ist, nach der szenischen Attitüde verlangt. Zimmermann begreift Zeit nicht eindimensional, sondern als sinnliche Bewegung im Raum. Darum auch seine Affinität für das Ballett, das als Bewegung (in Zeit und) im Raum zu definieren ist. Diese Sicht findet ihren Niederschlag in zahlreichen Ballettkompositionen eines an sich schmalen Werkkatalogs: »Kontraste« (1953), »Perspektiven« (1955), »Présence« (s. d.), »Concerto pour Violoncelle et Orchestre en Forme de Pas de trois« (s. d.) und »Musique pour les Soupers du Roi Ubu« (s. d.). Sie sind, das eine mehr, das andere weniger, Muster für die verschiedenen Methoden, wie Zimmermann die Zeit kompositorisch zu überlisten versucht hat.

Alle Ballette Zimmermanns sind wie seine Oper »offene Formen«, sind in ihrer musikalischen Struktur »durchlässig«, das heißt, sie lassen dem szenischen Interpreten Spielraum innerhalb des musikalischen Rahmens. Mobilität, Variabilität, Mehrdeutigkeit ist Trumpf. Sie erfordern szenische Dialektik, einen Dialog zwischen Szene und Musik. Letztere liefert lediglich mehrdeutige Impulse. Die »pluralistische« Komposition erfordert eine pluralistische Interpretation.

Solisten der Uraufführung von »Die Befragung« waren: Ilse Wiedmann, Ana Cardus und Egon Madsen.

Les Biches

Ballett ohne Handlung in einem Akt. Musik: Francis Poulenc; Choreographie: Bronislawa Nijinska; Ausstattung: Marie Laurençin; Uraufführung: Diaghilews Ballets Russes, Monte Carlo, 6. Januar 1924.

Personen: Zwölf Backfische; drei Athleten; eine Dame im blauen Matrosenanzug eines Jungen; die Dame des Hauses in einem zitronengelben Kleid.

Szenarium: Eine große Hotelhalle mit phantastischen Dekorationen. Im Hintergrund ein sehr breites und sehr hohes Fenster. Rechts hinten ein ungewöhnlich breites blaues Sofa.

1. Rondeau: ausgeführt von zwölf Tänzerinnen. Sie tragen lange, blaßrosa Kleider, die im Gegensatz stehen zu ihrem kessen Auftreten. Sie knien nieder, erheben sich wieder, rotieren auf der Spitze, strecken verführerisch die Arme aus – aber kein Partner ist zu sehen, den sie erweichen könnten. Wie übermütige Backfische eilen sie davon.

2. Chanson dansée: Drei Männer, nur mit Badehosen bekleidet, kommen zu einem *Pas de trois* – sie parodieren die männliche Kraft; kraftmeierisch protzen sie mit ihren Muskeln. Als die zwölf Mädchen kommen, »besichtigen« sich die beiden Gruppen gegenseitig, die Mädchen kreisen um die Athleten, aber diese können sich nicht für die jungen Dinger entscheiden.

3. Adagietto: Mit gezierten Schritten *sur les pointes* tritt eine recht extravagante junge Dame auf: sie ist wie ein Page in ein blaues Matrosen-Habit gekleidet und promeniert nun durch die Halle, während die Rosamädchen mit den drei Badehosen-Männern flirten; der erste Athlet geht mit einer Gruppe der Rosamädchen ab, der andere mit den übrigen; der dritte Mann aber nimmt auf dem blauen Sofa Platz, von wo aus er das Solo der Pagen-Dame beobachtet; er steht auf, und am Ende des Tanzes führt er die Dame davon.

4. Jeux: Die jungen Männer mit den Rosamädchen kommen zurück, rücken das Sofa in die Mitte; sie setzen springend über das Möbel, formieren sich zu einem ausgelassenen Tanzspiel; die blaue Matrosen-Pagen-Dame und der dritte Mann kommen hinzu – groteske Szenen am Sofa.

5. Rag Mazurka: Die Dame des Hauses in einem zitronengelben Kleid tritt auf; mit der einen Hand spielt sie mit ihrer langen Perlenkette, in der anderen hält sie eine überdimensional lange Zigarettenspitze. Zwei junge Männer, provozierend in ihrer Männlichkeit, tanzen stampfend auf sie zu. Die Gastgeberin ist entzückt und fordert die beiden zu einem *Pas de trois:* Rag Mazurka auf. Die Männer haben alle Geschicklichkeit anzuwenden, sich von der allzu hingebungsbereiten Gelben zu befreien.

6. Andantino: Die Blaue kommt zurück zu einem *Pas seul,* der nach dem Hinzutreten ihres Verehrers in einen *Pas de deux* übergeht. Das Liebespaar geht ab.

7. Chanson dansée: Die Rosamädchen wirbeln herein, ihre beiden Partner hinter ihnen her, sie belagern das Sofa – zwei der Mädchen tanzen vor ihnen, sie sprechen für alle.

8. Finale: In den verschiedensten Gruppen treten alle noch einmal auf: erst die Mädchen, dann die Männer, gefolgt von der Blauen und endlich von der Gelben. Der Tanz ist so, als habe man alles Formale vergessen, was je das romantische Ballett ausgezeichnet hatte: er ist ausgelassen, parodistisch, übertreibend, persiflierend, grotesk.

»Les Biches« (Die Hindinnen) war eines der erfolgreichsten Ballette der Diaghilew-Ära. Von *Francis Poulenc* (1899–1963), einem Komponisten der Gruppe der »Six«, heißt es, er habe zwei Seelen, die »eines Mönchs und die eines Lausbuben«. In »Les Biches« ist er ein »leichtfertiger Musikant«; Poulenc selbst bezeichnet das Werk als »Ausdruck des Mutwillens«. Bronislawa Nijinska wollte das Ballett als zeitgemäßes Pendant zu »Les Sylphides« aufgefaßt wissen. Es gibt jetzt keine sylphidenhaften Mädchen mehr, die mit einem dichtenden Romantiker entschweben.

In dem Glanzstück der Choreographie, dem Adagietto, brillierte Vera Nemtschinowa; die Gelbe tanzte die Nijinska als eine Art Selbstpersiflage.

Bronislawa Nijinska, genannt »La Nijinska« (1891 bis 1972), stieß mit ihrem Bruder Waslaw, dem wohl berühmtesten Tänzer aller Zeiten, 1909 und 1911 zu den Ballets Russes Diaghilews. Für die Compagnie choreographierte sie neben »Les Biches«, ihrem Meisterwerk, u. a. die Ballette »Le Renard« (1922), »Les Noces« (s. d.) und »Le Train Bleu« (1924); für das Ensemble von Ida Rubinstein: »La Bien Aimée« (1928), »Kuß der Fee« (s. d.) und »La Valse« (s. d.). 1938 wanderte sie nach Amerika aus. – »Les Biches« erlebte eine neue Erfolgsserie durch seine Wiederaufnahme durch das Londoner Royal Ballet nach dem Zweiten Weltkrieg. Seitdem wird das Ballett wieder in der Choreographie der Nijinska getanzt.

Blaubart. Beim Anhören einer Tonbandaufnahme von Béla Bartóks Oper »Herzog Blaubarts Burg«

Szenen von Pina Bausch. Musik: Béla Bartók; Choreographie: Pina Bausch; Bühnenbild und Kostüme: Rolf Borzik; Uraufführung: Tanztheater Wuppertal, Opernhaus Wuppertal-Barmen, 8. Januar 1977. (Dauer: abendfüllend.)

Auf Rolf Borziks Bühne, einem hohen leeren Raum, dessen weiße Türen und Wände verschlissen, dessen Nischen angegraut sind, steht ein Tonband-Tischchen auf Rollen. Rötliches Laub bedeckt den weißen Boden. Ein tief verstörter Mensch sitzt auf einem Stühlchen vor dem Tonband, läßt die Oper (in der Aufnahme mit Hertha Töpper, Dietrich Fischer-Dieskau und Ferenc Fricsay) anlaufen, hetzt in seinem schwarzen abgewetzten Mantel zu einer Frau, die mit abgewinkelten Armen in einem schlichten roten Kleid auf dem Boden ausgestreckt liegt, mit dem Mann über das Laub robbt. Als ob noch eine Entwicklung anzuhalten, etwas zu verbessern, wiedergutzumachen wäre, stürzt der Mann zum Tonband, spult die Oper zum Beginn zurück, beginnt mehrere Male von vorn dasselbe, sinnlose, verhetzte Spiel. Aber es gibt kein Zurück. Der Mann, der sich wie Becketts Krapp ans Tonband setzt, versinkt nicht in Erinnerungen, sondern wird beim Abspielen und Zurückspulen in Alpträume gezogen, ist auf der Spurensuche nach einer wüsten, ihn krank machenden Vergangenheit (nach Jens Wendland).

Die ständige Wiederholung ist nach Meinung von Jochen Schmidt, der sich am intensivsten mit dem Œuvre Pina Bauschs auseinandergesetzt hat, das wichtigste Strukturprinzip dieser Szenen wie auch vieler nachfolgender Stücke. »Im großen und im kleinen«, so schreibt er in seiner Besprechung für die »Frankfurter Allgemeine Zeitung«, »in unmittelbarer Folge und in größeren Abständen, wiederholt sich in Pina Bauschs ›Blaubart‹ alles und jedes: außer der Musik (und häufig getrennt von ihr) auch szenische Abläufe, Bewegungen, Gesten, Gruppierungen, Posen, Sätze, Wörter, Töne, Geräusche. Manches wird zweimal, dreimal repetiert, manches acht- oder zehnmal, wenn nicht öfter. Da ist immer wieder dieselbe, Zärtlichkeit heischende Handbewegung der Frau, immer derselbe, nur heftiger werdende Druck auf deren Kopf, immer dasselbe Über-den-Boden-Schieben, Gegen-Wände-Rennen, Die-Wände-Hochgehen...

Vorgeführt wird mit solchen Mitteln die grauenhaft komische Tragik dessen, was einmal ›Kampf der Geschlechter‹ hieß: der Versuch von Frauen und Männern, zueinander zu finden, die Unmöglichkeit, wirklich zueinander zu kommen, die Ersatzhandlungen, die Konventionen, die Rituale des Umgangs: Zärtlichkeit, in Brutalität übergehend, Liebe, von Zwang, Gewalt und Unterdrückung

begleitet, wilde Kopulation, scheue Suche, Angst vor Einsamkeit wie vor allzu großer Nähe und Intimität, Rückträumen in eine Kindheit, in der schon die Wurzeln allen Übels liegen – und alles das möglichst wenig geschönt, möglichst wenig abgeschwächt durch die Übersetzung in den Formenkanon einer tänzerischen Schule, sondern möglichst kraß, rüde, roh und unbehauen belassen.«

Pina Bausch (geb. 1940 in Solingen) ist eine der wenigen Choreographinnen von Rang, die ihre Kunst nicht vom klassischen Ballett ableiten. Nach ihrem Studium an der Essener Folkwang-Schule ging sie 1959 für zwei Jahre nach New York, um dort einerseits bei so berühmten Lehrern wie Antony Tudor (s. »Dark Elegies«) und José Limón (s. »The Moor's Pavane«) zu lernen, um andrerseits aber auch beim New American Ballet und an der Metropolitan Opera zu tanzen. Zurückgekehrt, wurde Pina Bausch nicht nur in die Leitung des Folkwang-Tanzstudios in Essen berufen; sie begann auch zu choreographieren – und errang bereits mit ihrem zweiten Stück »Im Wind der Zeit« (Musik: Mirko Dorner) 1969 den ersten Preis beim Choreographischen Wettbewerb in Köln. Zwei Jahre später lud sie der Wuppertaler Intendant Arno Wüstenhöfer als Konkurrenz seines hauseigenen Ballettdirektors zu den »Aktionen für Tänzer« von Günther Becker ein und betraute sie 1972 mit der Choreographie zum »Tannhäuser«-Bacchanale. Seit 1973 ist Pina Bausch Direktorin des Wuppertaler Tanztheaters. Nach einem ersten, in der Rückschau etwas zaghaft wirkenden Versuch mit »Fritz« (Gustav Mahler / Wolfgang Hufschmidt) fand sie erstmals mit ihren beiden Gluck-Interpretationen »Iphigenie auf Tauris« (1974) und »Orpheus und Eurydike« (1975) Anerkennung. Ihren Durchbruch erzielte sie ebenfalls 1975 mit »Frühlingsopfer« (s. »Sacre du Printemps«), ein Ballett, das später auch vom Fernsehen aufgezeichnet wurde. Mit Stücken wie »Die sieben Todsünden« (s. d.), »Blaubart«, »Arien« und »Keuschheitslegende« (beide 1979), »1980 – ein Stück von Pina Bausch« und »Viktor« (1986) löste sie sich immer mehr von einem tradierten Tanzverständnis, um mehr und mehr eine ganz eigene Art der theatralischen Kommunikation zu entwikkeln, für die »Szenen« wie die aus »Blaubart« typisch sind. Heute gehört Pina Bausch unbestreitbar zu den besonders profilierten Theaterpersönlichkeiten unserer Zeit, gleichermaßen gefeiert im In- und Ausland bei ihren zahlreichen Tourneen mit dem Wuppertaler Tanztheater.

Die Solisten der Uraufführung waren Marlies Alt (Judith) und Jan Minarik (Jean Mindo) als Blaubart.

Boléro (Bolero)

Ballett in einem Akt. Libretto: Ida Rubinstein; Musik: Maurice Ravel; Choreographie: Bronislawa Nijinska; Ausstattung: Alexandre Benois; Uraufführung: Théâtre Nationale de l'Opéra, Paris, 22. November 1928.

Der Bolero ist ein spanischer Paartanz, angeblich eine Schöpfung des Tänzers Zerezo, der ihn 1780 erfunden hat. Er besteht aus fünf Teilen: 1. Paseo (Promenade); 2. Traversias (Platzwechsel, croisé); 3. Diferencias (Wechsel der Schritte); 4. Traversias; 5. Finale mit Bien parado (Schlußattitüde).

Auf die alte spanische Tanzform aufbauend, hat Ravel seine Musik geschrieben, eine Musik, die im Grunde ein einziges großes Crescendo darstellt; sie ist auf zwei einander abwechselnde Themen aufgebaut, wovon jedes gleich lang ist und neunmal wörtlich wiederholt wird. So ist auch die Choreographie der Nijinska gebaut: als die Entwicklung von der Einzelperson (Thema), die auf dem knappsten Raum – nämlich auf einem Tisch in einer spanischen Zigeunerkneipe – tanzt, bis zum großen Gruppenfinale. Das Ballett hat keine Handlung – es ist aber immer in das spanische, genauer gesagt: andalusische Milieu verlegt worden; eine Festlegung für den Choreographen ist mit der Musik nicht verbunden, aber sicher ist, daß die Komposition, so rhythmisch faszinierend sie ist und »ins Blut geht«, als Ganzes kaum entsprechend theatralisch realisiert werden kann. Es ist von vielen Choreographen immer wieder versucht worden, aber nie ganz gelungen.

Bei der Pariser Premiere von 1928 tanzte Madame Ida Rubinstein die Solistenrolle des Balletts; ihr standen 20 Männer gegenüber.

Die russische Tänzerin *Ida Rubinstein* (1885–1960) war eine schöne Dilettantin. Fokine soll sie privat in der Tanzkunst unterrichtet haben. Sie tanzte die Titelrollen in »Cléopâtre« (1909) und »Schéhérazade« (s. d.) für die Ballets Russes Diaghilews. 1911/1928 gründete sie eigene Compagnien. Fokine, Nijinska, Massine (s. »Le Beau Danube«) und Jooss (s. »Der grüne Tisch«) choreographierten für das Ensemble. Berühmt geworden ist die Rubinstein vor allem durch die von ihr in Auftrag gegebenen Ballette: »Le Martyre de Saint Sébastien« (1911), »La Bien Aimée« (1928), »Boléro« und »La Valse« (s. d.).

Maurice Ravel (1875–1937) war neben Debussy der bedeutendste französische Komponist der ersten Hälfte des 20. Jahrhunderts. Er befreite sich bald von den Einseitigkeiten des Impressionismus, besonders in der Verfestigung der Formen. Man hat seiner Musik darum oft »Spieldosencharakter« nachgesagt. In allen Gattungen aber blieb er ein Kolorist und scharf beobachtender Schilderer. Für das Ballett schrieb er außer »Boléro«: »Daphnis und Chloe« (s. d.) und »La Valse« (s. d.). Vom Ballett adaptiert werden außerdem häufig seine Kompositionen »Valses Nobles et Sentimentales« (s. »La Valse«), »Le Tombeau de Couperin« und »L'Enfant et les Sortilèges« (1925). »Boléro« von Ravel ist eines der glänzendsten Orchesterwerke unseres Jahrhunderts und hat im Konzertsaal noch weit mehr als auf der Ballettbühne in aller Welt eine ungeheure Popularität erlangt.

Immer wieder haben sich Choreographen an dem Werk versucht – so beispielsweise Serge Lifar (s. »Phèdre«), Pilar Lopez und La Argentina, Leonid Lawrowski (s. »Romeo und Julia«) und vor allem Maurice Béjart (s. »Lieder eines fahrenden Gesellen«). Seine Fassung, 1961 ursprünglich für eine Solistin und ein männliches Corps de ballet geschaffen, hat sich im internationalen Repertoire durchgesetzt und wird inzwischen auch in anderen Konstellationen (männlicher Solist / weibliches Corps de ballet; männlicher Solist / männliches Corps de ballet) getanzt.

Brouillards

Ballett in zehn Bildern. Musik: Claude Debussy; Choreographie: John Cranko; Uraufführung: Stuttgarter Ballett, Württembergische Staatstheater, Großes Haus, Stuttgart, 8. März 1970.

I. *Brouillards (Nebel).* Ensemble.
II. *La Puerta del Vino (Das Tor zum Wein).* Pas de quatre. Ein Mädchen und drei Jungen.
III. *Voiles (Segel).* Pas de deux. Ein Mädchen und ein Junge.
IV. *General Lavine Eccentric (Cake Walk).* Pas de trois. Drei Jungen.
V. *Bruyères (Heide).* Pas seul. Ein Junge.
VI. *Les Fées sont d'Exquises Danseuses (Die Feen sind exquisite Tänzerinnen).* Pas de deux. Zwei Mädchen.
VII. *Feuilles Mortes (Tote Blätter).* Pas de deux. Ein Mädchen und ein Junge.
VIII. *Hommage à S. Pickwick Esq.* Ein Junge und Corps de ballet.
IX. *Pas sur la Neige (Schritte im Schnee).* Pas de trois. Ein Mädchen und zwei Jungen.
X. *Brouillards (Nebel).* Ensemble.

»Nebel, Schnee, Heide und Segel sind die vergänglichen Bilder in Debussys Musik; der Nebel verfliegt, der Schnee schmilzt, die Heide verblüht, und die Segel werden schlaff – nur Bedauern über ihre vergängliche Schönheit zurücklassend. Jeder Tag vergeht in Vergangenheit – wie alle menschlichen Beziehungen.« (John Cranko.)

»Brouillards« gehört zu den Choreographien Crankos (s. »Die Befragung«), die internationale Anerkennung gefunden haben, obwohl es nicht zu klassifizieren ist als dramatisches oder handlungsloses Ballett. Es gehört zu jenen Stükken des Choreographen, in denen Biographisches seinen Niederschlag gefunden hat. Dennoch darf es Allgemeingültigkeit für sich in Anspruch nehmen. In »Brouillards« ist es Cranko gelungen, für Debussys Musik (eine Auswahl aus dessen »Préludes«), Naturbeobachtung und menschliche Verhaltensweisen einen gemeinsamen Nenner zu finden.

So suggeriert das Ensemble im ersten Bild mit spektakulären Hebungen, Körperballungen und Gruppenkonstellationen zugleich den Nebel als Naturerscheinung im besonderen, wie alles, was vergänglich ist im allgemeinen. In »Puerta del Vino« gehen Weinseligkeit und spielerischer Flirt eines Mädchens mit drei Jungen Hand in Hand. Der Pas de deux »Segel« arbeitet mit Parallelbewegungen, was sowohl nautisch wie psychologisch verstanden werden kann. Mädchen und Junge mögen sich. »Cake Walk« ist ein sehr lustiger Pas de trois für drei Jungen, die sowohl Crankos Vorliebe für Clowns manifestieren, Charlie Chaplin und den Slapstick des Stummfilms beschwören wie auf die Nähe des Tänzers zur Marionette, auf die vielen Puppenballette (s. z. B. »Coppélia«) hinweisen. Sehr poetisch ist der Pas seul »Bruyères«, den ein Junge vor einer Parkbank tanzt, auf der ein Mädchen schläft, von dem er glaubt, es liebe ihn. Er schreibt dessen Namen buchstäblich mit Händen und Füßen »in jeden Kieselstein«, genauer auf den Bühnenboden. Aber es verschmäht ihn. Resignierend bleibt der Junge allein auf der Parkbank zurück. Die »exquisiten Feen« tanzen das, was eine Freundschaft zwischen Frauen

oft auffällig macht: Zärtlichkeit, die ab und zu in Aggression umschlägt. Zugleich ist dieser Pas de deux eine Huldigung an Tänzerinnen, die das gewisse Etwas haben, die kokett sind auf eine kühle, überlegene Weise. In »Feuilles Mortes« ist es Cranko besonders gut gelungen, die Bewegungen des fallenden und treibenden Laubes mit den Bewegungen eines Liebesspiels in Einklang zu bringen. Im achten Bild mit Debussys Verulkung der englischen Nationalhymne wird der Lebensweg eines englischen Gentleman mit Melone und Regenschirm verfolgt. Ähnlich wie im Rätsel, das Oedipus gestellt wird, tanzt er zuerst auf zwei Beinen, dann auf dreien (mit Regenschirm) und schließlich fällt er in das Grab, über dem der Schirm aufgerichtet wird mit übergestülpter Melone. Am tiefsten geht wohl der Pas de trois »Schritte im Schnee«. Ein Mädchen kann sich nicht zwischen zwei Jungen entscheiden.

Claude Debussy (1862–1918) war neben Ravel der größte französische Komponist der ersten Hälfte des 20. Jahrhunderts. Schon mit seinen Jugendwerken wandte er sich scharf gegen den Klassizismus und die Nachromantik. Mit Debussys sinfonischer Dichtung nach Mallarmé: »Prélude à l'Après-Midi d'un Faune« (»Nachmittag eines Fauns«, s. d.) begann eine neue Epoche, der Impressionismus in der Musik. Debussys Kompositionen sind meist schon ihrem Titel nach Schilderungen. Aber dabei handelt es sich nicht um Programmusik, sondern – wie Debussy sagt – um »seelische Übertragung dessen, was in der Natur nicht sichtbar ist«. Zu seinen Ballettkompositionen gehört u. a. »Jeux« (s. d.). Aber sowohl die »Préludes« wie »Nachmittag eines Fauns« wie »La Mer« und andere seiner Werke sind immer wieder von Choreographen adaptiert worden.

Die Solisten der Uraufführung waren u. a.: Birgit Keil, Judith Reyn, Susanne Hanke, Egon Madsen, Richard Cragun und Heinz Clauss.

Bugaku

Ballett in drei Teilen. Musik: Toshiro Mayuzumi; Choreographie: George Balanchine; Ausstattung: David Hays; Kostüme: Karinska; Uraufführung: New York City Ballet, City Center, New York, 30. März 1963.

Personen: Braut, Bräutigam, Brautführer und Brautjungfern.

Der Vorhang öffnet sich. Die Bühne (ein Hof, der von einer niedrigen Rampe umgeben ist und nach hinten von einer breiten Treppe abgeschlossen wird, die auf einen Steg führt, der nach beiden Seiten in den Gassen endet) ist leer. Man hört die fremdartigen Töne der Orchesterintroduktion. Fünf Mädchen treten auf und tanzen zeremoniell, gefolgt von der Braut in einem rosenfarbenen Hemd. Mit ihnen vereinigen sich fünf Jungen und der Bräutigam zu den Tönen der Trommeln. Später treten die Paare in zeremoniellen Kostümen auf, angeführt von dem Brautpaar. Die Schleppe des Hochzeitskleides spielt eine große Rolle im Pas de deux mit dem Bräutigam. Denn die Ausstattung ist ebenso wichtig oder unwichtig wie die Liebe, der gehuldigt wird. Beide sind Teile des Rituals. Die Begleiter befreien das Brautpaar von den zeremoniellen Roben. Nun wird ihr Tanz zu einem Pas de deux gegenseitiger Entdeckung. Nach dem Adagio tanzen beide voll Glück. Die Begleiter kehren zurück, bekleiden die beiden wieder mit ihren Gewändern. Mit einer Prozession, an deren Ende alle knien, schließt das Ballett.

1958 gastierte das New York City Ballet in Japan. 1959 kamen die Musiker und Tänzer des Kaiserlich Japanischen Hofes, genannt Gagaku, nach New York. Gagaku ist die älteste Tanzcompagnie der Welt. Tief beeindruckt von der Truppe gab *Balanchine* (s. »Agon«) dem japanischen Komponisten *Toshiro Mayuzumi* (geb. 1929) den Auftrag, eine Ballettpartitur im Stil der japanischen Hofmusik (Bugaku), aber für ein westliches Orchester zu schreiben. Wie Mayuzumi, so transponierte Balanchine den Stil des westlichen klassisch-akademischen Balletts in einen Stil, den die Musik suggerierte. Ähnlich verfuhr die *Karinska* (s. »Allegro Brillante«) mit den Gewändern. Taditionelle japanische Hofroben und die Kostüme des klassischen Balletts, wie z. B. das Tutu, wurden einander angeglichen.

Solisten der Uraufführung waren Allegra Kent und Edward Villella.

Canfield

Ein Ereignis. Musik: Pauline Oliveras; Choreographie: Merce Cunningham; Ausstattung: Robert Morris; Uraufführung: Merce Cunningham and Dance Company, Brooklyn Academy, New York, 15. April 1969. (Dauer: abendfüllend.)

Das Ballett »Canfield« (womit ein sagenhafter Goldsucher gemeint ist, der nie Edelmetalle gefunden hat) ist eine Gruppenchoreographie, die scheinbar ab und zu mit der Musik korrespondiert, indem nämlich Mikrophone unter der Bühne die Schritte der Tänzer hörbar machen, oder bestimmte stark akzentuierte musikalische Momente mit choreographischen Höhepunkten zusammenfallen. Die Choreographie ist streng fixiert, zumindest in Blöcken, die freilich von Mal zu Mal ausgetauscht werden können, je nachdem wie schnell oder langsam das Tempo der gleichzeitig ablaufenden und ebenfalls in Blöcken austauschbaren Musik ist. Der Choreograph selbst gibt die Signale und bestimmt die Schnelligkeit des Ablaufs, indem er entweder rhythmisch unartikulierte Laute ausstößt oder in die Hände klatscht.

Die Musik zu »Canfield« stammt von der kalifornischen Professorin *Pauline Oliveras*. Die Komposition heißt »In Memoriam: Nikola Testa, Cosmic Engineer«, ist durchweg elektronisch, aber durchsetzt von konkreten Geräuschen wie banalem Gerede, Schlager- und klassischer Musik und dem Gekreisch einer ungeölten Tür. Man kann diese Beschreibung der Geräusche als Assoziationen oder Metaphern verstehen. Auch Merce Cunninghams Choreographie will Assoziationen auslösen.

Cunningham (geb. 1919) ist das Haupt der tänzerischen Avantgarde in den USA. Er arbeitet eng zusammen mit den Enfants terribles der amerikanischen Avantgarde-Musik: John Cage (1912–92) und David Tudor (geb. 1926), die sein tänzerisches Vokabular stärker beeinflußten als Martha Graham, deren Schüler er war. Cunningham fällt viel ein: Sprünge, die federnd abgefangen werden, Gleichgewichtsübungen in den unwahrscheinlichsten Haltungen, Posen, die an die »Liegenden« Moores erinnern, Hand- und Fußbewegungen, die Calders Mobiles abgeschaut und Motionen, die aus Kinderspielen (oder auch Liebesspielen) zu stammen scheinen.

Berühmt geworden ist er vor allem durch die Anwendung des Zufalls in der Choreographie, vergleichbar der Aleatorik in der modernen Musik. Dabei handelt es sich lediglich um die Austauschbarkeit von choreographierten, also in ihren Bewegungen streng fixierten Blöcken. Dadurch kann, aber muß nicht, das Ballett an jedem Abend anders aussehen, bleibt aber in seiner Substanz unverändert. Die Möglichkeit, die Blöcke auszutauschen, ist ja auch mathematisch begrenzt, so daß durchaus der Fall eintreten kann, daß die Choreographie von zwei aufeinanderfolgenden Vorstellungen auch in der Reihenfolge der Blöcke übereinstimmt. Cunningham selbst sagt, daß er gerne den Spielraum der Freiheit für Tänzer erweitern würde, aber die Erfahrung gemacht habe, daß man sich dann allzuoft wiederhole und die Zuschauer ermüde. Der avantgardistischste aller Choreographen erkennt überhaupt mehr und mehr scheinbar traditionelle, tatsächlich aber wohl immer gültige Gesetze des Theaters und des Tanzes an. Abgesehen einmal davon, daß er das Publikum nicht langweilen will, was wohl das erste und höchste Gesetz des Theaters ist, bedient er sich der erprobten Methoden und Effekte des klassischen Tanzes, wie etwa der gestreckten Füße, ob mit oder ohne Schuh (»barfuß« sei für ihn keine Weltanschauung). Auch einzelne Schritte und Posen der Danse d'école verwendet er, und endlich läßt er alle seine neuen Ballette mit einer großen Attacke der ganzen Truppe gegen die Rampe enden. Dieses wirkungsvollen Effektes hat sich schon Marius Petipa (s. »La Bayadère«) in St. Petersburg bedient.

Die Beobachtung, daß Cunningham auf die Klassik zurückgreift, haben auch amerikanische Kritiker gemacht. So Nancy Goldner in »Dance News« über das 1970 uraufgeführte Ballett »Second Hand« von Cunningham auf Musik von John Cage (das Stück heißt »Billige Imitation« in Anspielung auf eine ursprünglich ausgewählte Musik von Satie, für die man keine Aufführungserlaubnis erhielt): »Dies ist eine der wenigen Gelegenheiten, an die ich mich erinnern kann, wo sich Cunningham-Tänzer im Gleichklang bewegen und so eine gewisse Majestät erreicht wird, die in ihrem Tonfall an den letzten Teil von Balanchines ›Episodes‹ [s. d.] erinnert. Das ist eine ausgesprochene Überraschung. Was indessen keine Überraschung ist, aber noch nie so offen zugegeben wurde, ist die Tatsache, daß Cunninghams Choreographien eben doch von der Klassik beeinflußt sind.«

Die Bedeutung von Merce Cunningham – wie die aller Choreographen, die sich dem Modern Dance (Ausdruckstanz) und darüber hinaus dem tänzerischen Experiment verschrieben haben – sollte freilich nicht überbewertet werden. Das einzige, was sie allenfalls erreichen können, ist, das Vokabular des Bühnentanzes zu erweitern. Andere Kriterien können nicht angewandt werden. Ob ein Ballett einen zeitgemäßen Stoff behandelt oder auch nur den Eindruck macht, ein Stück des Zeitgeistes eingefangen zu haben, ist letztlich nicht entscheidend. Allein die Qualität einer Choreographie, also der Aneinanderreihung von Bewegungen in Raum und Zeit, ist wichtig für die Beurteilung eines Balletts. So kann ein heute entstandenes Ballett, das von Feen handelt, durchaus besser sein als eines, das von Astronauten erzählt.

Carmen

I Ballett in fünf Szenen. Libretto: Roland Petit; Musik: Georges Bizet; Choreographie: Roland Petit; Ausstattung: Antoine Clavé; Uraufführung: Les Ballets de Paris de Roland Petit, Prince's Theatre, London, 21. Februar 1949.

Personen: Carmen; Don José; der Torero; eine Nachbarin Carmens; ein Passant; drei Freunde Carmens; Tavernenbesucher; Mädchen; Volk.

1. Szene: Eine Straße in Sevilla. Die Menge wandert auf und ab, tanzt zuweilen. Man hört aus dem zweiten Stock eines Hauses den Lärm eines Streits. Ein Mädchen kommt schreiend die Treppe heruntergelaufen, verfolgt von Carmen, die auf sie einschlägt, von der Menge angespornt. Don José tritt zwischen die Mädchen. Zunächst will er Carmen verhaften, aber überwältigt von ihrer Schönheit, verabredet er sich mit ihr für den Abend.

2. Szene: Die Taverne. José betritt die Taverne, die ein Treffpunkt für alte und junge, gelangweilte und vitale Vergnügungssüchtige ist. Zur Musik der Habanera tanzt er einen Zapateado. Dann erscheint Carmen auf der Bar. Man hebt sie herunter, und sie tanzt eine feurige Variation voller erotischer Anspielungen. Am Schluß kniet sie vor José nieder. Er zieht sie an sich und bringt sie in ihr Schlafzimmer. Während ihrer Abwesenheit tanzen die in der Taverne Zurückgebliebenen. Carmen und José kommen zurück und beteiligen sich am Tanz. Endlich legt er ihr seinen Mantel um die Schultern. Gemeinsam verlassen sie die Taverne.

3. Szene: Carmens Schlafzimmer. José zieht die Vorhänge zurück. Morgensonne fällt ins Zimmer. Er wäscht sich und trocknet seine Hände am Vorhang ab. Carmen liegt faul im Bett und bewundert die Schönheit ihres eigenen Körpers. Zunächst scheint José kaum von ihrem Zauber berührt zu sein, aber bald ist er wieder von ihrem Körper gefesselt. Sie tanzen einen Pas de deux voller Sinnlichkeit. Als sie völlig erschöpft daliegen, kommen die Freunde und holen sie auf die Straße.

4. Szene: Eine Straße bei Nacht. Carmen und José treten mit ihren Gesellen auf, bereit, einen Passanten zu berauben. Carmen gibt José einen Dolch und läßt ihn allein. Der unheilverkündende Wirbel einer Trommel ist zu hören. José tanzt zu ihrem Rhythmus. Ein Mann im Radmantel tritt auf. José stürzt sich auf ihn und erdolcht ihn. Carmen und ihre Gesellen rauben den Toten aus und suchen das Weite. José folgt ihnen.

5. Szene: Vor der Stierkampfarena. Eine Gruppe von Mädchen erwartet ihren Helden, den Matador (im Ballett Torero genannt). Als er kommt, grüßt er zwar die Mädchen, ist aber mehr angetan von Carmen, die scheinbar unbeteiligt abseits steht. Sie wirft ihm nur einen einzigen Blick zu, was der auftretende José ebenso bemerkt wie die Reaktion des Toreros. Der jedoch geht, begleitet von der Menge, in die Arena. José ist eifersüchtig. Er versucht, Carmen zu erwürgen. Sie wehrt sich. Der folgende Pas de deux ist ein tödliches Duell. José erdrosselt Carmen. Sie stirbt in seinen Armen, während es von der Arena herab Hüte für den Torero regnet.

Petits »Carmen« beschränkt sich, obwohl Bizets Musik verwendet wird, auf die sinnliche Liebe und den Haß zwischen Don José und Carmen. Die gesellschaftskritischen Momente der Novelle von Mérimée und der Oper werden weitgehend eliminiert. »Carmen« ist einer der größten Erfolge des Choreographen Roland Petit. Das Ballett wird immer wieder einmal aufgeführt. Als Film, »Carmen 62« mit Renée (Zizi) Jeanmaire, die die Rolle auch auf der Bühne kreierte, fand die Choreographie sogar den Beifall eines Publikums, das sonst nicht an Ballett interessiert war.

Roland Petit (geb. 1924) gehört zu jener Choreographengeneration, die dem französischen Ballett nach dem Krieg zu einer kurzen Renaissance verhalf. Wie Béjart (s. »Lieder eines fahrenden Gesellen«) und Charrat (s. »'adame Miroir«) basieren seine Ballette zwar auf dem klassisch-akademischen Kodex, sind aber stets von anderen Tanzarten beeinflußt. Petit tendiert am stärksten zum Revuetanz der Music Hall, für die er regelmäßig arbeitet. Unter seinen übrigen Choreographien ragen hervor: »Les Forains«, »Le Rendez-vous«, »Le Jeune Homme et la Mort« (s. d.), »Les Demoiselles de la Nuit« (s. d.), »Le Loup« (s. d.), »Nußknacker«, »Coppélia«, »Les Intermittances du Cœur«, »Le Fantôme de l'Opéra«, »Der blaue Engel« und »Ma Pavlova«. Zizi Jeanmaire ist Petits Frau.

II Ballett in zwei Akten und sieben Szenen. Libretto: John Cranko nach Prosper Mérimée; Musik: eine Bizet-Collage von Wolfgang Fortner in Zusammenarbeit mit Wilfried Steinbrenner; Choreographie: John Cranko; Ausstattung: Jacques Dupont und Hector Pascal; Uraufführung: Stuttgarter Ballett, Württembergische Staatstheater, Großes Haus, Stuttgart, 28. Februar 1971. (Dauer: abendfüllend.)

Personen: Carmen; Don José; der Stierkämpfer; die Aufseherin; der Offizier; ein Fremder; zwei Frauen aus dem Dorf von Don José; Soldaten; Mädchen aus der Zigarettenfabrik; Schmuggler; Volk.

I. Akt, 1. Szene: Zigaretten-Fabrik. Carmen gerät mit der Aufseherin in Streit, ritzt ihr mit dem Dolch ein Kreuz in den Rücken und wird daraufhin von dem Sergeanten Don José verhaftet.

2. Szene: Gefängnis in einer Kaserne. Carmen bringt Don José dazu, sie freizulassen. Er wird dafür degradiert.

3. Szene: Lücke in der Stadtmauer. Carmen kann Don José, der auf Wache steht, überreden, die Schmugglerbande, der sie angehört, in die Stadt zu lassen.

4. Szene: Im Zigeunerlager. Liebesszene zwischen Carmen und Don José. Soldaten kommen, um den desertierten Don José zu verhaften. Dieser ersticht den anführenden Offizier.

II. Akt, 1. Szene: Taverne am Strand. Carmen putzt sich für ihren Auftritt und schickt Don José zu den Schmugglern. Der Torero kommt mit seiner Gesellschaft und ist sofort von Carmen fasziniert. In dem zurückkehrenden Don José erwacht die Eifersucht, was bei dem Torero nur Spott herausfordert.

2. Szene: Öde Gegend. Carmen erfährt ihr Schicksal aus den Karten. Don José spürt, daß sie ihm zu entgleiten beginnt. Ein durchreisender Engländer wird von den Schmugglern ausgeplündert und getötet. Von den Soldaten gejagt, von Carmen schon halb verlassen, zum Mörder geworden, fühlt sich Don José immer mehr in die Enge getrieben. Carmen entfernt sich am Arm des Toreros.

3. Szene: Vor der Arena. Carmen begleitet den Torero mit der Menge zum Stierkampf. Sie erblickt Don José, ahnt ihr Schicksal und wird nach einer kurzen Auseinandersetzung von ihm getötet.

»Wenn die Geschichte von Carmen nur die einer männerverzehrenden Nymphomanin wäre, so hätte sie für mich kein Interesse. Mich reizte das Schicksal, das eine Frau aus einem geächteten Volk in einer streng hierarchischen, von Konventionen bestimmten Gesellschaft erleidet. Ihre Beziehungen zu Don José verstehe ich als eine latente Rache an dieser Gesellschaft, ihre Beziehungen zu dem Torero wiederum als den uneingestandenen Wunsch, von dieser Gesellschaft akzeptiert zu werden.

Auch der Baske Don José möchte aus einem engen, festgefügten Kreis ausbrechen. Für ihn ist Carmen das Symbol einer freieren Welt, die jenseits seiner eigenen spießbürgerlichen Enge liegt. Im Zusammenprall dieser Welten wird die freie Zigeunerin zur Bürgerin, der kleine Bürger zum Zigeuner. Eine Umkehr ist für beide nicht möglich – das Ende kann nur tragisch sein.« (John Cranko)

John Crankos Idee war, der Oper ein Ballett-Pendant jenseits von Bizet und dem Mythos, der durch Nietzsche entstand, gegenüberzustellen. Doch nur in der ersten Szene, einer geradezu genialen Exposition, und in den Pas de deux erfüllt das Ballett die Erwartungen, die Oper vergessen zu machen, wie es Cranko in »Onegin« (s. d.) gelungen ist.

Wolfgang Fortner (1907–87) war der Überzeugung, »auf jede Rechtfertigung durch ein kompositorisches System« verzichten zu können, und daß jedes seiner Werke »einzig von der Überzeugungskraft der künstlerischen Aussage lebt«. Er schrieb vor »Carmen« eine Ballettmusik »Die weiße Rose« (s. d.). Als Theatraliker, der durch mehrere bedeutende Opern hervorgetreten ist, eignen sich natürlicherweise auch seine Konzertpartituren zur »Vertanzung«. Er hatte nichts dagegen einzuwenden.

Solisten der Uraufführung von Crankos »Carmen« waren: Marcia Haydée in der Titelrolle, Egon Madsen als Don José und Richard Cragun als Torero.

Es ist eine dritte choreographische Version des »Carmen«-Stoffes bekannt geworden, die von Alberto Alonso (geb. 1917). Sie wird sowohl vom Kubanischen Nationalballett wie vom Bolschoi-Ballett und anderen Compagnien getanzt. Die Choreographie spielt in einer Stierkampfarena und bedient sich der dort gebräuchlichen Verhaltensweisen und Bewegungsmechanismen. Die Liebesgeschichte ist integriert in einen Stierkampf. Ein Ballett »Carmen et son Toréro« choreographierte Marius Petipa schon 1845 in Madrid. Einen wahren »Carmen«-Kult haben aber erst Antonio Gades und Carlos Saura mit ihrem 1983 gedrehten Film ausgelöst. Ihre »Carmen« füllte nicht nur monatelang die Kinos, sondern war auch in einer Bühnenfassung überaus erfolgreich, löste hitzige Diskussionen über die »neue Weiblichkeit« aus und weckte ganz nebenbei ein neues Interesse für die Kunst des Flamenco.

Le Carnaval

Ballett in einem Akt. Libretto: Michail Fokine; Musik: Robert Schumann; Choreographie: Michail Fokine; Ausstattung: Léon Bakst; Uraufführung: Pawlow-Saal, St. Petersburg, 20. Februar / 5. März 1910 (Jul./Greg. Kalender).

Personen: Kolumbine; Chiarina; Estrella; Papillon; Harlekin; Pierrot; Eusebius; Pantalon; Florestan.

Die Szene: Vorraum zu einem Ballsaal. Mädchen kommen aus dem Tanzsaal, als flüchteten sie vor ihren Begleitern. Tanzende Paare suchen hier in der stilleren Atmosphäre des Vorraums ihren Walzer fortzusetzen. Chiarina und Estrella, beide von ihren Galanen begleitet, sind darunter. Schnell ein Küßchen – die Paare gehen zurück in den Saal. Pierrot, der unglückliche Clown, steckt seinen Kopf herein. Es ist niemand da. So kann er es wagen einzutreten. Ängstlich schaut er um sich, ob ihn auch wirklich niemand sehe. Seine weiten Ärmel schwingend, geht er planlos hin und her. Er bewegt seine Lippen, als verlange ihn sehnlichst nach einem anderen Mund, den er küssen könnte. Er verkörpert den Typus, der am Weltschmerz ein eigenartiges Vergnügen findet.

Harlekin, das pure Gegenteil, vital und fröhlich, spottet über den larmoyanten Pierrot, der völlig ungerührt gegenüber der beschwingten Musik bleibt. Ziemlich rücksichtslos treibt Harlekin mit dem hilflosen Pierrot sein Spiel, bis der Clown zu Boden stürzt.

Wieder tanzen sechs Paare herein, Festgäste in fröhlicher Laune. Pierrot versteckt sich und versucht zu entkommen, auf daß er nicht wieder eine so unsanfte Begegnung mache wie mit Harlekin.

Eusebius, der Poet, tritt ein. Er ist ein Träumer. Eusebius läßt sich auf dem Sofa nieder, und schon wird sein Traum zur Wirklichkeit: Chiarina, sein Idol, bringt ihm eine Rose. *Pas de deux;* Chiarina, angebetet von dem gefühlvollen Eusebius. – Ein Kontrastpaar folgt: Estrella, der Wirbelwind, und der feurige Florestan. Nun scheint auch für Pierrot das Glück zu lächeln: da ist die muntere Papillon. Er ist ein linkischer Verehrer, und mit seinem Benehmen erschreckt er selbst die unerschrockene Papillon. Sie geht davon und überläßt den Armen wieder sich selbst.

Die nächste Szene wird von einem *Pas de trois* beherrscht: Chiarina und zwei ihrer Freundinnen. Sie sind maskiert und tanzen einen Walzer. Florestan schaut herein: ist Estrella hier? Der *Pas de trois* erweitert sich zu einem *Pas de quatre;* aber Florestan läßt sich nicht täuschen, er geht ab, um Estrella zu suchen.

Es wirbelt die lustige Kolumbine herein, begleitet von ihrem Helden Harlekin. Sie tun recht verliebt. Harlekin möchte Kolumbine fortziehen, aber sie macht es ihm gar nicht leicht. Ein Störenfried, der geckenhafte Pantalon, unterbricht die Werbung. Er nimmt auf dem Sofa Platz, zieht ein Schriftstück aus der Tasche und liest, als ob es sich um Wichtiges handle. Kolumbine tritt hinter den Eindringling, hält ihm mit den Händen die Augen zu, Harlekin nimmt ihm das Schriftstück weg. Pantalon, Kolumbine und Harlekin finden sich zu einem *Pas de trois*. Das Paar wird den Gecken endlich wieder los.

Harlekin legt Kolumbine sein Herz zu Füßen. Das Paar läßt sich gerade auf dem Sofa nieder – da kehrt die ganze Ballgesellschaft zurück; allgemeine Gratulation für das Paar auf dem Sofa. Kolumbine ist freundlich zu allen, sie schäkert mit dem wichtigtuerischen Pantalon und gewährt Pierrot, daß er ihre Hand küßt. Das Finale wird noch einmal unterbrochen, zuerst von Eindringlingen, gewöhnlichen Leuten, die nichts auf dem Fest zu suchen haben und denn auch davongejagt werden (Marsch der Davidsbündler gegen die Philister), und schließlich von einem Zusammenstoß zwischen Pierrot und Pantalon. Ehe die Kampfhähne miteinander ins reine kommen können, hat sie Harlekin mit Pierrots langen Ärmeln zusammengebunden. – Während

Pantalon diese Fessel zu lösen versucht, tanzen alle anderen fröhlich (Galopp) um das gefeierte Paar herum.

Robert Schumanns (1810–56) Klaviersuite »Carnaval« inspirierte Fokine zu dem Ballett. Schumann selbst mit seinen literarischen Ambitionen liefert die Figuren des Spiels; Chiarina ist das Pseudonym für seine frühere Braut Ernestine von Fricken; Estrella aber soll Clara Wieck personifizieren; auch die Charaktere von Florestan und Eusebius sind schon von Schumann vorgezeichnet, er sieht in diesen beiden Gestalten sein schwankendes Selbst. Schumanns Klavierstücke sind musikalische Miniatur-Porträts der Figuren aus der Commedia dell'arte; freilich, so wie Fokine die Gestalten auf die Bühne brachte, sind sie nicht mehr die aus dem Volke hervorgegangenen Vertreter seiner Charaktere, sondern höchst individualisierte Akteure der Liebe. – Die Orchestrierung der Klavierstücke hat Alexander Glasunow geleitet; eine zehnköpfige »Arbeitsgemeinschaft« von Komponisten, darunter Rimsky-Korssakow, Tscherepnin, Liadow und Arenski, brachte die Instrumentierung zustande. Der Pas de trois für Chiarina und ihre beiden Freundinnen ist Schumanns Gruß an Chopin (Agitato).

Fokines »Carnaval« war und blieb ein Erfolgsballett comme il faut. Waslaw Nijinskys Ruhm gründete auf seiner Darstellung des Harlekin; die Szene, wie er sein Herz Kolumbine zu Füßen legt, ist literarisch oft beschworen worden. Kolumbine der Uraufführung war Tamara Karsawina; Vera Fokina tanzte die Chiarina, Bronislawa Nijinska die Papillon; außerhalb tanzten Leonid Leontjew, L. Schollar und W. Meyerhold. Der von Fokine beabsichtigte gesellschaftskritische Akzent wurde bei den späteren Aufführungen immer mehr fallengelassen. Jetzt ist das Hauptargument, »Carnaval« aufzuführen, die Spiegelung menschlicher Charaktere durch choreographische Mittel.

Seit der Uraufführung von »Carnaval« sind viele Änderungen an der Choreographie vorgenommen worden.

Schon bei der Berliner Premiere am 20. Mai 1910 im Theater des Westens (der ersten außerhalb Rußlands) und vierzehn Tage später bei der Pariser Erstaufführung durch die Ballets Russes Diaghilews wurde die Szene in den Vorraum eines Ballsaales verlegt. – Außer Fokine hat Wladimir Burmeister die Schumannsche »Carnaval«-Suite choreographiert – 1946 für das Moskauer Stanislawski-Musiktheater. Über dasselbe Thema, aber zu anderer Musik Robert Schumanns, choreographierte Patrice Montagnon 1982 in Frankfurt sein Ballett »Kreisleriana«.

Michail Fokine (1880–1942), der erste große Choreograph der Ballets Russes Diaghilews, ist die Brücke zwischen dem Klassizismus Marius Petipas (s. »La Bayadère«) und dem Neoklassizismus George Balanchines (s. »Agon«). Ausgebildet wurde er wie die meisten russischen Choreographen seiner Generation an der Kaiserlichen Ballettakademie in St. Petersburg. Als Tänzer und Choreograph war er zunächst Mitglied des Marientheater-Balletts in St. Petersburg (dem späteren Kirow-Ballett in Leningrad). 1905 schuf er seine ersten Ballette, darunter »Der sterbende Schwan« (s. d.) für die Pawlowa. 1909 schloß er sich Diaghilews Ballets Russes an. Fokine war der zweite große Reformer des Balletts nach Noverre (s. »Les Petits Riens«), dessen Ideen er übernahm und durch die der Isadora Duncan, der ersten Ausdruckstänzerin, ergänzte. Er meinte, man solle nur solche Stoffe »vertanzen«, denen mit dem Wort nicht mehr beizukommen und die nur tänzerisch darzustellen seien. Darüber hinaus sollte die einzelne Bewegung innerhalb der Choreographie auch einen der komödiantischen Situation entsprechenden emotionellen Stellenwert besitzen. Er legte diese Vorstellungen in einem berühmt gewordenen Brief an die Londoner »Times« vom 6. Juli 1914 dar. Er selbst verwirklichte seine Maximen in »Carnaval« und vor allem in »Les Sylphides« (s. d.), den »Polowetzer Tänzen« (s. d.), »Schéhérazade« (s. d.), »Feuervogel« (s. d.), »Spectre de la Rose« (s. d.) und »Petruschka« (s. d.). Er schuf über sechzig Ballette.

Chiarina

Ballett-Groteske in einem Akt. Libretto: Paul Strecker; Musik: Boris Blacher; Choreographie: Jens Keith; Ausstattung: Paul Strecker; Uraufführung: Städtische Oper, Berlin, 22. Januar 1950.

Personen: Vater; Mutter; Tochter; Jüngling; Fürstin; Arzt; Blumenmädchen; zwei alte Jungfern; Bonne; Photograph; Kapellmeister; Kokotte; vier Brunnenmädchen; ein Krokodil; Gäste des Kurorts.

Das Ballett ist betitelt nach einem kleinen Thermalbad, Chiarina, in dessen Kurgärten es spielt. Hier besteht man eine Reihe von Abenteuern, die dem Geist der Zeit (1880) verpflichtet sind. Unter anderem kommt es zu einer Mesalliance zwischen Fürstin und Arzt, wird – wie weiland Europa vom Stier – das Blumenmädchen von einem Krokodil entführt, entschwebt das junge Liebespaar in einem Luftballon . . .

Musikalisch ist der abenteuerliche Reigen gegliedert in: Thema (Polka), fünf Variationen, Coda, Pas de deux (Tempo di Valse), Tempo primo, Adagio und Rondo (Allegro).

Der Maler *Paul Strecker* (1898–1950) schuf drei Ballett-Libretti, die er als eine tragisch-komische Parodie zusammen aufgeführt sehen wollte: Es waren »Der erste Ball«, wozu der Komponist Boris Blacher unter Benützung Flotowscher Kompositionen die Musik schrieb, als zweites »Ein Sommertag«, Musik von Werner Egk nach Themen von Kuhlau und Clementi, und endlich »Chiarina«. Dieses Ballett-Triptychon wurde am 11. Juni 1950, nach Paul Streckers Tod, an der Städtischen Oper Berlin gezeigt; die Uraufführung von »Chiarina« hatte bereits am 22. Januar des gleichen Jahres anläßlich einer Ballett-Matinee stattgefunden. Es tanzten: Maria Litto, Suse Preisser, Lilo Herbeth und Erwin Bredow.

Boris Blacher (1903–75), einer der vielseitigsten und wagemutigsten Komponisten der deutschen Musikszene nach dem Zweiten Weltkrieg (seine Skala reicht von der konventionellen Schreibweise bis zur Elektronik), hat eine ganze Reihe von Balletten geschrieben, u. a. »Fest im Süden«, »Der erste Ball«, »Lysistrata« (s. d.), »Hamlet« (s. d.), »Der Mohr von Venedig« (s. d.) und »Tristan« (1965).

Der Choreograph *Jens Keith* (1898–1958), dessen Name heute so gut wie vergessen ist, hat sich große Verdienste um das deutsche Ballett erworben. Er war wohl einer der ersten überhaupt, die nach dem Zweiten Weltkrieg wieder Ballett auf eine deutsche Bühne gebracht haben (Galaabend an der Städtischen Oper, Theater des Westens, in Berlin, am 19. September 1945). Außer für »Chiarina« zeichnete er für die Uraufführungsversion von Fortners »Die weiße Rose« (s. d.) verantwortlich.

Die chinesische Nachtigall

Ballett in vier Bildern nach dem Märchen »Die Nachtigall« von Hans Christian Andersen. Libretto: Werner Egk; Musik: Werner Egk; Choreographie: Tatjana Gsovsky; Bühnenbild: Helmut Jürgens; Kostüme: Rosemarie Jakameit; Uraufführung: Kongreßsaal, Deutsches Museum, München, 7. Mai 1953.

Personen: Der kleine Kaiser (Kinderrolle); die Nachtigall; die künstliche Nachtigall; das Küchenmädchen; der Zeremonienmeister; der Hofmechaniker; ein Hofbeamter; der Turnlehrer; die Uhr; der Postbote; der Arzt; der Tod; ein Froschkavalier; eine Froschdame; einige Mandarine; einige Leute aus dem Volk.

1. Bild: Zimmer des kleinen Kaisers.

I. Das Erwachen des Kaisers (Andante tranquillo). *II. Auftritt des Zeremonienmeisters* (Lento pesante). *III. Die Turnstunde* (Pesante). *IV. Rechenstunde* (Allegro molto).

2. Bild: Der künstliche Garten.

V. Erholung (Allegro). *VI. Die Post* (Andante).

3. Bild: Freie, wechselnde Landschaft.

VII. Suche nach der Nachtigall (Pesante). *VIII. Das Lied der Nachtigall* (L'istesso tempo; Solo-Violine mit Nachtigallenschlag). *IX. Der Rückmarsch. X. Verwandlungsmusik* (Lento pesante).

4. Bild: Thronsaal.

XI. Einzug der Nachtigall. XII. Gesang der Nachtigall vor dem Kaiser. XIII. Die künstliche Nachtigall (Allegro). *XIV. Erkrankung des Kaisers* (Allegro moderato). *XV. Der Fiebertraum* (Moderato). *XVI. Der Tod geht vorüber* (Andante tranquillo). *XVII. Die Genesung* (L'istesso tempo).

Solisten der Uraufführung waren u. a.: Nika Nilanowa-Sanftleben, Natascha Trofimowa und Heino Hallhuber.

Tatjana Gsovsky (geb. 1901) war lange Zeit die bedeutendste Choreographin der deutschen Ballettszene überhaupt. Die geborene Russin baute schon während des Zweiten Weltkriegs eine Ballettschule in Leipzig, dann in Berlin auf, aus der so bedeutende deutsche Tänzer wie Peter van Dyk, Rainer Köchermann, Gert Reinholm, Maria Fris und Konstanze Vernon hervorgingen. Zuerst an der Staatsoper in Ostberlin, dann an der Städtischen Oper (Theater des Westens) in Westberlin, welche dann in das neue Haus in der Bismarckstraße übersiedelte und sich Deutsche Oper nannte, bestimmte die Gsovsky als Ballettdirektorin bis Ende der fünfziger Jahre den Geschmack der deutschen Ballettomanen. In Verbindung mit bedeutenden Komponisten und Dichtern dieser Zeit wie Egk, Blacher, Henze, von Einem, Nono, Ingeborg Bachmann und Luigi Malipiero schuf sie eine Reihe meist stark literarisch akzentuierter Ballette wie »Don Quixote« (s. d.), »Der Idiot« (s. d.), »Prinzessin Turandot« (s. d.), »Der rote Mantel« (s. d.), die vor allem durch ihre expressive Theatralik beeindruckten.

Le Chout (Der Narr)

Geschichte eines Narren, der sieben andere genarrt hat

Ballett in sechs Bildern. Buch: Nach der russischen Märchensammlung Afanasjews von Serge Prokofjew; Musik: Serge Prokofjew; Choreographie: Michail Larionow und Tadeusz Slawinsky; Ausstattung: Michail Larionow; Uraufführung; Diaghilews Ballets Russes, Théâtre de la Gaîté-Lyrique, Paris, 17. Mai 1921.

Personen: Der Narr; seine Frau; sieben weitere Narren; ihre Frauen; sieben Töchter; ein Kaufmann; eine Ziege; die Kupplerinnen; sieben Soldaten.

1. Bild: Im Haus des Narren. Chout und seine Frau langweilen sich. Sein Blick fällt auf eine alte Peitsche; da kommt ihm eine närrische Idee. Er erklärt sie seiner Frau. Sie tanzen einen Lachtanz. Als mit Gepolter die anderen Narren auftreten, beginnt der Narr mit seiner Frau einen simulierten Streit. In vorgetäuschtem Jähzorn erdrosselt er sie zum Schein. Dann holt er seine angebliche Wunderpeitsche, knallt dreimal damit, und seine Frau wacht wieder auf. Die sieben anderen Narren finden das ganz großartig und kaufen dem Narren das Wunderding für 300 Rubel ab. Der Narr und seine Frau lachen sich eins ins Fäustchen.

2. Bild: Bei den sieben Narren. Premier Entr'acte (Un poco andante). Die sieben Närrinnen erwarten ihre Männer. Diese stürzen herein und tanzen voll Freude (Moderato). Sie beschließen, ihre faulen und zanksüchtigen Frauen zu töten, um die Wunderpeitsche auszuprobieren. Aber soviel sie nachher auch die Peitsche knallen lassen, die Närrinnen bleiben tot. Die sieben Narren beklagen ihr trauriges Los und beschließen, sich an dem Narren zu rächen (Trauermarsch, Andante lugubre).

3. Bild: Im Haus des Narren. Deuxième Entr'acte (Un poco andante). Die Närrin sieht die sieben Narren herbeikommen. Sie rät ihrem Mann, sich als Mädchen zu verkleiden. Sie selbst macht sich aus dem Staub. Die sieben Narren finden nur das Mädchen vor und nehmen es mit.

4. Bild: Wieder bei den anderen Narren. Troisième Entr'acte (Un poco andante). Die Narren kommen mit ihrer Beute an, unter den Töchtern ist große Freude, gleich spannen sie den »dienstbaren Geist« ein (Vivace). Da sehen sie vom Fenster aus aber einen Kaufmann mit zwei Kupplerinnen kommen, der um die Hand einer Narrentochter anhalten will. Er wählt den als Mädchen verkleideten Narren und nimmt ihn mit. Wütend bleiben Väter und Töchter zurück.

5. Bild: Schlafgemach des Kaufmanns. Quatrième Entr'acte (Un poco andante). Der Narr ist ziemlich verzweifelt, er muß sich der Zärtlichkeiten des Kaufmanns erwehren. In einem unbewachten Augenblick springt der Narr zum Fenster hinaus und schiebt schnell eine Ziege ins Zimmer und bindet sie ans Bettuch. Der Kaufmann meint, seine Braut habe sich in eine Ziege verwandelt. Verstört springt die Ziege umher und stößt in ihrer Angst ständig nach ihm, bis sie endlich von den Kupplerinnen in einem rituellen Tanz zu Tode gehetzt wird.

6. Bild: In des Kaufmanns Garten. Cinquième Entr'acte (Lento). Der untröstliche Kaufmann beerdigt die Ziege; da kommen die sieben Narren über den Zaun gesprungen und dringen zornig auf den Werber ein, der keine ihrer Töchter hat freien mögen. An der Spitze von sieben Soldaten tritt nun auch der Narr wieder auf den Plan. Er fordert die Soldaten auf, die sieben Narren festzunehmen, denn sie seien schuld an dem Unglück der Ziege – vom Kaufmann aber läßt er sich 300 Rubel bezahlen. Der Kaufmann schafft die Ziege weg. Die sieben Soldaten freien die sieben Narrentöchter. Der Narr aber hat zweimal 300 Rubel verdient – seine Frau ist damit besser zu besänftigen als mit der Peitsche.

In seiner Autobiographie von 1941 berichtet Prokofjew, wie er mit Diaghilew in der Märchensammlung von *Afanasjew* in einer Erzählung aus dem Kreis Perm die Gestalt des Chout (Spaßvogel, Narr) entdeckte. Prokofjew fand das thematische Material für »Chout« in den Liedern und Tänzen aus Sonzowska, seinem Geburtsort im Gouvernement Jekaterinoslaw.

»Le Chout« erweckte bei Presse und Publikum triumphale Begeisterung. Immer wieder haben sich Choreographen von dem Sujet und der Musik angeregt gefühlt, es neu zu gestalten, aber wirklich durchgesetzt hat sich keine Fassung. Slawinsky, der Uraufführungs-Choreograph, kreierte auch die Titelrolle.

Serge Prokofjew (1891–1953) gehört zu den großen russischen Ballettkomponisten der ersten Hälfte des 20. Jahrhunderts. Seine ersten Partituren für diese Disziplin »Chout«, »Pas d'Acier« (1927) und »Der verlorene Sohn« (s. d.) waren vom avantgardistischen Geist der Ballets Russes Diaghilews geprägt, für die sie bestimmt waren. Seine späteren, abendfüllenden Ballette »Romeo und Julia« (s. d.), »Cinderella« (s. d.) und »Die steinerne Blume« (s. d.) knüpften an die große Tradition der Petipa-Tschaikowsky-Ballette wie »Dornröschen« (s. d.) an. Immer wieder werden auch Konzertpartituren Prokofjews »vertanzt«. Besonderer Beliebtheit erfreut sich die Klassische Sinfonie, die u. a. Tudor seiner »Gala Performance« (s. d.) unterlegte. Auch Prokofjews Märchen »Peter und der Wolf« begegnet man immer wieder als Ballett.

Der Russe *Michail Larionow* (1881–1964) war Maler und Librettist. Er arbeitete mit Diaghilew zusammen. Er schuf die Ausstattungen für »Soleil de Nuit« (1915), »Contes Russes« (1917) und »Le Renard« (1922). Er versuchte sich auch als Choreograph. Gemeinsam mit dem Polen *Tadeusz Slawinsky* (1901–45) schuf er »Le Chout«. Slawinsky studierte an der Warschauer Oper, schloß sich 1921 den Ballets Russes Diaghilews an und ging 1931 als Lehrer nach Australien.

Cinderella (Aschenbrödel)

Ballett in drei Akten. Libretto: Nikolai Wolkow; Musik: Serge Prokofjew; Choreographie: Rostislaw Sacharow; Ausstattung: Peter Williams; Uraufführung: Bolschoi-Theater, Moskau, 21. November 1945. (Dauer: abendfüllend.)

Personen: Cinderella; der Prinz; Cinderellas Vater; die Stiefmutter; die beiden Stiefschwestern; die Patin (»die gute Fee«); die Feen der Jahreszeiten: Frühling, Sommer, Herbst, Winter; Grashüpfer; der Tanzmeister; die Lieferanten; der Zeremonienmeister; der Hofnarr; Kavaliere; das Mazurka-Paar; ausländische Gäste; die drei Orangen und ein Negerknabe; die Schuster; die Andalusierinnen; Orientalin; Isländer; Höflinge; Minister; Bürger; Sterne; Blumen; Schneeflocken.

I. Akt. Im Haus von Cinderellas Vater.

Nr. 1. *Introduktion* (Andante dolce).
Nr. 2. *Pas de chat, Tanz der Stiefschwestern mit dem Schal.*
Nr. 3. *Cinderella* (Andante dolce).
Nr. 4. *Vater und Tochter* (Andantino; Allegro).
Nr. 5. *Die Patin (gute Fee)* (Adagio).
Nr. 6. *Die Lieferanten* (Vivo).
Nr. 7. *Die Tanzstunde* (Allegretto). *Gavotte der Stiefschwestern. Violin-Solo auf der Bühne.*
Nr. 8. *Aufbruch zum Fest* (Vivo).
Nr. 9. *Sehnsucht nach dem Ball* (Andante dolce).
Nr. 10. *Gavotte Cinderellas* (Allegretto).
Nr. 11. *Zweites Erscheinen der guten Fee* (Adagio).
Nr. 12. *Die Fee des Frühlings bringt das Ballkleid* (Presto).
Nr. 13. *Die Fee des Sommers bringt einen Rosenstrauß* (Andantino).
Nr. 14. *Grashüpfer und Libellen ziehen Cinderellas Kutsche* (Vivace con brio).
Nr. 15. *Die Fee des Herbstes bringt deren Umhang* (Allegro moderato).
Nr. 16. *Die Fee des Winters bringt den Schmuck* (Allegro moderato).
Nr. 17. *Cortège. Festlicher Zug.*

Nr. 18. *Die Uhr* (Kinderballett).
Nr. 19. *Walzer-Finale* (Allegro espressivo).

II. Akt. Großer Festsaal im Schloß des Prinzen.

Nr. 20. *Höfischer Tanz* (Andante grazioso). *Pavane der Hofgesellschaft.*
Nr. 21. *Passepied* (Allegretto). *Pas de quatre der Stiefschwestern und ihrer Freier.*
Nr. 22. *Bourrée. Die Freier.*
Nr. 23. *Variation der ersten Stiefschwester* (Allegretto).
Nr. 24. *Variation der zweiten Stiefschwester* (Allegretto capriccioso).
Nr. 25. *Tanz der Höflinge* (Andante grazioso).
Nr. 26. *Mazurka (Solistenpaar oder Ensemble). Auftritt des Prinzen.*
Nr. 27. *Pas de quatre* (Allegro moderato). *Vier Freunde des Prinzen.*
Nr. 28. *Die Mazurka* (Allegro ma non troppo).
Nr. 29. *Cinderella erscheint auf dem Ball.*
Nr. 30. *Walzer* (Allegretto). *Solo Cinderella. Pas de deux Cinderellas mit dem Prinzen.*
Nr. 31. *Promenade* (Allegro tranquillo).
Nr. 32. *Tanz der Cinderella* (Allegro grazioso).
Nr. 33. *Solo des Prinzen* (Andante con brio).
Nr. 34. *Früchte und erfrischende Getränke* (Moderato).
Nr. 35. *Tanz der Stiefschwestern mit den Orangen* (Allegretto con brio).
Nr. 36. *Pas de deux Cinderellas mit dem Prinzen. Ensemble* (Adagio).
Nr. 37. *Walzer* (Allegro espressivo).
Nr. 38. *Mitternachtsmusik* (Allegro moderato). *Verwandlung. Cinderella verliert einen Schuh auf der Freitreppe des Schlosses.*

III. Akt. 1. Bild.

Nr. 39. *Der Prinz und die Schuhmacher* (Allegro scherzando).

Nr. 40. *Divertissement. Erster Galopp des Prinzen. Das russische Mädchen.*
Nr. 41. *Die beiden Spanierinnen* (Moderato).
Nr. 42. *Zweiter Galopp.*
Nr. 43. *Im Orient.*
Nr. 44. *Heimkehr* (Allegro marcato).

2. Bild. Bei Aschenbrödel.

Nr. 45. *Tanz mit dem Besen* (Andante dolce).
Nr. 46. *Der Morgen nach dem Ball* (Allegretto capriccioso). *Tanz der Stiefschwestern mit den Orangen.*
Nr. 47. *Besuch des Prinzen* (Vivace).
Nr. 48. *Die gefundene Prinzessin.*
Nr. 49. *Apothéose. Walzer.*
Nr. 50. *Cinderella und der Prinz in seliger Verbundenheit* (Ambroso; Andante dolcissimo).

Das Ballett, das auch in Deutschland unter dem Titel »Cinderella« aufgeführt wird, folgt im wesentlichen dem bekannten Märchen »Aschenbrödel«.

»Cinderella« von *Serge Prokofjew* (s. »Le Chout«) erlebte seine Uraufführung 1945 in Moskau. Im Winter 1940 hatten der Komponist und der Librettist, *Nikolai Wolkow,* ihre Zusammenarbeit begonnen und bis zum Juli 1941 bereits die beiden ersten Akte im Umriß fertig. Sie hatten schon mit Wachtang Tschabukiani Verbindung aufgenommen, der als Choreograph vorgesehen war. Dann unterbrach der Krieg ihre Arbeit. Das Leningrader Kirow-Theater (ehemals Marientheater) war nach Molotow evakuiert. Dort wurden 1943 die Vorbereitungen fortgesetzt, jetzt unter der choreographischen Leitung von K. M. Sergejew. Die Leningrader Erstaufführung fand am 8. April 1946 statt.

Die westliche Welt lernte das Ballett im Jahre 1948 kennen, als Frederick Ashton am 23. Dezember im Covent Garden Opera House eine glanzvolle Inszenierung mit dem Sadler's Wells Ballet (heute Royal Ballet) herausbrachte.

Die Titelrolle tanzte Moira Shearer (bekannt geworden durch den Film »Die roten Schuhe«), den Prinzen Michael Somes; die beiden Stiefschwestern wurden von Robert Helpmann und Frederick Ashton dargestellt.

Das Ballett bietet alle Möglichkeiten der choreographischen Entfaltung wie zu pantomimischen Effekten. Im Mittelpunkt stehen, wie bei jedem auf der klassischen Tradition aufbauenden Ballett, die Soli und Pas de deux der Titelrollen-Trägerin und ihres Partners. Prokofjew hat mit seiner Komposition genau den Märchenton getroffen, der dem Inhalt entspricht, und genau die musikalische Form gefunden, deren die Choreographie bedarf.

Frühere »Aschenbrödel«-Ballette, wie das von Petipa zusammen mit Enrico Cecchetti und Lew Iwanow 1893 choreographierte, oder gar »Cendrillon« des alten Didelot (1767–1837) – insgesamt etwa acht nachweisbare »Aschenbrödel«-Ballette sind im letzten Jahrhundert geschaffen worden –, sie alle hat Prokofjews großes Ballett vollends in die Archive verwiesen. Einzige Ausnahme: Das »Aschenbrödel«-Ballett von Johann Strauß (s. »Kadettenball«), das 1901 in Berlin uraufgeführt und seither gelegentlich überarbeitet und neu choreographiert wurde.

Der Choreograph der russischen Uraufführungsversion *Rostislaw Sacharow* (1907–84) besuchte zunächst die Ballettschule und die Schule für Bühnentechniker in Leningrad. 1932 wurde er Choreograph am GATOB (heute Kirow-Theater) in Leningrad, 1936 am Bolschoi-Theater in Moskau. Unter den von ihm uraufgeführten Balletten ragen außer »Cinderella« hervor: »Der eherne Reiter« (1949) und »Die Fontäne von Bachtschissarai« (s. d.). Sacharow wurde zweimal mit dem Stalin-Preis ausgezeichnet. Zu den bekanntesten Neuinszenierungen des Prokofjew-Balletts gehören die von Frederick Ashton (1948), Wazlaw Orlikowsky (1963), Oleg Winogradow (1964), Tom Schilling (1968), Ben Stevenson (1970), Valery Panow (1977), Maguy Marin (1986) und John Neumeier (1992).

The Concert

Ballett in einem Akt. Musik: Frédéric Chopin, arrangiert von Hershy Kay; Choreographie: Jerome Robbins; Kostüme: Irene Sharaff; Uraufführung: New York City Ballet, City Center, New York, 6. März 1956 (Neufassung mit der Ausstattung von Saul Steinberg für die Ballets: U.S.A., Spoleto, 8. Juni 1958).

Personen: Ein Pianist; Konzertpublikum; Traumwesen.

Ein Flügel steht auf der Bühne, und der Pianist spielt. Eine buntscheckige Gesellschaft tritt auf – der devote Musikstudent, die fanatische Musikenthusiastin, der gelangweilte Ehemann und andere. Man nimmt Platz auf den mitgebrachten Stühlen und hört der Musik zu. Dann erscheinen die Imaginationen, Verkörperungen dessen, was sich die Leute beim Hören der Musik vorstellen. Ein Mädchen tanzt ein furioses Solo. Ein Mann versucht, den Minutenwalzer in Rekordzeit abzuziehen. Schwärme von wütenden Schmetterlingen flattern über die Bühne, wenn die Schmetterlings-Etüde gespielt wird. Andere Träumereien – die Träumer projizieren ihre geheimsten Gedanken auf das zu allem bereite Corps de ballet – schließen eine Frau ein, die darauf versessen ist, ihren Mann umzubringen mit Schußwaffen, Gift und anderen Methoden; eine Ballettepisode, in der die Tänzer gegensätzliche Vorstellungen von Tempo und Ausstattung haben und mit Absicht die Choreographie zerstören; und ein sehnsuchtsvolles, verträumtes Solo von großer Schönheit. Es gibt noch weitere Bilder, hübsche, traurige, heitere und nichtssagende.

Der Choreograph beschreibt sein Ballett als »eine Scharade«. Die Grundidee der Choreographie ist, darzustellen, wie verschiedene Vorstellungen man beim Hören von Musik haben kann. – »The Concert« ist mehrmals geändert worden. Von seiner Anlage her erlaubt es, Szenen einzufügen und wegzulassen. Die Komik des Balletts beruht auf dem Kontrast zwischen der bürgerlichen Erscheinung der

Konzertbesucher und ihren unkonventionellen Assoziationen beim Hören der Musik. Das Ballett ist eine liebenswürdige Komödie, keine bittere Satire über bürgerliche Verhaltensweisen.

Jerome Robbins wurde am 11. Oktober 1918 in New York geboren. Seine tänzerische Ausbildung erhielt er von Antony Tudor und Eugene Loring (klassisch-akademisch), bei der »Neuen Tanz-Gruppe« (moderner Tanz), von Helene Veola (spanischer Tanz), von Niemura (orientalischer Tanz) und von Alice Bentley und Sonja Robbins (mimische Darstellung). Er bildete sich auch auf dem Gebiet der Musik aus: in Klavier, Geige und Gesang. Von 1938 bis 1949 war er Tänzer am Broadway, beim American Ballet Theatre und beim New York City Ballet. 1949 wurde er für 10 Jahre zweiter künstlerischer Direktor des New York City Ballets, für das er die meisten seiner Ballette schuf. 1969 kehrte er als Ballettmeister zum New York City Ballet zurück. Von 1983 bis 1990 war er zusammen mit Peter Martins dessen Chefballettmeister.

Weltberühmt wurde Jerome Robbins als Choreograph und Producer von fast einem Dutzend Broadway-Musicals, unter anderem von »On the Town« (1944), »The King and I« (1951), »Bells are Ringing« (1956), »West Side Story« (1957) und »Fiddler on the Roof« (»Anatevka«; 1964). Auch für Choreographie und Regie in den Filmen »The King and I« und »West Side Story« zeichnete er verantwortlich.

Noch bevor er 1963 das New Yorker City Ballet verließ, um sich für einige Jahre ganz dem Broadway zu verschreiben, kam er mit einer eigenen, jeweils ad hoc zusammengestellten Compagnie, den Ballets: U.S.A., nach Europa. Die 1958 bei den Festspielen zweier Welten in Spoleto und der Weltausstellung in Brüssel, ein Jahr später bei den Berliner Festwochen und 1961 bei einem anderen Deutschland-Gastspiel gezeigten Choreographien fanden die enthusiastische Zustimmung des Publikums und der Kritik. Man erkannte, daß Robbins mit ihnen einen spezifisch amerikanischen Ballettstil entwickelt hatte. Basierend auf der Danse d'école, sind seine Ballette doch nie rein klassisch. Die akademischen Bewegungen besitzen stets eine expressive Note und sind oft den Idiomen anderer Tanzarten wie Jazztanz und Gesellschaftstanz, vor allem aber den Bewegungsweisen des amerikanischen Alltags angepaßt, so etwa denen amerikanischer Matrosen in »Fancy Free« (s. d.), von amerikanischen Studenten in »Interplay« (s. d.), der Jugend in den New Yorker Slums in »West Side Story« und »N.Y. Export, Op. Jazz« (s. d.). In den meisten Balletten von Robbins steckt Humor oder Ironie, mit Ausnahme seiner Meisterwerke »Nachmittag eines Fauns« (s. d.) und »Dances at a Gathering« (s. d.), die von großer Poesie erfüllt sind. Mit »Dances at a Gathering« wandte Robbins 1969 überraschend dem Broadway den Rücken, um sich wieder ganz dem Ballett zu widmen. Seitdem choreographiert er wieder regelmäßig für das New York City Ballet. Zu seinen bekannteren Choreographien, die er nach seiner Rückkehr schuf, gehören »The Goldberg-Variations« (Musik: Bach, 1971), einige Beiträge zum Strawinsky-Festival 1972, die »Dybbuk Variations« (Bernstein, 1974) sowie die Ravel-Interpretationen »Piano Concerto in G«, »Introduction and Allegro«, »Ma Mère l'Oye« und »Chansons Madécasses« (alle 1975).

Concerto (Klavierkonzert Nr. 2 op. 102)

Ballett in einem Akt. Musik: Dmitrij Schostakowitsch; Choreographie: Kenneth MacMillan; Ausstattung: Jürgen Rose; Uraufführung: Deutsche Oper, Berlin (West), 30. November 1966.

1. Satz: Der Fluß der Bewegung ist lebhaft. Die Solisten tanzen zu den Klängen des Soloinstruments. Das Corps de ballet hält sich an die Orchestertutti.

2. Satz: Zu einem langen, elegischen Thema treten von verschiedenen Seiten die Ballerina und ihr Partner auf und tanzen einen Pas de deux, der sich durch langsame Ports de bras für die Tänzerin auszeichnet. Das Duett ist sehr lyrisch, wirkt sehr mühelos und wunderschön. Die Tänzerpaare im Hintergrund der Bühne reflektieren die Bewegungen des Solistenduos.

3. Satz: Eine Solistin eröffnet das Rondo mit einem lebhaften Pas seul. Die anderen Solisten und das Corps de ballet kommen hinzu. Der Gruppentanz wird von der Reigenform beherrscht und mündet in ein großartiges Finale.

Dmitrij Schostakowitsch (1906–75), der führende russische Komponist der Gegenwart, ist mit Opern, Orchesterwerken und Kammermusik hervorgetreten. Er knüpft in seinem 2. Klavierkonzert an den Ursprung dieser musikalischen Gattung an. Die heiteren, schnellen Ecksätze umrahmen ein lyrisches Andante, das vom Ausdruck zarter Empfindungen getragen ist. Zu diesem sentimentalischen Gestus stehen die beiden Allegro-Sätze in scharfem Kontrast, besonders der Schlußsatz formt ein einfallsreiches, fast modisches Finale aus. Das virtuose Spielwerk dieser Komposition mit seinen scharfen Rhythmen und weitgeschwungenen melodischen Bögen bildet durch seine prägnante musikalische Gestik die Grundlage für die tänzerische Deutung MacMillans in Form einer sinfonischen Choreographie, die die musikalischen Eindrücke durch das Bewegungsspiel ins Visuelle überträgt.

Das Ballett »Concerto« hat im Ausland größere Anerkennung gefunden als in Deutschland. Die deutsche Kritik lobte vor allem die Choreographie für die Solisten. Man war sich einig, daß MacMillan mit dem Pas de deux im 2. Satz für Lynn Seymour (die Lieblingsballerina des Choreographen) und Rudolf Holz eines seiner inspiriertesten Stücke geschaffen hat. Dagegen wurde die Gruppenchoreographie wohl mit Recht als stereotyp, als bloße Kulisse für die Solisten abgetan. Nichtsdestoweniger ist es ein internationales Repertoirestück geworden.

Kenneth MacMillan (geb. 1929) ist neben John Cranko (s. »Die Befragung«) einer der bedeutendsten Choreographen der mittleren Generation, die aus dem Londoner Royal Ballet hervorgegangen sind. Sein erstes Ballett war »Danses Concertantes« (s. d.). Es folgten u. a. »House of Birds« (1955) und »Solitaire« (1956), die das Stuttgarter Ballett übernahm und damit den Namen des Choreographen in Deutschland bekannt machte. Mit »The Invitation« (s. d.) errang er seinen größten Erfolg in England, mit »Las Hermanas« (s. d.) seinen Durchbruch in Deutschland, der 1965 mit dem »Lied von der Erde« (s. d.) in Stuttgart bestätigt wurde. 1966 wurde er Ballettdirektor der Deutschen Oper in Westberlin, wo er neben »Concerto« u. a. die Ballette »Olympiade« und »Kain und Abel« (beide 1968) choreographierte. 1970 übernahm er nach dem Rücktritt von Sir Frederick Ashton (s. »Façade«) bis 1977 die Leitung des Londoner Royal Ballet, für das er 1971 die für die Deutsche Oper in Berlin geschaffene Choreographie »Anastasia« zum abendfüllenden Ballett erweiterte. Seitdem fungiert er als Chefchoreograph des Royal Ballet.

Kenneth MacMillan basiert auf der Danse d'école, ist aber in hohem Maße expressiv. Mit Recht hat ein englischer Kritiker von ihm gesagt, er sei ein »freudianischer Choreograph«, denn Sexualität ist nicht nur eines seiner Hauptthemen wie in »The Invitation«, »Las Hermanas« oder »Images of Love« (1964; mit seinem Pas de deux für Rudolf Nurejew und Christopher Gable), sondern bestimmt auch sein Bewegungsvokabular. Zu seinen bekanntesten Stücken zählen u. a. das »Requiem« (s. d.) sowie seine abendfüllenden Arbeiten »Anastasia«, »Manon« (s. d.), »Mayerling« (s. d.) und »Isadora«.

Concerto Barocco

Klassisches Ballett in drei Sätzen. Musik: Johann Sebastian Bach; Choreographie: George Balanchine; Ausstattung: Eugene Berman; Uraufführung: American Ballet, Hunter College Playhouse, New York, 29. Mai 1941.

1. Satz (Vivace). Auf der Bühne befinden sich acht Mädchen. Abwechselnd tanzen sie in einer Gruppe, in zwei Gruppen oder paarweise. Der Tanz korrespondiert mit der Musik, jedoch nicht indem er Takt für Takt, Rhythmus für Rhythmus nachzeichnet, sondern mit der Musik in einen Dialog tritt. Mit dem Einsatz der beiden Violinen treten zwei weibliche Solisten auf. Einzeln, zusammen und mit dem Corps de ballet werden sie ein Teil der Gesamtkomposition. Sie ergänzen einander wie eine Violine die andere ergänzt. Sie zeichnen und entwickeln Themen, die sich mit den Themen der Partitur, ihrer Aufnahme und Weiterführung decken.

2. Satz (Largo ma non tanto). Die Solisten verlassen die Bühne. Die lyrische Melodie des zweiten Satzes erklingt. Eine der Solistinnen kehrt zurück, begleitet von ihrem männlichen Partner, der sie sanft hebt und dreht vor dem sich beugenden Corps de ballet. Dann führt er sie durch ein von der Gruppe gebildetes Labyrinth. Der Höhepunkt des Satzes ist erreicht, wenn der Partner die Solistin zum ständig wiederholten musikalischen Thema immer wieder hoch über seinen Kopf hebt. Gegen Ende des Satzes zieht der Junge das Mädchen, das den Boden nur mit den Fußspitzen berührt, dreimal hin und her über die ganze Breite der Bühne. Jedesmal richtet sich die Solistin zu einer *Arabesque* auf, die die Strenge des Themas widerspiegelt.

3. Satz (Allegro). Auf den schnellen Rhythmus der Musik antworten die Tänzer mit leichten, geschmeidigen Sprüngen, stark akzentuierten Armbewegungen und synkopischen Gruppenbildungen. Zum Schluß knien alle Tänzer.

Zu »Concerto Barocco« sagt der Choreograph:

»Die einzig mögliche Vorbereitung auf dieses Ballett ist die Kenntnis seiner Musik. Denn ›Concerto Barocco‹ hat keine Handlung über die Partitur und den auf ihr basierenden Tanz hinaus. Getanzt auf Bachs Konzert für zwei Violinen und Orchester d-Moll, versucht das Ballett nichts sonst, als das Publikum durch den Tanz und die Übersetzung von Musik in Tanz zu fesseln, so wie die Barockkunst das Publikum nicht durch den Gegenstand, sondern durch dessen dekorative Behandlung ästhetisch zu fesseln suchte.

Bachs großes Konzert kann für sich allein stehen. Man wird sich fragen: Wozu dann das Ballett? Warum arrangiert man überhaupt Ballette auf Musik, der der Tanz nicht gerecht werden kann? Die Antwort lautet: Schlechte Musik verführt zu schlechtem Tanzen, zu schlechter Choreographie. Es ist kein Zufall, daß zu den tänzerischen Meisterwerken von Saint-Léon, Petipa und Fokine Partituren gehören, die musikalische Meisterwerke sind. Die Partituren zu ›Coppélia‹, ›Dornröschen‹ und ›Petruschka‹ von Delibes, Tschaikowsky und Strawinsky regten jeden dieser Choreographen dazu an, die Entwicklung der Ballettkunst voranzutreiben.

Die Auswahl von Musikstücken für den Tanz ist Sache des profilierten Choreographen. Er sollte die Musik nicht über ihre genauen Grenzen hinaus zu interpretieren, vor allem aber nicht sie einer literarischen Idee anzupassen versuchen. Wenn die Partitur wirklich groß ist und zum Tanzen geeignet, dann hat er solche Kunstgriffe nicht nötig und kann seine Eingebungen durch den reinen Tanz verwirklichen.«

Was Balanchine hier sagt, sagt er im besonderen von »Concerto Barocco«. Es geht aber weit über den Anlaß hinaus. Es ist Balanchines Credo, dessen allgemeine Gültigkeit man über dem apologetischen Charakter nicht vergessen sollte. Daß Balanchine sein Werk gegen die Puristen verteidigt, ist ganz selbstverständlich. Nur am Rande sei vermerkt, daß Bach selbst nicht gerade zimperlich im Umgang mit seiner Musik war. »Concerto Barocco« gehört zu Balanchines besten Werken. Nach vierzig Jahren hat dieses Ballett noch nichts von seinem Glanz eingebüßt. Es gibt nur wenige Choreographien, von denen man das gleiche sagen kann. Ballette altern schnell, weil meistens nur zu sehr ihrer Zeit verhaftet. Das Gegenteil trifft auf »Concerto Barocco« zu: Jetzt in schwarzen Trainingstrikots vor blauem Hintergrund getanzt, wirkt es luzider denn je.

Concerto pour Violoncelle et Orchestre en Forme de Pas de trois

Ballett in einem Akt. Musik: Bernd Alois Zimmermann; Choreographie: Ivan Sertić; Ausstattung: Wilfried Sakowitz; Uraufführung: Wuppertaler Bühnen, Opernhaus, Wuppertal, 12. Mai 1968.

Introduzione
Allegro
Adagio
Tempo di Marcia
Blues et Coda

Dem Titel zufolge handelt es sich also sowohl um ein Instrumentalkonzert als auch gleichzeitig – um eine Ballettmusik. Der »Pas de trois« wird bestritten von den »Personen«: Soloinstrument, Orchester, Ballett. Es geht darum, die drei Kontrahenten in Partner umzuwandeln. Es kommt also nicht darauf an, anhand eines »Konzertes« zu demonstrieren, welche instrumentalen Möglichkeiten das Cello besitzt; wie es weiterhin nicht darauf ankommt, daß dem Tänzer eine Musik zur Verfügung steht, die mehr oder weniger faßbare Zählzeiten zur mnemotechnischen Unterstützung vorgegebener Bewegungsabläufe anbietet, sondern es kommt darauf an, daß der Tänzer die Möglichkeit hat, die musikalischen durch tänzerische Strukturen zu kontrapunktieren.

Zusammenfassend kann gesagt werden, daß bei der vorliegenden Komposition eine Synthese von bisher für getrennt gehaltenen Gattungen stattfindet, die zwar in ihrem Gestus erhalten bleiben, jedoch in die höhere Einheit der absoluten musikalischen Form insofern hinübergeführt werden, als sie alle aus einer einzigen kompositorischen Keimzelle entwickelt werden. So bleibt der Gestus des Solistenkonzerts u. a. in den quasi kadenzartigen Passagen erhalten, die dem Soloinstrument (primus inter pares) zugewiesen sind; der Gestus des »Pas de trois« bleibt in dem »Zitat« der formalen Gliederung des »Grand pas de trois« erhalten mit den Formteilen »Entrée«, »Allegro«, »Adagio«, »Variationen«, »Coda«; und letztlich der Gestus einer Orchesterkomposition in der übergreifenden Form eines Capriccios.

Bei dem vorliegenden Werk wurde ein besonderes Instrumentarium einer Kompositionsmethode dienstbar gemacht, die *Bernd Alois Zimmermann* (s. »Die Befragung«) »pluralistisch« nannte. Es handelt sich neben dem Soloinstrument vor allem um folgende Instrumente: Zimbal, Glasharfe, Mandoline, Gitarre und einen elektrischen Kontrabaß.

»In dem klassischen Tanz erblicke ich die wohl reinste und zugleich utopischste Form einer autonomen Zeit-Kunst, utopisch in der Negation der Schwerkraft, und als Zeit-Kunst am ehesten geeignet, in einen Dialog mit der nicht weniger utopischen und zugleich absolutesten Form der Zeit-Kunst, wie sie die Musik in ihrer Überwindung der Zeit kraft Ordnung derselben darstellt, zu treten. In dieser Form erscheint mir Ballettmusik als die wohl aristokratischste Form der absoluten Musik.« (Bernd Alois Zimmermann.)

Fraglich ist, ob *Ivan Sertić* (geb. 1927), der Choreograph der Uraufführung, Zimmermanns Intentionen erfüllt hat. Denn Sertić bediente sich zwar des klassisch-akademischen

Vokabulars, aber eben nicht als Kontrapunkt zur Musik, sondern in Übereinstimmung mit ihr, indem er es modernisierte. Die Absolutheit des klassischen Balletts, auf die es Zimmermann ja gerade ankam, wurde relativiert durch eine eher amorph wirkende Choreographie mit stark expressiven Zügen. Über den Boden der Bühne bewegte sich, noch ehe die Musik einsetzte, ein formloses Knäuel, zuckte und spreizte sich und warf die gesprenkelte Hülle ab – »der Mann« schlüpfte heraus. Wogenden Hügeln, hinter denen »das Weib« emporstieg, entquoll ein Haufen gefleckter Leiber mit Negergesichtern. Sie gruppierten sich bald zu Urzeitgewächsen, bald zu Tiergeschöpfen. Das konnte Anfang, Werden, Geburt oder auch etwas ganz anderes heißen. Der Bühnenbildner *Wilfried Sakowitz* schlug mit einem projizierten Fries von bunten Plasmabläschen in die gleiche, falsche Kerbe.

Das Ballett harrt seiner gültigen Realisierung. Die Schwierigkeit, Zimmermanns Entwurf zu verwirklichen, ist freilich nicht zu übersehen.

Coppélia (Coppelia)
oder: Das Mädchen mit den Emaille-Augen

Ballett in zwei Akten (drei Bildern). Libretto: Charles Nuitter und Arthur Saint-Léon; Musik: Léo Delibes; Choreographie: Arthur Saint-Léon; Bühnenbild: Cambon, Despléchin, Lavastre; Kostüme: Paul Lormier; Uraufführung: Théâtre Impérial de l'Opéra, Paris, 25. Mai 1870. (Dauer: abendfüllend.)

Personen: Swanilda; Franz; Coppelius, ein Puppenmechaniker; Coppelia, eine Puppe; Automaten (Puppen); der Bürgermeister; der Schloßherr; Bauern und Bäuerinnen; Popen; Volk; Allegorien der Glockenweihe: der Glöckner, die Morgenröte, das Gebet, die Arbeit, Hymen, die Zwietracht, der Friede.

I. Akt, 1. Bild: Marktplatz in einer kleinen Grenzstadt Galiziens, links im Vordergrund das Haus Swanildas, rechts das des Coppelius. Nach einem Vorspiel (Lento; Allegro marcato; Tempo di Mazurka) geht der Vorhang auf. Swanilda tritt aus ihrem Haus und richtet ihre Blicke auf Coppelia, die regungslos, ein Buch lesend, in einem Erkerfenster des Coppelius-Hauses sitzt. Swanilda ist eifersüchtig, sie hat ihren Verlobten Franz in Verdacht, daß ihn die merkwürdige Schöne dort oben interessiere. Um deren Aufmerksamkeit zu erregen, tanzt Swanilda einen Walzer. Franz nähert sich, Swanilda verbirgt sich, um ihn zu beobachten (Allegretto). Franz geht auf Swanildas Haus zu, aber das schöne Mädchen im anderen Haus weckt seine Neugier. Da steht Coppelia von ihrem Sitz auf (Andante), läßt das Buch sinken, scheint den Gruß von Franz zu erwidern und setzt sich wieder hin (Moderato). Swanilda hat alles gesehen. Sie macht Franz Vorwürfe – er liebe Coppelia. Franz beteuert seine Unschuld, doch Swanilda bleibt abweisend.

Da kommen junge Bauersleute herbei und tanzen, in Erwartung des Bürgermeisters, eine kraftvolle Mazurka (Allegro marcato; Tempo di Mazurka). Der Bürgermeister kündet für den nächsten Tag das Fest der Glockenweihe an (Moderato). Der Schloßherr werde Brautpaare ausstatten, erklärt er, und wendet sich an Swanilda, ob sie mit ihrem Franz dabeisein wolle (Moderato). Mit dem Ähren-Spiel will Swanilda beweisen, daß Franz ihr untreu sei (Ballade, Lento espressivo). Swanilda nimmt eine Ähre aus der Garbe, hält sie ans Ohr und lauscht (Un poco animato). Swanilda zerknickt den Strohhalm vor Franz' Augen. Er geht verärgert ab. Swanilda tanzt inmitten ihrer Freundinnen (Slawische Volksmelodie mit Variationen; Allegretto non troppo).

Die Burschen kommen hinzu und tanzen einen Csárdás (Allegro marcato).

Coppelius tritt aus seinem Hause. Er verschließt die Türe sorgfältig. Es kommen ihm junge Leute entgegen, die den merkwürdigen Alten zum besten halten (Moderato). Der Alte macht sich verdrießlich los und geht scheltend seiner Wege. Swanilda kommt und findet Coppelius' Schlüssel, den der Alte bei der Rauferei verloren hatte. Swanilda ist entschlossen, die Rivalin kennenzulernen. Swanilda und ihre Freundinnen dringen in Coppelius' Haus ein.

Franz erscheint mit einer Leiter (Poco lento). Von Swanilda gekränkt, will er sein Glück bei Coppelia versuchen. Als er mitten auf der Leiter ist, kommt Coppelius zurück, Franz springt schnell herab und kann dem wütenden Alten gerade noch entkommen. Coppelius sieht zu seinem Entsetzen die Tür seines Hauses weit offenstehen. Er eilt ins Haus.

II. Akt, 2. Bild: Zwischenakt-Musik (Allegro moderato; Tempo di Valse; Andantino). In der Werkstatt des Mechanikus Coppelius. Geräumiges Interieur, Instrumente, Räder, Hebel, Marionetten, Automaten. Swanilda und ihre Gefährtinnen treten vorsichtig ein (Andantino con moto). Sie betrachten die seltsamen Figuren, die ihnen zuerst unheimlich sind. Swanilda nähert sich dem Fenster (Allegro) und zieht den Vorhang zurück. Man sieht Coppelia sitzen, die immer noch das Buch in der Hand hält (Andante quasi Allegretto). Als die Fremde auf gar kein Zeichen reagiert, entdeckt Swanilda, daß sie eine Puppe ist. Erleichtert atmet sie auf.

Beim Herumlaufen in der Werkstatt stößt eines der Mädchen an die Feder des Werkes im Tympanonspieler. Dieser beginnt, sich mit eckigen Gebärden zu bewegen (Musik der Automaten, Allegro). Ein kleiner Mohr mit Zimbalen rattert los – da erscheint im Hintergrund der wütende Coppelius. Er läßt alle Automaten stillstehen und jagt die Mädchen davon. Nur Swanilda verbirgt sich hinter dem Vorhang. Der Alte bemerkt sie nicht. Das hintere Fenster ist halb offen. Man sieht die obersten Sprossen einer Leiter, auf der Franz erscheint (Allegretto). Coppelius zeigt sich nicht; Franz steigt ein, er glaubt sich allein, bewegt sich zu dem Platz, wo Coppelia zu sitzen pflegt. Aber der Alte vertritt ihm den Weg. Franz gesteht ihm, daß er verliebt sei. Coppelius reagiert überraschend freundlich. Er bietet Franz ein Glas Wein an, in das er freilich heimlich ein Schlafpulver geschüttet hat (Trinklied und Szene; Allegro). Franz fällt auf eine Bank und schläft ein.

Coppelius schleppt das Zauberbuch herbei und zitiert Beschwörungen. Er rollt Coppelia herbei und scheint Franz die Seele rauben zu wollen, um Coppelia damit zu beleben. Coppelia steht langsam auf und tanzt steif wie eine Puppe einen Walzer (Andante con moto). Es folgt ein Allegro vivo: Coppelius verdoppelt seine Anstrengungen, mit Besessenheit macht er seine Beschwörungsformeln über Franz und dem Buch, hin zur Puppe. Coppelia verändert sich nach und nach. Ihr eben noch starrer Blick wird jetzt von lebensvollem Ausdruck beseelt. Sie lächelt ganz natürlich, ihr Gesicht erheitert sich (Andante espressivo). Sie wird immer lebhafter, will aus dem Glas von Franz trinken, ersticht den Mohrenautomaten und wendet sich schließlich gegen Coppelius selbst (Moderato; Lento).

Der Alte versucht nun, Coppelia bei der Gefallsucht zu packen. Er hängt ihr eine Mantilla um. Sie tanzt einen mitreißenden Bolero (Allegretto). Coppelia bemerkt eine schottische Schärpe. Sie schmückt sich damit und tanzt eine Gigue (Allegro non troppo).

Man hört Fanfaren blasen. Der Festtag bricht an. Coppelia wird immer wilder, alles zerbrechend und zerreißend, was ihr unter die Hände kommt (Allegro). Da erwacht Franz. Dem Alten gelingt es endlich, Coppelia zu fangen. Er zwingt sie auf ihren Stuhl und schiebt sie hinter die Gardine. Erregt befiehlt er Franz, das Haus sofort zu verlassen. Coppelius sieht verblüfft, daß Coppelia nichts als Automatenbewegungen macht: unterdessen ist Swanilda hinter dem Vorhang hervorgeschlüpft und setzt die anderen Automaten in Gang. Verwirrt will Coppelius nach dem Rechten sehen, da bemerkt er am Fenster Swanilda, welche mit Franz entflieht. Jetzt begreift der Alte, daß er von dem Mädchen zum besten gehalten worden ist.

II. Akt, 3. Bild: Ein Platz vor dem Schloß. Die gestiftete Glocke hängt in einem geschmückten Gerüst. Vor der Glocke steht ein Thespis-Karren (Glockenmarsch, Allegro). Die Popen haben die Glocke gesegnet; sie stellen dem Schloßherrn die Brautpaare vor. Auch Franz und Swanilda nähern sich dem Patron. Der alte Coppelius kommt gelaufen; er fordert Gerechtigkeit: Swanilda und Franz hätten in seinem Haus mutwillig alles zerbrochen und durcheinandergeworfen. Swanilda, die eben ihre Aussteuer erhalten hat, bietet sie dem Coppelius an; doch der Schloßherr, dem die Gelegenheit zu einer neuen Wohltat willkommen ist, entschädigt auch den Alten.

Vom Thespis-Karren steigt als erster der Glöckner herab. Er hält eine Sanduhr und ruft die Stunden aus. Die allerersten Morgenstunden, welche der Morgenröte vorangehen, folgen seinem Ruf und erscheinen (Stundenwalzer). Aurora, die Göttin der Morgenröte, erstrahlt, umgeben von Feldblumen. Die Morgenstunden umtanzen sie (Moderato; Allegretto non troppo). Die Stunde des Gebets naht, sie segnet den beginnenden Tag und schwebt gen Himmel (Andante). Die Zeit rückt vor – die Morgenstunden entfernen sich mit Aurora und machen den Tagesstunden Platz; dies ist die Zeit der Arbeit, die Spinnerinnen und Schnitterinnen beginnen ihr Tagewerk (Moderato). Ein Zug naht sich; es ist Hymen, der Gott der Ehe; mit der Fackel in der Hand, begleitet von Amor, führt er eine Bauernhochzeit an (Allegretto marcato). Diesen lachenden Bildern folgt der Aufruhr. Unheilverkündende Klänge erschüttern die Luft. Das ist der Krieg, das ist Sturmgeläute (Allegro moderato). Marsch der Krieger (Allegro brillante). Die Waffen sind erhoben, die Zwietracht reizt die Krieger, der Schein einer Feuersbrunst erleuchtet den dunklen Himmel (L'istesso tempo). Doch der Friede erscheint mit dem Ölzweig in der Hand. Alles beruhigt sich und folgt ihm. Der Aufruhr hat sich gelegt (Moderato; Andante con moto).

Nach dem allegorischen Spiel versammeln sich alle zum allgemeinen Festzug (Allegretto). Das Finale ist ein Galopp, mit dem Brautpaar als Mittelpunkt.

Wie Gautier sich bei »Giselle« auf Heinrich Heine bezog, so hat der Librettist von »Coppélia«, der Archivar der Pariser Oper *Charles Truinet* (er verbarg sich hinter dem Anagramm *Nuitter*), seinen Stoff bei E. T. A. Hoffmann gefunden, und zwar in der Erzählung »Der Sandmann«. »Coppélia« ist das erste jener vielen Ballette, die die Verlebendigung einer Puppe zum Thema haben; Coppelia ist eine Schwester der Olympia aus »Hoffmanns Erzählungen«. Dieses Ballett ist auch eine spätromantische und recht theatralische Art der Auseinandersetzung mit der Welt der Technik.

Heute wird »Coppélia« oft als Operetten-Ersatz mißverstanden. Die Geschichte dient lediglich als Vehikel für ein mehr oder weniger oberflächliches Divertissement. Dabei steckt gerade in diesem Ballett eine Menge Zündstoff auch für unsere Zeit. Man braucht nur das auf die Bühne zu bringen, was das Original fordert: Galizien mit einem Coppelius, der »anders ist als die anderen« und damit (noch) harmloser Verfolgung ausgesetzt ist; der Automat, der sich scheinbar in einen lebenden Menschen verwandelt und damit die Furcht weckt, die heute Computer auslösen, die nichts anderes als Automaten sind, aber unser Leben in weit größerem Maße beherrschen, als sich das die Autoren von »Coppélia« vorstellen konnten (wenn man will, steckt im II. Akt sogar so etwas wie Gesellschaftskritik, Kritik nämlich an der Automation, in deren Gefolge Arbeitslosigkeit befürchtet wird); nicht zuletzt aber die Allegorie von Krieg und Frieden im Finale des II. Aktes.

Die erste Swanilda-Coppelia war die blutjunge Italienerin Giuseppina Bozzacchi. Bei der Premiere waren Napoleon III. und die Kaiserin anwesend, das ganze diplomatische Corps und die künstlerische und gesellschaftliche Prominenz. Als am 19. Juli 1870 der Deutsch-Französische

Krieg begann und Paris belagert wurde, schlossen die Theater; es brach bald eine Seuche in der Stadt aus, eines ihrer Opfer wurde die 17jährige Giuseppina Bozzacchi. Auch der Choreograph Saint-Léon ist noch im gleichen Jahr gestorben. Die Rolle des Franz wurde an der Opéra en travesti getanzt. Die erste Darstellerin dieser Hosenrolle war Eugénie Fiocre (1845–1908).

»Coppélia« gehört zu den meistgespielten Werken überhaupt.

Léo Delibes (1836–91) war der größte Ballettkomponist der zweiten Hälfte des 19. Jahrhunderts in Westeuropa. Seine erste Partitur für den Bühnentanz »La Source« schrieb er 1866 gemeinsam mit Ludwig Minkus (s. »La Bayadère«). Zwei weitere – ohne fremde Hilfe – folgten: »Coppélia« und »Sylvia« (s. d.). In der Nachfolge Adams (s. »Le Corsaire«) wendete er die Leitmotivtechnik an, genügte überhaupt der Bühnenkunst, der er sich verschrieben hatte, obwohl er Chorleiter der Pariser Opéra war. Auch seine Musik zu »Coppélia« wird stets zu leicht genommen und wie eine Kurkapellennummer heruntergeschludert. Ebenso wie das Libretto ist sie aber hintergründiger, als man beim ersten Hören glauben möchte. Freilich, da jedem Kind die Melodien aus »Coppélia« aus dem Rundfunk vertraut sind, ist das Schulterzucken mancher Leute durchaus verständlich. Musik sollte aber aus ihrer Zeit begriffen und nach ihr beurteilt werden – nicht nach den Klischees, die sich dem Ohr eingeprägt haben.

Arthur Saint-Léon (1821–70) ist der letzte große Choreograph, den das französische Ballett hervorgebracht hat, bevor es in einen jahrzehntelangen Dornröschenschlaf verfiel, aus dem es erst Serge Lifar (s. »Phèdre«) wieder weckte. Saint-Léon studierte bei seinem Vater, der Ballettmeister in Stuttgart war. Er debütierte in München als Tänzer und Geigenvirtuose. Er war mit einer der berühmten Ballerinen der Romantik, Fanny Cerrito, verheiratet. Er choreographierte eine Unzahl von Balletten, von denen heute noch viele bekannt sind, weniger weil sie – wie

»Coppélia« – noch oft aufgeführt werden, als weil gerade von ihnen sehr viele kolorierte Stiche erhalten sind. Dazu gehören »Le Violon du Diable« (1849), in dem er sowohl tatsächlich wie im übertragenen Sinne die erste Geige spielte; »Fiammetta« (1864); »Das bucklige Pferdchen« (1864), das noch heute in Rußland getanzt wird; und »La Source« (1866). Er war von 1863 bis 1870 Maître de ballet der Pariser Opéra.

Le Corsaire (Der Korsar)

Ballett in drei Akten und fünf Bildern mit Epilog. Libretto: Vernoy de Saint-Georges; Musik: Adolphe Adam u. a.; Choreographie: Joseph Mazilier; Ausstattung: Desplèchin, Cambon, Thierry und Martin; Uraufführung: Théâtre Impérial de l'Opéra, Paris, 23. Januar 1856. (Dauer: abendfüllend.)

Personen: Conrad, ein Korsar; Birbanto, der Unterführer von Conrads Piraten; Lanquedem, Besitzer eines Sklavenhandelsbasars in Adrianopel; Medora, eine junge Griechin, sein Pflegekind; Seyd, Pascha der Insel Kos; Zulmea, Lieblingsfrau des Paschas; Gulnare, Sklavin des Paschas; Erster Eunuch im Harem des Paschas; Piraten; Sklaven und Sklavinnen; Eunuchen; Odalisken; Händler; Wache des Paschas; Schiffsvolk; Herolde.

I. Akt. 1. Bild: Sklavenmarkt in Adrianopel. Medora, eine junge Griechin in Obhut des Sklavenhändlers Lanquedem, liebt Conrad, den Korsaren. Der Pascha Seyd von Kos will schöne Mädchen für seinen Harem aussuchen. Sklavinnen verschiedener Nationalitäten tanzen vor ihm. Aber der Pascha interessiert sich nur für Medora. Lanquedem will sie ihm verkaufen. Aber Conrad verhindert es. Er entführt mit seinen Piraten Medora und die anderen Sklavinnen. Auch die Sklavenhändler werden verschleppt.

2. Bild: In seinem unterirdischen Palast schwört der Korsar der Griechin ewige Liebe und verspricht, sein Leben zu ändern (Pas de deux). Auf Medoras Drängen läßt Conrad die Sklavinnen frei. Damit sind der Unterführer und die anderen Piraten nicht einverstanden. Bei einem Festmahl läßt Birbanto auf Anraten von Lanquedem dem Liebespaar eine Lotosblüte überreichen, in die man vorher ein Schlafmittel geträufelt hat. Conrad führt die Blüte an die Lippen und schläft ein. Medora wird von den Piraten über Lanquedem an den Pascha verkauft.

II. Akt: Im Palast des Paschas. Odalisken tanzen vor Zulmea, der Lieblingsfrau, und vor dem Pascha. Lanquedem bringt die verschleierte Medora, die ihren Pflegevater vergeblich zu töten versucht. Der Sklavenhändler entkommt. Eine Pilgerschar tritt auf, die den Pascha um Gastfreundschaft bittet. Es sind Conrad und seine Piraten, die Medora befreien wollen, aber vom Pascha und seiner bewaffneten Garde daran gehindert werden. Wieder hat der Verräter Birbanto gemeinsame Sache mit dem Pascha gemacht.

III. Akt. 1. Bild: Der Pascha verspricht, wenn Medora ihn erhöre, werde er Conrad freigeben. Gulnare, eine Sklavin des Paschas, überredet das Liebespaar, zum Schein auf den Pascha einzugehen. Die Hochzeit findet statt, aber nicht Medora, sondern der verschleierten Gulnare steckt der Pascha den Ring an den Finger. Die entschleierte Braut aber ist Medora, die den Pascha durch verführerische Tänze dazu bringt, seine Waffen abzulegen. Er wird von Conrad überwältigt, der mit Medora flieht. Gulnare beweist mit dem Ring, daß sie die erste Frau des Paschas ist, nicht Medora. Man huldigt der neuen Herrscherin.

2. Bild: Auf dem Schiff feiern Medora und Conrad die gelungene Entführung. Piraten und Sklavinnen tanzen vor ihnen. Ein Sturm kommt auf. Das Schiff kentert.

Epilog: Medora und Conrad haben sich an die Küste retten können.

Ein Ballett gleichen Namens nach Lord Byrons Gedicht wurde bereits 1837 in London aufgeführt (Choreographie: Ferdinand Albert). Es konnte sich nicht durchsetzen. Erst das Ballett von Adam und Mazilier brachte den Erfolg, der bis in unsere Zeit nachklingt. Die Taglioni hat die Rolle der

Medora ebenso gerne getanzt wie die Pawlowa. »Le Corsaire« ist oft überarbeitet worden. Sowohl Minkus (s. »La Bayadère«) wie Drigo haben dazu neue Musik geschrieben. Petipa (s. »La Bayadère«) wie Wachtang Tschabukiani haben das Ballett neu choreographiert. Ein Pas de deux wird noch heute regelmäßig von den russischen Ballettcompagnien wie vom englischen Royal Ballet aufgeführt. Dabei handelt es sich um eine Version von Tschabukiani nach Petipa. Der sogenannte »Le Corsaire«-Pas-de-deux ist ein Paradestück von Margot Fonteyn und Rudolf Nurejew gewesen, der ihn 1962 in London einstudiert hat. Als Dokument ist er in dem Film »Ein Abend mit dem Royal Ballet« enthalten. Eine komplette Fassung von »Le Corsaire« schuf 1975 Wazlaw Orlikowsky bei den Bregenzer Festspielen für das Zagreber Ballett.

Adolphe Adam (1803–56) war der bedeutendste Ballettkomponist der ersten Hälfte des 19. Jahrhunderts. Für die damaligen Verhältnisse waren seine Partituren anspruchsvoll. Mit der Technik des Leitmotivs ging er auf die Anforderungen des Balletts in weit stärkerem Maße ein als alle Ballettkomponisten vor ihm. Höhepunkt seines Schaffens ist »Giselle« (s. d.). Bedauerlich ist, daß von den vierzehn Balletten, die er komponiert hat (außer »Le Corsaire« u. a.: »La Fille du Danube«, »La Jolie Fille de Gand« und »Le Diable à Quatre«), nur noch eins, nämlich »Giselle«, regelmäßig aufgeführt wird. Man macht auch kaum Gebrauch von seinen Partituren als musikalischer Grundlage für neue Ballette. In Deutschland ist Adam vor allem durch seine Oper (eine der 39 Opern, die er komponierte) »Der Postillon von Lonjumeau« (1837, s. auch Reclams Opernführer) bekannt geworden.

Joseph Mazilier (1801–68) wurde nach einer erfolgreichen Karriere als Tänzer 1839 Maître de ballet an der Pariser Opéra. Für die Académie Royale de Musique (seit 1852 Académie Impériale) schuf er außer »Le Corsaire« u. a. »La Gypsy« und »Paquita« (s. d.).

La Création du Monde (Die Erschaffung der Welt)

Ballet Nègre in einem Akt. Libretto: Blaise Cendrars (nach afrikanischen Legenden); Musik: Darius Milhaud; Choreographie: Jean Börlin; Ausstattung: Fernand Léger; Uraufführung: Ballets Suédois de Rolf de Maré, Théâtre des Champs-Élysées, Paris, 25. Oktober 1923.

Personen: Der Mann; die Frau; die drei Gottheiten; die erschaffenen Tiere; die niederen Dämonen.

Ouvertüre (Modéré; Blues-Melodie).

I. Der Vorhang hebt sich sehr langsam über der dunklen Szene. Man sieht in der Mitte der Bühne eine reglose Masse von Körpern – das ungestaltete Chaos (oder wie es in Cendrars' Originallibretto heißt: tohu-bohu avant la création) vor der Schöpfung. Drei riesige Gottheiten treten allmählich im Halbkreis hervor: es sind Nzame, Mebere und Nkwa, die Herren der Schöpfung. Sie kreisen beschwörend um den ungeformten Stoff. Die Musik spielt dazu »eine magische Folge von Tönen« (Jazz-Fuge).

II. Die Masse in der Mitte kommt in Bewegung mit heftiger Steigerung: der Schöpfungsakt nimmt seinen Anfang. Aus dem amorphen Ganzen wächst allmählich ein Baum hervor, wird größer und größer, dreht sich und läßt einen Kern zur Erde fallen, aus dem ein neuer Baum emporsprießt. Sobald eines der Blätter des Baumes den Boden berührt, entfaltet es sich, windet sich und beginnt zu zittern und setzt sich in Bewegung – als Tier. Ein Elefant bleibt in der Luft hängen; eine langsame Schildkröte, eine ungeschickte Krabbe kommen hervor. Von oben klettern Affen herab. – Die Szene hellt sich allmählich auf, und sobald ein neues Geschöpf entstanden ist, leuchtet es heller über die Erde (Bläser und Schlagzeug; Oboensolo: Blues).

III. Jedes Geschöpf wird von einer Tänzerin bzw. einem Tänzer dargestellt – sie springen jeweils aus der Mitte hervor, zeigen die Evolution ihres Werdens und treten dann in den Kreis der Geschöpfe, der sich um die Gottheiten formiert. Da öffnet sich die Runde, Nzame, Mebere und Nkwa geben sich neuen Beschwörungen hin, die Scheinwerfer spielen, und man sieht die chaotische Masse von neuem brodeln (Synkopierte Tanzrhythmen). – Alles gerät in Bewegung, ein Riesenbein erscheint, Rücken werden sichtbar, ein struppiges Haupt zeigt sich, Arme strekken sich empor: es ist die Erschaffung von Mann und Weib. Sie sehen und erkennen sich und wenden einander ihre Gesichter zu (Variation des Oboen-Blues).

IV. Während sich das Paar einem Tanz der Begierde und der Vereinigung hingibt, erscheint alles, was bisher noch ungestaltet geblieben war, und mischt sich, geduckt, in den Kreis und reißt alle Geschöpfe zu einem frenetischen Ur-Tanz hin, der sich bis zur Raserei steigert – das sind die N'guils, männliche und weibliche Gestalten mit dämonischen Eigenschaften, die böse Fetische, Zeichen der Verwünschungen und Bedrohungen, schwingen (Ostinates Grundmotiv; Klarinetten-Solo; Oboe und Saxophon).

V. Das Menschenpaar umschlingt sich. – Der sich um sie drehende Schöpfungsreigen wird langsamer und kommt allmählich zum Stillstand. Ruhe herrscht. Alles Geschaffene geht nun seinen ihm bestimmten Weg. Das Menschenpaar aber küßt sich – die Liebe ist geboren und trägt die Menschen – wie der Librettist Cendrars sich ausdrückt: »qui le porte comme une onde« – dahin wie eine Woge. Das ist der Frühling. (Die musikalischen Hauptthemen der vorhergehenden Sätze werden noch einmal verwendet.)

Das insgesamt nur 15 Minuten beanspruchende Ballett hat sowohl die Aufmerksamkeit der Anhänger der Modernen Musik wie der avantgardistischen Malerei und auch der experimentierenden Choreographie erregt. »La Création du Monde« von *Darius Milhaud* (s. »'adame Miroir«) gilt als »einer der geglücktesten und originellsten Versuche, rhythmische, melodische und klangliche Elemente des Jazz mit dem Geist und der Technik moderner Musik zu durchdringen und zu erschließen – ein Werk von harmonisch-melodischem Reichtum, stärkster Ausdruckskraft und lyrischer Intensität« (Manfred Gräter, »Neue Musik«).

Fernand Léger (1881–1955), der französische Maler, der den Kubismus bis zur völligen Aufgabe organischer zugunsten konstruierter, von der Technik bestimmter Formen steigerte, schuf das Bühnenbild.

Jean Börlin, der schwedische Tänzer und Choreograph (1893–1930), ein genialer revolutionärer Geist, der sein choreographisches Fundament der Schule Fokines verdankte, gründete mit Rolf de Maré die Ballets Suédois, eine hervorragende Truppe, die während ihres Bestehens (1920–24) in einem beinahe legendären Ruf des Avantgardismus stand. Gerade die Verbindung mit den provozierenden Neuen Künsten machte den Ruf der Börlin-de-Maré-Gruppe aus. Folgende Werke des schwedischen Balletts, die seinerzeit Aufsehen erregten: »L'Homme et son Désir« (Libretto: Claudel, Musik: Milhaud, Ausstattung: Parr), »Les Mariés de la Tour Eiffel« (Libretto: Cocteau, Musik: Auric – Honegger – Milhaud – Poulenc – Tailleferre) und besonders »Relâche«, in dem René Clair den Film zu einem Mittel des Balletts machte – sie alle sind Geschichte. Auf den Bühnen aber hat sich »Die Erschaffung der Welt« behauptet. Börlin wies nach eingehenden ethnographischen Studien von *Blaise Cendrars* (1887–1961; der große französische Romancier, von dem Henry Miller mit Recht gesagt hat, er sei einer der sprachgewaltigsten Autoren der modernen Literatur) auf die Urtänze der Negerstämme hin. Auch die Choreographie bedient sich solcher wilden Stammes-Riten.

Von »Création du Monde« existiert keine gültige Choreographie. Durchgesetzt hat sich lediglich ein Ballett gleichen Titels, das 1971 in der Choreographie von Natalia Kassatkina und Wladimir Wassiljow am Leningrader Kirow-Theater uraufgeführt wurde. Die Musik zu dieser »Erschaffung der Welt«, bei der Zeichnungen von Jean

Effel Pate gestanden haben, schrieb Andrej Petrow. Die Hauptrollen tanzten Juri Solowjew, Michail Baryschnikow, Valery Panow, Irina Kolpakowa und Galina Ragoschina (Panowa).

Die Dame und das Einhorn (La Dame à la Licorne)

Ballett in einem Akt. Libretto: Jean Cocteau; Musik: Jacques Chailley; Choreographie: Heinz Rosen; Ausstattung: Jean Cocteau; Uraufführung: Theater am Gärtnerplatz, München, 9. Mai 1953.

Personen: Die Dame; der Ritter; das Einhorn; sieben kleine Einhörner; Damen und Ritter.

»Dieses Ballett ist von den berühmten Bildteppichen auf rotem Grunde inspiriert, die als Einhorn-Teppiche bekannt sind. Das Thema ist die Jungfräulichkeit. Nach einer Legende nimmt das Einhorn Nahrung nur von der Hand einer Jungfrau. Der Spiegel, worin die Dame ihm sein Gesicht zeigt, zeigt auch den Widerschein eines anderen Gesichts: das des Kavaliers, der ihr die menschliche Liebe bringt. Das Einhorn sieht es und stirbt. Der Kavalier indes war nicht standhaft. Er schämt sich seiner Unstetigkeit und kehrt zurück, aber die Dame sieht ihn nicht mehr an. Sie beweint ihr Einhorn. Ohne Einhorn und ohne Kavalier bleibt die Dame allein zurück mit ihrem berühmten rätselhaften Wahlspruch: *Mon seul désir* (Mein einziger Wunsch).« (Jean Cocteau.)

Die Szene: das Zelt der Dame vor dem Walde – und dicht daneben ein Balkenpodium, auf dem drei Musiker im Frack hinter ihren Notenpulten sitzen, der Bläser, der Kniegeiger, der Harfner. Selbstverständlich stehen romantische und reale Welt nebeneinander.

Jean Cocteau (1889–1963) wurde wie so viele andere von Serge Diaghilew, der ihn aufforderte, ihn zu verblüffen, für das Ballett entdeckt. Für die Ballets Russes schrieb der französische Dichter, dessen Charakterbild in der Literaturgeschichte schwankt, die Libretti zu »Le Dieu Bleu« (1912), »Le Train Bleu« (1924) und »Parade« (s. d.). Außerdem schrieb er die Szenarien für die Ballette »Les Mariés de la Tour Eiffel« für die Ballets Suédois (1921; Choreographie: Jean Börlin; s. »La Création du Monde«) und »Bœuf sur le Toît« (1920; Inszenierung: Cocteau; Musik: Milhaud). Nach dem Zweiten Weltkrieg schrieb er für Roland Petit (s. »Carmen«) das Ballett »Le Jeune Homme et la Mort« (s. d.), das als Ausdruck dieser Zeit galt. Auch »Phèdre« (s. d.) von Serge Lifar basiert auf einem Text von Cocteau.

Der Komponist *Jacques Chailley,* Professor an der Sorbonne und Chefredakteur der »Revue internationale de Musique«, schreibt zu dem Ballett: »Der Wandteppich ›Die Dame und das Einhorn‹ ist an die Wende vom 15. und 16. Jahrhundert zu placieren, an die Wende zweier Epochen also, die auch ihrem musikalischen Stil nach sehr verschieden voneinander sind. Ich hielt mich deshalb für berechtigt, diesen Gegensatz so auszuspielen, daß der Welt des Einhorns und des jungen Mädchens jener ornamentale und blumenreiche spätgotische Stil der Chansons des 15. Jahrhunderts vorbehalten blieb, während sich die modernere Welt des Kavaliers jenes mehr homophonen ›neuen Stils‹ der Tänze des 16. Jahrhunderts bedient.«

Heinz Rosen (1908–73) behielt während des ganzen Stükkes eine ornamenthafte Gliederung bei und stimmte das choreographische Gewebe auf einen delikaten Moll-Klang ein. (Rosen war zwischen 1958 und 1968 Ballettdirektor der Bayerischen Staatsoper.)

Dances at a Gathering

Ballett in drei Teilen und sechzehn Szenen. Musik: Frédéric Chopin; Choreographie: Jerome Robbins; Kostüme: Joe Eula; Uraufführung: New York City Ballet, State Theatre, Lincoln Center, New York, 8. Mai 1969.

A I. *Mazurka op. 63, Nr. 3:* Solo. Ein Mann.

II. *Walzer op. 69, Nr. 2:* Pas de deux. Erstes Paar. Ein Mädchen und ein Junge.

III. *Mazurka op. 33, Nr. 3:* Pas de deux. Zweites Paar. Ein Mädchen und ein Junge.

IV. *Mazurka op. 6, Nr. 4:* Solo. Mädchen des ersten Paares.

B V. *Mazurka op. 7, Nr. 5:* Solo. Junge des zweiten Paares.

VI. *Mazurkas op. 7, Nr. 4; op. 24, Nr. 2; op. 6, Nr. 2:* Pas de trois. Der Mann und zwei neue Mädchen.
Pas de cinq. Zwei Mädchen, der Mann und zwei Jungen.
Pas de deux. Der Mann und ein neues Mädchen.
Pas de six. Drei Mädchen, der Mann und zwei Jungen.

C VII. *Walzer op. 42:* Pas de deux. Ein Mädchen mit neuem Jungen.

VIII. *Walzer op. 34, Nr. 2:* Pas de trois. Drei Mädchen.
Pas de quatre. Drei Mädchen und ein neuer Junge.

IX. *Mazurka op. 56, Nr. 2:* Der Mann und ein Junge.

X. *Etude op. 25, Nr. 4:* Solo. Ein Mädchen.

XI. *Walzer op. 34, Nr. 1:* Pas de six. Drei Mädchen und drei Jungen.

XII. *Walzer op. 70, Nr. 2:* Pas de quatre. Ein Mädchen und drei Jungen.

XIII. *Etude op. 25, Nr. 5:* Pas de deux. Der Mann und ein Mädchen.

XIV. *Etude op. 10, Nr. 2:* Solo. Der Mann.

XV. *Scherzo op. 20, Nr. 1:* Pas de six. Drei Mädchen und drei Jungen.
XVI. *Nocturne op. 15, Nr. 1:* Ensemble.

»Dances at a Gathering« ist ein Ballett für fünf männliche und fünf weibliche Tänzer. Die einzelnen Tänzer unterscheiden sich durch die Farbe ihrer Kostüme.

Am Anfang betritt ein Mann die Bühne, die offenes Feld suggeriert. Er wandert langsam umher, den Himmel betrachtend. Es gibt keine Ausstattung außer einer vagen Wolkenformation, die auf den Hintergrundprospekt projiziert wird. Langsam und wie zufällig treten die übrigen neun Tänzer auf. Sie tanzen mit verschiedenen Partnern. Sie konzentrieren sich dabei aber stets auf die jeweiligen Personen. Jeder der Tänzer ist ein Charakter, der immer deutlicher wird, von Verbindung zu Verbindung, die er mit den anderen eingeht. Am Ende kniet der Mann vom Anfang nieder und streichelt die Erde. Die anderen sehen ihm dabei zu und sind einverstanden mit der Welt. Es folgt ein Reigen der Freundschaft. Schließlich schreiten die Paare wohlgelaunt der Zukunft entgegen.

»Dances at a Gathering« gilt als das bedeutendste Ballett, das Ende der sechziger Jahre unseres Jahrhunderts geschaffen wurde. Genau übersetzt heißt der Titel ganz banal »Tänze bei einer Zusammenkunft«; die freie Übersetzung aber »Tanz auf dem Land« oder »Erntetanz« trifft wohl mehr, was gemeint ist. Jedenfalls hat man den Eindruck, die Zusammenkunft finde irgendwo auf dem Lande im Vorkriegs-Polen statt. Wahrscheinlich ist die Ansicht des Ballettkritikers der »New York Times«, Clive Barnes, richtig, daß es Ausdruck der spezifisch amerikanischen Philosophie der »Nostalgia« sei, die durchaus nicht nur wehmütige Sehnsucht nach dem Vergangenen (oder nach dem Europäischen) meint, sondern absurderweise zugleich auch Einverständnis mit dem, was ist und kommen wird, mit Gegenwart und Zukunft also. Die Stuttgarter Nachrichten aber schrieben aus Anlaß der deutschen Erstaufführung des Balletts: »Seit seiner Entstehung hat sich diese Choreographie ganz offenbar von allen scheinbaren Hintergründen freigemacht. Jetzt reagieren nur noch fünf weibliche und fünf männliche Solisten auf die Klavierstücke von Chopin ... Hauptsache ist der Tanz.«

Man kann es freilich auch dabei belassen, festzustellen, daß »Dances at a Gathering« tatsächlich ein Beweis dafür ist, daß es noch so etwas wie Schönheit auf der Welt gibt – wenn auch nur im Tanz auf der Bühne. Das Wesentliche ist jedenfalls, daß *Jerome Robbins* (s. »The Concert«) mit diesem Ballett den Tanz an sich rehabilitiert hat, in einer Zeit, in der Choreographie in der Aneinanderreihung von Posen zu erstarren drohte. Frei drauflos zu tanzen, war scheinbar in Vergessenheit geraten.

Über den neuen Robbins, der nach Jahren dem Broadway den Rücken kehrte, um sich wieder ganz dem Ballett zu verschreiben, war man ohnehin schon verblüfft genug. Mit »Dances at a Gathering« tat er dann auch noch alles das, was man am wenigsten von ihm erwartet hatte: Erstens choreographierte er es für das New York City Ballet, von dem er angeblich sechs Jahre vorher in Unfrieden geschieden war; zweitens nahm er in seinem neuen Ballett offenbar denselben *Chopin* völlig ernst, den er 1958 in »The Concert« (s. d.) anscheinend nach Strich und Faden verulkt hatte; drittens erinnerte »Dances at a Gathering« mit seiner sehr poetischen Verschmelzung von klassischem Tanz und europäischen Folklore-Elementen in nichts mehr an die Ballette, die ihn berühmt gemacht hatten – mit ihrem unverwechselbar US-amerikanischen, ja New Yorker Bewegungsidiom. – 1970 hat Robbins seine Auseinandersetzung mit Chopin übrigens weitergeführt. Über »In the Night« auf die Klavier-Nocturnes op. 27, Nr. 1; op. 55, Nr. 1 und 2; op. 9, Nr. 2 schrieb Doris Hering im amerikanischen »Dance Magazine«: »›Dances at a Gathering‹ führte uns den weichen, kunstlosen Chopin vor – (und) den weichen, kunstlosen Robbins. (Das Ballett) ›In the Night‹ führte uns die neurotischen Seiten beider (sowohl Chopins wie Robbins') vor.« – Sich mit Chopin heute noch ernsthaft zu beschäftigen, scheint offenbar nicht nach jedermanns Geschmack zu sein.

Robbins hat »Dances at a Gathering« der großen amerikanischen Beleuchtungskünstlerin Jean Rosenthal (s. »Allegro Brillante«) gewidmet, die im Uraufführungsjahr des Balletts gestorben war. Der Vorgängerin und dem Vorbild eiferte Thomas Skelton in »Dances at a Gathering« nach, das in seinen Stimmungen sehr von der richtigen Beleuchtung abhängig ist.

Solisten der Uraufführung waren u. a.: Allegra Kent, Kay Mazzo, Patricia McBride, Violette Verdy, Anthony Blum, John Clifford und Edward Villella.

Danses Concertantes

Klassisches Ballett in fünf Sätzen. Musik: Igor Strawinsky; Choreographie: George Balanchine; Ausstattung: Eugene Berman; Uraufführung: Ballet Russe de Monte Carlo, City Center, New York, 10. September 1944.

I. *Marsch.* Acht Mädchen, vier Jungen, Ballerina und Premier danseur.
II. *Pas d'action.* Ballerina und Corps de ballet.
III. *Thème varié:* 1. Allegretto (Pas de trois); 2. Scherzando (Pas de trois); 3. Andantino (Pas de trois); 4. Coda, Tempo giusto (Pas de trois). Je zwei Mädchen und ein Junge.
IV. *Pas de deux.* Ballerina und Premier danseur.
V. *Marsch.* Ensemble.

Das Werk steht sowohl dem früheren »Dumbarton Oaks«-Concerto als auch den später geschriebenen »Scènes de Ballet« (s. d.) nahe, und so gilt von ihm wohl das gleiche, was Strawinsky (s. »Agon«) von den »Scènes de

Ballet« gesagt hat: »Diese Musik ist nach den Gesetzen des klassischen Tanzes entstanden, ohne irgendeine gegebene literarische oder dramatische Idee. Die Teile folgen aufeinander wie in einer Sinfonie oder Sonate, nach dem Gesetz der Ähnlichkeit oder des Kontrastes.«

Igor Strawinsky hat »Danses Concertantes« ursprünglich für den Konzertsaal geschrieben (die Uraufführung fand 1941/42 in Los Angeles statt). Aber da *George Balanchine* (s. »Agon«) an der Entstehung beteiligt war, gab er die Komposition später auch für das Ballett frei. Wie so oft vorher und nachher hat Balanchine denn auch nichts anderes getan, als die Musik tänzerisch nachzuzeichnen, sie sichtbar zu machen.

Solisten der Uraufführung waren: Alexandra Danilowa und Leon Danielian.

Bekannter geworden als Balanchines Version von »Danses Concertantes« ist die von Kenneth MacMillan (s. »Concerto«). In merkwürdigen, scheinbar an Spielkarten orientierten Kostümen von Nicholas Georgiadis hat sich dieses erste Ballett des englischen Choreographen, das Turner mit Vamps zu konfrontieren scheint und sich vor allem durch seltsame Fingerspielereien dem Gedächtnis einprägt, seit 1955 im Repertoire des Londoner Royal Ballet halten können.

Daphnis und Chloe (Daphnis et Chloé)

Choreographische Sinfonie in drei Szenen. Libretto: Michail Fokine; Musik: Maurice Ravel; Choreographie: Michail Fokine; Ausstattung: Léon Bakst; Uraufführung: Diaghilews Ballets Russes, Théâtre du Châtelet, Paris, 8. Juni 1912.

Personen: Daphnis; Chloe; Dorkon; Lykanion; Lammon; Bryaxis; Nymphen; Satyrn; Jugend; Piraten.

1. Szene: Im heiligen Hain. Wenn der Vorhang sich hebt, sieht man zur Linken eine den Nymphen geweihte Grotte, dahinter den Altar des Pan. Man hört den wortlosen Gesang junger Menschen, eine Anrufung der Nymphen (Lent). Von seinen Bergen herab naht der junge Hirte Daphnis (Très modéré et expressif), bald auch erscheint die zarte Chloe. Auch sie huldigen den Nymphen. Von den anderen Jugendlichen in ihren Tanz aufgenommen, wird das Paar voneinander getrennt, Daphnis wird der Gruppe der verführerischen Mädchen zugespielt. Dorkon, ein anderer Hirte, des Daphnis Freund, wirbt heftig um Chloe. Daphnis sucht nach Chloe (Modéré). Die beiden Hirten beschließen, in Tänzen um die Gunst Chloes zu kämpfen. Es herrscht fröhliche Stimmung, alles ist ja nur Spiel. Dorkon tut ruppig und recht ungeschlacht. Daphnis aber tanzt sehr graziös und leicht. Ihm gibt Chloe zum Lohn den Kuß. Dorkon geht weg, und Chloe wird von den Mädchen in den Hain geführt.

Daphnis ist allein, er legt sich nieder. Da erscheint die Verführerin Lykanion. Mit ihrer Schönheit und all den Lockungen der Liebeskünstlerin vermag sie den schon halb ihr verfallenen Jüngling doch nicht zu verführen.

Schlachtengetümmel: Piraten haben am Strand angelegt, die Inselbewohner gehen gegen die Eindringlinge vor. Kampfszene. Die hilflosen Mädchen eilen in den Schutz des Gottes Pan, die Piraten aber mißachten das heilige Refugium. Bryaxis, der Piratenhäuptling, ergreift Chloe, und ehe Daphnis etwas dagegen unternehmen kann, entführt er das Mädchen.

Niedergeschlagen vom Unglück, ruft Daphnis die Nymphen und den Gott Pan an. Drei Nymphen und die Mädchen führen den klagenden Daphnis vor Pans Altar, das Motiv des wortlosen Chors geht über in die Melodie des

Orchesters – geheimnisvolles Licht verklärt den Himmel, der Gott verspricht seine Hilfe (Lent).

Zwischenspiel und 2. Szene: Wenn der Vorhang aufgeht, sieht man das Piratenversteck in einer Felsenbucht. Die Piraten feiern ihren Erfolg mit einem wilden Freudentanz (Animé et très rude). Chloe, an den Händen gefesselt, wird von den Piraten herbeigetragen. Bryaxis befiehlt dem Mädchen, daß es für ihn tanze. Chloe tanzt; ihr Tanz ist ein Flehen um Gnade. Als Bryaxis nach Chloe greift, leuchtet am Himmel ein geheimnisvolles Licht auf, Flammen springen aus der Erde hervor, Satyrn und andere phantastische Gestalten steigen aus den Felsen und treiben die entsetzten Piraten in die Flucht. Pan hat seine Hilfe geschickt. Chloe allein bleibt in der Bucht zurück, von hellem Himmelslicht umflutet.

3. Szene: Wieder im Hain der Nymphen und des Pan. Sonnenaufgang. Daphnis verharrt noch immer vor der Grotte der Nymphen (Lent). Zwei Hirten kommen, um den Freund zu trösten. Wieder erklingt der Gesang des Chors; junges Landvolk strömt herbei – da erscheint auch Chloe, sehr ehrerbietig geführt von einer Gruppe von Hirten. Unversehrt geht sie auf Daphnis zu und umarmt ihn: jetzt erkennt auch er, daß der göttliche Pan ihrer Liebe beigestanden hat. Der Alte, der Hirte Lammon, erklärt der Jugend, daß Pan im Gedenken an die Nymphe Syrinx, die er einst geliebt, Chloe seinen Beistand geliehen habe. Eine zarte Pantomime, in der Daphnis den Pan und Chloe die Nymphe Syrinx darstellt, schildert die Episode des liebenden flötenspielenden Gottes mit der schönen Nymphe (Vif).

Junge Mädchen, die sich als Bacchantinnen verkleidet haben, eilen herbei; mit den Hirten finden sie sich zu einem Freudentanz, an dem auch Dorkon sowie die endlich verbundenen Liebenden Daphnis und Chloe teilhaben (Animé).

Michail Fokine (s. »Carnaval«) hatte schon 1904 dem Direktor der Kaiserlichen Theater in Petersburg ein Ballett vorgeschlagen, das auf die alte griechische Dichtung des Longus von der großen Liebe des Daphnis und der Chloe choreographiert werden sollte. In seinen Erläuterungen dazu schrieb er, daß er auf Entrées und Nummern im Sinne des üblichen Ballett-Arrangements verzichten wolle, sein Ballett solle »die Einheit des künstlerischen Wollens zeigen – eine Einheit, die aus den drei Elementen zusammengefügt sein soll: Musik, Malerei und Plastik. Das besondere Merkmal des neuen Balletts kann nur eines sein, nämlich die Erfüllung der absoluten Schönheit.«

Auf Fokines Reformpläne vom »Ballett der Zukunft« ist erst Diaghilew eingegangen, und dieser war es, der *Maurice Ravel* (s. »Boléro«) mit der Komposition für »Daphnis und Chloe« beauftragte. Ravel schrieb seine Musik ausdrücklich für Fokine; aber bei der Vorbereitung der Aufführung, die schon für die Spielzeit des Winters 1911 geplant war, ergaben sich ungezählte Schwierigkeiten, wenn nicht gar Differenzen. So wurde die Suite der Ballettmusik vor der choreographischen Fassung uraufgeführt. Im Zusammenhang mit der Realisierung von »Daphnis und Chloe« kam es zwischen Diaghilew und Fokine zu ernsthaften künstlerischen Meinungsverschiedenheiten, so daß sich Fokine für zwei Jahre zurückzog. Der Erfolg jedoch war einhellig: dank der Choreographie Fokines, dank der Titelrollenträger Waslaw Nijinsky und Tamara Karsawina und dank der Musik Ravels.

Eine »modernisierte«, auf den menschlichen Gehalt mehr als auf den mythologischen eingehende Version schuf Frederick Ashton (s. »Façade«) für Sadler's Wells Ballet (Royal Ballet) in London mit Margot Fonteyn und Michael Somes in den Titelrollen. »Daphnis und Chloe« wurde 1962 in der Choreographie John Crankos zum Ereignis der Stuttgarter Ballettwoche. Cranko gelang es, die antike Idylle in eine moderne Liebesgeschichte von spröder Zärtlichkeit zu verwandeln. Den Daphnis tanzte Erik Bruhn, die Chloe Georgina Parkinson. International durchgesetzt haben sich die Choreographien, die John Neumeier (1972 in Frankfurt) und Glen Tetley (1975 in Stuttgart) vorgestellt haben. Hans van Manens sehr erfolgreiche handlungslose Version von 1972 basiert auf der Suite Nr. 2. – Das gleiche Sujet verwendete Leo Spies (s. »Don Quixote«) für sein Kurzballett »Pastorale« (1942).

Dark Elegies (Kindertotenlieder)

Ballett in zwei Szenen. Libretto: Antony Tudor; Musik: Gustav Mahler (Kindertotenlieder); Choreographie: Antony Tudor; Ausstattung: Nadia Benois; Uraufführung: Ballet Rambert, Duchess Theatre, London, 19. Februar 1937.

1. Szene: Solo für eine junge Frau; Pas de deux; Junger Mann und Ensemble; Solo für eine junge Frau; Ensemble.
2. Szene: Ensemble.

Das Ballett erzählt die Geschichte von jungen Eltern, die bei einer Katastrophe, die ihr Dorf im Gebirge zerstörte, ihre Kinder verloren haben. Das kollektive Schicksal ist gemeint, nicht das des einzelnen. Der späte Expressionismus der dreißiger Jahre unseres Jahrhunderts hat bei dieser Choreographie Pate gestanden. Ausdruck ist in »Dark Elegies« eine Sache der psychologischen Motivierung – nach Jerome Robbins (s. »The Concert«) –, nicht des Vokabulars, das sowohl Schritte des Volkstanzes wie Pas der Danse d'école verwendet.

Gustav Mahler (1860–1911) übt offenbar nach wie vor eine große Anziehungskraft auf Choreographen aus. Eliot Feld (s. »Harbinger«) legte seinem Ballett »At Midnight« vier der »Rückert-Lieder« zugrunde. Kenneth MacMillan (s. »Concerto«) choreographierte 1965 das »Lied von der Erde« und löste damit eine nachhaltige Beschäftigung mit dem Œuvre des österreichischen Komponisten aus. Maurice

Béjart machte aus den »Liedern eines fahrenden Gesellen« (s. d.) – wie viele andere auch – einen Pas de deux. Mit dem Adagio aus der 10. Sinfonie setzten sich John Cranko (»Spuren«, 1973), Pina Bausch (»Adagio / Fünf Lieder von Gustav Mahler«, 1974) und John Neumeier (»Lieb' und Leid und Welt und Traum«, 1980) auseinander. Béjart und Neumeier sind es übrigens auch, die sich in ihren Balletten wiederholt auf Mahler berufen haben: der eine in »Ce que l'Amour me dit«, »Chant de l'Amour et de la Guerre« und »Ce que la Mort me dit«, der andere in »Rondo«, »Nacht«, »Dritte Sinfonie von Gustav Mahler« (s. d.), »Epilog«, »Vier Rückert-Lieder«, »The Fourth Symphony« (s. »Wendungen«) und, 1984, in der »Sechsten Sinfonie von Gustav Mahler«. Die Affinität der Choreographen ist freilich nicht allein aus der gegenwärtigen Renaissance von Mahlers Werk zu erklären, die auf dem Mißverständnis beruht, er sei der Komponist des Jugendstils gewesen. Daß Antony Tudor schon 1937 ein Ballett auf Lieder von Mahler choreographierte, beweist eindeutig genug das Gegenteil.

Thema der »Kindertotenlieder« nach Gedichten von *Friedrich Rückert* ist die Gestalt des Todes, der sinnbildlich als Bestandteil menschlichen Lebens dargestellt wird. Während aber Rückert nur den Tod eines Kindes beklagt, entstehen bei Mahler Bilder düsterer Seelenbeklemmung. Tudor ist ihm darin gefolgt.

Antony Tudor (1909–87), ein Schüler von Marie Rambert, gilt vielen als ebenso bedeutend wie Balanchine (s. »Agon«) und Ashton (s. »Façade«). Er entwickelte das sogenannte »psychologische Ballett«, in dem menschliche Beziehungen und Charaktere durch die tänzerische Bewegung abgebildet werden. Die seelischen Zustände, die Tudor in seinen Balletten schildert, gehören einem Zwischenbereich an, der so vage ist, daß ihm kaum mit anderen als tänzerischen Mitteln beizukommen ist. Glücklich sind die Menschen in seinen Balletten – mit Ausnahme von »Gala Performance« (s. d.) – kaum einmal. Außerdem sind fast immer sexuelle Probleme im Spiel wie in »Jardin aux Lilas« (s. d.), »Pillar of Fire« (s. d.), »Echo der Trompeten«. Tudor hat, daran kann kaum ein Zweifel bestehen, für diese seelischen und sexuellen Ängste ein sehr spezifisches Bewegungsvokabular erfunden, das natürlicherweise dem deutschen »Ausdruckstanz« näher steht als der Danse d'école, von der er ursprünglich ausgegangen ist.

Solisten der Uraufführung von »Dark Elegies« waren u. a.: Antony Tudor, Walter Gore und Agnes de Mille.

Les Demoiselles de la Nuit (Die Schönen der Nacht)

Ballett in einem Akt und drei Bildern. Libretto: Jean Anouilh; Musik: Jean Françaix; Choreographie: Roland Petit; Ausstattung: Léonor Fini; Uraufführung: Les Ballets de Paris, Théâtre Marigny, Paris, 21. Mai 1948.

Personen: Der junge Mann; der Baron; Agathe; zwei Diener des Barons; Katzen.

1. Bild: In einem weitläufigen Park außerhalb der Stadt steht ein großes, dunkles Haus, das unbewohnt scheint. Ein junger Mann ist dorthin bestellt worden, bei einer Hochzeit zum Tanz aufzuspielen. Nach langem Herumirren findet er das Haus des Barons Grotius.

Der Baron ist eine Katze, und das Haus wird nur von Katzen bewohnt. Bis Mitternacht freilich gehen die Fabelwesen in diesem Haus auf zwei Beinen und sind gekleidet wie Menschen. Heute, wie in jedem Monat, heiratet Grotius ein Kätzchen aus seinem Harem.

Das Kätzchen ist Agathe, die sehr romantisch veranlagt ist, viel liest, träumt – von der Liebe zwischen den Menschen, von Zärtlichkeit, Ritterlichkeit, gutem Benehmen (worüber sie sich wohl zuviel Illusionen macht). Aus einem weisen Buch weiß sie, daß sie auch noch nach Mitternacht ein Mensch bleiben werde, gelänge es ihr, die Liebe eines Mannes zu erringen.

Das Wunder geschieht. Der junge Musiker hat sich in Agathe verliebt. Sie bleibt eine Frau, während sich der Baron und sein Harem wieder in Katzen verwandeln, fauchend, zischend, kreischend vor Wut.

2. Bild: Das Leben ist schwer für das ungleiche Paar. Denn Agathe, obwohl bemüht, dem jungen Musikanten eine gute Frau zu sein, kann dem nächtlichen Ruf der Kater auf den Dächern kaum widerstehen.

3. Bild: Eines Nachts gibt sie der Versuchung nach. Die Kater geraten vor Freude außer sich. Der junge Musikant, der ihr gefolgt ist, stürzt vom Dach und stirbt. Das Kätzchen Agathe liebt ihn trotz aller Anfechtungen so sehr, daß es sich neben ihn legt und auch stirbt.

Im Gegensatz zu »Le Loup« (s. d.), das ebenfalls die Liebe zwischen Mensch und Tier behandelt, ist »Les Demoiselles de la Nuit« fast eine Komödie. Sowohl das Libretto des französischen Dramatikers *Jean Anouilh* (1910 bis 1987) wie die Komposition *Jean Françaix'* (geb. 1912) sind ironisch. Außer für das Katzenballett hat Françaix die Partituren »Scuola di ballo« (1933; eine Boccherini-Bearbeitung) von Massine (s. »Le Beau Danube«) und »Le Roi Nu« (s. d.) von Lifar (s. »Phèdre«) geschrieben.

Roland Petit (s. »Carmen«), der besonders bekannt geworden ist durch den Film »Carmen 62«, in dem neben dem Titel-Ballett seine Choreographien »Cyrano de Bergerac«, »La Croqueuse de Diamants« und »Deuil en 24 Heures« zu sehen waren, hat mit »Les Demoiselles« ein beliebtes Repertoirestück geschaffen, das freilich heute kaum mehr in seiner eigenen Version, sondern meistens in neuer Choreographie gegeben wird.

Solisten der Uraufführung waren: Margot Fonteyn und Roland Petit.

Designs with Strings

Ballett in einem Satz. Musik: Peter Iljitsch Tschaikowsky; Choreographie: John Taras; Ausstattung: George Kirsta; Uraufführung: Metropolitan Ballet, Edinburgh, 6. Februar 1948.

Zwei Jungen und vier Mädchen bilden die Besetzung dieses Stimmungsballetts. Es beginnt damit, daß man im Dunkeln die Gruppe der Tänzer wie einen schwarzen Scherenschnitt vor dem hellen Hintergrund sieht. Aus der Gruppe lösen sich die Tänzer, um größere oder kleinere Ensembles zu tanzen, einschließlich eines Pas de deux. Die Stimmung ist durchweg romantisch, manchmal sehr sentimental, manchmal froh und sorglos. Es gibt keine Handlung, es sei denn, man nimmt die kleine Szene am Schluß des Balletts dafür, in welcher Solist und Solisten voneinander getrennt werden; oder eine frühere Szene, in der zwei Mädchen ein Geheimnis zu haben scheinen; vor allem aber die, in der sich ein Junge und zwei Mädchen in den Traum eines glücklichen Dreiecksverhältnisses verlieren. Das Ballett endet mit der Silhouette vom Anfang.

Unterlegt hat Taras seinem erfolgreichsten Ballett den zweiten Satz aus dem Trio in a-Moll von *Tschaikowsky* (s. »Dornröschen«).

John Taras (geb. 1919 in New York) studierte bei Fokine (s. »Carnaval«) und an der School of American Ballet Balanchines (s. »Agon«). Er gilt als einer der besten Ballettpädagogen unserer Zeit. Er hat unter anderem das Ballett des Marquis de Cuevas, das der Pariser Opéra und das New York City Ballet trainiert. Von 1970 bis 1972 war er als Nachfolger von George Balanchine in der Leitung des Balletts der Deutschen Oper in Westberlin tätig. Balanchine hat seinen Schüler immer wieder als Lehrer für seine Compagnie verpflichtet und als Choreographen herausgestellt. Taras' Stil zu choreographieren ist natürlicherweise an dem Balanchines orientiert, abgesehen von einem leichten Parfum, das auf die lange Zusammenarbeit mit französischen Compagnien zurückzuführen ist. Daher mag auch seine Vorliebe für die Darstellung von Dreiecksverhältnissen rühren, wie in »Designs with Strings« oder »Piège de Lumière« (1952) oder »Jeux« (1966; s. d.). Als Assistent Balanchines hat er dessen Ballette in aller Welt einstudiert und diejenigen im Repertoire des New York City Ballet immer wieder überholt.

Solisten der Uraufführung waren u. a.: Svetlana Beriosova, Sonia Arova, Erik Bruhn und David Adams.

Don Juan

oder: Der steinerne Gast

Tragische Ballettpantomime in einem Akt (drei Szenen). Buch: Nach Molière von Gasparo Angiolini und Raniero di Calzabigi; Musik: Christoph Willibald Gluck; Choreographie: Gasparo Angiolini; Ausstattung: Quaglio; Uraufführung: Theater nächst der Burg, Wien, 17. Oktober 1761.

Personen: Don Juan; Donna Elvira; der Komtur, Elviras Vater; Sganarello, Diener des Don Juan; die Duenna; eine Zigeunerin; Tamburin-Tänzerinnen; Hofnarr; drei Gaukler; Musiker; Gäste; Pagen; Diener; Trauergefolge; Furien; Dämonen.

1. Szene: Ouvertüre (Allegro). Don Juan tanzt zu einem bestellten Ständchen vor des Komturs Haus. Sein Diener Sganarello sieht ihm dabei zu. Ein Fenster des Hauses erleuchtet sich. Donna Elvira blickt neugierig hinaus. Don Juan klopft an die Tür des Hauses, die Duenna öffnet. Don Juan schlüpft ungesehen an ihr vorbei und ist einen Augenblick später schon im Zimmer Elviras, seiner Geliebten. Als sich beide aus dem Hause schleichen wollen, erscheint der Komtur. Er befiehlt seiner Tochter, ins Haus zurückzukehren, vertreibt die Musikanten und fordert Don Juan zum Duell. Der Komtur fällt. Don Juan und Sganarello fliehen. Donna Elvira und die Duenna stürzen zu Füßen des toten Komturs nieder.

2. Szene: Das Fest im Schloß Don Juans wird eingeleitet mit der festlichen Ankunft der Gäste, einem Fackeltanz und den Kapriolen des Narren. Es folgt ein zeremonieller Tanz aller Gäste, den Don Juan mit einem brillanten Solo beantwortet (Variation). Anschließend bittet er seine Gäste zu Tisch. Während des Essens klopft es an die Tür. Der Geist des Komturs erscheint. Die Gäste sind entsetzt, aber Don Juan bittet den steinernen Gast herausfordernd, Platz zu nehmen. Die unheimliche Erscheinung verschwindet wieder. Das Fest geht weiter. Es tanzen eine Zigeunerin, Tamburin-Tänzerinnen, der Narr und einige Gaukler. Sganarello führt eine verschleierte Dame in den Saal. Es ist Elvira. Don Juan will sie zum Tanz führen, als wieder das furchtbare Pochen an der Tür ertönt. Der Komtur erscheint von neuem zum Entsetzen aller Anwesenden. Aber Don Juan fordert den steinernen Gast auf, mit ihm zu trinken. Der Komtur gebietet Don Juan, zu seinem Grabmal zu kommen. Don Juan nimmt diese Einladung an, Elvira bricht ohnmächtig zusammen – das Fest hat ein jähes Ende.

3. Szene: Auf dem Friedhof (Don Juans Höllenfahrt). Es ist Nacht; im Mittelpunkt der Szenerie erblickt man das Grabmal des Komturs, den steinernen Ritter hoch zu Roß. Sganarello, der mit seinem Herrn gekommen war, flieht den unheimlichen Ort. Don Juan steht dem Grabmal gegenüber, furchtlos zieht er seinen Hut zum Gruß. Auf des Komturs Geheiß erscheinen die Geister der von Don Juan Verführten. Er aber zeigt keine Reue. Trotzig gibt er dem steinernen Reiter die Hand. Nun tauchen von allen Seiten und aus der Erde schreckliche Furien und Dämonen auf. Sie ergreifen den sich heftig wehrenden Don Juan und ziehen ihn hinab in den Höllenschlund, in den sich der Friedhof verwandelt hat.

»Das Auge ist stärker als das Ohr«, hat Angiolini, Horaz in Prosa fassend, als Motto über sein »Don Juan«-Szenarium geschrieben. Mit Bewegungen will er eine Art von

Deklamation erreichen, deren Verständnis man den Zuschauern mit Hilfe der Musik erleichtere. Die 1. Szene ist in 6 Sätze gegliedert. Im 2. Bild hat die Partitur 16 Sätze, das 3. Bild teilt sich musikalisch in 9 Sätze.

Das Ballett »Don Juan« hat mit seiner dramatischen Ballung von seinem Erscheinen an tiefen Eindruck gemacht. Wenn in der Ouvertüre, im Ständchen, in der Szene des Banketts kleine und kleinste musikalische Formen von *Gluck* (1714–87) mit der Feinheit eines Ziseleurs modelliert wurden, so erscheint die tragische Katastrophe aber als ein einziger großer Koloß, als eine Steigerung ins Überdimensionale. Es ist ein so großer Wurf, daß Gluck selbst nicht davon loskommt und diese Musik in seiner Oper »Orpheus und Eurydike« als Furientanz noch einmal aufgreift, als ein Stück Musik, das zu den imponierendsten Darstellungen dramatischen Tanzes gehört.

Es war, als hätte das Schicksal dem Gluckschen »Don Juan« eine besondere Pointe aufsetzen wollen. Unmittelbar nach der Aufführung am 3. November 1761, als gerade die Höllenszene verrauscht war, brannte das alte Kärntnertor-Theater in Wien ab, wo das Ballett von der dritten Vorstellung an gezeigt worden war. Doch der »Don Juan« blieb über 40 Jahre lang ununterbrochen auf dem Wiener Spielplan. Das Ballett gefiel auch in Paris, es kam nach London, nach St. Petersburg, Mailand, Neapel und auf viele andere Bühnen.

Gasparo Angiolini (1731–1803) gilt in der Theatergeschichte als der Neuerer des pantomimischen Balletts und als der eigentliche Schöpfer der tragischen Ballettpantomime, wofür der Glucksche »Don Juan« das Musterbeispiel ist. Seine Entwicklung war ganz folgerichtig; auch er hat zunächst kleinere Ballette zur Unterhaltung des Publikums choreographiert; noch in dem Jahr, als der »Don Juan« entstand, 1761, choreographierte er »Les Amusements Champêtres«; sobald er aber mit Gluck zusammengekommen war, wollte er Tänze nur noch dort dulden, wo sie »mit der Handlung in Beziehung« standen. Das Vorwort, das

Angiolini vor sein »Don Juan«-Ballettlibretto setzte, war nicht nur ein frommer Dienst für den Augenblick, für den besonderen aktuellen Anlaß; Angiolini benützte diese Gelegenheit, um an die Adresse seines Rivalen, des Ballettreformators Jean-Georges Noverre (s. »Les Petits Riens«), die Mitteilung zu machen, daß er, Angiolini, der eigentliche Schöpfer der Ballettpantomime sei. Noverre hat in einem »Recueil de Programme« die Antwort gegeben; sicher ist, daß Angiolini zusammen mit Gluck nicht minder eine Forderung seiner Zeit erfüllte als an andrem Ort Noverre – das dramatische Ballett als Ablösung der starren Regelkunst des formalen Balletts. Ohne den Angiolini-Gluckschen »Don Juan«, das erste Ballet d'action, bei dem Musik, Szenarium und Choreographie die vollkommene Einheit des Gesamtkunstwerks erreichten, hätte das reiche theoretische und programmatische Schaffen von Noverre keinesfalls so viel weiterwirkende Bedeutung erreichen können; so sind zwei erbitterte Rivalen in der Schau der Geschichte zwei einander aufs engste ergänzende Komponenten.

1925 ließ Rudolf von Laban Glucks »Don Juan« in einer neuen Choreographie wiedererstehen; Fokine rekonstruierte es 1936 für René Blums Ballet de Monte Carlo nach Angiolinis wiederentdecktem Szenarium. 1962 hat Erich Walter (s. »Musique pour les Soupers du Roi Ubu«) in Wuppertal zum besseren Verständnis der Handlung die Szenenfolge Angiolinis der späteren Da Pontes für Mozarts Oper »Don Giovanni« angepaßt. International erfolgreich ist die Fassung, die John Neumeier (s. »Dritte Sinfonie von Gustav Mahler«) 1973 in Frankfurt erarbeitet und später auch in Toronto, Hamburg und Wien einstudiert hat. Neumeier griff dabei nicht allein auf die literarischen Bearbeitungen von Ödön von Horváth und Max Frisch zurück (letzterer wird in dem Ballett mehrfach zitiert); eine Totenmesse von Tomás Luis de Victoria (16. Jh.) gibt ihm Gelegenheit, seine Interpretation deutlicher ins Spiel zu bringen: Don Juan ist ständig auf der Suche nach einer geheimnisvollen Schönen, einer Frau in Weiß. Erst als er am Ende Zeuge seines eigenen Begräbnisses wird, erkennt er in ihr den Todesengel, der ihn in das Jenseits führt.

Don Quixote

I Ballett in vier Akten, acht Szenen und einem Prolog. Musik: Ludwig Minkus; Libretto und Choreographie: Marius Petipa; Uraufführung: Bolschoi-Theater, Moskau, 14./26. Dezember 1869 (Jul./Greg. Kalender). Erste Aufführung der 2. Fassung in fünf Akten und elf Szenen: Marientheater, St. Petersburg, 9./21. November 1871. (Dauer: abendfüllend.)

Personen: Don Quixote, der Ritter von der traurigen Gestalt; Sancho Pansa, sein Knappe; Basil, ein Barbier; Kitri, Tochter eines Gastwirts; die Mutter; Gamache, ein Edelmann; ein Zigeunerhäuptling; der Herzog von Barcelona; Diener; Händler; Zigeuner; Wanderschauspieler; Höflinge; Volk.

Prolog. Don Quixotes Diener versuchen, verängstigt durch die wachsende Besessenheit ihres Herrn, die Ritterromane beiseite zu schaffen. Quixote tritt lesend ein und setzt sich an seinen Tisch. Er träumt, er sei ein Ritter und Dulcinea die Dame seines Herzens. Da tritt Sancho Pansa auf, verfolgt von wütenden Händlern, denen er eine Gans gestohlen hat. Quixote beschützt ihn und verpflichtet ihn als Knappen. Gemeinsam wollen sie die kommenden Abenteuer bestehen.

I. Akt: Eine Straße in Barcelona. Basil, ein Barbier, liebt die Tochter des Gastwirts, Kitri, aber ihre Mutter wünscht, daß sie Gamache, einen geckenhaften Edelmann, heiratet. Quixote und Sancho treten auf. Quixote stellt sich vor, das Gasthaus sei eine berühmte Burg. Sancho wird von der Menge gehänselt und mit Hilfe einer Decke immer wieder in die Luft geschleudert. Wieder steht Quixote ihm bei. Nun sieht Quixote die schöne Kitri. Er ist bezaubert und erklärt sie zu seiner Dulcinea.

II. Akt, 1. Szene: Im Gasthaus. Kitris Mutter ist immer noch entschlossen, ihre Tochter mit dem Edelmann zu verheiraten. Der verzweifelte Basil begeht scheinbar Selbstmord mit einem Dolch. Sterbend bittet er die Eltern, Kitri mit ihm zu vereinen.

2. Szene: Ein Zigeunerlager. Zigeuner und Wanderschauspieler, aufgescheucht durch die bevorstehende Ankunft von Quixote und Sancho, beschließen, dem Ritter einen Streich zu spielen. Quixote tritt auf und huldigt dem Zigeunerhäuptling als König. Der gibt das Zeichen zum Tanz. Es folgt eine Vorstellung des Puppentheaters. Dem Spiel zuschauend, verwechselt Quixote die Heldin mit Dulcinea. Er bildet sich ein, sie werde attackiert und erhebt sich, das Puppentheater zu stürmen. Die Windmühlen in der Nähe lenken ihn ab. Er glaubt, Dulcinea sei dort versteckt. Er hält die Windmühlen für Riesen, schlägt auf sie ein, wird von einem Flügel mitgerissen und in die Luft geschleudert. Sancho pflegt seinen verletzten Herrn.

III. Akt: Ein Wald. Quixote und Sancho legen sich nieder, um auszuruhen. Quixote hat sich noch nicht von seinem Gefecht mit den Windmühlen erholt. Er träumt unruhig. In einer phantastischen Vision sieht er sich als Ritter, von schönen Damen umgeben.

IV. Akt: Jagdhörner verkünden die Ankunft des Herzogs von Barcelona, der von Quixote gehört hat und den kuriosen Ritter sehen will. Er weckt Quixote auf und lädt ihn ein, an einer Fiesta teilzunehmen. Der Herzog befiehlt Basil, sich als Ritter Errant zu verkleiden. Man will Quixote erneut einen Streich spielen.

V. Akt: Die Hauptstraße von Barcelona. Die Fiesta ist im Gange. Der Herzog, die Herzogin und Quixote sehen dem Tanz zu. Plötzlich glaubt Quixote, seine Dulcinea in einem Mädchen zu erkennen, das von einem fremden Ritter begleitet wird. Dieser fordert Quixote zum Duell heraus. Der alte Quixote ist bald bezwungen. Sein Gegner wirft seine Verkleidung ab und gibt sich als Basil, der

Barbier, zu erkennen. Quixote ist so niedergeschlagen über diesen Streich, daß der Herzog und die Herzogin Mitleid mit ihm haben und ihn trösten. Kitri und Basil feiern ihre Verlobung (Grand Pas de deux). Don Quixote sieht ein, daß er seine Dulcinea noch nicht gefunden hat, und bricht mit Sancho zu neuen Abenteuern auf.

Dieses »Don Quixote«-Ballett von *Minkus* (s. »La Bayadère«) und *Petipa* (s. »La Bayadère«) enthält jenen Pas de deux, der immer wieder in verschiedenen Versionen in Ballettprogrammen erscheint. Rudolf Nurejew hat das ganze Ballett, das bis dahin vor allem in Osteuropa getanzt wurde, durch seine Einstudierungen auch im Westen populär gemacht. Petipas Original ist wiederholt von russischen Choreographen erneuert worden.

II Ballett in drei Akten, Prolog und sechs Szenen. Libretto: George Balanchine; Musik: Nicolas Nabokov; Choreographie: George Balanchine; Ausstattung: Esteban Francés; Uraufführung: New York City Ballet, State Theater, Lincoln Center, New York, 27. Mai 1956. (Dauer: abendfüllend.)

Personen: Don Quixote; Dulcinea; Sancho; zwei Kellner; ein Puppenspieler; die Herzogin; der Weiße Ritter; der Schwarze Ritter; der Kardinal; der Vikar; Kardinäle; Bischöfe; Mönche; Herzöge; Grafen; Ritter; Höflinge; Herolde; Bauern; Volk.

I. Akt, Prolog: Don Quixote allein zu Hause. Seltsame Visionen. Auftritt der Dienerin. Szene der Fußwaschung. Quixote legt die Rüstung an. Durch die Tür, durch die glänzende Sonnenstrahlen fallen, verläßt er das Haus. (Bühnenverwandlung zur 1. Szene.)

1. Szene: Quixote allein, umringt von Erde und Himmel. Im glänzenden Mittagslicht erscheint ihm als Vision die Madonna, seine Dulcinea (die Dienerin des Prologs). Quixote kniet vor der Vision nieder, legt den Ritterschwur ab und läßt sich von der Madonna segnen. Er ist jetzt der Ritter der Madonna.

2. Szene: Ein Dorfplatz vor einem Wirtshaus. Volkstänze. Allgemeine Freude. Sancho erscheint, rennt mit einer Gans unterm Arm aus dem Gasthof. Er wird vom Wirt und zwei Kellnern verfolgt, die ihn einzuholen versuchen. Sie ergreifen ihn und verprügeln ihn. Quixote tritt dazwischen und befreit Sancho. Das Puppentheater beginnt. Während der Vorstellung erregt sich Quixote über die Vorgänge auf der Bühne. Er glaubt die Heldin, die er für Dulcinea hält, von Briganten verfolgt. Quixote und Sancho wollen das Puppentheater stürmen. Die Menge bedroht Quixote und Sancho. Verfolgungsjagd. Quixote wird in dem Augenblick verhaftet, in dem Herolde auftreten, die Ankunft der Herzogin zu melden. Die Herzogin befreit Quixote und Sancho und lädt sie, halb ernst- und halb scherzhaft, in ihren Palast ein.

II. Akt: Empfang, Fest und Ball im Schloß der Herzogin. Man neckt Quixote. Erscheinung der Dulcinea. Die Hofgesellschaft erstarrt. Solo für Dulcinea (Adagio), die Quixote bittet, zu neuen Abenteuern aufzubrechen. Quixote geht wie in Trance davon, gefolgt von Sancho und von den sich insgeheim über ihn lustig machenden Höflingen der Herzogin.

III. Akt, 1. Szene: Landschaft nahe den Höhlen von Montezumo (Phantastische Landschaft). Quixote und Sancho schlafen im Schatten einer alten Eiche. Die von der Herzogin angeführten Höflinge treten schweigend auf und werfen ein Fischernetz über Quixote und Sancho.

2. Szene: Quixotes Traum. Er sieht ein Ballett in den Elysischen Gefilden (klassisches Ballett, mit Soli, Pas de deux und Ensemblenummern). In der Mitte des Balletts erscheint, zunächst unbemerkt, Dulcinea mit zwei um sie rivalisierenden Rittern. Kampf zwischen beiden um den Besitz Dulcineas. Der Schwarze Ritter siegt. Der Weiße Ritter wird verwundet weggetragen. Der Schwarze Ritter eilt zu Dulcinea. Sie flieht. Die Tänzer versuchen sie zu schützen. Der Schwarze Ritter erschlägt die Tänzer und will gerade Dulcinea ergreifen, als Quixote, noch im Traum, versucht, sich aus dem Netz zu befreien, um ihr zu Hilfe zu kommen. Zuletzt, da er endlich loskommt, noch vom Netz umgeben und den schlafenden Sancho auf dem Boden mit sich schleppend, verschwindet die ganze Vision. Er ist allein auf weiter Flur, wo die Mühlen ihre riesigen Flügel im Wind drehen und scheinbar drohend auf ihn zukommen.

3. Szene: Der Kampf mit den Windmühlen endet damit, daß Quixote zu Boden stürzt. Höflinge der Herzogin (mit Masken) bringen einen Käfig, in den er wie ein verwundeter Hund hineinkriecht.

4. Szene: Die verkleideten Höflinge bringen den Käfig in Quixotes Haus, öffnen die Käfigtür und gehen weg. Nach einer Weile kommt die Dienerin herein, hilft Quixote aus dem Käfig heraus, wäscht und säubert ihn, hilft ihm in sein Bett und rollt den Käfig nach draußen. Quixote stirbt, umgeben von seinen Freunden ... Er bittet um das heilige Abendmahl und die letzten Salbungen ... Plötzlich erscheint eine Prozession von Bischöfen, Kardinälen, Mönchen, Rittern, Grafen und Herzögen. Er empfängt die heiligen Sakramente aus den Händen des Kardinals. Er richtet sich im Bett auf, das Licht verändert sich, und um ihn sind jetzt die einfachen Leute aus seinem Dorfe, die Dienerin, der Vikar, Sancho ... in dessen Armen er ruhig stirbt, während die ersten Strahlen des anbrechenden Morgens durch die offenen Fenster fallen ... Über dem Bett, mitten in der Luft, nur halb sichtbar in der Dämmerung, die Erscheinung der Madonna (Dulcinea), die den Sterbenden segnet.

Wie die meisten Handlungsballette von *George Balanchine* (s. »Agon«) war auch »Don Quixote« kein großer Erfolg. In Deutschland hat Imre Keres 1969 in Wiesbaden diese tänzerische Version des Cervantes-Stoffes durchzusetzen versucht.

Nicolas Nabokov (1903–78), Schüler Busonis, wurde – wie so viele andere – von Diaghilew entdeckt. Dieser führte 1928 ein Ballett-Oratorium von Nabokov auf. Es folgten die Ballettpartituren »La Vie de Polichinelle« (1933) und »Union Pacific« (1934). Nabokov gehörte zum engsten Freundeskreis von Strawinsky. Weil er sowohl Funktionär der UNESCO wie unzähliger anderer Organisationen ist, hat man ihn einen »Weltreisenden in Sachen Musik« genannt.

Solisten der Uraufführung waren u. a.: George Balanchine, Suzanne Farrell und Deni Lamont.

III Ballett in fünf Bildern. Libretto: Tatjana Gsovsky; Musik: Leo Spies; Choreographie: Tatjana Gsovsky; Ausstattung: Paul Strecker; Uraufführung: Deutsche Staatsoper, Ostberlin, 11. November 1949. (Dauer: abendfüllend.)

Personen: Don Quixote, der Ritter von der traurigen Gestalt; Sancho Pansa, sein Knappe; Dulcinea, die Idealgestalt des Ritters – die Magd Teresina (Doppelrolle); Manuelo, Bauernbursche, Liebhaber der Teresina; Don Pedro, Zirkusdirektor (zugleich Weißer Dämon und Tod).
Hinzu treten im *1. Bild:* Zigeunerinnen, Bauernvolk, Kinder, Jongleur und Seiltänzerin (Solisten), Ritter und Edelfräulein der Vision. *2. Bild:* Wäscherinnen, ein Bauernpaar, Wäsche im Wind (Spitzenballett), Wind und weißes Tuch (Solisten), weiße Dämonen. *3. Bild:* Herzogin, Hofdamen, Kavaliere, Diener, eine Duenna. *4. Bild:* Ein Henker, drei Räuber, Mönche, Ritter. *5. Bild:* Die Windmühlen, durch Gruppenfiguren dargestellt.

Vorspiel (Moderato maestoso).

1. Bild: Vor dem Wirtshaus in Toboso. Tänze der Bauern und Zigeuner: *Farucca* (Allegro moderato), *Jota* (Allegro non troppo). Don Quixote und Sancho Pansa treten auf. Der Diener erzählt ihre gemeinsamen Heldentaten (Allegretto, molto moderato), bevor er seinem Herrn ins Wirtshaus folgt.

Ein Wanderzirkus zieht auf den Dorfplatz (Allegro alla marcia). Man gibt eine Vorstellung. Die Prinzessin wird vom Drachen bedrängt. Don Quixote kommt ihr zu Hilfe (Allegro) und erklärt die verkleidete Teresina zur Dame seines Herzens, zur Dulcinea.

Serenade (Andante): Don Quixote schwört ihr ewige Treue und träumt beim *Ritterlied* (Andante sostenuto) von

Minne und edlem Rittertum. Teresina hält es derweil mit ihrem Burschen *(Liebesduett auf der Leiter).*

Intermezzo (Andantino).

2. Bild: Am Ufer eines Flusses. Wäscherinnen bei der Arbeit (Allegretto grazioso). Don Quixote kommt dazu, hält die Wäschestücke auf der Leine zuerst für Prinzessinnen, dann für Dulcinea, schließlich für Dämonen, die ihn überwältigen.

Intermezzo (Moderato).

3. Bild: Spanisches Schloß, Säulenhof. Die Damen haben Langeweile (Lento). Kavaliere treten auf (Allegro). Solo der Herzogin (Allegretto grazioso). Ein Ballspiel wird arrangiert (Tempo di marcia). Don Quixote hält den Ball für den Kopf eines Riesen und spießt ihn auf. Die Damen machen sich lustig über ihn, verkleiden ihn als Dichter (Allegro), flirten und tanzen mit ihm (Moderato). Don Quixote träumt dabei von Dulcinea (Allegretto molto tranquillo). Die Hofschranzen verwandeln sich in Marionetten; sie werden von Don Quixote umgestoßen.

4. Bild: Landschaft mit einer großen Brücke. Über die Brücke kommt eine Gerichtsprozession (Molto moderato e pesante), Henker, Richter, Mönche – drei Räuber. Don Quixote befreit die Gefangenen. Zum Dank dafür binden sie ihn an den Schandpfahl. Das zur Hilfe herbeigerufene Volk findet ihn darüber hinaus für schuldig. Sancho Pansa endlich befreit den traurigen Ritter.

5. Bild: Unheimliche nächtliche Landschaft mit Windmühlen. Don Quixote und Sancho Pansa auf dem Heimweg nach Toboso (Moderato maestoso). Am Wegrand ruhen sie aus. Der Ritter träumt von Dulcinea (Adagio). Erwacht, stürzt er sich in den Kampf mit den Windmühlen. Er bleibt in den Windmühlenflügeln hängen. Das Volk von Toboso holt ihn herunter. Don Quixote stirbt. Teresina geht als letzte hinweg.

Das erste »Don Quixote«-Ballett hat Franz Hilverding van Wewen um 1740 am Wiener Kärntnertor-Theater herausgebracht; in Paris kam Joseph Bodin Boismortier wenige Jahre später (1743) mit einer Ballett-Oper gleichen Titels heraus. Noverre schuf 1768 in Wien ein »Don Quixote«-Ballett mit Musik von Joseph Starzer, das er als Satire auf seinen Rivalen Angiolini (s. »Don Juan«) verstanden wissen wollte. Der »Berliner Taglioni«, Paul Taglioni, hat 1850 einen Don Quixote seine Abenteuer bestehen lassen; dieses Ballett bearbeitete der eifrige Wiener Mimiker Giovanni Gollinelli schon wenig später (1855), er machte einen komischen Reißer daraus (Musik: Matthias Strebinger). Eine Verdichtung der »Don Quixote«-Fabel gelang Aurel von Milloss (s. »Marsyas«) 1947 in dem für die Ballets des Champs-Élysées entworfenen »Portrait de Don Quichotte« (mit einer Komposition von Goffredo Petrassi); Sadler's Wells Ballet, London, hatte 1950 »Don Quixote« mit Roberto Gerhards Musik in der Choreographie von Ninette de Valois im Repertoire.

Nach alledem brachte *Tatjana Gsovsky* (s. »Die chinesische Nachtigall«) ihren »Don Quixote« mit der Musik von *Leo Spies* (1899–1965) im Nachkriegs-Ostberlin (Staatsoper) zur Uraufführung. In den Hauptrollen: Werner Höllein tanzte den Ritter, Michael Piel gestaltete den Sancho Pansa, und in der Doppelrolle der Dulcinea/Teresina wurde Maria Fris herausgestellt. 1969 wurde das Werk in einer Einstudierung von Lilo Gruber und Grita Krätke erneut ins Repertoire der Deutschen Staatsoper genommen.

Dornröschen (La Belle au Bois Dormant)

Ballett in drei Akten und einem Vorspiel. Libretto: Marius Petipa und Iwan Wsewoloschki; Musik: Peter Iljitsch Tschaikowsky; Choreographie: Marius Petipa; Ausstattung: Levogt, Andrejew, Botscharow, Iwanow, Schischkow, Wsewoloschki; Uraufführung: Marientheater, St. Petersburg, 3./15. Januar 1890 (Jul./Greg. Kalender). (Dauer: abendfüllend.)

Personen: Der König; die Königin; Prinzessin Aurora; der Zeremonienmeister Catalabutte; Prinz Désiré; die guten Feen: Fee des Bergkristalls, die Zaubergarten-Fee, die Waldwiesen-Fee, die Singvögel-Fee, die Fee des Goldenen Weins, die Fliederfee; die böse Fee Carabosse; die Pagen; die vier anderen Prinzen; Gallisson, der Begleiter des Prinzen Désiré; Pierrette; Pierrot; Kolumbine; Harlekin; der Gestiefelte Kater; die Weiße Katze; Aschenbrödel und Prinz Fortuné; der Blaue Vogel; die Prinzessin Florissa; Rotkäppchen und der Wolf; vier Ratten; der Kleine Däumling, seine Brüder und der Menschenfresser. Dazu: Hofdamen und Höflinge; Dorfmädchen und Burschen; Jäger; Nymphen.

Vorspiel (Ouvertüre, Allegro vivace): Die Bühne zeigt die Empfangshalle im königlichen Schloß. Man fixiere stilistisch die Mitte des 17. Jahrhunderts. Im Vordergrund rechts steht unter einem Baldachin die Wiege der Prinzessin Aurora, deren Taufe heute gefeiert werden soll. Rechts und links davon sitzen zwei Ammen. Entrée der Hofdamen und Höflinge (Marche, Moderato); Rezitativ des Zeremonienmeisters Catalabutte. Er gibt das Zeichen für den Herold: *Entrée du Roi et de la Reine.*

Der König und die Königin gehen zur Wiege und küssen das Kind und begeben sich dann zum Thron gegenüber. Dem folgt eine große Szene *Dansante* (Moderato con moto): Entrée der guten Feen, die als Patinnen dem Kind gute Weissagungen auf den Lebensweg mitgeben sollen. Eine Gruppe von acht jungen Mädchen, Dienerinnen der Feen, folgt. Und nun tritt die schönste der Feen auf, die allgemein als Glücksbringerin gilt, die Fliederfee (*Entrée de la Fée des Lilas;* Un poco più animato). Auf ein Zeichen des Zeremonienmeisters eilen die Pagen und Mädchen mit den Gaben herbei (Tempo di Valse). Nun übergeben die Feen mit einem *Pas de six* (Adagio) ihre Patengeschenke; in Solovariationen tritt eine nach der anderen vor: *1. Variation* (Allegro moderato): Bergkristall-Fee; *2. Variation* (Allegro): Zaubergarten-Fee; *3. Variation* (Allegro moderato): Waldwiesen-Fee; *4. Variation* (Moderato): Singvögel-Fee (die sog. »Finger-Variation«, weil die Tänzerin das Zwitschern der Vögel vornehmlich mit den Händen charakterisiert); *5. Variation* (Allegro molto vivace): Fee des

Goldenen Weins; *6. Variation* (Tempo di Valse): Die Fliederfee. Die Szene endet damit, daß die Fliederfee an die Wiege tritt und dem Kinde Glück und Liebe für sein künftiges Leben prophezeit.

In der Vorhalle Lärm (Allegro vivo). Ein Diener erscheint und meldet den Besuch der bösen Fee Carabosse. Auf einem schwarzen Karren, von Ratten gezogen, erscheint die alte, verwahrlost aussehende Carabosse (L'istesso tempo). Von dem Fahrzeug holen zwei als Diener gekleidete Ratten einen goldenen Käfig, darin ein Nagetier, das Geschenk für die Prinzessin. Catalabutte will die böse Fee umstimmen, indem er vor Carabosse niederkniet und um Vergebung fleht, daß man vergessen habe, sie zum Tauffest einzuladen. Carabosse reißt dem Zeremonienmeister die Haare aus (Moderato assai). Auf ein Andantino kommen die guten Feen herbei und versuchen, Carabosse zu beruhigen, aber nun erhebt Carabosse wütend die Arme gegen die Wiege und macht ihre schlimmen Prophezeiungen (Allegro risoluto): Aurora wird in voller Schönheit heranwachsen, aber im Glanze ihrer Jugend wird sie sich am Finger stechen und daran sterben. Bestürzung beim ganzen Hof (Allegro vivo), Tanz der Ratten der Carabosse. Doch da tritt die Fliederfee hervor (Andante). Sie prophezeit, daß nach dem Stich, den auch sie nach dieser Prophezeiung nicht abwenden kann, nicht der Tod über das Mädchen Gewalt haben wird, sondern ein langer Schlaf, von dem die Prinzessin durch den Kuß eines Prinzen geweckt werden kann. Carabosse besteigt wütend den Karren und fährt davon, die Feen aber umstehen die Wiege, um alle guten Mächte herabzuflehen.

I. Akt: Sechzehn Jahre später. – Im Schloßgarten. Bauern und Bäuerinnen bringen Girlanden, um den Platz vor dem Schloß zu schmücken (Allegro vivo). Eine Gruppe von

Stickerinnen kommt schwätzend und fröhlich. Entrée des Catalabutte. Als er die Stickerinnen mit den Nadeln sieht, droht er, sie einsperren zu lassen. Es ist des Königs Befehl, alle Nadeln zu verschließen.

Der König, die Königin und vier fremde Prinzen – sie wollen um die schöne Prinzessin Aurora werben – promenieren auf der Terrasse. Bauern eilen herbei, um ihrem König und seinen Gästen zuzujubeln (Allegro vivo, *Valse*). Als letzte erscheint die Prinzessin im Garten: strahlend, festlich gekleidet. Sofort eilt ihr der spanische Prinz entgegen und begrüßt sie *En attitude;* die Prinzessin empfängt nun von den vier Thronanwärtern Rosen, und jeder der vier Prinzen führt das Geburtstagskind einmal im Kreis herum. *Pas d'action* (Adagio maestoso): das berühmte *Rosen-Adagio,* welches Aurora mit den vier sich ablösenden Prinzen tanzt (molto sostenuto; quasi più Andante), geht über in einen Ehrentanz der Jungfrauen und Pagen (Allegro moderato), gefolgt von Auroras Variationen (Allegro moderato mit Solo-Violine; Allegro vivace; Coda: Allegro giusto; poco più mosso).

Als der Ensemble-Tanz (Allegro giusto) auf der Terrasse beendet ist, erblickt Aurora unter den Bauern im Garten eine seltsame alte Frau, »die mit ihren blinkenden Nadeln strickt« (Petipa). Die Prinzessin hat so etwas noch nie gesehen. Sie eilt zu der Alten, nimmt die Nadeln und spielt mit ihnen – und sticht sich. *Danse vertige:* taumelnd tanzt Aurora einige Schritte (Allegro vivo), sie sinkt wie tot zu Boden. Jetzt schlägt die Alte ihre Kapuze zurück – es ist Carabosse; höhnisch lachend deutet sie von der leblos daliegenden Prinzessin hinauf zum König und der Königin. Die vier Prinzen kommen mit gezogenem Degen, aber die Hexe ist verschwunden.

Lähmendes Entsetzen – aber es erscheint die Fliederfee (Andante), sie tröstet die Eltern und veranlaßt, daß man Aurora ins Schloß trägt. Darauf schwingt sie ihren Zauberstab (Più mosso); mit Blitz und Donner verwandelt sich der Garten in einen dichten Wald, der rings um das Schloß wächst, um es zu beschützen bis zu dem Tag, an dem Aurora wieder erwachen wird.

II. Akt, 1. Szene: Hundert Jahre später. Eine Jagdgesellschaft in einem Waldstück, nicht weit von dem Zauberschloß. Prinz Désiré, Gallisson und eine Anzahl von Hofherren mit ihren Damen; sie sind alle in spätere Kostüme – etwa im Stil des Rokoko – gekleidet (Entr'acte, Allegro con spirito). Es dämmert gerade, die Diener bereiten am Ufer eines Sees ein Lager. Prinz Désiré, von einer komischen Hofdame belästigt, wendet sich unwillig ab und geht zur Seite. Die Gesellschaft vergnügt sich mit einem Blindekuh-Spiel: *Colin-Maillard* (Allegro vivo). Gallisson arrangiert nun für die Gesellschaft einen Aufzug (Moderato), es folgt die *Danse des Duchesses* (Moderato con moto), der *Tanz der Barone* (Allegro moderato, Gavotte), *der Comtessen* (Allegro non troppo) und *der Marquisen* (Allegro non tanto). Daran schließt sich eine *Farandole* an, ein älterer Tanz aus der Provence: die Paare stehen in einer Kolonne hintereinander, durch Bänder miteinander verbunden (Poco più vivo); dieser Tanz geht in eine *Mazurka* (Allegro non troppo) über. Die Jagdpause ist zu Ende, Hörner erklingen, die Gesellschaft zieht weiter – nur Prinz Désiré, der Gesellschaft überdrüssig, bleibt zurück.

Es ist inzwischen Abend geworden. In einer Barke naht über den See die Fliederfee (Andantino). Désiré vertraut der Fee sein Leid an, den Überdruß an der Gesellschaft und seine Sehnsucht nach einer, die seiner Liebe wert ist (*Dialogue de Désiré et la Fée des Lilas;* Allegro vivo). Die Fee beschwört die *Erscheinung der Aurora* (Andante cantabile), er umtanzt das schöne Trugbild mit Leidenschaft (Presto), bis die Vision wieder verschwindet. Eindringlich fleht Désiré die Fliederfee an, ihn doch zu Aurora zu bringen (Allegro agitato). Mit der Barke setzen sie zum anderen Ufer über (Andantino), wo Aurora schläft.

2. Szene: Zwischenspiel (Andante misterioso). Eine große Halle im verzauberten Schloß, in dessen Mittelpunkt auf einem erhöhten Bett Aurora schläft. Geleitet von der

Fliederfee kommt Prinz Désiré herein (Allegro). Als er die schlafende Gestalt erblickt, nähert er sich ihr, beugt sich über sie und küßt sie auf den Mund. Mit einem Donnerschlag kehrt das Leben zurück. Aurora richtet sich auf. Der Prinz zieht sie an sich. Der Zauber der Carabosse ist gebrochen (Allegro agitato).

III. Akt: Alle, die geschlafen hatten, sind nun wieder wach. Über dem ganzen Schloß liegt das helle magische Licht einer wiedergeborenen Vergangenheit (Marche, Allegro non troppo). Der König und die Königin in goldenen Gewändern, alle Hofleute und der Zeremonienmeister kehren zurück *(Entrée et Cortège du Roi),* um die Vermählung der Prinzessin Aurora mit Prinz Désiré feierlich zu begehen. Eine festliche Polonaise leitet die Zeremonie ein (Allegro moderato brillante). Daran schließt sich ein phantastisches Divertissement an: Harlekin, Kolumbine, Pierrot und Pierrette (*Pas de quatre,* Allegro non tanto; *1. Variation:* Allegro giusto; *2. Variation:* Vivace; Coda. – Dieser Pas de quatre wurde in der Urfassung von den ersten vier guten Feen getanzt).

Der nächste Auftritt ist der des Gestiefelten Katers und der Weißen Katze (*Pas de caractère,* Allegro moderato); anschließend *Pas de quatre* (Adagio; Allegro, Tempo di Valse, Variation I; Andantino, Variation II; Coda, Presto) des Aschenbrödels mit Prinz Fortuné, des Blauen Vogels und der Prinzessin Florissa; der Auftritt und die Coda vereinigt alle vier Figuranten, die beiden Variationen werden jeweils als Duette getanzt.

Es folgen: Rotkäppchen und der Wolf (*Pas de caractère,* Allegro moderato), Aschenbrödel und der Prinz (Allegro agitato; Tempo di Valse, Moderato); der Kleine Däumling, seine Brüder und der Menschenfresser (*Pas Berrichon,* Allegro vivo). (In der Diaghilew-Fassung von 1921 wird hier eine andere Einlage gezeigt, nämlich zwei orientalische Tänze [Scheherezade mit ihren zwei rivalisierenden Schahs] und ein russischer Tanz »Die drei Iwans«; der Tanz des Ritters Blaubart und seiner verunglückten Lieben, der

Porzellanprinzessin und des Mandarins. Diese Abwandlungen sind vor allem auf das reiche Angebot nach der bolschewistischen Revolution von 1917 in den Westen emigrierter russischer Solisten zurückzuführen, die bei diesem Anlaß ihre besonderen Fähigkeiten unter Beweis stellen konnten.)

Am Ende des Divertissement steht der Grand Pas de deux von Aurora und Prinz Désiré: Er beginnt mit einem Adagio (ursprüngliche Fassung: Allegretto), geht über in ein Andante; die 1. Variation (Désiré) ist ein Vivace, die 2. (Aurora) ein Andantino – in der Coda vereinigen sich die beiden zu einem Allegro vivace.

Noch einmal tritt das ganze Ensemble, vom König und der Königin sowie von Aurora und Désiré angeführt, zu einer *Sarabande* zusammen; das Finale ist eine *Mazurka* (Allegro brillante).

Die *Apothéose* vereinigt die guten Feen mit denen, die sie glücklich gemacht haben (Andante molto maestoso).

Das Ballett »Dornröschen« gilt nicht nur als das gelungenste aller Ballette aus der großen zaristischen Ära. In seinen »Erinnerungen an das Russische Ballett« beschreibt Alexandre Benois, der Maler, den glänzenden Eindruck der Petersburger Premiere von 1890. Das Zusammenwirken zweier so außergewöhnlich schöpferischer Kräfte wie des Choreographen *Marius Petipa* (s. »La Bayadère«) und des Komponisten *Peter I. Tschaikowsky* hatte ein Ballett hervorgebracht, das in allen Teilen eine Kongruenz aufweisen konnte, wie man es an den russischen Bühnen lange nicht hatte beobachten können. Märchenhaftes erhielt den Zauber jener Überwirklichkeit, dessen das Ballett bedarf. Petipa, von dem Melodienreichtum wie der rhythmischen Klarheit der Musik inspiriert, hat in diesem Werk eine Fülle von choreographischen Meisterleistungen geschaffen, die in ihren Teilen wie als Ganzes Schule machten. Die Tänze der Feen im Vorspiel, der Pas de deux im 2. Akt, die Szene des Blauen Vogels, der Grand Pas de deux, die Sarabande

– dies alles sind choreographische Schöpfungen, die den Stempel höchster Künstlerschaft tragen und unverändert Geltung besitzen. Da der Choreograph eng mit dem Komponisten zusammenarbeitete, sind die Intentionen so vollkommen wie nur möglich verwirklicht worden. So z. B. verlangt Petipa von Tschaikowsky: »Plötzlich bemerkt Aurora die alte Frau, die mit ihren blinkenden Nadeln strickt – 2/4-Takt. Allmählich wechselt sie in einen sehr melodiösen Walzer in 3/4, aber dann, plötzlich, eine Pause. Aurora sticht sich in den Finger. Aufschrei, Schmerz. Blut fließt – geben Sie acht Takte in 4/4, breit. Sie beginnt zu tanzen – Taumel . . . Völliges Entsetzen – das ist nun alles andere als ein Tanz, es ist Wahnsinn. Wie von der Tarantel gebissen, torkelt sie umher und fällt dann völlig unvermittelt nieder. Sie müssen mit 24, höchstens 32 Takten auskommen. Am Schluß sollte ein Tremolo über einige Takte hin angesetzt werden, so als wenn sie einige Angstschreie und Stöhnen ausdrücken wollte: ›Vater, Mutter!‹ Und wenn dann alle auf die alte Frau schauen und sie ihren Mantel zurückschlägt, für diesen Augenblick ist es notwendig, daß die ganze chromatische Skala in voller Stärke vom ganzen Orchester aufgenommen wird.« (Juri Slonimsky, »Marius Petipa«.)

Peter Iljitsch Tschaikowsky (1840–93) ist neben seinem Landsmann Igor Strawinsky (s. »Agon«) der größte Komponist, der einen Teil seines Schaffens dem Ballett gewidmet hat. Er war mindestens ebenso davon überzeugt, daß Tanz eine absolute Kunst sei, wie Strawinsky oder in jüngster Vergangenheit Bernd Alois Zimmermann (s. »Die Befragung«). Das hat in seinem Werk so unauslöschliche Spuren hinterlassen, daß man mit Recht sagt: Seine Ballette sind Sinfonien, seine Sinfonien Ballette. Aber ob Ballett oder Sinfonie, Serenade oder Klavierstück, jede seiner Kompositionen ist tänzerisch. So sind denn wohl schon die meisten bekannten, aber auch ein Großteil seiner unbekannten Werke »vertanzt« worden. Was zu seinen anderen großen Ballettkompositionen »Nußknacker« und

»Schwanensee« zu sagen bleibt, findet sich an Ort und Stelle.

Tschaikowsky hielt »Dornröschen« für sein bestes Ballett. Für die achtjährige Anna Pawlowa war »Dornröschen« die erste entscheidende Begegnung mit dem Bühnentanz.

1921 ließ Diaghilew »Dornröschen« für seine Truppe neu inszenieren. Er beauftragte mit der choreographischen Rekonstruktion Nicholas Sergejew, der sich dabei auf die Stepanow-Notation stützte; er, Bronislawa Nijinska, die das Werk um die »Drei Iwans« choreographisch »bereicherte«, Léon Bakst, der Maler, Igor Strawinsky, der einige Neuinstrumentierungen besorgte (Vorspiel zum 2. Akt, Aurora-Variationen des gleichen Aktes), kannten die Petipasche Fassung, die jahrzehntelang im russischen Repertoire geblieben war, genau. Diese Premiere fand am 2. November 1921 im Alhambra Theatre in London statt; auf dem Programmzettel standen die erlauchtesten Namen der Ballets Russes: Aurora war Olga Spessiwtsewa, der Prinz (in der englischen Fassung heißt er Charming) Pierre Wladimirow; unter den Feen findet man Felia Dubrowska, Lydia Sokolowa, Bronislawa Nijinska, und – in der Rolle als Carabosse die Aurora der Petersburger Uraufführung: Carlotta Brianza. In der Regel können sich nur große Ballett-Ensembles, deren Corps de ballet gut geschult sein muß, an das Werk heranwagen.

Vorbild ist nach wie vor das Original, das vom Kirow-Ballett in Leningrad (dem heutigen St. Petersburg Ballett) heute noch so rein und tänzerisch souverän getanzt wird wie am Tage der Uraufführung. Eigenartigerweise liegt dabei das Schwergewicht auf dem Tanz, während die in seiner Nachfolge entstandenen westlichen Versionen die Betonung mehr oder weniger auf Handlung und Ausstattung legen.

Eine der überzeugendsten Inszenierungen hat Marcia Haydée 1987 in Stuttgart geschaffen. Sie findet sich mittlerweile im Repertoire vieler Compagnien. Aufsehen erregt hat John Neumeier (s. »Dritte Sinfonie von Gustav Mahler«) mit seinem »Dornröschen« 1978 in Hamburg: Er konfrontierte Petipas choreographische Handschrift mit der Bewegungssprache der Gegenwart und versuchte in der Gegenüberstellung von originalem Zeitstil und moderner Choreographie den Charme der Vorlage wiederzuentdekken und neu zu beleben.

Eine Kurzform hat 1951 unter Verwendung Tschaikowskyscher Melodien der deutsche Komponist Hans Werner Henze (»Die schlafende Prinzessin«, Ballett in einem Vorspiel und 5 Bildern von Hans Zehden) geschaffen. Sie verhält sich zum Original wie das Stenogramm zur Handschrift. In »Ni Fleurs, ni Couronnes« paraphrasierte Maurice Béjart 1968 zu Schlagzeugbegleitung choreographische Themen von Marius Petipa (Valse der Fliederfee, Pas d'action, Die blauen Vögel, Grand pas de deux).

Die drei Schwangeren

Ballettkomödie in drei Akten. Libretto: Hermann Rudolph und Gottfried Messenbrink nach einem Szenarium der Commedia dell'arte; Musik: Gioacchino Rossini; Choreographie: Hermann Rudolph; Ausstattung: Eva Bellach; Uraufführung: Opernhaus Karl-Marx-Stadt (Chemnitz), 26. Februar 1976. (Dauer: abendfüllend.)

Personen: Ubaldo, Advokat; Lucinda, Ardelia, seine Töchter; Colombina, ihre Dienerin; Pandolfo, Bürgermeister; Orazio, sein Sohn; Zanni, sein Diener; Ottavio; Besitzerin der Locanda; Capitano; Cola, sein Bursche; Dottore; Schankmädchen aus der Locanda; Mädchen und Burschen; Traumgestalten.

I. Akt: In einer kleinen italienischen Provinzstadt versucht der Capitano zusammen mit seinem Burschen Cola, Soldaten zu werben. Während die Abgeordneten der Stadt, Pandolfo und Ubaldo, dem Capitano ihre Unterstützung zusagen, entziehen sich die Bewohner des Städtchens seinem Wunsch. Da beschließen die jungen Mädchen des Ortes, dem Capitano einen Streich zu spielen: Sie verkleiden sich als Burschen und bewerben sich als Rekruten. Die Begeisterung des Capitano verfliegt indes schnell, als Ardelia, die Tochter des Advokaten Ubaldo, ihre Verkleidung ablegt. Hals über Kopf verliebt er sich in das verwöhnte Mädchen, doch Ardelia liebt bereits den jungen Ottavio. Ubaldo unterstützt aus finanziellen Gründen eine mögliche Verbindung mit dem aufgeblasenen Militär. Der reiche, alte Bürgermeister Pandolfo und Orazio, sein Sohn, sind in die andere Tochter Ubaldos verliebt. Pandolfo wirbt mit einer Anzahlung beim Vater um das Mädchen, wird dabei aber von Lucinda beobachtet. Sie stellt sich leidend, um Pandolfo von seinem Vorhaben abzubringen, hat aber keinen Erfolg. Voller Zorn werden Pandolfo und Ubaldo Zeuge des heimlichen Einverständnisses von Lucinda und Orazio. Der Capitano wirbt um Ardelia. Um den unerwünschten Freier abzuschrecken, stellt sie sich hysterisch. Ubaldo verspricht indes dem Capitano wie Pandolfo, die Heirat bei den Töchtern durchzusetzen.

Der nächtliche Lärm hat die Bewohner des Städtchens angelockt. Die Liebenden finden sich, werden jedoch von den erbosten Vätern erneut getrennt.

II. Akt: Ubaldos Dienerin Colombina bringt die Mädchen ins Bett. Die Erlebnisse des Tages verdichten sich in ihrer Phantasie. Im Traum erscheinen Bürgermeister und Offizier den Mädchen als Ungeheuer, die jungen Liebhaber dagegen als zärtliche Poesiegestalten. Auch ihre Dienerin Colombina träumt von ihren Verehrern Cola und Zanni.

Am anderen Morgen will der Vater seine Töchter unter die Haube bringen. In dieser bedrängten Lage ersinnt die Dienerin eine List. Die Mädchen stecken sich Kissen unter die Nachthemden und klagen über Leibschmerzen. Die beiden alten Freier sind verärgert, weil sie die geplante Hochzeit verschieben müssen.

III. Akt: Auf dem Marktplatz erwartet man die Ankunft eines berühmten Modearztes aus Bologna, der die erkrankten Töchter Ubaldos kurieren soll. Der Dottore durchschaut die Absicht der Mädchen, durch eine vorgetäuschte

Schwangerschaft die Heirat mit den geliebten jungen Männern zu erzwingen. Er schickt nach den Liebhabern. Die drei verkleiden sich als »Wehmütter«, um das Geschick der Mädchen in die eigene Hand nehmen zu können. Der Arzt ist mit dem Komplott einverstanden. Auch die Besitzerin der Locanda erfährt das Geheimnis und stellt sich auf die Seite der Mädchen. Die »Wehmütter« teilen dem entsetzten Vater Ubaldo mit, daß seine beiden Töchter und Colombina nicht krank, sondern guter Hoffnung sind. Die Nachricht von der Schwangerschaft ihrer Angebeteten ruft bei den alten Gecken große Empörung hervor. Beleidigt ziehen sie sich zurück. Zur Rettung der Ehre seines Hauses aber bleibt dem Advokaten schließlich nichts anderes übrig, als die jungen Väter der zu erwartenden Kinder als Schwiegersöhne anzuerkennen. Der Vater gibt den beiden Töchtern wie auch Colombina und Zanni seinen Segen. Danach wird der Schwindel offenbar. Die jungen Leute freuen sich ihrer gelungenen List.

Das »Verlangen des Theaterpublikums nach komödiantischen Stücken ist so alt wie das Theater selbst, und jeder Theaterleiter hält seine Mitarbeiter an, nach Stoffen zu suchen, die die Erwartung des Zuschauers in dieser Hinsicht befriedigen können«. *Hermann Rudolph,* geboren 1935 in Chemnitz, hatte, wie er in seinen Programmheftnotizen für die Deutsche Staatsoper schreibt, insofern Glück, als er in einem Buch mit gesammelten Commedia-Szenarien einen Stoff fand, der ganz seinen Vorstellungen entsprach. »Der Grundgedanke«, so Rudolph weiter, »war einfach. Elf Rollen wählten wir aus; sie schienen uns nötig, die Geschichte tänzerisch erzählen zu können. Eine fanden wir dazu, um das Solistenensemble voll auslasten zu können. (Besetzungsgedanken spielten überhaupt von Anbeginn an eine große Rolle bei der Proportionierung der einzelnen Szenen zueinander.)

Die dreiaktige Aufteilung des Originals wollten wir beibehalten, kamen aber bald überein, den zweiten Akt für das

Ballett völlig anders zu konzipieren, wie ja überhaupt die ganze Dramaturgie im Ballett eine andere sein mußte als in der Commedia. So konnten wir in einem Traumgeschehen beispielsweise unkompliziert die Haltungen der drei Mädchen zu den übrigen Hauptfiguren zeigen, was bei realer Szene einen ungeheuren Aufwand durch schnellen Wechsel der Spielorte notwendig gemacht hätte. Die einzelnen Musiktitel sollten in sich geschlossen und unangetastet bleiben.«

Auch bei der Wahl seiner Rossini-Musik hatte Rudolph Fortüne. Ob es sich, wie im ersten Akt, um die Ouvertüre »Die diebische Elster«, um die Sonate für Streicher Nr. 1 G-Dur, die Ballettmusik aus »Wilhelm Tell« oder die Ouvertüre »Semiramis« handelt, ob um die Ouvertüre »Wilhelm Tell«, die Gewittermusiken aus »Der Barbier von Sevilla« und »Aschenbrödel« sowie der Ouvertüre »Signor Bruschino« wie im zweiten oder um die Ouvertüre »Die Italienerin in Algier«, die Tarantella »La Danza« und die Ouvertüre »Der Barbier von Sevilla«, mit der das Ganze abschließt: Immer wirken die Kompositionen zwingend, als wären sie für dieses Ballett geschaffen. Ohne die geringste Schwierigkeit ordnen sie sich in ein musikalisches Konzept, das eine Charakterisierung, ja eine Entwicklung der einzelnen Personen ermöglicht. Und zwar deshalb, weil sie Rossini stets als austauschbare Versatzstücke seiner Arbeit verstand. Sie besitzen genügend Eigengewicht, um auch am anderen Ort ihren Zweck zu erfüllen.

Rudolph geht bei seiner »Rossiniana« allerdings geschickter vor als mancher seiner Kollegen, die Ähnliches probierten. Er läßt die Musik intakt, ja, er nützt sie sogar, um seine »Ballettkomödie in drei Akten« dramaturgisch abzusichern. Kein Leerlauf ist zu kaschieren. Keine überflüssige Episode hemmt den Handlungsablauf. Schlag auf Schlag ereignet sich eine Geschichte, die ihre Verbundenheit mit der altitalienischen Stegreifkomödie keinen Augenblick lang leugnet. Darüber hinaus aber hat es Rudolph vermocht, alle Frivolität, allen Klamauk, alle gestische

Übertreibung immer wieder sinnvoll in einen Bewegungsplan einzubinden, der weder Witz noch Satire, geschweige denn tiefere Bedeutung scheut, in erster Linie jedoch der munteren Unterhaltung dient.

»Die drei Schwangeren« sind zweifellos das populärste Ballett Hermann Rudolphs. So hat sich seine Attraktivität nach der Uraufführung in Karl-Marx-Stadt (heute wieder Chemnitz) (mit Irene Drescher, Gabriele Barthel und Walheide Löffler in den Titelrollen) zwei Jahre später bei der Berliner Erstaufführung durch die Staatsoper (diesmal mit Ines Dalchau, Steffi Scherzer und Ramona Gierth) vollauf bestätigt. Rudolph galt als einer der führenden Choreographen der DDR. Bekannt geworden sind seine Versionen von »Coppélia«, »Abraxas«, »Dornröschen«, »Pulcinella« und »Die steinerne Blume«. Heute arbeitet Rudolph, der an der staatlichen Ballettschule in Berlin ausgebildet wurde, wieder als Chefchoreograph der Städtischen Theater Chemnitz.

Gioacchino Rossini (1792–1868) schrieb zwar keine eigentliche Ballettmusik, aber in seinen Opern finden sich immer wieder Divertissements, die von Choreographen ihrer Spritzigkeit wegen gerne interpretiert wurden. Die meisten Rossini-Ballette stammen allerdings nicht von Rossini: andere Komponisten haben sich seiner Melodien bemächtigt und neu arrangiert – so Ottorino Respighi in »La Boutique Fantasque« (s. »Der Zauberladen«), so Benjamin Britten in »Soirées Musicales« und »Matinées Musicales«, die unter anderem von Antony Tudor (s. »Dark Elegies«) und in »Bouquet Garni« 1965 von John Cranko (s. »Die Befragung«) gedeutet wurden.

Der Dreispitz (Le Tricorne)

Ballett in zwei Teilen. Libretto: Gregorio Martinez Sierra; Musik: Manuel de Falla; Choreographie: Léonide Massine; Vorhang, Bühnenbilder und Kostüme: Pablo Picasso; Uraufführung: Diaghilews Ballets Russes, Alhambra Theatre, London, 22. Juli 1919.

Personen: Der Müller; die Müllerin; der Corregidor; des Corregidors Frau; der Dandy; sechs Alguacils (Polizisten); Nachbarn; die Jota-Tänzer. Eine Singstimme (Mezzo-Sopran).

Ouvertüre (Allegro ma non troppo). Noch bei geschlossenem Vorhang hört man Kastagnettenschlag, Händeklatschen und »Olé! Olé!«-Rufe und ein andalusisches, leidenschaftliches Lied: »Casadiata, casadiata, cierra con tranca la puerta«, unterbrochen und weiterhin begleitet von Händeklatschen, Kastagnettenschlag und »Olé!«-Rufen.

1. Teil: Platz vor der Mühle mit Pergola und Brunnen. An der Wand ein Vogelkäfig mit einem schwarzen Vogel. Im Hintergrund der Mühlbach, von einer Brücke überspannt. Allegretto mosso: Der Müller hält fröhliche Zwiesprache mit dem Vogel im Käfig, worüber sich die Müllerin amüsiert. Sie schlägt die Hände zusammen und tanzt (Allegretto mosso). Verliebtes Duo zwischen dem Müller und seiner Frau. Sie hält das Gesicht ihres Mannes zwischen den Händen und tanzt mit ihm Auge in Auge. Zufrieden pfeift er vor sich hin. Die Idylle stört der Dandy, der auf der Brücke erscheint. Er entdeckt die Müllerin und winkt ihr siegesbewußt zu. Kokettierend grüßt die Müllerin zurück. Der Müller hält in seiner Beschäftigung inne und beobachtet die Müllerin und den Beau, der weitergeht. Der Flirt stört ihn nicht. Er ist sich seiner Sache sicher. Lachend fällt ihm seine Frau um den Hals (Poco meno vivo).

Auf ein Lento e pesante läuft die folgende Szene – Le Cortège – ab: Es naht der Aufzug des Corregidors – des Bezirksgouverneurs – mit seiner Frau und dem Gefolge. Der Corregidor läßt – zufällig oder gewollt? – seine Handschuhe fallen, die Müllerin bückt sich, hebt sie auf und gibt sie dem hohen Herrn zurück. Dieser ist von der Schönheit der Müllerin entzückt und fängt Feuer. Aber mit einem Blick auf die Corregidora, sein böses Weib, gibt er das Zeichen zum Aufbruch. Im Weggehen schaut sich der Corregidor immer wieder sehnsüchtig nach der Müllerin um.

Der Müller und die Müllerin sind wieder allein, da erscheint ein schönes Mädchen, das auf dem Kopf einen Krug trägt. Der Müller wirft ihr Handküsse zu. Lächelnd geht das Mädchen weiter. Die Müllerin verfolgt diese Szene voll Eifersucht, und schließlich fängt sie an zu weinen. Bestürzt beteuert ihr der Müller, daß er doch nur allein sie liebe. Schnell ist man wieder versöhnt.

Man hört von neuem den Zug des Corregidors sich nähern (Calmo e pesante) mit all seiner grotesken Herrschaftlichkeit. Die Müllerin ahmt des Corregidors arrogante Selbstgefälligkeit und sein eitles Stelzen nach. Der Müller weiß, was das zu bedeuten hat, der Corregidor wolle wohl seiner Frau den Hof machen. Die Müllerin beruhigt ihren Mann – sie liebe ja nur ihn. Die Müllerin versteckt ihren Mann, sie selbst aber tanzt einen *Fandango* (Danse de la Meunière, Allegro ma non troppo).

Anscheinend bemerkt sie die Rückkehr des Corregidors nicht. Ergötzt beobachtet der die Tanzende. Mit geheucheltem Schreck hält die Müllerin plötzlich inne (Poco più mosso). Die Müllerin bewirtet ihren Gast mit Weintrauben. Der Corregidor will die Trauben von den Lippen der Müllerin in Empfang nehmen, er hofft so, sie küssen zu können (Les Raisins, Vivo). Zunächst scheint die Müllerin auf des Corregidors Spiel einzugehen, als er aber aufdringlich wird, entweicht sie, so daß der Alte die Balance verliert. Von dem Lärm herbeigelockt, erscheint der Müller; er und seine Frau helfen dem Lächerlichgewordenen auf, sie klopfen den Staub aus seinen Kleidern und tun so, als wäre das Ganze nur ein Zufall gewesen. Der Corregidor, voller Wut, droht den beiden, daß sie noch von ihm hören werden (Molto vivo). Kaum ist der Alte weggegangen, vereinigt sich das Müllerpaar zu dem *Fandango,* den die Müllerin vorher als Solo getanzt hatte.

2. Teil: Am Abend des gleichen Tages, des Johannistages (Sommersonnenwende). Die Nachbarn kommen zur Mühle, um ein andalusisches Fest zu feiern mit Singen, Tanzen und Trinken (Allegro). Die Müllerin begrüßt die Nachbarn (Vivo) und bittet ihren Mann, ihnen allein eine *Farruca* vorzutanzen (Danse du Meunier, Moderato assai). Alle danken ihm herzlich (Allegretto), es herrscht Feststimmung. Da erscheinen die finsteren Alguacils (Tempo di giusto), sie haben Befehl, den Müller abzuführen. Mit der Polizei und dem verhafteten Müller zieht auch die verstörte Gesellschaft ab, die Müllerin ist allein (La Meunière, Tranquillo). Zu ihrem sehnsüchtigen Tanz hört man eine Stimme singen: »Por la noche canta el cuco . . .«

Der Corregidor kehrt zurück; nachdem er den Müller hat wegschaffen lassen, glaubt er, leichtes Spiel zu haben. Im Gefühl seiner Unwiderstehlichkeit nähert er sich der Brücke (Danse du Corregidor, Allegretto), auf der die Müllerin steht und weint. Der Corregidor umarmt sie. Die Müllerin stößt ihn weg. Er fällt in den Mühlbach (Le Plongeon, Allegro). Auf ein Grazioso (ma in tempo) wirbt der Corregidor, selbst vom Wasser nicht abgekühlt, um die Gunst der Müllerin, die darauf freilich höchst ungnädig reagiert. Da erinnert sich die Müllerin eines alten Gewehres, das neben der Tür hängt, sie reißt es an sich, gibt dem Corregidor einen Stoß und flieht über die Brücke davon.

Aus dem Schäferstündchen wird also nichts. Der Corregidor zieht seine nassen Kleider aus und geht ins Haus.

Morgendämmerung. Der Müller, der der Polizei des Corregidors entweichen konnte, kehrt zurück. Zuerst entdeckt er des Corregidors Kleider (Allegretto vivace, Mosso agitato). Der Müller hat eine Idee: er wird des Corregidors Frau aufsuchen (Scherzando). Mit Kreide malt der Müller einen gehörnten Kopf an die Wand und eilt, den Alten nachahmend, davon.

Kaum ist der Müller weg, kommt der Corregidor aus dem Haus, schaut sich um, sucht seine Kleider, kann sie nicht finden, sieht aber die Kleider des Müllers – und entdeckt schließlich das Bild an der Wand.

Zwei der Alguacils kehren zurück. Sie wollen den entflohenen Müller erneut verhaften. So stoßen sie auf den Corregidor in den geborgten Kleidern des Müllers. Er trägt die »montera« und die »manta«. Deshalb meinen die Alguacils, den Müller vor sich zu haben und fallen über ihn her. Auch die Müllerin kommt zurück, sie hat ihren Mann nicht gefunden. Als sie sieht, daß man sich rauft, glaubt sie auch, die Polizisten verprügelten ihren Mann. Sie greift einen der Alguacils an. Nachbarn kommen herbei, diesen Aufruhr zu beobachten und zu schlichten (Allegro molto moderato e pesante). Die Verwirrung steigert sich, als der Müller auftritt. Die Menge umdrängt ihn (Giusto). Als er sieht, daß seine Frau den eigentlichen Corregidor verteidigt, wird er eifersüchtig und stürzt sich wütend auf seinen Nebenbuhler.

Es ist wegen der Johannisnacht noch viel Volk auf den Beinen; es füllt die Brücke und schaut neugierig den Vorgängen vor der Mühle zu. Aber der Müller und die Müllerin versöhnen sich, sie erzählen ihren Freunden, was der Corregidor ihnen und sie ihm angetan haben. Da stellt sich das übermütige Volk gegen den Corregidor und seine Polizei, jagen sie davon. Den Müller und seine Frau umtanzen sie in einem feurigen Finale – einer *Jota* –, wobei von Mal zu Mal des Corregidors Puppe in die Luft fliegt.

»Der Dreispitz« geht zurück auf eine Erzählung »El Sombrero de Tres Picos« von Pedro Antonio de Alarcón. Das Libretto für das Ballett schrieb *Martinez Sierra.* Alarcóns Erzählung in ihren Grundzügen unverändert lassend, hat Sierra jene Vereinfachung vorgenommen, die notwendig ist, soll der Tanz ohne zu viele pantomimische Belastung die Handlung tragen. Dies war die Forderung Diaghilews, der auch der Initiator des Balletts war. Eine solche Forderung war um so begründeter, als de Falla schon einige Jahre vorher eine Pantomime gleichen Titels hatte aufführen lassen. Diaghilew forderte aber eine Reihe von Tänzen, die de Falla erst hinzukomponieren mußte, so daß das Wesentliche der vorliegenden Partitur erst nach Diaghilews Auftragserteilung entstanden ist. Es sind dies vor allem die spanischen Zigeunertänze: der Tanz des Müllers ist eine Farruca andalusischen Ursprungs, auch der Fandango der Müllerin und der Tanz der Nachbarn geht auf die Zigeunermusik zurück und erst recht die große abschließende Jota. Trotz der betonten folkloristischen Tänze ist »Der Dreispitz« eines der gelungensten Handlungsballette.

Als Diaghilew während des Ersten Weltkriegs in Spanien Zuflucht fand, lernte er den spanischen Tanz kennen. Ein spanischer Zigeuner namens Felix wurde zum Lehrer für *Léonide Massine* (s. »Le Beau Danube«). Bei der Uraufführung tanzte Massine den Müller so, als ob der spanische Tanz sein ureigenstes Idiom wäre. Überhaupt hat Massine als Choreograph mit dem »Dreispitz« sein Meisterstück geliefert. Er hat die pantomimischen Elemente der Handlung mit den tänzerischen verschmolzen. Wiederholt ist das Ballett als eine Kritik am spanischen Gesellschafts-Feudalismus interpretiert worden. De Falla, Massine und Picasso, der die berühmt gewordene Ausstattung schuf, wollten nichts anderes, als den spanischen Tanz, rein, wenn auch sublimiert, auf die Bühne bringen.

Manuel de Falla (1876–1946) stand dem Kreise Debussys (s. »Brouillards«) nahe. Der spanische Impressionismus de Fallas ist jedoch keineswegs nur ein Ableger des französischen, wie allein schon die starken Bindungen an Volkstanz und Volkslied seiner spanischen Heimat beweisen. Die größten Erfolge hatte de Falla mit seinen Balletten »Der Dreispitz« und »El Amor Brujo« (s. d.). Auch seine anderen Kompositionen wie »Nächte in spanischen Gärten« (s. »Nocturno«) werden häufig getanzt.

Dritte Sinfonie von Gustav Mahler

Ballett in einem Aufzug. Musik: Gustav Mahler (Dritte Sinfonie); Choreographie: John Neumeier; Projektionen: Marco Arturo Marelli; Uraufführung: Ballett der Hamburgischen Staatsoper, Hamburg, 14. Juni 1975. (Dauer: ca. zwei Stunden ohne Pause.)

I. *Gestern.* »Und alle unsre Gestern führten Narr'n den Pfad des staub'gen Todes.« William Shakespeare, »Macbeth«. Sieben Solisten und Männergruppe.
II. *Sommer.* Fünf Solisten und Frauengruppe.
III. *Herbst.* Solisten und Corps de ballet.
IV. *Nacht.* »Dieser Satz ist John Cranko und seiner Kompanie gewidmet und wurde im Juli 1974 in Stuttgart uraufgeführt.« Drei Solisten.
V. *Engel.* Solistin.
VI. *Was mir die Liebe erzählt.* Solist und Solistin und das gesamte Ensemble.

» – nur wenn ich erlebe, ›tondichte‹ ich – nur wenn ich tondichte, erlebe ich!« (Gustav Mahler.)

»Das Thema meines Balletts ist die Musik von Gustav Mahler. Ich habe meine beim Anhören seiner Dritten Sinfonie ausgelösten Gefühle choreographisch in menschliche Bewegung umgesetzt, um sie optisch zu vermitteln. Der Titel des 6. Satzes ist von Gustav Mahler. Die anderen Titel sind von mir, aus meiner Sicht, so genannt.« (John Neumeier.)

»Neumeier führt seinen Helden – den so athletischen wie sensiblen Tänzer François Klaus – auf einen langen Weg einsamer Leidenserfahrung, aber einen, der von vornherein der individuellen Verstrickung enthoben ist: Klaus personifiziert den Menschen schlechthin. Wenn am Beginn – ›Gestern‹ nennt Neumeier den mächtigen ersten Satz der Sinfonie – in einer steinernen Mondlandschaft der Held sich über die wie Kraken am Boden kriechenden Gefährten erhebt, ersteht der Mensch des sechsten Schöpfungstages.

In phantastischen, visionären Bildern wird er auf den Weg seiner ewigen Narrheit geführt. Verspielter Kraftüberschuß schlägt ins Kämpferische um, bei den Marschrhythmen Mahlers, den Neumeier durchaus als Komponisten des Untergangs begreift, wird daraus schaurige Gleichförmigkeit, bösartige Aggression, Zwang, Krieg. Am Ende holpern steifbeinige Gestalten, Verstümmelte, Geschändete auf den Helden zu – und der ist damit für alle Zeiten gezeichnet. Neumeier setzt hier sein gesamtes männliches Ensemble mit einer stupenden Kunst raumgreifender Bewegungsführungen und Gruppenbildern von atemberaubender Kraft und Sinnfälligkeit ein.

In scharfem Kontrast dazu werden die beiden folgenden Sätze, die Neumeier mit ›Sommer‹ und ›Herbst‹ betitelt, zu duftigen, wie hingehauchten Divertissements der Paare, einem leichtherzigen Sichfinden und Sichverlieren, in das erst bei den Klängen des Posthorns die Ahnung schicksalsschwerer Begegnung einschwingt. Das Alt-Solo ›O Mensch, gib acht!‹ ist mit ›Nacht‹ überschrieben und bringt einen Pas de trois, in dem ein Mädchen und zwei Männer sich zögernd zueinander hintasten und sich am Ende über alle Verwirrung der Beziehungen hinweg in überwältigender Zärtlichkeit aneinander verlieren – eine bis in die Fingerspitzen der Tänzer durchgeformte Szene.

Erst wenn der Kinderchor erklingt, deutet sich an, wie Neumeier den formalen Bruch zwischen dem ersten und den folgenden Sätzen überwinden wird. In einem roten Trikot tanzt ein Kindmädchen (Zhandra Rodriguez) auf die Bühne. In einem ausgelassenen Solo umgirrt das zierliche Persönchen den melancholischen Helden und zieht ihn, der bisher allem Treiben mehr oder weniger unbeteiligt zusah, in eine Begegnung hinein. Sie ist es, die ihn aus der Vereinzelung erlösen und auf die Apotheose der Liebe zuführen wird. Mit einem endlosen, traumschönen Pas de deux findet das Finale zur Höhe des Anfangs zurück. Wie mit dem Silberstift zeichnet Neumeier die weichen, schönen Linien des Pas de deux, der in tiefer, zwingender Folgerichtigkeit der Motionen – aber ohne John Crankos diffizile Artistik – der Musik ein Mehr hinzufügt, das alle Gefühligkeit zu ergreifender Innigkeit und Beseeltheit überhöht. Dieser Pas de deux entstammt einer Sternstunde des Balletts, und auch der gewaltige Aufschwung der Schlußszene, die das ganze Ensemble auf der hellen Bühne versammelt, aber den Helden erneut der Einsamkeit überläßt, ist nur noch Nachklang.« (Renate Schettler.)

John Neumeier (geb. 1942) stammt aus Milwaukee (Wis.). Nach ersten Ballettstudien bei Sheila Reilly und an der Stone-Camryn School unternahm er bereits mit achtzehn an der Marquette University seiner Heimatstadt seine ersten choreographischen Gehversuche. 1962 ging er als Tänzer zu Sybil Shearer, um ein Jahr darauf nach London an die Royal Ballet School zu wechseln. Daneben erhielt er Privatunterricht bei Vera Volkova in Kopenhagen. Von Marcia Haydée und Richard Cragun nach Stuttgart zu John Cranko geholt, entwickelte er sich in den sechs Jahren dort zu einem profilierten Solisten und begabten Nachwuchschoreographen. Seine ersten Ballette »Aria da capo« (Francis Poulenc, 1966), »Haiku« (Claude Debussy, 1966), »Von Unschuld und Erfahrung« (Arthur Honegger) und »Der Prinzessin einziges Abenteuer« (Mauro Giuliani, beide 1967) erarbeitete er noch für die Stuttgarter Noverre-Gesellschaft. Sein erstes Stück für das Stuttgarter Ballett, im nächsten Jahr herausgebracht, hieß »Seperate Journeys« (Samuel Barber) und wurde bei den Schwetzinger Festspielen uraufgeführt.

1969 ging Neumeier als jüngster und begabtester Ballettdirektor nach Frankfurt a. M., wo er sich alsbald als der meistdiskutierte Choreograph seiner Generation profilierte. Jedes seiner neuen Stücke war ein Schritt weiter zu einer völlig neuen Werkgattung, für die der Begriff »Autorenballett« geprägt wurde. Durch dramaturgische Bearbeitungen von »Romeo und Julia« und »Der Nußknacker« erfuhren diese Ballette eine Deutung, die von vielen als die überzeugendste Lösung angesehen wird. Selbst so schwierige Stücke wie »Kuß der Fee« (s. d.), »Daphnis und Chloe« (s. d.), »Don Juan« (s. d.) und »Le Sacre« (s. d.) wurden in seiner Interpretation sowohl in choreographischer als auch in dramaturgischer Hinsicht zu neuem Leben erweckt. Parallel dazu entfaltete er sein Talent als Ballettdirektor.

Seit 1973 ist Neumeier Ballettdirektor der Hamburgischen Staatsoper. In kurzer Zeit gelang es ihm dort, den massiven Widerstand, den seine rigorose Engagementspolitik zunächst in der Öffentlichkeit hervorgerufen hatte, zu brechen und alsbald zu einem ausgesprochenen Publikumsmagneten zu werden, der auch bei Werkstatt-Matineen und Nijinsky-Galas nicht müde wurde, sein Œuvre zu erläutern und für ein besseres Ballettverständnis zu werben. Zu seinen wichtigsten Arbeiten in Hamburg gehören zweifellos »Meyerbeer-Schumann« von 1974 als collagenhafte Zusammenfassung verschiedenster Musikstücke, die »Dritte Sinfonie von Gustav Mahler« ein Jahr danach, »Ein Sommernachtstraum« (s. d.), »Wendungen« (s. d.), »Songfest« und »Age of Anxiety« (Leonard Bernstein, 1979), seine »Matthäus-Passion« (Johann Sebastian Bach, 1981), die »Artus-Sage« (Jean Sibelius, 1982), und »Peer Gynt« (1989). Einige Werke wurden aus dem Frankfurter Repertoire übernommen, andere wie die »Vierte Sinfonie von Gustav Mahler« (s. »Wendungen«), »Josephslegende« (s. d.) und die »Kameliendame« (s. d.) ursprünglich für Ensembles wie das Londoner Royal Ballet, das Ballett der Wiener Staatsoper und das Stuttgarter Ballett geschaffen. Während viele dieser Choreographien, die oft den Einfluß des Modern Dance verraten, gelegentlich wegen allzu großer Abstraktion gescholten werden, hat seine Tschaikowsky-Trilogie Aufsehen erregt. In seinem »Nußknakker« (s. d.) zitiert Neumeier Ballettgeschichte, in »Illusionen – wie Schwanensee« (s. »Schwanensee«) versucht er, ein Hauptwerk der Ballettshistorie aus seiner Tradition zu lösen, es mit dem Mythos Ludwigs II. von Bayern zu verbinden und ihm eine veränderte Aussage zu ermöglichen. Und in »Dornröschen« (s. d.) konfrontiert er den Zuschauer mit dem historischen Choreographie-Stil Marius Petipas (s. »La Bayadère«) und dem Bewegungsidiom der Gegenwart, um eine Bewußtheit zu schaffen.

Seit 1978 existiert – ebenfalls unter der Leitung von John Neumeier – die Ballettschule der Hamburgischen Staatsoper. 1983 ist das Gastspiel des Hamburgischen Staatsopernballetts in den Vereinigten Staaten und Kanada ungewöhnlich erfolgreich. Andere Tourneen in Ost und West schließen sich an. Die Anzeichen mehren sich also, daß John Neumeier das von John Cranko Erreichte längst hinter sich gelassen hat.

Mit der »Dritten Sinfonie« begann übrigens Neumeiers folgenreiche Beschäftigung mit dem musikalischen Œuvre Gustav Mahlers (s. »Dark Elegies«). Getanzt wurde die Uraufführung u. a. von Zhandra Rodriguez, Marianne Kruuse, Persephone Samaropoulo, François Klaus, Max Midinet, Maximo Barra und Fred Howald. Der vierte Satz wurde unter dem Titel »Nacht« bei seiner Uraufführung in Stuttgart von Marcia Haydée, Egon Madsen und Richard Cragun interpretiert.

Sein letztes Mahler-Ballett entstand 1989: »Fünfte Sinfonie / Des Knaben Wunderhorn«.

Duo Concertant

Ballett in einem Akt (fünf Sätze). Musik: Igor Strawinsky; Choreographie: George Balanchine; Beleuchtung: Ronald Bates; Uraufführung: New York City Ballet, State Theatre, New York, 22. Juni 1972.

I. *Cantilène.*
II. *Eclogue I.*
III. *Eclogue II.*

IV. *Gigue.*
V. *Dithyrambe.*

Ein Paar steht hinter dem Klavier, das auf der Bühne plaziert ist, und lauscht den beiden Musikern. Erst nach einiger Zeit beginnen sich die Tänzer zu bewegen, zunächst mit den Armen, dann mit den Beinen, schließlich mit dem ganzen Körper. Gemeinsam tanzen sie weiter in fließenden, aber kleinen, manchmal sogar abgehackten Bewegungen, die aber nicht die romantische Atmosphäre des Tanzes stören. Der Tänzer tanzt ein Solo, während die Tänzerin zuschaut. Dann ist sie an der Reihe. Es folgt ein Pas de deux, der aber gelegentlich unterbrochen wird, um den Musikern zu lauschen. Am Ende des Duos verdunkelt sich die Bühne. Nur der Arm der Tänzerin wird herausgeleuchtet. Der Arm des Partners wird sichtbar. Er umarmt zuletzt die Ballerina und kniet nieder, ihr ehrerbietig die Hand zu küssen.

Ein Jahr nach dem Tod *Igor Strawinskys* (s. »Agon«) veranstaltete George Balanchine (s. »Agon«) ihm zu Ehren eine Festwoche, bei der unter anderem auch das »Duo Concertant« uraufgeführt wurde. Balanchine greift dabei auf eine Komposition der frühen dreißiger Jahre zurück, die er schon immer zu seinen schönsten zählte. Das kleine Stück, das sofort als eines seiner Meisterwerke anerkannt wurde, macht wenig Aufhebens von sich. Die Choreographie wirkt bisweilen spröde, ist nicht immer zugänglich, aber sie ist ein überzeugendes Beispiel einer Wechselwirkung von Musik und Hören wie von Musik und Tanzen. Balanchines »Duo Concertant«, bei der Uraufführung von Kay Mazzo und Peter Martins interpretiert, ist also nicht allein ein Dialog zwischen zwei Tänzern, sondern auch ein Dialog zwischen ihnen und den beiden Musikern Lamar Alsop (Violine) und Gordon Boelzner (Klavier) – und damit erneut ein Beweis von Balanchines Musikalität.

Dvořák Variations (Dvořák-Variationen)

Ballett in einem Aufzug. Musik: Antonín Dvořák; Choreographie: Ronald Hynd; Ausstattung: Peter Docherty; Uraufführung: London Festival Ballet, Theatre Royal, Nottingham, 30. März 1970.

Das Thema erklingt bei noch geschlossenem Vorhang. Auch in den ersten drei Variationen tritt die Choreographie hinter die Musik zurück. Erst mit der 4. Variation wird das Tempo schneller und das Ballett entwickelt mehr eigenen Charakter (die Solisten haben schon während der 3. Variation die Bühne betreten). Mit der Anzahl der Variationen – die meisten von ihnen relativ kurz – wächst die Gefahr der Verzettelung für den Choreographen. Er entgeht ihr, indem er zwei oder drei Variationen für die eine oder andere Episode nimmt oder neue Tänzer auftreten läßt, bevor noch die alten abgegangen sind. Damit bleibt die Choreographie in Fluß und gewinnt Kontinuität. Das Ensemble baut sich allmählich auf, indem es durch die Variationen 4 bis 11 tanzt und dabei den tschechischen Tanzrhythmus der 9. Variation berücksichtigt. Zu der Melodie der Solo-Violine in der 12. Variation tanzen zwei Solisten einen Pas de deux, den sie über die zwei folgenden Variationen fortsetzen. Zu den pompösen Klängen der 15. Variation und der folgenden kraftvollen Variation drehen fünf Jungen Double tours. Die fünf weiblichen Solisten tanzen das Scherzo Nr. 17 und den Wechsel der Tonart in Nr. 18. In der 19. Variation verläßt die Musik das Hauptthema und liebäugelt mit einem Wiener Walzer, auf den ein Pas de deux und ein Pas de six getanzt werden, die einen Kontrast bilden. Ein Jungen-Solo folgt bei sich verdunkelnder Szene. Einige Ensemble-Passagen korrespondieren mit dem Wechsel nach Moll in den Variationen Nr. 20 und 23. Die reich instrumentierte Nr. 24 und die folgenden Nrn. 25 und 26 mit weiteren wienerischen Anklängen dienen dem weiblichen Solo und seiner Entwicklung. Mit der Wiederaufnahme des Themas in C-Dur tritt das gesamte Ensemble wieder auf. Die Fuge wird durch den Tanz sichtbar gemacht, dessen tschechischer Folklore-Charakter zur abschließenden Polka überleitet.

In dem Ballett »Dvořák Variations« auf Dvořáks »Sinfonische Variationen Opus 78« dominiert das rein tänzerische Element. In der Choreographie spiegeln sich die wechselnden Tempi und Rhythmen der Musik. Mögen sich auch manchmal Analogien ergeben oder Assoziationen an bestimmte Vorgänge einstellen, das Hauptanliegen der Choreographie gilt dem Tanze selbst und der Erfüllung seiner stilistischen Ansprüche.

Ronald Hynd bevorzugt in seinen Arrangements eine feine Asymmetrie und gibt damit dem mehr rhapsodischen als sinfonischen Charakter der Musik von Dvořáks Opus 78 die genau entsprechende tänzerische Figuration. Böhmische Folklore ist, ebenso wie in den farbig deliziös abgestimmten Kostümen von Peter Docherty, nur diskret angedeutet, und vom »Volkstanz« ist in den Finessen der ballettistischen Stilisierung gerade noch der vitale oder lyrische Impuls zu spüren.

Es wird berichtet, daß *Antonín Dvořák* (1841–1904), der größte tschechische Komponist neben Smetana, von einem Freund gebeten worden sei, Variationen über ein Thema aus einem seiner eigenen Lieder, »Ich bin ein Fiedler, so arm, wie man nur sein kann«, zu schreiben. Dvořák komponierte nicht weniger als 27 Variationen über dieses Thema mit abschließender Fuge und Polka. Die »Sinfonischen Variationen« wurden zum erstenmal 1877 in Prag aufgeführt.

Hynd (geb. 1931) war, bevor er – vom Royal Ballet kommend – 1970/71 für drei Jahre Ballettdirektor der Bayerischen Staatsoper wurde, erst mit drei Choreographien hervorgetreten: »Dvořák Variations«, »Pasiphaé« und »Kuß der Fee« (s. d.). Seine Stärke ist die Lyrik, die weiche, fließende Bewegung, bei großer Musikalität. Seine Ballette sind Stimmungsbilder, in denen Musik und Tanz eine innige Verbindung eingehen. Als freischaffender Choreograph hat Hynd seit 1973 vor allem für englische Compagnien wie für Ballettensembles des Britischen Commonwealth gearbeitet. Bekanntgeworden sind seine beiden Operetten-Bearbeitungen »The Merry Widow« alias »Die lustige Witwe« (Australian Ballet, 1975) und »Rosalinda« alias »Die Fledermaus« (PACT Ballet, 1979). 1984–86 war Hynd noch einmal Ballettchef in München.

Solisten der Uraufführung waren u. a.: Galina Samsova und André Prokovsky.

Ebony Concerto

Ballett in drei Sätzen. Musik: Igor Strawinsky; Choreographie: John Taras; Ausstattung: David Hays; Uraufführung: New York City Ballet, City Center, New York, 7. Dezember 1960.

1. Satz: Allegro moderato. Ensemble.
2. Satz: Andante. Pas de deux für zwei Solisten.
3. Satz: Vivo. Ensemble.

Das Ballett von *John Taras* beginnt wie dessen »Designs with Strings« (s. d.) mit den Silhouetten der Tänzer vor hellem Hintergrund. Der Pas de deux zum 2. Satz gleicht einem Apachentanz. Der 3. Satz wird wie der 1. choreographisch vom Jazzcharakter der Musik bestimmt.

»Ebony Concerto« ist eine tänzerische Übersetzung des gleichnamigen Konzerts für Klarinette und Orchester von *Igor Strawinsky* (s. »Agon«). Das Ballett wurde zuerst als Teil eines »Jazzkonzerts« gegeben. Vier Choreographen schufen je ein Ballett zu ganz verschiedenen Partituren. Übriggeblieben sind davon »Ragtime« von Balanchine (s. »Agon«) und »Ebony Concerto« von John Taras (s. »Designs with Strings«).

John Cranko (s. »Die Befragung«) hat »Ebony Concerto« 1970 zuerst für die Solisten des Balletts der Bayerischen Staatsoper und wenige Monate später, am 29. Dezember, für die Solisten Marcia Haydée, Egon Madsen und Heinz Clauss seines Stuttgarter Ensembles choreographiert. Der Pas de trois in Kostümen (Silvia Strahammer), die in Form und Farbe an die Puppen Oskar Schlemmers erinnern, geht nur indirekt auf den Jazzcharakter der Musik ein, indem die Tänzer Instrumente imitieren oder die auf dem Boden sitzende Solistin den Takt der Musik mit Bewegungen des Jazztanzes skandiert. Das Wesentliche aber an dieser Choreographie ist, daß Cranko den Humor von Strawinskys Musik in Bewegungswitz übersetzt hat, in tänzerische Situationskomik. Wie »Jeu de Cartes« (s. d.) gehört »Ebony Concerto« zu den Balletten Crankos, die als Modelle für eine richtige Übersetzung der Musik Strawinskys in Tanz anzusehen sind.

Embrace Tiger and Return to Mountain

Ballett in einem Akt. Musik: Morton Subotnick; Choreographie: Glen Tetley; Ausstattung: Nadine Baylis; Kostüme bemalt: Wim van der Leye; Uraufführung: Ballet Rambert, Jeannetta Cochrane Theatre, London, 21. November 1968.

Das Ballett beginnt mit einem T'ai-Chi-Exercice (T'ai-Chi heißt eine Art »Schattenboxen« der Chinesen aus dem 6. Jahrhundert; die 37 Bewegungen haben jede einen Namen, so heißt die 17. Bewegung »Embrace Tiger and Return to Mountain« – Umarme den Tiger und kehr in die Berge zurück). Zehn Tänzer posieren, biegen und strecken ihre Körper und sehen sehr attraktiv aus in ihren geflammten Trikots in einem hellen, chinesisch-weißen Bühnenbild mit einem Silberboden, der das Licht reflektiert und zu der besonderen Atmosphäre dieses Stückes gehört. Das Ballett entwickelt sich, indem die Grundhaltungen des T'ai-Chi (von Tetley) erweitert werden. Die Tänzer reagieren aufeinander, sowohl in Duetten wie in Gruppen. Die meiste Zeit hat man den Eindruck, einem Unterwasser-Ballett zuzusehen. Gefühle werden nur angedeutet. Die tänzerischen Figuren sind sowohl Manifestation des Körpers wie der Persönlichkeit. Im Schlußteil, wenn die Musik in einem Crescendo gipfelt, werden vier Jungen und ein Mädchen in einen unerbittlichen Strudel der Bewegung gezogen wie Schwimmer, die in unsichtbare Meeresströmungen geraten sind. Zuletzt gewinnen sie die Oberhand. Es tritt Stille ein. Im Exercice gewinnen sie die Kontrolle über sich zurück.

Inspiriert zu seinem Ballett hat Glen Tetley die Idee der Verbindung eines absolut fremden Systems der körperlichen und geistigen Selbstkontrolle mit dem Kodex des Bühnentanzes im Westen. Wichtig für »Embrace Tiger« ist die Kälte und Reserviertheit in der Darstellung – wie sie in der Kühle und Distanziertheit der elektronischen Musik von *Morton Subotnick* »The Silver Apples of the Moon« angelegt ist.

Glen Tetley (geb. 1926) gehört zu jenem Kreis von Choreographen, die vor allem durch das Nederlands Dans Theater bekannt geworden sind. Der Amerikaner ist ein Schüler Martha Grahams und Antony Tudors. Wie viele seiner Generationsgenossen strebt er einen Stil an, der klassischen und modernen Tanz vereint. Er sagt dazu:

»Ein Grund, weshalb ich auch an eine Ehe zwischen modernem und klassischem Tanz glaube, ist die Tatsache, daß der moderne Tanz auf vorklassischen Tanzquellen basiert. Alle Vertreter des modernen Tanzes, wie Mary Wigman, Martha Graham, Harald Kreutzberg, Charles Weidman, auch die früheren wie Isadora Duncan, gehen zurück auf die Quellen östlicher Kulturen, auf die großen religiösen Dramen, auf Yoga, die Lehre, wonach die Bewegungen des Menschen mit dem Ein- und Ausatmen beginnen. Tanz dient nicht der Zurschaustellung, sondern kommt aus tiefem psychischem oder religiösem Bedürfnis, sich zu bewegen, nicht um etwas auszudrücken, sondern um aktiv mit etwas verbunden zu sein. Dieser ganze Erfahrungsweg wurde vom klassischen Ballett verlassen. Mit ihm ging aber auch das Element der Spannung verloren, das erst der moderne Tanz wieder zurückgewinnt. Nennt man das klassische Ballett apollinisch, die Kunst des Apoll, die dadurch geregelt ist, daß es keine sichtbare Spannung gibt, daß alles im Gleichgewicht schwebt, so wäre der moderne Tanz dionysisch zu nennen, vom Zentrum hinwegdrängend, auf den Boden geworfen – die andere Welt. Ich meine nun, wenn man beide Welten miteinander verbindet, gewinnen wir eine phantastische Sphäre. Das klassische Ballett sollte wieder eine Bindung zum Boden haben. Man braucht diese Bindung in der Welt. Es gibt immer die Regeln des Raumes und die Tatsache, daß man in einer Bahn ist. Es gibt ein bestimmtes Verhältnis zwischen Flug und Schwerkraft, ein höchst variables Verhältnis, in dem man immer und ewig zirkulieren kann.«

Seine bedeutende erste Choreographie »Pierrot Lunaire« (s. d.) zu Schönbergs Musik schuf Glen Tetley 1962 für seine eigene Compagnie in New York. Für das Nederlands Dans Theater choreographierte er u. a. die Ballette »The Anatomy Lesson«, »Sargossa«, »Birds of Sorrow« und gemeinsam mit Hans van Manen (s. »Adagio Hammerklavier«) die Sensation »Mutations« (sensationell wegen der nackt auftretenden Tänzer). 1966 stellte er für das American Ballet Theatre den Pas de deux »Ricercare« und für die israelische Batsheva Dance Company das Ballett »Mythical Hunters«. Mit diesen beiden Werken gewann Tetley internationale Anerkennung. Zu den von ihm bevorzugten Compagnien gehört außer der schon genannten vor allem das Londoner Ballet Rambert, für das er außer »Embrace Tiger« die Choreographie »Ziggurat« kreierte. Das erste Ballett, das er für eine deutsche Truppe stellte, war »Chronochromie« für das Ballett der Hamburgischen Staatsoper im Januar 1971. Es folgten »Voluntaries«

(s. d.) in Stuttgart und »Le Sacre du Printemps« (s. d.) für München.

Aufgrund seines Balletts »Voluntaries«, das erstmals konsequent die Spitzentechnik der Danse d'école als Ausdrucksmittel einbezog, wurde Glen Tetley 1974 für zwei Jahre als Nachfolger des verstorbenen John Cranko in die Leitung des Stuttgarter Balletts berufen. In dieser Zeit studierte er nicht nur seine erfolgreichsten Stücke wie »Laborintus« (Musik: Luciano Berio), »Pierrot Lunaire« (s. d.) und »Sacre du Printemps« (s. d.) ein; mit Balletten wie »Daphnis und Chloe« (s. d.) und »Greening« (Musik: Arne Nordheim) schuf er auch Choreographien, die später von anderen Compagnien ins Repertoire übernommen wurden. Seit 1976 arbeitet Tetley wieder als freischaffender Choreograph. Zu seinen neueren Stücken zählen sein erstes abendfüllendes Ballett »The Tempest« (s. d.), »Sphinx« (Bohuslav Martinů), »Contredances« (Anton Webern), »Praeludium« (Webern), »Dances of Albion« (Benjamin Britten) und »Summer's End« (Henri Dutilleux).

Episodes

Ballett in fünf Teilen. Musik: Anton Webern; Choreographie: George Balanchine; Bühnenbild: David Hays; Kostüme: Karinska; Uraufführung: New York City Ballet, City Center, New York, 14. Mai 1959.

1. Teil: Sinfonie, op. 21. Ensemble. Der Vorhang geht auf, bevor die Musik einsetzt. Vier Paare stehen auf der Bühne. Wenn die Musik beginnt, berühren die Jungen die Mädchen an der Schulter; sie nehmen sich bei der Hand, verharren einen Augenblick in der Ausgangsstellung und beginnen dann zu tanzen. Ein Paar führt die anderen an, aber bald reagieren die übrigen Paare auf die Musik anders als das erste.

2. Teil: Fünf Stücke, op. 10. Pas de deux. Die Bühne wird verdunkelt. Zwei Tänzer erscheinen in den Scheinwerferkegeln, ein Junge in Schwarz und ein Mädchen in Weiß. Langsam bewegt sie sich auf ihn zu. Er ergreift sie; der Körper des Mädchens knickt über seinem Arm zusammen. Das Mädchen verharrt in dieser Haltung, während er weitertanzt. Nach einer Weile versucht er, sie wiederzufinden.

3. Teil: Konzert, op. 24. Pas de deux. Ein anderes Paar tanzt, accompagniert von vier Mädchen. Der Junge führt das Mädchen, wie der Komponist seine Instrumente führt.

4. Teil: Variationen für Orchester, op. 30. Solo für einen Jungen. Das Stück besteht aus Thema und sechs Variationen. (Wird heute nicht mehr getanzt.)

5. Teil: Ricercata für sechs Stimmen aus Bachs »Musikalischem Opfer«. Der Tanz ist hier – wie das ganze Ballett – eine Huldigung an die Musik. Je weiter Webern geht, desto aktiver und durchsichtiger wird die Musik. Ihr Motor sind die freien polyphonen Stimmen, jede gleich individuell und expressiv. Sie verändern dauernd die Gewichte, wie es auch die Choreographie tut.

George Balanchine (s. »Agon«) schreibt über sein Ballett:

»Strawinsky erzählte mir in den fünfziger Jahren oft von *Anton Webern,* dem österreichischen Komponisten (1883–1945). Strawinsky nannte ihn einen großen Komponisten und war so enthusiastisch, daß ich dachte, er müsse wirklich sehr gut sein, obwohl ich an atonaler Musik nicht sehr interessiert war, mit Ausnahme von Schönberg vielleicht. Aber in den nächsten Jahren nahm Robert Craft, Strawinskys Freund, alle Werke Weberns auf Schallplatte auf. Jeder, der Musik liebt, muß ihm dafür dankbar sein. Ich hörte alles und mochte es. Die Lieder waren das Beste von allem, aber sie wurden für den Zuhörer geschrieben. Die Orchesterstücke aber sind komponiert, um Atmosphäre zu schaffen. Sie erfüllen die Luft wie mit Molekülen. Ich wußte gleich, daß man zu ihnen tanzen könnte.

Um Webern besser verstehen zu lernen, setzte ich einige seiner Orchesterstücke für Klavier und spielte sie immer wieder. Die Musik erschien mir wie die Mozarts und Strawinskys; Musik, die getanzt werden kann, weil sie den Geist frei macht und dazu bringt, den Tanz zu sehen. Beim Hören von Komponisten wie Beethoven und Brahms hat jeder seine eigene Vorstellung, macht sich jeder selbst ein Bild von dem, was die Musik darstellt. Ich bin sicher, das war nicht Beethovens Absicht. Aber es scheint so, als habe er Bilder gemalt, und die Leute lieben es, sich in diese Bilder hineinzuversetzen. Aber wie kann ich, ein Choreograph, einen tanzenden Körper in einem Bild unterbringen, das schon im Kopf eines anderen existiert? Es würde nicht gehen. Bei Webern geht es. Diese Art von Musik, die auch Mozart und Strawinsky geschrieben haben, ist wie eine Rose – du kannst sie bewundern, aber du kannst nicht deine persönlichen Gefühle in sie hineinsehen.

Lincoln Kirstein teilte mein Interesse und meine Bewunderung für Webern, und wir dachten, wir sollten versuchen, zu allen Orchesterstücken tanzen zu lassen. Es sind nicht viele, und sie dauern weniger als eine Stunde. Wir luden Martha Graham ein, sich an dem Unternehmen zu beteiligen. Sie akzeptierte das Angebot glücklicherweise. Wir teilten uns die Partituren und gingen an die Arbeit. Martha Graham choreographierte ein Handlungsballett über Maria Stuart, während ich ein Ballett ohne Geschichte stellte. Martha Grahams Anteil an den ›Episodes‹ ist leider seit Jahren nicht wieder aufgeführt worden. Wir hoffen, daß er eines Tages wieder getanzt wird.«

Martha Graham (s. »Klytemnestra«) choreographierte die sogenannten »Episodes I« zu Weberns Passacaglia, op. 1, und die sechs Stücke für Orchester, op. 6, beide komponiert 1909, bevor Webern sich mit Schönbergs Zwölfton-Technik auseinandersetzte.

»Episodes« gehört als Ballett in die unmittelbare Nachbarschaft von »Agon« (s. d.). Die Solisten der Uraufführung von Balanchines »Episodes II« waren: Violette

Verdy, Jonathan Watts, David Adams, Jacques d'Amboise, Paul Taylor, Melissa Hayden und Francisco Moncion.

L'Épreuve d'Amour (Die Liebesprobe)

Pantomimisches Ballett in fünf Bildern. Libretto (nach einer koreanischen Legende): Michail Fokine und André Derain; Musik: W. A. Mozart; Choreographie: Michail Fokine; Ausstattung: André Derain; Uraufführung: René Blum's Ballets Russes de Monte Carlo, Théâtre de Monte Carlo, 4. April 1936.

Personen: Der König; der Regierungspräsident, welcher in eine neue Provinz versetzt wird; To-Ryung, sein Sohn, hat eine schwere Staatsprüfung vor sich; Uhl-Mah, eine Witwe aus der Kaste der »öffentlichen Tänzerinnen«, welche Verpflichtung erst nach der Eheschließung erlischt; Chun-Yang, ihre Tochter, öffentliche Tänzerin; der neue Regierungspräfekt; der Gefängnisaufseher; ein blinder Wahrsager; To-Ryungs Diener; ein Pförtner. Zeit: Koreanische Vorzeit.

1. Bild: To-Ryungs Studierzimmer – Uhl-Mahs Garten.
2. Bild: Chun-Yangs Zimmer.
3. Bild: Vor dem Königspalast.
4. Bild: Gefängnis.
5. Bild: Im Palast des neuen Regierungspräfekten.

1. Bild: Allegro (KV 106, Ouvertüre); Allegretto (Nr. 1, KV 106/1); Vivace (Nr. 3); Andantino (Nr. 2); Presto (Nr. 4). To-Ryung, der sich ungestört auf seine schwere Staatsprüfung vorbereiten will, sieht durch Zufall die schöne junge Chun-Yang und liebt sie auf den ersten Blick. Seine Liebe wird erwidert. Sie beschließen zu heiraten. Aber es kommt nicht zur Hochzeit, weil To-Ryung seinen Vater begleiten muß, der in eine andere Provinz versetzt wird. Die Liebenden versprechen sich ewige Treue.

2. Bild: Allegretto (Nr. 5, KV 106/2). Der Heiratskontrakt ist Chun-Yangs einziger Trost. Der neue Regierungspräfekt will sie besitzen. Sie verteidigt sich mit dem Ehekontrakt, aber sie wird verschleppt.

3. Bild: Allegro (Nr. 7); Allegro (Nr. 8); Andante (Nr. 9); Allegro (Nr. 7). Die Staatsprüfung besteht To-Ryung mit Auszeichnung. Er erhält vom Herrscher ein Patent für ein hohes Amt in seiner Heimat.

4. Bild: Adagio (Nr. 6). Chun-Yang wird vom Regierungspräsidenten gefangengehalten. Sie träumt. Ein blinder Wahrsager verheißt ihr Gutes.

5. Bild: Allegro molto (Nr. 10); Andantino (Nr. 11); Andante (Nr. 9); Allegretto (KV 603, Nr. 12); Allegretto (Nr. 13); Allegro (Contretanz, KV 462); Marcia (KV 214). Lampenfest. Fast alles ist betrunken. To-Ryung, als Bettler verkleidet, stellt den Regierungspräsidenten auf die Probe. Dann gibt er sich als Abgesandter und Bevollmächtigter des Königs zu erkennen und läßt den ungetreuen Beamten verhaften. In einer Sänfte wird die standhafte und über alle Not treu gebliebene Chun-Yang hereingetragen – das Paar vereinigt sich im größten Glück.

Das einaktige Ballettdivertissement »Die Liebesprobe« wurde von Ludwig Seitz 1928 in der Sammlung des Steiermärkischen Musikvereins in Graz in Abschrift aufgefunden. Der Titel heißt: »Divertißement / Die Regrutierung / oder / die Liebes Probe / Die Musik zu diesem Divertißement ist / meistens von denen Contratänzen / des Herrn Mozart / angewendet.« Der Musikwissenschaftler Alfred Einstein sagt: »Meiner Meinung nach ist die Grazer Abschrift verwandt mit dem ›Divertissement in drei Tableaux: Der Recrut‹ von Herrn Cati, das im Juli 1838 am Kärntnertor-Theater in Wien zur Aufführung kam. Die Musik ist von verschiedenen Meistern.«

Die Uraufführung des Jahres 1936, unter dem Titel »L'Épreuve d'Amour«, verlegte das Sujet vom Koreanischen ins Chinesische, machte eine porzellanige Chinoiserie daraus. Bei dieser Monte-Carlo-Uraufführung tanzten die Hauptrollen Vera Nemtschinowa und André Eglevsky. Das Libretto war von *Derains* Bühnengestaltung weitgehend mitbestimmt worden.

Études (Etüden)

Ballett in einem Akt. Musik: Carl Czernys Etüden in der Orchesterfassung von Knudåge Riisager; Choreographie: Harald Lander; Ausstattung: Erik Nordgren; Uraufführung: Königlich Dänisches Ballett, Königliches Theater, Kopenhagen, 15. Januar 1948.

1. *Die fünf Positionen.* Ein Mädchen.
2. *Exercise an der Stange, drei Variationen.* Zwölf Mädchen.
3. *Adage au milieu.* Ballerina, zwei Herren, Corps de ballet.
4. *Port de bras, Pas par terre.* Corps de ballet.
5. *Pas de courante.* Ballerina.
6. *Improvisation.* Ballerina, Corps de ballet.
7. *Die Pirouetten.* Vier Mädchen, ein Junge.
8. *Relevés.* Sechs Mädchen.
9. *Pas de trois.* Ballerina, zwei Herren.
10. *Série de tours (Piqués, Fouettés, Chaînés).* a) Vier Mädchen, ein Herr. b) Zwei Mädchen, ein Herr. c) Sieben Mädchen.
11. *Solo.* Ballerina.
12. *Exercises d'Élévation.* a) Drei Jungen. b) Drei Jungen. c) Ein Junge. d) Zwei Mädchen, zwei Jungen. e) Sechs Jungen. f) Zwei Mädchen. g) Drei Mädchen. h) Neun Jungen.
13. *Variation de Pas de Mazourka.* Ballerina, zwei Herren, Corps de ballet.
14. *Variation Allegro.* a) Acht Mädchen. b) Acht Jungen. c) Vier Mädchen, vier Jungen. d) Vier Mädchen. e) Zwei Mädchen, zwei Jungen. f) Drei Mädchen, zwei Jungen.
15. *Étude de Ballon.* Ballerina, zwei Herren, Corps de ballet.
16. *Finale.* Ballerina, zwei Herren, Corps de ballet.

Harald Lander (1905–71), von 1930 bis 1951 Ballettmeister des Königlich Dänischen Balletts, danach Direktor der

Schule des Balletts der Pariser Opéra, hat mit »Études« den Schatz der Bournonville-Technik (s. »Napoli«) geplündert und ein Schmuckstück geschaffen, das von den Edelsteinen der spezifisch dänischen Danse d'école wie von den Juwelen des klassisch-akademischen Tanzes überhaupt geradezu übersät ist und blitzt wie ein Feuerwerk. Im wesentlichen ist das Ballett ein Exercice, wie es jeden Tag von klassischen Tänzern in aller Welt ausgeführt wird. Im Aufbau und in der Schrittfolge, vom Adagio der langsamen Pas zum Allegro der schnellen, von den an der Stange geübten Posen bis zu den im Saal getanzten Figuren, unterscheidet es sich jedenfalls nicht vom alltäglichen Training. Was dieses Exercice auszeichnet, ist die Phantasie des Trainers, in diesem Fall des Choreographen, in der Kombination des Schrittmaterials.

Knudåge Riisager (1897–1974) war wohl der berühmteste Ballettkomponist unserer Tage in Skandinavien. Der Däne war Schüler von Ravel, leistete zunächst Widerstand gegen die deutsche Romantik und stand auf dem äußersten Flügel der Avantgarde. Er neigte zu Synkopen, Polytonalität und Polyrhythmik. Ein barocker Klassizismus prägte viele seiner Arbeiten. Seine erste Partitur für den Bühnentanz »Benzin« entstand 1930. Es folgten die Ballette »Schlaraffenland«, »Qarrtsiluni« (beide 1942), »Vogel Phoenix« (1946), »The Lady from the Sea« (1960) und »Das Mondrentier« (s. d.).

Die Ballerina der Uraufführung war Margot Lander. Ihre Partner waren Svend Erik Jensen und Hans Brenaa.

Façade (Fassade)

Ballett in einem Akt. Musik: William Walton; Choreographie: Frederick Ashton; Ausstattung: John Armstrong; Uraufführung: Camargo Society, Cambridge Theatre, London, 26. April 1931.

Szene: Vor der Fassade eines großen, hell bemalten Hauses im viktorianischen Stil.

1. *Schottische Rhapsodie* (Pas de trois): Zwei Tänzerinnen und ein Tänzer.
2. *Tyrolienne* (Pas de quatre): Eine Tänzerin, drei Tänzer.
3. *Polka* (Pas seul): Ballerina.
4. *Foxtrott* (Double-Pas de deux): Zwei Paare.
5. *Walzer* (Pas de quatre): Vier Tänzerinnen.
6. *Volkslied* (Duo): Zwei Tänzer.
7. *Volkstanz* (Pas de trois): Eine Tänzerin, zwei Tänzer.
8. *Tango* (Pas de deux): Ballerina und Ballerino.
9. *Tarantella-Finale:* Ensemble.

William Walton hat seine Musik für die Dichterin Edith Sitwell geschrieben, die zu dieser Musik melodramatisch ihre Verse vortrug. Auf ihre tänzerische Brauchbarkeit hatte der damals in Hagen/Westfalen arbeitende Tänzer und Choreograph Günter Hess (1903–79) hingewiesen; so kam Ashton darauf, sie für ein Divertissement zu verwerten, das stark karikierende Züge trägt. Die Gegensätzlichkeit drückt sich in den Kostümen und in den Tanzformen aus: Schottische Nationalkostüme im ersten, eine Sennerin und drei Melkburschen im zweiten Tanz. Das Solo der Ballerina ist ganz auf distinguiert abgestellt. Der Foxtrott gibt sich in der Ziegfeld-Girl-Mode, der Walzer wienerisch, das Volkslied-Duo der Dandies kommt im Vaudeville-Stil; der Volkstanz persifliert mit einer Maid, einem Lümmel und einem zornigen Gutsbesitzer den »ländlichen Frieden«. Ganz im Gegensatz dazu steht die Nummer des Gigolo und seiner Roten Dame im Tango – die Welt des Scheins der großen Welt. Das Tarantella-Finale vereinigt alle zu einem sehr komischen Bilderbogen-Défilé.

Solisten der Uraufführung waren: Lydia Lopokowa, Alicia Markova und Frederick Ashton.

Der englische Komponist *Sir William Walton* (1902–83) war Autodidakt. Unter anderen förderte ihn Diaghilew. 1923 entstand als eines seiner ersten Werke »Façade«, das aber zunächst konzertant aufgeführt wurde. Teile der Partitur wurden für das spätere Ballett verwendet. Arthur Jacobs schrieb über Waltons Art zu komponieren: »Der eindrucksvollste Zug an Waltons Musiksprache ist ... die Fähigkeit, über große musikalische Perioden zu denken und besonders kurze und sogar anscheinend ruckartige Zeiteinheiten einzuführen, die plötzlich als einzige Bruchteile einer viel größeren fundamentalen Zeiteinheit auftreten.« William Walton konnte in England auf eine lange, außerordentlich erfolgreiche Karriere zurücksehen.

Gleiches gilt für *Sir Frederick Ashton* (1904–88; s. auch »Symphonic Variations«), den größten englischen Choreographen der ersten Jahrhunderthälfte, oft verglichen mit Balanchine (s. »Agon«) und Tudor (s. »Dark Elegies«). Massine (s. »Le Beau Danube«) und Dame Marie Rambert waren seine Lehrer. 1935 wurde er Choreograph des Vic-Wells Ballet, des späteren Royal Ballet. Eine seiner ersten Choreographien, »Façade«, schuf er für die Camargo Society, die für die Entwicklung des britischen Balletts Schrittmacherdienste leistete. Für Vic-Wells selbst choreographierte er u. a. »Les Patineurs« und »A Wedding Bouquet« (1937), »Dante Sonata« (1940), »Symphonic Variations« (s. d.) und »Scènes de Ballet« (s. d.). Für dieselbe, 1956 zum Royal Ballet erhobene Truppe schuf er 1958 sein Meisterwerk »Undine« (s. d.) sowie die für seinen Stil außerordentlich charakteristischen Ballette »La Fille Mal Gardée« (s. d.); »Les Deux Pigeons« (Rekonstruktion des gleichnamigen Balletts von Mérante-Messager, das am 18. Oktober 1886 an der Pariser Opéra herausgekommen war; Ashtons Version hatte am 14. Februar 1961 im Londoner Royal Opera House, Covent Garden, Premiere mit Lynn Seymour und Christopher Gable in den Hauptrollen; es handelt sich um eine Pariser Liebesgeschichte zwischen einem Maler und einem kleinen süßen Mädchen, das grundlos auf eine Zigeunerin eifersüchtig ist); »Marguerite et Armand« (das auf dem Roman »Die Kameliendame« von Dumas fils basierende Ballett schuf Ashton für Dame Margot Fonteyn und Rudolf Nurejew; Uraufführung war am 12. März 1963 im Royal Opera House, Covent Garden, London); »The Dream« (s. »Sommernachtstraum«) und »Die Geschöpfe des Prometheus« (s. d.).

Wie George Balanchine, der sich mit dem New York City Ballet eines der führenden Tanzensembles heranbildete und Amerika zu einer der bedeutendsten Ballettnationen machte, hat auch Frederick Ashton entscheidend dazu beigetragen, daß England und insbesondere London heute Heimstätten des klassischen Tanzes sind. Fast vierzig Jahre lang hat der aus Ecuador stammende Künstler für das Royal Ballet gearbeitet: eine Zeit fruchtbarster Kontinuität, in der aus der kleinen Gruppe, die sich zunächst Vic-Wells Ballet nannte, die Spitzencompagnie Westeuropas wurde. Mit Zielstrebigkeit und pädagogischem Gespür entwickelte Ashton aus talentierten Tänzern Solisten, die fähig waren, seinen Inspirationen lebendige und damit sichtbare Form zu geben. So erhielt Margot Fonteyn von ihm bereits in seinen »Apparitions« 1936 eine erste Chance, und auch Antoinette Sibley und Anthony Dowell (nachmals Direktor des Royal Ballet) wären ohne seine choreographische Unterstützung kaum das bewundernswerte Tanzpaar geworden. Horst Koegler nennt ihn den »kultiviertesten unter den großen Ballettmachern unseres Jahrhunderts, vielseitiger als Balanchine (er beherrscht souverän auch das dramatische Genre), humaner, lyrischer, introvertierter«.

1952 wurde Ashton Stellvertreter der Gründungsdirektorin Ninette de Valois (s. »The Rake's Progress«). Von 1963 bis 1970 fungierte er als ihr Nachfolger und schuf für das Royal Ballet ebenso verschiedenartige wie unterhaltsame Ballette. Genannt seien hier »Monotones« (s. d.), »Jazz Calendar« (Musik: Richard Rodney Bennett), »Enigma Variations« (Edward Elgar) und »Lament of the Waves« (Gerard Masson). Sein Rückzug ins Privatleben bedeutete indes keinen endgültigen Abschied vom Ballett: 1971 verfilmte er »Tales of Beatrix Potter« und investierte in seiner Choreographie einen unverwechselbar britischen Humor;

1976 adaptierte er Turgenjews Schauspiel »Ein Monat auf dem Lande« und machte daraus das Ballett »A Month in the Country«, das in seiner Musikalität den »Enigma Variations« ähnelte. Seine letzte größere Arbeit war die »Rhapsody« 1980 zur Rhapsodie über ein Thema von Paganini für Klavier und Orchester von Serge Rachmaninow.

Familiendialog

Choreographisches Theater von Johann Kresnik. Libretto: Helm Stierlin; Musik: Gustav Mahler u. a.; Choreographie und Ausstattung: Johann Kresnik; Uraufführung: Theater der Stadt Heidelberg, 8. Februar 1980. (Dauer: abendfüllend.)

Personen: Sohn; Tochter; Vater; Mutter; Großvater; Großmutter; Freundin des Sohnes; Mann im schwarzen Anzug; Damen; Herren.

I. Silberhochzeit der Eltern.
II. Familienfotos beschwören die Vergangenheit.
III. In dieser Vergangenheit zeigen sich die Eltern als Nazis. Sohn und Tochter verlassen das Elternhaus.
IV. Versuch der Kinder, durch ein Universitätsstudium – Schwerpunkt: Faschismustheorie – die Vergangenheit der Eltern zu bewältigen.
V. Erster Versuch des Sohnes, mit dem Vater einen Dialog zu führen.
VI. Die Kinder lehnen sich einerseits gegen das Establishment auf, weil sie, sensibilisiert durch das Erlebnis mit den Eltern, dessen Nazi-Praktiken zu erkennen meinen. Andrerseits versuchen sie durch Teilnahme am Leistungs- und Konsumstreben der Gesellschaft die Nazivergangenheit der Eltern zu vergessen.
VII. Diese Bewältigungsversuche schlagen fehl.
VIII. Der Sohn versucht, in der Gesellschaft der Gleichaltrigen Fuß zu fassen. Er lernt ein Mädchen kennen und zieht zu ihr. Dieser Ablösungsversuch mißlingt

wegen der weiter bestehenden Bindung an die Eltern.

IX. Erneuter Versuch eines versöhnenden Dialogs mit dem Vater. Der Konflikt des Sohnes – Versuch der Ablösung bei gleichzeitiger Bindung an die Eltern – verstärkt sich. Er nähert sich dem seelischen Zusammenbruch. Auch die Schwester wird ihm fremd.

X. Verwirrtheit des Sohnes. Einlieferung in eine psychiatrische Klinik.

XI. Im Wahn ringt der Sohn mit der bedrohlichen Realität.

XII. Er wird als geheilt aus der Klinik entlassen.

XIII. Letzter Kontaktversuch mit der Familie.

XIV. Kein Ausweg. Der Sohn begeht Selbstmord.

XV. Die Familienmitglieder beschuldigen sich gegenseitig, vermeiden die gemeinsame Trauer.

XVI. Die unbewältigten Probleme werden an die Folgegeneration weitergereicht. Diese ist ratlos.

XVII. Zurück bleibt die Tochter. Alleingelassen verzweifelt sie.

(Nach dem Programmheft der Uraufführung.)

Helm Stierlin, Ärztlicher Direktor der Abteilung für Psychoanalytische Grundlagenforschung und Familientherapie an der Universität Heidelberg, umschreibt seinen »Familiendialog« wie folgt: »Das Ballett verarbeitet Erfahrungen, die aus der therapeutischen Arbeit mit gestörten Familien erwuchsen und sich im Rahmen eines Delegationsmodells verstehen lassen. Es zeigt das Drama eines gescheiterten Dialogs innerhalb einer Familie, die ein typisches deutsches Schicksal repräsentiert. Die Eltern, ehemals in Ostdeutschland lebende Nazis, flohen nach dem Krieg in den Westen und bauten sich hier eine neue Existenz auf. Aber da sie die Vergangenheit nicht aufzuarbeiten, nicht umzulernen, nicht zu trauern vermochten, bleibt ihr Leben sinnlos, ihre Ehe trotz einer nach außen gezeigten Pseudoharmonie ohne Vitalität und Entwicklung. Die Kinder bemühen sich, mit den Eltern ins Gespräch zu kommen, deren Leben einen Sinn zu geben, ja deren Konflikte und Probleme auf sich zu nehmen. Ihre Hilfeleistung für die Eltern wird aber weder wahrgenommen noch anerkannt. Das führt bei den Kindern zu einer tragischen Entwicklung: Sie fühlen sich überfordert, hin- und hergerissen, treiben einem Zusammenbruch zu. Je mehr sie für die Eltern tun und sich nicht verstanden und anerkannt fühlen, um so mehr entwickelt sich bei ihnen auch Trotz und Racheverlangen gegenüber den Eltern. Darauf reagieren die Eltern ihrerseits mit Befangenheit, mehr Verhärtung und moralischer Entrüstung. So treibt sich die negative Beziehungsspirale voran, bis es schließlich zur Katastrophe – dem Selbstmord des Sohnes – kommt. Es verschränkt sich ein Familiendrama, bei dem sich die Familie für alle Beteiligten als ödes Gefängnis zeigt, mit einem politischen Drama, worin die deutsche Vergangenheit in die Gegenwart fortwirkt.«

Dieses Drama, das Helm Stierlin zitiert, zeigt *Johann Kresnik* nicht nur, er erklärt es auch in der eigenen Weise seines »choreographischen Theaters«. Der Großvater mit wilhelminischer Pickelhaube, der keinen Augenblick lang seine Herrenreiter-Mentalität kaschiert; seine Frau, ein Heimchen am Herd, das überhaupt nichts begreift; der Vater, ein Karrierist, der sein Mäntelchen in den Wind hält, und dessen Gattin, die sich in ihrer Opferbereitschaft gefällt: Sie machen durch ihre Haltung, durch ihre Unbeweglichkeit den moralischen Amoklauf des Jungen erst möglich. Sie sind mit schuld an seinem Tod.

Kresnik, das zeigen alle seine Arbeiten in Bremen, Heidelberg, Wien oder München, schont nichts und niemanden. Ballett herkömmlicher Art, beschönigendes Ballett, wenn man so will, scheint ihm eher verdächtig. Lieber erzielt er Erschütterung mit anderen Mitteln. Modern Dance und traditioneller Gesellschaftstanz, Revue und Agitationstheater, Bilderschau und Happening, Mahlers »Dritte«, billiges Schlager-Einerlei und dramatische Sprechszenen: Kresnik ist alles recht. Er schert sich nicht um eine Ästhetik, die nach Auswahl, nach Stilisierung verlangt, sondern schöpft lieber aus dem vollen und zwingt seine Interpreten zur Preisgabe ihrer selbst und zu einer Identifikationsbereitschaft, die nicht ohne Eindruck auf den Zuschauer bleibt – auch wenn er diese Art Theater vielleicht ablehnt.

Der Zweck heiligt die Mittel. Insofern ist der »Familiendialog«, der 1982 auch von der Bayerischen Staatsoper München übernommen wurde, sicher typisch für die Arbeit von Johann Kresnik (geb. 1939 in St. Margarethen, Kärnten). Seine ersten Ballette freilich waren zunächst einmal Versuche, den Bewegungskodex zu erweitern – so in »O sela pei« (1967 in Köln), »Paradies?« (1968 in Köln) und »Ballett-Uraufführung« (1969 in Bremen). Nach eigenem Eingeständnis aber sah er bald ein, daß »alles schon einmal da war«, daß heute niemand mehr neue Bewegungen erfinden könne. Seine späteren Stücke zeichnen sich deshalb durch ihre politischen, gesellschaftlich relevanten Inhalte ebenso aus wie durch die Beteiligung namhafter Künstler. Als Beispiele seien genannt: »Kriegsanleitung für jedermann« (Libretto: Marianne Eichholz, 1969), »PIGasUS« (Yaak Karsunke, 1970), »Schwanensee AG« (Karsunke, 1971), »Bilder des Ruhms« (Fernando Arrabal, 1976), »Jesus GmbH« (Adolf Holl, 1977), »Magnet« (Wolfgang Bauer, 1978) und »Mars« (nach dem Buch von Fritz Zorn, 1982). Kresnik, als Tänzer unter anderem in Bremen und Köln engagiert, war von 1968 bis 1978 Ballettmeister und Chefchoreograph an den Bühnen der Freien Hansestadt Bremen tätig, die durch den Schauspielregisseur Peter Zadek und den Bühnenbildner Wilfried Minks weltberühmt geworden sind. Ihr post-Brechtsches Agitationstheater hat zweifellos zu Kresniks neuer Ästhetik des Bühnentanzes beigetragen. Von 1979–89 arbeitete Kresnik als Ballettmeister am Theater der Stadt Heidelberg, seither wirkt er wieder in Bremen.

Solisten der Uraufführung waren u. a.: Férenc Bárbay, Angèle Keizer, Hartmut Stock, Mary Rumbold und Kate Antrobus.

Fancy Free

Ballett in einem Akt. Libretto: Jerome Robbins; Musik: Leonard Bernstein; Choreographie: Jerome Robbins; Bühnenbild: Oliver Smith; Kostüme: Kermit Love; Uraufführung: Ballet Theatre, Metropolitan Opera House, New York, 18. April 1944.

Personen: Der Barkeeper; drei Matrosen; drei vorbeikommende Mädchen.

An einem heißen Sommerabend suchen drei lustige Matrosen während eines kurzen Aufenthaltes in New York Zerstreuung. Zwei Mädchen kommen die Straße entlang. Die Matrosen und die Mädchen flirten miteinander. Die Jungen werben tanzend um die Gunst der Mädchen, die sich aber für keinen der drei Matrosen entscheiden können. Zwischen den Matrosen entsteht eine Rauferei, und die Mädchen eilen davon. Danach beginnt das gleiche Spiel wieder von neuem. Die Matrosen suchen lachend Zerstreuung. Ein anderes Mädchen kommt die Straße entlang. Die drei Matrosen flirten mit ihm.

Die Handlung dreht sich um nicht viel mehr als eine alltägliche Flirterei. Aber zu der einfallsreichen Musik von *Leonard Bernstein* (1918–90), dem Schöpfer des außerordentlich erfolgreichen Musicals »West Side Story«, hat *Jerome Robbins* (s. »The Concert«) eine äußerst abwechslungsreiche, humorvolle Choreographie geschaffen. »Robbins entwickelt sein Schrittmaterial hier aus den typischen Verhaltensweisen von Matrosen im allgemeinen, darüber hinaus gestaltet er im besonderen amerikanische Volkstypen und unterscheidet die sechs Figuren sehr deutlich voneinander« (nach Eberhard Rebling). Vor allem läßt er den Zuschauer spüren, daß die Menschen der Straße »unter all ihrem derben und herausfordernden äußeren Benehmen eine wirkliche Zuneigung zueinander haben«, wie er selbst erklärte. »Fancy Free« ist neben »Rodeo« (s. d.) eines der lebendigsten amerikanischen Ballette. Darüber hinaus verwendet Robbins in seinem ersten, weltberühmt gewordenen Ballett Jitterbug-Schritte und Bewegungen der damals modischen Gesellschaftstänze. »Fancy Free« inspirierte ein Musical und den Film «On the Town«.

Solisten der Uraufführung waren John Kriza, Harold Lang, Jerome Robbins, Muriel Bentley, Janet Reed und Shirley Eckl.

Der Feuervogel (L'Oiseau de Feu)

Ballett in zwei Szenen. Libretto: Nach russischen Volksmärchen von Michail Fokine; Musik: Igor Strawinsky; Choreographie: Michail Fokine; Ausstattung: Alexander Golowin; Kostüme: A. Golowin und Léon Bakst; Uraufführung: Diaghilews Ballets Russes, Théâtre National de l'Opéra, Paris, 25. Juni 1910.

Personen: Der Feuervogel; die Schöne Zarewna; Iwan Zarewitsch; der Unsterbliche Köstschei; die gefangenen Prinzessinnen; die versteinerten Kavaliere; Jugend; die Gefolgschaft Köstscheis.

1. Szene: Im Zaubergarten Köstscheis. Die Musik charakterisiert mit der Introduktion (Molto moderato) eine Welt dieses Balletts: die des Zauberers Köstschei, der allen Menschen, die in seinen Bann geraten, die Lebenskraft raubt, um auf solche Weise seine Unsterblichkeit zu bewahren. Nur ein anderes geheimnisvolles Fabelwesen hat Macht über ihn: der Feuervogel.

Der Vorhang hebt sich und man sieht eine nächtliche Szene im Garten. Flimmernd und flirrend fliegt der Feuervogel über die Bühne. Er wird verfolgt von dem jungen Iwan Zarewitsch. Der funkelnde Vogel umkreist einen wunderbaren Baum, der mit goldenen Früchten behangen ist. Während der Feuervogel seinen Verfolger abzulenken versucht (Allegro rapace), setzt der Prinz alles daran, sich diesem seltsamen Wesen zu nähern. Schließlich gelingt es dem Zarewitsch, den Vogel zu fangen (*Pas de deux,* Vivo assai). Tanzend (Adagio) fleht der Vogel den Prinzen an, ihn wieder freizugeben. Eine feuerrote Feder soll Iwan behalten. Wann immer er in Not gerate, solle er die Feder in die Luft halten – sie wird den Feuervogel herbeirufen, und Iwan sei dann, wie groß auch die Gefahr scheine, gerettet. Iwan läßt den Feuervogel frei.

Die Prinzessin. Das Lento assai begleitet den Aufzug der dreizehn gefangenen Prinzessinnen. Sie pflücken die goldenen Äpfel und werfen sie sich im heiteren Reigen zu (Allegretto). Iwan Zarewitsch macht sich bemerkbar. Die Mädchen, erst erschreckt, dann erfreut über diese unerwartete Gesellschaft (Lento assai, *Pas d'action*), nehmen Iwan in ihre Runde auf. Iwan begrüßt die Schöne Zarewna, die Anführerin der Prinzessinnen; es ist Liebe auf den ersten Blick. Die Mädchen umkreisen die Zarewna und den Zarewitsch mit einem Rundtanz, dem *Korowod* (altslawischer Tanz zu Ehren der Liebesgöttin, im allgemeinen nur von Mädchen getanzt), bis sich schließlich auch die Liebenden diesem Spiel anschließen.

Man hört aus der Ferne Trompetensignale. Schnell verabschiedet sich die Schöne Zarewna von dem Geliebten. Die Mädchen eilen ängstlich ins Schloß Köstscheis, das hinter der Gartenmauer sichtbar wird. Es wird rasch dunkel (Con moto). Iwan ist allein geblieben. Da tauchen rings um ihn Ungeheuer auf. Iwan fürchtet sich (Andante lamentoso). Der Höllenspuk kommt auf Iwan zu. Ein gespenstisches Glockenspiel klirrt; die Doppelköpfigen künden Köstschei, den unsterblichen Zauberer, an. Auftritt des Zauberers und seines Hofstaats *(Pas d'action).* Er stellt den Eindringling Iwan zur Rede (Con maligna gioia). Iwan erinnert sich der Gabe des Feuervogels und zieht die Zauberfeder hervor. Die Ungeheuer versuchen der Feder habhaft zu werden. Köstschei fordert, daß Iwan sofort getötet werde – die Verwirrung unter dem Volk Köstscheis nimmt immer mehr zu. Iwan springt, die Feder über sich schwingend, über die Gruppen der sich windenden Ungeheuer. Unheimliche Stimmung (Adagio mistico). In höchster Not stellt sich der Feuervogel ein (Allegro), Iwan zu retten.

Das Höllenvolk Köstscheis bäumt sich in einer *Danse infernale* (Allegro feroce) noch einmal auf. Unterm Baum der goldenen Früchte tanzt der Feuervogel eine *Berceuse* (Andante). Er zeigt Iwan das Riesenei, in dem Köstschei seine »unsterbliche Seele« aufbewahrt. Iwan zerschlägt mit dem Schwert das Zauberei. Ein greller Blitz (Moderato; Sostenuto mistico) begleitet den Tod des Köstschei. Freigeworden, eilen alle herbei, denen er Leid angetan; die versteinerten Kavaliere erhalten ihr Leben zurück, die verwunschenen Prinzessinnen erinnern sich wieder ihrer selbst, und Iwan führt die Zarewna und die anderen auf sein Schloß.

2. Szene: Apotheose. Das russische Volk huldigt dem neuen Zarenpaar (Allegresse générale).

Das Libretto für das Ballett »Feuervogel« hat *Michail Fokine* (s. »Carnaval«) geschrieben. Es bedient sich der uralten russischen Märchen vom »Iwan Zarewitsch«, vom »Feuervogel« und vom »Unsterblichen Köstschei«. – In der Originalfassung war der Auftritt des Köstschei mit einem Divertissement verbunden: Tanzend traten neben den Ungeheuern die Frauen des Köstschei, Inderinnen, Kikimoras, Pagen usw. auf. – Die steinernen Kavaliere waren Standbilder auf der Mauer, die den Garten vom Palast des Köstschei trennte.

Mit der Komposition des Balletts betraute Diaghilew den bis dahin fast unbekannten *Igor Strawinsky* (s. »Agon«). Dieser widmete sein erstes großes Bühnenwerk seinem verehrten Lehrer Rimsky-Korssakow; wie dieser wendet er bei der Charakterisierung der menschlichen Welt (also des Iwan Zarewitsch, der Zarewna, der Prinzessinnen) die diatonische Thematik an, während er die außermenschliche Sphäre, also einerseits die des Lichtvogels und andererseits die Welt Köstscheis, mit der impressionistisch-chromatischen Palette malt. Entsprechend den Kontrasten der Handlung bietet auch die Musik eine starke Polarität, damit das Stück nicht nur äußerlich, sondern auch von innen her bewegt werde. So folgt dem zarten, volksliedhaften Mädchenreigen der Ausbruch der Welt des Zauberers Köstschei. In der *Danse infernale* kündigt sich Strawinskys motorische Kraft an, die sich ein Jahr später in »Petruschka« und erst recht in »Sacre du Printemps« noch steigern wird. Seit der Uraufführung zählt »L'Oiseau de Feu« zu den beliebtesten Balletten überhaupt. Die Darsteller der Uraufführung waren: Tamara Karsawina, Vera Fokina, Michail Fokine, Enrico Cecchetti.

Der bedeutendste Choreograph unserer Tage, George Balanchine, schuf 1949 eine der am meisten umstrittenen modernen »Feuervogel«-Fassungen. Die Dekors entwarf Marc Chagall. 1970 interpretierte Maurice Béjart, Strawinskys Suitenmusik aufgreifend, die Titelfigur als Vogel Phönix, der als Geist der Revolution aus der Asche wiedergeboren wird. John Neumeier machte im selben Jahr aus der Geschichte eine Science-fiction-Story, und Glen Tetley erkannte 1981 im Feuervogel, der im übrigen eins ist mit der schönen Zarewna, den Traum von der Freiheit, der alle bürgerliche Enge am Ende überwindet.

La Fille Mal Gardée ou Vain Précautions (Die schlecht behütete Tochter oder Vergebliche Vorsicht)

Ballettpantomime in zwei Akten und drei Bildern. Libretto: Jean Bercher genannt Dauberval; Musik: Ursprünglich Arrangement französischer Volksmusik von einem Anonymus; Choreographie: Jean Dauberval; Uraufführung: Grand Théâtre, Bordeaux, 1. Juli 1789. – 2. Fassung: Musik: Louis-Joseph-Ferdinand Herold; Choreographie: Jean Aumer nach Dauberval; Uraufführung: Opéra, Paris, 17. November 1828. – 3. Fassung: Musik: Peter Ludwig Hertel; Choreographie: Paul Taglioni; Uraufführung: Königliche Oper, Berlin, 7. November 1864. (Dauer: abendfüllend.)

Personen: Mutter Simone, eine reiche Bäuerin; Lise, ihre Tochter; Colas, ein junger Bauer; Thomas, Winzer; Alain, sein Sohn; der Dorfnotar; Landvolk.

I. Akt, 1. Bild (Adagio): Vor dem Haus der reichen Bäuerin Simone. Unter dem vorspringenden Dach eine Bank, Blumen schmücken den Vorgarten, im Hintergrund Weinberge und Felder. Mutter Simone genießt den schönen Morgen. Es ist Erntetag. Zwei Nachbarn kommen zu einem kleinen Schwatz, mit ihnen geht Simone ab (Andante).

(Allegro.) Lise, ein junges Mädchen, das sich herausgeputzt hat, tritt aus dem Haus. Ihre erste Beschäftigung ist, Blumen zu pflücken und sie zu einem Strauß zu ordnen. Sie grüßt die Dorfburschen, die am Haus vorüberziehen. Colas kommt, ein gutaussehender junger Bauer; er setzt sich nieder, und Lise gießt ihm aus der Gießkanne Wasser über den Kopf. Colas springt auf und küßt Lise. Die beiden beginnen einen frohen Tanz (Andantino). Simone treibt die beiden auseinander. Colas eilt davon. Lise wird von der Mutter gescholten; Simone macht ihrer Tochter klar, daß es an der Zeit sei zu heiraten. Aber Colas komme überhaupt nicht in Frage (Allegro). Die beiden Nachbarn kehren zurück und werden Zeugen des Streits zwischen der Mutter und Lise, die auf Colas besteht. Angesichts der Nachbarn gibt sie freilich nach einer Weile scheinbar nach.

Lises Freundinnen kommen herbei. Ihnen folgt eine Gruppe junger Burschen. Es beginnt ein froher ländlicher Tanz (Allegretto). Im Hintergrund nähert sich Colas. Sobald Simone sich abwendet, ergreift er Lises Hand und tanzt mit ihr inmitten ihrer Freunde. Das Glück währt nur kurz. Sobald Simone Colas erspäht, jagt sie ihn davon. Lise aber wird hart angefaßt, ihr Müßiggang allein sei schuld an ihren Flausen.

Lise aber will der Mutter nicht folgen. Lise will sich der aufbrechenden Jugend anschließen, aber die Mutter hält sie zurück. Nun wird auch Lise heftig (Allegro). Colas steht – von dieser unbemerkt – hinter Simone. Lise sucht Trost in seinen Armen. Nun aber wird die Mutter energisch.

Sie bringt das Butterfaß. Lise soll Butter rühren. Als Simone die Tochter hinreichend mit Arbeit versehen glaubt, geht sie ins Haus. Aber schon ist Colas wieder zur Stelle; er tanzt mit Lise, die darüber ihre Pflichten vergißt (Grazioso sostenuto). Colas löst ein blaues Band aus Lises Haar. Lise faßt es am anderen Ende. Der dritte Teil ihres großen *Pas de deux* zeigt: Colas legt das blaue Band um Lises Schulter. Jeder ihrer Schritte gleicht denen ihres Liebhabers. Nach einer Reihe von Pirouetten fällt Lise in Colas Arme. Arm in Arm gehen sie von der Bühne (Allegretto, Variationen).

Jetzt erscheint der reiche Winzer Thomas mit seinem Sohn Alain. Simone hat mit Thomas verabredet, daß ihre Kinder ein Paar werden sollen. Als ihr Thomas einen Sack voll Goldmünzen zeigt, legen sich die letzten Zweifel, ob Alain der rechte Mann für Lise sei. Lise erscheint im Festtagskleid, aber es ist ihr noch nicht recht klar, was der Besuch von Thomas und Alain bedeuten soll. Nun drängen sowohl Simone ihre Tochter wie Thomas seinen Sohn, einander zu begrüßen – aber beide gehen furchtsam rückwärts statt aufeinander zu, als sie ihre Eltern verstehen. Beide versuchen, das Unheil von sich abzuwenden. Die Eltern aber versuchen, den ängstlichen Burschen sowohl wie das widerspenstige Mädchen umzustimmen. Lise und Alain fallen auf die Knie. Sie wenden einander den Rücken zu und erheben flehend die Arme zu Vater und Mutter, sie nicht zu diesem Bunde zu zwingen. Schon kommt der Notar herbei, um den Ehekontrakt auszustellen. Simone und Thomas sind äußerst glücklich, das zusammengezwungene Paar aber scheint untröstlich zu sein.

2. Bild: Erntefest auf dem Dorfplatz. Die Dorfbewohner sind zu einem fröhlichen Erntefest versammelt. Es wird getrunken und getanzt. Das ist für Simone und Thomas der willkommene Anlaß, ihre Kinder als Verlobte vorzustel-

len. Lise und Alain stehen nebeneinander, als gehörten sie nicht zusammen. Simone dagegen genießt den Tanz mit Thomas, und sie schäkert mit ihm während des grotesken Duetts (Allegro).

Colas erkennt die Situation und will sich traurig abwenden, aber da hat ihn auch schon Lise entdeckt. Während die Mutter ganz von Thomas beansprucht ist, schleicht Lise zu Colas, um ihm klarzumachen, daß sie mit dieser Verlobung ganz und gar nicht einverstanden sei (Andantino). Die beiden beginnen einen *Pas de deux*. Lise schließt sich nach dem Duo ihren Freundinnen an, während Colas ein Solo (Variationen) tanzt. Ihm folgt Lise mit einem kurzen Tanz.

Das Fest geht mit einem *Divertissement* (Allegro giga; Contradanza) seinem Ende entgegen. Ein Gewitter treibt das Landvolk heimwärts. Lise weiß sich ihrer Mutter zu entziehen – im allgemeinen Trubel entkommt sie an Colas Arm.

II. Akt, 3. Bild: Am gleichen Abend in Mutter Simones Haus. Über der Eingangstür ein Fenster, hinten im Raum eine Tür, die zum Heuschuppen führt. Vom Gewittersturm heimgetrieben, betreten Simone und Lise die Stube. Die Mutter holt das Spinnrad herbei, Lise die Kaffeemühle; es scheint eine Idylle zu sein (Menuetto, Allegretto moderato). Doch Lise drängt danach, der Mutter zu entkommen. Simone versucht, die Tochter am Gängelband zu halten und drückt ihr ein Buch in die Hand. Immer wieder versucht Lise, der Mutter zu entwischen (Pantomime).

Colas öffnet von außen das Fenster über der Tür und wirft eine Blume herein. Er macht seiner Liebsten durch Zeichen verständlich, sie möge doch für ihn tanzen. Lise bringt der Mutter das Tamburin und bittet sie, ihr ein Tänzchen zu gestatten und es zu begleiten. Von der Gleichförmigkeit des Rhythmus überwältigt, schläft Simone ein. Lise nähert sich der Schlummernden auf Zehenspitzen, um den Hausschlüssel zu stibitzen. Simone schreckt auf, schlägt wieder das Tamburin, und Lise setzt ihren Tanz fort; schließlich gibt

Lise ihrer Mutter statt Colas, der durchs Fenster die Szene beobachtet, einen Kuß.

Die Dorfjugend, Verbündete des jungen Paares, kommt auf ihrem Gang von Haus zu Haus mit den Erntekronen und Ährenbüscheln auch in Simones Haus. Sie tanzen um den Tisch herum einen Dresch-Tanz, an dem Lise sich beteiligen möchte (Moderato alla marcia). Simone, die keinen Kontakt ihrer Tochter mit den Freundinnen wünscht, verlangt von Lise, daß sie sich ans Spinnrad setze. Lise gerät in Wut und wirft sich endlich schmollend in einen Stuhl. Die Mutter geht verärgert aus dem Raum. Die Jugend verläßt grüßend und lachend das Haus.

Da erklingt wieder jene Weise, zu der sie auf dem Dorfplatz mit Colas getanzt hat. Lise tanzt den Sehnsuchtstanz. Colas springt herein; die beiden tanzen einen Tanz, mit dem sie ihre Unzertrennlichkeit besiegeln. Plötzlich hören sie die nahenden Schritte der Mutter. Es ist zu spät, die Stube zu verlassen – schnell mit ihm in den Heuschober.

Lise gibt sich unbefangen, aber sie hat vergessen, Colas' Halstuch, das er beim Tanz abgelegt hatte, auf die Seite zu räumen. Simone entdeckt es: sie greift nach der Rute, Lise zu strafen. Lise rennt ihrer Mutter davon in den Schuppen, dessen Tür die Mutter hinter ihr verschließt.

Besuch kündigt sich an. Simone begrüßt Thomas, Alain, den Notar und Nachbarn, die Trauzeugen sein sollen. Simone überreicht Alain den Schlüssel zum Heuschuppen und bedeutet ihm, daß er dort seine Braut finden werde. Wie groß ist das Erstaunen, als man beim Öffnen der Tür eng umschlungen Colas und Lise erblickt. Simone ist entsetzt. Doch Lise bittet sie um ihren Segen. Colas kniet ehrerbietig vor Simone nieder. Die Nachbarn werden zu Fürsprechern für das liebende Paar. Der Notar ändert den Ehevertrag, und Lise triumphiert, da sie nun doch ihren Willen durchgesetzt hat.

Mag sein, daß die Ballettpantomime »La Fille Mal Gardée« vom Sujet her für unsere Begriffe allzu bescheiden und harmlos ist und daß wir den Titel (Die schlecht behütete Tochter) aus der sozialen Situation unserer Zeit nicht zu verstehen vermögen. Immerhin muß man sich ins Gedächtnis rufen, daß dieses Ballett unmittelbar vor der Französischen Revolution geschaffen worden ist. Von der Welt der Schäferspiele, darin sich das Höfische im Kostüm des ländlichen Idylls gefiel, bis zu einem Spiel, dessen Akteure dem prallen realen Landleben entstiegen zu sein scheinen, kam es so folgerichtig wie zur Revolution. Maximilien Gardel (1741–87), der aus Mannheim gebürtige Tänzer der Opéra, hatte nicht von ungefähr die bis dahin obligate Maske des Zeremonientanzes demonstrativ abgelegt. Dauberval war mit der Auswahl des Genres und mit der Zeichnung der Charaktere ganz ein Kind des Volkes zu einer Zeit, die noch autoritär bestimmt war und den für »schlecht erzogen« hielt, der seines Glückes eigener Schmied zu sein wünschte. Nach der Revolution von 1789 hat sich das französische Publikum mit Lise identisch gefühlt, und der allgemeinen Sympathien durfte sich die »Fille Mal Gardée« noch lange erfreuen.

Jean Dauberval (1742–1806) war Schüler Noverres. Er gilt als der eigentliche Urheber der Ballettkomödie. Immer verfolgte er die Theorien des großen Vorbildes Noverre, das Pantomimische wie das Tänzerische bedingten einander in seinen Werken immer, er verfocht die Praktiken des Ballet d'action mit allem Nachdruck.

In der Bibliothek der Bayerischen Staatsoper in München findet sich das Orchestermaterial der Uraufführungsversion. Es handelt sich um ein Potpourri beliebter französischer Volksweisen und Opernmelodien. Die erste Lise war wahrscheinlich Mme. Théodore (Daubervals Frau). Der ursprüngliche Titel des Stücks lautete »Le Ballet de la Paille, ou Il n'est qu'un pas du mal au bien«. Den heutigen Titel gab Dauberval seiner Choreographie 1791 in London. Jean Aumer, der Schüler Daubervals, verjüngte rund

40 Jahre nach der Uraufführung »La Fille Mal Gardée« und nahm es neu in den Spielplan der Pariser Oper auf. Bei *Herold* (1791–1833) bestellte Aumer eine neue Musik für das rustikale Werk. Als Paul Taglioni nochmals 40 Jahre später an der Berliner Hof-Oper »La Fille Mal Gardée« in Szene setzte, bestellte auch er eine neue Partitur bei *Hertel* (1817–99). Im zaristischen Rußland, wohin schon sehr bald französische Ballettmeister das deftige Werk gebracht haben, ist »La Fille Mal Gardée« nach dem Erscheinen von Hertels Musik nur noch mit ihr aufgeführt worden. Auch Anna Pawlowa, das American Ballet Theatre und der Marquis de Cuevas bedienten sich der Hertel-Partitur. In England ist »La Fille Mal Gardée« in der choreographischen Version Frederick Ashtons mit der Musik von Herold (Bearbeitung: John Lanchbery) für das Royal Ballet (28. Januar 1960) zu einer Art Nationalballett geworden. Ashtons Fassung hat sich inzwischen international durchgesetzt. Sie gehört zu seinen schönsten Balletten. In relativ kurzer Zeit ist auch die Version Heinz Spoerlis populär geworden. Der Basler Ballettdirektor versuchte 1981 in seiner Bearbeitung für die Pariser Opéra »La Fille Mal Gardée« als ein Werk des 18. Jahrhunderts und als typisch französisches Stück zu inszenieren. Deshalb spielt die Handlung bei ihm auch auf die politische Situation der Entstehungszeit an; es wurden einige stimmungsvolle Anspielungen, einige historische Farbtupfer eingestreut – ein paar Soldaten, die revolutionäre Carmagnole, ein Straßensänger. Als musikalische Grundlage seiner Einstudierung dient ihm ein Arrangement Jean-Michel Damases, das ebenso Musik von Herold wie von Hertel verwendet.

Eine Besonderheit, die sich aus dem 19. Jahrhundert bis in die Rekonstruktionen unserer Tage erhalten hat, ist, daß die Rolle der Mutter Simone vom Ballettkomiker, also von einem Manne, dargestellt wird. Heute machen sich Ballettchefs ein Vergnügen daraus, ihr nicht ganz ernstgemeintes Comeback als Tänzer mit dem stets bejubelten Holzschuhtanz der Simone zu feiern.

Finale 1058

Ballett in einem Akt. Musik: Charles Wuorinen, nach Henry Purcell; Choreographie: Uwe Scholz; Beleuchtung: Hanns-Joachim Haas; Uraufführung: Stuttgarter Ballett, Württembergische Staatstheater, Großes Haus, 19. Dezember 1982.

Der Name tut nichts zur Sache. Uwe Scholz nennt sein Ballett zwar »Finale 1058«, aber er ist natürlich gewitzt genug, für seinen absonderlichen Titel keinerlei Erklärung zu liefern. Jeder kann sich seine eigenen Gedanken über das mysteriöse Zahlenspiel machen – und soll im übrigen einer Choreographie folgen, die sich wahrhaft frisch, ja fröhlich, manchmal sogar etwas frech, fast immer jedoch fulminant gebärdet. Scholz schert sich keinen Deut um die Erläuterungen, die der amerikanische Komponist Charles Wuorinen seinen Purcell-Paraphrasen »The Magic Art: An Instrumental Masque« mit auf den Weg gegeben hat. Er versucht vielmehr, einfach auf die vielschichtig instrumentierte, aphoristisch konzentrierte Musik zu hören.

Sein »Finale 1058«, in unwirklichen Lichträumen angesiedelt, ist von einer Lebendigkeit, die aller Schwierigkeiten spottet, mit denen Scholz seine spritzige Choreographie angereichert hat. Zunächst freilich läßt er einfach einmal Puppen tanzen. Mit eckigen, immer wieder erstarrenden Bewegungen erobern sie sich die Bühne. Sie drängen an die Rampe, biedern sich bisweilen den Zuschauern an, werden wieder zurückgenommen, bilden geometrische Muster und kontrapunktische Gruppierungen. Dann, auf einmal, brechen sie aus ihren Rollen aus. Sie geben sich menschlich, unterlaufen das strenge Schema, in dem auch höfische Tanzformen sichtbar werden, mit einem spielerischen Übermut, der längst zu einem Ausdrucksmittel des Stuttgarter Balletts geworden ist. Sie bringen Ironie ins Spiel, parodieren Ballettgeschichte (etwa den berühmten »Pas de quatre«, der dabei Stück um Stück demontiert wird), machen bisweilen sogar die Eintönigkeit ihres Berufs bewußt, wenn sie eine bestimmte Phrase wie in einem sogenannten Fußball-Ballett immer und immer wiederholen oder in endlosen Manèges die Bühne umrunden. Kurz: Sie stellen sich selbst dar und ihre eigene Geschichte. Insofern ist es ganz stimmig, wenn die achtzehn Tänzer und Tänzerinnen in den zwölf Sätzen, die Scholz aus dem 80minütigen Werk ausgewählt hat, gewissermaßen Werbung in eigener Sache machen: auf T-Shirts und Trikots ist deutlich der Name des Ensembles zu lesen.

Uwe Scholz (geb. 1958 in Jugenheim bei Darmstadt) gehört seiner Jugend zum Trotz zu den erfolgreichsten Choreographen der Bundesrepublik. Als Ballettänzer wurde er seit 1965 am Landestheater Darmstadt ausgebildet, ab 1973 erhielt er Unterricht bei Anne Woolliams an der John-Cranko-Schule in Stuttgart. Nach Studien in England und einem Stipendium, das ihn an die School of American Ballet führte, kam er von 1977 bis 1979 an die Akademie der John-Cranko-Schule. In dieser Zeit choreographierte er auch seine ersten Stücke für die Stuttgarter Noverre-Gesellschaft. Arbeiten für das Stuttgarter Ballett folgen. Während man heute im Rückblick Ballette wie »Schäferspiele« (Mozart), »Richard III.« und »Märchen« (Richard Strauss) noch eher als Studien bezeichnet, beweist sich mit »Air!« (Bach) 1982 so nachhaltig seine Begabung, daß Marcia Haydée nicht zögert, ihn zum ständigen Choreographen des Stuttgarter Balletts zu ernennen. Weitere Talentproben liefert Scholz im selben Jahr noch mit »Septett« und »Finale 1058« in Stuttgart sowie mit seinem »Konzert für Klavier und Bläser« in Frankfurt. Daneben erarbeitet er zusammen mit Hans Neuenfels für die Frankfurter Oper »Aida« und inszeniert in Israel für das Testimonium Festival die Uraufführung einer Oper über den jüdischen Minnesänger Süßkind von Trimberg. 1985 wurde Scholz Ballettdirektor in Zürich, 1991 in Leipzig.

Über seine Komposition schreibt *Charles Wuorinen*, der 1938 in New York geboren wurde, Klavier und Tonsatz an der Columbia University studierte und heute an der Manhattan School of Music lehrt: »Meine Arbeit hat nicht unbedingt etwas mit der Wiederbelebung von Purcells Werk zu tun – der für mich nicht wirklich gestorben ist. Eher halte ich es wie Strawinsky mit Pergolesi und mache auf meine Weise Musik. Deshalb habe ich Werke und Teile von Werken jedes Genres genommen, arrangiert, umgeschrieben, manches hinzugefügt, mit Übergängen versehen, Einführungen geschrieben, ein Werk mit einem anderen vermischt, ein Stück durch ein anderes unterbrochen, um etwas zu schaffen, bei dem jeder Teil gleichsam eine komplette Form darstellt. Obwohl viele seiner Werke sehr lang sind, komponierte Purcell niemals einen wirklich langen Satz. Tatsächlich sind die meisten kaum eine Minute lang. Er ist ein wahrer Meister der kurzen Form. Ich versuchte, über diese Form hinaus, die Bestandteile seiner Musik so zu verwenden, daß er zum Meister der ›breiten‹ Form wurde. Für ›The Magic Art‹ habe ich Stücke jeder Kategorie aus Purcells Œuvre gewählt. Ich verwendete jede Menge Theatermusik und bearbeitete seine Fantasien (diese altmodischen Violinstücke, die noch heute vielen Amateurspielern viel Spaß bereiten), seine Trio-Sonaten, Kirchenmusiken und Instrumentalstücke.«

Die Flamme von Paris

Ballett in vier Akten und fünf Bildern. Libretto: Nikolai Wolkow und Wladimir Dmitrijew; Musik: Boris Assafjew; Choreographie: Wassili Wainonen; Ausstattung: Wladimir Dmitrijew; Uraufführung: GATOB, Leningrad, 7. November 1932. (Dauer: abendfüllend.)

Personen: Philippe, Anführer der Marseiller; Jérôme, sein Freund; Gaspard, ein Holzfäller; Jeanne, seine Tochter; Pierre, sein Sohn; eine junge Mutter; Ludwig XVI., König von Frankreich; Marie Antoinette, Königin von Frankreich; Marquis le Tour; Mirelle de Poitiers, berühmte Schauspielerin (Armida); Antoine Mistral, berühmter Schauspieler (Rinaldo); Lucile, Hoftänzerin (Amor); Bauern; Marseiller; Pariser Bürger; Hofgesellschaft.

I. Akt: Im Sommer 1792 kommen Revolutionäre aus Marseille auf dem Weg nach Paris in ein Dorf, in dem die Macht der Aristokratie (in Gestalt des Marquis le Tour) noch nicht gebrochen ist. Sie werden von den Dorfbewohnern jubelnd empfangen. Die Tochter des Holzfällers Gaspard, Jeanne, verliebt sich in den Anführer der Marseiller, Philippe, und will ihm nach Paris folgen.

Der Marquis kehrt von der Jagd zurück. Er mißhandelt eine junge Mutter und will Gaspard in den Kerker werfen lassen, als sich die Bauern über sein Verhalten empören. Das führt zum allgemeinen Aufstand und zur Erstürmung des Schlosses. Der Marquis flieht. Die Bauern feiern ihren Sieg mit einer Farandole. Es folgt ein Pas de quatre mit Gaspard, seinen Kindern Jeanne und Pierre sowie Philippe. Die Marseiller ziehen weiter nach Paris. Gaspard, seine Kinder und andere Dorfbewohner schließen sich ihnen an (Marseillaise).

II. Akt: In den Tuilerien tanzt der Hof, angeführt von Ludwig XVI. und Marie Antoinette, Sarabande. Anschließend schaut man einem Ballett zu, an dem sich die berühmte Mirelle als Armida, der Schauspieler Antoine Mistral als Rinaldo und die Hoftänzerin Lucile als Amor beteiligen. Eröffnet wird das Schauspiel mit einem Negertanz. Höhepunkte sind die Solovariationen, Pas de deux und Pas de trois für die Hauptdarsteller. Der Marquis le Tour tritt auf und berichtet dem König vom Aufstand seiner Bauern und dem Marsch der Marseiller auf Paris. Man rät dem König, sich angesichts dieser Tatsachen mit dem Heer der Preußen und Österreicher zu verbünden, die die absolute Monarchie in Frankreich wiederherstellen wollen. Der König, schon selbst ein Gefangener der Revolution, ist unschlüssig. Seine Offiziere schwören, für ihn zu kämpfen. Sie reißen die Embleme der Revolution von den Wänden und verlassen mit dem gerührten Fürstenpaar den Saal.

Die Höflinge, einschließlich des Marquis le Tour, setzen das Fest mit einer Chaconne fort. Der Marquis wirbt um die Gunst der schönen Mirelle. Dabei entfällt ihm ein

Dokument über die Verschwörung des Adels mit dem König. Der Schauspieler Antoine findet es und ist empört. Der Marquis le Tour ersticht ihn und verläßt den Saal. Mirelle beschließt, ihren Partner zu rächen (Solo; Adagio) und die Revolutionäre zu warnen (Marseillaise).

III. Akt: Straßenszenen mit Tänzen der Revolutionäre, die aus allen Teilen des Landes in Paris zusammenströmen (Tanz der Marseiller, der Basken usw.). Mirelle erscheint und berichtet den Revolutionären von der Verschwörung des Königs und des Adels. Die Revolutionäre tanzen die Carmagnole. Der Marquis le Tour ist verhaftet worden. Die Menge will ihn lynchen. Philippe aber läßt ihn abführen. Er soll von einem ordentlichen Gericht verurteilt werden. Empört über den Verrat des Königs, beschließt die Menge, die Tuilerien zu stürmen (Chor: »Ça ira«).

IV. Akt, 1. Bild: Die Höflinge treffen in den Tuilerien Vorbereitungen zur Flucht. Sie werden von den Revolutionären überrascht. Die siegreichen Bürger feiern ihren Erfolg mit fröhlichen Tänzen. Ein Offizier, der sich der Gefangennahme entzogen hat, erschießt Mirelle.

2. Bild: Auf einem Platz in Paris feiert das französische Volk die Abschaffung der Monarchie. Jeanne und Philippe machen Hochzeit.

Neben »Roter Mohn« ist »Die Flamme von Paris« ein Musterbeispiel dafür, was man »sowjetisches Ballett« genannt hat. Schon 1930 war in Odessa ein Ballett »La Carmagnole« herausgekommen, das sich mit der Französischen Revolution auseinandersetzte. Der Choreograph war Michail Moissejew.

Boris Assafjew (1884–1949), der auch die Partituren zu den Balletten »Die Fontäne von Bachtschissarai« (s. d.) und »Der Gefangene im Kaukasus« geschrieben hat, verarbeitete in »Die Flamme von Paris« Musik von Lully und anderen Komponisten aus dem 18. Jahrhundert sowie Tänze und Lieder der Revolution, u. a. von Gossec und Grétry. Die folkloristischen Einflüsse gehen auf Volkslieder aus dem Baskenland, der Umgebung von Marseille und der Auvergne zurück. Jeder Akt schließt mit der gesungenen Marseillaise oder einem Lied wie »Ça ira« ab. Claus Schulz fand dafür in seiner Inszenierung für die Ostberliner Staatsoper eine überzeugende Lösung. Er plazierte den Chor auf den obersten Rang und ließ ihn vor geschlossenem Vorhang und hell erleuchtetem Haus singen.

Der Choreograph *Wassili Wainonen* (1901–64) ging aus der Ballett-Schule in St. Petersburg hervor und war Mitglied des 1934 nach Kirow benannten Balletts. 1946 wurde er ans Moskauer Bolschoi-Theater verpflichtet. Von ihm stammen einige der Bearbeitungen klassischer Ballette, die das Bolschoi-Ballett zuweilen noch heute zeigt (auch dann, wenn sie inzwischen durch neue Produktionen ersetzt wurden), so die zu »Nußknacker« (s. d.) und zu »Raymonda« (s. d.). Außerdem ist er mit eigenen Versionen neuerer russischer Ballette hervorgetreten, so mit einer von »Gajaneh« (s. d.).

Solisten der Uraufführung von »Die Flamme von Paris« waren u. a. Galina Ulanowa und Konstantin Sergejew.

Die Folterungen der Beatrice Cenci

Ballett in einem Akt. Libretto: Gerhard Bohner; Musik: Gerald Humel; Choreographie: Gerhard Bohner; Kostüme: Edith Kruse; Uraufführung: Akademie der Künste, Berlin, 16. April 1971.

Personen: Beatrice, des Vatermords angeklagt; Francesco, ihr Vater; Lucrezia, ihre Stiefmutter; Olimpio, Hausverwalter, erpreßt Beatrice; Guerra, wirbt um Beatrice; fünf Folterer.

Eine kahle Bühne, helles Arbeitslicht und ein Käfig, der wie ein drohendes Fangeisen sichtbar im Schnürboden hängt. Die Tänzer schreiten fast mechanisch in den schwarz ausgehängten Raum. Allmählich kristallisieren sich die Fronten des Spiels. Aggressionen werden spürbar. Das Ensemble übt sich ein in den Konflikt, preßt sich gegenseitig in bestimmte Rollenvorstellungen. Mit den Kostümen, die über die neutralen Trikots gestreift werden, wechseln die Akteure ihr Verhalten. Sie werden zu genau fixierten sozialen Individuen in einem blutigen Renaissancedrama.

Die erhaltenen Prozeßakten, die schon Stendhal zu seiner Novelle »Die Cenci« anregten, dienen auch Gerhard Bohner als Vorlage seines knapp fünfzig Minuten dauernden Stücks. Auch er erzählt die Geschichte der schönen Beatrice, die gemeinsam mit der Stiefmutter Lucrezia und ihren beiden Brüdern den Vater ermorden ließ und der daraufhin 1598 der Prozeß gemacht wurde. Nur erzählt er sie nicht so naiv und gutgläubig wie andere Choreographen vor ihm. Sein »Ballett gliedert sich in eine Einleitung, sechs Folterungen und sechs Szenen, welche die erzwungenen und oft widersprüchlichen Aussagen der Beatrice Cenci darstellen. Sowohl die Folterungen wie die Aussagen zeigen, daß Menschen bei einem bestimmten Ausmaß von Gewaltanwendung zu manipulierbaren Geschöpfen gemacht werden können« (Bohner in einer Programmnotiz).

Bohner reproduziert also nicht einfach eine Handlung, sondern bemüht sich, zusätzliche Dimensionen zu erschließen. Er unterbricht den Spielverlauf, um den Zuschauer daran zu hindern, sich mit der äußerlichen Spannung eines Schauerdramas zufriedenzugeben. Er erzwingt Distanz zum Stoff – und bezieht gleichzeitig doch sein Publikum mit in die Torturen ein, denen Beatrice immer wieder unterworfen wird. Nicht umsonst hat Horst Koegler Bohners Arbeit nach der Uraufführung als den »bisher konsequentesten Versuch eines Balletttheaters der Grausamkeit« bezeichnet und den Einfluß eines de Sade und Grotowski ebenso nachgewiesen wie das Vorbild des Living Theatre. Koegler in seiner Kritik für die »Süddeutsche Zeitung«: »Was er bewerkstelligt, ist nicht weniger, als ein vollkommen durchorganisiertes Chaos der Gewalt und Lust auf die Bühne zu stellen. Vom herkömmlichen Ballett ist das natürlich meilenweit entfernt – dennoch bedarf es zu seiner

Ausführung virtuos geschulter Tänzerpersönlichkeiten. In Bohners Karriere bedeuten die ›Folterungen der Beatrice Cenci‹ den Durchbruch eines elementaren Ausdrucksbedürfnisses durch die Fassade einer bis dahin kultivierten Ästhetik des reinen Formbewußtseins.«

Gerhard Bohner (1936–92), in Karlsruhe geboren und ausgebildet, hat seine meisten Ballette für die Akademie der Künste in Berlin entwickelt. Noch als Charaktertänzer der Deutschen Oper Berlin, wohin er 1961 nach Engagements in Mannheim und Frankfurt für zehn Jahre verpflichtet wurde, schuf er eine Reihe von Choreographien – so 1967 »Der Wolf« (Musik: Henri Dutilleux), 1968 »Science Fiction Story« (György Ligeti) und »Die Befristeten« (Bernd Alois Zimmermann), 1969 »Spannen – Abschlaffen« (Carlos Roqué Alsina), »Frustration – Aggression« (Iannis Xenakis) und »Quartett auf das Ende der Zeit« (Olivier Messiaen). Nach dem sensationellen Erfolg seines Balletts »Die Folterungen der Beatrice Cenci«, das unter anderem mit dem neuen Bühnenbild von Ansgar Nierhoff in München, Marseille und Düsseldorf einstudiert wurde, konzentrierte sich Bohner ganz auf seine Choreographen-Karriere und arbeitete in der Folgezeit verschiedentlich für das Kölner Tanz-Forum, für das Folkwang Tanzstudio in Essen, für das Hamburgische Staatsopernballett und das Nederlands Dans Theater. 1972 ging er für drei Jahre als Leiter des neugegründeten Tanztheaters an das Staatstheater Darmstadt, wo er sich zum erstenmal auch mit den Theorien und Experimenten Oskar Schlemmers (s. »Triadisches Ballett«) auseinandersetzte. Im Grunde ein Außenseiter, auch wenn er 1978 nochmals zusammen mit Reinhild Hoffmann drei Jahre lang in Bremen ein Ballettensemble leitete, hat sich Bohner durch seine Kompromißlosigkeit wie durch sein Interesse für zeitgenössische Theater- und Musikformen einen weithin beachteten Namen gemacht. Bohner lebt heute als freischaffender Choreograph in Berlin. Zu seinen wichtigsten Arbeiten zählen außer den »Folterungen« und »Lilith«, die beide vom

Fernsehen aufgezeichnet wurden, noch das »Triadische Ballett«, (s. d.) die »Bauhaus-Tänze«, die »Bilder einer Ausstellung« und »Im (goldenen) Schnitt«.

Bevorzugter Komponisten-Partner von Bohner ist zweifellos *Gerald Humel.* 1931 in Cleveland, Ohio, geboren, erhielt er seinen ersten Musikunterricht in Flöte und Klavier am Cleveland Music School Settlement. Seine ersten Kompositionen schrieb er mit elf Jahren. Nach einem Studium an dem Oberlin Conservatory Ohio und an der Hofstra University New York bei Elie Siegmeister wechselte Humel ans Royal College of Music nach London. Bevor er 1960 als Fulbright-Stipendiat nach Berlin kam, um bei Boris Blacher und Josef Rufer an der Hochschule für Musik zu studieren, war er eine Zeitlang Schüler von Ross Lee Finney und Roberto Gerhard am Oberlin Conservatory und an der University of Michigan School of Music.

Noch am Oberlin Conservatory schrieb Humel sein erstes Ballett. Für Victor Gsovsky komponierte er 1964 das Ballett »Erste Liebe« (nach Turgenjew), das allerdings nie aufgeführt wurde. 1967 brachte Manfred Taubert in Braunschweig sein »Herodias«-Ballett heraus. Mit Gerhard Bohner erarbeitete er »Die Folterungen der Beatrice Cenci«, »Lilith« und »Zwei Giraffen tanzen Tango«. Ein abendfüllendes »Othello«-Ballett ist 1983 von Günter Pick in Aachen uraufgeführt worden. Als Mitbegründer der Gruppe Neue Musik lebt Humel heute in Berlin. Über die Musik zu den »Folterungen« schreibt er: »Die Partitur zu diesem Werk wurde zwischen September 1970 und Februar 1971 geschrieben. Der Plan jedoch entstand zwei Jahre vorher, als Gerhard Bohner und ich die ersten Entwürfe konzipierten. Die Musik ist durchkomponiert und besteht aus zwölf Teilen, sechs Folterungen und sechs Szenen, die vom Sujet bestimmt sind. Kontraste entstehen mehr durch die instrumentale Dichte als durch gegensätzliches Material. Die musikalischen Gesten kommen zustande durch die Vorstellungen, die ich mir von der eventuellen Durchführung der tänzerischen Bewegungen auf der Bühne mache. Aus diesem Konzept entsteht eine Musik, die immer vom Tänzerischen ausgeht, die jedoch nie dem Tanz gegenüber eine nur untergeordnete Rolle spielt, da vom Charakter der Musik das Geschehen auf der Bühne mitbestimmt wird.«

Das Ballett »Die Folterungen der Beatrice Cenci« hat Gerhard Bohner der Choreographin Tatjana Gsovsky (s. »Die chinesische Nachtigall«) gewidmet; Solisten der Uraufführung waren Silvia Kesselheim, Frank Frey, Marion Cito, Walter Gabrisch und Gerhard Bohner.

Die Fontäne von Bachtschissarai

Ballett in vier Akten. Libretto: Nikolai Wolkow; Musik: Boris Assafjew; Choreographie: Rostislaw Sacharow; Ausstattung: V. Chodasewitsch; Uraufführung: Kirow-Ballett, Kirow-Theater, Leningrad, 28. September 1934. (Dauer: abendfüllend.)

Personen: Fürst Potocki; Maria, seine Tochter; Waclaw, Marias Verlobter; Khan Girej; Sarema, die Lieblingsfrau des Khans; Zobaide, die zweite Frau des Khans; Nurali, Anführer der Tataren; ein Eunuch; Dienerin Marias; Marias Freundinnen; adlige polnische Damen und Herren; Tataren; Haremsfrauen; Gefangene.

I. Akt: Schloßpark des polnischen Fürsten Potocki. Man feiert den Geburtstag seiner Tochter Maria und ihre Verlobung mit Waclaw. Die Liebenden tanzen miteinander. Die Schloßwache entdeckt einen tatarischen Kundschafter, kann ihn aber nicht ergreifen. Der Fürst und Maria führen die Gäste bei der Polonaise an. Es folgt ein Krakowiak. Zu einem Solo Marias spielt Waclaw die Harfe. Die Verlobten vereinigen sich in einem Pas de deux. Das Fest erreicht seinen Höhepunkt mit einer Mazurka aller Gäste.

In diesem Augenblick dringen die Tataren in den Schloßpark ein. Die Polen sind auf den Überfall nicht vorbereitet. Sie werden sämtlich getötet. Waclaw versucht, Maria zu retten. Der Khan Girej stellt sich ihm in den Weg, erdolcht ihn und entführt das schöne Polenmädchen. Das Schloß geht in Flammen auf.

II. Akt: Im Harem von Bachtschissarai erwarten die Frauen die Rückkehr des Khan, vor allem die schöne Georgierin Sarema, die Favoritin, und Zobaide, die unterlegene Rivalin. Aber Girej würdigt sie bei seiner Ankunft keines Blicks. Er hat nur Augen für Maria, die er mitgebracht hat. Die Frauen versuchen vergeblich, den Khan abzulenken. Selbst Sarema gelingt es nicht, ihn für sich zu interessieren. Sie bricht, verspottet von den anderen Frauen, ohnmächtig zusammen.

III. Akt: Der Khan kommt in das Zimmer Marias. Er liebt sie, wie er noch nie einen Menschen geliebt hat. Er fleht sie an, ihn zu erhören. Sie weist ihn zurück – in Erinnerung an den toten Waclaw, der ihre große Liebe war. Der Khan will keine Gewalt anwenden und geht.

Die vor Eifersucht rasende Sarema dringt in das Zimmer Marias ein in der Absicht, das Polenmädchen zu ermorden. Herbeigerufen von der Dienerin, versuchen der Khan und die Eunuchen, sie daran zu hindern. Sarema entschlüpft ihnen und ersticht Maria mit dem Dolch des Khan. Sarema entblößt ihre Brust. Sie erwartet den Tod von der Hand des Khan. Aber sie wird abgeführt.

IV. Akt: Der Khan ist in Melancholie versunken. Er beachtet weder die Schätze noch die schönen Frauen, die ihm seine Krieger von einem neuen Feldzug mitgebracht haben. Es rührt ihn auch nicht, daß Sarema ihn um Gnade anfleht, als die Henker sie zur Hinrichtung führen. Selbst der wilde Tatarentanz seiner Krieger erregt nicht seine Aufmerksamkeit. Girej wendet sich der »Tränenquelle« zu, der Fontäne von Bachtschissarai, die er zum Andenken an Maria hat errichten lassen. Er glaubt, ihr Bild in den Wassern zu sehen. Aber er streckt vergeblich die Arme nach der Traumgestalt aus.

Schon der Vater Waslaw Nijinskys (s. »Jeux«) hat Ende des vorigen Jahrhunderts in Kiew aus dem Poem Puschkins von der Fontäne im Serail von Bachtschi auf der Krim ein Ballett gemacht. *Rostislaw Sacharow* (s. »Cinderella«) schuf zu der vor allem durch den populären »Tatarentanz« berühmt gewordenen Ballettmusik von *Assafjew* (s. »Die Flamme von Paris«) eine Choreographie, in der die Grundidee der Puschkinschen Dichtung – »die Wiedergeburt (wenn nicht die Verklärung) einer wilden Seele durch das hohe Gefühl der Liebe«, wie Bjelinski schrieb – höchst theatralisch zum Ausdruck kam.

»Die Fontäne von Bachtschissarai« (dieser Titel wird gebraucht, obwohl es sich bei der »Tränenquelle« um einen kleinen künstlichen Katarakt handelt) ist ein beliebtes Repertoirestück, vor allem in Osteuropa, geworden. Es war das erste sowjetische Ballett nach einem Sujet Puschkins. Ihm folgten später »Der Gefangene im Kaukasus« (1938), »Das Edelfräulein als Bäuerin« (1946) und »Der eherne Reiter« (1949).

Solistin der Uraufführung war Galina Ulanowa.

Four Schumann Pieces

Ballett in vier Teilen. Musik: Robert Schumann (Streichquartett in A-Dur op. 41, Nr. 3, 1848); Choreographie: Hans van Manen; Ausstattung: Jean-Paul Vroom; Beleuchtung: Charles Bristow (Theatre Projects Services Ltd.); Uraufführung: The Royal Ballet, Royal Opera House Covent Garden, London, 31. Januar 1975. (Dauer: 32 Minuten.)

In »Four Schumann Pieces« steht ein Individuum im Mittelpunkt: Ein Mann, der in romantische Gedanken versunken zu sein scheint. Dieser »Solist« ist fast immer auf der Bühne, auch wenn er selber nicht tanzt, und so entsteht der Eindruck, daß die fünf Paare seine Phantasie symbolisieren.

Die Emotionen, die den Aufbau der Beziehungen begleiten, sind unleugbar, aber sie bleiben im Hintergrund, da *Hans van Manen* die strengen Formen der klassisch-akademischen Technik hier mehr als sonst anwendet.

Insbesondere die ersten drei Teile haben eine nostalgische Atmosphäre, die Erinnerungen an vergangene Ereignisse und an unerfüllte Wünsche charakterisieren. Bereits im ersten Teil bringen die träumerischen Bewegungen und Motive diese Melancholie zum Ausdruck. Im zweiten Teil steht die Gelassenheit des Protagonisten der Vitalität des Ensembles als Kontrast gegenüber. Aber die lebhaften und wirbelnden Bewegungen verhindern nie die Gefälligkeit und Eleganz, die in der ganzen Choreographie vorhanden sind. Der dritte Teil ist dramatischer. Hier nimmt der Mann selber an der Aktivität der Paare teil und auf eine ziemlich formale Weise: In einem Duett mit einer der zwei Solistinnen, anschließend auf eine leidenschaftliche Weise zunächst mit der anderen Frau und dann wieder mit der ersten. Ein Höhepunkt wird im Duo mit dem anderen männlichen Solisten erreicht. Es beginnt in guter Kameradschaft, aber dann werden die Anforderungen an diese Beziehung größer. Am Ende dieses Teils bleibt der Protagonist in der Einsamkeit zurück. Heitere Resignation scheint die Lehre dieses Balletts zu sein. Der vierte Teil mit seiner fröhlichen Stimmung zeugt von der Freude am Tanz und am Leben.

»›Four Schumann Pieces‹ zieht, indem es frühere Erfahrungen verarbeitet und zusammenrafft, die Quersumme aus van Manens bisherigem Schaffen. Mehr als nur eine van-Manen-Anthologie, vermählt es die Virtuosität der ›Daphnis‹-Choreographie [s. d.] mit der majestätischen Ruhe von ›Adagio Hammerklavier‹ [s. d.], die bestürzende Schönheit der ›Großen Fuge‹ [s. d.] mit den romantischen Bewegungsabläufen von ›Kwintet‹ (1974; Mozart) und der Menschenforschung von ›Twilight‹ [s. d.].

Sicher ist, daß van Manen ein hinreißendes Ballett gemacht hat; in seinen zarten Valeurs vergleichbar mit Robbins' ›Dances at a Gathering‹ [s. d.] – und wie diese mehr als nur ein Tanzstück, nämlich eine Expedition in die Vergangenheit und die Zukunft der Gattung zugleich.« (Jochen Schmidt.)

Wie viele van-Manen-Ballette auch, gehört »Four Schumann Pieces« zum Repertoire internationaler Ensembles.

Fräulein Julie

Ballett in einem Akt und vier Bildern. Libretto: Birgit Cullberg; Musik: Ture Rangström; Choreographie: Birgit Cullberg; Ausstattung: Allan Fridericia; Uraufführung: Schwedisches Reichstheater, Västerås, 1. März 1950.

Personen: Der Graf; Julie, seine Tochter; ihr adliger Verlobter; Jean, Diener des Grafen; Christine, Köchin des Grafen; Bauern; Bäuerinnen.

1. Bild: Fräulein Julie betritt die Ahnengalerie im Schloß ihres Vaters, des Grafen. Julie findet die Bilder ihrer Vorfahren, die sie haßt, mit Blumen geschmückt. Sie läßt die Angebinde entfernen. Der Graf und Julies Verlobter erscheinen. Letzterem macht Julie das Leben so zur Hölle, daß er die Verlobung rückgängig macht. Das Fräulein, allein gelassen, sieht dem fröhlichen Tanz der Landleute auf dem Schloßhof zu.

2. Bild: Das Fräulein hat sich in der festlich geschmückten Scheune unter das einfache Volk gemischt. Julie möchte so sein wie diese Leute. Sie zwingt Jean, den Kammerdiener ihres Vaters, mit ihr zu tanzen. Der Pas de deux des ungleichen Paares wird nach anfänglicher Zurückhaltung zügellos, was die Bauern erschreckt. Selbst Jean beginnt, sich vor dem Fräulein zu fürchten. Er läßt sie stehen und läuft davon.

3. Bild: In der Küche tanzt Jean mit der Köchin Christine, mit der er verlobt ist. Julie kommt dazu. Christine, die ahnt, was das Fräulein will, geht hinaus. Jean nimmt Julie, die sich ihm unmißverständlich anbietet, mit roher Gewalt. Die Rollen von Herr und Diener sind vertauscht.

4. Bild: In der Ahnengalerie wird sich Fräulein Julie der Unmöglichkeit der Situation bewußt. Julie kann weder als Komtesse noch als Geliebte, bestenfalls als Frau eines Kammerdieners weiterleben. Sie beschließt, Selbstmord zu begehen, wobei ihr Jean zynisch Hilfe leistet.

Birgit Cullberg (geb. 1908) hat mit »Fräulein Julie« nach August Strindbergs (1849–1912) naturalistisch-psychologischem Drama ihr international erfolgreichstes Ballett geschaffen. Sie wandte bei der Choreographie sowohl die Schritte der Danse d'école wie die des erweiterten Ausdruckstanzes ihrer Lehrer Kurt Jooss (s. »Großstadt«) und Sigurd Leeder an. Die Stärke der schwedischen Choreographin ist, realistische Bewegungen in Tanz übersetzen zu können, wie z. B. das Skilaufen in »Das Mondrentier« (s. d.).

Ture Rangström (1884–1947) ist einer der bedeutendsten zeitgenössischen, in Deutschland (u. a. bei Pfitzner) ausgebildeten schwedischen Komponisten.

Solistin der Uraufführung war Elsa-Marianne von Rosen.

Aufsehen erregte Kenneth MacMillan (s. »Concerto«) mit einer neuen Ballettversion von »Fräulein Julie«, die am 8. März 1970 vom Stuttgarter Ballett an den Württembergischen Staatstheatern, Großes Haus, in Stuttgart uraufgeführt wurde. Er wählte den Strindberg-Stoff, weil er mit ihm den bisher konsequent eingehaltenen künstlerischen Weg kompromißlos fortsetzen konnte. »Fräulein Julie« ist die Fortsetzung von »The Invitation« (s. d.) und »Las Hermanas« (s. d.). Wieder geht es weniger um den sozialen Konflikt als um die Sexualität als zerstörerische Macht. Das Ballett setzte sich trotz seiner großen choreographischen Qualitäten nicht durch, weil weder der Bühnenbildner Barry Kay noch der Komponist Andrzej Panufnik, der zwar eine tanzbare, schön klingende Musik schrieb, die freilich nur mit neuen Entwicklungen der Kompositionstechnik kokettierte, den Intentionen MacMillans gerecht wurden. Um so mehr wurden das die Tänzer: Marcia Haydée im Verein mit Frank Frey, den man selbst in Berlin, wo er seinerzeit engagiert war, noch nie so großartig agieren sah, und Birgit Keil spielten den Rollen gemäßer denn je. Im gemeinsamen Pas de trois des letzten Bildes, dem choreographischen Höhepunkt des Balletts, gipfelte ihre Kunst: Jeder tanzte die Hölle des anderen.

5 Tangos

Ballett in einem Akt. Musik: Astor Piazzolla; Choreographie: Hans van Manen; Bühnenbild und Kostüme: Jean-Paul Vroom; Uraufführung: Niederländisches Nationalballett, Stadsschouwburg, Amsterdam, 3. November 1977.

1. Teil: Todo Buenos Aires (für 14 Tänzer und Tänzerinnen).
2. Teil: Mort (für eine Tänzerin und sechs Tänzer).
3. Teil: Vayamos Al Diablo (für einen Tänzer).
4. Teil: Resurrección del Angel (für zwei Tänzerpaare).
5. Teil: Buenos Aires Hora 0 (für 14 Tänzer und Tänzerinnen).

»Wenn der Vorhang aufgeht, sieht man ein grandioses Tableau in Grau, Schwarz und Rot. Van Manen wollte ein Bühnenbild mit räumlicher Tiefenwirkung, und Jean-Paul Vroom, sein Bühnenbildner, erreicht die Illusion des Räumlichen mit einem Prospekt, der an die russischen Konstruktivisten der zwanziger Jahre (als der Tango seinen Siegeszug durch Europa antrat) erinnert: aus den schiefergrauen Lettern des Namens Piazzolla eine hochaufstrebende labyrinthische Stadtlandschaft, die sich unter wechselnder Beleuchtung in ihrem Charakter verändert und vor der die Tänzerinnen (in Schwarz und Rot) und Tänzer (ganz schwarz) vergleichsweise klein erscheinen.

Sieben Paare, hierarchisch geordnet nach dem Pyramidenprinzip (eine Achtergruppe ist die Basis für ein Quartett, über dem das Solistenpaar Sonja Marchiolli / Clint Farha steht), bilden ein Ensemble, das sich zunächst, senkrecht zur Rampe und durch die ganze Bühnenbreite getrennt, in zwei Reihen gegenübersteht und von van Manen erst nach und nach in den Tanz hineingezogen wird: eine Exposition, welche im Kern bereits die ganze Verfahrensweise des Choreographen enthält, der die immensen Spannungen des Stücks nicht mit körperlichen Kontakten aufbaut, sondern mit räumlicher Distanz, nicht aus Berührung, sondern aus Bewegung und Reaktion auf Bewegung« (Jochen Schmidt in der »Frankfurter Allgemeinen Zeitung«).

Die Choreographie *van Manens* zitiert zwar die typischen Ausdrucksformen des Tangos, die jähen Wechsel von schnell und langsam, die starre Haltung der Tänzer, die geradezu klassische Opposition der Geschlechter; aber sie nimmt ihm jede folkloristische Vulgarität durch strenge Stilisierung. Der Tanz ist gewissermaßen auf die Spitze getrieben. Die kantige Klarheit der Bewegungsführung und die beklemmende Bedrohlichkeit der Interpretation stehen in einem bezeichnenden Wechselspiel, das auch durch äußerliche Eleganz nicht in seiner Wirkung beeinträchtigt wird. Alle Sinnlichkeit ist sublimiert. Erotik findet allenfalls noch in Bewegungen und Blicken statt. Andeutung ersetzt Ausführung. Nur so erhält der Tango die Würde wieder, die ihm im Lauf der Jahre abhanden kam. Nur so wird in der Selbstbeherrschung wieder ein Gefühl lebendig, das keiner Handgreiflichkeit bedarf.

Hans van Manen wurde durch den Ballettkritiker Klaus Geitel auf die Musik von Astor Piazzolla aufmerksam gemacht. Die Auswahl der »5 Tangos« aus dem enormen Schallplatten-Œuvre des argentinischen Komponisten und Arrangeurs erfolgte nicht nach inhaltlichen, allenfalls nach dramaturgischen Gesichtspunkten. Die Titel sollen eine gewisse Gegensätzlichkeit ermöglichen. In der Struktur seines Stücks ist er sich treu geblieben. Jochen Schmidt: »Die Ecksätze fürs komplette Ensemble umschließen solistische Arrangements: ein schönes Quartett in Form eines Doppel-Pas-de-deux für Mea Venema / David Loring und Valerie Valentine / Wade Walthall (Teil 4), ein virtuoses Solo für Clint Farha (Teil 3) sowie einen Dialog zwischen Sonja Marchiolli und den sechs Ensembletänzern, der als dauerhafte Konfrontation angelegt ist, nie zu einem Miteinander und zur Harmonie führt und in ein tödliches Finale mündet.« Das Werk ist wahrscheinlich die erfolgreichste Arbeit Hans van Manens.

Astor Piazzolla (geb. 1921 in Mar del Plata, Argentinien) ist längst zu einer Art Kultfigur der Tango-Musik geworden. Mit neun Jahren bereits begann er das Bandoneon zu spielen, ein typisch südamerikanisches, kleines Akkordeon, das auf der Melodieseite und auf der Baßseite vier Knopfreihen besitzt. Piazzolla, zunächst in New York aufgewachsen und dort von dem Tango-Interpreten Carlos Gardel zu seiner späteren Arbeit ausdrücklich ermuntert, studierte zusammen mit Alberto Ginastera in den vierziger und fünfziger Jahren Komposition (unter anderem bei Nadia Boulanger in Paris) und gründete in der Zeit sein erstes Orchester. 1960 formierte er in Buenos Aires sein berühmtes Quintett, mit dem er sich in Südamerika und Europa einen beachteten Namen machte. In zahllosen Orchesterwerken, in denen Instrumente wie Piano, Schlagzeug, Gitarre, Viola, Cello und Bandoneon dominieren, hat er seine Art Tango-Musik entwickelt, die sich durchaus zeitgenössischer Kompositions- und Spieltechniken bedient. Piazzolla schrieb die Musik zu Filmen und Operetten, komponierte Chansons und das Musikarrangement zu dem Theaterstück »El Pueblo Joven« 1971 für den Saarländischen Rundfunk. Unübersehbar sind seine Schallplatteneinspielungen, die nicht zuletzt auch Grundlage der »5 Tangos« bilden; diese sind heute in vielen Ballettrepertoires des In- und Auslands zu finden.

Gajaneh

Ballett in sechs Bildern. Libretto: Konstantin Derschawin; Musik: Aram Iljitsch Chatschaturjan; Choreographie: Nina Anissimowa; Ausstattung: Natan Altman; Kostüme: Tatjana Bruni; Uraufführung: Kirow-Ballett, Operntheater Perm (vormals Molotow), 9. Dezember 1942. (Dauer: abendfüllend.)

Personen: Gajaneh, eine Baumwollpflückerin; Giko, ihr Mann; Owanes und Schuschanik, Gajanehs Eltern; Armen, Gajanehs Bruder; Karen, sein Freund; Nuneh, Karens Braut, eine Freundin der Gajaneh; sechs Freundinnen; Kasakoff, Leiter eines Baumwollkolchos; drei Fremde; Dschamal, ein kurdischer Stammesältester; Aischa, seine Tochter; Ismail, ein junger Kurde.

1. Bild: Die Baumwollernte. Unter den Erntearbeitern des Baumwollkolchos sind Gajaneh mit ihrem Bruder Armen und das Liebespaar Nuneh und Karen. In den Arbeitspausen wird getanzt. (*Ensembletänze:* Tanz der Mädchen mit Tüchern; Tanz der Frauen mit Krügen; Tanz der Männer.) Gajaneh schließt sich aus. Giko, ihr Mann, kommt angetrunken aus der Stadt zurück und spielt sich auf. Gajaneh und ihre Eltern versuchen vergeblich, ihn zur Besinnung zu bringen. Kasakoff, der Leiter des Kolchos, begutachtet die Ernte. Alle begrüßen ihn herzlich. Nur Giko wendet sich ab. Kasakoff überreicht Gajaneh als Zeichen seiner stillen Verehrung eine Rose. Zum Abschied begleiten die Dorfbewohner Kasakoff ein Stück des Weges. Allein geblieben, tanzt Gajaneh gedankenverloren mit der Rose, bis die Leute zurückkommen und wieder an die Arbeit gehen.

2. Bild: Am Abend in Gajanehs Haus. Gajaneh hat Freundinnen zu Besuch, mit denen sie gemeinsam an einem Teppich knüpft (*Ensembletanz:* Das Teppichknüpfen). Gajanehs Eltern mit Armen und dessen Freund Karen statten einen kurzen Besuch ab. Als sich alle verabschieden, hält Gajaneh den Bruder zurück. Giko, immer noch angetrunken, tritt ins Haus. Gajaneh möchte Frieden stiften zwischen ihrem Mann und ihrem Bruder. Zum Schein geht Giko darauf ein, als aber Armen fortgegangen ist, läßt Giko die Maske fallen. Er beginnt zu toben. Gajaneh flüchtet zur Wiege und beruhigt sich über einem *Wiegenlied* für das Kind. – Giko tritt vor das Haus, er winkt mit der Laterne: drei Männer kommen herbei; Giko hat sie in der Stadt kennengelernt. Sie überreden ihn, einen Anschlag auf den Baumwollspeicher zu machen, und versprechen ihm Geld. Dann verschwinden sie. Gajaneh hat alles gehört. Sie versucht, Giko von der Tat zurückzuhalten. Er aber stößt sie von sich, sperrt Gajaneh ein und eilt fort.

3. Bild: In einem kurdischen Bergdorf. Aischa, die Tochter Dschamals, und Armen lieben sich. Ismail, ein junger Kurde, wird eifersüchtig und fängt mit dem stammesfremden Armen zu streiten an. Dschamal tritt dazwischen und versöhnt die Gegner (*Ensembletänze:* Tanz der Kurden; Armenisch-Kurdischer Tanz). Plötzlich erblicken die Kurden auf den Berghöhen drei Fremde. Dschamal läßt sie herabholen. Obwohl die drei mit betonter Harmlosigkeit auftreten, erwecken sie Argwohn. So weiß Dschamal sie mit allerlei Listen am Weggehen zu hindern. – Da flammen in der Ebene die Baumwollspeicher auf. Der herbeigeholte Kasakoff vermutet in den Fremden die Brandstifter und läßt sie festnehmen.

4. Bild: Im Dorf. Giko hat die Baumwollspeicher angezündet. In wilder Erregung sieht er die Flammen auflodern. Um jeden Verdacht von sich abzulenken, ruft er selbst die Dorfbewohner herbei, bringt aber mit erheucheltem Eifer ihre Löscharbeit durcheinander. Erst als Kasakoff ankommt und die Leitung übernimmt, gelingt es, den Brand einzudämmen.

Gajaneh, die durch ihre Eltern befreit worden ist, klagt Giko der Brandstiftung an. Giko lacht Gajaneh aus und erklärt sie für unzurechnungsfähig. Kasakoff stellt Giko den drei verhafteten Fremden gegenüber. Nun erweist sich Gikos Schuld, er wird – wie die anderen drei – abgeführt. Von Gajaneh fällt eine Last. Allein gelassen, gestehen sich Kasakoff und Gajaneh ihre Liebe *(Pas de deux).*

5. Bild: Ein Jahr später, die Baumwollspeicher sind wieder aufgebaut. Großes Fest mit Gästen aus nah und fern; feierliche Aussaat der Baumwolle. *Tänze des Festes:* Tanz der armenischen Männer und Frauen; Lesghinka; Russischer Tanz; Säbeltanz der Kurden; Tanz der Ukrainerinnen.

Aram Iljitsch Chatschaturjan (1903–78) zählt sich seinem Herkommen nach zu den Armeniern; sein Ballett »Gajaneh«, dessen Titelheldin ihren Namen von des Komponisten Ehefrau erhielt, spielt »im heutigen Armenien«. Chatschaturjan hat für »Gajaneh« (1942), seine 2. Sinfonie (1943), für ein Klavierkonzert und die Filmmusik »Stalingrader Schlacht« (1949) vier Stalin-Preise zuerkannt erhalten. »Gajaneh« ist aus dem schon 1939 komponierten Ballett »Glück« hervorgegangen, dem kein Erfolg beschieden war. 1952 hat Chatschaturjan eine Neufassung von »Gajaneh« herausgegeben. – Inzwischen war der Stalin-Preisträger als »Formalist« gerügt und Anfeindungen der Stalinschen Kulturfunktionäre ausgesetzt gewesen. Er übte Selbstkritik. Nach Stalins Tod trat er dann mit dem Ballett »Spartacus« (s. d.) hervor, von dessen Realisierung man sagte, es sei nach vierzig Jahren das erste Experiment ohne traditionelle Klischees gewesen.

Zu »Gajaneh« schreibt der Komponist: »In diesem Stück wollte ich von der Landschaft Armeniens, von den einfachen Menschen meiner Heimat erzählen, ihre Aufbauarbeit und ihren Kampf um das Glück schildern. Böse Kräfte störten diese Menschen beim Aufbau und suchten ihre friedliche Arbeit zu vernichten. Gajaneh ist eine einfache junge Frau, bei der das Persönliche mit der Gemeinschaft eng verbunden ist. Im Kampf um die Wahrheit und um das Wohlergehen ihres Dorfes kämpft Gajaneh gleichzeitig auch um ihr eigenes Glück. Die Musik ... enthält aber nur höchstens zehn Originalvolksmelodien ... in der Musik fehlen Ethnographie und Stilisierung.« – Zur Eigenart der armenischen Tanzfolklore ist zu bemerken, daß »die

Armenierin nicht nur mit den Beinen, sondern auch mit den Armen tanzt, die sie abwechselnd lang nach vorn streckt, dann hochhebt und zur Seite führt« (Marietta Schaginjan).

Nina Anissimowa (1909–79), Stalin-Preisträgerin, hat bei ihrer Choreographie die Ethnographie weitgehend berücksichtigt; »obwohl Handlung und Musik des Werkes auf nationalen Elementen basieren, baute sie ihre Inszenierung ganz auf der Grundlage des klassischen Balletts auf«. Die Anissimowa war Schülerin der Waganowa und Primaballerina des Kirow-Balletts in Leningrad (früher Marientheater-Ballett in St. Petersburg). Außer »Gajaneh« choreographierte sie »Die andalusische Hochzeit« mit Musik von Chabrier (1936), »Gesang des Kranichs« (1944) und der »Schleier der Fee« (1946).

»Gajaneh« ist Bestandteil des internationalen Repertoires.

Solisten der Uraufführung waren u. a.: Natalia Dudinskaja und Konstantin Sergejew.

Gala Performance

Ballett in einem Akt und zwei Szenen. Libretto: Antony Tudor; Musik: Serge Prokofjew; Choreographie: Antony Tudor; Ausstattung: Hugh Stevenson; Uraufführung: London Ballet, Toynbee Hall Theatre, London, 5. Dezember 1938.

Personen: Die Königin des Tanzes (aus Moskau); die Göttin des Tanzes (aus Mailand); die Tochter der Terpsichore (aus Paris); Kavaliere; Coryphées; Ballettmeister; Garderobiere.

1. Szene: Hinter den Kulissen eines großen Theaters. Die Mitglieder des Corps de ballet tanzen sich warm. Die Ballerina aus Moskau kommt hinzu. Sie probt die Verbeugung, mit der sie das Publikum zu bezaubern gedenkt. Ihr folgt die Ballerina aus Mailand, eine überwältigende Persönlichkeit, die jedermann für ihren Sklaven hält. Auf ihren

Wink eilt eine übermüdete Garderobiere herbei. Sie muß der Göttin den Spiegel halten. Noch einmal wird das Make-up überprüft und das arme Weiblein drangsaliert, das den Spiegel nicht richtig hält. Die französische Ballerina, weniger arrogant als kokett, hüpft herein und tut ihre Wünsche kund. Die drei Partner geben derweil eine kleine Kostprobe ihres Könnens. Der Ballettmeister gibt letzte Instruktionen. Die Gala wird gleich beginnen – die Tänzer eilen auf ihre Plätze. Vorhang.

2. Szene: Die Tänzer, die bisher dem Publikum den Rücken zukehrten, stehen bei Aufgehen des Vorhangs frontal zum Zuschauerraum. Die »richtige« Vorstellung beginnt. Zuerst tanzt das Corps de ballet. Dann tritt die russische Ballerina mit ihren Kavalieren auf. Was sie zeigt, ist »russische Schule«: die außerordentliche Schwierigkeit der Schritte und der tragische Ausdruck sind ganz und gar auf Publikums-Wirksamkeit abgestellt.

Die italienische Ballerina legt dagegen gar keinen Wert auf Beifall. Wie eine marmorne Bildsäule stellt sie sich in Position, nickt dem Dirigenten zu und beginnt mit ihrem Tanz, der auf schwierigen Balancen basiert. Der Partner ist für sie nur »die Stange«, auf die man sich stützen kann. Er ist nicht würdig, an ihrer Seite vor den Vorhang zu treten.

Die französische Ballerina erweckt mit ihrem Tanz den Eindruck, als könne sie nicht einen Augenblick stillstehen. Mit hohen Sprüngen wirbelt sie über die Bühne. Sie setzt ihren Partner ständig in Verlegenheit, indem sie immer etwas anderes tut, als er erwartet.

Die Coda vereint alle drei Ballerinen. Jede hat die Absicht, die andere auszustechen. Dabei überbieten sich die Russin und die Französin in jeder Weise, sowohl was die Technik als was das Kokettieren mit dem Publikum angeht. Die Italienerin aber läßt sich in ihrer olympischen Ruhe nicht stören. Für sie ist nichts von Bedeutung als sie selbst.

Zum Schluß, wenn die Blumen hereingetragen werden, bringt aber gerade sie es fertig, den größten Strauß zu erwischen. Die anderen Ballerinen sind damit nicht einverstanden. Man gerät sich in die Haare. Die Schlacht um die Blumen wird vor den Augen des Publikums ausgetragen.

»Gala Performance« ist eine Persiflage *Antony Tudors* (s. »Dark Elegies«) auf die nationalen Schulen des klassisch-akademischen Tanzes und auf das Ballett überhaupt, soweit es dem Ballerinenkult huldigt. Um die Mitte des 19. Jahrhunderts suchte man immer wieder, die berühmtesten Ballerinen der Zeit in einem Ballett zu vereinigen (s. »Pas de Quatre«), obwohl man wußte, daß sie einander haßten. Bis heute ist man nicht ganz von dieser Übung abgekommen. Das »Dornröschen« des Marquis de Cuevas wurde oft abwechselnd von drei Ballerinen in einer einzigen Vorstellung getanzt.

Zeitlich ist »Gala Performance« Ende des 19. Jahrhunderts anzusiedeln. Der Ort der Handlung ist das Royal Theatre in London. Die erste Szene wird zum Einleitungssatz des Klavierkonzerts Nr. 3 von *Prokofjew* (s. »Le Chout«), die zweite zur Klassischen Sinfonie getanzt.

Die Ballerinen tanzten bei der Uraufführung: Maude Lloyd, Gerd Larsen und Peggy van Praagh. Die Kavaliere waren Antony Tudor, Guy Massey und Hugh Laing.

Das Ballett gehört zum internationalen Repertoire.

Der Gesang der Nachtigall (Le Chant du Rossignol)

Dramatisches Ballett in einem Akt und zwei Szenen. Musik: Igor Strawinsky; Choreographie: Léonide Massine; Ausstattung: Henri Matisse; Uraufführung: Diaghilews Ballets Russes, Théâtre National de l'Opéra, Paris, 2. Februar 1920.

Personen: Die Nachtigall; die künstliche Nachtigall; der Kaiser; der Tod; Hofdamen; Hofstaat.

Das Ballett folgt im wesentlichen dem Märchen von Hans Christian Andersen »Der Kaiser und die Nachtigall«. Die erste Szene umfaßt den Wettstreit von Nachtigall und künstlicher Nachtigall, die zweite den Kampf des Kaisers mit dem Tod und seine Rettung durch die Nachtigall.

Das Ballett basiert auf der Oper »Le Rossignol« von *Igor Strawinsky* (s. »Agon«), die Diaghilew am 26. Mai 1914 in der Pariser Opéra herausgebracht hatte. Strawinsky revidierte die Partitur für konzertante Aufführungen. Er strich den ersten Akt des Originals. Diaghilew überzeugte Strawinsky davon, daß die neue Fassung, nun »Le Chant du Rossignol« genannt, für das Ballett geeignet sei. Solisten der Uraufführung der von *Léonide Massine* (s. »Le Beau Danube«) choreographierten Ballett-Version waren: Tamara Karsawina, Sokolowa und Grigorjew. *Henri Matisse,* der große französische Maler, entwarf die Ausstattung zum »Gesang der Nachtigall«.

Das Werk hat inzwischen eine ganze Reihe von Interpreten gefunden, ohne daß freilich je einer eine endgültige Version geliefert hätte.

Die Geschöpfe des Prometheus

oder: Die Macht der Musik und des Tanzes

Heroisch-allegorisches Ballett in zwei Aufzügen. Libretto: Salvatore Viganò; Musik: Ludwig van Beethoven; Choreographie: Salvatore Viganò; Uraufführung: Kaiserlich-königliches Hoftheater nächst der Burg, Wien, 28. März 1801.

Personen: Prometheus; seine Geschöpfe (die Tochter, der Sohn); Bacchus; Pan; Terpsichore; Thalia; Melpomene; Apoll; Amphion; Arion; Orpheus; Euterpe; die übrigen Musen; Grazien; Faune.

I. Akt: Einleitung: Der Sturm. Allegro non troppo. Vom heftigen Zorn des Himmels verfolgt, wo er die Flamme geraubt hat, kommt Prometheus unter Donner und Blitz von der Waldhöhe herab zu seiner Behausung. Hier stehen zwei Tonstatuen. Es sind seine Geschöpfe, eine männliche und eine weibliche Figur noch ohne alles Leben. Ihnen bringt er die himmlische Flamme ans Herz, um sie so zum Leben zu erwecken.

Nr. 1 Adagio; Allegro; Adagio; Allegro. Prometheus setzt sich ermattet nieder und beobachtet, wie seine Geschöpfe Leben und Bewegung erlangen. Es ist ein unbewußtes, zielloses Umhertappen. Prometheus sieht dennoch die ersten Schritte seiner Geschöpfe mit Wohlgefallen an. Er bemüht sich liebevoll um sie, entdeckt aber, daß sie kein Verständnis für seine Zuneigung besitzen. Willenlos lassen sie sich auf den Boden fallen. Auch nach erneuten Liebkosungen sind sie nur dazu imstande, verständnislos umherzuirren.

Nr. 2 Adagio; Allegro con brio. Prometheus reißt die Geduld. Er droht seinen Geschöpfen. Als das nichts hilft, will er sein Werk zerstören. »Die ganzen Noten in den letzten zwölf Takten in Nr. 2 bedeuten die plötzlich sich erhebende innere Stimme. Sehr charakteristisch sind die beiden letzten Takte, die den auf einmal hell sich zeigenden glücklichen Einfall bezeichnen.«

Nr. 3 Allegro vivace. Ein neuer Plan ist in Prometheus entstanden. Er bemächtigt sich seiner Geschöpfe und schleift sie zum Parnaß.

II. Akt: Nr. 4 Maestoso; Andante. Die Szene zeigt den Parnaß; es treten auf: Apoll, die Musen und die Grazien. Prometheus kommt, dem Gott seine Geschöpfe vorzustellen (für die Dauer des eigentlichen Vorstellungszeremoniells verbietet der Choreograph Viganò ausdrücklich Musik und Tanz); er bittet Apoll, in seinen Kindern den Sinn für alles Höhere zu wecken durch den Zauber der Musik, des Tanzes, der Tragödie und der Komödie.

Nr. 5 Adagio; Andante quasi Allegretto. Apollo ist bereit, diese Bitte zu erfüllen. Er ruft zunächst Euterpe herbei, die Muse der Musik. Die Musik weckt neue Gefühle in den Geschöpfen; ihre Verhaltensweise ändert sich; ihre Bewegungen werden freier. Die Götter Apoll, Arion, der Schöpfer des Dithyrambos, und Orpheus unterstützen das

Spiel der Euterpe. Die Geschöpfe beginnen voll warmer Empfindung zu tanzen. An die Stelle der Pantomime tritt die Choreographie.

Nr. 6 Un poco Adagio; Allegretto. Das Originallibretto Viganòs besteht für diesen Teil aus einem Satz: »Die Neugeschaffenen tummeln sich hierhin und dorthin.«

Die Geschöpfe erkennen mit heiterem Erstaunen die Schönheit und Größe der Welt und fühlen sich als deren Bürger.

Nr. 7 Grave. Die Geschöpfe erkennen Prometheus als ihren Vater, sie begegnen ihm mit Dankbarkeit und Liebe und umarmen ihn *(Pas de trois).*

Nr. 8 Marcia; Allegro con brio; Presto. Terpsichore tritt mit den Grazien auf, ihr folgt Bacchus als Spender der Lebensfreude und der Fruchtbarkeit mit den Bacchanten. Sie führen einen heroischen Tanz auf, der mit Schwertern und Attitüden des Kampfes dargestellt wird. »Die Geschöpfe des Prometheus widerstehen den Antrieben des Ruhmes nicht und wollen sich in den Tanz mischen« (Viganò).

Beethoven und Viganò gestalteten diesen im Mittelpunkt des ganzen Balletts stehenden sinfonisch ausgeweiteten Tanz als kämpferischen Marsch, um den Fortschritt der Menschheit als einen ständigen Kampf für das Gute und Schöne allegorisch darzustellen.

Nr. 9 Adagio; Adagio (Rezitativ); Allegro molto. Melpomene, die Muse der Tragödie, tritt zwischen die Tanzenden. Sie spielt den erstaunten Geschöpfen des Prometheus eine tragische Szene vor und läßt sie ahnen, daß des Menschen Leben vom Tode bedroht ist. Sie stürzt sich auf Prometheus, bedroht ihn mit dem Dolch und scheint den Titanen zu töten. Prometheus sinkt zu Boden; in tiefer Trauer werfen sich die Geschöpfe über ihn.

Nr. 10 Pastorale (Allegro). Pan beschwichtigt die Geschöpfe mit einem Schäfertanz, Thalia hält den Klagenden Masken vor, durch die sie erkennen, daß Melpomenes tragische Szene nur Spiel war, sie den Schmerz zu lehren.

Nr. 11 Coro di Gioja. Fröhlicher Ensembletanz der Faune unter Anführung des Bacchus, den der Tänzer Gaetano Gioja darstellte.

Nr. 12 Solo di Gioja. Maestoso; Adagio; Allegro mosso. Pan holt den scheintoten Prometheus ins Leben zurück. Dieser Tanz hat als nähere Kennzeichnung den Satz: »Der sorgenbrechende Dionysos.«

Nr. 13 Terzetto di Grotteschi. Allegro; Commodo. Der wiedererweckte Prometheus, Thalia und Pan vereinigen sich zu einem heiteren *Pas de trois,* dem die Musik und die Choreographie zwar groteske, aber keine allzu übertreibenden Akzente verleihen.

Nr. 14 Andante; Adagio; Allegro; Allegretto; Più Allegro. *Pas de deux* zwischen den beiden Geschöpfen, die nach allem in Liebe zueinander entbrannt sind.

Nr. 15 Coro di Viganò (er war ja der erste Vertreter der Rolle des männlichen Geschöpfes). Andantino; Adagio; Allegro. Der *Pas de deux* wird fortgesetzt. Variationen.

Nr. 16 Finale. Allegretto; Allegro molto; Presto. Die Partitur endet mit »festlichen Tänzen«, worauf ein großes Finale alle Mitwirkenden noch einmal vereint »zur Hochzeit jenes Paares, dem unser Menschengeschlecht entstammt«. Das Finale enthält Variationen über das Thema, das sich später im Schlußsatz der Eroica und in den Klaviervariationen op. 35 als fast unerschöpflich erweisen wird.

Auf dem Theaterzettel der Uraufführung wurde erst nach Titel, Personenverzeichnis und Inhaltsangabe erwähnt: »Die Musik ist von Herrn van Beethoven.« Die Komposition der »Geschöpfe des Prometheus« geht auf Salvatore Viganòs Anregung zurück. Das Libretto zu »Prometheus« galt als verschollen. In der »Leipziger Allgemeinen Musikalischen Zeitung« (2. Jahrgang, 1867, Nr. 22) schreibt Grandaur, daß ihm der Zufall ein Exemplar der numerierten Ausgabe (insgesamt 505 Expl., er hatte Nr. 447) des 1838 in Mailand erschienenen Buches »Commentarii della vita e delle opere coredrammatiche di Salvatore di Viganò da Carlo Ritorni Reggiano« in die Hand gegeben habe. Ritorni habe den Namen Beethovens im Zusammenhang mit den »Geschöpfen des Prometheus« überhaupt nicht erwähnt. Auf Ritorni beruht auch die Darstellung des Handlungsablaufs, wie ihn Friedrich Rust in der »Neuen Berliner Musikzeitung« (45. Jahrgang, 1891) gibt; von allen zugänglichen Quellen scheint sie die zuverlässigste zu sein. Die Wiener Originalfassung von 1801 – im Jahre 1801 kam sie auf 16, 1802 auf 13 Aufführungen – gilt als der »kleine Prometheus« im Gegensatz zu dem sechsaktigen (»großen«), den Viganò im Jahre 1813 in Mailand inszenierte. Bei dieser Aufblähung des Stoffes hat Viganò nur vier Nummern aus Beethovens Partitur übernommen; die Ergänzungen entstammen anderen Werken Beethovens sowie Kompositionen von Weigl und Haydn. Viganò hat den Rest selbst komponiert.

Es ist bekannt, daß Joseph Haydn »Die Geschöpfe des Prometheus« lobte. Stendhal hat gesagt, daß ihm Viganòs Ballett noch nach zehn Jahren ebenso frisch vor Augen gestanden habe wie am ersten Tag und ihn immer noch in Erstaunen versetzt habe.

Von den zahllosen Versuchen, Viganò-Beethovens Ballett zu rekonstruieren, ist nur Sir Frederick Ashtons witzig-freche Inszenierung aus Anlaß des Beethoven-Jahres 1970 erwähnenswert (Uraufführung: Royal Ballet [Touring Group], Theater der Stadt Bonn, 6. Juni 1970). Ashton ignorierte den idealistischen Klassizismus, den das Werk angeblich verlangt. Er stellte »Die Geschöpfe des Prometheus« im Kostüm der Zeit Beethovens, Goethes und Napoleons dar. Prometheus sah aus wie der junge Werther, Mars (anstelle des Bacchus im Original) wie ein napoleonischer Marschall und Terpsichore wie die Fürstin Borghese. Ein ebenso geistreiches wie liebenswertes Ballett kam dabei heraus.

Der italienische Tänzer und Choreograph *Salvatore Viganò* (1769–1821) war zugleich Musiker, Maler und Schriftsteller. Er hatte mit den »Geschöpfen des Prometheus« die umwälzenden Ideen des Ballettreformers Jean-Georges Noverre (s. »Les Petits Riens«) aufgegriffen, fortgeführt und eine wahre Wiedergeburt des dramatischen, aussagestarken Balletts durchgesetzt. Viganò hatte sich außerdem den Grundsatz seines Lehrmeisters Dauberval (s. »La Fille Mal Gardée«) zur Richtschnur seines eigenen Schaffens gemacht: »Mir genügt es nicht, das Herz zu ergötzen, ich will das Herz rühren.« Darum wählte er als Sujets seiner großen Handlungsballette meistens solche Themen, in denen ein Held nach schweren Konflikten den Sieg über die Kräfte des Bösen erringt oder ihnen erliegt, so in »Coriolano« (1804), »Gli Strelizzi« (1809), »Otello« (1818) und »I Titani« (1819).

Ludwig van Beethoven (1770–1827) hatte schon als Zwanzigjähriger in Bonn »Das Ritterballett« komponiert, einen Karnevalsscherz, mit dem der Hof des Kölner Kurfürsten der Mode des »Altteutschen« huldigte. – Beethovens zahlreiche Tanzkompositionen beweisen aber im übrigen, daß er zeit seines Lebens der Tanzmusik und der Stilisierung des Tänzerischen in der Instrumentalmusik große Bedeutung zugemessen hat.

Giselle oder: Die Wilis

Phantastisches Ballett in zwei Akten. Buch: Vernoy de Saint-Georges, Théophile Gautier und Jean Coralli; Musik: Adolphe Adam; Choreographie: Jean Coralli und Jules Perrot; Ausstattung: Pierre Ciceri; Kostüme: Paul Lormier; Uraufführung: Théâtre de l'Académie Royale de Musique, Paris, 28. Juni 1841.

Personen: Herzog Albrecht; der Prinz von Kurland; Bathilde, seine Tochter, Albrechts Braut; Berthe, eine Bäuerin; Giselle, ihre Tochter; Wilfried, herzoglicher Verwalter; Hilarion, ein Wildhüter; Myrtha, die Königin der Wilis; Volk der Weinernte; Jäger; Hofgesellschaft; die Wilis.

I. Akt: Ein Dorf am Rhein, umgeben von Wäldern und Weinbergen, zur Zeit der Weinernte. Im Vordergrund links das einfache strohgedeckte Haus der Witwe Berthe, im Vordergrund rechts der Eingang zu einer Jagdhütte des Herzogs. Ländliche Paare, die zur Weinernte gehen, überqueren die Bühne; eine Gruppe junger Mädchen zieht an Berthes Haus vorbei, in dem das schönste Mädchen des Dorfes, Giselle, wohnt. Hilarion, der Wildhüter, kommt aus der Jagdhütte; er ist eine männlich-kraftvolle Erscheinung. Er liebt Giselle. Eben will er an ihrer Tür anklopfen, da hört er Schritte – schnell sucht er ein Versteck, um das Folgende zu beobachten.

Zwei junge Herren treten auf: Herzog Albrecht und sein Knappe Wilfried. Albrecht legt Mantel und Degen ab und steht nun als einfacher Bursche vor Giselles Haus. Wilfried versucht, Albrecht davon abzubringen, sich mit Giselle zu treffen. Wilfried wird weggeschickt, Umhang und Degen in die Jagdhütte zu tragen.

Zuerst lauscht Albrecht vor Giselles Tür, dann klopft er an. Albrecht versteckt sich. Giselle tritt aus dem Haus. Sprühend vor Lebenslust tanzt sie ein Solo, ganz, als wünschte sie, beobachtet zu werden. Sie schaut sich um, sieht niemanden und tanzt weiter. Dann glaubt sie, etwas gehört zu haben. Aber wieder kann sie niemanden entdekken. Sie wendet sich dem Haus zu. In diesem Augenblick tritt Albrecht aus seinem Versteck hervor. Giselle schmollt und täuscht vor, ihn nicht zu sehen. Albrecht versucht sie zu fassen. Sie läuft ihm davon. Endlich aber fallen sie einander in die Arme. Das Paar tanzt quer über die Bühne. Giselle setzt sich auf eine Bank (auf der rechten Seite der Bühne) und bedeckt absichtlich mit ihrem Rock die ganze Sitzfläche. Albrecht müßte stehen bleiben, wenn sie nicht letztlich nachgeben würde. Giselle pflückt eine Blume und fragt das Blumenorakel: »Er liebt mich – er liebt mich nicht...« Es endet mit: »Er liebt mich nicht.« Giselle wirft sie auf den Boden. Ihre Enttäuschung drückt sie in einem kurzen Tanz

aus. Albrecht hebt die Blume wieder auf, entfernt hinter Giselles Rücken ein Blütenblatt und zeigt ihr, daß die endgültige Antwort des Orakels »Er liebt mich« lautet. Erneut tanzen sie miteinander (Lento mit dem Motiv der Glückseligkeit).

Die Liebenden sind so in sich versunken, daß sie den sie beobachtenden Hilarion überhaupt nicht bemerkt haben. Ehe sie recht begreifen, wie ihnen geschieht, hat sich Hilarion zwischen sie gedrängt und bedroht Albrecht. Giselle hält Hilarion für einen eifersüchtigen Tölpel; sie schilt ihn und verspottet ihn. Hilarion kniet vor Giselle nieder und beschwört sie, von Albrecht abzulassen, er allein sei ihr wahrer Freund. Aber er kann nichts ausrichten. Die Faust drohend geballt, verläßt er die Szene.

Auf der Szene erscheinen die Dorfmädchen; sie bringen in Körben die geernteten Trauben. Es sind Giselles Freundinnen; sie tanzen. Giselle schließt sich ihnen an und tanzt in ihrer Mitte einen heiteren Walzer. Albrecht schaut dem Tanz von der Bank aus zu. Giselle fordert ihn auf, mit ihr zu tanzen. Der große Ensembletanz endet damit, daß Giselle auf Albrechts Knie sitzt, umringt von den anderen Paaren.

Berthe, Giselles Mutter, tritt aus dem Haus. Sie sieht nicht gerne, daß Giselle allzuviel tanzt, denn das Herz ihrer Tochter ist schwach und allzu großer Ausgelassenheit nicht gewachsen. Außerdem erinnert sie an das Schicksal jener unverheirateten Mädchen, die sich beim Tanzen den Tod geholt haben; sie finden im Grab keine Ruhe und müssen bis zum Jüngsten Tag im Reigen der unerlösten Wilis tanzen (zum erstenmal erklingt das Motiv der Wilis). Berthe geht mit Giselle ins Haus. Albrecht zieht mit der Dorfjugend ab. Hilarion nähert sich wieder Giselles Tür. Er weiß nicht, wie er es dem Mädchen beibringen soll, daß Albrecht es nicht ehrlich mit ihr meint. Jagdhörner ertönen, eine Jagdgesellschaft tritt auf, an der Spitze Wilfried, Albrechts Knappe. Er sucht seinen Herrn. Unter der Jagdgesellschaft befindet sich auch Bathilde, Albrechts Braut, mit ihrem

Vater, dem Prinzen von Kurland. Man klopft an Berthes Haus, damit sie für Erfrischung sorge. Berthe erscheint, macht tiefe Knicks vor Bathilde und den andern hohen Herrschaften, sie läßt Tische, Bänke, Krüge und Becher herbeitragen.

Giselle kommt aus dem Haus. Überrascht von dem hohen Besuch, verbeugt sie sich vor Wilfried, den sie für den Herrn hält. Bathilde ist von Giselles Schönheit entzückt, Giselle ihrerseits bewundert die Eleganz der Prinzessin. Es kommt zu einem pantomimischen Dialog. Man verständigt sich mit Gesten. Bathilde will wissen, was Giselle tut. Giselle deutet an, daß sie spinne und webe. Aber noch lieber tanze sie. Sie tanzt ein paar Schritte vor Bathilde. Die ist entzückt und schenkt Giselle spontan ihr kostbares Halsband. Sie legt es Giselle um den Hals, die ihr dankbar die Hand küßt. Außerdem will sie Bathilde den Geliebten vorstellen, aber Albrecht ist nicht zu finden. Die gerührte Mutter Berthe lädt Bathilde und den Prinzen von Kurland ein, sich in ihrem Haus auszuruhen. (An dieser Stelle wird vorher, auf der Tradition des zaristischen Balletts basierend, der sogenannte *Bauern-Pas-de-deux* eingefügt, den ein Junker der Hofgesellschaft mit einem Bauernmädchen tanzt.)

Hilarion tritt aus der Jagdhütte; er trägt Albrechts Degen in der Hand. Jetzt muß Giselle ihm glauben! Er verschwindet, als die Dorfmädchen mit ihren Burschen erscheinen und ihren Tanz wiederholen. (Andere Version: *Pas d'huit, Mädchentanz.*) Sie rufen Giselle heraus und bewegen Mutter Berthe, daß sie ihrer Tochter erlaube, den Tanz auszuführen. Sie alle umringen Giselle, die ein brillantes Solo tanzt. Albrecht kommt hinzu, das Paar vereinigt sich zu einem *Pas de deux,* und am Ende des Ensembletanzes umarmen sich Giselle und Albrecht liebevoll.

Hilarion stürzt herbei. Er trennt das Paar und legt Giselle Albrechts Degen in die Hand. Fragend schaut sie Albrecht an. Der bestreitet, der Eigentümer des Degens zu sein. Hilarion aber besteht darauf. Wütend dringt Albrecht mit dem Degen auf ihn ein. Wilfried trennt die beiden Männer. Hilarion gibt immer noch nicht auf. Mit dem Jagdhorn ruft er als Zeugen die Hofgesellschaft herbei.

Bathilde und ihr Vater treten aus dem Haus. Sie sind befremdet, Albrecht ohne Mantel und Degen zu sehen. Albrecht kniet vor Bathilde nieder und küßt ihre Hand. Giselle ist nun wirklich alarmiert. Sie gibt Bathilde zu verstehen, daß Albrecht ihr Bräutigam sei. Die zeigt auf den Ring an ihrem Finger, der beweise, daß sie Albrechts Braut ist.

Voll Abscheu reißt Giselle das Halsband, das ihr Bathilde geschenkt hatte, herunter und schleudert es zu Boden. Sie wirft sich in die Arme der Mutter, die ihr Kind zu trösten versucht. Albrecht möchte ihr alles erklären, aber sie will ihn nicht hören. Das Mädchen ist so hilflos in ihrem Schmerz, daß alle Anwesenden, Höflinge wie Bauern, von Mitleid ergriffen werden.

Giselle versucht zu tanzen, aber es wird nur ein Taumeln daraus; noch einmal erinnert sie sich jener Schritte, die sie vorher so glücklich an Albrechts Seite getanzt hat (die Musik nimmt die Themen der Liebestänze wieder auf). *Scène de folie.* Noch einmal pflückt sie eine imaginäre Blume und fragt sie: »Er liebt mich – er liebt mich nicht.« Und tanzt wiederum taumelnd den Halbkreis entlang, den die anderen gebildet haben – bis sie über Albrechts Degen stolpert, ihn an der Spitze ergreift, den Degenkorb über den Boden schleifen läßt, um den Degen endlich gegen sich selbst zu wenden. Hilarion entreißt ihn ihr im letzten Augenblick. Der Todestanz treibt Albrecht und Giselle noch einmal einander in die Arme, dann bricht das Mädchen zu Füßen ihres Geliebten zusammen. Angesichts der Toten schwört Albrecht ewige Treue.

II. Akt: Nächtliche Waldszene am Ufer eines Sees. Das Wasser reflektiert Mondlicht und ziehende Wolken. Phantastische Baumgruppen geben dem Ort eine umheimliche Atmosphäre. Im Hintergrund links steht auf einem Kreuz über einem frischen Hügel in großen Lettern: GISELLE.

Eine Gruppe von Jägern, von Hilarion geführt, kommt aus dem Wald. Sie erkennen, daß sie an dem Ort angelangt sind, den die Menschen bei Nacht scheuen, weil hier das Reich der Wilis beginnt. Als sie im Wald geheimnisvolle Lichter sehen, fliehen sie. Nun fliegt eine totenbleiche Gestalt in wehendem weißem Gewand über die Szene: es ist Myrtha, die Königin der Wilis. Sie tanzt im Mondschein und ruft damit alle ihre Geisterschwestern herbei (Moderato). Ihr Tanz, mit gesammelter *Arabesque* beginnend, ist von eiskalter Schönheit. Die übernatürliche Macht, die dieser Geisterkönigin eigen ist, läßt nichts anderes als die marmorne Kühle der Vollkommenheit zu. Ihr Tanz steigert sich, jedoch ändert er seine Stimmung nicht: er hat den Charakter eines Diamanten, kalt, hart, glänzend. Mit über der Brust gekreuzten Händen kommen die Wilis herbei, schemenhaft, den Kopf geneigt, unglückliche, unerlöste Wesen, die bis zum Jüngsten Tage tanzen müssen unter der unerbittlichen Herrschaft Myrthas. Der Tanz der Wilis ist einer der Höhepunkte der Choreographie dieses Balletts. Die von zwei Gruppen gegeneinander getanzten Arabesquen bei über der Brust gekreuzten Armen erfordern nicht nur einen hoch entwickelten Gleichgewichtssinn, sondern auch äußerste Konzentration im Zusammentanz mit den anderen.

Über Giselles Grab schwingt Myrtha den Zauberstab – das Grab öffnet sich, und Giselle erscheint in Gestalt einer Wilis. Sogleich wird sie von der unheilvollen Tanzbesessenheit der Wilis gepackt und tanzt mit großen, weiten Sprüngen (Moderato; Andante). Als die Wilis Menschenschritte hören, fliehen sie, Giselle in ihrer Mitte. Albrecht kommt, um das Grab seiner Liebsten zu besuchen. Seine Treue rührt Giselle, sie kehrt zurück und gibt sich Albrecht zu erkennen. Gerade als er sich anschickt, sie zu umarmen, kehren die Wilis zurück. Hilarion ist in ihren magischen Kreis geraten (Allegro molto). Jetzt muß er, will er entkommen, tanzen, bis die Sonne aufgeht und die Macht der Wilis bricht. Aber er besitzt nicht die Kraft, den Tanz durchzuhalten. Immer und immer wieder bittet er Myrtha und die anderen Wilis um Gnade. Sie weisen ihn immer wieder ab und treiben ihn in den Tod. Der geschwächte Hilarion stolpert über die Uferböschung und ertrinkt im See. Wie eine triumphierende Armee ziehen die Wilis in geordneten Reihen – zwei zu zwei – ab.

Die letzte der davoneilenden Wilis gewahrt Albrecht und lenkt die Aufmerksamkeit Myrthas auf dieses Opfer. Giselle erhält den Auftrag, Albrecht zu Tode zu tanzen. Als jüngste Wilis hat sich Giselle noch menschliche Regungen bewahrt, sie bittet Myrtha, Albrecht zu schonen. Vergebens, Myrtha fordert unbarmherzig Gehorsam. Giselle drängt Albrecht zum Grab, denn nur das Kreuz kann ihn vor der bösen Macht des Zwischenreichs schützen. Als Myrtha sich dem Grab nähert, zerbricht ihr Zauberzepter vor dem heiligen Zeichen.

Nun befiehlt Myrtha Giselle zu tanzen. Albrecht vereinigt sich mit ihr zu einem *Pas de deux* (Andante, molto espressivo). Erfüllt sich die Absicht Myrthas, Albrecht in den Tod zu treiben? Der Mann, überwältigt von dem unstillbaren Trieb zu tanzen, der alle Opfer der Wilis vor ihrem Tode befällt, wird (in einer Solo-Variation) zu kraftvoll hohen Sprüngen hingerissen – er fliegt gleichsam durch die Luft, selbst schon vom Wesen der Wilis erfaßt. Es ergeht Albrecht wie vorher Hilarion. Auch er bittet, unterstützt von Giselle, immer wieder Myrtha und die Wilis um Gnade. Aber die sind unerbittlich. Er muß immer wieder von vorne beginnen – bis zur völligen Erschöpfung. Da hört man – im rettenden Augenblick – die Uhr schlagen. Die Sonne geht auf. Die Wilis verlieren ihre Macht. Sie scheinen sich aufzulösen in den Morgennebeln. Giselle kehrt zurück ins Grab (Moderato). Albrecht ist es, als erwache er aus einem Traum. Bathilde und Wilfried, die nach dem Vermißten gesucht haben, erscheinen auf der Waldlichtung. Albrecht kehrt am Arm Bathildes ins Leben zurück. (Spätere Fassungen lassen Albrecht entweder auch den Tod finden oder allein von der Bühne abgehen.)

Höchstwahrscheinlich hätte es ohne »La Sylphide« (s. d.) nicht das Ballett »Giselle« gegeben; auf der Bühne der Pariser Oper war »La Sylphide« so sehr dem Zeitgeschmack entgegengekommen, daß man erst nach neun Jahren erwog, ein neues, aber in der Stoffwelt ganz verwandtes Ballett herauszubringen.

Jean Coralli (1779–1854), der in Paris geborene Italiener, war schon 1831 als Choreograph an die Pariser Oper berufen worden, aber erst mit seinem dritten großen Werk (nach »Le Diable Boîteux«, 1836, und »La Tarentule«, 1839), eben mit »Giselle ou Les Wilis« hatte er den Erfolg, der seinen Namen weitertrug. Das Libretto haben *Vernoy de Saint-Georges* und *Théophile Gautier* (1811–72) gemeinsam niedergeschrieben und es zusammen mit den Choreographen Coralli und vor allem Jules Perrot in jene Bühnenform gebracht, in der sich »Giselle« als das ›Ballett der Ballette‹ im internationalen Repertoire bis auf den heutigen Tag behauptet hat.

Jules Perrot (1810–92), der mit der ersten Giselle, Carlotta Grisi, zusammenlebte, hat die Tänze und Szenen der Titelfigur choreographiert und inszeniert, somit das geschaffen, was wesentlich an diesem Ballett ist. Ein Jahr nach der Uraufführung von »Giselle« wurde er Ballettmeister an Her Majesty's Theatre in London, wo er unter anderem »Ondine«, eine direkte Vorläuferin der »Undine« (s. d.) von Ashton und Henze, herausbrachte und jenes Spektakel »Pas de Quatre« (s. d.) schuf, das ihm zu seiner Zeit mehr Ruhm eingetragen hat als sein Anteil an »Giselle« und sein Ruf, einer der größten Tänzer aller Zeiten zu sein.

Adolphe Adam (s. »Le Corsaire«) ist in »Giselle« ganz auf die Wünsche seiner Auftraggeber eingegangen und hat dennoch mit seiner Partitur eine der gelungensten Ballettmusiken des 19. Jahrhunderts geschaffen. Sie ist nicht nur melodienreich und klangschön, sondern vor allem auch ganz außerordentlich ballettgemäß, indem sie mit wechselnden Farben die verschiedenen Stimmungen malt (starker

Kontrast zwischen I. und II. Akt), vor allem aber durch die angewendete Leitmotiv-Technik sowohl Tänzern wie Zuschauern Gedächtnishilfe leistet.

In den Notizen Gautiers zum Ballett »Giselle« findet sich ein Brief an Heinrich Heine, in dem Gautier bekennt, daß er sich durch Heines Buch »Zur Geschichte der neuen schönen Literatur in Deutschland«, Kapitel über die Erdgeister, zu dem Ballett habe anregen lassen.

Heine erzählt in seinem Buch: »In einem mitternächtlichen Tanz vereinigten sich jene Bräute, die sterben mußten, ehe sie zur Hochzeit gingen, und die nun im Tode keine Ruhe finden können, weil sich ihr Leben nicht erfüllt hat. Man nennt sie die Wilis. Ihr mitternächtlicher Spuk zielt darauf ab, junge Männer, die in den Bannkreis der Wilis geraten, tanzend in den Tod zu treiben.« In »Giselle« wird das modifiziert. Die Wilis müssen nicht bis zum Jüngsten Tag tanzen, weil sich ihr Leben nicht erfüllt hat, sondern weil sie tanzend gestorben sind, bevor sie an den Altar traten. Entscheidend ist also die Tanzleidenschaft. Giselle wird keine Wilis, weil ihr Herz vor Liebeskummer bricht, sondern weil beides zusammenkommt: das schwache Herz und die Tanzleidenschaft. Das eigentliche Thema des Balletts »Giselle« ist nicht die rührende Liebesgeschichte, sondern der Tanz selbst.

In keinem andern Werk kann die Ballerina so vollkommen ihre künstlerische Persönlichkeit beweisen wie in »Giselle«; diese Rolle fordert die allerbeste Technik und eine große Schauspielerin, die »agiert«, indem sie »tanzt«. Die erste Giselle war Carlotta Grisi. »Sie ist die Sonne und der Mond«, hat man von ihr gesagt, weil sie gleichermaßen als Mädchen im I. Akt wie als Wilis im II. Akt überzeugte. Alle großen Ballerinen bis auf unsere Tage haben der Grisi in dieser Rolle nachgeeifert und sie zu übertreffen versucht. Erst Rudolf Nurejew hat es verstanden, beim Zuschauer ein gewisses Interesse für den Prinzen Albrecht zu wecken, indem er diese Figur der Entwicklung vom feudalen Herrn, der nur mit der Liebe spielt, zum tragischen jungen Mann unterwirft, der wirklich liebt.

Wie außerordentlich wichtig und unauslotbar »Giselle« ist, beweist der enthusiastische Kommentar des größten Choreographen unseres Jahrhunderts, George Balanchine (s. »Agon«): »Das Werk ist so gut, daß man immer wieder Dinge entdeckt, die man vorher nicht gesehen hat.«

Eine radikale Neufassung von »Giselle« choreographierte Mats Ek 1982.

Große Fuge

Ballett in einem Akt. Musik: Ludwig van Beethoven (Große Fuge op. 133 und Cavatina aus dem Streichquartett op. 130, beide in der Fassung für Streichorchester); Choreographie: Hans van Manen; Ausstattung: Jean-Paul Vroom; Kostüme: Hans van Manen; Uraufführung; Nederlands Dans Theater, Circus Theater, Scheveningen, 8. April 1971.

Die Choreographie basiert überwiegend auf dem Modern Dance à la Martha Graham. Durch die Kostüme der vier Männer, eher ostasiatisch wirkend als europäisch, besitzt das Ballett dennoch eine Strenge, eine apollinische Ausgewogenheit, eine so klinische Kühle, daß man gar nicht umhinkann, es klassisch zu nennen. Es ist von jener Konsequenz bester moderner Kunst, der man objektiv ganz einfach höchste Schönheit bescheinigen muß.

Eine bühnenbreite Neonleuchtröhre, die von unten nach oben über den Hintergrundprospekt gleitet, ist das ganze Bühnenbild. Die Damen hat Hans von Manen mit fleischfarbenen Maillots und mit einem Kopfputz versehen, der sie unübersehbar dem Modern Dance zuordnet. Die Männer tragen bei nacktem Oberkörper zunächst fußlange schwarze Hosenröcke, die sie nach der choreographischen Exposition ablegen, wenn die Damen zum Meno mosso in das szenische Geschehen eingreifen. Höhepunkt der Konfrontation der beiden Geschlechter ist der Augenblick, wenn die Frauen, die sich an die tief durchhängenden Gürtelschnallen der schwarzen Shorts festklammern, von den Männern über die Bühne geschleift werden. Am Ende aber steht völlige Übereinstimmung zwischen Jungen und Mädchen. Wie in so vielen Balletten Hans van Manens (s. »Adagio Hammerklavier«) gibt es nur noch ein Geschlecht: der emanzipierte Mensch.

Getanzt wurde die Uraufführung von Marian Sarstädt, Jon Benoit, Mea Venema, Franz Vervenne, Lenny Westerdijk, Nils Christe, Yteke Waterbolk und Leon Koning.

Das international erfolgreiche Werk wurde auch von den Balletten an der Deutschen Oper am Rhein in Düsseldorf-Duisburg, der Staatsoper in München und vom Tanz-Forum in Köln übernommen. Es gehört zum Ballettrepertoire des deutschen Fernsehens.

Großstadt

Ballett in drei Bildern. Libretto: Kurt Jooss; Musik: Alexandre Tansman; Choreographie: Kurt Jooss; Ausstattung: Hein Heckroth; Uraufführung: Folkwang Tanzbühne Essen, Opernhaus Köln, 21. November 1932.

Personen: Der Arbeiter; das Mädchen; der Elegante; ein Herr; Geschäftsmann; Zeitungsjunge; Blaustrümpfe; Blumenmädchen; Dirnen; Frau Muffke; Krankenschwester; Kinder; Mütter; Corps de ballet.

Im geschäftigen Gewühl der Großstadt sieht man das Mädchen und seinen Freund, den jungen Arbeiter, auf dem Nachhauseweg nach einem arbeitsreichen Tag. Der feine Herr, auf der Suche nach Abenteuern, kommt dazwischen und bringt das Mädchen nach Hause. Verleitet durch den Reiz des unbekannten Glanzes, entschwebt sie an seinem Arm zu mondänen Dielen, wo Enttäuschung ihrer wartet.

Mehr als vierzig Jahre nach der Uraufführung hat Kurt Jooss sein Ballett in drei Bildern – Straße, Hinterhof, Tanzdielen – folgendermaßen charakterisiert: »Nach der Entstehung im Herbst 1932 und in der endgültigen Neufassung vom Sommer 1935 ist ›Großstadt‹ während 21 Jahren neben dem Totentanz ›Der grüne Tisch‹ das beliebteste und meistaufgeführte Ballett im Repertoire der ›Ballets Jooss‹ gewesen und weltweit getanzt worden. Man hat ›Großstadt‹ das erste sozialkritische Ballett genannt. Es mag so wirken; ich selbst war mir in bezug auf dieses Werk und seine Aussage derartiger Tendenzen nicht bewußt. Ich glaube, dieses Stück ist entstanden aus einer ganz einfachen Liebe zu der damaligen Zeit und meinen Zeitgenossen. Es ist weit weniger Kritik als vielmehr ein Versuch, die Einsamkeit des Großstadtmenschen tanzdramatisch zu gestalten. Ausdrucksweise und -mittel sind die der späten zwanziger Jahre. Heinrich Zille und Käthe Kollwitz, Straßenrummel, Hinterhöfe und Tanzdielen haben mir gestalterisch Anregungen gegeben. Die nagelneuen, aus Amerika importierten Charleston-, Blues- und Foxtrott-Rhythmen und der noch greifbar lebendige ›Bal Musette‹ lieferten den rhythmisch-dynamischen Unterbau. Der Pariser Komponist Alexandre Tansman hat daraus eine mitreißende Partitur für 2 Klaviere geschaffen.«

Als 1932 beim Choreographischen Wettbewerb in Paris Kurt Jooss mit dem »Grünen Tisch« (s. d.) den ersten Preis gewann, hatte er bereits die »Großstadt« konzipiert. Was ihm zur Vollendung allein fehlte, war die Musik. Jooss fand sie schließlich in der »Sonatine transatlantique« Alexandre Tansmans. Sie zitierte die Rhythmen des Foxtrotts, des Blues, des Charleston, die Jooss sich so sehr wünschte. Drei Jahre lang diente sie dem Ballett als Grundlage. Dann schrieb sie Tansman um, in engerer Anpassung an choreographische Erfordernisse, und ergänzte sie um einen europäischen Kontrast, um einen »Bal Musette«. In dieser Form wird das Ballett seit 1935 gespielt. Zusammen mit dem

»Grünen Tisch«, mit »Ein Ball in Alt-Wien« und »Pavane auf den Tod einer Infantin« (s. d.) gehört seine »Großstadt«-Choreographie, immer wieder durch Jooss' Tochter Anna Markard einstudiert, zum festen Bestandteil des internationalen Ballett-Repertoires.

Der Name von *Kurt Jooss* (1901–78) ist in erster Linie mit seinem Ballett »Der grüne Tisch« (s. d.) verbunden. Zehn Jahre lang beschäftigte sich Jooss, eigenem Eingeständnis zufolge, mit dem Thema – nicht zuletzt unter dem Eindruck jener Theorien, die ihm der Großmeister des deutschen Ausdruckstanzes, Rudolf von Laban, von 1920 an in Stuttgart, Mannheim und Hamburg vermittelt hatte. Seine Bewegungsanalysen aufgreifend, entwickelte er allmählich einen Stil, der dem Expressionismus seiner Zeit formale Gültigkeit verlieh – erst als Regisseur in Münster, dann als Leiter der ›Neuen Tanzbühne‹, schließlich als Direktor der Essener Folkwang-Tanzbühne.

Das gesellschaftskritische Engagement, das sich selbst in solchen, aller Aktualität entrückten Balletten mitteilte, ließ Jooss nach der Machtergreifung Hitlers eine Emigration seines Ensembles ratsam erscheinen. Darlington Hall bei Cambridge in Südengland wurde zur neuen Heimat der Ballets Jooss, die ihre unverminderte Popularität auf Gastspielreisen durch Europa, Süd- und Nordamerika bekräftigten. 1949 kehrte er wieder nach Essen zurück, Repräsentant des German Dance und somit viele Jahre lang ein Unzeitgemäßer in einem Staat, der sich inzwischen auf die Ballettklassik besonnen hatte. Jooss war dann von 1954 bis 1956 als Ballettdirektor in Düsseldorf tätig und versuchte dort, wenn auch vergeblich, mit »Pulcinella« und »Persephone« von Igor Strawinsky (s. »Agon«) an seine großen Erfolge anzuknüpfen. Anerkennung wurde ihm in Deutschland sporadisch nur mit seiner »Feenkönigin« (1959 für die Schwetzinger Festspiele) und der »Rappresentazione di Anima e di Corpo« (1968 bei den Salzburger Festspielen) zuteil.

Obwohl er Grund zu grollender Verbitterung gehabt hätte, zog er sich nie aus der Öffentlichkeit zurück. Protagonist einer Tanzkultur, auf die sich die Bühnen der Bundesrepublik – nach der hektischen Ballettrestauration der Nachkriegsjahre – immer häufiger beriefen, blieb er bis zuletzt präsent. Die Einstudierungen seiner Meisterwerke häuften sich. Und auch den Choreographen, die sich ihm verpflichtet wußten wie Pina Bausch (s. »Blaubart«), war Resonanz nicht mehr versagt. Immer mehr wurde Jooss zum Propheten einer Ästhetik, die im »klassischen Ballett das A und im Neuen Tanz das O« jeder Bewegungskunst sah.

Alexandre Tansman (1897–1986) stammt aus Lodz; hier studierte er zunächst Rechte, dann am Konservatorium in Warschau Musik. Nachdem er einen ersten und zweiten Komponistenpreis gewonnen hatte, ließ er sich in Paris nieder. 1938 wurde er französischer Staatsbürger, 1941 übersiedelte er in die USA, um 1946 endgültig nach Frankreich zurückzukehren. Zu Tansmans umfangreichem Œuvre (symphonische Werke, Konzerte, Lieder, Kammermusik) gehören auch Werke für die Bühne, darunter »Drames lyriques« wie »Der Schwur«, komische Opern und Ballette. 1952 entstand in Zusammenarbeit mit Jooss beispielsweise das Ballett »Nachtzug«.

Die meisten Ausstattungen der Ballets Jooss hat *Hein Heckroth* (1901–70) entworfen. An der Städel-Schule in Frankfurt a. M. ausgebildet, war Heckroth 1924–27 Bühnenbildner am Stadttheater Münster und schon damals Mitarbeiter von Kurt Jooss. 1927 wechselte er zu den Städtischen Bühnen Essen über und wurde gleichzeitig Leiter der Fachklasse für Bühnengestaltung an der Folkwangschule. 1933 verließ er mit Jooss Deutschland und wurde in den vierziger Jahren erstmals für den Film tätig. Für »Die roten Schuhe« (1948) und »Hoffmanns Erzählungen« (1951) erhielt er drei »Oscars«. Nach Kriegsende lebte Heckroth zunächst in London, ging dann aber als Ausstattungsleiter der Städtischen Bühnen Frankfurt 1956 zurück in die Bundesrepublik.

Solisten der Uraufführung von »Großstadt« waren Mascha Lidolt, Sigurd Leeder und Ernst Uthoff.

Der grüne Tisch

Totentanz in acht Bildern. Libretto: Kurt Jooss; Musik: Fritz Cohen; Choreographie: Kurt Jooss; Ausstattung: Hein Heckroth; Masken: Hermann Markard; Uraufführung: Théâtre des Champs-Élysées, Paris, 3. Juli 1932.

Personen: Der Tod; der Fahnenträger; der junge Soldat; der alte Soldat; das junge Mädchen; die Frau; die alte Mutter; der Kriegsgewinnler; die Schwarzen Herren; Soldaten; Frauen.

Szenenfolge: Die Schwarzen Herren; Der Abschied; Die Schlacht; Die Vertriebenen; Die Partisanin; Die Schenke; Die Letzten; Die Schwarzen Herren.

Der grüne Tisch steht mitten auf der Bühne – das Kennzeichen von Konferenzen. Um den Tisch stehen die Herren in Schwarz, die Diplomaten. Sie diskutieren miteinander. Sie geraten aneinander; heftiges Für und Wider; die Situation wird immer unhaltbarer; erneute Provokation und leidenschaftliche Entgegnung; bis es keinen anderen Ausweg mehr gibt als ... Die Diplomaten ziehen Revolver, schießen – ... Krieg.

Krieg ist Totentanz. Die Szene wieder vor einem schwarzen Vorhang, meint die Welt. Die jungen Männer nehmen Abschied von den Frauen.

In der Schlacht scharen sich die Soldaten um ihren Fahnenträger. Sie kämpfen bis zum letzten Atemzug um die Fahne (ein oft imitierter Einfall von Jooss, die Schlacht hauptsächlich durch das Knattern der Fahne und ihren

Wechsel von einer zur anderen Partei darzustellen). – Ein Kriegsgewinnler fleddert die Gefallenen. – Im Bordell ›erholen‹ sich die Soldaten. – Die Überlebenden kehren als ›verlorene Generation‹ zurück. – Alle diese Szenen hindurch gibt es eine immer wiederkehrende Gestalt, den Tod (ein stilisierter Mars). Mit weit ausholendem Schritt stampft er im Takt der Musik über die Bühne (ein simpler choreographischer Einfall von großer und nie wieder erreichter Prägnanz).

Zurück am grünen Tisch, gibt es wieder Konferenzen, und wieder fallen Schüsse.

Das Erlebnis des Weltkrieges 1914–18 hat auch Tänzer und Choreographen geprägt. Es darzustellen, war ihnen offenbar weder mit den stark subjektiv bestimmten Mitteln des Ausdruckstanzes (später German oder Modern Dance genannt) noch mit den scheinbar orthodoxen des Klassischen Tanzes möglich.

Anläßlich eines Kongresses von Tänzern in Essen (1928) hatte *Kurt Jooss* (s. »Großstadt«) den Mut, zu sagen, daß er den modernen Tanz für genauso einseitig halte wie den puritanischen akademischen Tanz. Was er eigentlich wollte, zeigte er 1932 auf dem Choreographischen Wettbewerb des Internationalen Tanzarchivs in Paris mit dem »Grünen Tisch«, der ihm den 1. Preis eintrug – und den Weltruhm.

So eindringlich klar die Geschichte, die Tendenz des Balletts ist, so eindeutig klar ist die tänzerische Gestaltung. Maske, Kostüm, Lichtkegel machen aus den Tanzenden Typen, die stellvertretend für alle stehen, die im modernen Kollektivismus der anonymen Macht ausgeliefert sind, die jedes individuelle Schicksal negiert. Die Choreographie ist überschaubar, die dramatische Ballung überzeugend, die Gruppenkonstellation bestimmt immer die einzelnen Szenen.

Bei der Uraufführung 1932 tanzten Kurt Jooss (den Tod), Lisa Czobel, Frida Holst und Karl Bergeest; die Neue

Jooss-Gruppe 1951/52 stellte Rolf Alexander (als Tod), Franziska Tona (die alte Mutter), Roger George und Walter Kuhn in den Hauptrollen vor. Mit dem »Grünen Tisch« hat Kurt Jooss einen bedeutenden Beitrag für die Evolution des Balletts zum Tanztheater geleistet.

Fritz Cohen (1904–67) hat seine zweifellos kongeniale Musik – Klavier – auf die fertige Choreographie komponiert. Er hat also den Takt der Schritte, besser: den Rhythmus des ganzen Balletts nachempfunden. Sehr charakteristisch dafür ist der Tango für die Szenen der Schwarzen Herren am Anfang und am Schluß. Außer für den »Grünen Tisch« hat Cohen die Partituren für die Jooss-Ballette »Seven Heroes« und »Der verlorene Sohn« geschrieben.

Hamlet

Ballett in einem Prolog und drei Bildern. Libretto: Tatjana Gsovsky; Musik: Boris Blacher; Choreographie: Victor Gsovsky; Ausstattung: Helmut Jürgens; Uraufführung: Bayerische Staatsoper, Prinzregententheater, München, 19. November 1950.

Personen: Claudius, König von Dänemark; Hamlet, Sohn des vorigen und Neffe des gegenwärtigen Königs; Polonius, Oberkämmerer; Laertes, Sohn des Polonius; Erster Schauspieler; weitere Schauspieler; zwei Totengräber; der Geist von Hamlets Vater; Gertrude, Königin von Dänemark, Hamlets Mutter; Ophelia, Tochter des Polonius; Herren und Frauen am Hof; Soldaten; gemischter Chor für Singstimmen.

Motto: »The time is out of joint: O cursed spite,
That ever I was born to set it right!«
»Die Zeit ist aus den Fugen: Schmach und Gram,
Daß ich zur Welt, sie einzurichten, kam!«
(Shakespeare, »Hamlet«, I,5)

Prolog: Nr. 1 Moderato: Der Geist des Vaters erscheint Hamlet auf der nächtlichen Terrasse und berichtet ihm vom Brudermord. – *Nr. 2* Maestoso: Hamlet schwört Rache. Die Bühne verwandelt sich in den Thronsaal.

1. Bild: Nr. 3 Allegro: Claudius krönt sich selbst. Allgemeiner, etwas marionettenhaft gehaltener Tanz; die Paare wechseln, und es ergibt sich, daß Ophelia Hamlets Dame wird. Kleine Szene, in der Hamlet Ophelias Hand fallen läßt und – den Blick auf sie gerichtet – langsam die Bühne verläßt. Ophelia folgt ihm bestürzt. – *Nr. 4* Maestoso. Solotanz des Hamlet (»Monolog«) im Sinne: »O schmölze doch dies allzu feste Fleisch.« – *Nr. 5* Allegretto: Auftritt der Schauspieler. Hamlet bittet um eine Probe ihrer Kunst; ein Schauspieler »trägt einen klassischen Monolog« vor. Spontan spielt Hamlet den Schauspielern seine Pantomime »Die Mausefalle« vor. – *Nr. 6* Andante: König, Königin und Polonius. Letzterer erklärt das veränderte Wesen Hamlets damit, daß der Prinz in Ophelia verliebt sei. Man belauscht das Paar. Dialog Hamlet–Ophelia, der etwa in dem Sinne schließt: »In ein Kloster geh!« – Auftritt der Hofgesellschaft, die mit demselben marionettenhaften Tanz von Nr. 3 die Szene beschließt.

2. Bild: Nr. 7 Larghetto (mit Chor): Monolog Hamlets etwa in dem Sinne »Sein oder Nichtsein«. – *Nr. 8* Allegretto: Polonius meldet die Ankunft der Schauspieler. Kurze, zynisch-groteske Szene Polonius–Hamlet. König, Königin, Hof, Schauspieler und Ophelia. Mausefalle. Der König unterbricht im entscheidenden Moment, vom schlechten Gewissen getrieben, das Spiel. – *Nr. 9* Allegro (mit Chor): Hysterischer Lachtanz Hamlets. Soldaten mit Fackeln, vom König gerufen, stürzen auf die Bühne. Der König sucht sich hinter ihnen vor Hamlets Blicken zu verstecken. – *Nr. 10* Moderato (mit Chor »Misericordia«): Der König vor dem Betpult etwa im Sinne: »Meine Tat stinkt zum Himmel.« Hamlet tritt auf, zieht den Degen, den König zu ermorden, der ihm den Rücken zuwendet. Hamlet überlegt es sich aber schließlich anders. – *Nr. 11* Largo; Presto; Moderato; Allegro: Gemach der Königin. Polonius versteckt sich hinter einem Vorhang. Szene zwischen Hamlet und seiner Mutter. Sie ruft um Hilfe. Polonius, der Königin zu Hilfe eilend, wird von Hamlet erstochen. Hamlet ab. Soldaten mit Fackeln bilden eine Gasse, durch die der Tote weggetragen wird. Zurück bleiben der König und die Königin. Durch die Reihen der Soldaten kommt Ophelia. Alle außer Ophelia ab. Ophelias Wahnsinnstanz und Ertrinken (Projektion).

3. Bild: Nr. 12 Allegretto; Vivace: Friedhof. Tanz der Totengräber und Szene Hamlets mit dem Schädel. – *Nr. 13* Moderato (mit Chor): Begräbnis Ophelias. König, Königin und Hof in Trauer. Laertes' Klage. Hamlet gibt sich zu erkennen. Laertes fordert ihn zum Kampf. Zwischenszene. Allein mit Laertes, streut der König Gift in eine Trinkschale, in die Laertes die Spitze seines Degens taucht. *Nr. 14* Vivace; Andante maestoso (mit Chor): Thronsaal. Zweikampf Laertes–Hamlet. Laertes wird verwundet. Die Königin trinkt aus dem vergifteten Becher auf den Sieg Hamlets. Der Zweikampf geht weiter. Hamlet wird mit dem vergifteten Rapier getroffen, währenddessen die Königin tot vom Thron sinkt. Die Rapiere werden im Tumult verwechselt, so daß beim dritten Gang Laertes mit dem vergifteten Rapier getroffen wird. Sterbend gesteht er Hamlet seines und des Königs Verrat. Hamlet ersticht den König.

Apotheose: Hamlet stirbt auf dem Thron seines Vaters.

Das Opus 35 *Boris Blachers* (s. »Chiarina«) war bei der Uraufführung ein großer Erfolg. Ebenso einhellig war die Bejahung der Choreographie von *Victor Gsovsky,* obwohl sie mit dem Vorwurf, wie ihn *Tatjana Gsovsky* (s. »Die chinesische Nachtigall«) in der hier wiedergegebenen Form niederlegte, nicht das geringste zu tun hatte. Victor Gsovsky ging nicht den Weg des Librettos, nur die Idee von Shakespeares Trauerspiel tänzerisch sichtbar zu machen. Seine Auffassung glich mehr der silhouettischen Nachzeichnung des dichterischen Bildes. Der Choreograph schaute auf Shakespeare und hörte auf Blacher. So kam es, daß die Identität zwischen Szene und Musik dichter erschien als bei der späteren Realisierung ihres Werkes durch Tatjana Gsovsky selbst (Städtische Oper Berlin). *Helmut Jürgens'* geniales Bühnenbild mit einer Rampe und geschwungenem Steg schuf verschiedene Spielhöhen, die für alle Szenen den legitimen Ort boten.

Victor Gsovsky (1902–74) hat sich vor allem als Lehrer einen Namen gemacht. Er war u. a. Trainer der Compagnien von Béjart (s. »Lieder eines fahrenden Gesellen«) in Brüssel, von Erich Walter in Düsseldorf (s. »Musique pour les Soupers du Roi Ubu«) und Peter van Dyk in Hamburg. Gsovsky kam 1925 als Ballettdirektor der Berliner Staatsoper nach Deutschland. Unter seinen choreographischen Arbeiten ragen hervor: »Dances of Galanta« und »Pygmalion« für das englische Metropolitan Ballet. Im internationalen Repertoire gehalten hat sich sein »Grand Pas Classique«, eine technische Brillanznummer.

Solisten der Uraufführung waren u. a.: Franz Baur, Irène Skorik und Heino Hallhuber. Die Titelfigur in der Version von Tatjana Gsovsky war lange Zeit die Paraderolle Gert Reinholms, des ständigen Direktors des Balletts der Deutschen Oper in Westberlin (während gleichzeitig die künstlerische Verantwortung Tatjana Gsovsky, MacMillan [s. »Concerto«], Balanchine [s. »Agon«] und Taras [s. »Designs with Strings«] trugen).

Es sind schon früher wiederholt Versuche unternommen worden, den »Hamlet«-Stoff nach Shakespeare für die Tanzbühne zu adaptieren; so hat Francesco Clerico, ein Noverre-Schüler, 1788 »Amleto« mit einer von ihm selbst komponierten Musik in Venedig herausgebracht: Bronislawa Nijinska (s. »Les Biches«), als Choreographin weit erfolgreicher als ihr berühmter Bruder, der Tänzer Waslaw Nijinsky, schuf 1934 für ihr eigenes Théâtre de Danse ebenfalls ein »Hamlet«-Ballett. 1942 unternahm es Robert Helpmann, mit dem Sadler's Wells Ballet in London (New Theatre) auf Musik von Tschaikowsky ein dramatisches Ballett in einem Akt zu gestalten. Eine neuere Version ist das abendfüllende Ballett »Hamlet« von Nikolai Sergejew

(Musik: Konstantin Tscherwinski) für das Kirow-Theater vom 12. Dezember 1970.

Auch John Neumeier hat sich 1976, Musik von Aaron Copland interpretierend, in New York (später auch Stuttgart und Hamburg) mit dem »Fall Hamlet« beschäftigt, und 1985 in Kopenhagen einen abendfüllenden »Amleth« geschaffen.

Harbinger

Ballett in vier Sätzen. Musik: Serge Prokofjew; Choreographie: Eliot Feld; Ausstattung: Oliver Smith; Beleuchtung: Jean Rosenthal; Uraufführung: American Ballet Theatre, State Theatre, Lincoln Center, New York, 11. Mai 1967.

1. Satz (Allegro con brio; Meno mosso). »Der erste Satz, in dem ein Junge durch eine Gruppe von Mädchen schlendert, bedeutet: ›Sei du selbst und habe Phantasie.‹«

2. Satz. Unter dem im Marsch-Rhythmus gehaltenen »ungestümen zweiten Satz soll man sich eine Jagd vorstellen«.

3. Satz (Toccata). »Der dritte Satz ist ein leicht melancholisches Duett mit Corps de ballet als Hintergrund.«

4. Satz. Der vierte, lyrische Satz, »eine Konkurrenz zwischen zwei Jungen und einem Mädchen, ist das, was er zu sein scheint. Das Finale greift auf Bewegungsmotive der vorangegangenen Teile zurück« (Eliot Feld).

Eliot Feld (geb. 1943) kommentiert sein Ballett mit der gleichen Lässigkeit, die den Jungen im ersten Satz auszeichnet. Äußerst lakonisch werden dem Interviewer der amerikanischen Ballettzeitschrift »Dance Magazine« ein paar nichtssagende Anhaltspunkte hingeworfen. Freilich, was soll man auch zu einem Ballett sagen, das gar keine Geschichte erzählen will. »Ich nehme an, daß alles, was in ›Harbinger‹ gesagt wird, von mir selbst und den Leuten handelt, die ich kenne. Es ist, als ob gezeigt würde, welche privaten Spiele wir miteinander spielen« (Eliot Feld). – Am Ende ist »Harbinger« nichts als ein Ballett, an dem allein interessiert, wie Musik und Bewegung miteinander korrespondieren. Der Zusammenklang der beiden Komponenten in dieser ersten Choreographie Eliot Felds war für die meisten Betrachter so vollkommen, daß sie ihn u. a. »das bedeutendste in den USA geborene Talent im klassischen Ballett seit Jerome Robbins« (s. »The Concert«) nannten.

Die gewagte Prophezeiung sollte sich in den nächsten Jahren bestätigen, vor allem durch »At Midnight«, Felds Ballett auf die Rückert-Lieder von Gustav Mahler (s. »Dark Elegies«).

Beide Ballette, sowohl »Harbinger« als auch »At Midnight«, zeichnen sich durch eine tänzerische Qualität aus, die an »Dances at a Gathering« (s. d.) erinnert. Der Tanz ist wieder leichtfüßig geworden, er fließt wieder; nicht die einzelne Pose ist wichtig, sondern der ganze Bewegungsablauf in Übereinstimmung oder im Dialog mit der unterlegten Musik. Dabei wird die Strenge des klassischen Formenkodex »aufgeweicht«, gewinnt Volkstanz-Charakter, eine sehr merkwürdige Selbstverständlichkeit in den Augen des Zuschauers. Das gilt auch für eines von Felds späteren Balletten, »Early Songs« auf 14 Lieder von Richard Strauss (s. »Josephslegende«), das er schon mit seiner eigenen Compagnie, die damals »American Ballet« hieß, uraufgeführt hat.

Las Hermanas

Ballett in einem Akt. Libretto: Kenneth MacMillan, basierend auf Federico García Lorcas Stück »Bernarda Albas Haus«; Musik: Frank Martin (Konzert für Cembalo und Kammerorchester); Choreographie: Kenneth MacMillan; Ausstattung: Nicholas Georgiadis; Uraufführung: Stuttgarter Ballett, Württembergische Staatstheater, Großes Haus, Stuttgart, 13. Juli 1963.

Personen: Die Mutter; die älteste Tochter; die mittlere Tochter; die jüngste Tochter; zwei weitere Töchter; der Bräutigam der ältesten Tochter.

Sonnenheißer Innenhof von Bernarda Albas Haus. Die Mutter kommt die Treppe herab, ihren Stock auf jede Stufe aufstoßend. Ihre fünf Töchter sitzen wie die Hühner auf der Leiter nebeneinander in Schaukelstühlen. Die Älteste ist eine verklemmte alte Jungfer. Die Mittlere ist neidisch und verbittert. Die Jüngste ist fast noch ein Kind, ein kaum erblühtes Mädchen. Sie schmückt sich mit dem Brautschleier des Hochzeitskleides, das in einer Hofecke über einer Kleiderpuppe hängt. Die älteste Schwester, für die er bestimmt ist, macht es ihr nach. Die drei übrigen Schwestern tanzen mit dem Schleier. Nun bringt die Mutter den Mann, der der Ältesten als Gatte versprochen ist. Er hat seinen besten Anzug angezogen. Dennoch wirkt er brutal. Ihn umgibt ein starkes sexuelles Fluidum. Er ist die inkarnierte Geilheit. Er holt die älteste Schwester zu einem Spaziergang ab. Die anderen bleiben frustriert in ihren Schaukelstühlen zurück.

Die zweite Szene spielt bei Nacht. Der Mann ist zurückgekommen zu einem heimlichen Rendezvous. Er wirft Kiesel gegen das Fenster seiner Braut. Sie kommt herunter. Sie tanzen einen Pas de deux, der ihre Charaktere bloßstellt. Er bedrängt sie unmißverständlich. Sie ist zuerst frigide. Aber seine Geilheit macht sie allmählich schwach. Da bemerkt sie ihre mittlere Schwester auf dem Balkon. Sie hat ihnen zugesehen. Sie küßt den Mann flüchtig, schüttelt ihm formell die Hand und läuft ins Haus zurück. Auf diesen Augenblick hat die jüngste Schwester gewartet. Sie wirft sich dem Mann in die Arme. Sie tanzen einen geilen Pas de deux, der in einer sexuellen Umarmung endet. Wieder hat die mittlere Schwester zugeschaut. Sie macht das ganze Haus wach und zeigt ihrer ältesten Schwester, was für ein Schuft ihr zukünftiger Gatte ist. Die älteste Tochter bricht zusammen, während die Mutter mit dem Stock auf den Mann einzuschlagen versucht. Die jüngste Tochter entreißt ihr den Stock. Die Mutter stößt sie zu

Boden und treibt den Mann zum Haus hinaus, während die älteste Schwester sich in einem Solo ihrer Verzweiflung hingibt. Die jüngste Tochter läuft die Treppe hinauf, von der Mutter angeprangert vor der ganzen »Familie« aus frustrierten Weibern. Die älteste Tochter geht ans Fenster und wirft der verlorenen Freiheit und dem entgangenen Glück einen letzten Blick nach. Die Mutter schließt das Haustor mit gleichsam unabänderlicher Endgültigkeit. Dann klettert sie die Treppe hinauf, ihre jüngste Tochter zu suchen. Sie zieht den Vorhang am oberen Ende der Treppe zurück und findet den schwingenden Körper der jüngsten Tochter, die sich erhängt hat.

Es ist *Kenneth MacMillan* (s. »Concerto«) in »Las Hermanas« gelungen, die Essenz des Stückes von *Federico García Lorca* »Bernarda Albas Haus« zu bewahren, obwohl er die Geschichte von den Frauen, die aus bloßer Wohlanständigkeit, aus Furcht vor den Nachbarn, aus einer völlig hohl gewordenen Moral ihr Leben lang hinter den von Sonnenhitze getränkten weißen Kalkmauern eingesperrt bleiben und natürlicherweise dem ersten besten Mann-Tier verfallen, dem es gelingt, an sie heranzukommen, aufs Äußerste simplifiziert hat. Das, was an Zwischentönen in García Lorcas quälendem Dialog steckt, hat MacMillan aber in Bewegungsnuancen von höchster Prägnanz übersetzt. Darüber hinaus ist sein Ballett nicht nur Anklage der unnatürlichen Mutter, die ihre Töchter eher Mumien werden läßt als das Gesicht zu verlieren – wie bei García Lorca –, sondern auch (und das ist das eigentlich Moderne an diesem Ballett) Darstellung der erschreckenden Macht der Sexualität, die die Menschen bis zur Selbstzerstörung treiben kann. In seinem männlichen Helden stellt er das »Männchen« bloß, jenes animalische Geschöpf, das mit seiner Lendenkraft protzt, das sich um so wertvoller fühlt, je größer seine Potenz ist, das mit dem Geschlechtlichen Ehrbegriffe verbindet. Frauen sind für diesen Typ von Mann nur Objekte der Lust, Sklavinnen, die man ab und zu zusammenschlagen muß. Die Dialektik in dieser Figur ist zweifellos, daß die Reduzierung der Persönlichkeit auf die Sexualität ebenso eine Folge von Repression ist wie das Duckmäusertum seiner »Weibchen«. Er kompensiert Armut, den Mangel an Bildung und Kultur (bei den mediterranen Männern vor allem das Unterlegenheitsgefühl gegenüber der mitteleuropäischen Zivilisation) mit der Attitüde des Bullen. MacMillans Geschöpf in »Las Hermanas« ist ein »Gastarbeiter«, freilich auch der Mann aus den untersten Schichten unserer Gesellschaft. Er ist ebenso bedauernswert wie die Frauen, die ihm unterliegen. Sexualität ist MacMillans Generalthema überhaupt, und er hat dafür ein adäquates Bewegungsvokabular gefunden. In kaum einem anderen Ballett ist es ihm so sehr gelungen, das Wesentliche so lakonisch und atemberaubend, ja beklemmend herauszubringen wie in »Las Hermanas«.

Die Solisten der Uraufführung waren u. a.: Ray Barra, Marcia Haydée und Birgit Keil.

Frank Martin (1890–1974) verbindet in seinen Werken die Zwölftönigkeit Schönbergs mit einem lapidaren Neoklassizismus. Er schrieb ein Ballett »Ein Totentanz zu Basel im Jahre 1943«. Sein Konzert für Cembalo und Kammerorchester entstand 1952.

Andere Ballettadaptionen desselben Stoffs stammen von Alvin Ailey (»Feast of Ashes«, Musik: Carlos Surinach, 1962), Ivan Sertić (»Las Apasionadas«, Musik: Milko Kelemen, 1964), Eleo Pomare (»Las Desenamoradas«, Musik: John Coltrane) und vor allem Mats Ek (»Bernardas Haus«, Musik: Bachs »Kyrie eleison« und argentinische Tangomusik, 1978).

Der holzgeschnitzte Prinz

Tanzspiel in einem Akt. Libretto: Béla Balázs; Musik: Béla Bartók; Choreographie: Otto Zöbisch und Ede Brada; Regie: Béla Balázs; Ausstattung: Graf Bánffy; Uraufführung: Opernhaus, Budapest, 12. Juni 1917.

Personen: Der Prinz; die Prinzessin; die Fee; der holzgeschnitzte Prinz; der Wald; der Bach.

Die Szene: Vorn links ein Hügel, darauf ein kleines Schloß, dessen vordere Wand fehlt. Man sieht ein Stübchen, worin gerade eine Person Platz hat; ein Sessel und ein Spinnrad stehen vor dem Fenster. Vom Schloß führt ein Weg hinunter zu dem Bach, der den Fuß des kleinen Hügels umschlingt, und weiter über einen Steg in ein Wäldchen (ebenfalls links). Die Bäume stehen in vier parallelen Reihen. Ein anderer Weg führt quer über die Bühne zu einem zweiten Hügel rechts ganz hinten. Auf demselben steht ein ähnliches kleines Schloß (es ist aber nicht geöffnet). Inmitten der Bühne, am Weg, liegt ein großer Stein.

Nach dem Vorspiel (Molto moderato) öffnet sich der Vorhang. Die Fee steht links am Fuße des Hügels, die Prinzessin sitzt im Walde und macht spielerische Bewegungen (Allegretto scherzando).

1. Tanz: die Prinzessin im Walde (Molto moderato). Die Fee zieht mit den Armen wunderliche breite Bögen beschwörend über die Gegend und geht langsam in den Wald hinunter, derweilen die Prinzessin ungestört weitertanzt. – Am zweiten Schlößlein tut sich das Tor auf, und der Prinz tritt über die Schwelle (Allegro). Mit sechs energischen Bewegungen gebietet die Fee dem Prinzeßchen, ins Schloß zurückzukehren, aber die Prinzessin sträubt sich, übermütig tanzt sie hin und her (Più allegro). Darauf wiederholt die Fee die befehlenden Gesten; schließlich treibt sie die Prinzessin über den Steg ins Schlößlein (Vivacissimo).

Der Prinz macht sich auf den Weg. Sein Gang ist zögernd, er schaut nach rechts und links. Da tritt ihm die

Fee entgegen. Sobald der Prinz sie entdeckt, macht er kehrt und schlägt eine andere Richtung ein. Da sieht er, wie eben das Prinzeßlein in ihr Kämmerchen tritt; es ist Liebe auf den ersten Blick. Die Prinzessin setzt sich ans Spinnrad. Der Prinz hat sich entschlossen, zu der Prinzessin hinauf ins Schloß zu eilen. Doch als er zum Wald gelangt, hebt die Fee die Arme und verzaubert den Wald.

2. Tanz: Tanz der Bäume (Assai moderato). Der Wald belebt sich. Vor Schreck erstarrt, schaut der Prinz dem Zauberwerk zu. Entschlossen geht er auf den Wald los. Kampf (Allegro); es gelingt ihm, sich durchzuschlagen. Der Wald beruhigt sich. Nun geht der Prinz zum Steg. Doch die Fee verzaubert auch den Bach.

3. Tanz: Wellentanz (Andante). Der Bach steigt aus dem Bett und hebt den Steg hoch. Vergebens sucht der Prinz über die Wellen zu steigen; mutlos geht er rückwärts, worauf sich die Heftigkeit des Wellentanzes legt. Als der Prinz wiederum über den Bach zu gelangen trachtet, setzt der Wellentanz aufs neue ein. So geht es mehrmals im Rhythmus auf-ab-auf-ab, bis der Prinz das Vergebliche seiner Bemühungen einsieht. Verzweifelt kehrt er in den Wald zurück. Er hat eine Idee. Er nimmt seinen Stab und richtet ihn her, um seinen Mantel daraufhängen zu können (Meno allegro). Dann stellt er sich auf den Stein und hebt den Stab mit dem Mantel hoch empor, um die Aufmerksamkeit der Prinzessin auf sich zu lenken. Aber sie kümmert sich nicht darum. Nun setzt der Prinz dem Stab seine Krone auf. Die Prinzessin schaut von ihrem Spinnrad auf, aber der behängte Stab beeindruckt sie nicht. Jetzt nimmt der Prinz eine Schere, schneidet seine goldenen Locken ab und befestigt sie an dem Stab, den er wieder hochhebt. Die Prinzessin bemerkt den goldgelockten Stab, er gefällt ihr, sie will ihn haben und eilt aus ihrem Schlößchen zu dem schönen Spielzeug hinab (Allegro). Sobald sie unten angekommen ist, tritt der Prinz hinter dem Stab hervor und breitet seine Arme aus. Doch das Prinzeßlein weicht vor dem schmucklosen Jüngling zurück. Er hat ja keine Lokken. – Verfolgungsspiel. Die Fee belebt den Stab, der sich in Bewegung setzt (Molto moderato). Die Prinzessin will zur Holzpuppe, der Prinz stellt sich dazwischen, aber die Prinzessin weicht ihm ärgerlich aus. Verfolgungsspiel (Più andante). Endlich hat die Prinzessin den holzgeschnitzten Prinzen mit Locken, Krone und Mantel erreicht.

4. Tanz: Tanz der Prinzessin mit der Holzpuppe (Allegro). Es ist ein großer Pas de deux, der sich über ein Più vivo zu einem Allegretto capriccioso und Più vivace steigert. Die Prinzessin und der holzgeschnitzte Prinz verlassen tanzend die Bühne. Der wahre Prinz ist verzweifelt. Die Fee tröstet ihn. Auf ihr Zauberwort werden alle Dinge lebendig und huldigen dem Prinzen (Più andante). Aus dem Kelch einer großen Blume nimmt die Fee gelocktes Haar und legt es dem Prinzen um den Kopf, aus einer anderen eine Krone, von einer dritten nimmt sie den Blumenmantel.

Apotheose: Huldigung der Bäume, der Gewässer und Blumen; die Fee führt den Prinzen bis zum Fuß des linken Hügels. Triumph, Pracht und Glanz: »Hier bist du König über alle Dinge« (Maestoso). – Auf einmal erscheint auf der entgegengesetzten Seite die Prinzessin mit dem Holzgeschnitzten. Der hat sich alle Glieder verrenkt, Perücke, Krone und Mantel hängen ganz schief an ihm.

5. Tanz: Die Prinzessin zerrt und zupft an dem Holzgeschnitzten und will ihn zum Tanz nötigen (Meno mosso). Ärgerlich macht sie immer neue und neue Versuche mit ihm, doch wird der Tanz der Holzpuppe immer kläglicher. Der Ärger der Prinzessin steigert sich zum Haß – wütend stößt sie die klägliche Holzfigur von sich. Da erblickt sie den in neuem Glanz erstrahlenden wahren Prinzen.

6. Tanz: Mit verführerischem Tanz will sie ihn zu sich locken (Allegretto). Der Prinz greift sich ans Herz, doch dann macht er eine abwehrende Gebärde und wendet sich ab.

7. Tanz: Dennoch will die Prinzessin zu ihm eilen – doch der Wald hält sie auf (Moderato). Unterwegs stolpert sie über den Holzgeschnitzten und versetzt ihm einen ärgerlichen Fußtritt. Voll Verzweiflung legt sie alle fürstlichen Insignien ab: das Krönchen, den Mantel, und schließlich schneidet sie sich sogar das Haar ab. Dann kauert sie sich nieder und verbirgt das Gesicht in den Händen. Der Prinz erblickt die verzweifelte Prinzessin (Adagio molto) und will sie an sich ziehen. Diese schämt sich ihrer Kahlheit, doch der Prinz achtet nicht darauf. Er umarmt die Prinzessin und küßt sie. Die Dinge nehmen wieder ihre ursprüngliche Gestalt an.

»Der holzgeschnitzte Prinz« beruht auf einem magyarischen Volksmärchen; *Béla Balázs* (1884–1950) bearbeitete es auf Bartóks Wunsch und fügte dem Volkstümlichen des Märchens noch Züge eines Natursymbolismus hinzu. Der ungarische Bühnenbildner Gustav Oláh kommentiert: »Zur Schilderung der Prinzessin, des Prinzen und des Bachs kommt Bartók auf die unwiderstehlichen volkstümlichen Melodieformen zurück, während er zur Belebung der hölzernen Puppe alle Register im Bereich barbarischer Groteske und teuflischen Wahnsinns zieht.«

Bei der Uraufführung von 1917 wurden die »primitiven Zielsetzungen des Werkes« hervorgehoben, *Graf Bánffy,* der Ausstatter, betonte im Kostüm das Magyarische, im Prospekt das Romantisch-Märchenhafte. Die Choreographie galt als unzureichend. 1939 nahm die Budapester Oper, mit Gyula Harangozó (1908–74) als Choreograph und Gustav Oláh als Ausstatter, das Ballett wieder in den Spielplan auf. Harangozós Version ist 1970 durch die Einstudierung László Seregis (geb. 1929) ersetzt worden, die auch von der Münchner Staatsoper und der Deutschen Oper in Westberlin übernommen wurde.

Béla Bartók (1881–1945), einer der wenigen Klassiker der Moderne, die populär geworden sind, führt die Choreographen immer wieder in Versuchung, neben seinen Balletten »Der holzgeschnitzte Prinz« und »Der wunderbare Mandarin« (s. d.) auch seine konzertanten Werke zu ›vertanzen‹, obwohl sich längst herausgestellt hat, daß seine aus der Volksmusik abgeleitete Melodik keine Dynamik in der Bewegung zuläßt.

Das Uraufführungsdatum von »Der holzgeschnitzte Prinz« ist umstritten. Laut Monographie Richard Petzoldts über Béla Bartók (Verlag Enzyklopädie, Leipzig, 1958) fand sie am 27. Mai, nach anderen Quellen erst am 12. Juni 1917 statt.

Der Idiot

Ballett-Pantomime in acht Bildern nach F. M. Dostojewski. Libretto: Tatjana Gsovsky; Texte: Ingeborg Bachmann; Musik: Hans Werner Henze; Choreographie: Tatjana Gsovsky; Ausstattung: Jean-Pierre Ponnelle; Uraufführung: Berliner Festwochen, Hebbel-Theater, Berlin, 1. September 1952.

Personen: Myschkin (Sprechrolle); Nastassia; Rogoschin; Aglaja; Ganja; Tozki; General Epantschin.

1. Bild: Prolog: Panoptikum (*Intrada;* Andante e calmo). Myschkin kehrt nach Jahren der Isolierung in die Gesellschaft zurück. Das Treiben der anderen nimmt sich für ihn wie ein Spiel aufgezogener Puppen aus (*Danse;* Moderato). Verwandlung.

2. Bild: Salon. Nastassia Filipowna führt das Leben einer vielbegehrten Dame. Sie ist die Mätresse des Fürsten Tozki.

Petits jeux, Entrée Tozki und Nastassia (Allegretto). Tozki will seine Freiheit zurückerlangen. Mit einer großzügigen Apanage hofft er, Nastassia zu einer »ehrbaren« Ehe zu verhelfen. Habsucht treibt Ganja in Nastassias Nähe (*Variation;* Allegretto moderato). Er will sie zu seiner Frau machen, obwohl sie ihm zuwider ist. Dem alten General Epantschin scheint die Stunde gelegen zu sein, sein Glück bei der sonst unzugänglichen Schönen zu versuchen. Nastassia, in ihrem Stolz verletzt, rächt sich an ihren Peinigern, indem sie mit ihnen ein grausames Spiel treibt. *Pas de quatre* (Andante sostenuto). Es findet sein Ende mit dem Erscheinen des jungen Rogoschin, der ihr sein Vermögen schenkt: eine Million. *Grand Pas* (Lento). Nastassia kennt den Preis lebendiger Dinge *(Slow Fox)*. Achtlos wirft sie das Geschenk fort und bittet Rogoschin, sie wegzuführen. Da erscheint Fürst Myschkin (Allegro). Nastassia fühlt, wie Liebe zu Myschkin in ihr aufkeimt. Doch im Bewußtsein ihrer Vergangenheit bleibt sie bei Rogoschin (*Air;* Lento).

3. Bild: Räderungen. Nastassia und Rogoschin verbringen Nächte voller Folterqualen miteinander (Allegro misterioso: Entrée Nastassia; Allegro molto: Entrée Rogoschin; *Pas de deux:* Musique de salon, Andante con moto). Nastassia wird zwischen Rogoschin und Myschkin hin- und hergerissen (*Air II;* Moderato).

4. Bild: Das Kreuz. Rogoschin und Myschkin allein. Rogoschin spielt mit einem Messer. Er holt aus, um es dem Rivalen ins Herz zu stoßen *(Air I)*. Voller Mitleid hält Myschkin ihm sein Taufkreuz entgegen und küßt ihn *(Air II)*.

5. Bild: Ballade. Alle früheren Begegnungen verblassen für Myschkin, denn da ist Aglaja, die unerreichbar scheint, und doch so sehr bereit ist, ihren Träumen nachzugeben, in denen sie an einen Ritter vergeben ist (Allegro moderato; Allegro grazioso).

6. Bild: Im Kurpark. Die »haute volée« in Gestalt von Vögeln tanzt (*Pas d'ensemble;* Allegretto). Aglaja und Myschkin treten auf (*Pas d'ensemble;* Allegro). Die »Vögel« gehen ab (Andante). Aglaja wartet auf ein Wort der Liebe. Ihr »Ritter« aber (Fürst Myschkin, der Sonderling, der »Idiot«) bleibt traurig und stumm (*Ballet blanc:* Entrée, Andantino; *Pas de deux; Berceuse,* Andantino; *Petite Scène:* Epilogue de Pas de deux).

Mit den »Vögeln« betritt Nastassia in herausfordernder Attitüde den Park. Sie erblickt Myschkin mit der glücklichen Rivalin (Adagio). Sie gerät aus der Fassung und schlägt einem ihrer Kavaliere ins Gesicht (Molto allegro appassionato). Die »Vögel« flattern davon. Die beiden Frauen tragen einen Kampf untereinander und mit den »schwarzen Schatten des Zorns« aus (*Pas de quatre;* Interlude, Largo mit Variationen). Sie fordern Myschkins Entscheidung (*Pantomime;* Adagio). Nastassia bricht zusammen. Myschkin springt ihr bei. Aglaja mißdeutet das und stürzt davon. Myschkin schickt sich in sein Los: Nicht Aglaja, die Geliebte, sondern Nastassia soll seine Frau werden.

7. Bild: Am Altar (Finale): Der Tag der Hochzeit Myschkins mit Nastassia ist gekommen. Rogoschin versperrt Nastassia den Weg in die Kirche *(Bolero)*. Myschkin, der vergebens auf seine Frau wartet, sucht Zuflucht im Gebet.

8. Bild: Vor der Tür Rogoschins. Myschkin begehrt Einlaß. Endlich geht die Tür auf. Er tut den Schritt über die Schwelle – er führt in den Wahnsinn (*Apotheose;* Adagio e dolce).

(Die Reichtümer, die Rogoschin Nastassia bietet, sind im Ballett symbolisch durch goldene Kugeln dargestellt. Die Verstrickung der einzelnen Figuren wird durch weiße Bänder sichtbar gemacht.)

Tatjana Gsovsky (s. »Die chinesische Nachtigall«) schuf für die Berliner Festspielwochen 1952 zusammen mit Hans Werner Henze die Ballettpantomime »Der Idiot«. Henze, renommiertester Vertreter der deutschen Musik, der seine besonders nahe Beziehung zur Kunstgattung Ballett betont, bekennt: »Mir ist es stets um die musikalische Substanz gegangen . . . Mit der zunehmenden Dodekaphonisierung meiner Partituren spalteten sich dann immer mehr Klang, Melodie und Rhythmus« – dabei verweist Henze ausdrücklich auf den »Idiot«.

Die szenische Gestaltung vermochte wegen der Mischform – gesprochenes Wort, Pantomime, Ballet pur – nicht völlig zu überzeugen, obwohl die Hauptrollen mit Wiet Palar (Nastassia), Natascha Trofimowa (Aglaja), Harald

Horn (Rogoschin) und Wolfgang Leistner (Ganja) besetzt waren; den Myschkin sprach der Schauspieler Klaus Kinski.

Hans Werner Henze (geb. 1926) ist wohl der international bekannteste lebende deutsche Komponist. Er war Schüler Wolfgang Fortners. Zunächst scheinbar avantgardistisch, entwickelte er immer mehr eine gemäßigt moderne Schreibweise, die durch raffinierte Instrumentation besticht. Er versuchte aus gesellschaftspolitischen Gründen volkstümlich zu komponieren, was ihm jedoch nur selten oder gar nicht gelang. Unter seinen übrigen Arbeiten für das Ballett ragen hervor: »Variationen«, »Anrufung Apolls«, »Jack Pudding« (1949), »Rosa Silber« (1950), »Pas d'Action« (1954), »Labyrinth« (1950), eine Bearbeitung von Tschaikowskys »Dornröschen« (1951, s. d.), »Tancredi« (1964), »Maratona di Danza« (1956), »Undine« (1956/57, s. d.) und »Orpheus« (1978, s. d.).

Zum selben Thema schuf Valery Panow 1979 zu Kompositionen von Dmitri Schostakowitsch sein abendfüllendes Ballett »Der Idiot«, das an der Deutschen Oper Berlin uraufgeführt wurde.

Initialen R. B. M. E.

Ballett in vier Sätzen. Musik: Johannes Brahms (Konzert für Klavier und Orchester Nr. 2 B-Dur, op. 83); Choreographie: John Cranko; Ausstattung: Jürgen Rose; Uraufführung: Stuttgarter Ballett, Großes Haus der Württembergischen Staatstheater, Stuttgart, 18. Januar 1972. (Dauer: 50 Minuten.)

1. Satz (Allegro non troppo): R – Richard Cragun, zwei Solistinnen und Corps de ballet.

2. Satz (Allegro appassionato): B – Birgit Keil, zwei weibliche und drei männliche Solisten.

3. Satz (Andante): M – Marcia Haydée, ein Solist und Corps de ballet.

4. Satz (Allegretto grazioso): E – Egon Madsen und Corps de ballet.

»Ein Ballett für die Freunde Richard, Birgit, Marcia und Egon zu Musik von Johannes Brahms, dessen leidenschaftlicher Sinn für Freundschaft und Liebe durch sein Werk wie seine Briefe und auch durch Zeugnisse anderer belegt ist.« (John Cranko)

Wer das Ballett »Initialen R. B. M. E.« ablehnt, hat nicht begriffen, wer John Cranko als Choreograph und Mensch war. Denn was er hier gestellt hat, ist sowohl die Summe seines Werks wie eine Liebeserklärung an die von ihm entdeckten und zum Weltruhm geführten Tänzer Richard Cragun, Birgit Keil, Marcia Haydée und Egon Madsen, nicht zu vergessen an seinen bevorzugten Bühnenbildner Jürgen Rose.

Mit der Wahl der Musik huldigte Cranko seiner Wahlheimat Stuttgart, wo Brahms selbst 1881/82 die deutsche Erstaufführung seines Konzertes gespielt hatte. Den musikalischen Puristen sei ins Gedächtnis gerufen, daß es sich um »ein ganz ein kleines Klavierkonzert ... mit einem ganz einem kleinen Scherzo« (Brahms) – wenn auch von 50 Minuten Dauer – handelt, daß es tatsächlich »klein« im Anspruch ist, daß es meidet, was man den »Geist der Sinfonik« getauft hat, daß es überwiegend konzertant, leicht, gut gelaunt ist.

Abgesehen davon, daß man Adaptationen, Transponierungen, Umfunktionierungen heute wohl nicht mehr zu rechtfertigen braucht, hat Cranko auf das Brahmssche Klavierkonzert eine Choreographie gestellt, die man als die Summe seines in Deutschland entstandenen Werkes bezeichnen kann. Daß Cranko sich in Brahms spiegelt, liegt nahe. Dabei betrachtet der Choreograph den Komponisten nicht so sehr als Wiener Klassiker, sondern vielmehr als Zeitgenossen von Mahler und Skrjabin. Trotz ekstatischer Höhenflüge ist die Grundstimmung des Balletts elegisch. Oder: Trotz der Brillanz der Choreographie ist die

Schönheit einer Endzeit eingefangen, die Herbststimmung einer scheinbar müden Kultur – so müde wie die Tang-Zeit, der wir die schönsten Beispiele chinesischer Lyrik verdanken. *Jürgen Rose* hat dazu, wahrhaft kongenial, Prospekte und Kostüme in der Nachfolge eines poetischen, farbenglühenden Tachismus geschaffen, vergleichbar hingetuschten, in zarten Tinten ertrinkenden ostasiatischen Landschaftsaquarellen oder Turners goldgelben Seebildern.

Cranko zitiert in »Initialen R. B. M. E.« nicht so sehr aus vorausgegangenen Werken, sondern löst vielmehr mit ganz typischen, »crankoesken« Bewegungspartikeln Assoziationen aus, etwa durch Hebungen à la Bolschoi, halsbrecherische Luftschrauben, Sturzflüge und Wurfakte. Der erste Satz ist ganz auf die Fähigkeiten Richard Craguns abgestellt: Er beginnt mit einer Serie von Tours en l'air (Drehungen in der Luft), um mit einer Reihe von kleinen Sprüngen fortzufahren. Dem entspricht die Virtuosität des Corps de ballet, dessen Choreographie ebenfalls viele Sprünge enthält. Der zweite Satz ist ganz auf die lupenreine Technik und geradezu ätherisch schöne Linie von Birgit Keil abgestimmt; im dritten Satz legt Marcia Haydée ihr ganzes Können in den Pas de bourrée couru (kleiner, enger Schritt auf Spitze). Der große Pas de deux stützt sich auf die vollkommene Partnerschaft von Heinz Clauss (in den alle Ballerinen des Stuttgarter Balletts absolutes Vertrauen setzten). Hier sind die Hebungen außerordentlich lyrisch, was Marcia Haydée durch wunderschöne Ports de bras (Armbewegungen) unterstreicht. Der vierte Satz ist Egon Madsen, dem geborenen Allegro-Tänzer, gewidmet.

»Initialen R. B. M. E.« wurde zu einem internationalen Erfolg. Die russische Ballettrezensentin Vera Krasovskaya schrieb aus Anlaß der ersten Tournee des Stuttgarter Balletts durch die Sowjetunion 1972, unmittelbar nach der Uraufführung von »Initialen R. B. M. E.«: »Was für ein Reichtum an Phantasie. Die Tänzer demonstrieren ihre Virtuosität mit Präzision, Disziplin und Einfühlungsvermögen. Es ist eine Hommage an die ganze Compagnie.« Clive

Barnes, der Kritiker der New York Times, schrieb: »Dieses Ballett gehört ins Repertoire jeder Compagnie, die auf sich hält.«

Johannes Brahms (1833–97) komponierte keine Ballettmusiken, doch wurden immer wieder Kompositionen von ihm Balletten unterlegt. Die bedeutendsten Brahms-Ballette sind: »Choreartium« von Léonide Massine auf die Vierte Sinfonie (1933), Balanchines »Liebesliederwalzer« (1960), Eliot Felds »Intermezzo« zu ausgewählten Klavierstücken (1969) und Spoerlis »Vier Gesänge für Frauenchor« (s. d.).

Neben den bereits genannten Tänzern tanzten die Uraufführung von »Initialen R. B. M. E.« u. a.: Patricia Neary, Monika Knapp, Judith Reyn, Susanne Hanke, Jan Stripling, Bernd Berg, Reid Anderson und Joyce Cuoco.

Interplay

Ballett in vier Sätzen. Musik: Morton Gould (American Concertette); Choreographie: Jerome Robbins; Ausstattung: Carl Kent; Uraufführung: in Billy Roses »Concert Varieties«, Ziegfeld Theater, New York, 1. Juni 1945.

1. Satz: Free Play (freies Spiel). Ein Junge tritt auf, gefolgt von drei Kameraden. Er tanzt für ein paar Augenblicke allein. Dann gesellen sich die anderen zu ihm. Sie springen einer über des anderen Rücken, nehmen einander huckepack und spielen Pferd und Reiter. Am Ende liegen sie alle auf der Erde und strecken die Beine in die Luft.

Ein Mädchen tritt auf. Die Jungen setzen sich auf und bewundern sie. Drei andere Mädchen erscheinen, was die Jungen in Bewegung setzt. Mädchen und Jungen finden sich zu Paaren, die nacheinander schnell und athletisch umeinander wirbeln. Der erste Junge leitet die anderen an die Rampe. Die Rampenlichter verlöschen. Man sieht die Jazztanz-Bewegungen der Paare als Silhouetten vor dem hellen Hintergrund.

Die Paare kehren in die Mitte der Bühne zurück und formen einen Kreis. Die Jungen wirbeln die Mädchen herum. Die Musik wird leiser. Die Tänzer stellen sich in einer Reihe auf. Sie scheinen ein Spiel zu spielen, das sie alle kennen. Es findet ein Wettbewerb unter den Paaren statt in der Ausführung von konventionellen Pirouetten und Arabesquen. Aber das Spiel ist nicht ganz so ernst gemeint. Es macht ihnen Spaß. Sie klatschen in die Hände. Die Jungen rollen die Mädchen über ihren Rücken. Der erste Satz endet damit, daß die Jungen auf dem Boden sitzen und ihre Hände von den Mädchen gehalten werden, die hinter ihnen stehen.

2. Satz: Horseplay (grober Scherz). Einige der Paare sitzen lässig auf der Bühne, die anderen stehen abseits. Einer der Jungen beginnt allein zu tanzen. Sein Solo ist sehr komisch – wie die Musik – und belustigend impertinent in der Imitation einiger konventioneller Bewegungen des klassischen Balletts. Der Tanz wird schneller. Der Junge umrundet die Bühne, schraubt sich hoch in die Luft und beendet sein Solo. Er kniet nieder und öffnet seine Arme gegen zwei der Mädchen.

3. Satz: Byplay (Nebenhandlung). Das Licht wird matt. Das Klavier beginnt einen langsamen, sentimentalen Blues. Alle Paare nehmen ihre Plätze auf der Bühne ein. Das erste Mädchen und der erste Junge beginnen einen *Pas de deux.* Ihr Tanz ist ganz offensichtlich romantisch, aber nicht besonders tief. Liebe ist auch nur ein Spiel, scheinen sie sagen zu wollen. Der Junge stemmt das Mädchen hoch über seinen Kopf in die Luft, schiebt es dann vor sich her über den Boden wie ein Spielzeug, um es schließlich an sich zu ziehen. Das Mädchen wickelt sich um den Jungen. Am Ende sitzen sie auf dem Boden und »halten Händchen« wie Kinder am Strand.

4. Satz: Team Play (Gemeinschaftsspiel). Das Licht wird strahlend hell. Die Musik wird wieder schneller. Wieder kommt es zu einem Wettkampf. Zwei Jungen suchen sich ihre Mannschaften aus. Beide Parteien beraten über die einzuschlagende Taktik. Dann stellt man sich in zwei Reihen gegenüber auf. Alle schlagen Rad. Die Solisten der beiden Seiten versuchen sich mit komplizierten Bewegungen auszustechen. Die Jungen wetteifern miteinander, wer die meisten Drehungen in der Luft machen kann, ohne auszusetzen. Zwei Mädchen von jeder Seite drehen scheinbar endlos auf der Spitze, bis das Spiel seinen Gipfel erreicht hat. Alle Jungen und Mädchen kommen wieder zusammen und wirbeln in einem Kreis über die Bühne. Die Mädchen stürzen nach vorne an die Rampe. Die Jungen sprinten hinter ihnen her. Auf den letzten Ton der Musik lassen sich die Jungen auf den Boden fallen und stecken ihre Köpfe durch die Beine der Mädchen.

»Interplay« ist ein »amerikanisches« Ballett für acht Tänzer, vier Jungen und vier Mädchen. *Jerome Robbins* (s. »The Concert«) hat wohl in diesem Ballett die Verhaltensweisen amerikanischer Highschool-Boys und -Girls im Sinn gehabt. Darauf deuten sowohl die Pullover wie die weichen Turnschuhe hin, die die Tänzer in »Interplay« tragen. Darüber hinaus ist »Interplay« ein Beispiel für die Versuche, klassischen Tanz mit anderen Idiomen zu verbinden. Hier ist es der Jazztanz – wie später in »N. Y. Export, Op. Jazz« (s. d.) und »West Side Story«. Robbins ist wohl der einzige weiße Choreograph, dem es gelingt, Ballett und Jazztanz nebeneinander zu stellen und dennoch das Spezifische von beidem zu bewahren.

Morton Gould (geb. 1913) stand kompositorisch stark unter dem Einfluß des Jazz. Er befaßte sich außerdem mit mittelamerikanischer Tanzfolklore. 1948 schrieb er »Fall River Legend« für Agnes de Mille (s. »Rodeo«), 1957 für Enrique Martinez das Ballett »Fiesta«.

Solisten der Uraufführung waren u. a.: John Kriza, Janet Reed und Robbins selbst.

Intime Briefe

Ballett in vier Sätzen. Libretto: Gise Furtwängler; Musik: Leoš Janáček (II. Streichquartett); Choreographie: Gise Furtwängler; Ausstattung: Hans Anschütz; Uraufführung: Ballett der Bühnen der Stadt Köln, Opernhaus, Köln, 21. April 1968.

Personen: Anita, mit Helmut verheiratet; Hella, mit Jonathan verheiratet; Helmut; Jonathan.

Janáčeks II. Streichquartett weist bekenntnishafte, autobiographische Züge auf. Der Titel »Intime Briefe« – ursprünglich »Liebesbriefe« – ist als Hinweis auf die späte Leidenschaft des Siebzigjährigen für Kamilla Stössel, die um vieles jüngere Frau eines Pilsener Fabrikanten, zu verstehen. Diese Konfliktsituation nahm Gise Furtwängler zum Ausgangspunkt des Balletts. Eine weitere Anregung lieferte ein Motiv aus Tschechows »Drei Schwestern«. Die Handlung versteht sich nicht so sehr als Wiedergabe einer Realität, sondern mehr als eine Darstellung der Vorgänge in den Seelen der vier Beteiligten, ausgelöst durch eine im Grunde irreparable Situation.

Anita und Helmut, Hella und Jonathan sind vier Menschen von äußerster Moralität, unfähig, ein einmal gegebenes Wort zu brechen. In beiden Ehen gilt: ». . . bis daß der Tod euch scheidet.« Aber in beiden Ehen sind die Enttäuschungen darüber, daß es nicht so ist, wie man es sich in der Jugend erträumt hat, längst akzeptiert als etwas, das nicht mehr zu ändern ist. Respekt und Freundschaft sind an die Stelle eines Höhenflugs allzu großer Liebe getreten. Anita ist eine zarte, hochsensible, phantasievolle, in Träume flüchtende Frau. Helmut dagegen ist äußerst korrekt, realistisch, erfolgreich, eitel und überaus stolz auf seine Frau. Hella ist ein tüchtiger, in ihrem Aufgabenkreis alles meisternder Mensch. Die Ehe ist für sie eine Sache, in der es keinen Raum gibt für Träumereien. Gefühle, die man zeigt, empfindet sie als Sentimentalität. Jonathan ist leicht verletzlich, ein wenig zu weich, kaum ein Erfolgstyp, eigentlich einsam, ein gescheiterter Künstler, der sich in eine bürgerliche Existenz flüchtete.

Das Ballett beginnt musiklos. Die Paare Anita/Helmut und Hella/Jonathan begegnen sich. Frontal zur Bühnenrampe gehen sie in entgegengesetzter Richtung aneinander vorbei.

1. Satz (Andante – Pas de quatre): Wie an unsichtbaren Fäden zieht es Jonathan (rückwärts schreitend) zu Anita, die, noch verbunden mit Helmut, ihrerseits von Jonathan angezogen wird. Der folgende Pas de quatre zeigt das ständige Zueinanderhinstreben der Liebenden, die ohnmächtigen Einmischungsversuche der Partner, aber auch schon den Schatten, der, ausgelöst durch das Bewußtsein, den jeweiligen Ehepartner zu verletzen, ohne daran etwas ändern zu können, über das keimende Glück fällt.

2. Satz (Adagio – Pas de deux): Die choreographische Hauptrichtung verläuft (vom Zuschauer) diagonal von links hinten nach rechts vorn. Hinten steht Hella an einem Fenster, vorn sitzt Jonathan an einem Tischchen, im Begriff, einen Brief an Anita zu schreiben. Hella ergreift die Initiative. Sie will nicht wahrhaben, was hier zu geschehen droht. Sie versucht, Jonathan für sich zurückzugewinnen. Die Auseinandersetzung ist verzweifelt, aber zum erstenmal bleibt Jonathan der Stärkere.

3. Satz (Moderato – Pas de deux): Diesmal verläuft die choreographische Achse von rechts hinten nach links vorn. Anita hat den Brief Jonathans erhalten. Sie versucht ihn vergeblich vor Helmut zu verstecken. Helmut, in seiner Eitelkeit verletzt, zwingt sie brutal zu körperlicher Liebe. Aus seiner Unbeherrschtheit erwachend, versucht er, mit seiner Partnerin einige Schritte auszuführen, die die Erinnerung an längst vergangene, glückliche Tage wachrufen sollen. Aber in der vor Furcht, Scham und Empörung zitternden Anita ist etwas zerbrochen.

4. Satz (Allegro – Pas de deux, Pas de quatre): Der Pas de deux zwischen Anita und Jonathan ist Ausdruck ihres überwältigenden Glücks: raumgreifend, Allegro-Schritte, dann traumhaft ineinander versunken, statisch, Drehungen und Hebungen am Platz. In den letzten Teil drängen sich Hella und Helmut wie düstere Traumgestalten. Zunächst gleiten sie noch quasi monologisch an der Peripherie entlang, aber schon den Pas de deux der Liebenden beschattend, der an Qual und Ausweglosigkeit zunimmt. Die vorher feste Pas-de-deux-Form zerbricht unter ihrer wachsenden Einflußnahme, das Paar löst sich voneinander. Konvention, Erziehung, menschliche Rücksichtnahme haben eine Liebe zerbrochen.

Das Ballett wurde bei der Uraufführung getanzt von Ana (Anita) Cardus, Helmut Baumann, Hella Troester, Jonathan Watts.

Gise Furtwängler (1917–79), die Nichte Wilhelm Furtwänglers, begann ihre Theaterlaufbahn im Kabarett der Komiker (Berlin). Dann war sie Solotänzerin in Wuppertal und seinerzeit in Oberhausen-Sterkrade die jüngste Ballettmeisterin Deutschlands. Doch es zog sie wieder nach Berlin. Sechs Jahre war sie Solotänzerin bei Felsenstein, dann Lehrerin für klassische Choreographie an der Palucca-Schule in Dresden. Als sie wieder in den Westen kam, machte sie mit den Solisten der Städtischen Oper Berlin ihre bekannt gewordenen Festwochen-Inszenierungen. Gise Furtwängler gehört zu den wenigen deutschen Choreographen von Bedeutung. Sie war 1961–64 Ballettmeisterin in Oberhausen, 1964–66 in Münster, 1966–69 in Köln und 1971–74 in Krefeld. Von 1974–76 war sie in Hannover tätig. Unter ihren Balletten ragen außerdem hervor: «'adame Miroir« (s. d.) und »Nocturno« (s. d.).

Leoš Janáček (1854–1928) gehört der Generation Strauss, Debussy, Busoni, Mahler, Sibelius an. Mahler (s. »Dark Elegies«) war tot, Debussy (s. »Brouillards«) schon von der tödlichen Krankheit gezeichnet, als Janáček berühmt wurde. Vom Ballett wurde die Musik Janáčeks schon 1891 (»Lachische Tänze« am Prager Nationaltheater) entdeckt.

In Deutschland versuchte man sich erst 1966 an Janáček: Erich Walter (s. »Musique pour les Soupers du Roi Ubu«) choreographierte das I. Streichquartett. Pavel Šmok, der tschechoslowakische Choreograph, stellte wenige Wochen nach Gise Furtwängler noch einmal das II. für seine Compagnie, das Ballet Praha. Auch Lynn Seymour hat sich 1978 bei Sadler's Wells Royal Ballet und beim Ballett der Bayerischen Staatsoper mit den »Intimen Briefen« beschäftigt.

The Invitation

Ballett in einem Akt. Libretto: Kenneth MacMillan; Musik: Mátyás Seiber; Choreographie: Kenneth MacMillan; Ausstattung: Nicholas Georgiadis; Uraufführung: Royal Ballet, Touring Group, New Theatre, Oxford, 10. November 1960.

Personen: Das Mädchen; ihre Mutter; ihre Schwestern; ihr Cousin; der Mann; seine Frau; Gouvernante; ungezogenes Mädchen; Gäste; junge Damen und Herren; Diener und Dienerinnen.

Das junge Mädchen hält sich von dem Jugendfreund und den gleichaltrigen Gefährtinnen zurück. Seine Phantasie aber entzündet sich beim Anblick der Statuen im Park und drängt es, dem Geheimnis der Liebe auf den Grund zu gehen. Es trifft einen älteren, verheirateten Mann, dem es nach der Wiederbegegnung anläßlich einer Einladung zu einem Fest völlig verfällt. Der Jugendgefährte des Mädchens aber gerät auf diesem Fest in den erotischen Bann der verheirateten Frau. Die Liebesbegegnungen der beiden Paare bringen Schmerz und Enttäuschung, für das junge Mädchen Ausweglosigkeit und Verzweiflung.

Klaus Geitel schrieb aus Anlaß der Aufführung des Balletts in der Deutschen Oper in Westberlin in »Die Welt«:
»›The Invitation‹ ist eins der seltenen dramatischen Ballette, in denen sich Musik, Libretto, Ausstattung und Cho-

reographie auf das glücklichste ergänzen. MacMillan [s. ›Concerto‹], sein Komponist Mátyás Seiber und der Bühnenbildner Nicholas Georgiadis haben von Anbeginn an einander in die Hände gearbeitet. Die Partitur Seibers geht deutlich auf alle Intentionen des Choreographen ein und funkt sie aus dem Orchestergraben zu den Tänzern zurück. Das erleichtert ihnen die Arbeit sehr. Der Gestenreichtum der Musik, die motivischen Kurzformen, die sie entwickelt, zwingen jeden einzelnen auf der Bühne zu mimischer Genauigkeit und verhindern jeden Ausbruch ins Ungefähr . . .

MacMillan setzt ein Karussell der Gefühle in Gang und zwingt es in immer schnellere, furchtbare Drehung. Eine Garden-Party auf dem Land. Zeit: um die Jahrhundertwende. Jugendstilig wucherndes, giftiges Grün; verschossene, bräunliche Interieurs; explosive Abstraktion. Das ist der Rahmen. In ihm vollzieht sich das Drama der brutalisierten Sehnsucht, der splitternden Liebe. Ein Stück, durchstäubt von jungem Leben, von Irrungen und Wirrungen des Geschlechts – einmündend in die Katastrophe. Das junge Mädchen, den ersten Regungen des Eros tastend auf der Spur, angezogen und abgestoßen zugleich, wird von einem älteren Mann vergewaltigt. Ein Traum bricht nieder zu Trümmern. Entsetzt stößt das Mädchen die aufflammende Leidenschaft ihres jungen Freundes zurück . . .

Um den jungen Mann, der im Dunkel des Gartens sich gleichfalls, wenn auch auf freundlichere Art, erotischen Nachhilfeunterricht zuteil werden läßt, sind allerdings nicht jugendliche Helle und Aufgeschlossenheit, eher eine dunkle Gefaßtheit, die einen Schleier über die Darstellung zieht.«

»The Invitation« gehört in die Reihe jener Ballette, in denen MacMillan die Zerstörungskraft des Sexuellen behandelt wie in »Las Hermanas« (s. d.).

Mátyás Seiber (1905–60) war Schüler von Zoltán Kodály. Aus Budapest stammend, lebte er seit 1935 in London. Zunächst streng zwölftönig, wandte er sich später von der festen Bindung an eine Technik ab. Schrieb Rundfunk- und Filmmusik. Arbeitete auch mit elektronischen Mitteln.

Die Jahreszeiten

Allegorisches Ballett in einem Akt und vier Szenen. Libretto: Marius Petipa; Musik: Alexander Glasunow; Choreographie: Marius Petipa; Ausstattung: P. Lambin und Jewgeni Ponomarjow; Uraufführung: Eremitage-Theater, St. Petersburg, 7./20. Februar 1900 (Jul./Greg. Kalender).

Personen: Der Winter; der Reif; das Eis; der Schnee; der Hagel; der Frühling; der Zephir; der Vogel; der Sommer; die Weizenähre; der Herbst; Schneeflocken; zwei Gnomen; Zephire; Vögel; Korn- und Mohnblumen; Rosen; Najaden; Satyrn; Bacchantinnen und Bacchanten; Faune.

1. Szene: Winterlandschaft. Der Winter mit seinen Begleitern Reif, Eis, Schnee und Hagel, umgeben von Schneeflocken, tritt auf. Der Winter und seine Begleiter tanzen je eine Variation. Zwei Gnomen zünden Reisigbündel an. Die plötzliche Wärme vertreibt den Winter.

2. Szene: Mit Blumen bedeckte Frühlingslandschaft. Der Frühling tritt auf, mit ihm Zephir, Vögel und Blumen. Alle vereinigen sich in einem Gruppentanz (Andante). Dann tanzen Rosen (Più mosso, allegretto) und ein Vogel.

3. Szene: Ein Feld von reifen Weizenähren tanzt. Korn- und Mohnblumen tanzen einen Walzer. Von der Hitze ermüdet, welken sie dahin. Da erscheinen Najaden mit blauen Schleiern und tanzen eine Barkarole. Ein kühler Wind richtet die Blumen wieder auf. Satyrn und Faune treten auf und wollen eine Weizenähre pflücken. Die Blumen eilen ihr zu Hilfe. Der Kampf zwischen den Satyrn, Faunen und Blumen wird von Zephir entschieden, der die Eindringlinge schließlich vertreibt.

4. Szene: In eine Herbstlandschaft stürmen Bacchantinnen und Bacchanten und tanzen ein Bacchanale (Presto), an dem sich die anderen Jahreszeiten, der Winter, der Frühling mit Vogel und Zephir und der Sommer, beteiligen (Variationen). Auch die Weizenähre, die Satyrn und Faune werden in das Bacchanale einbezogen. Ein Regen fallender Blätter und die einbrechende Dunkelheit machen dem Tanz ein Ende. In der Apotheose wird der Sternenhimmel sichtbar.

»›Die Jahreszeiten‹, ein poetisches Divertissement, war eines der letzten Werke des Meisters des russischen Balletts, *Marius Petipa* [s. ›La Bayadère‹]. Die Aufführungen in den ersten Jahren mit Anna Pawlowa, Vera Trefilowa, Olga Preobrajenska und Mathilde Kschessinska in den Hauptrollen waren außerordentlich erfolgreich. Die Musik *Alexander Glasunows* (1865–1936) hat durch ihren tänzerischen Schwung und ihren Melodienreichtum große Popularität erlangt. Besonders das Bacchanale der letzten Szene ist häufig choreographiert worden. Auch Anna Pawlowa hat diese Szene mit ihrer Gruppe immer wieder aufgeführt.« (Eberhard Rebling.) Glasunow war Schüler von Rimsky-Korssakow, von dessen Einfluß er sich aber schon bald freimachte. Sein Ideal war eine formfeste und »absolute« Musik. Durch Erfindungsreichtum und technisches Raffinement machte er sich einen Namen, vor allem auch als Ballettkomponist. Seine bekannteste Ballettmusik ist »Raymonda« (s. d.). Außerdem schrieb er das Ballett »Ruses d'amour« (1900).

Jardin aux Lilas (Fliedergarten)

Ballett in einem Akt. Libretto: Antony Tudor; Musik: Ernest Chausson; Choreographie: Antony Tudor; Ausstattung: Hugh Stevenson; Uraufführung: Ballet Rambert, Mercury Theatre, London, 26. Januar 1936.

Personen: Caroline, die Braut; ihr Liebhaber; der Mann, den sie heiraten muß; die Frau in seiner Vergangenheit; Gäste.

Fliedergarten vor Carolines Haus. Caroline unterhält sich mit ihrem Verlobten. An ihrem Verhalten erkennt man, daß sie ihn nicht aus Liebe heiraten wird. Die Hochzeit soll im Hause des Verlobten stattfinden. Aber bevor Caroline ihr Vaterhaus verläßt, will sie eine Abschiedsparty für ihre Freunde geben.

Unter den Gästen befindet sich der Mann, den Caroline wirklich liebt, und eine unbekannte Frau, die die Geliebte ihres Verlobten ist. Während sich Caroline und ihr Verlobter mit dem Ausdruck gelangweilter Schicklichkeit unterhalten, tritt Carolines Geliebter auf. Er will Caroline gefühlvoll begrüßen. Sie hält ihn mit einer warnenden Geste davon ab. Sie geht mit ihrem Verlobten in den Garten, wo getanzt wird. Nach einer Weile kehrt Caroline allein ins Haus zurück. Mit allen Zeichen gegenseitiger Zuneigung tanzen die Liebenden miteinander. Plötzlich unterbricht Caroline den Tanz. Sie ist sich der gefährlichen Situation voll bewußt. Sie möchte nicht von ihrem Verlobten überrascht werden. Das Paar tritt in den Hintergrund. Ihr Platz wird gleich darauf von Carolines Verlobtem und seiner Geliebten eingenommen. Die Frau gibt zu verstehen, daß sie gar nicht daran denkt, das Verhältnis zu lösen. Der Verlobte aber besteht auf Trennung. Sie tanzen miteinander. Jetzt ist es Carolines Verlobter, der fürchtet, er könnte überrascht werden.

Diese beiden Episoden sind der Auftakt für eine Reihe von Pas de deux. Das Ballett endet mit einem Pas de quatre, nach dem Caroline am Arm ihres Verlobten das Fest verlassen muß.

Mit »Jardin aux Lilas« hat *Antony Tudor* (s. »Dark Elegies«) den Versuch unternommen, ein Ballett zu schaffen, das ganz von der Stimmung, der Atmosphäre lebt. Angeregt dazu wurde er durch eine Kurzgeschichte des Finnen Aino Kallas. Die Geschichte berichtet von einer

Bauernhochzeit, bei der der Gutsbesitzer sein Ius primae noctis anmeldet. Die Braut geht, das Gesetz zu erfüllen. Sie ist mit einem Dolch bewaffnet. Die Darstellung dieses Konflikts erschien Tudor undurchführbar. Er reduzierte den Stoff auf den Augenblick der Trennung: Die Liebenden küssen sich ein letztes Mal in tiefer Verzweiflung. Das ist der Kern des Balletts. Als Musik wählte Tudor das »Poème« von *Ernest Chausson* (1855–99), der aus der Schule Massenets und César Francks hervorgegangen ist.

Bei der Uraufführung wurden die Hauptrollen getanzt von: Maude Lloyd, Hugh Laing, Antony Tudor und Peggy van Praagh.

Jeu de Cartes (Kartenspiel)

I Ballett in drei Runden. Libretto: Igor Strawinsky und M. Malaieff; Musik: Igor Strawinsky; Choreographie: George Balanchine; Ausstattung: Irene Sharaff; Uraufführung: American Ballet, Metropolitan Opera House, New York, 27. April 1937.

Personen: As, König, Dame, Bube und die übrigen Karten jeder Farbe des Poker-Spiels, 26 »Karten« für das ganze Ballett, die das aus den vier Gruppen gemischte Blatt bilden. Fünfzehn Karten sind je Runde ausgeteilt, darunter jeweils ein Joker.

Szenerie: Die Bühne ist der Spieltisch einer Poker-Partie, die drei Gruppen der Spieler hat man sich links, in der Mitte oben und rechts vorzustellen; die Spielfläche ist der grüne Spieltisch, auf dem der Tanz entsprechend den Tricks der Spieler abläuft.

Erste Runde: Mit einer Marsch-Intrada (Alla breve) beginnt jede Runde: die Karten werden ausgeteilt (Moderato assai). Fünfzehn Tänzer kommen von rechts herein, sie bilden eine Reihe. Sie alle halten große Kartenkartons vor sich mit dem Muster, das alle Karten von rückwärts gleich erscheinen läßt. Der Joker – in seinem gelben Kasperlgewand mit Schellenkappe und Narrenpritsche ausgestattet –

sucht sich die »beste Hand« (Pas d'action, Stringendo); die anderen Karten werden gemischt – sie gruppieren sich. Das Spiel beginnt, die Karten sind in den Händen der unsichtbaren Spieler. Zuerst springen die fünf Karten aus der Linken los, von dort, wo sich auch der Joker befindet. Gegen diese ausgespielten Karten setzt der »Spieler« von rechts Herz-As, Herz-Dame, Kreuz-Dame, den Karo-Buben und den Pik-Buben ins Spiel. Herz-As, wie ein Ritter gekleidet, auf dessen Schild das As-Zeichen in Wappenform zu sehen ist, schwingt kraftlos sein Schwert; die Herz-Königin, umflirtet von ihren Partnern, vermag ebenfalls nichts auszurichten: so fallen die Karten in die Gewalt des »linken Spielers«.

Die zweite Hand spielt nun zwei Könige und zwei Achter aus, sie sind mit dem Joker Full house. Die vier Karten und der Joker stolzieren heran, der Joker in unverschämter Überheblichkeit gegen die beiden Könige. Da kommt ein anderes Full house: zwei Siebener und drei Asse – der Joker ist nicht imstande, die Entscheidung zu bringen. So sehr er sich in einem Tanz mit vielen weiten Sprüngen und Lufttouren müht (Tranquillo, Kleiner Walzer), er von links nach rechts und von rechts nach links rennt, er bleibt ein Joker ohne Wirkung.

Zweite Runde: Wieder ertönt die Intrada (Marsch), wieder werden die Karten »gemischt« und »ausgeteilt«, also gruppiert, wieder an die drei unsichtbaren Lenker des Spiels. Von der linken Hand gehen zwei Buben ins Spiel, sie tanzen, indem sie sich vor den drei Königen, die mit ihnen im Spiel sind, aufs komischste verbeugen und immer wieder in übertriebener Ergebenheit »zu Diensten« sind. Sie scheiden aus. Von der »zweiten Hand« (Mitte) wird die Herz-Dame ausgespielt, eine prahlerische Schöne, die auf das Allegretto eine muntere Variation tanzt. Ihr folgt die Kreuz-Dame mit ihrer Variation, an die sich das Solo der

Karo-Dame anschließt, die ihre Serie schwierigster Pas auf die dritte Variation tanzt. Als vierte tritt die Pik-Dame ihre Variation an; alle vier Damen verfolgen dann das Spiel des Herz-Buben (Sostenuto e pesante). Er macht ihnen allen seine Reverenz, sie tanzen einen Pas de cinq (Coda, Più mosso) und nehmen anschließend ihren Platz ein und weisen auf die Hand in der Mitte. Von dort werden nun die vier Asse und der unverwüstliche Joker ins Spiel geschickt (Marcia). So sehr er von seiner Wichtigkeit überzeugt ist und sich als eitler Popanz aufführt – das Spiel ist auch ohne ihn schon gewonnen. Die vier Asse, die die Entscheidung gebracht haben, lassen aber dem Joker seinen Triumph: er tanzt mit den vier Damen, der Herz-Dame küßt er galant die Hand, und mit schmachtender Geckengeste führt er die vier Damen noch einmal zusammen; ein grotesker Pas de cinq schließt die zweite Runde.

Dritte Runde: Sie beginnt wieder mit dem gleichen Marschthema wie die beiden vorhergehenden Runden; wieder werden die Karten »gemischt« und »ausgeteilt«, und zwar gruppieren sie sich diesmal so, daß von rechts her »gegeben« wird. Von der Linken marschiert ein Flush auf: Herz-Fünf, -Sechs, -Sieben, -Acht und -Neun. Zu der Valse tanzen sie frisch, aber unaufdringlich. Ihnen folgt der Joker, den die »rechte Hand« ausgeschickt hat. Zu ihm gehören Karo-Sieben, -Acht, -Neun und -Zehn: das ist ein höherer Flush als der der Linken (Menuett). Aber, so gerne auch der übermütige Joker die Karos gegen die Herz-Karten ausspielen möchte (Presto) und die beiden Gruppen sich tatsächlich gegeneinander zum Kampfe formieren – Strawinsky verarbeitet dazu Rossinische Melodien –, das Spiel kann doch nicht gemacht werden: die letzte Hand hat noch nicht ausgespielt. Sie bringt den Royal-Flush: Herz-Zehn, Herz-Buben, Herz-Dame, Herz-König und Herz-As. Dagegen ist nun auch der Joker machtlos, es vergeht ihm alle Lust am Spaßen und Spotten, vor Schreck setzt er sich auf den Boden, rollt hinaus und verkriecht sich.

Die siegreichen Herz-Karten ziehen auf: der Herz-Bube bläst die Fanfare, der König führt die Dame, und nun kommen auch die anderen Kartenfamilien, um den Siegern in aller Loyalität die Reverenz zu erweisen.

Der knappen Inhaltsangabe, die der edierten Komposition Strawinskys beigegeben ist, wird ein Vers La Fontaines beigefügt. Er heißt: »Daraus können wir ersehen / Daß man beständig Krieg muß führen mit den Bösen / Gut ist an sich des Friedens Walten / Doch kann vom Übel er erlösen / Wenn nicht ihr Wort die Feinde halten?«

»Jeu de Cartes« leitete eine der fruchtbarsten Arbeitsgemeinschaften der modernen Ballettkunst ein, die zwischen *Strawinsky* und *George Balanchine* (beide s. »Agon«). Schätzengelernt hatte Strawinsky den Choreographen schon 1928 durch dessen Version von »Apollon Musagète« (s. d.) für die Ballets Russes Diaghilews. Zusammen mit Lincoln Kirstein, dem Promoter des bedeutenden New York City Ballet und der nicht minder bedeutenden American Ballet School, bat Balanchine 1936 Strawinsky um ein neues Ballett, das sie 1937 bei der Strawinsky-Feier (anläßlich seines 55. Geburtstages) zur Uraufführung bringen wollten. Er sollte den Stoff selbst wählen – was immer ihm geeignet erscheine, werde das American Ballet (ein Vorläufer des New York City Ballet) zur Uraufführung bringen. Aufgeführt wurden dann außer »Jeu de Cartes« noch »Apollon Musagète« und »Der Kuß der Fee« (s. d.).

Solist der Uraufführung war William Dollar.

Die europäische Erstaufführung ist Karl Böhm zu verdanken, der das Ballett im Verein mit der Choreographin Valerie Kratina (1892–1983) im Oktober 1937 an der Dresdner Staatsoper herausbrachte.

II Ballett in einem Akt und drei Runden. Libretto: John Cranko nach dem Originallibretto von Igor Strawinsky und M. Malaieff; Musik: Igor Strawinsky; Choreographie: John Cranko; Ausstattung: Dorothee Zippel; Uraufführung: Stuttgarter Ballett, Württemberische Staatstheater, Großes Haus, Stuttgart, 22. Januar 1965.

Dieses 1936 entstandene Ballett Strawinskys (s. »Agon«) »ist eines der Hauptwerke des sogenannten Neoklassizismus. Formale Klarheit und klangliche Schlankheit zählen ebenso zu seinen ästhetischen Grundsätzen wie das parodistische Zitat klassischer Vorbilder und fremder Stile. Crankos Choreographie übersetzt drei Spielmöglichkeiten einer Poker-Partie ins Tänzerische, ohne sich jedoch an die Originalchoreographie Balanchines [s. ›Agon‹] von 1937 zu halten. Jede Runde beginnt, musikalisch durch ein Ritornell angedeutet, mit dem Mischen der Karten. Dann erscheinen die fünf Karten, die jeweils eine ›Hand‹ bilden. Die erste Runde wird von zwei Kartenpaaren (zwei Zehner und zwei Siebener) und der Herz-Dame gebildet; der Joker erscheint, verbessert die Hand und vermag daher die Herz-Dame wegzuschicken. In der zweiten Runde ist eine ›Suite‹ in Herz (alle Kartenwerte zwischen Herz-Zwei und Herz-Sechs) im Spiel. Der Joker möchte sich in die Partie mischen, ist jedoch unerwünscht, weil die Suite keiner Verbesserung bedarf. Die Kartenfolge Pik-Zehn, Pik-Bube, Pik-König und Pik-As ist mit der – nach Farbe und Wert unerwünschten – Karo-Zwei zur dritten Runde vereinigt. Der Joker, der sich ja kraft seines Wertes in jede gewünschte Spielkarte verwandeln kann, erscheint als Pik-Dame und erhöht damit die Partie zum Royal-Flush, der höchstmöglichen, ›königlichen‹ Kombination des Pokerspiels. Die Final-Coda vereinigt schließlich alle Beteiligten in fröhlicher Runde.« (Aus dem Programmheft der Stuttgarter Uraufführung.)

Von Strawinskys »Jeu de Cartes« gilt heute die Version *John Crankos* (s. »Die Befragung«) als die beste, die es überhaupt gibt. Darüber ist sich die internationale Ballettkritik einig, ob in Paris, London oder New York. Hervorgehoben wird vor allem, daß Cranko den Komponisten beim Wort genommen und dessen Frechheiten oder Witzen, besser Parodien klassischer Techniken und großer Kollegen, wie zum Beispiel Rossini, Geistreicheleien und Travestien gegenübergestellt habe, mit denen die Ballettgeschichte von Petipas »Rosen-Adagio« (s. »Dornröschen«) – im Solo des Jokers als Pik-Dame en travesti – bis zu Balanchines Ravel-Ballett »La Valse« (s. d.) verulkt werde. »La Valse« ging übrigens am Premierenabend »Jeu de Cartes« voraus, so daß selbst Laien leicht erkennen konnten, wer hier auf den Arm genommen wurde. Egon Madsen, der erste Joker, weltberühmt geworden mit dieser Rolle, hat sich immer wieder einen Spaß daraus gemacht, andere, vorausgegangene Ballette in anderen Programmzusammenstellungen zu parodieren. – Über die äußerliche »Gaudi« hinaus ist Crankos Choreographie ein Modell dafür, wie Bewegung nicht nur einer Musik vollkommen entsprechen, sondern auch deren Geist, hier besser: »Esprit«, sichtbar machen kann.

Solisten der Uraufführung waren, neben Egon Madsen als Joker, Birgit Keil, Chesterina Sim Zecha, Bernd Berg, Dennis Griffith, Maximo Molina (Barra), John Neumeier und Jan Stripling.

»Jeu de Cartes« wird heute in Deutschland fast nur noch unter seinem französischen Originaltitel aufgeführt.

Le Jeune Homme et la Mort

Ballett in zwei Szenen. Libretto: Jean Cocteau; Musik: Johann Sebastian Bach (eine Orchesterfassung der Passacaglia und Fuge in c-Moll); Choreographie: Roland Petit; Bühnenbild: George Wakhevitch; Kostüme: Jean Cocteau; Uraufführung: Les Ballets des Champs-Élysées, Théâtre des Champs-Élysées, Paris, 25. Juni 1946.

Personen: Der junge Mann; das Mädchen.

1. Szene: Eine Pariser Mansarde, dürftig möbliert. Von einem Dachbalken hängt ein Strick herab. Ein junger Maler in einem fleckigen Overall liegt rauchend auf einem Bett. Er erwartet seine Freundin. Als sie, bekleidet mit einem gelben Kleid, kommt, springt er auf, sie zu begrüßen. Sie aber ist kalt und abweisend. Vor Begeisterung über ihre Anwesenheit springt der junge Mann über Tisch und Stühle. Aber sie bleibt eisig und unnahbar. Der unterschwellige Kampf zwischen ihnen wird fortgesetzt, bis das Mädchen seine Taktik ändert. Es wird freundlich und liebevoll und führt den jungen Mann allmählich ans Ende des Stricks. Die Freundin drängt ihn, es anzusehen. Dann stößt sie ihn zurück und verläßt die Mansarde. Alleingelassen schmeißt er in einem Wutanfall aus Ärger und Frustration die Möbel durch das Zimmer. Der Strick zieht ihn unwiderstehlich an. Er klettert auf einen Stuhl, legt den Strick um seinen Hals und stößt den Stuhl zurück.

2. Szene: Die Wände der Mansarde verschwinden. Die Figur des Todes läuft den Dachfirst entlang. Der junge Mann befreit sich und gesellt sich zu ihr. Sie entfernt die Maske von ihrem Gesicht. Es ist das Mädchen, das der junge Mann geliebt hat. Zusammen wandern sie weiter über die Dächer von Paris.

Roland Petit (s. »Carmen«) choreographierte das Ballett für Jean Babilée (geb. 1923), den größten französischen Tänzer nach dem Zweiten Weltkrieg, der oft – wie Nurejew – mit Nijinsky verglichen wurde. Man sagt, er habe sich in diesem Ballett bewegt, wie das sonst nur Katzen gegeben sei. Darüber hinaus war »Le Jeune Homme et la Mort« (der Tod ist übrigens weiblich im Französischen und wird im allgemeinen von einer Frau dargestellt; an dieser Stelle sei erinnert an die Madame Mort in Cocteaus »Orphée« und den Domino in »'adame Miroir«; s. d.) natürlicherweise vor allem Ausdruck seiner Zeit, ein Stück des modischen Existentialismus, wie er in den Cafés und Kellern von Saint-Germain-des-Prés kultiviert wurde.

Jean Cocteau (s. »Die Dame und das Einhorn«), immer vornean, wenn es um Geistesmoden ging, war der richtige Mann, dieses Zeitgefühl – es war chic, ein Kind von Traurigkeit zu sein – in ein Ballettlibretto zu gießen wie das von »Le Jeune Homme et la Mort«, das auch heute noch beeindruckt. Typisch für Cocteaus mehr artifizielle als avantgardistische Arbeitsweise war, daß das Ballett auf Jazzmusik choreographiert wurde, die man erst in der Premiere durch die »Passacaglia und Fuge« von *Bach* (s. »Concerto Barocco«) ersetzte.

Jeux (Spiele)

Poème dansé in einem Akt. Libretto: Waslaw Nijinsky; Musik: Claude Debussy; Choreographie: Waslaw Nijinsky; Ausstattung: Léon Bakst; Uraufführung: Diaghilews Ballets Russes, Théâtre des Champs-Élysées, Paris, 15. Mai 1913.

Personen: Der junge Mann; zwei junge Mädchen.

Ein Park, in der Nähe eines Tennisplatzes.

Ein Tennisball fliegt auf die Bühne – ein junger Mann im Tennisdreß, den Schläger in der Hand, springt ihm nach. Zwei junge Mädchen gehen im Park spazieren. Das erste Mädchen tanzt ein Solo; sobald es seinen Tanz beendet hat, nimmt das andere ihn auf (Scherzando). Der junge Mann, der den Ball gesucht und hinter einem Baum gestanden hat, tritt nun hervor – die Mädchen wollen fliehen. Doch er bewegt sie zu bleiben – er tanzt mit dem ersten Mädchen einen romantischen *Pas de deux* (Scherzando). Er will es küssen – es entzieht sich ihm, während das zweite Mädchen, eifersüchtig, ironisch ein mokantes Spiel beginnt. Nun folgt der junge Mann ihr – es ist ein Hin und Her zwischen dem Mann und den Mädchen wie beim Tennisspiel. Ein *Walzer* (Mouvement de valse, doux et gracieux) begleitet den Wechsel von einer zur anderen Seite und wieder zurück. Er möchte beide – beide sind schön, jede möchte ihn, aber jede weiß auch, daß die andere gekränkt sein würde, entschiede er sich für eine von beiden. Sie vereinigen sich zu einem *Pas de trois* (Animé) – da fliegt ein Tennisball auf die Bühne; der junge Mann »fliegt« ihm nach, die Mädchen folgen ihm.

»Jeux« war Nijinskys zweites Ballett, es ist wie sein erstes – »Nachmittag eines Fauns« (s. d.) – auf Musik von *Claude Debussy* (s. »Brouillards«) choreographiert. »Jeux« hat Debussy eigens für Nijinsky komponiert. Seinerzeit war die Hinwendung auf ein lebensnahes Sujet, also auf einen »modernen« Stoff, etwas Ungewöhnliches; daß ein Tänzer im Sportdreß auftrat, wirkte 1913 geradezu revolutionär. Waslaw Nijinsky leitete mit diesem Werk eine ganze Serie von Balletten ein, die Massine (s. »Le Beau Danube«) mit »Parade« (s. d.) und vor allem seine Schwester Bronislawa Nijinska in »Les Biches« (s. d.) und im »Train Bleu« später erfolgreich fortsetzten und die seitdem selbstverständlich geworden sind, nämlich die »realistischen Ballette« im Gegensatz zu den phantastischen und romantischen sowie zeitlosen Sujets. Debussy lehnte die mathematischen Tanzfiguren von Nijinskys »perversem« Genie ab: »Das ist scheußlich, das ist beinahe Dalcroze.« Über die Partitur sagt Heinrich Strobel, sie sei von einer »Diskretion, welche die Musik seit Mozart nicht mehr kannte«.

Bei der Uraufführung tanzten neben Nijinsky – »seine Sprünge (nach dem Tennisball) haben dazu beigetragen, daß man sagte, Nijinskys Element sei die Luft« – Tamara Karsawina und Ludmilla Schollar.

Waslaw Nijinsky (1889–1950), oft der »größte Tänzer aller Zeiten« genannt, was sicher relativ zu verstehen ist, war offenbar ein bedeutenderer Choreograph, als im allgemeinen angenommen wird. Er besuchte die Kaiserliche Ballettschule am Marientheater in St. Petersburg (heute Kirow-Theater in Leningrad). Diaghilew entdeckte ihn und wurde für sein Leben entscheidend. 1912 nach einer steilen Karriere als Tänzer choreographierte er »Nachmittag eines Fauns« (s. d.), im folgenden Jahr »Sacre du Printemps«

(s. d.) und »Jeux«. 1916 folgte als letztes Ballett »Tyl Eulenspiegel«. Er verließ Diaghilew, heiratete, wurde kurze Zeit darauf wahnsinnig und lebte umnachtet noch über dreißig Jahre in der Schweiz und in England, wo er 1950, längst zu einer Legende geworden, gestorben ist.

Joan von Zarissa

Ballett mit Prolog, vier Bildern und einem Epilog. Libretto: Werner Egk; Musik: Werner Egk; Inszenierung: Heinz Tietjen; Choreographie: Lizzie Maudrik; Ausstattung: Josef Fennecker; Uraufführung: Staatsoper, Berlin, 20. Januar 1940. (Dauer: abendfüllend.)

Personen: Joan von Zarissa; Isabeau; Florence; Lefou; Perette; der Eiserne Herzog; ein hünenhafter Ritter; die Schönste der gefangenen Maurinnen; ein Ungeheuer; ein junger Ritter; ein Flötenspieler; Joans Ebenbild. – Zwei Küchenmädchen; ein gefangenes Fürstenpaar; einige greise Bürger; sechs Frauen. – Maurinnen; Wilde; Bewaffnete; Hofstaat. – Ein Sprecher; Chor.

Vorspiel (Allegro moderato).

Prolog: Vor einem Zwischenvorhang in der Manier eines altfranzösischen Gobelins erscheint in einem prunkvollen Aufbau inmitten allegorischer Figuren ein Schauspieler und spricht den Prolog: Joan von Zarissa sei ein kühner Abenteurer gewesen, der, von Begierde verzehrt, so manche Schöne verführt habe. Die Zuschauer sollten Mitleid mit ihm haben und ihre eigenen Sünden nicht über den seinen vergessen.

1. Bild: Bankett des Eisernen Herzogs. Eine mächtige Doppeltreppe führt im Mittelpunkt der Bühne von rechts und von links auf eine zweite Spielfläche. In der Mitte der Bühne, unmittelbar unter der zweiten Spielfläche, sitzen der Eiserne Herzog und Isabeau, die Herzogin, mit ihrem Hofstaat. Auf der oberen Spielfläche Spielleute und Volk.

In einem Aufzug (Allegro moderato) wird der triumphale Sieg eines Vorfahren des Eisernen Herzogs über die

Heiden dargestellt: Bewaffnete mit Trophäen; eine Gruppe Wilder; Auftritt und Tanz eines gefangenen, kläglichen alten Fürstenpaares. Es werden die schönen Weiber hereingebracht, die im Feldzug erbeutet worden sein sollen, in ihrer Mitte ein riesiger Pfau (Auftritt und Tanz der gefangenen Maurinnen, L'istesso tempo). Dem sich öffnenden Pfau entsteigt ein nahezu unbekleidetes Weib, die Schönste der Maurinnen; sie beginnt einen süßen Tanz, an dem sich ihre Gefährtinnen beteiligen. Mit der Klimax der Musik wirft die Schönste ihre Hüllen ab; splitternackt steigt sie in ihren Pfau und wird von den Maurinnen hinausgetragen.

Der Narr Lefou stürzt herein, als wolle er den schönen Mädchen nacheilen. Von einem Knappen zurückgestoßen, tanzt er nun derb-komisch seine unerfüllte Liebessehnsucht; da fliegt ihm von oben eine große Puppe in den Arm, mit der er verliebt tanzt, bis sie ihm wieder weggezogen wird. Dann rollt er einen Teppich über die Bühne und kündigt die Ankunft seines Herrn an.

Joan von Zarissa tritt auf (Allegro non troppo). Im Vordergrund wird mit bewimpelten Lanzen ein Turnierplatz abgesteckt. Joan grüßt die Herzogin, den Herzog und die Gäste. Ein hünenhafter, schwer gepanzerter Ritter wirft seinen Handschuh in den Turnierplatz, Joan nimmt die Herausforderung an, weist aber Rüstung und Schwert zurück. Es ist ein ungleicher Kampf, Joan wirft nach allerlei Finten und vorgetäuschten Paraden seinen Degen fort. Mit beiden Händen umfaßt er den Griff eines unsichtbaren Zweihänders; der Gegner ist vollkommen verwirrt. Joan greift an; schließlich erliegt der Hüne einem gewaltigen Luftstreich.

Isabeau, von Joans Kampf fasziniert, reicht ihm eine Blume und tanzt zeremoniös mit dem Sieger einen Ehrentanz (Andante tranquillo). Die Magd Perette tritt im Kostüm der Puppe auf der oberen Spielfläche auf, Lefou, rasch entflammt, hinter ihr her. Joan bedrängt die Herzogin, Lefou die Magd. Das Liebeswerben der Männer und das Zurückweichen der Frauen spielt sich in gleicher Weise ab. Der Herzog wird eifersüchtig. Beide Männer versuchen, ihre Opfer zu küssen. Die Herzogin stößt Joan zurück. Perette gibt Lefou eine Ohrfeige. Der Herzog geht mit dem Degen auf Joan los. Der ersticht den Herzog. Isabeau bricht zusammen. Zwischenvorhang. Ein unsichtbarer Chor singt a cappella ein zehnstimmiges französisches Chanson.

2. Bild: Der Raum gleicht einer Kathedrale. Rechts ein Betpult. Isabeaus Klage (Andante molto tranquillo). Isabeau, in lange schwarze Schleier gehüllt, von sechs Damen gestützt, beweint in tiefem Schmerz ihren Gatten. Sie kniet auf dem Betpult nieder. Wie aus dem Boden gewachsen steht Joan vor Isabeau, die vor ihm zurückweicht.

Isabeaus Zorn (Presto). Dann stürzt sich Isabeau haßerfüllt auf ihn. Joan bewahrt Haltung. Schließlich bricht Isabeau zusammen. Joan löscht die Kerzen und entzündet alle Lichter auf der zweiten Spielfläche.

Verführung der Isabeau (Andante). Joan richtet Isabeau auf und zieht sie behutsam die Treppe empor. Sie leistet keinen Widerstand mehr. Er nimmt ihr den Schleier ab und erklärt ihr seine Liebe. Sie gibt nach. Er umarmt sie. Zwischenvorhang. Chor mit Chanson a cappella.

3. Bild: Joan und Isabeau sitzen, umgeben vom Hofstaat, auf zwei Thronsesseln. Im ganzen Raum sind Bewaffnete in Joans Farben. Die Gefolgsleute des ermordeten Herzogs huldigen dem neuen Herrn. Ein großer allgemeiner Schautanz wird von Joan und Isabeau angeführt (Allegro moderato). Lefou zieht die widerstrebende Perette herein. Perette weist ihn brüsk ab. Lefou holt sich zwei reizende Küchenmädchen. Jetzt wird Perette wütend, weil Lefou mit den Mädchen schäkert. Ein Bewaffneter jagt auf Joans Wink die Küchenmädchen hinaus, der allgemeine Tanz wird zu Ende geführt. Nun nimmt der Hof Platz, einer Pantomime auf der oberen Spielfläche zuzusehen.

Da erscheint ein Ungeheuer. Greise Bürger bieten ihm große Früchte als Opfer an. Es schlägt sie aus. Eine Jungfrau wird statt dessen herbeigeführt und an einen Baumstumpf gebunden. Das Untier umkreist sein neues Opfer. Mit einem Messer will es das Mädchen töten. Ein Held fällt ihm in den Arm und erschlägt es mit seinem Schwert. Das befreite Mädchen fällt dem Helden in die Arme. Vorhang vor der oberen Spielfläche (Andante).

Lefou bringt einen Flötenspieler herein. Die Schauspieler der Pantomime treten hinter dem Vorhang hervor, sie sind Damen und Herren des Hofes, das junge Mädchen ist Florence. Der junge Ritter tanzt mit Florence. Joan nimmt ihm das Mädchen weg, um selbst mit ihm zu tanzen. Der beleidigte Ritter gerät in Zorn, Joan entreißt ihm den Degen und läßt ihn von Bewaffneten abführen.

Joan versucht Florence tanzend zu verführen (Andante). Isabeau versucht vergeblich, das Paar zu trennen. Sie fordert ihre Höflinge auf, sie zu rächen. Lefou wiegelt die Bewaffneten seines Herrn auf. Die beiden Parteien geraten aneinander. Joan nimmt Florence auf seinen Arm und trägt sie aus dem Saal. Isabeau bricht zusammen und wird von ihren Frauen weggebracht. Die Bühne leert sich allmählich. Unter einem Thronsessel kriecht Lefou hervor, unter dem anderen Perette. Sie schleicht dem Narren nach, versetzt ihm eine gehörige Tracht Prügel (Allegro molto). Zwischenvorhang. Chor mit Rondeau a cappella.

4. Bild: Auf der unteren Spielfläche steht ein Tisch, der beleuchtet ist, während die übrige Szene im Dunkeln bleibt. Joan lehnt in trüber Stimmung am Tisch, der Narr versucht ihn aufzuheitern (Presto). Beide betrinken sich. Sie würfeln. Florence tritt hinzu. Joan schenkt ihr keine Beachtung. Nachdem Joan verspielt hat, setzt er Florence aufs Spiel. Lefou gewinnt und ergreift Florence mit wilder Gier. Florence stößt sich einen Dolch ins Herz, Lefou schleppt sie hinaus.

Auf der oberen Spielfläche erscheinen weit hinten Geistergestalten. Joan sieht sich zu seinem Entsetzen seinem eigenen Ich gegenüber. Die Erscheinung des Joan tanzt mit den Erscheinungen der Isabeau und der Florence; da tritt der Geist des Eisernen Herzogs auf, der das Richterschwert erhebt und, dem echten Joan zugewendet, niedersausen läßt. Joan bricht leblos zusammen. Der Spuk verschwindet. Glockengeläute. Lefou kommt herein; er faßt Joans Hand, erkennt, daß er tot ist, nimmt den Degen seines Herrn, legt ihn selbst an und geht.

Epilog: Der Schauspieler nennt als Moral von der Geschicht': »Nicht ist's die Liebe ja, die Unheil bringt, nur der Betörung Sporn, unedle Glut.«

Rondeau Finale (Allegro molto): Der Chor und die acht Trompeter sind sichtbar auf der Bühne aufgestellt; das gesamte Ballettcorps tanzt eine Hymne auf die Lebensfreude und die echte Liebe. »Nur fort mit euch! O Sorgenqual und Herzenspein...«

»Joan von Zarissa« brachte *Werner Egk* (s. »Abraxas«) den Ruf ein, ein besonderes Gespür für das Ballett zu besitzen. Schon vor dem »Joan« hatten Interpreten der Egkschen Musik festgestellt, daß das Naturell dieses Komponisten voll tänzerischer Impulse stecke und daß die rhythmische Energie ein Urelement seines künstlerischen Wesensausdrucks sei.

»Joan von Zarissa« ist eine Variante des Don-Juan-Stoffes, der als Symbolfigur des zerstörerischen Eros gilt. Eine Madonna von Jean Fouquet veranlaßte Egk, sich mit dem Mittelalter auseinanderzusetzen. Anregungen zu seinem Ballett fand er außerdem in zwei alten Codices über die höfische Kultur des Mittelalters und in den Gedichten von Charles d'Orléans (1394–1465), die er als A-cappella-Chöre vertonte.

Die Aufnahme des Werkes bei der Uraufführung war triumphal. Egk hat dies dem damaligen Intendanten der Berliner Staatsoper *Heinz Tietjen,* der Regie führte, der Choreographin *Lizzie Maudrik* (1898–1955) und dem Bühnenbildner *Josef Fennecker* zu verdanken.

Die Titelrolle tanzte Bernhard Wosien, die Rolle der Isabeau Ilse Meudtner, den Narren Lefou Rolf Jahnke.

Wenig später brachte die Pariser Oper »Joan« heraus, wo Serge Lifar (s. »Phèdre«) nicht nur die choreographische Gestaltung, sondern auch die Titelrolle übernahm.

Josephslegende (Josephs Legende)

Handlung in einem Aufzug. Libretto: Harry Graf Kessler und Hugo von Hofmannsthal; Musik: Richard Strauss; Choreographie: Michail Fokine; Bühnenbild: José Maria Sert; Kostüme: Léon Bakst; Uraufführung: Diaghilews Ballets Russes, Théâtre National de l'Opéra, Paris, 14. Mai 1914.

Personen: Potiphar; Potiphars Weib; deren Lieblingssklavin; Potiphars Gäste; Hofmeister; Sklaven, Sklavinnen und Leibwachen; ein Scheich, dessen acht Begleiter, sein junger Diener; drei Verschleierte; drei Unverschleierte; Dienerinnen der Verschleierten; Sulamith, eine Tänzerin; sechs Boxer; deren Begleiter; Joseph, ein fünfzehnjähriger Hirtenknabe; sechs Knaben, Josephs Spielkameraden; Henkersknechte des Potiphar; ein männlicher, in Gold gewappneter Erzengel.

Dekoration und Kostüme im Stile des Paolo Veronese, also der Zeit um 1530. Die Ägypter tragen venezianisches Kostüm, Joseph und die Händler, die ihn zu Potiphar bringen, orientalisches des 16. Jahrhunderts. Szene: Mächtige Säulenhalle im Stile des Palladio, hinten eine erhöhte Loggia mit Ausblick auf Gärten mit Wasserkünsten. Auf der Bühne vor der Loggia sind zwei reichbesetzte Tafeln im rechten Winkel zueinander aufgestellt. Links auf dem Hochsitz auf drei Stufen sitzen Potiphar, hinter dem riesenhafte Mulatten als Leibwachen stehen, und seine Frau, ihr zu Füßen eine junge Sklavin.

Kurze Einleitung (Allegro moderato). Die Tafeln werden von acht Negersklaven bedient. Ein weißbärtiger Scheich wiegt auf einer Waage Goldstaub, den sein blonder Diener aus einem Sack auf die Schale schüttet. Der Handel mit Kostbarkeiten – Edelsteinen, Geschmeiden, Teppichen und weißen Windhunden – wird nur um Potiphars Weibes willen abgeschlossen, aber sie zeigt nicht die geringste Anteilnahme.

Je vier kupferfarbene orientalische Sklaven tragen drei Sänften herbei, auf jeder Sänfte eine verschleierte und eine unverschleierte Frau (Zug und Tanz der Frauen, Allegretto). Hochzeitstanz: Mit symbolischen Gebärden wird die Entschleierung der Brautnacht dargestellt (Allegro moderato; L'istesso tempo; Allegro). Die drei unverschleierten Frauen enthüllen zuerst die Füße, dann die Brüste und schließlich die Gesichter der drei verschleierten Frauen. Dienerinnen kommen hinzu, die entblößten Körperteile mit Schleiern zu verhüllen. Sulamith tanzt den Tanz glühenden Liebesverlangens.

Der Scheich übergibt die Frauen dem Potiphar. Tanz der türkischen Faustkämpfer mit nacktem Oberkörper. Sie umschleichen einander. Dann gehen ihre Bewegungen in heftiges Boxen über (Ziemlich lebhaft, animato), bis sie wie Kampfhähne in Raserei geraten. Potiphar winkt Gewappnete mit Peitschen herbei. Die Boxer werden abgeführt.

Potiphars Weib ist während der ganzen tollen Szene unbewegt sitzen geblieben. Jetzt wird von zwei braunen Sklaven eine goldene Hängematte hereingebracht; hinter ihr schreiten paarweise zwei junge Harfner, zwei Flötenspieler und zwei Zymbelisten. Die Hängematte wird niedergelegt, sie öffnet sich, und man sieht Joseph, eingewickelt in einen goldgelben seidenen Hirtenmantel. Der Scheich weckt ihn und läßt ihn aufstehen. Der Mantel gleitet ihm von den Schultern. Der Knabe, nur mit einem Ziegenfell bekleidet, schaut sich verwundert, aber keineswegs erschrocken um. Die Musikanten in seinem Gefolge spielen auf. Wie in mystischer Ekstase fängt Joseph an zu tanzen.

Die erste Tanzfigur (Ziemlich lebhaft, con anima) drückt die Unschuld und Naivität des Hirtenknaben aus. Joseph macht vier Sprünge (zweite Tanzfigur) in die Windrichtungen und steckt damit den Raum ab, in dem sich die nächste Tanzfigur abspielen soll. Die dritte Tanzfigur soll das

Suchen nach und das Ringen mit Gott darstellen (Animato ma sempre misurato). Vierte Tanzfigur: Joseph hat Gott gefunden; er verherrlicht ihn tanzend.

Man sieht Joseph mit höchster Bewunderung zu. Auch Potiphars Weib erliegt dem Reiz des Hirtenknaben. Auf ein Zeichen Potiphars nehmen zwei Mulatten Joseph in Besitz. Potiphars Weib schaudert. Sie schickt ihre junge Sklavin, Joseph heranzuholen. Sie blickt ihn lange an, legt ein Halsband um seinen Nacken und wendet sich dann wieder schroff von ihm ab (Quieto).

Potiphar hebt die Tafel auf. Er und seine Frau führen den Zug an, der sich zum Ausgang bewegt. Potiphars Weib übersieht Joseph, der allein zurückbleibt. Diener, die aufräumen, zeigen ihm hinter einem Wandteppich seine kellerartige Kammer. Joseph betet und legt sich aufs Bett (Allegro). Die Musik schildert Josephs Traum, in dem er einen Engel sieht, der schützend an sein Bett tritt. Da schleicht Potiphars Frau in einem weißen, fließenden Gewande herein (Vivo con fretta). Sie schaudert zusammen und löscht schnell die Lampe, als vertrage sie es nicht, die Unschuld des Knaben zu sehen. Sie sinkt in die Knie, löst ihr Haar und vergräbt darin ihr Gesicht zu Füßen Josephs. Sofort faßt sie sich aber wieder, will fliehen, blickt sich um – sie kann sich nicht lösen – beugt sich über den Knaben und küßt ihn auf den Mund.

Joseph springt schaudernd auf, rafft den Mantel um sich und läuft aus der Kammer. Sie folgt ihm in lasziver Leidenschaft. Joseph läßt den Mantel fallen, steht bis zur Hüfte nackt vor ihr. Potiphars Weib sinkt in die Knie und bittet um Vergebung ihrer Sünden. Joseph bleibt unerbittlich. Voller Haß stürzt sie sich auf ihn. Sie will ihn erwürgen. Joseph zwingt sie mit einer überlegenen Bewegung in die Knie. Zwei Diener kommen ihr zur Hilfe. Rasend vor Wut, befiehlt sie, Joseph festzunehmen.

Sie begeifern Joseph (zweite Figur, Molto allegro) und steigern ihren Tanz zu einem orientalischen Hexensabbat (Derwisch-Dreher). Der herbeigerufene Potiphar erscheint mit Fackelträgern. Joseph wird in Ketten gelegt. Potiphars Weib zerreißt den Mantel Josephs und weist dreimal anklagend auf den Hirtenknaben. Die Tortur wird vorbereitet. Henkersknechte bringen glühende Feuerbecken herbei. Im Feuerschein wird Joseph verklärt. Ein Engel befreit Joseph von den Ketten. Potiphars Weib erdrosselt sich. Der Engel führt Joseph einem musizierenden Engelschor zu.

Die Uraufführung der »Josephslegende« an der Pariser Oper gilt als das letzte große Fest des alten Europa vor dem Ausbruch des Ersten Weltkriegs. *Michail Fokine* (s. »Carnaval«) hat mit der »Josephslegende« seine letzte Choreographie für Diaghilews Russisches Ballett geschaffen, und Léonide Massine (s. »Le Beau Danube«) trat in der Rolle des Hirtenknaben auf; hier begegneten sich zwei Namen, die für Diaghilews Truppe überaus bedeutsam gewesen sind.

In einem Brief *Hugo von Hofmannsthals* an Richard Strauss (23. 6. 1912) heißt es: »Ich habe zusammen mit *Kessler* ... ein kurzes Ballett für die Russen gemacht, ›Joseph in Ägypten‹, die Episode mit der Frau des Potiphar ... für Nijinsky, den außerordentlichsten Menschen, den die heutige Bühne besitzt ... Gut an dem Entwurf ist zweierlei: der Einfall, das biblische Sujet in Kostümen des Paul Veronese und im Geist des Paul Veronese zu behandeln und, rein dramatisch, die scharfe Antithese der zwei Hauptfiguren, die zum Schluß in polarem Gegensatz, die eine zum lichten Himmel hinauf, die andere zum jähen Tod und zur Verdammnis führt.«

Richard Strauss (1864–1949) ist zunächst mit allem einverstanden, aber einige Monate später schreibt er: »›Joseph‹ geht nicht so schnell wie ich dachte. Der keusche Joseph selbst liegt mir nicht recht, und was mich mopst, dazu finde ich schwer Musik. So ein Joseph, der Gott sucht – dazu muß ich mich höllisch zwingen. Na, vielleicht liegt in irgendeiner atavistischen Blinddarmecke noch eine fromme Melodie für den braven Joseph.«

In einem langen Brief (13. 9. 1912) interpretiert Hofmannsthal dem Komponisten die Josephs-Figur: »Dieser Hirtenknabe sieht für mich einem edlen ungebändigten Füllen viel eher ähnlich als einem frommen Seminaristen . . .« Die Diskussion um »Joseph« zieht sich noch über Monate hin – man spricht von Nijinsky (s. »Jeux«) als dem einzig in Frage kommenden Regisseur und Darsteller des Joseph. Doch kommt es zum Bruch zwischen Diaghilew und Nijinsky; Diaghilew reist eigens nach Rußland und findet als den »prädestinierten Joseph« den blutjungen Léonide Massine. Diaghilew besucht Strauss in Garmisch; Ida Rubinstein (s. »Boléro«) wird als Darstellerin der Frau des Potiphar genannt.

Obwohl tatsächlich zwischen den Intentionen Kesslers und dem, was in Paris davon auf die Bühne kam, »ein erkleckliches Mißverhältnis war« (Brief Richard Strauss' vom 25. 5. 1914 an Hofmannsthal), war die Uraufführung der Ballets Russes in der Pariser Oper ein einhelliger Erfolg.

Die Tatsache, daß in der Wiener »Josephslegende« (in der Choreographie von Heinrich Kröller am 18. März 1922) Marie Gutheil-Schoder, dramatische Sängerin Strauss'scher Partien (Salome, Elektra, Octavian, Marschallin, Färberin), die Frau des Potiphar spielte, also keine Tänzerin oder Pantomimikerin, kennzeichnet den Charakter des Werkes, von dem Cyril Beaumont meint, es sei »nicht so sehr ein Ballett als vielmehr ein wortloses Spiel«.

Richard Strauss schreibt zur »Josephslegende«, seinem Opus 63: »Ich wollte mit ›Josephs Legende‹ den Tanz erneuern. Den Tanz, so wie er, Mutter der heutigen Künste, gleichsam vermittelnd zwischen ihnen steht. Den Tanz als Ausdruck des Dramatischen – aber nicht ausschließlich. Tanz in jener modernen Abart, in der er nur rhythmisierte oder paraphrasierte Handlung ist, führt uns leider oft allzuweit weg von jenem eigentlichen Kernwesen des richtigen, rein inspirativen, der Bewegung und der absoluten Schönheit geweihten Tanzes: des Balletts. Das wollte ich verjüngen. Auf den Gedanken haben mich, glaube ich, zuerst die russischen Tänzer gebracht. Mein ›Joseph‹ enthält beide Elemente: Tanz als Drama und Tanz als ... Tanz. Der reine Besitz des wirklich Nurgraziösen darf uns nicht verlorengehen, wie ganz analog in der Musik neben dem Charakteristischen, Programmatischen und dem Elementaren nie die Linie des absolut Lieblichen zu kurz kommen darf. Das war, wenn man so will, meine Absicht mit ›Josephs Legende‹.«

Erst *John Neumeier* (s. »Dritte Sinfonie von Gustav Mahler«) scheint sie 1977 an der Wiener Staatsoper in die Tat umgesetzt zu haben. Indem der Ballettdirektor der Hamburgischen Staatsoper die Vorrede Harry Graf Kesslers als eigentlichen Ausgangspunkt seiner Interpretation nimmt, macht er »Josephs Legende« wieder zu einem Ballett, das auf die allein angemessene Weise argumentiert: durch den Tanz. Neumeier ersetzte die lebenden Bilder und mimischen Szenen durch eine zeitgemäße Choreographie, erweiterte die Handlung um vielschichtige, philosophisch wie psychologisch tiefgründigere Details und machte so die Legende wieder zu einem Werk, das auch den Zuschauer von heute zu interessieren vermochte – wie spätere Einstudierungen in Hamburg und München wie auch Neumeiers eigene Fernsehadaption zur Genüge bewiesen.

Richard Strauss war (was manchen überraschen mag) stets am Bühnentanz interessiert. Schon 1900 plante er ein Ballett »Kythere«. In der Oper »Salome« (1905) ist der »Tanz der sieben Schleier« dramaturgischer Höhepunkt. Auch die Schlußszene der »Elektra« (1909) gipfelt in einem mänadischen Tanz. Das Ballett »Schlagobers« (s. d.) nimmt sich neben diesen Stücken von Strauss niedlich und harmlos aus. Es huldigt dem Wien der Süßigkeiten.

Kadettenball (Graduation Ball)

Ballett in einem Akt. Libretto: David Lichine; Musik: Johann Strauß, arrangiert von Antal Dorati; Choreographie: David Lichine; Ausstattung: Alexandre Benois; Uraufführung: Original Ballet Russe, Theatre Royal, Sydney, 28. Februar 1940.

Personen: Die Schulleiterin; das Mädchen; der erste Kadett; der General; der Trommlerjunge; die Sylphide; der Schotte; Schülerinnen und Kadetten.

Festsaal in einem vornehmen Pensionat. Unruhig erwarten die Mädchen einen Kadettenjahrgang der benachbarten Militärakademie. Die Abschlußprüfung der Jungen soll mit einem Ball gefeiert werden. In geschlossener Formation treffen die Kadetten ein. Ihr Benehmen ist steif und förmlich, was die Mädchen entmutigt. Der Anführer der Kadetten bricht das Eis. Er holt das schönste Mädchen und tanzt mit ihr. Mit einer Handbewegung gibt er seinen Kameraden zu verstehen, daß es halb so schlimm sei. Bald tanzen alle.

Überwacht wird der Tanz von einem General und der Schulleiterin (gewöhnlich, aber nicht immer, von einem Mann en travesti getanzt), die trotz ihres Alters miteinander flirten.

Das eingeschobene *Divertissement* enthält einen verblüffenden Tanz für einen Trommlerjungen, einen romantischen Pas de deux (in Anlehnung an »La Sylphide« von Taglioni von einer Sylphide und einem Schotten dargestellt; s. d.), einen »Spontanen Tanz« für ein Mädchen, eine Konkurrenz in Fouettés, Arabesque und Attitude mit Variationen für zwei Mädchen, das »Perpetuum mobile« für ein Paar und drei Mädchen und eine Mazurka für zwei Jungen.

Der Ball geht zu Ende. Alle tanzen noch einmal miteinander. Dann müssen die von ihren Entdeckungen begeisterten Kadetten gehen, ob sie wollen oder nicht. Für einen Augenblick ist die Bühne leer. Da kehrt der erste Kadett zurück, um noch einmal, ein allerletztes Mal, von seinem

Mädchen Abschied zu nehmen. Die alerte Schulleiterin aber macht ihm Beine. Der Vorhang fällt.

Lichine und Tatjana Riabouschinska kreierten die Rollen des ersten Kadetten und seines Mädchens. Keine Figur des Balletts aber ist so berühmt gworden wie der Trommlerjunge. Die besten Tänzer haben diese kleine Paraderolle immer wieder gerne getanzt, unter anderen John Kriza, Henning Kronstam und Flemming Flindt.

Es gibt viele Ballette auf Musik von *Johann Strauß*. »An der schönen blauen Donau«, getanzt von Jungen in schwarzen Samtboleros und weißen Trikothosen und Mädchen in halblangen, romantischen Tutus, darf bei keiner »Tingelei« fehlen. Massine dankt Strauß, daß sein »Beau Danube« immer noch getanzt wird. Im Gegensatz dazu ist »Kadettenball« vor allem ein visuelles Vergnügen. Die unterlegten Melodien von Strauß sind nicht so bedeutend, daß sie das Auge ablenken könnten von einer der gelungensten Ballettkomödien unserer Zeit. »Kadettenball« (das Ballett wird in Deutschland meistens unter diesem Titel aufgeführt) ist der Meisterstreich *David Lichines* (1910–72). Er war ein Schüler der Nijinska (s. »Les Biches«).

Kameliendame

Ballett in einem Prolog, drei Akten und einem Epilog. Musik: Frédérick Chopin; Libretto, Choreographie und Inszenierung: John Neumeier; Bühnenbild und Kostüme: Jürgen Rose; Uraufführung: Stuttgarter Ballett, Großes Haus der Württembergischen Staatstheater, Stuttgart, 4. November 1978.

Personen: Marguerite Gautier; Armand Duval; Manon Lescaut; Des Grieux; Prudence Duvernoy; Gaston Rieux; Nanina, Marguerites Kammerfrau; Monsieur Duval, Armands Vater; Olympia; Herzog; Graf N.; Prudences Freundin; ein Pianist; ein Ehepaar; der Auktionator; sein Assistent; Arbeiter auf der Auktion; Verehrer Manons; Arthur, Edouard und Eugène, Verehrer Marguerites; Gäste beim Bal Masqué; Gesellschaft unterwegs zur Landpartie;

Gäste auf dem Land; Marguerites Diener; Spaziergänger auf den Champs-Élysées; Ballgäste.

Prolog: Haushaltsauflösung – wegen Todesfall soll das gesamte Inventar einer luxuriös ausgestatteten Wohnung versteigert werden. Kauflustige oder nur neugierige Besucher, frühere Bekannte und Freunde der Verstorbenen besichtigen die Einrichtung. Unter ihnen ist auch ein älterer Herr, Monsieur Duval. Wie von Sinnen stürzt ein junger Mann herein. Es ist Armand Duval. Als er seiner Umgebung gewahr wird und die vertrauten Räume sieht, droht er, ohnmächtig zusammenzubrechen. Liebevoll fängt der alte Herr seinen Sohn auf; und Armand beginnt, von Erinnerungen überwältigt, dem Vater seine Geschichte zu erzählen.

I. Akt: Im Théâtre des Varietés. Man gibt das Ballett »Manon Lescaut«. Im Publikum befindet sich eine der schönsten und begehrtesten Kurtisanen von Paris, Marguerite Gautier. Betroffen reagiert sie auf das Verhalten Manons, fühlt sich ihr verwandt und weigert sich dennoch, in ihr das eigene Spiegelbild zu sehen. Armand wird ihr vorgestellt. Aufgewühlt von der Begegnung, verfolgt er mit erhöhter Spannung die Aufführung. Nach der Vorstellung hat Marguerite, um sich die Zeit zu vertreiben und sich trotz der Anwesenheit des sie langweilenden Grafen N. zu amüsieren, Armands Freund Gaston und Prudence, eine etwas vulgäre Kurtisane, zu sich eingeladen. Armand kommt mit; und Marguerite benützt ihn, um den jungen Grafen zu ärgern. Die Situation spitzt sich zu. Graf N. verläßt eifersüchtig die Wohnung. Marguerite erleidet einen Hustenanfall und zieht sich zurück. Armand folgt ihr, bietet ihr seine Hilfe an und gesteht ihr seine Liebe. Sie bleibt skeptisch, gleichzeitig rührt sie seine leidenschaftliche Zuneigung. In der folgenden Zeit vertieft sich beider Beziehung. Marguerite führt weiter ihr gewohntes Leben,

eilt von Ball zu Ball, von Verehrer zu Verehrer, vom alten Herzog zum jungen Grafen. Aber immer wartet Armand auf sie. Er folgt ihr selbst aufs Land, wo der Herzog ihrer angegriffenen Gesundheit wegen ein idyllisches Haus zur Verfügung gestellt hat.

II. Akt: Auf dem Land setzt Marguerite ihr turbulentes Leben auf Kosten des Herzogs fort. Eines Tages kommt es zur offenen Konfrontation zwischen Armand und dem Herzog. Marguerite bekennt sich zum erstenmal eindeutig zu ihrem Geliebten und entscheidet sich gegen Reichtum und Sicherheit. Der Herzog verläßt sie. Auch die Freunde gehen. Marguerite und Armand leben ihrer Liebe.

Armand bricht zusammen. Sein Vater ist tief erschüttert. Betroffen erinnert er sich der Rolle, die er in der Geschichte gespielt hat: Als er vom Lebenswandel seines Sohnes erfuhr, hatte er ohne dessen Wissen Marguerite aufgesucht und von ihr die Trennung verlangt. Marguerite brachte das Opfer, kehrte nach Paris zurück und stürzte sich in ihr altes Leben.

Armand erzählt weiter: Er findet das Haus verlassen vor. Ein Brief Marguerites klärt ihn auf. Ungläubig kehrt er nach Paris zurück und findet Marguerite in den Armen eines anderen.

III. Akt: Zufällige Begegnung auf den Champs-Élysées. Marguerite ist in Begleitung einer anderen Kurtisane, Olympia, um die sich Armand sofort bemüht. Ein letztes Mal sucht Marguerite, bereits todkrank, Armand auf und bittet ihn, von seinem demütigenden Verhalten zu lassen und sie zu schonen. Beide finden zusammen. Doch im Schlaf verfolgt Marguerite die alptraumhafte Vision Manons. Aufwachend beschließt sie, ihrem Versprechen treu zu bleiben. Heimlich verläßt sie den Geliebten. Armand sieht sich alleingelassen. Er brüskiert Marguerite bei einem Ball in aller Öffentlichkeit. Sie bricht zusammen.

Epilog: Armand ist am Ende seines Berichts. Nanina, Marguerites Kammerfrau, kommt zurück und bringt ihm deren Tagebuch. Armand beginnt darin zu lesen. Er erfährt von ihrem immer rascheren Dahinsiechen. Er begleitet sie bei ihrem letzten Theaterbesuch. Es gibt »Manon Lescaut«. Krank und verzweifelt geht Marguerite aus dem Theater. Aber die Gestalten des Balletts bedrängen sie in ihren Fieberträumen und mischen sich mit den eigenen Erinnerungen. Einmal noch möchte sie Armand wiedersehen. Von den Freunden verlassen, vertraut sie ihre Ängste ihrem Tagebuch an, das sie Nanina für Armand übergibt. Verarmt und einsam stirbt Marguerite. (Nach dem Programmbuch.)

John Neumeiers »Kameliendame« markiert die Überwindung tänzerischer Vergangenheit, für die das Stuttgarter Ballett und John Cranko stehen, und ist ein Höhepunkt, der schwerlich so schnell wieder erreicht werden dürfte. Einfach deshalb, weil sie, so wie sie vom Staatstheaterballett realisiert wird, ein Modellfall dramaturgischer Überlegung, musikalischer Stimmigkeit, bildnerischen Geschmacks und choreographischer Reife darstellt. Ein Modellfall, der fast zwangsläufig Ausnahme bleiben muß.

Neumeier macht es sich nicht leicht. Ähnlich wie im Roman Alexandre Dumas' rollt er die Geschichte der »Kameliendame« von ihrem Ende her auf. Ja, er macht die Stationen einer leidenschaftlichen Liebe, von den geschäftigen Aktionen des Auktionators immer wieder kurz unterbrochen, auf eine Weise sichtbar, die sich als Projektion der Phantasie Armand Duvals zeigt. Die Handlung wird also niemals Selbstzweck. Neumeier nützt sie, um zu jenen Augenblicken zu kommen, wo Begrifflichkeit versagt und bewegter Ausdruck triumphiert, wo Ballett tatsächlich zu einem Medium wird, das Empfindungen, Gedanken und Stimmungen unverfälschter, reiner, unvermittelter offenbart als jede noch so bedachte Formulierung. Er erfaßt die fortwährenden Gefühlsschwankungen in einem choreographischen Prozeß von außerordentlicher Behutsamkeit. Und er versucht, in der künstlerischen Konfrontation von Marguerite und Manon Lescaut, Armand und Des Grieux seinem Thema eine Dimension zu geben, die das Innenleben der Protagonisten widerzuspiegeln vermag. Als Grundlage der »Kameliendame« dienen die verschiedensten Klavier- und Klavierkonzert-Kompositionen Frédéric Chopins.

Die Solisten der Uraufführung waren Marcia Haydée (Marguerite), Egon Madsen (Armand), Birgit Keil (Manon Lescaut), Richard Cragun (Des Grieux), Jean Allenby (Prudence), Vladimír Klos (Gaston), Ruth Papendick (Nanina), Reid Anderson (Monsieur Duval), Nora Kimball (Olympia), Marciš Lešins (Herzog) und Mark A. Neal (Graf N.).

Katalyse

Ballett in einem Akt. Libretto: John Cranko; Musik: Dmitrij Schostakowitsch; Choreographie: John Cranko; Ausstattung: Werner Schachteli; Uraufführung: Stuttgarter Ballett, Württembergische Staatstheater, Großes Haus, Stuttgart, 8. November 1961.

Personen: Der Katalysator: Solist; rote Gruppe: Solist und Solistin, drei Mädchen und drei Jungen; blaue Gruppe: Solist und Solistin, drei Mädchen und drei Jungen.

»Die Katalyse ist laut Lexikon in der Chemie die Einleitung oder Beschleunigung einer Reaktion durch die Gegenwart eines Körpers (des Katalysators), der dabei selbst unverändert bleibt. Wählen Sie selbst, liebes Publikum! Ist es die Geschichte eines Zauberers, der die Menschen verwandelt, oder ist es der Tanz der Atome, der durch die Mittel der Wissenschaft entfesselt wird, oder ist es der Kampf zwischen Klassisch und Modern, der alte Kampf zwischen Apollo und Dionysos, oder handelt es sich gar um zwei politische Gruppen, die auf einen Führer warten, der sie einigen soll? – Tanz ist keine Literatur, er kann nur durch Tanz zum Sinnbild werden.« (John Cranko.)

Zwei Gruppen, die rote und blaue, konkurrieren auf der Bühne miteinander. Bis der Katalysator auftritt und beide durch ein Tor im Hintergrund führt. Wenn sie wieder herauskommen, sind alle Mitglieder beider Gruppen weiß.

»Katalyse« auf das Konzert für Klavier, Trompete und Streichorchester von *Schostakowitsch* (s. »Concerto«) war das erste Ballett *John Crankos* (s. »Die Befragung«) für seine Stuttgarter Compagnie, das ungeteilte Zustimmung fand. Es hat sich bis heute im Repertoire verschiedener Truppen halten können.

Kettentanz

Ballett in einem Akt. Musik: Johann Strauß und Johann Mayer; Choreographie: Gerald Arpino; Kostüme: Joe Eula; Beleuchtung: Thomas R. Skelton; Uraufführung: City Center Joffrey Ballet, University of California, Berkeley, 7. September 1971.

Der »Kettentanz«, der in seiner Strukturierung am ehesten an Crankos »Brouillards« (s. d.) denken läßt, hat nichts von der schmachtenden Süßlichkeit vieler Wien-Ballette. Gerald Arpino, Chefchoreograph des City Center Joffrey Ballet, verklärt vielmehr seine Erinnerungen an die Donau-Metropole und seine eigenen Heurigen-Erfahrungen, indem er die zehn Walzer, Polkas und Galopp-Kompositionen von Johann Strauß (Vater) und Johann Mayer allenfalls als Anlaß skizzenhafter Soli und Ensembles akzeptiert. Vom ursprünglichen Bodensatz der Wirklichkeit ist bei ihm kaum etwas zu merken. Von aller Äußerlichkeit befreit, wirken die einzelnen Sätze für sechs Solopaare charmant, federleicht und in ihrer tänzerischen Flüchtigkeit beinahe berauschend. Vielleicht hat darum

Doris Hering im »Dance Magazine« den »Kettentanz« als das »schönste Ballett Arpinos« bezeichnet. »Arpino schwebt munter über der Musik und entwirft dabei eine Abfolge zarter Miniaturen, die alle aus der eröffnenden Kettenformation heraus entstehen und am Schluß in den selben Reigen münden.« Der »Gitana-Galopp«, op. 108, vereinigt am Anfang und zum Schluß alle Tänzer. Die beliebte »Annen-Polka«, op. 137, hat Arpino für drei Paare choreographiert. Den »Kettenbrücke-Walzer«, op. 4, bestreitet ein Solopaar. Die Polka »Eisele-und-Beisele-Sprünge«, op. 202, ist ein Pas de trois für zwei Herren und eine Dame, der »Chinesen-Galopp«, op. 20, ein Pas de trois für zwei Damen und einen Herrn. Die einzige Komposition Johann Mayers, die Arpino verwendet hat, der »Schnofler-Tanz«, ist ein Solo für eine Tänzerin. Der »Seufzer-Galopp«, op. 9, ist ein Duett für zwei Herren, die »Hofball-Tänze«, op. 51, ein Ensemble für vier Damen und vier Herren, der »Cachucha-Galopp«, op. 97, ein Pas de deux für zwei Damen. Solisten der Uraufführung waren unter anderen Starr Danias, Susan Magno, Rebecca Wright, Scott Bernard, Dermot Burke und Glenn White.

Schon früh ist der Name von *Gerald Arpino* (geb. 1928) mit dem Robert Joffreys verbunden. Der Sohn italienischer Eltern studierte bei Mary Ann Wells in Seattle und an der School of American Ballet in New York, bevor er für ein paar Jahre an den Broadway ging. Als Solotänzer gehört er dem Joffrey Ballett seit 1956 an, unterrichtet nebenher aber beim American Center in New York. 1961 choreographiert er mit »Ropes« sein erstes Ballett und entwikkelt sich in der Folgezeit immer mehr zum profilbestimmenden Choreographen der Compagnie Robert Joffreys. Seit 1965 ist er dessen Stellvertreter. Zu seinen bekanntesten Arbeiten gehören »Sea Shadow« (1962), »Viva Vivaldi!« (1965), »Olympics« (1966), »The Clowns«, (1968),

»Trinity« (1971), »Kettentanz« (1971), »Sacred Grove on Mount Tamalpais« (1972) und »Suite Saint-Saëns« (1978). Als eine seiner beliebtesten Choreographien wurde der »Kettentanz« auch vom National Ballet of Canada und vom Australian Ballet ins Repertoire genommen.

Die Kirmes von Delft

Ballett in drei Bildern. Libretto: Sonja Korty; Musik: Hermann Reutter; Choreographie: Sonja Korty; Ausstattung: Ludwig Sievert; Uraufführung: Ensemble der Städtischen Bühnen Frankfurt, Baden-Baden, 20. März 1937.

Personen: Der Gaukler; Peregrina; der Student; der Bürgermeister; seine Tochter; Studenten; drei Richter; zwei Henkersknechte; flämisches Volk, Jugend, Männer und Weiber.

1. Bild: Auf dem Marktplatz von Delft wird Kirmes gefeiert. Das Volk belustigt sich mit derben Tänzen. Ein Zug von Ketzern zieht in den Dom, wo ihnen der Teufel ausgetrieben werden soll. Der Bürgermeister tritt huldvoll auf, begleitet von seiner Tochter und ihrem Verlobten, einem Studenten. Seine Kommilitonen tanzen. Schließlich kommt eine Truppe von fremden Gauklern. Ihr Anführer erfreut das Volk mit akrobatischen Kunststücken. Dann stellt er seine Tochter Peregrina vor. Sie tanzt zu einer fremdartigen Musik, die mit den vorausgegangenen Volkstänzen kontrastiert. Der Student ist sofort von dieser Schönen fasziniert und gibt ihr Geld. Peregrina führt ihn aus Dank zum Tanz, in dem beide füreinander in Liebe entbrennen. Die Bürgermeisterstochter ist eifersüchtig. Sie hetzt die Leute gegen die fremde »Hexe« auf. Der Bürgermeister läßt Peregrina abführen.

2. Bild: In einem unterirdischen Gewölbe wird Peregrina von drei Richtern zum Tode auf dem Scheiterhaufen verurteilt. In einer Vision verwandeln sich ihr die Mauern des

Gewölbes in Wände aus Menschen, die sie zu erdrücken scheinen (Passacaglia). Auf dem Höhepunkt des Traums teilen sich die Mauern. Es öffnet sich scheinbar eine Gasse in die Freiheit. Aber da kommen die Henkersknechte, sie auf den Scheiterhaufen zu führen.

3. Bild: Auf dem Richtplatz erwartet die Menge Peregrinas Feuertod (Rasch, mit großer Steigerung). Die Henkersknechte binden Peregrina an den Pfahl und legen Feuer an den Scheiterhaufen. Da drängt sich plötzlich der Student durch die erregte Menge, ringt die Henkersknechte nieder und springt zu Peregrina auf den brennenden Scheiterhaufen. Verblüffenderweise bleiben beide vom Feuer unberührt. Schnee löscht das Feuer. Die Liebenden steigen herab. Die Henkersknechte weichen vor dem wunderbaren Paar zurück und lassen es in die Freiheit ziehen – durch die Menge, die ihre Ergriffenheit in einem allmählich schneller werdenden Reigen voll Freude und Lebenslust ausdrückt.

Hermann Reutter (1900–85) brachte sein erstes Ballett, eben »Die Kirmes von Delft«, auf dem Musikfest der Internationalen Gesellschaft für Neue Musik 1937 in Baden-Baden zur Uraufführung (Dauer: ca. 35 Minuten). 1952 ist Reutter mit einem zweiten Ballett, »Notturno Montmartre«, an die Öffentlichkeit getreten, 1980 choreographierte Heinz Spoerli (s. »Vier Gesänge für Frauenchor«) im Auftrag der Ludwigsburger Schloßfestspiele Reutters »Hochzeitlieder«.

Die Hauptrollen wurden von Sonja Korty (1892–1955), Heinz Denies, Rigo de Ralton und dem Ensemble der Städtischen Bühnen Franfurt a. M. getanzt.

Klytemnestra (Clytemnestra)

Tanzdrama in zwei Akten. Libretto: Martha Graham; Musik: Halim El-Dabh; Choreographie: Martha Graham; Bühnenbild: Isamu Noguchi; Kostüme: Martha Graham und Helen MacGehee; Beleuchtung: Jean Rosenthal; Uraufführung: Martha Graham and Dance Company, Adelphi Theater, New York, 1. April 1958. (Dauer: abendfüllend.)

Personen: Todesbote; Klytemnestra; König Hades; Helena; Apollo; Athene; Agamemnon; Iphigenie; Orest; Elektra; Paris; Kassandra; der Geist des Agamemnon; Ägisth; Furien; Klageweiber; Chor.

Prolog: Die Unterwelt. 1. Der Todesbote. 2. Klytemnestra, König Hades und der Chor. 3. Helena, Apollo und Athene. 4. Überfall auf Troja. 5. Klytemnestra und König Hades. 6. Agamemnon und die Opferung der Iphigenie. 7. Orest und Elektra: Die Erkennungsszene. 8. Die Furien. 9. Der Chor beschwört die Erscheinungen von: Helena, Paris, Elektra, Ägisth, Iphigenie, Agamemnon und Kassandra. 10. Klytemnestra, Kassandra, Orest und die Furien.

I. Akt: Mykene. 1. König Hades als der Wächter: Der Fall von Troja. 2. Klytemnestra. 3. Jubeltanz. 4. Agamemnons Speere. 5. Klytemnestras Gedanken über: Ägisth und Klytemnestra, Helena und Paris, Iphigenies Opferung. 6. Klytemnestra und Ägisth. 7. Klytemnestras Rachetanz. 8. Elektra begrüßt Agamemnon. 9. Der triumphierende Agamemnon. 10. Klytemnestra und Agamemnon: Die Verführung. 11. Kassandra. 12. Die Ermordung des Agamemnon und der Kassandra. 13. Helena. 14. Ägisth, Klytemnestra und die Furien.

II. Akt: Das Schlafgemach der Königin. Mykene. 1. Klytemnestras Traum: Der Geist des Agamemnon. 2. Elektra und die Klageweiber. 3. Orest, Elektra und der Geist des Agamemnon. 4. Porträt der Familie. 5. Die Ermordung von Klytemnestra und Ägisth. 6. Orest und die Furien.

Epilog: Die Unterwelt.

Martha Grahams »Klytemnestra« beginnt mit dem Prolog in der Unterwelt. Klytemnestra ist ans unterirdische Ziel ihrer Wanderschaft gelangt. Sie wird verdammt. Ein letztes Mal versucht sie, angestiftet von den Göttern des Lichts, der Weisheit und der letzten menschlichen Einsicht – Apollo und Athene –, ihr Schicksal zu begreifen. Als Helena, Ursprung allen Grauens, erscheint, hat Klytemnestra die Vision des geschändeten Troja. Sie sieht die Opferung der Iphigenie, dann die schicksalhafte Begegnung von Orest und Elektra, die ihren Tod planen. Sie und Orest stehen sich von Angesicht zu Angesicht gegenüber – in der Qual der Erinnerung an die Gestalten, die ihrem Leben verbunden waren: Helena, Paris, Elektra, Ägisth, Iphigenie, Agamemnon und Kassandra. Bei ihrem Anblick wird Klytemnestra erneut von Rachsucht gepackt.

Im I. und II. Akt geht Klytemnestra noch einmal durch ihr ganzes Leben, von dem Augenblick an, da der Wächter von den Dächern Mykenes herab den Fall der Stadt Troja verkündet, bis zu dem Zeitpunkt, da ihre Alpträume Wirklichkeit, sie und ihr Geliebter von Orest ermordet werden.

Der Epilog führt wieder in die Unterwelt. Der furchtbare Konflikt ihres Lebens findet seine Auflösung.

Martha Graham (1893–1991) war der Gegenpol Balanchines (s. »Agon«). Während er den klassisch-akademischen Tanz in den USA repräsentierte, vertrat sie den modernen. Wohlgemerkt den modernen Tanz amerikanischer Provenienz. Sie hatte zunächst nur wenig mit dem deutschen Ausdruckstanz der Podiumstänzer zu tun. Sie haben nicht einmal gemeinsame Wurzeln. Der German Dance ging von Isadora Duncan aus. Martha Graham aber war Schülerin der Duncan-Zeitgenossin Ruth St. Denis. Danach ging sie ihren eigenen Weg – beeinflußt nur von der Wigman. Sie selbst teilte ihre Lebensgeschichte in Perioden ein. Die »Periode der Follies« (1923), ihre Bekanntschaft mit dem Showtanz, ist dabei ebenso zu berücksichtigen wie die »Periode der langen Wollschals« (bis 1935), die »amerikanische Periode« (bis 1945) und die »griechische Periode«. Denn die Summe aus den während dieser Entwicklungsabschnitte gemachten Erfahrungen befähigte Martha Graham nicht nur, als Choreographin dem klassisch-akademischen Tanz mit einer im besten Sinne modernen, athletisch-sportiven Technik pari zu bieten, sondern auch eine Welt auf die Bühne zu stellen, die den amerikanischen Way of life auf geradezu monströse Weise demonstriert. Das Matriarchatsprinzip (der Frauenverbände) mit seinen Folgen nimmt in ihren Balletten Gestalt an. Im Zentrum steht immer die Frau, die zum Mann kein anderes Verhältnis finden kann als die Bienenkönigin zur Drohne. Sie nannte ihre Orestie bezeichnenderweise »Klytemnestra«!

Martha Grahams Tänzer dürften, was ihren technischen Standard angeht, kaum von anderen modernen Tänzern zu überbieten sein. Sie haben die absolute Perfektion amerikanischer Sinfonieorchester. Martha Grahams größtes Verdienst als Pädagogin ist zweifellos, eine Technik entwickelt zu haben, die den Ausdruckstanz aus den Fesseln des Individualismus erlöste und ihn als Modern Dance auf andere Tänzer und Tänzergruppen übertragbar machte.

Bei der Uraufführung wurden die Hauptrollen getanzt von Martha Graham, Ethel Winter, Yuriko, Bertram Ross, Helen MacGehee, Gene MacDonald, Paul Taylor und Matt Turnes.

Konzert für Flöte und Harfe

Ein Ballett nach dem Konzert für Flöte, Harfe und Orchester, C-Dur, KV 229 von Wolfgang Amadeus Mozart. Choreographie: John Cranko; Uraufführung: Stuttgarter Ballett, Württembergische Staatstheater, Großes Haus, Stuttgart, 26. März 1966.

1. Satz: Allegro.
2. Satz: Andantino.
3. Satz: Rondo; Allegro.

Das Ballett wurde für zwei weibliche und zwei männliche Solisten und männliches Corps de ballet choreographiert. An Mozarts Zeit erinnern in diesem abstrakten Ballett nur die Zöpfe und Spitzenjabots der Jungen. Die weiblichen Solisten sind die Vertreterinnen von Flöte und Harfe in der Choreographie; das Corps de ballet vertritt das Orchester. *John Cranko* (s. »Die Befragung«) behauptet, er habe dieses Ballett für Jungen hauptsächlich deswegen gestellt, weil es mit »Giselle« (s. d.) ein Programm bilden sollte. In »Giselle« gibt es keine befriedigenden Aufgaben für Jungen.

»Konzert für Flöte und Harfe« steht am Ende einer Reihe von Choreographien, in denen sich Cranko mit der Musik des Barocks auseinandersetzt. Es begann mit »L'Estro Armonico« auf drei Konzerte aus op. 3 von Vivaldi. Das Ballett wurde am 27. April 1963 in Stuttgart uraufgeführt. Es ist für eine Solistin, drei Solisten, sechs Mädchen und fünf Jungen gestellt. Es folgte die Choreographie »Concerti grossi« auf drei Konzerte aus op. 3 von Händel. Sie wurde am 8. November 1964 in Köln uraufgeführt. Das Ballett für acht Mädchen und acht Jungen ist verlorengegangen. Beinahe gleichzeitig mit »Konzert für Flöte und Harfe« kam in London »Brandenburg N°s 2 and 4« heraus.

Allen diesen Balletten gemeinsam ist, daß sie keine nacherzählbare Geschichte auf die Bühne bringen und alle in der Nachfolge von George Balanchine (s. »Agon«), genauer noch in der Nachfolge von dessen Ballett »Concerto Barocco« (s. d.) entstanden sind. »L'Estro Armonico« steht Balanchine natürlicherweise näher als das »Konzert für Flöte und Harfe«. Es sind abstrakte Ballette, in denen es vor allem auf die Korrespondenz von Bewegung und Musik ankommt. Sie sind Zeugnisse für Crankos außerordentliche choreographische Musikalität.

Nicht jedermann ist mit dem neoklassizistischen Vokabular einverstanden, mit dem Cranko Barockmusik auf die Bühne gebracht hat. Aber daraus resultiert die Spannung dieser Ballette. Barockmusik und Barocktänze würden nur historisch wirken. Indem Vivaldi, Händel, Bach und Mozart aber mit der höchst brillanten Technik des klassischen Tanzes unserer Tage konfrontiert werden, werden sie mehr oder weniger wieder zu etwas, was uns angeht. Das Alte erscheint im anderen Gewand neu. Hinzugefügt werden muß außerdem, was Balanchine einmal gesagt hat, daß man nämlich wissen müsse, welche Musikstücke man »vertanzen« könne und welche nicht. Am ehesten wohl Konzerte aus der Barockzeit, da sie meistens Auftragsarbeiten für bestimmte Anlässe waren. Die meisten Werke aus dieser Zeit sind nicht so absolut gemeint wie die Beethovens und seiner Nachfolger.

Der Kuß der Fee (Le Baiser de la Fée)

Ballettallegorie in einem Akt und vier Bildern. Libretto: Igor Strawinsky; Musik: Igor Strawinsky; Choreographie: Bronislawa Nijinska; Ausstattung: Alexandre Benois; Uraufführung: Ballet Ida Rubinstein, Théâtre National de l'Opéra, Paris, 27. November 1928.

Personen: Die Fee; die Geister der Fee; ein junger Mann; seine Braut; die Mutter und das Kind; Bauern und Bäuerinnen; Freundinnen der Braut; Musikanten beim Fest.

1. Bild (Prolog): Wiegenlied im Sturm. Eine Mutter mit Kind im Arm wird von den Geistern der Fee verfolgt (Allegro sostenuto), denen es schließlich gelingt, ihr das Baby zu entreißen. Darauf erscheint die Fee; sie nähert sich dem Kind und küßt es auf die Stirn (Andante). Damit gehört ihr das Leben dieses Menschenkindes.

Bauern (Vivace agitato) finden das Kind und suchen vergeblich nach der Mutter. Beunruhigt, aber voller Mitleid nehmen sie das Findelkind mit.

2. Bild: Ländliches Fest (zwanzig Jahre später). Bauerntanz. Musikanten auf der Szene. Unter den Tanzenden ist auch der junge Mann – der Erwählte der Fee – mit seiner

Braut. Nach dem Tanz (Ensemble und Soli) entfernen sich alle, auch die Braut. Der junge Mann bleibt allein zurück. Die Fee tritt in Gestalt einer Zigeunerin auf (Doppio movimento – Più mosso). Sie nimmt seine Hand und prophezeit ihm künftiges Glück. Sie tanzt (Tempo agitato ma giusto) und gewinnt immer mehr Gewalt über ihn. Er bittet sie, ihn zu seiner Braut zu führen.

3. Bild: Sie erreichen die Mühle, in der die Braut wohnt. Sie tanzt mit ihren Freundinnen (Allegretto grazioso). Das Paar vereinigt sich zu einem Pas de deux: a) Entrée des jungen Mannes (Moderato); b) Zweitanz (Adagio); c) Variation der Braut (Allegretto grazioso); d) Coda (Presto). Die Braut geht mit den Freundinnen fort, das Hochzeitskleid anzulegen. Der junge Mann bleibt allein zurück. – *Scène* (Andante non tanto): In einen großen Brautschleier gehüllt, erscheint die Fee. Leidenschaftlich begrüßt sie der junge Mann, als wäre sie seine Braut. Doch sobald die Fee den Schleier abnimmt, kehrt er sich von ihr ab. Am Ende aber kann er ihren übernatürlichen Kräften nicht widerstehen. Sie entführt ihn in die Gefilde der Seligen.

4. Bild (Epilog): Gefilde der Seligen. Die weite Szene stellt die Unendlichkeit des Himmelsraumes dar. In Gruppen tanzen die Geister der Fee herein, sie huldigen dem liebenden Paar, der Fee und dem Jüngling, die, sich umarmend, auf einer Erhöhung ruhen. Den Kuß der Fee begleitet wieder das Wiegenlied des Prologs.

Ida Rubinstein (s. »Boléro«) beauftragte *Igor Strawinsky* (s. »Agon«), zum Gedenken an den 35. Todestag von P. I. Tschaikowsky (s. »Dornröschen«) ein Ballett zu komponieren. Strawinsky schrieb das Libretto nach dem Märchen »Die Eisjungfrau« von Hans Christian Andersen. Die Handlung spielt in der Schweiz; der Bauerntanz im 2. Bild benutzt Volksmusik der Schweiz. Das Ballett stellt Peter Iljitsch Tschaikowsky allegorisch als den von der Muse (die Fee) geküßten Künstler vor. Strawinsky hat einige unbekannte Klavierstücke Tschaikowskys und das Lied »Nur wer die Sehnsucht kennt« (diese Melodie erklingt, während die Fee im Schleier erscheint und den jungen Mann betört) in seine Partitur aufgenommen. Über die Huldigung an Tschaikowsky hinaus ist es eine Hommage à Petipa. Strawinsky besann sich nach den Experimenten mit den Ballets Russes Diaghilews auf ihrer aller Herkunft aus dem Marientheater-Ballett in St. Petersburg.

»Der Kuß der Fee« ist eines der schwierigsten Ballette Strawinskys. In Anlehnung an die großen Ballette Tschaikowskys wechselt die Szene ständig zwischen »bunten Akten« (Ballet d'action) und »weißen Akten« (Ballet blanc), ohne freilich das eine vom andern wie im Vorbild deutlich voneinander abzusetzen. Ähnlich verfährt er in der Partitur, wo er Kunstfolklore ohne Übergang auf »Tschaikowsky« und umgekehrt folgen läßt. Daran sind die meisten Versuche, dieses Ballett in den Griff zu bekommen, gescheitert. Eine plausible Lösung fand Ronald Hynd (s. »Dvořák Variations«) im Verein mit seinem Bühnenbildner Peter Docherty, indem sie beide Welten in der Schwebe hielten zwischen Wirklichkeit und Märchenland. Durchgesetzt hat sich auch John Neumeiers »Kuß der Fee« (1972, Frankfurt). Unter dem Titel »Le Baiser« hat Oscar Araiz 1981 in Genf in seiner Vereinfachung und Verkürzung eine optisch überwältigende Lösung für die Ballettallegorie gefunden.

The Lady and the Fool

Ballett in einem Akt. Libretto: John Cranko; Musik: Giuseppe Verdi, arrangiert von Charles Mackerras; Choreographie: John Cranko; Ausstattung: Richard Beer; Uraufführung: Sadler's Wells Theatre Ballet (heute Royal Ballet), New Theatre, Oxford, 25. Februar 1954.

Personen: La Capricciosa; Moondog und Bootface, die Clowns; Signor Midas, Capitano Adoncino und der Prinz von Arragonza, Bewunderer der Capricciosa.

Prolog: Auf der Straße. Ankunft der Gäste vor einem Haus, in dem ein Ball stattfinden wird. Eine der Eingeladenen, La Capricciosa, eine berühmte Schönheit, ist entzückt von dem Tanz zweier schäbiger Clowns, und fordert sie auf, sie zu begleiten.

Szene: Ein Ball. Die Clowns unterhalten die Gäste mit einem außerordentlich komischen und zugleich tief romantischen Tanz um eine Rose. Danach machen sie sich unsichtbar. Drei Kavaliere, die die Gesundheit (Signor Midas), die Ritterlichkeit (Capitano Adoncino) und die Klasse (Prinz von Arragonza) verkörpern, machen Capricciosa, die ihre Schönheit hinter einer Maske verbirgt, den Hof. Aber Capricciosa hat sich in Moondog verliebt, der in den Saal zurückgekehrt ist. Die Gesellschaft ist schockiert über das ungleiche Paar. Man zwingt es, den Ball zu verlassen. Bootface, allein gelassen, verkriecht sich in eine Ecke. Aber seine Freunde haben ihn nicht vergessen. Sie kommen noch einmal zurück und holen ihn.

Epilog: Auf der Straße. Arm, aber glücklich sehen sich die drei Freunde nach einer Bank um, auf der sie übernachten könnten.

In der Version von 1954 war das Ballett *Crankos* (s. »Die Befragung«) kein großer Erfolg. Er überholte es im nächsten Jahr, und seitdem hat es sich im Repertoire vieler Compagnien halten können. In Stuttgart studierte es Cranko zuerst 1961 ein. 1974 wurde es in einem neuen Bühnenbild von Jürgen Rose wiederaufgenommen. Getanzt wurde die Neueinstudierung von Marcia Haydée, Egon Madsen und David Sutherland. »The Lady and the Fool« ist wichtig zum Verständnis von Crankos späterem Werk. Der Clown ist eine immer wieder in seinen Balletten auftauchende Gestalt: als Harlekin, Pierrot, Joker usw. Bemerkenswert ist darüber hinaus die an Selbstmitleid grenzende Sentimentalität, verbunden mit einem fast zynischen Humor, die sehr charakteristisch sind für Crankos Weltbetrachtung.

Die Solisten der Uraufführung waren: Patricia Miller, Kenneth MacMillan und Johaar Mosaval.

Die Launen des Cupido und des Ballettmeisters

(Amors og Balletmesterens Luner)

Komisches Ballett in einem Akt. Libretto: Vincenzo Galeotti; Musik: Jens Lolle; Choreographie: Vincenzo Galeotti; Uraufführung: Königlich Dänisches Ballett, Königliches Theater, Kopenhagen, 31. Oktober 1786.

Charaktertänze: Tanz aus der Steiermark; Quäkertanz; Griechischer Tanz; Norwegischer Hüpftanz; Tanz der alten Leute; Französischer Tanz; Tanz aus Amager; Negertanz.

Die Szene zeigt den Tempel des Cupido, eine Rotunde in einem französischen Garten mit gestutzten Hecken und klassischen Urnen.

Cupido, der blutjunge, aber allmächtige Gott (dargestellt von einer Elevin in einem zartrosa Tutu), bewaffnet mit Pfeil und Bogen, hält hof. Er ist umgeben von Priestern in langen weißen Gewändern und hohen spitzen Mützen.

Paare aus der ganzen Welt – aus der Steiermark, Amerika, Griechenland, Norwegen, Frankreich, Amager und sogar Neger aus Afrika – kommen und erbitten seinen Segen. Paar für Paar tritt vor ihn hin, Gelegenheit für ein farbiges Divertissement.

Nachdem alle Paare getanzt haben, befiehlt Cupido den Priestern, die Hochzeitszeremonie vorzubereiten. Den Paaren werden die Augen verbunden. Nun läßt Cupido seinen Launen freien Lauf. Er wirbelt die ahnungslosen Partner auf die komischste Art und Weise durcheinander. Dann erklärt er sie für wirklich verheiratet und befiehlt den Priestern, die Augenbinden abzunehmen. Entsetzt findet sich zum Beispiel die alte Quäker-Lady mit einem hübschen jungen Mann oder ein junger Norweger mit einer drallen Negerin verheiratet.

Das Ballett endet mit einem Ensemble, in dem die eine Hälfte der Compagnie den allzu eifrigen Umarmungen der Partner zu entrinnen versucht.

Die Tänze aus der Steiermark, Norwegen und Amager (zu Galeottis Zeit selbständige Insel vor Kopenhagen, heute eingemeindet) sind Adaptationen von Volkstänzen aus diesen Landschaften. Der Griechische Tanz ist ein klassisch-akademischer Pas de deux in quasi antiken Kostümen. Der Französische Tanz bedient sich ebenfalls der klassisch-akademischen Terminologie, ist aber technisch weitaus schwieriger. Der Tanz der alten Leute ist eine Persiflage auf einen höfischen Tanz des 18. Jahrhunderts, bei dem der Mann ständig in ein riesiges Taschentuch niest. Der Negertanz gibt eine fantastische Vorstellung davon, was Galeotti für afrikanische Tanzschritte gehalten hat. Das lustigste Stück ist der Quäkertanz. Er gibt den Dänen Gelegenheit, das Pantomimische herauszustellen, das neben dem Allegro des Tanzes zu den wesentlichsten Bestandteilen des dänischen Ballettstils gehört. *Jens Lolles* (1751–89) Musik ist ein folkloristisches Gemälde, einfach, aber nicht ohne Witz.

»Die Launen des Cupido und des Ballettmeisters« und Daubervals »La Fille Mal Gardée« (s. d.) gehören zu den ältesten Balletten, die heute noch getanzt werden. Aber *Vincenzo Galeottis* (1733–1816) Ballett ist das einzige auf der ganzen Welt, von dem uns über fast zweihundert Jahre hinweg der größte Teil der Choreographie erhalten geblieben ist. Das Ballett stand seit der Uraufführung ununterbrochen auf dem Spielplan des Königlich Dänischen Balletts, das im Gegensatz zu allen anderen europäischen Ballettcompagnien nie aufgehört hat zu tanzen.

Legende von der Liebe

Ballett in drei Akten und sieben Bildern. Libretto: Nazim Hikmet; Musik: Arif Melikow; Choreographie: Juri Grigorowitsch; Ausstattung: Simon Wirsaladse; Uraufführung: Kirow-Ballett, Kirow-Theater, Leningrad, 23. März 1961. (Dauer: abendfüllend.)

Personen: Schirin; Ferhad; Mechmeneh Banu, die Herrscherin, Schirins Schwester; Wesir; der Unbekannte; Freunde Ferhads; Freundinnen Schirins; Hoftänzerinnen; Narren; Höflinge.

I. Akt, 1. Bild: Die Herrscherin Mechmeneh Banu ist traurig. Ihre Schwester, Schirin, ist krank und schwebt in Lebensgefahr. Ein Unbekannter kommt, der bereit ist, ihr zu helfen. Mechmeneh Banu bietet ihm vergeblich viel Geld an, ja sogar ihre Krone. Er aber verlangt nur, daß sie auf ihre Schönheit verzichte. Die Herrscherin und der ganze Hof sehen begeistert dem Tanz um das vor dem Unbekannten aufgehäufte Gold zu (Allegro vivace). Aber er will es nicht haben. Schließlich geht die Herrscherin nach langem Schwanken auf den geforderten Preis ein. Schirin wird geheilt. Als sie sich von ihrem Lager erhebt, erkennt sie ihre Schwester nicht wieder, deren Gesicht entstellt ist, die häßlich geworden ist.

2. Bild: Ferhad und andere Künstler malen die Ornamente am Gesims eines Palastes, der für Schirin gebaut wird (Tanz der Handwerker, Moderato – Allegro con grazia). Nach einer Variation Ferhads erscheinen die Herrscherin und ihre Schwester. Beide sind von der Männlichkeit Ferhads fasziniert. Ferhad verliebt sich in die schöne Schirin. Nachdem sich die Schwestern wieder entfernt haben, verspottet ein Narr Ferhad wegen seiner Liebe zu der Prinzessin (Allegro vivo). Ferhad bleibt allein zurück. Er sieht ein, daß für ihn Schirin unerreichbar ist (Adagio).

II. Akt, 1. Bild: Um einen ausgetrockneten Brunnen sind völlig verzweifelte Menschen versammelt. Um der Wassernot ein Ende zu machen, bedürfte es übermenschlicher Anstrengungen: Durch einen Eisenberg müßte ein Gang geschlagen werden, Gebirgswasser in die Stadt zu führen. Nur der Palast hat Wasser, das von weit her herbeigeschafft wird.

2. Bild: Mechmeneh Banu ist von leidenschaftlicher Liebe zu Ferhad erfüllt. Vergeblich bemühen sich die Hofnarren, sie zu zerstreuen (Presto). Auch ein Tanz türkischer Mädchen (Allegro) vermag sie nicht zu erheitern. Mechmeneh Banu begreift immer mehr, wie verhängnisvoll es ist, daß sie ihre Schönheit aufgegeben hat. Sie ist jung und sehnt sich nach Liebe, doch sie weiß, daß sie Ferhad nicht gefallen kann.

3. Bild: Schirins Freundinnen freuen sich über das Liebesglück der Prinzessin. Schirin gibt sich in einem Solo ihren Gedanken und Gefühlen für Ferhad hin. Der junge Maler ist in ihr Gemach eingedrungen. In einem Adagio gestehen sie einander ihre Liebe. Ferhad schlägt vor zu fliehen. Schirin folgt ihm. Doch der Wesir hat die beiden belauscht und unterrichtet die Herrscherin von ihrer Flucht. Schirin wird zurückgeholt. Die Herrscherin verzichtet darauf, Ferhad mit dem Tod zu bestrafen. Aber als Preis für ein gemeinsames Leben mit Schirin stellt sie ihm eine unerfüllbar erscheinende Bedingung: Er soll den Gang durch den Eisenberg schlagen, damit die Stadt Wasser bekomme. Ferhad ist einverstanden (Variation, Allegro moderato). Die Liebenden nehmen voneinander Abschied (Andante).

III. Akt, 1. Bild: Ferhad träumt, daß das Wasser durch den Gebirgsgang zu fließen beginnt. Schirins Gestalt erscheint vor seinem Auge. Ihre Liebe verleiht ihm Kraft. Die Liebe zu Ferhad macht Mechmeneh Banu krank. Im Traum sieht sie sich wieder in voller Schönheit, und Ferhad zeigt ihr seine Zuneigung. Schirin reißt sie aus ihren Träumen. Die Schwester fleht sie an, mit ihr in die Berge zu gehen, wo Ferhad nun schon viele Jahre seine schwere Arbeit leistet.

2. Bild: Am Eisenberg haben sich viele Menschen eingefunden, um Ferhads Ausdauer zu bewundern. Jeder Hieb, mit dem er den Gang durch den Berg schlägt, steigert ihre

Hoffnung, daß die Wassernot ein Ende finden wird. Mechmeneh Banu und Schirin kommen herbei. Ferhad und Schirin finden sich nach langer Trennung. Er frohlockt bei dem Gedanken, daß sie bei ihm bleiben werde. Die eifersüchtige Herrscherin aber ersinnt eine neue List. Sie erklärt sich mit der Vereinigung der beiden Liebenden einverstanden, wenn er seine Arbeit aufgibt. Nicht die Not des Volkes, nur ihre Eifersucht bewegt sie. Ferhad lehnt diese Bedingung ab. Schirin begreift ihn. Zärtlich nimmt sie von dem Geliebten Abschied. Auch die Herrscherin ist erschüttert und folgt Schirin. Ferhad setzt seine Arbeit fort.

»Der türkische Dichter *Nazim Hikmet* (1902–63) schrieb das an eine alte türkische Legende angelehnte dramatische Gedicht ›Legende von der Liebe‹ im Gefängnis, nachdem er bereits zehn Jahre hinter Kerkermauern gelitten hatte. Er war wegen seines entschlossenen Eintretens für eine Welt des Friedens und ohne Ausbeutung zu achtundzwanzig Jahren Kerker verurteilt worden. Ungewiß, ob er jemals wieder in Freiheit leben würde, fand er die Kraft für ein poetisches Kunstwerk, das seinem unerschütterlichen Glauben an die Menschen und an das Leben Ausdruck verlieh. Der weltweite Protest erzwang 1951 die Freilassung des Dichters nach dreizehn Jahren ununterbrochener Haft.« (Eberhard Rebling.)

In dem Bemühen, neue Ballette zu schaffen, die nicht durch ein Übermaß an Handlung die Möglichkeiten des Tanzes einschränken, wandte sich der Choreograph Juri Grigorowitsch an Nazim Hikmet mit der Bitte, das dramatische Gedicht zu einem Ballettlibretto umzuarbeiten. Der Dichter stimmte zu. Das widerspruchsvolle Verhältnis der drei Hauptfiguren zueinander und der Ausdruck ihrer differenziertesten Gedanken und Gefühle ermöglichten es dem Choreographen, auf der klassischen Technik fußend, viele neue, unkonventionelle, zum Teil der kaukasischen Folklore entlehnte Bewegungen zu verwenden und die Ausdrucksmöglichkeiten der Ballettkunst zu erweitern und zu vertiefen. Grigorowitsch umgibt seine drei Helden mit Gruppen von Tänzern, die in vielfältigsten Bewegungen die Gedanken der Hauptfiguren ausdrücken. So bedient er sich des Corps de ballet als eines polyphonen Instruments. Der junge sowjet-aserbeidschanische Komponist *Arif Melikow* (geb. 1934) hat dazu eine sehr ballettgerechte, ganz von der Volksmusik seiner Heimat durchdrungene, teils lyrische, teils sinfonisch ausgeweitete, zu eindrucksvollen Höhepunkten führende, oftmals sehr bildhafte Musik geschaffen. Zur Intensivierung der poetischen Aussage entwarf *Simon Wirsaladse,* Grigorowitschs bevorzugter Bühnenbildner, der auch die Ausstattungen zu dessen Versionen von »Spartacus« (s. d.) und »Nußknacker« (s. d.) schuf, einfache, symbolstarke, suggestive Bühnenbilder.

Solisten der Uraufführung waren u. a.: Irina Kolpakowa, Emma Mentschonok, Alexander Gribow und Juri Solowjew.

Juri Grigorowitsch (geb. 1927) ist in Leningrad geboren. Ausgebildet zum Tänzer und Choreographen wurde er an der wohl berühmtesten Ballettschule der Welt, an der des Kirow-Balletts (des früheren Marientheater-Balletts). Grigorowitsch ist einer der bedeutendsten jungen russischen Choreographen, wenn nicht der bedeutendste überhaupt. In seiner Zielsetzung räumt er dem tänzerischen Element einen größeren Platz als Träger der Handlung ein als dem pantomimischen, das lange im sowjetischen Ballett überwog. Zudem strebt er die Angleichung von folkloristischem Tanz (Charaktertanz) und klassisch-akademischem Ballett an. Seine Ballette sind »sinfonisch« in dem Sinne, daß sie den »sinfonischen« Charakter der Musik tänzerisch sichtbar machen. Musterbeispiele dafür sind seine ganz außergewöhnlich gelungenen Versionen von »Nußknacker« und vor allem von »Spartacus«, die dem sowjetischen Ballett auch im Westen zu größtem Erfolg verholfen haben. Seit 1964 ist Grigorowitsch Chefchoreograph und Künstlerischer Direktor des Moskauer Bolschoi-Balletts. Zu seinen bekannteren Stücken zählen »Schwanensee« (1969), »Dornröschen« (1973), »Iwan der Schreckliche« (1975), »Romeo und Julia« (1979) und »Das goldene Zeitalter« (1983).

Das Lied von der Erde

Ballett in einem Akt und sechs Sätzen. Musik: Gustav Mahler; Choreographie: Kenneth MacMillan; Uraufführung: Stuttgarter Ballett, Württembergische Staatstheater, Großes Haus, Stuttgart, 7. November 1965.

Der Ewige: Solist in halber Gesichtsmaske.
1. Satz: Das Trinklied vom Jammer der Erde. Premier Danseur und fünf männliche Solisten.
2. Satz: Der Einsame im Herbst. Prima Ballerina, drei weibliche und vier männliche Solisten.
3. Satz: Von der Jugend. Solistin und Corps de ballet.
4. Satz: Von der Schönheit. Solistin und Solist und Corps de ballet.
5. Satz: Der Trunkene im Frühling. Premier Danseur und zwei Solisten.
6. Satz: Prima Ballerina, Premier Danseur, drei Solistinnen und Corps de ballet.

Die Geschichte des Balletts ist die eines Mannes und einer Frau. Der 1. Satz zeigt den Mann, wie er mit fünf anderen die Freuden des Lebens genießt. Am Ende holt der Ewige (der Bote des Todes) den Mann.

Der 2. Satz ist für die Frau und drei andere Mädchen choreographiert. Zuerst werden sie von vier Männern gepartnert, aber dann verlassen die Männer die Frauen, und es folgt ein Pas de deux der Frau mit dem Ewigen, der damit endet, daß die Frau sich einsam und traurig fühlt (»Sonne der Liebe, willst du nie mehr scheinen, / Um meine bitteren Tränen mild aufzutrocknen?«).

Es folgen drei Scherzi: Das erste Scherzo »Von der

Jugend« zeigt eine Gruppe junger Leute, die sich mit Spielen vergnügen um einen »Pavillon aus grünem und aus weißem Porzellan« (es gibt keine Kulissen in diesem Ballett, doch besitzt MacMillans Choreographie eine so starke Suggestivkraft, sie in der Vorstellung erstehen zu lassen). Es ist eine frische, jugendliche Szene voll unschuldiger Freude – bis der Ewige auftritt und die Solistin holt.

Das zweite Scherzo »Von der Schönheit« zeigt eine Gruppe von Mädchen, die Lotosblumen pflücken »an dem Uferrande«. Die jungen Männer stellen Reiter dar. »Und die Schönste von den Jungfrau'n sendet / Lange Blicke ihm der Sehnsucht nach.«

Der folgende Satz »Der Trunkene im Frühling« zeigt den Mann mit zwei Freunden. Aber noch ein vierter Gast nimmt an ihrem Saufgelage teil, der am Ende – »Ein Vogel singt im Baum. / Ich frag ihn, ob schon Frühling sei« – den Mann holt.

Der letzte Satz, das Herzstück des Werks, ist eine lange Sequenz (von annähernd dreißig Minuten Dauer), die den Mann, die Frau und den Ewigen, den Boten des Todes, zusammenbringt. Am Ende gibt es so etwas wie die Verheißung eines Neubeginns.

»Das Lied von der Erde« ist ein sehr gutes Ballett – vielleicht *Kenneth MacMillans* (s. »Concerto«) bestes. Die Choreographie wird Mahlers Sinfonie verblüffend gerecht. Sie enthält darüber hinaus eine der schönsten Rollen für eine Ballerina unserer Zeit. Zweifellos wurde MacMillan dazu von der Stuttgarter Assoluta Marcia Haydée inspiriert, einer der aufregendsten und poetischsten Tänzerinnen der zweiten Hälfte unseres Jahrhunderts. Ähnliches gilt für Egon Madsen, der die Rolle des Ewigen kreierte.

»MacMillans Wandlung und Reifung, wie sie das ›Lied von der Erde‹ belegt, äußert sich wohl am deutlichsten in

der Vereinfachung, Reduzierung und Verwesentlichung, der sich seine Bewegungssprache unterworfen hat. MacMillan unternimmt keine tänzerische ›Illustrierung‹ der einzelnen (aus dem Chinesischen übertragenen) Lieder dieser ›Sinfonie in Gesängen‹, und er benutzt auch nicht den Formenkanon des chinesischen Tanztheaters oder einen sonstwie orientalisierenden Gebärdenfundus. Trotzdem wirken die tänzerischen Strukturen wie chinesische Tuschzeichnungen: sie gleichen Kalligraphien, die ja auch weder ganz Buchstabe noch ganz Zeichnung sind, sondern ›Ideogramme‹, äußerliche Projektionen eines seelischen Geschehens. Über diesen Weg vermag MacMillan auch den lyrischen Kern, das Image, den ›Inhalt‹ der einzelnen Gedichte tänzerisch zu reproduzieren, nämlich aufgelöst in reine Strukturen und Formen und somit auch nicht mehr an die Gleichzeitigkeit des akustischen und optischen Ablaufs gebunden. Echte Ballettkunst ist – wie jede echte Kunst – vieldeutig; darum mag auch aus einer so komplexen Tanzschöpfung wie MacMillans ›Lied von der Erde‹ Verschiedenstes herausgelesen werden, von der stilisierten (wiewohl jugendstil-fernen) Bewegungsfolge über die Chiffren einer inkarnierten Kalligraphie bis zum symbolischen Tanzdrama vom Menschenpaar, dessen Lieben und Leben vom Todesengel zerstört wird.

Obwohl *Gustav Mahler* [s. ›Dark Elegies‹] sein ›Lied von der Erde‹ nicht in die fortlaufende Numerierung seiner Sinfonien einbezog – wahrscheinlich aus der abergläubischen Furcht, mit der ›Neunten‹ gleich Beethoven und Bruckner ans Ende gelangt zu sein –, wollte er es durchaus als Sinfonie gewertet wissen, knüpfte er doch auch formal an den Typus seiner früheren ›Liedsinfonien‹ an. In diesem Werk von dunkler Schwermut klingt eine müde, gealterte Kultur aus. Zur gleichen Zeit, da Richard Strauss in seiner ›Josephslegende‹ [s. d.] an der Hochspannung der Vorkriegsjahre vorbeimusizierte und Igor Strawinsky [s. ›Agon‹] in seinem ›Sacre du Printemps‹ [s. d.] chthonische Mächte einer aufbrechenden Welt beschwor, erfaßte

Gustav Mahler wie in einem Brennspiegel noch einmal die geistige Situation einer innerlich zerrissenen, herbstlichen Kulturepoche. Sieben chinesische Gedichte (davon vier von dem großen Li Tai-Po) in der Übertragung Hans Bethges waren es, die Mahler zur Vertonung ausersah, Gedichte von den Freuden des Daseins, aber vor allem vom Abschied von der Welt. Zusammen mit der IX. Sinfonie ist das ›Lied von der Erde‹ – das Werk eines knapp 50jährigen! – Ausdruck von Mahlers Spätstil. Trotz dem Aufgebot reicher Klangmittel sind die Klangexzesse mancher früheren Sinfonien durch ein stellenweise fast kammermusikalisches Musizieren weitgehend überwunden. Bisher ungewohnte Farbkombinationen, seltsame Koppelungen solistisch heraustretender Instrumente schaffen eine Ausdruckswelt, wie sie noch kaum vernommen wurde.« (Aus dem Programmheft der Stuttgarter Uraufführung.)

Solisten der Uraufführung waren Egon Madsen (der Ewige), Marcia Haydée (die Frau), Ray Barra (der Mann), Birgit Keil, Richard Cragun, Ana Cardus, Bernd Berg, Jan Stripling und Ilse Wiedmann.

Lieder eines fahrenden Gesellen

(Chant du Compagnon errant)

Ballett in einem Akt. Musik: Gustav Mahler; Choreographie: Maurice Béjart; Uraufführung: Ballet du XXe Siècle, Forest National, Brüssel, 11. März 1971.

»Unter den zahlreichen Lieder-Zyklen, die Gustav Mahler komponiert hat, nehmen die ›Lieder eines fahrenden Gesellen‹ nicht nur deshalb einen besonderen Platz ein, weil sich ihre musikalischen Themen auch in seinen Sinfonien wiederfinden. Im Gegensatz zu den anderen Liedern hat Mahler hier die Texte selbst geschrieben. Mehr als in jedem anderen Werk finden wir darum in ihm etwas

Bekenntnishaftes, etwas Autobiographisches. Gezeigt wird ein fahrender Geselle, einer jener wandernden Burschen des Mittelalters, die von Stadt zu Stadt auf der Suche nach ihrer Bestimmung, ihrem Herren sind; ein ›Etudiant romantique‹, der von seinem Schicksal verfolgt wird und – um Mahlers eigene Worte zu gebrauchen – unter dem ›Messer in der Brust‹ leidet, dem Kampf mit sich selbst und der Einsamkeit.« (Maurice Béjart im Programmheft)

Der junge Mann im blauen Trikot, der im Titel angesprochen ist, sieht sich schon im ersten Lied (»Wenn mein Schatz Hochzeit macht«) mit einem Doppelgänger im weinroten Trikot konfrontiert. Ist es sein Schutzengel? Sein Schicksal? Sein Todesbote? Béjart gibt keine eindeutige Antwort. Als wollte er Eindruck schinden, beginnt der eine zu tanzen, vom anderen fortwährend und ohne erkennbare Regung beobachtet. Stets bleibt er im Hintergrund, auch wenn er zuletzt tanzend eingreift: ein Magier, an dessen unsichtbaren Fäden die Menschen-Marionette baumelt. Offener, fröhlicher, diesseitiger wirkt hingegen das zweite Lied (»Ging heut' morgen über's Land«), das beide gemeinsam, fast konkurrierend, interpretieren. Doch auch hier fällt bereits ein Schatten auf die Szene. Zum erstenmal scheint der Geselle Abschied zu nehmen. Mit einer Kußhand grüßt er die Welt. Im dritten Lied (»Ich hab' ein glühend Messer«) wird der Antagonist immer mehr zur handelnden Figur. Und im letzten schließlich (»Die zwei blauen Augen«) wird der rotgekleidete Tänzer vollends zur dominierenden Persönlichkeit. Am Ende zieht er den immer wieder erschlaffenden Gesellen mit sich in den Bühnenhintergrund. Sein Schicksal scheint besiegelt. Ein letzter, wehmütiger, resignierter Blick zurück ins Publikum – dann ist er den Augen der Zuschauer entschwunden.

Obwohl der Pas de deux in vielem an das überzeugendste Mahler-Ballett der achtziger Jahre erinnert, an Kenneth MacMillans »Lied von der Erde« (s. d.), ist es typisch für die choreographische Sprache und Ästhetik Maurice Béjarts. Der Künstlerische Direktor des Ballet du XXe Siècle findet für die Stimmungen, die Mahler (s. »Dritte Sinfonie von Gustav Mahler«) in den »Liedern eines fahrenden Gesellen« eingefangen hat, zwar große, allgemeingültige Gesten, aber er läßt sich doch nicht so auf die Musik ein, daß man von einer choreographischen Kopie der Komposition sprechen könnte. Sein Ballett für Rudolf Nurejew und Paolo Bortoluzzi, das in der Folgezeit zu einem beliebten Repertoirestück prominenter Tänzerpersönlichkeiten wurde, ist etwas durch und durch eigenes – und daher in vielem sicher anfechtbar.

Maurice Béjart ist 1927 in Marseille geboren. Dort begann er an der Oper seine Laufbahn als Tänzer. In Paris studierte er später bei so hervorragenden Pädagogen wie Léo Staats, Nora Kiss und Madame Rousanne. Es folgten Engagements ins Ausland: nach London ans British International Ballet und nach Stockholm ans Königlich Schwedische Ballett. In Stockholm wird Béjart Choreograph. Von ihm stammt die Choreographie zu dem schwedischen »Feuervogel«-Film – 1970 wird er aus »Feuervogel« (s. d.) ein Partisanen-Ballett machen. 1953 kehrte er nach Paris zurück und investierte das mit dem Film verdiente Geld in eine eigene Compagnie, die »Ballets de l'Étoile«. 1955 stellte er die Truppe mit dem Werk vor, das seine Laufbahn als Tänzer, Choreograph und Mensch auf lange Zeit hinaus bestimmen sollte: mit der »Symphonie pour un Homme Seul« (s. d.). Dem programmatischen Werk fügte Béjart unter anderen die ähnlich gestimmten Ballette »Haut Voltage«, »Sonate à Trois«, »Le Teck« und »L'Étranger« hinzu. Mit diesem Programm kommen Béjart und sein zweites Ballettensemble – »Théâtre de Paris« – wiederholt nach Deutschland, zum erstenmal September 1957 nach Berlin, und werden das Ereignis der Festwochen.

Man nahm Béjart und seine Idee so ernst, wie zweifellos er selbst es tat. So konsequent war vor Béjart scheinbar niemand gewesen, obwohl seine schrittmäßig arme Tanztechnik auf dem klassisch-akademischen Kodex beruhte.

Sie war freilich durch pantomimische, sportive und akrobatische Elemente »verfremdet« und stark expressiv akzentuiert. Typische Figur: Kniebeuge (Plié), durchgedrückte Brust, in der Schulterlinie weit ausgestreckte Arme mit herunterhängenden flachen Händen. Eine große Rolle spielt in der »Symphonie« (wie überhaupt in den Béjartschen Balletten) die Beleuchtung: grelles Weiß, Schatten, in den Zuschauerraum gerichtete Scheinwerfer... Der Inhalt des Balletts vom »einsamen Menschen« ist auf wenige Ursituationen beschränkt: Leiden am Lärm, am Betrieb, Versuch zu lieben, Scheitern, Tod.

1959 sind Béjarts Wanderjahre zu Ende. Er geht nach Belgien. Mit seiner ersten Choreographie für das Brüsseler Théâtre Royal de la Monnaie, »Sacre du Printemps (s. d.) von Igor Strawinsky (s. »Agon«), gelingt ihm ein ähnlich programmatischer Wurf wie mit »La Symphonie pour un Homme Seul«. Drei Ballettcompagnien fusionieren zu diesem Unternehmen: Béjarts eigene, die Janine Charrats (s. »'adame Miroir«) und die des Théâtre Royal de la Monnaie. Seine dritte Compagnie nennt er »Ballet du XXe Siècle« (Ballett des 20. Jahrhunderts). Der Name avisierte: Pflege moderner Musik, junge Choreographen, jugendlicher Geist. In »Sacre« gipfelt die zweite Schaffensperiode Béjarts, während der der Eros oder die Sexualität als Allheilmittel sein Thema waren. Im übrigen überschneiden sich die Schaffensperioden allmählich: In den »Pièces pour Orchestre de Anton Webern« (s. »Episodes«) nimmt Béjart das Thema des »einsamen Menschen« wieder auf, realisiert es aber entschiedener als zuvor. – Die dritte, die Brüsseler Schaffensperiode, zeigt einen sich allmählich dem »Gesamtkunstwerk« zuwendenden Béjart. Wenn er anfangs ohne Kulissen und Kostüme auskommen wollte, so greift er nun mit beiden Händen ins Theatralische. Brüssels Béjart scheint Ideale wie z. B. Liebe (»Love not war!«)

Lieder eines fahrenden Gesellen

akzeptieren zu wollen. Der einsame Mensch ist allem Anschein nach dazu bereit, sich mit anderen Menschen zu verbrüdern. Béjart faßte den Plan, die »Neunte« von Beethoven (s. »Die Geschöpfe des Prometheus«) mit ihrem Chor »Seid umschlungen, Millionen! Diesen Kuß der ganzen Welt!« zu choreographieren.

1962 kreiert Béjart zum erstenmal ein Ballett für ein deutsches Ensemble: für das Ballett der Bühnen der Stadt Köln. Mit der »Reise« gelingt Béjart nicht nur das beste Opus seit »Sacre«, sondern überhaupt ein Meisterwerk. Aus scheinbar so auseinanderstrebenden Elementen wie Zivilisationsschrecken, den Göttern des Bardo Thödol, archaischen Muttergestalten und kompakt ursprünglichem Lebenstrieb schuf er ein sinnfälliges Gleichnis heutigen Seinsgefühls von höchster theatralischer Wirkung.

War in »Die Reise« der Tanz noch dominierend, konnte man von ihm noch als von einem Ballett reden – die folgenden Arbeiten lassen eine eindeutige Definition nicht mehr zu. Béjart verlegt sich nun völlig auf die Inszenierung von »Spectacles totals«, die hauptsächlich in Zirkusarenen aufgeführt werden und sich bewußt nicht an Kenner wenden, sondern an die Jugend. Walter Sorell äußerte sich dazu in der amerikanischen Ballettzeitschrift »Dance News«:

»Man hat mir gesagt, daß der Eindruck seiner Ballette auf die europäische Jugend erstaunlich sei. Das läßt mich glauben, daß Béjart ein Phänomen unserer Zeit ist – wie das nun glücklicherweise verstorbene Living Theatre. Mich fasziniert dieses Problem. Für viele scheint Béjart die Antwort auf ein Bedürfnis zu sein, das Eskapismus in großen Lettern schreibt – mag er nun Indien, Revolution, Buddhismus oder ›art nouveau‹ heißen. Der Verzweiflung unseres Zorns über die Welt und über uns selbst hält er die Aufrichtigkeit der Unaufrichtigkeit entgegen. Béjart borgt von allen gegenwärtig im Schwange befindlichen Strömungen und integriert sie in seine Ballette, die nie bloß einen einzigen Zweck verfolgen.«

Hierher gehören »Die Haimonskinder«, »Romeo und

Julia« (s. d.), die »Neunte Sinfonie«, »Messe für die Gegenwart«, »Bhakti« und mehrere Auseinandersetzungen mit Richard Wagner wie z. B. »Die Sieger«. Allen gemeinsam ist die Simplizität der Choreographie: ein paar Schritte, ein paar Posen. Einige Tanz-Philosophen haben bemerkt, daß Béjart in seinen neueren Arbeiten indische Elemente eingebracht hat, aber im Gegensatz zu den vergleichbaren Balletten wie »Madame Chrysanthème« von Ashton (s. »Façade«) oder »Bugaku« (s. d.) von Balanchine (s. »Agon«), die mit einer tänzerischen Bewegung anfangen, die dem Ballettvokabular entstammt, und sich dann plötzlich zu einem »orientalischen Clinch« (George Jackson) verzerren, komme er vom Indischen zum Ballett.

Jedenfalls ist Béjart nicht mit den üblichen Maßstäben beizukommen. Man kann kaum viel mehr tun, als sich für oder gegen ihn entscheiden. Die internationale Ballettkritik zerreißt Béjart entweder in der Luft, wie die New Yorker beim Gastspiel 1971, oder macht sich über ihn lustig, wie die Londoner wenige Monate später, oder sieht in ihm einen Anlaß, literarische Feuilletons zu schreiben wie seit Jahren die deutsche. Das Publikum freilich, genauer die Jugend, jubelt ihm zu. 1974 wird er mit vier internationalen Preisen ausgezeichnet.

Daß Béjart für jede Überraschung gut ist, zeigt schon sein Werkkatalog. Nach »Chant du Compagnon errant« (1971) choreographiert er noch im selben Jahr »Nijinsky, Clown de Dieu«, eine seiner bedenkenswertesten Ballett-Biographien. In schnellem Abstand folgen »L'Ange Heurtebise« (zu Cocteau-Texten), »Stimmung« (Karl-Heinz Stockhausen), »Le Marteau sans Maître« (Pierre Boulez), »Golestan« (zu traditioneller iranischer Musik) und »I Trionfi di Petrarca« (Luciano Berio). Zu seinen wichtigsten Stücken gehören »Notre Faust« (1975), »Le Molière imaginaire« (1976), »Petruschka« (s. d.), »Gaîté Parisienne« (1978, zu Musik von Jacques Offenbach), »Les Illuminations« (1979), »La Flûte enchantée« (1981, zu Mozarts Opernmusik) und vor allem »Wien, Wien, nur du allein« (s. d.), ein

Ballett, das auch in der Zusammenarbeit mit seiner Stuttgarter Direktionskollegin Marcia Haydée typisch ist für den »späten« Béjart.

Ganz anders als Béjarts Pas de deux nehmen sich die »Lieder eines fahrenden Gesellen« aus, die *Jiří Kylián* (s. »Rückkehr ins fremde Land«) 1982 für das Nederlands Dans Theater schuf. Bei ihm verirrt sich immer wieder ein Paar auf die graue Lichtung John MacFarlanes, die sich in der Ferne wie in einem Tal zu verlieren scheint. Immer wieder werden Zeichen der Erstarrung, des grenzenlosen Entsetzens, des körperlichen Schmerzes erkennbar. Der Leib einer Tänzerin krümmt sich gleich zu Anfang in den Armen ihres Partners wie unter unsäglichen Qualen. Die Hände recken sich, als wollten sie Hilfe herbeiholen. Die Bewegungen der anderen zielen ins Ungewisse. Wiederholt schweifen sehnsüchtig die Blicke aller nach jenem Tal, in dem Utopia liegt. Am Ende entschreitet ein Paar, einen letzten Blick wie bei Béjart zurücksendend, ins Land der Hoffnung.

Le Loup (Der Wolf)

Ballett in einem Akt. Libretto: Jean Anouilh und Georges Neveux; Musik: Henri Dutilleux; Choreographie: Roland Petit; Ausstattung: Carzou; Uraufführung: Les Ballets de Paris, Théâtre de l'Empire, Paris, 17. März 1953.

Personen: Der Wolf; die Braut; der Bräutigam; die Zigeunerin; der Schausteller; Bauern.

»Am Tage seiner Hochzeit entflieht ein junger, allzu sorgloser Bräutigam mit einer Zigeunerin. Dank der Komplicenschaft eines Schaustellers von Tieren macht er die Braut glauben, er habe sich in einen Wolf verwandelt. Die Braut geht am Arm dessen davon, den sie für ihren Mann hält. Aber nach und nach entdeckt sie, daß dieser Wolf ein wirklicher Wolf ist. Nachdem sie den ersten Schrekken überwunden hat, fühlt sie sich angezogen von diesem Wesen, das im Gegensatz zu den Menschen weder Schwäche noch Lüge kennt. Auch als die Bauern Jagd auf den Wolf machen, verteidigt sie ihn und stirbt mit ihm.« (Anouilh–Neveux.)

Vorspiel: Allegro.

Vorhang. *1. Bild:* Dorfplatz am Rande eines Waldes. Die Bude eines Schaustellers von Tieren. Der Wolf dreht seine Tours. Die Gaffer versammeln sich um die Bude. Der Wolf dreht weitere Tours.

Erster Tanz der kleinen Zigeunerin: Moins vite (Polkarhythmus). Erste Verwandlung eines Gaffers in ein Tier. Zweite Verwandlung eines Gaffers.

Entrée des Hochzeitszuges: Très légèrement détendu.

Zweiter Tanz der kleinen Zigeunerin: Gracioso. Der Bräutigam starrt sie an. Erneute Verwandlung eines Gaffers in ein Tier. Verwandlung des Bräutigams in einen Wolf. Erneute Verwandlung des jungen Mannes, der sein wahres Gesicht wiedererhält. Der Hochzeitszug bricht zur Kirche auf.

Dritter Tanz der kleinen Zigeunerin: Moins vite (Polkarhythmus). Beschworen von der jungen Zigeunerin, verläßt der Bräutigam die Kirche, kehrt zum erstenmal zu ihr zurück. Sie flirten. Sie bittet ihn um Geld. Man kommt, den jungen Mann zu suchen. Er kehrt in die Kirche zurück. Die kleine Zigeunerin allein: Cédez très légèrement (Walzerrhythmus). Der Bräutigam kehrt zum zweitenmal zurück. Er tanzt mit der Zigeunerin. Der Tanz wird leidenschaftlich. Er erklärt, daß er ihr folgen will. Sie bittet ihn wieder um Geld. Der Schausteller tritt hinzu. Er ist bereit, den jungen Mann zu verwandeln. Diesmal aber tauscht er ihn tatsächlich gegen den Wolf aus. Darüber kommt die Braut selbst, den jungen Mann zu suchen.

Animé: Sie findet den Wolf, den sie für den jungen Mann hält, und führt ihn eilig zur Trauung in die Kirche. Gleichzeitig bricht der Schausteller seine Bude ab. Der Schausteller, die Zigeunerin und der Bräutigam ab. Der Hochzeitszug verläßt die Kirche und zieht vorbei (Martial – très légèrement plus lent). Vorhang.

Zwischenspiel.

2. Bild: Die Hochzeitsgesellschaft geleitet die jungen Eheleute nach Hause. Ihre Hütte liegt tief im Wald. Die Familie beglückwünscht das Paar und läßt es allein. Der Wolf kauert sich in eine Ecke. Es wird Nacht. Das Mädchen tanzt. Sie sucht den, den sie für ihren Mann hält, mitzuziehen. Un peu animé: Allmählich aber beginnt sie sich zu fürchten. Der Wolf macht einige Schritte auf sie zu. Erschreckt weicht sie zurück. Er nähert sich ihr erneut. Sie erschrickt noch mehr, denn sie bemerkt, daß er sich wie ein richtiger Wolf bewegt. Er kommt ihr noch ein wenig näher. Sie ist entsetzt. Der Wolf hält schließlich inne. Er begreift die Unmöglichkeit seiner Lage. Verstört nähert sich das Mädchen nun ihrerseits dem Wolf und streichelt ihn zärtlich, von Mitleid erfüllt (Animondo). Adage. Sie tanzen miteinander.

Vivace. Wie Geister treten die Verwandten nach und nach aus dem Dunkel hervor. Sie umstellen die Hütte und verurteilen in höchster Erregung die junge Frau. Sie dringen in die Hütte ein, trennen das Mädchen vom Wolf. Der Schausteller erklärt den Irrtum und gibt eine Probe seiner Verwandlungskunst. Er tauscht den Wolf gegen den jungen Mann aus. Erstaunen bei seinen Zuschauern. Più moderato: Ebenfalls verwundert nähert sich die Braut dem jungen Mann. Er will sie umarmen, aber sie stößt ihn zurück. Der Wolf bricht aus seinem Käfig aus, bemächtigt sich der Schönen und flieht mit ihr. Vorhang.

Zwischenspiel: Molto vivace – le double plus vite.

3. Bild: Lent – dans un sentiment tendre et intime. Der Wolf und die Schöne im Wald. Sie horchen auf die Rufe der Bauern. Immer näher erschallt der Klang der Jagdhörner. Die Bauern nähern sich dem Zufluchtsort der Flüchtlinge. Sie umstellen die Liebenden.

Presto: Mit ihren Mistgabeln erschlagen die Bauern das Paar.

Très lent: Tanz des sterbenden Wolfs. Die Schöne klammert sich an ihn. Die Bauern trennen sie mit Gewalt. Den Körper der Schönen tragen sie auf ihren Schultern davon. Den Wolf schleifen Schausteller und Zigeunerin auf die andere Seite.

Mit »Le Loup« nimmt *Anouilh* ein Thema wieder auf, das er schon 1948 in seinem Libretto zu »Les Demoiselles de la Nuit« (s. d.) behandelt hatte.

Die Verwandlung des wilden Tieres, der stummen Kreatur in ein zärtlich liebendes, leidendes, menschenähnliches Wesen stellt den Choreographen vor eine ebenso interessante wie schwierige Aufgabe, um so mehr als die Partitur seiner Phantasie zeitliche Schranken setzt. »Le Loup« ist weniger ein Ballett als ein langer Pas de deux. Das Corps de ballet tritt als dramatisches Element nur im Finale in Erscheinung.

»Le Loup« nennt man nicht nur das berühmteste Werk des Choreographen, sondern auch die berühmteste Rolle des Tänzers *Roland Petit* (s. »Carmen«). Das Bild seines Wolfs mit den charakteristischen Fangzähnen ist unvergessen. Neben Petit tanzten bei der Uraufführung Violette Verdy und Claire Sombert. Unvergessen ist auch die Ausstattung von *Carzou,* der den Wald in ein Filigran à la Buffet verwandelte und Kostüme von großer farblicher Schönheit und tänzerischer Qualität schuf.

Von *Henri Dutilleux* (geb. 1916) sagt man, seine Musik sei schlank und angenehm; keine Schroffheit, nichts Eckiges unterbreche den schmiegsamen Bogen der Melodie oder die wohlklingende Kette der Akkorde. Léonide Massine (s. »Le Beau Danube«) hat 1951 Dutilleux' Sinfonie von 1948 choreographiert. Originale Ballettpartituren Dutilleux' sind »Reflets d'une Belle Époque« (1948) und »Pour les Enfants Sages« (1952).

Lysistrata

Ballett in drei Bildern nach Aristophanes. Libretto: Boris Blacher; Musik: Boris Blacher; Choreographie: Gustav Blank; Ausstattung: Ita Maximowna; Uraufführung: Städtische Oper, Berliner Festwochen, Berlin, 30. September 1951.

Personen: Lysistrata; Myrrhine; Kinesias, Myrrhines Mann; Lysistratos, Kinesias' Freund; ein Herold der Spartaner; Frauen und Männer Athens; Chor der Weiber, Chor der Männer.

Nr. 1 (Allegro molto): Chor der Athenerinnen, die den Krieg mit Sparta beendet sehen wollen.

Nr. 2 (Vivace): Lysistrata überredet sie zum Ehestreik. Die Frauen stürmen die Akropolis.

Nr. 3: Der Chor der über die Frauen erzürnten Greise setzt die Akropolis in Brand.

Nr. 4 (Molto allegro): Zwischen den heimgekehrten Kriegern und den Frauen kommt es zum Kampf. Letztere siegen.

Nr. 5 (Con moto): Unversöhnliche Stimmung.

Nr. 6 (Adagio): Mondnacht. Kinesias sucht durch einen Sehnsuchtstanz seine Frau aus dem Gegenlager zu locken. Lysistratos mahnt Kinesias zum Verzicht. Lysistrata erinnert die schwankend gewordenen Frauen an ihren Streikschwur:

Nr. 7 (Allegretto).

Nr. 8 (Andante): Kinesias schleicht ins Frauenlager und versucht, die geliebte Myrrhine zu verführen, die zunächst darauf eingeht, schließlich aber doch flieht.

Nr. 9 (Tangotempo): Der Chor der Männer beklagt die Qual des Mannes, dem sich die Frau versagt.

Nr. 10 (Moderato): Ein Herold verkündet, daß auch in Sparta die Frauen ihre Männer zum Frieden gezwungen haben. Tanz des Friedens mit der Bitte an die Frauen zurückzukehren.

Nr. 11: Der Chor der Frauen kehrt, angeführt von Lysistrata, zu den Männern zurück. Liebesfest (Bacchanal).

Boris Blacher (s. »Chiarina«) schuf unmittelbar vor seinem »Hamlet« (s. d.) »Lysistrata« als Opus 34. Musik und Libretto sind von jener knappen Prägnanz (Blacher wendet hier die Zwölfton-Technik an), die jedem Aufwand abhold ist und ganz auf klare, sinnfällige Charakterisierung zielen. So auch *Ita Maximownas* Bühnenbild und *Gustav Blanks* Choreographie bei der Uraufführung anläßlich der Berliner Festwochen 1951. Die Darsteller dieser Uraufführung waren: Lysistrata: Ingeborg Höhnisch, Myrrhine: Friedel Herfurth, Lysistratos: Jockel Stahl, Kinesias: Rainer Köchermann.

Der »Lysistrata«-Stoff ist schon vor Blacher zu Balletten verarbeitet worden: der Budapester Choreograph Rezsö Brada brachte eine »Lysistrata« (auf adaptierte Musik); Antony Tudor (s. »Dark Elegies«), der bedeutende Neuerer des Theatertanzes, stellte im Londoner Ballet Club auf Prokofjew-Musik (s. »Le Chout«) »Lysistrata, der Weiberstreik«, zur Diskussion (1932); Richard Mohaupt schrieb 1946 eine Tanzkomödie in vier Szenen »Der Weiberstreik von Athen«, die sich im wesentlichen ebenfalls an Aristophanes hält.

Manfred

Ballett in vier Bildern. Libretto: Rudolf Nurejew; Musik: Peter Tschaikowsky; Choreographie: Rudolf Nurejew; Bühnenbild: Radu Boruzescu; Kostüme: Miruna Boruzescu; Uraufführung: Ballett der Pariser Opéra, Palais des Sports, Paris, 20. November 1979.

Personen: Manfred; Mutter; Augusta Astarte; Vater; junger Student; Anna Isabella, seine Frau; Shelley; Gräfin; Mary Shelley; Freundin der Mary; Ariman; englische Damen; Mönche; Piraten; griechische Patrioten; Türken; Geister der Hölle.

1. Bild: »Ich spreche deinen Namen nicht aus, / ich wage nicht, ihn zu schreiben oder zu murmeln. / Denn die Musik ist traurig, und der Ruhm ist Schuld.«

Der Dichter in der Rolle seiner literarischen Gestalt »Manfred« hat nur Verachtung für die Welt – außer für Astarte, die ihm immer wieder entflieht. Verzweifelt stürzt er sich in die magischen Wissenschaften und in ein ausschweifendes Leben. Wieder durchlebt er seine Vergangenheit: Seine Kindheit in Gesellschaft seiner Mutter und der Halbschwester Augusta, die ihm in seinen literarischen Phantasien als Astarte erscheint. Den Tod der Mutter. Den Trost, den er bei einem jungen Studenten findet. Seine unglückliche Heirat. Er glaubt, seine Schwester, die ihm in Gedanken stets gegenwärtig ist, wiederzusehen. Er empfindet erneut die schmerzlichen Gefühle dieser unmöglichen Liebe: Trennung von seiner Frau, welche ihn zur gleichen Zeit zurückstößt, als die Gesellschaft ihn ablehnt.

2. Bild: »Die Nebel dampfen um die Gletscher her, / weiß, schweflig wälzt die Wolke unter mir wie Schaum aus wildem / Höllenkessel sich . . . Mir schwindelt schon!«

In den Bergen, wo der Dichter Astarte verfolgt, begegnet er den Geistern und unterhält sich mit ihnen. Er findet das Glück in der Freundschaft, aber die Schatten seiner Vergangenheit zerstören dieses Glück. Er kämpft mit ihnen – und es gelingt ihm, ihnen zu entrinnen.

3. Bild: »Sie schreitet mit gemessenen Schritten, schön wie die Nacht. / Wenn der Himmel wolkenlos und voller Sterne ist, / spiegeln sich in seinem Gesicht und in seinen Augen / alle Schönheiten des Tages und der Nacht.«

Der Dichter findet seinen Frieden in der Liebe zur Gräfin wieder. Aber das Bildnis von Astarte läßt ihm keine Ruhe. Er erblickt sie in einer Horde von Türken und Piraten. Er träumt davon, diese einzuholen, da drängt die Wirklichkeit sich grausam auf: Shelley, sein Freund, ertrinkt im Meer. Die Vergangenheit wird wieder lebendig . . . Der Dichter verläßt die Gräfin, welche sich unter die Schatten einreiht, deren Erinnerungen ihn quälen.

4. Bild: »Die Berge betrachten Marathon; Marathon betrachtet das Meer. / Ich, an diesem Ort eine Stunde meditierend, allein. Ich / habe geträumt, daß Griechenland eines Tages frei sein wird.«

Der verzweifelte Dichter steigt in die Hölle hinab und fordert Ariman, deren Meister, auf, Astarte erscheinen zu lassen. Sie zeigt sich als der Geist des unterdrückten Griechenland. Der Dichter umarmt diese Verkörperung der Freiheit, aber die Gestalten der Vergangenheit kehren zurück, um ihm den Sieg zu entreißen. Der Tod befreit ihn und vereinigt ihn endlich mit Astarte.

»Suche – man findet es sehr oft, ohne es zu suchen – das Grab des Soldaten. Das ist das beste Ende. Schau um dich, wähle deinen Platz in der Erde und begib dich dort zur Ruhe.« (Nach dem Programmheft.)

Rudolf Nurejew schreibt selbst über sein Ballett: »In Byrons dramatischem Gedicht ist der Held – eine übermenschliche Figur – vom Schicksal verdammt, diejenigen zu zerstören, denen seine Liebe gehört. Vergeblich sucht er Astarte zu finden, das Ideal, das allein über die Macht verfügt, ihn von den erdrückenden Schuldgefühlen zu befreien. – Die Choreographie ›Manfred‹ ist ein freies Spiel der Phantasie über dieses grundlegende Thema, verbunden mit Motiven aus anderen autobiographischen Gedichten Byrons. Die Inspiration kam aber ebenso aus Tschaikowskys Komposition, die auf dem Originalwerk beruht. Personen und Handlung dieses Werks sind Byrons eigenem Leben entnommen. So findet man hier Liebe und Haß aus seiner Jugend, seine unaufhörliche Suche nach Weisheit und Frieden, die er zu finden hofft in Freundschaft, Liebe und im Patriotismus.« Und er faßt zusammen: »›Manfred‹ verknüpft die poetische Gestalt des Suchenden und die romantische Figur Lord Byron, der, nach dem Tod seines Freundes Shelley im Meer, im griechischen Freiheitskampf stirbt – und so endlich zu Astarte findet, seinem Ideal.«

Das einaktige Ballett hat in Paris und in Zürich, wo es Nurejew zwei Jahre später in der neuen Ausstattung von Nicholas Georgiadis vorstellte, eher zwiespältige Aufnahme gefunden. »Sein ›Manfred‹«, so schreibt Jochen Schmidt in der »Frankfurter Allgemeinen Zeitung«, »nach einer Reihe von Klassiker-Revisionen und der Choreographie von Henzes ›Tancredi‹ für die Wiener Staatsoper (1966) im Grunde erst das zweite eigene Ballettsujet des Choreographen, steht fest in einer Tradition, die von St. Petersburg und Petipa bis nach Moskau und zu den Sowjetchoreographen der Gegenwart reicht, von denen etwa Juri Grigorowitsch, der derzeitige Direktor des Bolschoi-Balletts, ebensogut der ›Manfred‹-Autor sein könnte wie Nurejew: wuchtige, personenreiche Ensembles, eine vergleichsweise flächige (wo nicht gar flache) Dramaturgie, hohe technische Schwierigkeiten und ein enormes Tempo [. . .]. Überhaupt wird eine Menge Theater, Ballett und Tanz geboten, freilich von der naiven Machart, die sich in purer Aktionitis erschöpft. Die Szene steht gewissermaßen ständig unter Dampf. In immer neuen Wellen ergießt sich Choreographie über die von den Rumänen Radu und Miruna Boruzescu mit viel Flitterkram und gemaltem Gestein monumental verkitschte Bühne. Vor allem der Held ist, von den Umbaupausen abgesehen, eine Stunde lang in ständig wirbelnder Bewegung, selten sanft und linear geführt, meistens in ständigem Zickzack verkrampft, zerrissen, das Innere nach außen kehrend, immer aber schnell, athletisch und virtuos.«

Kein Tänzer hat in der zweiten Hälfte unseres Jahrhunderts soviel Staub aufgewirbelt wie *Rudolf Nurejew,* der am 17. März 1938 im Zug irgendwo zwischen dem Baikalsee und Irkutsk als Sohn tatarischer Eltern das Licht der Welt erblickte. Schüler des legendären Ballettpädagogen Alexander Puschkin am Choreographischen Institut in Leningrad, wurde er schon nach wenigen Jahren Mitglied des Kirow-Balletts, ohne sich allerdings je dem Führungsdiktat des Kirow-Managements völlig zu beugen. Immer wieder geriet Nurejew deshalb in Schwierigkeiten. Nach einem sensationellen Erfolg beim »Dornröschen«-Gastspiel seiner Compagnie in Paris entschloß er sich am 17. Juni 1961 auf dem Flughafen Le Bourget, nicht in seine Heimat zurückzukehren, und bat um politisches Asyl. Nachdem er eine Zeitlang mit dem Grand Ballet du Marquis de Cuevas durch die Lande gezogen war, erzielte er bei einer Gala in London, zu der ihn Margot Fonteyn geladen hatte, seinen künstlerischen Durchbruch. In der Folgezeit entwickelte sich Nurejew nicht allein zu ihrem favorisierten Partner und Dauer-Gast des Londoner Royal Ballet, sein Charisma, seine Ausdrucksstärke, seine Technik, vor allem aber auch sein Durchsetzungsvermögen befähigten ihn, einen neuen Tänzer-Typus zu etablieren. Mit Nurejew trat der Ballerino endgültig aus dem Schatten der Ballerina, er emanzipierte sich, wurde zum gleichberechtigten Künstler.

Dieses neue Selbstverständnis ermunterte zahlreiche Choreographen, mit Rudolf Nurejew zu arbeiten. So hat Nurejew unter anderem folgende Werke kreiert: »Marguerite and Armand« (Frederick Ashton, 1963), »Paradise Lost« (Roland Petit, 1967), »The Ropes of Time« (Rudi van Dantzig, 1971), »Lieder eines fahrenden Gesellen« (s. d.), »Tristan« (Glen Tetley, 1974), »Lucifer« (Martha Graham, 1975), »Moment« (Murray Louis, 1975), »Le Bourgeois Gentilhomme« (George Balanchine, 1979) und »Marco Spada« (Pierre Lacotte, 1981). Aber nach und nach begann Nurejew sich selbst fürs Choreographieren zu interessieren. Einen Namen machte er sich zunächst mit seinen Klassiker-Produktionen »La Bayadère« (s. d.), »Raymonda« (s. d.), »Schwanensee« (s. d.), »Don Quixote« (s. d.) und »Dornröschen« (s. d.). Auch »Romeo und Julia« (s. d.) hat er einstudiert. Seine erste »eigene« Choreographie war 1966 der »Tancredi« zur Musik von Hans Werner Henze für die Wiener Staatsoper, seine zweite

»Manfred« zu Tschaikowskys gleichnamiger Sinfonie op. 58. Eine seiner jüngeren Arbeiten ist »The Tempest« (s. d.). Von 1983 bis 1989 arbeitete Nurejew, inzwischen österreichischer Staatsbürger, als Ballettdirektor an der Pariser Opéra, deren erster Choreograph er auch unter seinem Nachfolger Patrik Dupond bleibt.

Solisten der Uraufführung waren Jean Guizerix, Wilfriede Piollet, Dominique Khalfouni und Georges Piletta.

Manon

Ballett in drei Akten. Libretto: Kenneth MacMillan nach dem Roman des Abbé Prévost; Musik: Jules Massenet, orchestriert und arrangiert von Leighton Lucas unter Mitarbeit von Hilda Gaunt; Bühnenbild und Kostüme: Nicholas Georgiadis; Beleuchtung: William Bundy; Uraufführung: Royal Ballet, Covent Garden, London, 7. März 1974. (Dauer: abendfüllend.)

Personen: Manon; Des Grieux; Lescaut; Monsieur G. M.; Lescauts Geliebte; Gefängniswärter; Frau des Gefängniswärters; Madame; Chef der Bettler; Höflinge; Schauspielerinnen; Ehrenmänner; Kunden; Huren; Bettlerkinder; ein alter Mann; Gastwirtin; Bedienerinnen; Rattenfänger; Stadtleute; Diener; Polizisten; Lakaien.

I. Akt, 1. Szene: Im Hof einer Schenke nahe Paris. Schauspielerinnen, Ehrenmänner und die Demimonde von Paris bevölkern die Schenke. Unter ihnen finden sich Des Grieux, ein junger Student, der wohlhabende Monsieur G. M. und Lescaut, der auf seine Schwester wartet, die in ein Kloster eintreten will. Manon kommt in einer Kutsche, zusammen mit einem alten Ehrenmann, der von ihr sehr angetan ist. Lescaut bleibt das nicht verborgen. Er nimmt den Gentleman mit ins Wirtshaus, um mit ihm ins Geschäft zu kommen. Manon wartet draußen und trifft dort auf Des Grieux. Hals über Kopf verlieben sie sich ineinander und beschließen, nach Paris zu fliehen und sich dabei der Barschaft zu bedienen, die Manon zuvor dem alten Gentleman gestohlen hat. Lescaut und der alte Herr sind inzwischen handelseinig geworden. Sie verlassen das Wirtshaus und stellen fest, daß Manon geflohen ist. Monsieur G. M. läßt Lescaut wissen, daß auch er sich für Manon interessiert. G. M. ist reich. Also verspricht Lescaut, ihm behilflich zu sein und Manon von ihrem »Glück« zu überzeugen.

2. Szene: In der Pariser Wohnung von Des Grieux. Manon unterbricht Des Grieux, der gerade einen Brief an seinen Vater schreibt. Sie erklärt ihm ihre Liebe. Während Des Grieux seinen Brief wegbringt, trifft Lescaut mit Monsieur G. M. ein. Manon zeigt sich von dem lukrativen Angebot des Lebemannes beeindruckt. Nachdem Des Grieux zurückgekehrt ist, macht ihm Lescaut bewußt, wie sehr alle vom Reichtum des Gönners profitieren könnten, wenn er nur die Liaison zwischen Manon und G. M. tolerierte.

II. Akt, 1. Szene: Eine Gesellschaft im herrschaftlichen Privathaus von Madame. Manon wird von G. M. begleitet, der die Gesellschaft für sie arrangiert hat. Sie ist hin- und hergerissen zwischen dem Luxus, den G. M. ihr bietet, und ihrer Liebe zu Des Grieux, den Lescaut mitgebracht hat. Des Grieux versucht, Manon dazu zu bewegen, mit ihm die Gesellschaft zu verlassen. Doch Manon ist nicht bereit. Sie stiftet vielmehr Des Grieux zum Falschspiel an. Als Des Grieux dabei ertappt wird, stürzt er zusammen mit seiner Geliebten davon.

2. Szene: In der Wohnung von Des Grieux. Während sich Manon und Des Grieux ihrer gegenseitigen Liebe versichern, erscheint G. M. mit der Polizei. Manon wird als Prostituierte festgenommen. Lescaut stirbt im Kampf, der sich an ihre Verhaftung anschließt.

III. Akt, 1. Szene: New Orleans; Das Zimmer des Gefängniswärters in der Strafkolonie. Der Gefängniswärter tanzt mit seiner Frau.

2. Szene: Der Hafen. Manon ist als Prostituierte nach Amerika deportiert worden. Des Grieux, der sich als ihr Ehemann ausgibt, ist ihr gefolgt. Manon erregt das Interesse des Gefängniswärters.

3. Szene: Das Zimmer des Gefängniswärters. Der Gefängniswärter hat Manon verhaftet, aber er bietet ihr Vergünstigungen für den Fall an, daß sie Des Grieux verläßt und mit ihm zusammenlebt. Des Grieux dringt in das Zimmer ein und tötet den Gefängniswärter.

4. Szene: Die Sümpfe. Manon und Des Grieux sind in die Sümpfe von Louisiana geflohen. Ihrer Liebe wegen verzichtet Manon auf allen äußerlichen Glanz und Luxus. Den Verfolgern entronnen, bricht sie entkräftet zusammen und stirbt schließlich in den Armen ihres Geliebten. (Nach dem Programmheft der Uraufführung.)

Kenneth MacMillan (s. »Concerto«) steht nicht allein mit seiner Bearbeitung der »Geschichte des Chevalier Des Grieux und der Manon Lescaut«, die der Abbé Prévost 1730 im siebten Band seiner »Memoiren und Abenteuer eines Mannes von Wert« veröffentlicht hat. Schon 1830 befaßte sich Eugène Scribe, der brillante Vielschreiber, mit dem Gedanken einer Adaption und nahm die Novelle als Sujet einer dreiaktigen Ballettpantomime, für die ihm Fromental Halévy die entsprechende Musik lieferte. Obwohl sich das Ballett in der Choreographie Jean Aumers nicht lange im Repertoire der Pariser Opéra halten konnte, diente es doch als Modell einer Produktion, die Giovanni Casati 1846 an der Mailänder Scala vorstellte. Eine andere Fassung erarbeitete Paul Taglioni unter dem Titel »Madeleine« 1876 in Berlin zu einer Komposition von Peter Ludwig Hertel.

MacMillans Version erhebt indes den Anspruch, so getreulich und behutsam wie nur möglich mit der Vorlage zu verfahren. Und in der Tat, die gesamte Handlung scheint in den drei Akten des Balletts Platz gefunden zu haben. Erst nach und nach enthüllen sich Eigenmächtigkeiten, die am guten Vorsatz des Choreographen und seines Librettisten zweifeln lassen. So sind beispielsweise bedeutsame Personen wie Des Grieux' Vater oder Tiberge, Des Grieux' geistlicher Freund, eliminiert, während andere, wie der Gefängniswärter und seine Frau, hinzuerfunden wurden.

Widersprüchlich ist auch die Musik. Leighton Lucas, der als Arrangeur zusammen mit Hilda Gaunt für die Partitur verantwortlich zeichnet, ist es nicht gelungen, eine Komposition zu schaffen, die Substanz, Geschlossenheit, charakteristische Farbigkeit besitzt. Umständlich stellt Lucas ein Potpourri mehr oder weniger bekannter Melodien zusammen, die dem Œuvre Jules Massenets entstammen. Vierzehn Opern, von »Le Cid« über »Thais« bis zu »Don Quichotte« und »La Navarraise«, ja selbst Oratorien wie »Eve« oder »La Vierge« sowie zahlreiche Orchesterstücke und Lieder werden zitiert, um dem Ballett Farbe zu geben – nur auf Musikbeispiele aus den beiden Manon-Opern Massenets verzichtet er. Offenbar hat Crankos »Onegin« (s. d.) dabei als Vorbild gedient.

Doch nicht nur die Musik wurde zum Gegenstand der Kritik. Auch die Choreographie mußte sich einigen Tadel gefallen lassen. So schrieb beispielsweise die »Neue Zürcher Zeitung« nach der Uraufführung: »Divertissement folgte auf Divertissement, und die Charaktere der Protagonisten waren nur unvollkommen profiliert. Von der Macht der Leidenschaft, von welcher Prévost im Vorwort zu seiner Novelle berichtet, war bei Manon ebensowenig die Rede wie bei Des Grieux, der sich kaum als der ›verblendete Jüngling‹ zeigte, ›der sein Glück verschmäht, um sich freiwillig dem tiefsten Elend auszusetzen; der im Besitze aller Gaben, die eine glänzende Laufbahn verheißen, aus eigenem Entschluß ein zweifelhaftes Herumtreiben allen Vorteilen des Reichtums und der hohen Geburt vorzieht; der sein Verhängnis kommen sieht und ihm doch nicht aus dem Wege geht.‹ Nur Lescaut, Manons Bruder, schien angemessen gekennzeichnet. Von David Wall virtuos verkörpert, bildeten seine Auftritte, namentlich im zweiten Akt, die Höhepunkte der Londoner Einstudierung. Die beiden Protagonisten dagegen schienen kaum mit lohnenden Tanzaufträgen bedacht. Einzig in den hochartifiziellen

Pas-de-deux, die in ihrer klassischen Schritt-und-Lift-Artistik nicht selten an Choreographien John Crankos gemahnten, bot sich ihnen die Chance, die Äußerlichkeiten der dargestellten Personen zu durchbrechen und Manon wie Des Grieux zu Menschen aus Fleisch und Blut werden zu lassen, Menschen, die ihres traurigen Schicksals wegen unser Mitleid, unser Mitgefühl verdienten. Antoinette Sibley und Anthony Dowell nützten die Gelegenheit auf beispielhafte Art. In ihrem Tanz machten sie die Fehler und Mängel des Balletts vergessen.«

Marsyas

Tanzdrama. Libretto: Aurel von Milloss; Musik: Luigi Dallapiccola; Choreographie: Aurel von Milloss; Ausstattung: Toti Scialoja; Uraufführung: Biennale, Venedig, 9. September 1948.

Personen: Marsyas; Apollo; die Musen: Urania, Melpomene, Klio; Nymphen; Krieger.

Der sich in der Sonne tummelnde Silen Marsyas findet ein hölzernes Ding. Er hebt es auf und spielt damit, ohne zu wissen, daß es die von Pallas Athene erfundene und von ihr weggeworfene Flöte ist. Zufällig entdeckt er den Ton, begeistert sich daran, und – wie in einem Rausch – glaubt er, nun gottähnlich zu sein. Wild tanzt er zur eigenen Musik. Der Tanz steigert sich zur Raserei.

Apollo erscheint. Die Anmaßung des Marsyas zwingt den Gott, ihn zum Wettstreit zu fordern. Apollo ruft drei der Musen und eine Schar von skythischen Kriegern herbei, damit sie als Schiedsrichter wirken.

Marsyas beginnt den Wettstreit. Angezogen vom Klang seines Flötenspiels, nähern sich die Nymphen aus den Wäldern. Um Marsyas entfaltet sich ein dionysischer Tanz, der in ekstatischer Verzückung endet. Apollos Tanz zu den Klängen der Leier ist von erhabener Größe. Schon könnte er als Sieger gelten. Doch um seine Überlegenheit vollends zu beweisen, dreht er die Leier um und setzt zum allgemeinen Erstaunen sein Spiel ohne Saiten fort. Als er geendet hat, zwingt er Marsyas, die Flöte umzudrehen, und fordert ihn auf zu zeigen, ob er immer noch glaube, sich mit ihm messen zu können. Marsyas versucht es, doch vergeblich. Keinen Ton vermag er mehr seiner Flöte zu entlocken. Sein Tanz wird zum Sinnbild für die Vergeblichkeit, dem Gott ähnlich zu werden.

Apollo und die Musen fällen das Urteil. Marsyas soll furchtbar bestraft werden. Die Skythen vollstrecken den Spruch: sie schinden Marsyas. Dann heben sie Apollo auf ihre Schultern und entfernen sich, gefolgt von den Musen.

Marsyas stirbt in den Armen der liebenden und mitleidigen Nymphen. Die Tränen der Nymphen vereinen sich mit dem Blut des Marsyas. Es entspringt daraus der Fluß »Marsyas« als Symbol der Unsterblichkeit, die Apollo dem besiegten Gegner gewährt, und als Warnung für die, die ihr Talent mißbrauchen.

Aurel von Millos, 1906 in Ungarn geboren, 1988 in Rom gestorben, Schüler von Laban und Cecchetti, schuf seine erste Choreographie 1932 in Deutschland. Er hat in gemeinsamer Arbeit mit bedeutenden Malern und Musikern hauptsächlich Italiens zahlreiche Ballette geschaffen. Seine Ästhetik erfuhr im Laufe der Zeit verschiedene Wandlungen, sowohl auf dem Gebiet des Handlungsballetts als auch auf jenem des konzertanten Balletts. In beiden Richtungen, die sich in seinen letzten Arbeiten immer mehr und mehr zu verschmelzen scheinen, verbindet er in einer sehr persönlichen Weise die Techniken des Akademischen Tanzes und jene des Freien Tanzes.

Die Partitur zu »Marsyas« von *Luigi Dallapiccola* (1904–75) entstand 1942/43 in enger Zusammenarbeit mit dem Choreographen. Sie ist gegliedert in: I Magischer Tanz – Ostinato – Reprise, II Tanz des Apollo, III Marsyas' letzter Tanz, IV Tod des Marsyas. Nach der deutschen Erstaufführung des Balletts in der Choreographie

Erich Walters (s. »Musique pour les Soupers du Roi Ubu«) schrieb die »Frankfurter Allgemeine Zeitung«, das Ballett sei Mittelpunkt eines »Triptychon vom Menschen«, es stehe in Dallapiccolas Werk zwischen dem szenischen Oratorium »Hiob« und dem Operneinakter »Der Nachtflug«.

Dallapiccola ist neben Luigi Nono (s. »Der rote Mantel«) Italiens bedeutendster Komponist unserer Zeit. Er bekennt, daß das Gebiet, das ihn bisher am Zwölftonsystem am meisten angezogen habe, das Melodische sei. Daß er, ein Komponist mediterranen Ursprungs, den phrygischen »Marsyas«-Stoff in der musikalischen Sprache der Moderne gestaltete, hat nicht das geringste mit einem Schielen nach Strawinskys »Apollon Musagète« (s. d.) oder dessen »Orpheus« (s. d.) zu tun. Die »Klassische« Welt, in die ja schon Beethovens »Geschöpfe des Prometheus« (s. d.) führten, ist ein privilegierter Raum des »klassischen Balletts«.

Mayerling

Ballett in drei Akten, mit Prolog und Epilog. Libretto: Gillian Freeman; Musik: Franz Liszt, arrangiert und orchestriert von John Lanchbery; Bühnenbild und Kostüme: Nicholas Georgiadis; Beleuchtung: David Hersey; Uraufführung: Royal Ballet, Covent Garden, London, 14. Februar 1978. (Dauer: abendfüllend.)

Personen: Kronprinz Rudolf von Österreich-Ungarn; Baroneß Mary Vetsera, seine Geliebte; Prinzessin Stephanie, seine Gemahlin; Kaiser Franz Joseph von Österreich-Ungarn, sein Vater; Kaiserin Elisabeth, seine Mutter; Gräfin Marie Larisch, Hofdame der Kaiserin und ehemalige Geliebte Rudolfs; Erzherzogin Sophie, Mutter von Franz Joseph; Bratfisch, Privatkutscher Rudolfs und volkstümlicher Künstler; Mitzi Caspar, hochgestellte Prostituierte und bevorzugte Geliebte Rudolfs; Colonel »Bay« Middleton, Elisabeths Liebhaber; Katharina Schratt, Freundin von Franz Joseph; Alfred Grünfeld, ein Pianist; Baroneß Helene Vetsera, Marys Mutter; Graf Eduard Taafe, Ministerpräsident von Österreich-Ungarn; Graf Hoyos, Rudolfs Freund; Prinzessin Louise, Stephanies Schwester; Prinz Philipp von Coburg, ihr Gemahl, Rudolfs Freund; Prinzessin Gisela, Rudolfs ältere Schwester; Prinzessin Valerie, Rudolfs jüngere Schwester; Prinzessin Valerie als Kind; Mary Vetsera als

Kind; Loschek, Rudolfs Kammerdiener; Graf Larisch; vier ungarische Offiziere, Rudolfs Freunde; Gäste; Zimmermädchen; Huren; vornehme Herren; Diener, Hofdamen usw.

Prolog: Der Friedhof bei Heiligenkreuz kurz vor der Dämmerung.

I. Akt: Wien.

1. Szene: Der Ballsaal der Hofburg. Beim Ball, mit dem seine Heirat mit Prinzessin Stephanie von Belgien gefeiert werden soll, beleidigt Rudolf Eltern wie Braut, indem er offen mit Prinzessin Louise liebäugelt. Alleingelassen, trifft Rudolf auf Gräfin Larisch und Baroneß Vetsera, die ihm ihre junge Tochter Mary vorstellt. Sie werden von vier ungarischen Offizieren unterbrochen, Freunden von Rudolf, die nachdrücklich die separatistischen Bestrebungen ihres Landes unterstützen. Gräfin Larisch kommt zurück und versucht, ihr früheres Verhältnis mit Rudolf zu erneuern. Der Kaiser entdeckt sie. Verärgert befiehlt er Rudolf, zu seiner Gemahlin zurückzukehren.

2. Szene: Die Gemächer der Kaiserin in der Hofburg. Elisabeth hat den Ball verlassen und vergnügt sich in Gesellschaft ihrer Hofdamen. Rudolf besucht sie, bevor er zu seiner Braut geht. Er ist unglücklich über die Heirat, zu der ihn die Staatsräson nötigt, und bemüht sich deshalb, die Sympathie der Kaiserin zu erringen.

3. Szene: Rudolfs Gemächer in der Hofburg. Stephanie wird auf ihre Hochzeitsnacht vorbereitet. Rudolf findet sie allein und erschreckt sie mit einem Revolver, bevor er mit ihr schläft.

II. Akt, 1. Szene: Ein berüchtigter Gasthof. Von Bratfisch begleitet, kommen Rudolf und Stephanie in den Gasthof. Alle sind verkleidet. Bratfisch sieht, daß Stephanie unglücklich ist. Er versucht alles, sie aufzuheitern. Die Dirnen bemühen sich um die Aufmerksamkeit ihrer Kunden. Angeekelt entflieht Stephanie, während sich Rudolf ganz seiner Geliebten Mitzi Caspar und seinen ungarischen Freunden zuwendet. Die Polizei macht eine Razzia. Rudolf, Mitzi und die Offiziere verstecken sich. Einige Gäste werden von der Polizei verhaftet und mitgenommen. Rudolf fühlt sich ständig überwacht. In einem Anfall von Verzweiflung schlägt Rudolf Mitzi vor, mit ihm in den Tod zu gehen. Graf Taafe trifft ein. Er hat von Rudolfs Anwesenheit gehört. Erneut verbirgt sich Rudolf, doch Mitzi verrät ihn an den Grafen, den sie später begleitet.

2. Szene: Draußen vor dem Gasthof. Rudolf verläßt seine Freunde. Gräfin Larisch, die um seine Identität weiß, plant, ihm Mary Vetsera zuzuführen.

3. Szene: Das Haus der Vetsera. Gräfin Larisch findet Mary, die von einem Bild Rudolfs fasziniert ist. Sie legt ihr die Karten und prophezeit, daß sich ihre romantischen Träume erfüllen werden. Mary gibt ihr einen Brief an Rudolf.

4. Szene: Die Hofburg. Während der Geburtstagsfeierlichkeiten für Franz Joseph konfrontiert Graf Taafe Rudolf mit einem politischen Pamphlet. Gleichzeitig bietet »Bay« Middleton dem Premierminister eine Scherzzigarre an. Rudolf ist belustigt. Elisabeth überrascht den Kaiser mit einem Porträt seiner »Freundin« Katharina Schratt. Ein Feuerwerk lenkt alle ab – außer Elisabeth und »Bay«, die Zärtlichkeiten austauschen. Rudolf beobachtet sie und ist bitter enttäuscht. Katharina Schratt singt traurig von Liebe und Abschied. Als das Feuerwerk fortgesetzt wird, findet Gräfin Larisch eine Gelegenheit, Rudolf mit dem Brief Marys zu reizen.

5. Szene: Rudolfs Gemächer in der Hofburg. Mary und Rudolf treffen sich in aller Heimlichkeit zum erstenmal.

III. Akt, 1. Szene: Auf dem Land: eine königliche Jagd. Der freundliche Tag findet ein jähes Ende, als Rudolf aus unerklärlichen Gründen wild herumfeuert und dabei ein Mitglied des Hofes tötet.

2. Szene: Rudolfs Gemächer in der Hofburg. Der Kaiser entdeckt Gräfin Larisch bei Rudolf und schickt sie weg. Daß Mary vor der Tür wartet, bleibt ihm indes verborgen. Mary kommt herein. Rudolf bittet sie, mit ihm zu sterben.

3. Szene: Das Jagdschloß zu Mayerling. Rudolf, der mit Graf Hoyòs und Prinz Philipp getrunken hat, fühlt sich unwohl. Beide verlassen ihn. Bratfisch trifft mit Mary ein. Rudolf befiehlt ihm, sie zu unterhalten. Bratfisch merkt, daß sie nicht achtgeben, und zieht sich diskret zurück. Rudolf und Mary lieben sich leidenschaftlich. Um seine Nerven zu beruhigen, spritzt sich Rudolf Morphium. Noch einmal umarmt er Mary, bevor er sie erschießt. Loschek, Hoyos und Philipp, die der Schuß aufgeschreckt hat, werden von Rudolf besänftigt. Wieder allein, erschießt er sich.

Epilog: Der Friedhof bei Heiligenkreuz kurz vor der Dämmerung.

Geschichte hat ihn schon immer interessiert. Wie ein Leitmotiv kehrt deshalb im Repertoire, das sich *Kenneth MacMillan* (s. »Concerto«) seit seiner ersten Choreographie erarbeitet hat, die Auseinandersetzung mit historischen Ereignissen wieder. Und zwar ausschließlich mit solchen Ereignissen, die typischer Ausdruck einer Zeit sind. Erinnert sei hier nur an sein Ballett »The Burrow« (London, 1958), in dem er sich mit jenen Erlebnissen beschäftigte, die Anne Frank in ihrem Tagebuch schildert, oder an das »Anastasia«-Stück (Berlin, 1967), in welchem er das Ende des zaristischen Rußlands behandelte. »Mayerling« macht also keine Ausnahme. Der Mord und der Selbstmord im Jagdschloß südlich von Wien erscheint MacMillan, obwohl nie restlos aufgeklärt, wie eine Vorwegnahme dessen, was knapp zwanzig Jahre später der Erste Weltkrieg endgültig besiegelte: der Untergang der Habsburgischen Monarchie.

Um sich den Vorwurf mangelnder Vorbereitung nicht gefallen lassen zu müssen, sicherte sich der ehemalige Direktor des Royal Ballet durch die Mitarbeit einer versierten Autorin ab: Gillian Freeman, durch Erzählungen und verschiedene Drehbücher bekannt geworden, hat sich wiederholt mit historischen Themen befaßt. Sie weiß aus eigener Erfahrung eine Sache so darzustellen, daß sie zwar alle Farbigkeit behält, jede Kolportagenhaftigkeit aber meidet.

Unter diesen Umständen nimmt es nicht wunder, wenn die Librettistin uns einen Helden nach Hollywood-Muster versagt. Der Erzherzog von Österreich-Ungarn ist bei ihr nämlich nicht mehr der romantische Liebhaber, wie ihn uns der Film mehrfach weiszumachen versuchte. Gillian Freeman charakterisiert ihn vielmehr als einen schwermütigen Psychopathen, der im Bett mit Totenschädel und Pistole spielt, sich vor den Augen seiner verängstigten Gattin mit einer Prostituierten verlustiert – und im übrigen dem Alkohol wie auch stärkeren Drogen verfallen ist. Aber die Librettistin findet nicht immer die richtigen Situationen, die zumindest auf der Bühne seinen moralisch-physischen Zusammenbruch erklären könnten. Vieles bleibt dunkel.

Doch vielleicht ist das auch nur ein Fehler des Choreographen, der mit der Schriftstellerin nicht ganz Schritt halten kann. Denn gar so unverbindlich und belanglos brauchte der Ball beispielsweise nun nicht zu sein, mit dem das dreiaktige Ballett nach einem kurzen Prolog einsetzt. Anerkennt John Cranko (s. »Die Befragung«) in seinen Ensembleszenen immerhin noch den Hintergrund, vor dem sich die eigentliche Erzählung um so wirkungsvoller abheben kann, schafft MacMillan selten solche Bezogenheit. Ob es sich um ein walzerseliges Hochzeitsfest handelt oder um den Auftritt Rudolfs in einer verrufenen Kaschemme (in der die ungarischen Revolutionäre nichts Besseres zu tun haben, als einen Csárdás zu tanzen); ob um die Geburtstagsfeierlichkeiten zu Ehren von Kaiser Franz Joseph oder um eine Jagd samt anschließender Schneeballschlacht: niemals gelingt es MacMillan so ganz, die Atmosphäre jener Zeit bis ins letzte Detail hinein zu erfassen. Auch die Musik Franz Liszts scheint hier keine große Hilfe. Um historische Genauigkeit ist lediglich die Ausstattung Nicholas Georgiadis' bemüht.

Gelungen scheinen die Pas de deux. Über sie schreibt Horst Koegler nach der Uraufführung in der »Stuttgarter

Zeitung«: »In ihnen beweist MacMillan eine geradezu phänomenale Phantasie und Konstruktionsdichte, erfindet er immer neue Körperverschlingungen und -durchdringungen, folgt eine kühne Hebung der anderen, gibt es Schleuder- und Fang-, Rotations- und Sturzfiguren in einer Rasanz, die einen vom bloßen Zusehen außer Atem kommen läßt. In derartiger Konzentration und Fülle verselbständigt sich MacMillans spezifische Begabung allerdings zu einem Pas-de-deux-Narzißmus, über dem alle anderen dramaturgischen und choreographischen Belange sträflich vernachlässigt werden.«

Bei der Uraufführung wurden die Hauptrollen von David Wall, Lynn Seymour, Wendy Ellis, Michael Somes, Georgina Parkinson, Merle Park und Laura Connor getanzt.

Metaforen

Ballett in drei Sätzen. Musik: Daniel-Lesur (Variation für Klavier und Streichorchester); Choreographie: Hans van Manen; Ausstattung: Jan van der Wal; Uraufführung: Nederlands Dans Theater, Bühnen der Stadt Köln, 5. Dezember 1965.

1. Satz: Allegro Risoluto.
2. Satz: Adagio.
3. Satz: Rondino Scherzo.

»›Metaforen‹ ist in der Anlage ein Musikballett. Die Anregung dazu waren die musikalischen Gegensätze; die Spannungen entstehen aus dem vom Langsamen zum sehr Schnellen übergehenden Rhythmus. Doch ist es kein abstraktes Ballett geworden; diese musikalischen Spannungen wurden auf die menschlichen Beziehungen transponiert. Tänzer sind nicht wie Instrumente zu betrachten; für mich bleiben sie Menschen, auch wenn eine nicht zu erzählende Handlung darzustellen ist. Als ich einer der letzten Proben beiwohnte und das Ballett als Ganzes übersehen konnte, gab mir die Choreographie das Gefühl der Freude, aber auch der Wehmut... vielleicht war es ein Abschied von der Jugend?« (Hans van Manen.)

Das Nederlands Dans Theater bildete lange mit dem Stuttgarter Ballett John Crankos (s. »Die Befragung«) die Avantgarde der schöpferischen Choreographie in Westeuropa. Das holländische Ensemble ist eines der bedeutendsten unserer Zeit. Im technisch-tänzerischen Standard durchaus den großen Compagnien in West und Ost vergleichbar, unterscheidet es sich von ihnen durch ein Repertoire, in dem neben Balletten klassisch-akademischer Herkunft Choreographien im Stil des modernen amerikanischen Tanzes eine große Rolle spielen. Der ständige Wechsel von einem Idiom ins andere hat den Stil der Truppe und jedes einzelnen Tänzers geprägt. Die Compagnie wird heute von Jiří Kylián (s. »Rückkehr ins fremde Land«) geleitet und ist erfolgreich wie eh und je.

Hans von Manen (geb. 1932) war bis 1970 der künstlerische Direktor des Ensembles und zugleich sein Chefchoreograph. Von 1973 bis 1987 arbeitete er als Chefchoreograph von Het Nationale Ballet in Amsterdam, dem Konkurrenzunternehmen des Nederlands Dans Theater; inzwischen gehört er als ständiger Choreograph ihm wieder an. Was an van Manens Choreographien besticht, ist die souveräne Handhabung des klassischen Vokabulars, die selbstverständlich erscheinende Raumaufteilung, die Symmetrien nicht scheut, sondern geradezu sucht, und die eminente Musikalität. Letztere ist die Quelle der Verfremdungseffekte oder besser der modernen Lichter, die van Manen den akademischen Schritten und Armbewegungen aufzusetzen pflegt. Für »Metaforen« ist unter anderem die starke »Federung« ganzer Bewegungsabläufe charakteristisch. Die Tänzer tanzen so betont elastisch, daß der Eindruck entsteht, sie wandelten über Luftmatratzen. Natürlich ist das musikalisch motiviert. Man hört, was man sieht – und das bereitet ein intellektuelles Vergnügen.

Daniel-Lesur (geb. 1908) verfolgt eine ähnliche Maxime wie Hans van Manen: »Eines ist wichtig: daß die Musik viel Musik enthalte. Und dafür ist nötig, daß der Mensch nicht unmenschlich sei.«

Solisten der Uraufführung in Köln waren Alexandra Radius, Marian Sarstädt, Han Ebbelaar und Gérard Lemaitre.

»Metaforen« ist zweifellos ein Meisterwerk. Ihm an die Seite gestellt werden kann van Manens Choreographie zu Strawinskys »Sinfonie in drei Sätzen«. Beiden verwandt ist der Pas de deux »Fünf Skizzen« auf Hindemiths »Fünf Stücke für Streichorchester op. 44«, sowohl in der Anlage wie in der Atmosphäre. Hierher gehören auch »Essay in der Stille« (Messiaen) und »Point of no Return« (Pijper, Stockhausen, Henry). Hans van Manen stellt den Kodex der Danse d'école immer wieder in Frage, indem er klassisch choreographierte Teile in seinen Balletten mit anderen konfrontiert, die auf unorthodoxen Bewegungen basieren.

»So verschieden die Ballette im einzelnen auch sein mögen, sie zeigen die gleiche ausgewogene Handschrift. Sie weisen den Einfluß George Balanchines [s. ›Agon‹] vor und haben ihn, indem sie ihn vorzeigen, bereits überwunden durch eine neue, kraftvolle Expressivität. Sie haben – wie jedes van-Manen-Ballett – experimentellen Charakter und sind doch fertige, vollkommene Produkte. Van Manen ist, er weiß es möglicherweise selbst noch nicht, unterwegs zu neuen Küsten.

Binnen eines Tages entsteht das Ballett ›Ready made‹, vielleicht Ausdruck seiner Unruhe. Danach noch einmal etwas, das in die Gruppe seiner schwerblütigen Klassiker hineingehört: auf eine Musik von Béla Bartók entsteht ›Dualis‹, im Titel schon anspielend auf den Gegensatz des Männlichen und Weiblichen, dessen allmähliche Angleichung und Verschmelzung ein permanentes van-Manen-Thema ist.

Fast rätselhaft danach der Beginn einer neuen, heiteren Phase. Auf ›Variomatic‹, zu einer Streichermusik von Lennox Berkeley, die lediglich nach ihrer Länge ausgesucht ist (sie ermöglicht mit ihrer Dauer von dreizehneinhalb Minuten exakt nach der Stoppuhr geplante Auftritte und Abgänge des Fünferensembles: jeweils siebeneinhalb Minuten, im Abstand von 90 Sekunden), das Hauptstück dieser heiteren Zeit: ›Three Pieces‹, zu einer Musik der Polin Gracyna Bacewicz. Van Manen spielt mit Tänzern wie mit Billardkugeln – und demonstriert gleichzeitig die Inhumanität solchen Spiels; unter dem Lächeln versteckt sich ein Weinen. Wenig später entsteht der Pas de deux ›Solo for Voice I‹, der dem Tanzpaar eine Koloratursängerin entgegenstellt; nach langem Suchen entscheidet sich van Manen für Musik von John Cage. Der Umschwung, angekündigt in den heiteren Stücken, geht weiter. In ›Squares‹, mit Musik von Erik Satie [s. ›Monotones‹], manifestiert sich die neue Sensibilität. Doch noch einmal erfolgt eine Gegenbewegung. Der Prozeß, der in allen diesen Werken ständig weiter voranschreitet, ist der einer permanenten Verengung des Bewegungsspielraumes; Ballett gab hier nicht wenige seiner mühsam erworbenen Eigenschaften auf – und kam dadurch um so nachhaltiger zu sich selbst. Kulminationspunkt dieser Entwicklung, zugleich unzweifelhaft Dokument einer Krise und Augenblick der Abkehr vom bislang unangezweifelten Kodex der Danse d'école, ist das Ballett ›Situation‹ vom Frühjahr 1970: eine Aneinanderreihung aggressiver Pas de deux, mit Geräuschen als Hintergrund; von hier aus ging, ohne daß man doch ›Situation‹ als Sackgasse bezeichnen könnte, kein Weg mehr weiter.

Van Manen, ständig auf der Suche, scheint unstet zu werden. Auf Experimente mit filmischen Zeitlupenstudien (›Mutations‹) läßt der Verehrer der Kinoautoren Godard und Resnais das ebenfalls mit Film arbeitende Rock-Ballett ›Twice‹ folgen: zum einen der Versuch, die Kunst als hehren Religionsersatz endgültig von der Bühne zu fegen, zum anderen aber eine Rückkehr zur Bewegung, zum Tanz – und damit Ausweg aus der scheinbaren Misere (vgl. dazu ›Dances at a Gathering‹).

Es folgt die ›Große Fuge‹. Der Choreograph, der – von einer sehr frühen Haydn-Choreographie abgesehen – bei der Auswahl seiner Musik nie hinter die durch Strawinsky–Bartók–Hindemith abgesteckte Linie der klassischen Moderne zurückgegangen ist, benutzt Musik des späten Beethoven: jenen Streichquartett-Satz, den Beethoven dem Publikumsgeschmack geopfert hat, sowie den anderen, den er an seine Stelle setzte, beide in breiter Orchesterfassung. Choreographiert van Manen, mit der Beethovens, auch die eigene Korrumpierung (die er dadurch bereits wieder überwindet)?

Was sich in ›Squares‹ vorankündigte, wird hier Form. Auf der Bühne erscheint »eine neue Ballettromantik« (nach J. Schmidt), die mit »Twilight« (Cage; 1972), »Daphnis und Chloe« (Ravel; 1972) und »Adagio Hammerklavier« (Beethoven; 1973) für Het Nationale Ballet internationale Anerkennung findet.

Wenige Monate nach »Große Fuge« wurde am 19. Mai 1971 vom Ballett Erich Walters (s. »Musique pour les Soupers du Roi Ubu«) an der Deutschen Oper am Rhein in Düsseldorf-Duisburg die erste Choreographie uraufgeführt, die Hans van Manen für ein deutsches Ensemble gestellt hat, »Keep Going« (Berio). Damit begann van Manens Zusammenarbeit mit den Balletten in Düsseldorf und München. Viele seiner Choreographien finden sich heute im Repertoire des Kölner Tanz-Forums sowie der Ballettensembles in Berlin, Essen und Stuttgart.

Der Mohr von Venedig

Ballett mit Prolog, acht Bildern und Epilog. Libretto: Erika Hanka; Musik: Boris Blacher; Choreographie und Inszenierung: Erika Hanka; Bühnenbilder und Kostüme: George Wakhewitch; Uraufführung: Staatsoper, Wien, 29. November 1955.

Personen: Othello, der Mohr von Venedig, Feldherr; Desdemona, die Geliebte und spätere Gattin Othellos; Jago, Offizier; Emilia, Jagos Gattin; Cassio, Offizier; Bianca, eine junge Kurtisane; Brabantio, Desdemonas Vater; Rodrigo, ein abgewiesener Freier der Desdemona; Montano, ein cypriotischer Edler; Frau im Sturm; drei venezianische Edle; Tänzer der Ritornelle (drei Paare); Dienerinnen und Diener; Mädchen im Sturm; Hofgesellschaft; Kurtisanen; Soldaten.

Prolog und Epilog sind Realität, die Bilder Othellos rückschauende Vision seines tragischen Geschicks. Die Ritornelle reflektieren verallgemeinernd die Stadien seines Lebens in abstrakter Form. Sie werden von drei Paaren getanzt.

Prolog: Schlafgemach der Desdemona. Othello steht erstarrt vor der erwürgten Desdemona. Emilia stürzt herein (Presto). Sie entdeckt die Schreckenstat. Söldner und Edle kommen dazu, dann Jago und der verwundete Cassio, gefolgt von Bianca, die Desdemonas Taschentuch trägt (Herzschlagmusik). Als Emilia das Tüchlein in den Händen der Kurtisane erblickt, durchschaut sie voller Entsetzen die Niedertracht Jagos und klagt ihn als den eigentlichen Verbrecher an. Die Erkenntnis seiner leidenschaftlichen Verblendung und die Erschütterung über den Verrat seines Vertrauten Jago bringen Othello an den Rand der Verzweiflung. Während die Figuren des Prologs ins Dunkel zurückgleiten, erscheint vor Othellos Augen visionär sein Leben.

1. Bild: Erste Liebe und Sich-Finden (Moderato). Othello begegnet Desdemona (Pas seul). Beim Tanz wirbt er um sie (Pas de deux). Jago und Rodrigo rufen Brabantio, Desdemonas Vater, herbei. Brabantio stellt Desdemona vor die Entscheidung zwischen Vater und Geliebtem. Sie folgt Othello nach Cypern und wird von ihrem Vater verflucht (Poco meno). – *Ritornell:* Von den Wonnen der Liebe (Allegretto).

2. Bild: Nacht in Cypern. Das Volk beobachtet, wie der Sturm tobt (Vivace). Jago und Rodrigo verabreden, wie sie zunächst Cassio, dann Othello vernichten wollen. Othello und Desdemona kommen in Cypern an, die Menge begleitet sie in den Palast (Maestoso). – Jago, Cassio, Rodrigo, Montano und einige Söldner halten Wache. Jago und Rodrigo beginnen zu zechen und machen Cassio betrunken (Allegro). Sie reizen ihn zu Zänkereien mit Montano, aus denen sich ein Duell entwickelt. Cassio verwundet Montano und wird deswegen von Othello gerügt. Als auch Desdemona auf den Lärm hin herbeieilt, geleitet Othello sie zärtlich fort. Die Intriganten freuen sich, daß Cassio in Ungnade gefallen ist. – *Ritornell:* Von dem Mitleid gütiger Frauen (Alla marcia).

3. Bild: Fest im Schloß. Ein Gleittanz geht durch das ganze Bild (Bühnenmusik, Vivace). – Cassio bittet Desdemona um ihre Fürsprache. Als Othello eintritt, spricht Desdemona für ihren Schützling, doch Othello verschiebt das unangenehme Thema, noch ohne jedes Mißtrauen, auf später. Desdemona verliert ihr Taschentuch (Alla marcia). Emilia hebt es auf, Jago entreißt es ihr, um es als Waffe gegen Othello zu verwenden. Als Cassio mit Desdemona tanzt (Vivace), pflanzt Jago das erste Mißtrauen in Othellos Herz. – *Ritornell:* Von der Falschheit des Weibes (Prestissimo).

4. Bild: Gelage bei Bianca. Liebhaber im Spiel mit Kurtisanen (Allegretto). Bianca liebt Cassio wirklich, doch er weicht ihr aus. Jago gibt Bianca Desdemonas verlorenes Taschentuch, sie verschenkt es an ihren geliebten Cassio, der es lachend einsteckt. Bald brechen Jago und Cassio auf und lassen Bianca, voll sehnsüchtiger Unruhe, zurück. – *Ritornell:* Von der Sehnsucht nach Glück (Allegretto).

5. Bild: Othellos Eifersucht. Othello, der Cassio kritisch beobachtet, entdeckt in seinen Händen Desdemonas Tüchlein (Moderato). Sein von Jago geweckter Verdacht scheint bestätigt. Jago schickt Cassio fort, stachelt noch einmal Othellos Eifersucht an (Duett Othello-Jago, Allegro) und läßt ihn dann mit seiner Leidenschaft allein. Othello rast. Während seiner leidenschaftlichen Ausbrüche erscheinen ihm blitzartige Visionen: der mahnende Brabantio, Cassio und Desdemona in zärtlicher Umarmung, das Volk, Othellos Schande hämisch begeifernd. – *Ritornell:* Von den Martern der Eifersucht (Moderato).

6. Bild: Die Entfremdung des Paares. In scheinbarer Ruhe empfängt Othello sein Gefolge (Moderato assai). Als Desdemona sich ihm in unschuldiger Zärtlichkeit zu nähern versucht, stößt er sie wild von sich. Verzweifelt klagt Desdemona; Emilia führt sie, die dem Zusammenbruch nahe ist, hinaus. – *Ritornell:* Von der Grausamkeit der Enttäuschung (Largo).

7. Bild: Jago als Mörder. Auf nächtlicher Straße fordert Rodrigo von Jago den versprochenen Lohn (Agitato). Cassio naht mit der Wache. In einem kurzen Kampf (Poco meno) wird Cassio verwundet; Jago ersticht im Tumult den unbequemen Rodrigo und flieht vor den Söldnern. Bianca eilt herbei und labt ihren verwundeten Geliebten. – *Ritornell:* Von der Macht des Bösen (Con moto).

8. Bild und Epilog: Othellos Mord und Zusammenbruch. Im Schlafgemach tröstet Emilia die verzweifelte Desdemona (Pas de deux, Adagio). Dann begibt sich Desdemona zu Bett und schläft ein. Othello betrachtet seine eifersüchtig geliebte Frau und küßt sie voller Zärtlichkeit und Haß. Während eines Pas de deux erregt sich Othello immer mehr – schließlich erwürgt er Desdemona.

Mit der Herzschlagmusik (Presto) kehrt Othello in die Wirklichkeit zurück. Die Figuren des Prologs treten wieder auf. In der Erkenntnis seiner leidenschaftlichen Verblendung richtet Othello sich selbst. Jago läuft fliehend in die Speere der Söldner.

Bei der Wiedereröffnung der Wiener Staatsoper 1955 stand auf dem Programm des Ballettabends Adams »Giselle« (s. d.) – zu verstehen als ein Bekenntnis zur klassisch-romantischen Tradition – und das Werk von Zeitgenossen: das von *Erika Hanka* (1905–58) librettierte und von *Boris Blacher* (s. »Chiarina«) für diesen Anlaß komponierte Ballett »Der Mohr von Venedig«.

Bei der Uraufführung tanzte Willy Dirtl die Titelrolle. Die Desdemona verkörperte Christl Zimmerl.

Den »Othello«-Stoff haben unter anderen Viganò (1818), Tschabukiani (1957), Němeček (1959), Lifar (1960), d'Amboise (1967), Darrell (1971), Butler (1972), Günter Pick (1984) und John Neumeier (1985) behandelt (s. auch »The Moor's Pavane«).

Das Mondrentier (Maanerenen)

Eine choreographische Legende. Libretto: Birgit Cullberg; Musik: Knudåge Riisager; Choreographie: Birgit Cullberg; Ausstattung: Per Falk; Uraufführung: Königlich Dänisches Ballett, Königliches Theater, Kopenhagen, 22. November 1957.

Personen: Aili; Nilas; Naiden, der Zauberer; Kaisha; Uno; Antti; junge Lappländerinnen; junge Lappländer; Rentiere.

Prélude.

1. Szene: Skitanz. Auftritt des Nilas und der jungen Lappländer. Die jungen Lappländerinnen eröffnen den Tanz. Die Jungen springen in ihren Kreis hinein. Der Tanz wird ständig ausgelassener. Der Tanz endet. In einer Gruppe alle ab bis auf Aili, die Nilas zurückzuhalten versucht. Er hat nur einen verächtlichen Blick für sie übrig. Ein hübsches Mädchen kommt zurück, Nilas zu holen. Er stößt Aili zurück und tanzt mit dem Mädchen davon.

2. Szene: Aili wandert einsam umher (langsam tanzend). Der Mond geht auf. Naiden tritt auf (im Vordergrund). Er tanzt den Beschwörungstanz, in den er Aili hineinziehen will. Sie weigert sich. Er fährt mit der Beschwörung fort. Rhythmischer Tanz. Der Zauber beginnt zu wirken. Naiden ruft die Rentiere herbei. Tanz der Rentiere. Die Rentiere tanzen immer schneller. Aili wird vom Tanz der Rentiere fortgerissen. Ailis Tanz mit den Rentieren. Ekstatischer Tanz. Das Nordlicht flammt auf. Die Rentiere flüchten. Aili wird verwandelt. Tanz des Mondrentiers. Das

Mondrentier hebt sein Geweih, prüft seine Kraft in geschmeidigem Sprung (ab).

3. Szene: Auf Skiern kommen die Lappen und ihre Mädchen zurück. Sie tanzen. Plötzlich hört man einen Lockruf. Alle stehen wie versteinert. Das Mondrentier tritt auf. Die Lappen wollen das Mondrentier fangen. Sie vergessen ihre Mädchen. Sie werfen die Lassos nach dem Mondrentier. Es entsteht eine wilde Jagd. Das Mondrentier bringt die Jungen vom Wege ab. Sie zerstreuen sich. Alle ab bis auf Uno, der sich suchend umblickt. Das Mondrentier läßt Uno näher herankommen. Er bemerkt dessen eigentümliche Anziehungskraft. Unos und des Mondrentieres Tanz. Sie nähern sich dem Abgrund, tanzen ständig wilder. Er wankt und das Mondrentier stößt ihn rücklings in den Abgrund. Triumphgeheul. Naiden und das Mondrentier tanzen miteinander.

4. Szene: Tageslicht. Lappen, die immer noch auf der Jagd nach dem Mondrentier sind, laufen vorbei. Nilas kommt, ebenfalls nach dem Mondrentier suchend. Nilas entdeckt Aili, die wieder ihre natürliche Gestalt angenommen hat. Sie geht wie in Trance. Liebestanz. Nilas folgt Aili in einem verhaltenen Liebestanz. Der Tanz beginnt langsam, innig ... Nilas und Aili gehen zusammen in eine Hütte.

5. Szene: Es dunkelt. Der Mond geht auf. Die Rentiere versammeln sich im Hintergrund. Aili hebt den Kopf und wittert sie. Die Rentiere tanzen im Mondschein. Aili fühlt, daß sie zu ihnen gehört. Aili kämpft gegen den Zauber. Aber das Tierische behält die Oberhand. Sie wird hineingezogen in den Tanz der Rentiere. Aili versucht zu fliehen, wird aber vom Zauber übermannt. Erneut verwandelt in das weiße Rentier, entfernt sich Aili, während Nilas erwacht und ihre Abwesenheit bemerkt. Nilas ruft die anderen Lappen und wieder beginnt die Jagd. Während alle das Mondrentier jagen (außerhalb der Szene), bleibt ein junger Lappe, Antti, zurück. Auch er sucht nach dem Rentier, das sich ihm zeigt und ihn zum Abgrund lockt, in ständig wilder werdendem Tanz. Er stürzt rücklings hinunter. Aili (Mondrentier) ab. Im gleichen Augenblick tritt eine Gruppe Lappen auf. Sie sind immer noch auf der Jagd nach dem Mondrentier. Sie kommen an den Abgrund, in dem sie die beiden Abgestürzten entdecken. Aili tritt auf. Sie bleibt in einiger Entfernung stehen. Die Lappen wenden sich ihr zu, flüstern und tuscheln untereinander. Ihre Erregung wächst. Sie versuchen, Aili zu fangen, um sie zu lynchen. Aili flüchtet, sucht Hilfe. Die Lappen wollen sich auf Aili stürzen, weichen aber vor dem auftretenden Nilas zurück. Nilas tritt vor Aili. Die Lappen ziehen sich langsam zurück. Die Unterirdischen rufen nach Aili. Sie verwandelt sich langsam in das Mondrentier. Nilas will jetzt, nachdem er den Zusammenhang versteht, das Mondrentier töten. Aili appelliert an seine Liebe. Vergeblich. Sie nähern sich dem Abgrund. Aili zieht Nilas vom Abgrund zurück. Die Unterirdischen heulen wütend. Böse, giftige Wesen umklammern Nilas. Mit dem Speer tötet Nilas das Mondrentier. Nilas hebt Aili, die wieder ihre natürliche Gestalt annimmt, auf und trägt sie weg.

Der Untertitel des Balletts, »Eine choreographische Legende« (mit Musik von *Knudåge Riisager;* s. »Études«), ist ein wenig irreführend. Die Geschichte von dem Mädchen Aili, das sich nachts in ein jünglingmordendes weißes Ren verwandelt, ist nicht unwirklich wie eine Legende, sondern so realistisch wie nur irgendein Volksmärchen. Die Choreographie bedient sich bezeichnenderweise weder folkloristischer (es gibt keinen Volkstanz im hohen Norden) noch symbolistischer Elemente, sondern übersetzt alltägliche, eben sehr realistische Bewegungsabläufe wie das Skilaufen, das Einfangen der Rentiere, deren spezifische Gangart in ein sinnfälliges tänzerisches Vokabular. Die Übertragung realistischer Bewegungen in Tanz ist überhaupt charakteristisch für den choreographischen Stil Birgit Cullbergs.

Birgit Cullberg (geb. 1908) gilt als die repräsentative Choreographin Schwedens, Skandinaviens überhaupt.

Ihren Namen als Choreographin machte sie sich mit dem nach Strindberg verfaßten, 1950 in Schweden uraufgeführten Ballett »Fräulein Julie« (s. d.).

Protagonisten der Uraufführung waren: Mona Vangsaa, Henning Kronstam und Fredbjørn Bjørnsson.

Monotones

Monotones I. Ballett in einem Akt. Musik: Erik Satie (»Trois Gnossiènnes«), arrangiert von John Lanchbery; Choreographie: Frederick Ashton; Uraufführung: Royal Ballet, Royal Opera House, Covent Garden, London, 25. April 1966.

Monotones II. Ballett in einem Akt. Musik: Erik Satie (»Trois Gymnopédies«), Orchesterfassung von Claude Debussy und Roland-Manuel; Choreographie: Frederick Ashton; Kostüme: Frederick Ashton; Uraufführung: Royal Ballet, Royal Opera House, Covent Garden, London, 24. März 1965.

»Monotones II« (früher entstanden) für nur drei Tänzer (ein Mädchen und zwei Jungen) in weißen Trikots, ohne Ausstattung und mit einer Dauer von nur acht Minuten, hinterläßt dennoch den größten Eindruck. Der Schlüssel zu diesem *Pas de trois* ist Saties auf das Wesentliche reduzierte Musik. Die Tänzer sehen aus wie Athleten in einem wunderschönen, irrealen Spiel. Das Trio tanzt zusammen, löst sich auf in Soli und Duette, kommt wieder zusammen – in größter Ruhe. Die Choreographie ist von plastischer Schönheit.

»Montones I« ändert die Besetzung (zwei Mädchen und ein Junge). Der kräftigere musikalische Impuls von »Gnossiennes« inspirierte Ashton zu Bewegungen von schärferer Akzentuierung als im früheren Pas de trois. Der Effekt ist wie in »Monotones II« der zeitloser Schönheit.

Frederick Ashton (s. »Façade«) huldigt in diesem späten Werk dem reinen klassischen Tanz in Korrespondenz zur Musik. Zunächst nur eine Gelegenheitsarbeit (»Monotones II«), ist das Ballett dennoch ein beliebtes Repertoirestück geworden, das man zu Ashtons besten Arbeiten rechnet.

Die Uraufführung von »Monotones I« tanzten: Antoinette Sibley, Georgina Parkinson und Brian Shaw; die von »Monotones II«: Vyvyan Lorrayne, Anthony Dowell und Robert Mead.

Erik Satie (1866–1925) gehörte mit seinen teils bizarren und ironisierenden, teils »klassizistischen« Werken zu den bemerkenswertesten Experimentatoren seiner Zeit. Er schrieb u. a. die Musik zu dem Ballett »Parade« (s. d.).

Monument voor een gestorven Jongen

(Monument für einen gestorbenen Jungen)

Ballett in zwölf Szenen. Libretto: Rudi van Dantzig (Verse von Hans Lodeizen aus der Sammlung »Het innerlijk behang«); Musik: Jan Boerman (elektronische Komposition »Alchemie 1961«); Choreographie: Rudi van Dantzig; Ausstattung: Toer van Schayk; Uraufführung: Het Nationale Ballet, Stadsschouwburg, Amsterdam, 19. Juni 1965.

Personen: Der Junge; seine Jugend; seine Eltern; das weiße Mädchen; das (blaue) Mädchen; der Schulfreund; die Schulkameraden; das Dunkel.

In mir sinkt ein Aufzug voll von Menschen / langsam von oben nach unten / voll von Leben, voll von Erinnerungen / ein überfüllter Lift voll Freude und Leid.

1. Szene: »... ich hangle am traurigen Tau der Zeit ...« Auftritt des Jungen und (der Verkörperung) seiner Jugend: »... der Frühling macht Türen / der Wind ist eine offene Hand / wir müssen erst beginnen zu leben.«

2. Szene: Erinnerungen an die Kindheit und frühe Jugend. Auftritt aller daran Beteiligten und des Dunkels, schwarz gekleidete Mädchengestalten ohne Gesichter. Drei Personen aus der Vergangenheit treten vor und rufen vage Assoziationen wach. Danach gehen alle ab außer dem Jungen und seinen Eltern: ». . . bald werden wir alle sterben / was ist Erinnerung? Was Liebe?«

3. Szene: Erinnerungen an die frühe Jugend, an die Konventionen, die die Welt des Heranwachsenden bestimmten. (Eltern ab.)

4. Szene: Vage Erinnerungen an Mädchen im allgemeinen, an das blaue Mädchen als deren Verkörperung: ». . . ich stehe in der gelben Nacht / auf dem blauen Teppich meines Herzens.« Als der Junge es berühren will, erscheint das unschuldige weiße Mädchen: ». . . in einem Bauklotz wohnen / wie ein Kind / überall Finger vermutend / Dunkelheit und Küsse.«

5. Szene: Pas de deux des kleinen Jungen (Verkörperung der Jugend) mit dem weißen Mädchen im Paradies der Kindheit. Auftritt des Dunkels und des Schulfreundes: ». . . das Glück in uns meint / die Vergangenheit.«

6. Szene: Das Dunkel: ». . . ich habe die Dunkelheit zurückgeschlagen / wie einen Vorhang, um die Nacht zu sehen.« (Die beiden Kinder und der Freund ab.)

7. Szene: Erinnerung an ein Foto der Schulkameraden vor einer Mauer, bedeckt mit schmutzigen Wörtern.

8. Szene: Lebendige Erinnerung an die Szene, die das Foto darstellt. Die Schulkameraden statt im Straßenanzug und mit Aktentasche in Badehose oder Turnzeug: ». . . wie Quallen am Strand / beschmutzen die den Horizont.« Sie klären den Jungen sehr handgreiflich auf. Sie bringen ihm bei, wozu Mädchen in ihren Augen gut sind. Sie benutzen ihn wie ein Mädchen. Darüber erscheint das blaue Mädchen . . .

9. Szene: Pas de deux. Der Junge denkt an die vorangegangene Szene mit den Schulkameraden und schreckt vor dem Beisammensein mit dem (den) Mädchen zurück. Er bricht den Pas de deux angeekelt in dem Augenblick ab, in dem er zu intim zu werden droht. (Mädchen ab.)

10. Szene: Erinnerungen des Jungen an seine eigene Zeugung. Er sieht dem zugleich rüden und komischen Liebesspiel eines kleinbürgerlichen Paares zu: sie im Unterrock, er in Hosenträgern. Es vereinigt sich auf dem Boden zwischen den Küchenmöbeln. Der Junge sieht seiner eigenen Geburt zu – als Frucht dieser ekelerregenden Kopulation.

11. Szene: Der Junge flüchtet sich in die Arme des Freundes. Getröstet, scheint er gewappnet, die Erinnerungen noch einmal Revue passieren zu lassen.

12. Szene: Wie in einem Totentanz kreisen die Erinnerungen um den Jungen. Nach und nach treten sie in den Hintergrund zurück, werden zu Schemen. Der Junge stirbt. Oder wächst heran und wird ein Mann.

Rudi van Dantzig selbst sagt über sein Ballett: »Hier wird der Versuch unternommen, durch Projektion von Bildern aus dem Unterbewußten die zwangsläufige Entwicklung des Protagonisten in eine Außenseiterposition zu motivieren und darüber hinaus beim Betrachter Verständnis für Menschen in bestimmten Situationen zu wecken. Hand in Hand mit seiner eigenen Kindheit, die ihm in der Erinnerung als eine Art Paradies erscheint, durchlebt der junge Mann noch einmal entscheidende Stationen seines bisherigen Lebens: das von den Eltern sorgsam abgeschirmte Dasein des Kindes, die unschuldige Begegnung mit dem anderen Geschlecht, das Erlebnis der Freundschaft und schließlich den mit einer brutalen Initiation in die Sphäre des Sexuellen verbundenen Einbruch der Außenwelt in Gestalt der Schuljungen. Der Schock dieser Aufklärung legt sich lähmend auf den Versuch weiterer Kontakte und führt dazu, daß der Junge den Vorgang der eigenen Zeugung und Geburt als ein abstoßendes, vom Kainsmal der Lust gezeichnetes Geschehen vor sich sieht. Diese qualvolle Zwangsvorstellung treibt ihn in die Arme des Freundes. Ein totentanzähnlicher Reigen mündet in den Abschied von den Bildern und Erfahrungen der Jugend. Der junge Mann steht vor der Entscheidung, sein Schicksal zu akzeptieren oder daran zu zerbrechen.«

»Monument« ist ein Hauptwerk *Rudi van Dantzigs* (geb. 1933), der von 1969 bis 1991 das Holländische Nationalballett als künstlerischer Direktor geleitet hat. Zentrales Thema seiner Tanzschöpfungen ist die Welt menschlicher Beziehungen, reflektiert aus persönlich-subjektiver Erfahrung. Das Schritt- und Bewegungsvokabular der Ballette van Dantzigs vereint auf durchaus eigenständige Weise Einflüsse des amerikanischen Modern Dance und der klassisch-akademischen Technik. Martha Graham (s. »Klytemnestra«) und George Balanchine (s. »Agon«) sind die großen, erkennbaren Vorbilder. Neben Hans van Manen (s. »Adagio Hammerklavier«) ist Dantzig der bedeutendste Vertreter der jungen Choreographengeneration, die dem holländischen Ballett in den letzten Jahren zu internationaler Anerkennung verholfen hat. Charakteristisch für diese Gruppe ist der Mut zum Experiment in Anlehnung an die zeitgenössischen Künste. Vor allem der moderne Film hat viele ihrer Ballette beeinflußt.

Solisten der Uraufführung waren Toer van Schayk, José Lainez, Christine Anthony, Danny Navon, Jean Atkinson, Yvonne Vendrig und Benjamin Feliksdal.

Andere wichtige Ballette von Rudi van Dantzig in den letzten Jahren waren »Ogenblikken« und »Epitaaf«.

»Ogenblikken« auf Weberns Sechs Bagatellen, op. 9, und Fünf Sätze für Streichquartett, op. 5, wurde am 15. Januar 1968 von Het Nationale Ballet in Amsterdam mit Toer van Schayk in der Hauptrolle, der auch das Bühnenbild und die Kostüme entwarf, uraufgeführt. Es ist eine der konsequentesten choreographischen Selbstbesinnungen, der sich je ein Choreograph unterzogen hat. Nach seiner Choreographie »Tischgenossen« (1958) und seinem Durchbruchswerk »Monument für einen gestorbenen Jungen« ist es eine Art Manifest. Sieben Tänzer sind durch Farbabstufungen ihrer Ganztrikots paarweise unterschieden. Van Schayks Dekor besteht aus einer flammend roten, vertikal aufragenden, einmal auch horizontal gelagerten Leiste, die sich an der Spitze gabelt. Hinzu kommt auf dem schwarzen Hintergrund ein nicht sehr großes, kugelförmiges Etwas. – Die Choreographie präzisiert, was mit dem Bühnenbild gesagt werden soll. Klassisches Vokabular, Modern Dance und fernöstliche Reminiszenzen werden verschmolzen. Nichts als Körper im Raum, Choreographie in Reinkultur als Fortsetzung der Musik mit anderen Mitteln. Ein Krebsgang des Choreographen zu seinen Quellen und dazu eine Operationsbasis für seine weitere Entwicklung.

»Epitaaf« auf György Ligetis »Atmosphères« und »Volumina« wurde am 26. Juni 1969 uraufgeführt; Ausstattung wiederum von Toer van Schayk. In dieser »Grabschrift« beweist van Dantzig, daß er jetzt dem Expressionismus völlig entwachsen ist. Die Atmosphäre dieses halb introvertierten, halb programmatischen Balletts kann man leicht romantisch nennen, aber es handelt sich um eine Romantik mit einem Schuß zynischer Pop-Art. »Epitaaf« zeigt wieder van Dantzigs Stärke als außerordentlich konzentriert strukturierender Choreograph, und das besonders in den Ensembles. Die typisch van Dantzigsche Leitmotivik – das unlösbare Verhältnis zwischen Individuum und Gruppe und der flüchtige Kontakt des einzelnen mit Freunden oder Freundinnen – ist in »Epitaaf« dramatisch und strukturell scharf herausgearbeitet worden. Die Ökonomie der Choreographie und des Ausdrucks ist logisch und präzis. Die zwei absichtlich banal sich durch das Werk bewegenden Bräute sind nicht nur Verfremdungsobjekte, sondern auch Symbole des konventionellen Alltags. Am Ende, als sich die Grabflügeltüren dann verhängnisvoll um die Gruppe schließen, verkörpern sie auch die Fruchtbarkeitssymbolik: das Leben geht weiter. (Nach Horst Koegler.)

Zu seinen schönsten Balletten gehören zweifellos auch die »Ramifications« (s. d.) im Stil der sogenannten neuen Romantik sowie die »Vier letzten Lieder« (s. d.).

The Moor's Pavane

Ballett in einem Akt von José Limón. Musik: Henry Purcell, arrangiert von Simon Sadoff; Choreographie: José Limón; Kostüme: Pauline Lawrence; Uraufführung: José Limón Dance Company, Connecticut College, New London, Conn., 17. August 1949.

Personen: Der Mohr; seine Frau; der Freund; dessen Frau.

Die vier Protagonisten stehen, sich starr anblickend, mitten auf der Bühne. Sie sind höfisch gekleidet. Die Pavane beginnt, alle neigen sich nach hinten und trennen sich. Die Frauen verbeugen sich, die beiden Männer kehren in das Zentrum zurück. Ihre Hände berühren sich und stoßen sich leicht voneinander ab. Der Mohr schenkt seiner Gattin ein spitzenverziertes Taschentuch. Er wird von den anderen dabei beobachtet. Erneut teilt sich die Gruppe. Die Tänze führen immer wieder in Diagonalen über die Bühne. Die beiden Männer kommen nach vorne, während sich die Damen zurückziehen. Der Freund steht hinter dem Mohren. Seine Hand legt sich auf dessen Schulter. Er scheint ihm etwas einzuflüstern. Der Mohr blickt auf seine Frau. Sie nähert sich ihm unschuldig. Der Mohr unterdrückt seinen wachsenden Zorn und tanzt mit ihr. Auch die anderen beginnen sich wieder zu drehen und zu wenden. Wieder vereinigen sich die beiden Paare im Schrittzeremoniell der Pavane. Die Frau des Mohren verliert ihr Taschentuch, die andere hebt es auf. Wieder erregt der Freund den Argwohn des Mohren. Seine Reaktionen werden heftiger. Der Freund entreißt seiner Frau das Taschentuch. Erneut finden sich alle in der Pavane. Und wieder nimmt der Freund den Mohren beiseite, um ihm den Beweis für die Untreue seiner Gattin zu liefern. Der Mohr ergreift das Taschentuch und läßt es wie eine Peitsche durch die Luft schnellen. Er kann seinen Zorn kaum noch unterdrücken. Seine Gattin ist verwirrt. Die Wut steigert sich. Während der Mohr seine Frau ermordet, verstellen die anderen den Blick auf die Tat. Erst als sie zur Seite treten, erkennt man, daß die Frau tot ist. Der Freund und dessen Gattin schieben einander die Mitschuld an dem Mord zu. Der Freund versucht, seine Frau zum Schweigen zu bringen. Doch der Mohr zieht sie beiseite und befiehlt ihnen, auf das Ergebnis seiner ungezügelten Leidenschaften zu schauen. Während der Vorhang fällt, erblickt man ihn, neben seiner toten Geliebten liegend.

Ganz bewußt hat *José Limón* 1949 seinen »Variations on a Theme of Othello« den Titel »The Moor's Pavane« gegeben und dabei auf jede Rollenfixierung à la Shakespeare verzichtet. Bei ihm heißen die vier Protagonisten aus gutem Grund nicht Othello und Desdemona, Jago und Emilia, sondern schlicht und einfach der Mohr, seine Frau, der Freund und seine Frau. Was José Limón (1908–72) damit sagen will, ist klar. Er versucht nicht, was andere vor und nach ihm mit zweifelhaftem Erfolg unternommen haben: nämlich eine exakte Umsetzung dessen, was Shakespeare geschrieben hat. Er setzt die Kenntnis des Dramentextes voraus, paraphrasiert nur, was Shakespeare wortreich ausgearbeitet hat, und macht – wie unter dem Mikroskop eines Wissenschaftlers – die Beweggründe jedes einzelnen sichtbar, seine Emotionen und Hintergedanken.

Die Wirkung ist gewaltig. Gerade weil Limón auf alles Nebensächliche verzichtet, weil er sich einerseits ganz auf die Grundgefühle der vier einläßt, sie andrerseits aber völlig der strengen Stilisierung einer Pavane Henry Purcells unterwirft, gewinnt er eine emotionelle wie choreographische Explosivität, die einmalig scheint im Tanz. Anders als die meisten anderen »Othello«-Adaptionen (s. »Der Mohr von Venedig«) hat sich deshalb seine Ballettfassung im Repertoire vieler Compagnien behauptet.

»The Moor's Pavane« ist die bekannteste Choreographie des Mexikaners. Doch José Limón, ein Meisterschüler von Doris Humphrey und Charles Weidman, hat für sich und seine Compagnie, die auch heute noch existiert, eine Vielzahl von Werken geschaffen, die seinen Beitrag zum Modern Dance lebendig erhalten haben. So beispielsweise »La Malinche«, »The Exiles« und »There Is a Time«. Solisten der Uraufführung von »The Moor's Pavane« waren José Limón, Lucas Hoving, Betty Jones und Pauline Koner.

Moves

Ein Ballett ohne Musik »about Relationships«. Choreographie: Jerome Robbins; Uraufführung: Ballets: U.S.A., Festival of Two Worlds, Spoleto, 3. Juli 1959.

Jerome Robbins (s. »The Concert«) hat seinem Ballett ohne Musik den Untertitel gegeben »about Relationships«, was, ins Deutsche übersetzt, höchst banal klingt: »über Verbindungen«. Gemeint sind aber die sogenannten »zwischenmenschlichen Beziehungen«, aber auch die zwischen den ausführenden Tänzern und vor allem zwischen ihren Bewegungen in der Stille.

Robbins selbst hat über die Entstehung dieses Balletts, das als Prototyp einer Choreographie ohne Musik gilt, geschrieben:

»Zur Eröffnung des 2. Festivals Zweier Welten in Spoleto im Jahre 1959 wollte ich mit einem neuen Ballett herauskommen, mit etwas Leichtem und überaus Tänzerischem. Ein solches Ballett würde einen Kontrast zu den anderen Programmpunkten bilden. Ich wandte mich mit der Bitte an Aaron Copland, mir eine neue Ballettmusik zu schreiben. Er schrieb eine wundervolle Musik, aber zu ernst und zu schwer für das, was mir vorschwebte. Ich hörte mir die Musik mehrmals an, war mir aber immer noch nicht klar darüber, was werden sollte, und begann schließlich ohne Musik zu proben. Hierbei machte ich eine umwälzende Entdeckung: Ich erkannte erstmals die Schönheit und Aussagekraft, die allein von der Bewegung ausgehen, eine Erkenntnis, die meine Einstellung zu dem neuen

Werk völlig veränderte. Angeregt durch die Proben, kam ich plötzlich auf den verlockenden Gedanken, ein Ballett ohne Musik zu schaffen. Ohne die Ablenkung durch die Musik gewann die tänzerische Bewegung Bedeutung, Inhalt und Eigenständigkeit. Der Körper bedurfte nicht der vorwegnehmenden, motivierenden oder auch stimulierenden Kraft der Musik. Es war ein Experiment, bei dem die Bewegung das alleinige dramatische Element darstellte, Handlung, Atmosphäre schuf, hinreißend im Schwung, ehrfurchtgebietend in der verhaltenen Stille, die sich wie ein Kokon um den Tanz spinnt, um Tänzerkörper im Trikot, um Körper, die dem Tanz huldigen. Jede Bewegung erscheint wie unter einem Vergrößerungsglas, jeder Augenblick wird bedeutungsvoll, jede Geste wirkt unmittelbar und jede Bewegung spontan und unerwartet. Die Stille auf der Bühne verschiebt Akzente und Bezüge. Wir tauften das neue Ballett ›Moves‹ – ›Bewegungen‹. Hier erst wird der Zuschauer, befreit von den Assoziationen, die Bühnenbild, Kostüme und Klangeffekte zwangsläufig hervorrufen, der großen Ausdrucksmöglichkeiten gewahr, die allein in der Bewegung liegen können.«

Musique pour les Soupers du Roi Ubu

Ballet noir von Bernd Alois Zimmermann. Zwischentexte: Eckart Hachfeld; Musik: Bernd Alois Zimmermann; Choreographie: Erich Walter; Ausstattung: Hermann Soherr; Uraufführung: Deutsche Oper am Rhein, Düsseldorf-Duisburg, 25. April 1968.

Personen: Roi Ubu; Mère Ubu; Académie; Capitaine Bordure et ses Partisans; Pile, Cotice et l'Ours; Le Cheval à Phynances; Les Larbins de Phynances; Pissembock et Pissedoux; Les Petits Financiers; Hofmarschall; Sprecher.

Das Ballett »Roi Ubu« folgt keiner durchgehenden Handlung im gewohnten Sinne. Es ist eine Collage. Sie drückt die Zustände eines imaginären Staates aus. Es bleibt dem Zuschauer überlassen, Parallelen zu ihm bekannten Staats- und Gesellschaftsformen zu ziehen.

1. Szene: König Ubu, der Usurpator auf dem Höhepunkt seiner Macht, hat die Akademie – Träger der Intelligenz seines Staates – zu einem Souper eingeladen. Die Akademie erscheint.

2. Szene: König Ubu zeigt sich in seiner Vulgarität, Unbeherrschtheit und Willkür. Die Akademie verneigt sich.

3. Szene: Mutter Ubu erscheint. Sie verbirgt hinter der Maske einer verlogenen Halbbildung nur mühsam ihre Gefährlichkeit.

4. Szene: Pile und Cotice, zwei junge Rüpel, werden von einem Bären verfolgt. Ihre Beschränktheit läßt sie die Gefahr nicht erkennen.

5. Szene: Die Großen der Finanzwelt zerren das »Pfuinanzpferd«, bis es scheut und durchgeht.

6. Szene: Pissembock und Pissedoux verbringen in unbekümmerter Heiterkeit ihre Tage am Rande des Chaos.

7. Szene: Die »kleinen Finanziers« finden in diesen unruhigen Zeiten vor Sorge um ihr mühsam Erspartes keinen Schlaf.

8. Szene: König Ubu und Mutter zeigen ihr wahres Gesicht. Im grauenhaften Gelächter der beiden werden die Gehirne der Träger der Intelligenz bis zur gesichtslosen Uniformität gleichgeschaltet und dem Untergang zugeführt.

»*Bernd Alois Zimmermann* [s. ›Die Befragung‹] nennt seine Ubu-Musik nach dem Drama *Alfred Jarrys* (1873–1907; s. auch Reclams Schauspielführer) ein ›schwarzes Ballett‹ (ballet noir). Es besteht aus acht Szenen, zwischen denen jeweils ein Couplet die Verbindung herstellt. Eingangs erklingt eine ›Entrée‹, die Zimmermanns pluralistisches Stilprinzip verdeutlicht. Einen wesentlichen Faktor bildet das Zitieren anderer Komponisten. Zimmermann will mit seinen Zitaten ›eine effektive Gleichzeitigkeit alles musikalischen Geschehens‹ bewirken. Die Entrée des Ubu-Balletts beginnt mit einer Hornfanfare, welche die vier ersten Buchstaben des Namens Scharoun zitiert, dann folgt ein Zitat aus der ›Konzertanten Musik‹ Boris Blachers [s. ›Chiarina‹]. Scharoun ist der Präsident, Blacher der Vizepräsident der Berliner Akademie der Künste, in deren Auftrag dieses Ballett entstand. Die Zitier-Technik setzt sich zunächst lückenlos fort, es folgen Partikel aus der ›Sinfonie‹ Fortners [s. ›Carmen‹], aus Josef Ahrens' ›Cantiones sacrae‹, ein Motiv aus den Promenaden von Mussorgskys ›Bildern einer Ausstellung‹, aus dem Bläserquintett von Hans Chemin-Petit, aus Wagners ›Tristan‹ (später ›Meistersinger‹ und ›Walküre‹), der ›Mathis-Sinfonie‹ Hindemiths [s. ›Nobilissima Visione‹], aus Beethovens Es-Dur-Klaviersonate op. 31, aus Honeggers ›Symphonie Liturgique‹ usw. Im weiteren Verlauf des Werkes erklingen noch Zitate u. a. von Pepping, Dallapiccola [s. ›Marsyas‹], Johann Strauß, von Zimmermann selbst, von Bach, Schubert, Strawinsky [s. ›Agon‹], Henze [s. ›Der Idiot‹] und Berlioz. Diese Zitate sind oft nach Art von Collagen übereinandergeschichtet und daher beim Hören kaum erkennbar. Die Partitur bekommt etwas Spielerisches, burlesk Irrationales, ist mit äußerster figurativer Klarheit und rhythmischer Delikatesse angelegt und kontrastiert in lebhafter instrumentaler Farbigkeit.« (Nach dem Programmheft der Düsseldorfer Uraufführung.)

Solisten der Uraufführung waren Hugo Delavalle und Tilly Söffing.

Erich Walter (1927–83), einer der bedeutendsten deutschen Choreographen unserer Zeit, ging nach Lehrjahren in Nürnberg, Göttingen und Wiesbaden als Ballettmeister nach Wuppertal (1953–64). In relativ kurzer Zeit baute der frischgebackene Choreograph dort ein Ensemble auf, dem es gelang, als gleichberechtigt neben Oper und Schauspiel anerkannt zu werden. Allgemein sprach man ihm nun überlokale Bedeutung zu. Daß Balanchine (s. »Agon«) sein Vorbild ist, gibt Erich Walter offen zu. Tatsächlich ist in Deutschland aber auch niemand vor ihm dem Ideal des Russen so nahe gekommen wie er. Atmosphäre und Dramatik seiner Choreographien basieren – unter Verzicht auf das Pantomimische – allein auf den stets musikalisch komponierten Schrittfolgen, der geschickten Verbindung der Pas des akademischen Tanzes miteinander. Es ist daher nur natürlich, daß er zunächst vor allem mit seinen handlungslosen Balletten Furore machte. Aber Erich Walter müßte nicht der Generationsgenosse von Cranko (s. »Die Befragung«) und MacMillan (s. »Concerto«) sein, reizte es ihn nicht auch, die Bühne durch dramatische Impulse zu beleben. Bei den Handlungsballetten geht es ihm nicht so sehr um die exakte Wiedergabe eines literarischen Stoffes als um die Darstellung der Essenz.

Nach mehr als zehn Jahren vorbildlicher Aufbauarbeit umfaßte das Repertoire des Wuppertaler Balletts fast alle Ballette Strawinskys, alle tänzerischen Partituren Hans Werner Henzes und vor allem sämtliche Bühnenwerke Claudio Monteverdis, soweit sie erhalten sind: »Orfeo«, »Ariadne«, »Der Tanz der Spröden«, »Der Zweikampf« und »Die Heimkehr des Odysseus ins Vaterland«. Auf die Fülle der szenischen Realisierungsmöglichkeiten für die Werke Monteverdis hingewiesen zu haben, verdient, so schrieb mit Recht »Die Welt«, »ein Weltecho wachzurufen«.

Das Verdienst, eines der bedeutendsten Ballettzentren in Deutschland geschaffen zu haben, beanspruchte Walter nicht für sich allein. Dem Bühnenbildner Heinrich Wendel (1915–80) kam mindestens ebensoviel Bedeutung wie dem Choreographen zu, was lange Zeit in der Verbindung beider Namen im Programm *»Walter-Wendel«* seinen Niederschlag fand.

Die zehnjährige Wuppertaler Ära Walters endete mit der Verpflichtung des gesamten Ensembles durch den Generalintendanten Barfuss an die Deutsche Oper am Rhein in Düsseldorf-Duisburg in der Spielzeit 1963/64.

Walter fing dort gewissermaßen wieder beim Nullpunkt an, auch wenn gelegentlich einige Erfolgschoreographien dem Wuppertaler Repertoire entlehnt wurden. Er baute, zum Teil mit anderen Leuten, das Ballett von Grund auf neu auf – und schuf damit auch die Basis eines Ballett-Bewußtseins, von dem Walter, wie überhaupt die Rheinoper, auch später noch profitierte.

Waren in Wuppertal Barock und Gegenwart die beiden tragenden Säulen seines Schaffens, so erweiterte sich Walters Betätigungsfeld nach und nach auch um das 19. Jahrhundert. »Giselle« (s. d.), »Schwanensee« (s. d.), »Dornröschen« (s. d.): Die Dokumente der Tanzgeschichte wurden nicht unter einen Glassturz gestellt und auch nicht als austauschbare Massenproduktionen vorgestellt; die Werke der Vergangenheit erwiesen vielmehr gerade in veränderter Gestalt ihre ungebrochene Lebendigkeit.

Andere Abendfüller kamen als Publikumsattraktionen hinzu: »Cinderella« (s. d.), »Romeo und Julia« (s. d.), »Die steinerne Blume« (s. d.) und »Undine« (s. d.). Daneben experimentierte Walter in »Kalevala« (Sibelius), »Erwartung« (Schönberg) und »Fantaisies« (Tschaikowsky) auch mit anderen großen Collage-Formen, ohne allerdings von seinen geliebten Einaktern gänzlich zu lassen. Unter den mehr als fünfzig Stücken, die Walters Werkkatalog für die Zeit von 1964 bis 1983 zählt, nehmen die Kurzballette den größten Raum ein – darunter als ebenso beglückende wie gültige Beweise seiner Meisterschaft »Pelleas und Melisande« (s. d.), »Sacre du Printemps« (s. d.) und das »Streichquartett Nr. 1« (Janáček). Erich Walter war verschiedentlich auch für die Deutsche Oper Berlin, für das Ballett der Bayerischen Staatsoper und für die Wiener Staatsoper als Regisseur und Choreograph tätig.

Nachmittag eines Fauns
(L'Après-Midi d'un Faune)

Choreographisches Bild (ein Akt). Libretto: Waslaw Nijinsky; Musik: Claude Debussy; Choreographie: Waslaw Nijinsky; Ausstattung: Léon Bakst; Uraufführung: Diaghilews Ballets Russes, Théâtre du Châtelet, Paris, 29. Mai 1912.

Personen: Der Faun; die Nymphen.

Mit einer Monodie der Flöte beginnt das Stück, traumhaft wechselnde Harmonien der Hörner – es herrscht die Stimmung Arkadiens. In das sonnenglitzernde Harfenglissando tönen die Hörner so, als spräche jemand aus dem Schlaf – dies ist die Atmosphäre des »choreographischen Tableaus«, in dem sich der Faun von seinem Ruhelager unter dem Mittagshimmel erhebt und seine sehnsüchtigen Träume tanzend fortspinnt. Die Lockharmonien der Musik und des Fauns drängendes Tanzen sollen die Gefährtin herbeibeschwören, nach der sich der Faun sehnt.

Sieben Nymphen ziehen anmutig am Horizont vorbei, bis sie den Faun bemerken. Der Faun nähert sich ihnen halb komisch-grotesk, halb ergreifend-sehnsüchtig um ihre Freundschaft werbend. Die schönen Wesen schwanken zwischen Angst und Belustigung. Als der Faun sein Verlangen deutlicher zum Ausdruck bringt, fliehen sie Arm in Arm. Nur eine von ihnen kommt noch einmal zurück. Der Faun versucht sie zu umarmen; sie weicht erschrocken zurück, flieht und verliert ihren Schleier. Der Faun ergreift ihn und liebkost ihn.

Überraschenderweise wandte sich *Waslaw Nijinsky* (s. »Jeux«) mit seiner ersten Choreographie, eben »L'Après-Midi d'un Faune« von der Danse d'école ab, dessen bedeutendster Vertreter er in dieser Zeit als Tänzer war, und den

Ideen Isadora Duncans und Jaques-Dalcrozes, also denen des Modernen oder Ausdruckstanzes zu. Er ließ die Tänzer im Profil wie Gestalten auf griechischen Vasen tanzen. Außerdem choreographierte er – darin Jaques-Dalcroze folgend – jede Note der Musik. Aber nicht dieser verblüffende Gesinnungswandel führte zu einem der größten Skandale in der an Skandalen nicht armen Geschichte der Ballets Russes Diaghilews, sondern daß sich Nijinsky in der Titelrolle am Schluß den Schleier der Nymphe »unzüchtig« durch die Schenkel zog. Was nicht zuletzt dem Ballett zu seinem großen Erfolg verhalf.

Der Maler *Léon Bakst* (1866–1924) hatte Diaghilew auf die Idee gebracht, *Claude Debussys* (s. »Brouillards«) »L'Après-Midi d'un Faune« nach Stéphane Mallarmé (1842–98) in ein Ballett zu verwandeln.

Unter den vielen choreographischen Neufassungen des gerade elf Minuten beanspruchenden Balletts ist die von Jerome Robbins (s. »The Concert«) für das New York City Ballet (Ausstattung Irene Sharaff) gewiß die interessanteste. Das ist keine hellenistische Nachahmung von Tempelfriesen oder Vasenbildern, es ist die Reflexion von dem, was heute ein Tänzer als »Faun« empfinden kann: ein Tänzer liegt müde und versunken auf dem Boden des Ballettstudios – nur die Andeutung eines Tanzstudios, ein paar Ballettstangen an der Wand. Eine Tänzerin kommt. Sie übt an der Stange, die beiden sehen sich, und es geht um – Liebe? Ist's ein Traum, oder ist es Leben – das läßt die Choreographie offen. Tanaquil LeClercq und Francisco Moncion waren die Protagonisten des am 14. Mai 1953 im New Yorker City Center uraufgeführten Werks. Jerome Robbins übernahm es ins Repertoire seiner eigenen Compagnie ›Ballets: U.S.A.‹.

Napoli oder: Der Fischer und seine Braut (Napoli, eller Fiskeren og hans Brud)

Romantisches Ballett in drei Akten. Libretto: August Bournonville; Musik: Holger Simon Paulli, Edvard Helsted und Niels Wilhelm Gade; Choreographie: August Bournonville; Ausstattung: Christian Ferdinand Christensen; Uraufführung: Königlich Dänisches Ballett, Königliches Theater, Kopenhagen, 29. März 1842. (Dauer: abendfüllend.)

Personen: Gennaro, ein Fischer; Veronica, eine Witwe; Teresina, ihre Tochter; Fra Ambrosio, ein Mönch; Giacomo, Makkaroniverkäufer; Peppo, Limonadenverkäufer; Giovanina; Pascarillo, ein Straßensänger; Carlino, ein Puppenspieler; Golfo, ein Meergeist; Coralla und Argentina, Najaden; Fischer; Bauern; Frauen; Mädchen; Kinder; Najaden; Tritonen usw.

I. Akt: Die Bucht von Santa Lucia, Neapel. Malerisches Volksleben zur Abendstunde. Im Hintergrund tanzt man Tarantella.

Teresina, begleitet von ihrer Mutter, tritt auf. Offenbar sind Giacomo und Peppo in das Mädchen verliebt, dessen Gesicht dem Meer zugewandt ist, auf dem es seinen Geliebten Gennaro vermutet. Die beiden Rivalen umschmeicheln die Witwe in der Hoffnung, ihren Beistand zu erlangen. Veronica aber meint, sie müßten selbst mit ihrer Tochter reden. Teresina weist sie ab. Danach ist es um die gute Laune der Männer geschehen.

Die Barkarole kündigt die Rückkehr der Fischer an. Gennaro begrüßt Teresina und küßt sie. Die Mutter aber gibt ihm zu verstehen, daß sie die reichen Freier vorzieht. Zwischen den Fischern entsteht ein Streit, den Gennaro schlichtet. Fra Ambrosio tritt auf und bittet um Almosen. Gennaro stiftet den schönsten Fisch des Fangs für die Madonna, Teresina schenkt ein silbernes Herz für den Altar. Der Mönch segnet das Paar.

Gennaro scherzt mit Giovanina, einer Kundin des Fischers. Die Rivalen versuchen, Teresina eifersüchtig zu machen. Aber Gennaro tritt hinzu und steckt Teresina einen goldenen Ring an den Finger. Veronica willigt in die Verlobung ein.

Das Paar beschließt, eine Bootsfahrt zu unternehmen. Teresina nimmt ihre Gitarre mit.

Die Schausteller Pascarillo, ein Sänger, und Carlino, ein Marionettenspieler, beschwören mit ihrem sündhaften Treiben – so wenigstens glaubt das Volk – einen Sturm herauf, in dem das Boot des Liebespaares kentert. Gennaro kann sich retten. Man macht ihn, der sich selbst Vorwürfe macht, für den Tod Teresinas verantwortlich. Fra Ambrosio drängt ihn, das Meer nach dem Mädchen abzusuchen. Er gibt ihm eine Miniatur der Madonna als Amulett mit.

II. Akt: Die Blaue Grotte von Capri. Golfo bläst auf einer Muschel. Die Tritonen erscheinen und breiten vor ihrem Herrscher die Schätze aus, die der Sturm angeschwemmt hat. Eine fremdartige Melodie erklingt. Argentina und Coralla bringen die scheinbar leblose Teresina herbei, die ihre Gitarre umklammert hält. Golfo findet Gefallen an dem Mädchen, das, erwacht, ihn anfleht, es heimkehren zu lassen nach Neapel und zu seinem Geliebten. Der Tritonenfürst aber gießt blaues Wasser aus der Grotte über Teresina aus. Sie wird zur Najade und verliert die Erinnerung an ihre menschliche Existenz.

Die Najaden huldigen ihrer neuen Herrin, die ihre Gitarre achtlos in eine Ecke stellt. Sie spielt statt dessen auf einem Tritonenhorn, zu dessen Klang die Wasserwesen tanzen. Die Liebe Golfos freilich vermag Teresina nicht zu erwidern.

Gennaro, auf der Suche nach der Geliebten, findet die Grotte leer. Aber er entdeckt Teresinas Gitarre. Gegen die Geister, die er damit beschwört, bleibt er standhaft. Schließlich bringen die Najaden Teresina herbei. Gennaro legt ihr Fra Ambrosios Amulett um den Hals. Sie findet ihr Gedächtnis wieder. Als das Paar fliehen will, stellt sich ihnen Golfo entgegen. Auch gegen ihn und seine Tritonen hilft das Amulett. Golfo beugt sich den höheren Mächten und läßt das Paar, beschenkt mit kostbaren Steinen, ziehen.

III. Akt: Monte Virgine außerhalb Neapels. Eine Brücke verbindet die beiden Hügel. Der Mittelpfeiler trägt eine Madonnenstatue. Im Hintergrund sieht man die Bucht und den Strand zu Füßen des Vesuvs. Es ist Mittag. Eine Prozession von Wallfahrern, angeführt von Pfeifern, zieht auf die Brücke. Die Prozession ist in drei Gruppen eingeteilt. Jeder Gruppe wird ein Banner vorangetragen. Kinder flankieren die Prozession. Vor der Madonna angekommen, knien die Wallfahrer nieder. Nachher stehen die Pilger zusammen. Gesprächsstoff bietet ihnen vor allem Teresinas Tod.

Die Ankunft Teresinas mit ihrer Mutter setzt alle in große Verwunderung. Auch Gennaro erscheint. Teresina wird ausgefragt. Sie erklärt, Gennaro habe sie gerettet. Man bezichtigt Gennaro der Zauberei. Die Umstehenden ergreifen in wilder Panik die Flucht. Ein Mönch soll den bösen Geist austreiben. Die Menge folgt dem Mönch in gebührendem Abstand. Vor Gennaro bleibt der Mönch stehen und breitet die Arme aus. Der Mönch ist Fra Ambrosio, der dem Volk von der wunderbaren Errettung Teresinas durch die Madonna berichtet. Dann segnet er das junge Paar. Die Furcht schlägt in überschäumende Freude um. Alle, sogar Peppo und Giacomo, beglückwünschen das Paar zu ihrer Rettung. Musikanten spielen auf. Das Ereignis wird mit ausgelassenen Tänzen gefeiert. Die jungen Männer spannen die Pferde von einem Karren ab und verwandeln ihn in einen Triumphwagen, in dem man Teresina und Gennaro, mit Blumen bekränzt, nach Hause bringt.

Die Bedeutung des Balletts »Napoli« kann gar nicht überschätzt werden. Es ist Evergreen, Modell und Nationalballett zugleich. Kein Ballett im über fünfhundert Titel umfassenden Repertoire des Königlich Dänischen Balletts erfreut sich größerer Beliebtheit beim dänischen Publikum und bei den dänischen Tänzern als dieses Meisterwerk August Bournonvilles. Das ganze Ballett wird allerdings heute nur noch selten getanzt. Man begnügt sich im allgemeinen mit dem III. Akt. Daß gerade er den Charakter des Nationalballetts repräsentiert, geht einmal daraus hervor, daß alle dänischen Tänzer in ihm zum erstenmal das Rampenlicht erblicken (als Kinder auf der Brücke), mehr noch aber, daß seine Aufführung von der Anwesenheit des Königs abzuhängen scheint, der – so wenigstens wird erzählt – in der vorausgehenden Pause stets Sekt hinter die Bühne zu schicken pflegt.

Auch als Modell kommt dem III. Akt größere Bedeutung zu als den beiden anderen. Das Divertissement, mit dem die Neapolitaner die Rettung der Liebenden feiern, ist vielleicht das charakteristischste Beispiel für den Bournonville-Stil, besser für die Bournonville-Technik, auf der die fast schon legendäre Zauberkraft des Königlich Dänischen Balletts beruht, immer wieder gute, ja hervorragende Tänzer hervorzubringen. Die Bournonville-Technik ist wesentlich eine Sache des »Allegro« (der letzte schnelle Abschnitt eines Exercice, vor allem Drehungen, Sprünge und andere schnelle Schrittfolgen), der »Batterie« (Bewegungen, die Sprünge enthalten, welche das Aneinanderschlagen der Füße erfordern wie Entrechats und Cabrioles), eben der Virtuosität – und damit eine Schule für den männlichen Tänzer. Es gibt praktisch überhaupt keine bessere für Jungen. Sie schenkt ihnen die größtmögliche Sprungkraft. Sie meidet Lyrismen. Charakteristisch darüber hinaus für den Bournonville-Stil sind die Ungezwungenheit, die Verve und mimische Vollendung, mit welchen die Tänzer ihre dramatischen Rollen gestalten. Wenn irgend jemand aus überschäumender Freude am Tanz tanzt, dann die Dänen!

Der Schöpfer dieser Technik, *August Bournonville* (1805–79, Kopenhagen), Schüler Auguste Vestris', 1826–29 Danseur noble und Partner der unsterblichen romantischen Ballerinen Marie Taglioni und Fanny Elßler an der Académie Royale de Musique in Paris, trat 1830 das Erbe des ersten großen Choreographen des Königlich Dänischen Balletts Vincenzo Galeotti (s. »Die Launen des Cupido«) und das seines Vaters Antoine Bournonville in Kopenhagen an. Abgesehen von kurzen Unterbrechungen, die ihn nach Wien, Stockholm, St. Petersburg und Moskau führten, war er fünfzig Jahre Ballettmeister und Choreograph am Königlichen Theater. Er schuf sechsunddreißig Ballette, von denen neben »Napoli« vor allem »La Sylphide« (s. d.) und »Das Blumenfest von Genzano« genannt werden müssen. Aus letzterem sind immer wieder einmal ein Pas de deux oder ein Pas de trois auf unseren Bühnen zu sehen, übrigens im Stil und im Kostüm den Ensembles aus dem III. Akt von »Napoli« eng verwandt. Das Ballett in einem Akt »Blomsterfesten i Genzano« wurde am 19. Dezember 1858 in Kopenhagen uraufgeführt. Die Musik dazu stammt u. a. von Helsted und Paulli.

Unter anderem der Substanz der Werke August Bournonvilles verdankt es das Königlich Dänische Ballett, daß es vom Niedergang der Danse d'école und vom Aufstand gegen den klassischen Tanz Ende des vergangenen und Anfang unseres Jahrhunderts verschont blieb. Im Gegensatz zum älteren Ballett der Pariser Opéra, überhaupt aller mitteleuropäischen Ballett-Truppen, hörte das Königlich Dänische Ballett nie auf zu tanzen. Es tanzt ununterbrochen nun schon über zweihundert Jahre (seit 1760)! Es tanzte bereits einhundert Jahre, als 1860 der Stern des russischen Balletts im Marientheater in St. Petersburg aufging. Aber erst nach dem Zweiten Weltkrieg nahm es Einfluß auf die Weltszene des Balletts.

Nobilissima Visione

Tanzlegende in fünf Szenen. Libretto: Paul Hindemith und Léonide Massine; Musik: Paul Hindemith; Choreographie: Léonide Massine; Bühnenbild und Ausstattung: Pawel Tschelitschew; Uraufführung: Ballets Russes de Monte Carlo, Drury Lane Theatre, London, 21. Juli 1938.

Personen: Pietro Bernadone; Franziskus, sein Sohn; drei Freunde des Franziskus; Tuchkäufer; ein Ritter; ein Bettler; drei Erscheinungen: Armut, Keuschheit, Gehorsam; der wilde Wolf; Bettelvolk; Soldaten; assisische Jugend; Bauern; Nachfolger des Franziskus.

Einleitung und Lied des Troubadours (»Ce funt en mai«). Diese Melodie zieht durch das ganze Werk.

1. Szene: Franziskus fragt im Hause seines Vaters, des Tuchhändlers Pietro Bernadone, zugereiste Kaufleute über die Welt jenseits der umbrischen Hügel aus. Ein Bettler stört ihn. Er jagt ihn davon, folgt ihm dann aber aus Mitleid und gibt ihm ein Almosen. Dann wird Franziskus' Aufmerksamkeit von einem Ritter in Anspruch genommen, dem er sich schließlich anschließt.

2. Szene: Marsch. Der Ritter und seine Soldaten überfallen eine Gruppe von Wanderern, ergreifen die Frauen und erschlagen die Männer. Franziskus wendet sich entsetzt ab und betet um Erleuchtung.

(Langsam) Gott schickt ihm die Visionen der Armut, Reinheit und des Gehorsams. Franziskus erwählt die Armut als seine Braut, Reinheit und Gehorsam zu Verwandten (Pastorale, Koda).

3. Szene: Festmusik (Bewegt). Fest bei Bernadone aus Anlaß der Rückkehr seines Sohnes Franziskus. Der Bettler der ersten Szene tritt wieder auf. – Schluß des Festes (Leicht bewegt).

Franziskus schenkt den Armen goldene Gefäße. Der Vater sieht es und schlägt ihn. Franziskus legt seine kostbaren Gewänder ab und verläßt das Vaterhaus.

4. Szene: Meditation (Sehr ruhig). Franziskus hält auf freiem Feld Zwiesprache mit Gott. Bauern fliehen vor einem Wolf. Franziskus besänftigt das Tier mit einem Beschwörungstanz – Geigenspiel. Die Bauern preisen Franziskus.

Rondo. Franziskus hält Hochzeit mit Frau Armut.

5. Szene: Incipiunt laudes creaturarum. Feierlich bewegt. Eine Apotheose auf das Leben in Armut, Reinheit und Gehorsam.

Léonide Massine (s. »Le Beau Danube«), der als 18jähriger im Jahre 1914 der erste Joseph in Richard Strauss' »Josephslegende« (s. d.) war, hat – stets aus starken Gegensätzen heraus arbeitend – im Jahre 1938 auch den Franziskus dargestellt. Freilich ist der Charakter dieser Franziskuslegende weit mehr der eines Mysterienspiels als der eines Balletts. So kann man sich vorstellen, daß »Nobilissima Visione«, wurde es entsprechend den üblichen Gepflogenheiten mit der Offenbachiade »Gaîté Parisienne« in einem Abendprogramm gezeigt, wie ein Fremdkörper wirkte.

Die Uraufführung anläßlich der Londoner Saison der Ballets Russes de Monte Carlo 1938 – in einem London, in dem schon das Sadler's Wells Ballet (heute Royal Ballet) mit Werken wie »Hiob« und »The Rake's Progress« (s. d.) auftrat – war ein großer Erfolg für den Choreographen und Tänzer Massine; unter den Darstellern befand sich auch der deutsche Tänzer Marcel Luipart.

»Nobilissima Visione«, im Gesamtwerk *Paul Hindemiths* (1895–1963) neben seiner Oper »Mathis der Maler« stehend, ist das eindrucksvolle Zeugnis für die Aussagekraft eines auf der kultischen Herkunft aufbauenden tänzerischen Mysterienspiels. Schon früh wandte sich Hindemith dem Tanz zu. 1926 schrieb er die Musik zu Oskar Schlemmers »Triadischem Ballett« (s. d.). Ein Auftrag der Ballets Russes, ein Ballett »Nr. 13« über Sechstagerennen zu schaffen, wurde wegen des Todes Diaghilews 1929 nicht verwirklicht. Seine Pantomime »Der Dämon« dagegen wurde 1934 einige Male aufgeführt. Später schufen Martha Graham (s. »Klytemnestra«) mit der »Herodiade« und Balanchine (s. »Agon«) mit den »Vier Temperamenten« (s. d.) und »Kammermusik No. 2« Ballette auf Musik von Hindemith, der seit 1940 in den USA lebte.

Les Noces (Die Hochzeit)

Russische Tanzszenen mit Gesang und Musik in zwei Teilen und vier Bildern. Worte und Musik: Igor Strawinsky; Choreographie: Bronislawa Nijinska; Ausstattung: Natalia Gontscharowa; Uraufführung: Diaghilews Ballets Russes, Théâtre Gaîté-Lyrique, Paris, 13. Juni 1923.

Personen: Die Braut; die Mutter der Braut; der Vater der Braut; die Freundinnen der Braut; der Bräutigam; die Mutter des Bräutigams; der Vater des Bräutigams; die Freunde des Bräutigams; Hochzeitsgäste.

I. Teil, 1. Bild: »Der Zopf«. Während sich der Zuschauerraum verdunkelt, hört man die Braut klagen. Dann erst öffnet sich der Vorhang vor dem Inneren eines Bauernhauses im alten Rußland. In der Mitte des Raums steht die jammernde Braut, umgeben von ihrer Mutter und ihren Freundinnen, die sie kämmen und schmücken wollen. Offenbar fürchtet sich die Braut davor, ihr Vaterhaus verlassen zu müssen, fürchtet sich vor dem ihr unbekannten Mann, dem sie angetraut werden soll. Voll Haß singt sie von der Heiratsvermittlerin, die sich kurzerhand auf ihren Zopf gestürzt hat. Wieder versuchen die Freundinnen, sie zu kämmen. Die Braut: »Oh, mein langer Zopf, oh, mein schöner Zopf!« Die Freundinnen versuchen jetzt, das Mädchen zu beruhigen. Nun erst fordert die Braut von sich aus ihre Freundinnen auf, sie zu kämmen und zu schmücken. Die Mutter bittet um den Segen der Mutter Gottes für ihr Kind. Die Freundinnen schmücken die Braut. Vorhang.

2. Bild: Im Haus des Bräutigams. Eltern und Freunde sind um den Bräutigam versammelt. Auch sein Haar wird gekämmt und geölt. Die Eltern fragen sich, ob die Braut ihren Sohn auch richtig pflegen werde (Meno mosso). Gemeinsam mit den Freunden glättet die Mutter (Poco più mosso) die Haare ihres Sohnes mit Öl, wie es alter Hochzeitsbrauch ist. Der Bräutigam bittet nun um den Segen

seiner Eltern (Meno mosso), damit sein Ehestand blühe und gedeihe (Più mosso). Einer der Freunde fordert alle auf, dem Brautpaar Glück zu wünschen. Die Eltern segnen ihren Sohn. Alle preisen Gott. Vorhang.

3. Bild: Das Brautgeleit. Die Braut ist bereit, das Haus zu verlassen. Die Freundinnen nennen sie eine Freude für alle Menschen. Aber die Eltern bemerken, daß sie weint. Noch einmal wird von den Freunden der Segen der Heiligen beschworen. Dann verlassen alle die Bühne. Für wenige Augenblicke bleibt die Bühne leer. Dann treten die Mütter des Brautpaares auf und beklagen den Verlust ihrer Kinder (Lamento). Die Mütter ab. Die Bühne bleibt leer. Vorhang.

II. Teil, 4. Bild: Der Hochzeitsschmaus. Ausgelassene Stimmung zum »Lied von den zwei Äpfeln« und zum »Lied vom Jagdhund und der Wildgans« (Allegro). Der Vater des Bräutigams stellt die Braut vor. Die Männer unterrichten sie über ihre Pflichten im Haushalt. Die Frauen stimmen ihnen zu. Die Brautmutter stellt den Bräutigam vor. Ein Freund, die Mutter des Bräutigams, der Heiratsvermittler und die Vermittlerin unterrichten den Bräutigam über seine Pflichten. Alle trinken und sind vergnügt. Ein Freund des Bräutigams wählt aus den Gästen einen Mann und eine Frau aus und führt sie zum Hochzeitsbett, damit sie sich hineinlegen und es wärmen. Die Gäste hänseln das frischgebackene Ehepaar. Die Eheleute umarmen sich. Die Hänselei geht weiter. Endlich aber bringt man ein Hoch auf die Eheleute aus. Dann wird das junge Paar ins Schlafgemach geführt. Das ältere Paar überläßt ihnen das Bett. Die Tür wird verschlossen. Die Gäste versammeln sich um die Elternpaare, die sich auf einer Bank vor der Tür niedergelassen haben. Man hört den Gatten die Gattin preisen. Finale. Vorhang.

Das 1914 begonnene Werk wurde 1917 fertiggestellt, aber erst 1923 endgültig instrumentiert. »Les Noces«, formal eigentlich nur eine Liederfolge, entwickelt sich musikalisch aus einem einzigen Grundmotiv, das dem Intervallraum einer Quart eine unerschöpfliche Fülle von Tonschritt-Varianten jeder Art abgewinnt.

Strawinsky (s. »Agon«) hat sich in seinen Erinnerungen Gedanken über eine mustergültige Realisierung seiner »Noces« gemacht. Er schreibt, eine Inszenierung von »Les Noces« solle nach seiner Idee den Charakter eines Divertissements haben. Es käme nicht so sehr darauf an, die Gebräuche einer ländlichen Hochzeit nachzuzeichnen, als vielmehr eine Art szenischer Zeremonie zu erfinden. Und wie bei der »Geschichte vom Soldaten« (s. Reclams Opernführer) und aus den gleichen Gründen solle man den instrumentalen Apparat neben den Schauspielern aufbauen und ihn so gewissermaßen am Ensemble der szenischen Aktion teilnehmen lassen. Daß die Bühnenkünstler russische Kostüme tragen, während die Musiker im Frack erscheinen, könne ihn nicht im geringsten stören, im Gegenteil, es entspreche genau seinem Plan eines Divertissements und wirke wie eine Maskerade.

Bereits die Uraufführung entsprach nicht Strawinskys Erwartungen. Diaghilew konnte sich nicht mit seinen Vorschlägen befreunden. Er »verbannte« Instrumente und Sänger in den Orchestergraben. Die Choreographie *Bronislawa Nijinskas* (s. »Les Biches«), die Strawinsky in seinen Memoiren völlig ignoriert, war für damalige Begriffe extrem modern. Sie kultivierte eine Art Tanzarchitektur. Es machte auf die Zuschauer großen Eindruck, die Tänzer als Bausteine menschlicher Pyramiden eingesetzt zu sehen. Neu war auch die Sparsamkeit der Dekors. Die für so viele Diaghilew-Produktionen charakteristischen glühenden Farben waren diesmal auf den Hintergrund beschränkt, wo auf Vorhängen eine russische Bauernstube angedeutet war. Die Tänzer trugen stilisierte schwarzbraune Trachten.

Das englische Royal Ballet hat 1966 die Original-Choreographie der Nijinska mit Erfolg wiederaufgeführt. Seitdem hat sie sich im internationalen Repertoire halten können.

Ebenfalls gehalten hat sich die Version Béjarts (s. »Lieder eines fahrenden Gesellen«) von 1962 für seine eigene Compagnie, das »Ballett des XX. Jahrhunderts«. In Anlehnung an das Ballett der Nijinska geht auch er von dem berühmt gewordenen Requisit der Bühnenbildnerin Gontscharowa aus: dem langen Zopf der Braut. Auch sonst hält er sich an Diaghilews Ablehnung der Vorschläge Strawinskys. Er trennt die konzertierenden und tänzerischen Kräftegruppen.

Béjarts Choreographie ist trotz verschiedener stilistischer Einflüsse aus einem Guß. Sie zeichnet sich überraschend (für Béjart sogar unerhört!) durch eine geradezu zärtliche Keuschheit in den Bewegungsabläufen des Brautpaares und der Visionsgestalten aus, während die Gruppen durch kompakte, lapidare Monumentalität überzeugen. Durch die Einführung der Gedanken-Inkarnationen, einem Mädchen und einem Jungen in weißen Trikots, kann Béjart den Weg des Brautpaares von der Furcht zum liebenden Einverständnis auch visuell plausibel machen.

Eine dritte Inszenierung hat inzwischen ihren Weg über die Bühnen der Welt gemacht: »Les Noces« in der Choreographie von Jerome Robbins (s. »The Concert«). Dazu entwarfen Oliver Smith das Bühnenbild, Patricia Zipprodt die Kostüme. Die Beleuchtung besorgte Jean Rosenthal. Die Uraufführung fand am 30. März 1965 im State Theatre, New York, statt. Es tanzte das American Ballet Theatre. Solisten waren Erin Martin und William Glassman.

Über die Premiere schrieb Eugene Palatsky: »Auf der weiten Bühne paradieren zuerst der Chor und die Sänger, schwarz gekleidet, die vier Pianisten, Schlagzeuger und Dirigent, dann die zwei Dutzend Tänzer feierlich zu ihren Positionen. Die musikalischen Mitwirkenden arrangieren sich auf der Hinterbühne unter riesigen Ikonen. Die Stimmung eines prunkvollen religiösen Geschehens wird – ein wenig erschreckend – spürbar.

Darauf entwickeln die Tänzer für 25 Minuten eine Art animalische, organisierte Raserei. Braut und Bräutigam werden wie die unschuldigen Spielzeuge einer nicht endenwollenden Belustigung oder einer rituellen Opferung umhergeworfen.

Robbins zeigt eine unbarmherzige Stilisierung, die das Werk (wie dies Strawinskys Musik gleichfalls bewirkt) zu einer allgemeingültigen Gesellschaftsdarstellung macht, mit slawischem, orientalischem Lokalkolorit. Die Tänzer sind als russische Bauern kostümiert, in den orange, gelben und braunen Tönen von Weizenfeldern oder als seien sie aus Holz geschnitzt.

Ihre Bewegung vereint Robbins' mannigfaltige Stilarten in sich – man könnte es ›theatralischen Tanz‹ nennen, Ballettanz nur insofern, als er nur von trainierten Ballettänzern ausgeführt werden kann, die in Umriß, Genauigkeit und Ausdruckskraft einer teuflischen Partitur gerecht zu werden vermögen. Das Kolorit ist russisch, d. h. die Art, wie die Mädchen den Kopf werfen, wie sie auf bäuerische, nie unverschämte Weise Hüften und Schultern schwingen, wie sie um die Braut im Kreise hüpfen, wie die Männer kraftvoll und kriegerisch den Bräutigam umringen.

›Liebliche Momente‹ gibt es hier nicht. Die Vorbereitung der Braut wird zu einer grausamen Zeremonie, bei der die Brautjungfern die Braut beinahe mit einem langen geflochtenen Strick erwürgen, anstatt ihr nach der Vorschrift des Textes das Haar zu flechten. Auf ein Zeichen des Heiratsvermittlers erheben die Mädchen die Arme zum Gebet, als wollten sie ihre Possenstreiche durch irgendeinen Glaubenssatz rechtfertigen. Die Vorbereitung des Bräutigams erinnert an Balanchines ›Verlorenen Sohn‹ [s. d.], worin die Günstlinge der Sirenen den Verlorenen Sohn zur Teilnahme an ihrem eigenen abscheulichen Tun und Treiben zwingen. Die Erteilung des elterlichen Segens an den Sohn ist eine Scheinzeremonie, sie verzerrt die sinnbildliche Bedeutung des Mutterschoßes zu einer rein animalischen Aussage. Immer wieder werden Braut und

Bräutigam emporgehoben und dann wie zum Spaß mitten im Ensemble fallen gelassen, als werde nach Stammessitte ein Opfer dargebracht und verschlungen. Man wird an die Geburt und Entwicklung der Novizin in ›The Cage‹ (von Robbins) erinnert. Es tobt ein zügelloser Infantilismus. Die Mienen sind starr – bestürzt, dulderhaft bei Braut und Bräutigam, gequält, aber stolz bei den klagenden Eltern. Während der Hochzeitsfeier gibt es für die Opfer noch weitere Torturen und noch mehr gebetsähnliche Gestik – bis zu dem allergrößten Spaß: wenn am Schluß Braut und Bräutigam einander vorgestellt werden! Dreimal werden sie von der verspielten Menge einander in die Arme geschleudert. Die Zeremonie, mit der ein anderes Paar das Bett anwärmt, ist denkbar gefühllos. Die Umarmungen schließlich des soeben miteinander bekannt gemachten, neuvermählten Paares sind unaufrichtig und automatisch.

Dann neigen bei den Glockenklängen am Schluß drei Reihen Feiernder ergeben und abgestumpft den Kopf. Dem Beschauer bleibt das unbehagliche Nachgrübeln über derartige Spiele, vielleicht mit einem halben Lächeln, wie nach einem Stück von Genet oder Pinter, von Beckett oder Ionesco.«

Unter dem Originaltitel »Svadebka« hat inzwischen auch Jiří Kylián (s. »Rückkehr ins fremde Land«) eine Choreographie für das Nederlands Dans Theater entworfen, die dauerhafte Erfolgschancen besitzt.

Nocturno

Ballett in drei Sätzen. Libretto: Gise Furtwängler; Musik: Manuel de Falla; Choreographie: Gise Furtwängler; Ausstattung: Werner Schachteli; Uraufführung: Städtische Bühnen, Oberhausen, 16. Oktober 1962.

Personen: Das Mädchen; ihr Schatten; der Poet; sein Schatten; der Matrose; sein Schatten.

Eine stilisierte nächtliche Landschaft.

1. Satz: Im Garten Generalifes. Allegretto tranquillo e misterioso. Mit den ersten Takten fallen Lichtkegel auf die isoliert stehenden Figuren, auf das Mädchen, den Poeten, den Matrosen und die Gruppe der weißen Schatten. Die Figuren verbeugen sich vor dem in sein Spiegelbild versunkenen Mädchen, das erst mit dem Einsatz des Klaviers (innerhalb des Balletts dem Mädchen zugeordnet) Leben gewinnt. – Poco stringendo. Der Poet beginnt seine Werbung. Pas de deux des Mädchens mit dem Poeten. Er wird mehrmals unterbrochen und kontrapunktiert durch den Pas de deux des weißen Schattenpaares, das die Wünsche, Sehnsüchte, die um so vieles schönere Phantasie darstellt. Kuß und Erfüllung erleben Mädchen und Poet nur in der Phantasie des Schattenpaares. Das Mädchen zieht sich verwirrt und einsam in sich selbst zurück, sein Spiegelbild prüfend und befragend. Die Akteure der Szene wechseln. Der Matrose steht bereit, ihm sein Ständchen zu bringen. Der Poet und sein Schatten haben die Bühne verlassen.

2. Satz: Ferner Tanz. Allegretto giusto. Frisch und unkompliziert ist die Werbung des Matrosen. Wieder reagiert das Mädchen erst mit dem Einsatz des Klaviers. Der Pas de deux entwickelt sich schnell, aber das Mädchen, furchtsam und spröde, vermag nicht, aus seiner Isoliertheit herauszutreten. – Stringendo sempre ma gradualmente. Tempo giusto ma vivo. Es schreckt vor dem Begehren des Matrosen zurück. Es sinnt seinem sich nie erfüllenden Leben nach. – Der Poet und sein Schatten betreten wieder die Bühne (Becken und Celestaeinsatz). Ratlos steht es seinen Verehrern gegenüber. Aus seiner Verwirrung flüchtet es sich in die Phantasie.

3. Satz: In den Gärten der Sierra Cordoba. Das Mädchen steht zwischen den beiden Verehrern. Noch einmal ein kokettes, leichtes Spiel (Allegro moderato), doch es weiß sich für keinen zu entscheiden. Die Schatten erfüllen seinen Wunschtraum, beide Männer auf einmal zu besitzen. In einem Strudel der Leidenschaft wird das Mädchen Spielball seiner Phantasie und seiner Umgebung. Ohne Hoffnung auf Erfüllung und ohne Willen läßt es sich noch einmal von seiner Phantasie treiben (A tempo, ma quasi doppio più lento). Endgültig löst es sich von seinen Kavalieren und befragt sein Spiegelbild. Die weiße Schattengruppe nähert sich. Sein eigener Schatten, über ihm schwebend, weist höhnisch in den Spiegel. Es rennt gegen sein eigenes Bild, gegen seine Gedanken und Sehnsüchte, die ihm jetzt verhaßt sind. Es erkennt seine Ohnmacht zu lieben, seine Einsamkeit, aus der es nichts, nicht einmal die Liebe, befreien kann, während sein Schatten über das Mädchen hinwegzieht. Tief verneigen sich seine Kavaliere. Allein bleibt es auf der Szene zurück.

Das Ballett ist García Lorcas Stück »Die Jungfer, der Matrose und der Student« verpflichtet. Dennoch steht es nur in einem losen Zusammenhang mit ihm, da es nicht dessen Handlung nachzeichnet, sondern lediglich das Spannungsverhältnis der drei Figuren übernimmt. Diese stehen in dem choreographischen Kraftfeld von gegenseitiger Anziehung und Abstoßung, von Verlangen und Nichterreichen.

Tatsächlich erzählt die Choreographin *Gise Furtwängler* (s. »Intime Briefe«) in ihrem kleinen Meisterwerk zu der von ihr gewählten Musik, »Nächte in spanischen Gärten« von *Manuel de Falla* (s. »Der Dreispitz«), keine Geschichte im eigentlichen Sinne. Choreographisch ist das überraschend glücklich gelöst. Die Protagonisten der Realität tanzen mit Attacke, eher eckigen Bewegungen, hartem Aufsprung, die Schattengestalten mit weichem Ballon, mit fließenden Motionen, lyrischem Adagio. Das Schwergewicht in der Erfindung liegt auch – und durchaus sinnvoll – bei den Traumtänzen. Dennoch bleiben die beiden Welten stets miteinander verbunden, wobei der Choreographin ihre Musikalität zustatten kommt. Sie nutzt den Kontrapunkt, um beide Gruppen gegeneinander zu führen und damit zu vereinigen. Ja, es gelingt ihr sogar hin und wieder, alle sechs Tänzer gleichzeitig sechs verschiedene Figuren ausführen zu lassen, ohne daß dies verwirren würde. Im Gegenteil, es erscheint musikalisch und choreographisch durchaus motiviert. Darüber hinaus ist es Gise Furtwängler gelungen, ihrem an García Lorca und von ihrem Bühnenbildner *Werner Schachteli* an Dalí (trockene, rotbraune Erde, Radspuren, die perspektivisch auf eine römische Tor-Ruine zulaufen, darüber der kalkige Mond, außerdem eine weiße Gitarre und ein weißer Stuhl) orientierten Ballett jenes französische Ambiente zu geben, das für ihr Gesamtwerk charakteristisch ist.

Die Hauptrollen wurden bei der Uraufführung getanzt von Hella Troester, Margaret Holford, Alain Bernard, Dieter Bahr, Jochen Haufe und Peter Herkenrath.

De Fallas Musik »Nächte in spanischen Gärten« ist immer wieder gerne von Choreographen aufgegriffen worden. Doch keine Ballettfassung hat sich wirklich durchsetzen können. Zuletzt hat Ivan Sertić 1981 am Münchner Gärtnerplatztheater, Kompositionen von Maurice Ravel, Enrique Granados, Leo Brouwer, Isaac Albéniz, Francisco Tárrega und Heitor Villa-Lobos einbeziehend, die »Nächte in spanischen Gärten« zu einem »choreographischen Gedicht« von abendfüllender Länge ausgeweitet. Auch hier gibt ein Stück von Federico García Lorca die Vorlage: »In seinem Garten liebt Don Perlimplin Belisa«.

Der Nußknacker (Casse Noisette)

Ballett in zwei Akten (3 Szenen). Libretto: Marius Petipa; Musik: P. I. Tschaikowsky; Choreographie: Lew Iwanow; Ausstattung: I. Wsewoloschki, M. J. Botscharow und K. M. Iwanow; Uraufführung: Marientheater, St. Petersburg, 6./18. Dezember 1892 (Jul./Greg. Kalender).

Personen: Der Präsident; seine Frau; Klara und Franz, deren Kinder; Onkel Drosselmeyer; Figuren eines Glockenspiels: die Marketenderin, der Soldat, Kolumbine, Harlekin; der Mäusekönig; der Nußknacker; die Zuckerfee; der Prinz; Kinder; Gäste; Mäuse; Schneeflocken; Feen.

I. Akt (Ouverture miniature), *1. Szene:* Im festlich geschmückten Weihnachtszimmer (etwa Mitte des vorigen Jahrhunderts). Der Präsident und seine Frau begrüßen die Gäste, die den Heiligen Abend mit ihnen und den Kindern verbringen sollen. Es schlägt neun Uhr – die Kinder des Hauses, ihre Vettern und Bäslein, Freunde und Freundinnen tanzen herein (Tempo di marcia viva). Als besonders willkommener Gast wird Onkel Drosselmeyer begrüßt, der den beiden Kindern Klara und Franz ein Glockenspiel mit vier Puppen – es sind zwei Paare: nämlich die Marketenderin und der Soldat, Harlekin und Kolumbine – mitgebracht hat. Man ergötzt sich an der Vorführung dieses Pas de quatre. Nun ist es für die Kinder an der Zeit, zu Bett zu gehen. Als sie ihre Eltern vergeblich bitten, länger aufbleiben zu dürfen, zieht Drosselmeyer noch ein Geschenk aus der Tasche, um damit seinen Liebling Klara zu trösten: einen Nußknacker. Klara ist selig – da aber will auch Franz den Nußknacker; es kommt zum Streit zwischen den Geschwistern.

Ein Familientanz, der Großvatertanz, dem Brauch entsprechend der Abschluß einer Festlichkeit, beschließt den Abend. Die Gäste verabschieden sich und die Kinder gehen ins Bett.

Das Zimmer wird dunkel, man sieht nur noch den Umriß des Christbaums. Plötzlich scheint sich die vertraute Welt zu verändern. Klara, die nicht schlafen kann, sieht ihren Nußknacker, der nun als lebendiger Bub hereinkommt, an der Spitze einer Kompanie Soldaten. Sie kämpfen gegen eine Mäusehorde, die der Mäusekönig anführt. Nur dem Eingreifen Klaras ist es zu verdanken, daß der Nußknacker siegt. Zum Dank für die Errettung lädt der Nußknacker Klara ins Königreich der Süßigkeiten ein.

2. Szene: Klara und der Nußknacker müssen durch einen Schneesturm. Schneekönig und Schneekönigin gebieten den Schneeflöckchen (Kinderballett), sich niederzulassen, und huldigen Klara und dem Nußknacker mit einem Pas de deux (Andante); von Eiszapfen, Kristallen und Schneeflocken umgeben, verheißen sie Klara und dem Nußknakker eine glückliche Reise ins Königreich der Süßigkeiten.

II. Akt: Klara und der Nußknacker sind im Königreich der Süßigkeiten angelangt. Hier verwandelt sich der Nußknacker in einen schönen Prinzen, der die Zuckerfee herbeiholt, um Klara zu Ehren ein Fest abzuhalten. Es ist ein *großes Divertissement,* eine Reihe von traditionellen Charaktertänzen. Die erste Gruppe – »Schokolade« – ist ein Spanischer Tanz; die zweite Gruppe – »Kaffee« – wird choreographisch durch den Arabischen Tanz (Allegro) vorgestellt; es folgt »Tee«; man sieht eine Gruppe hüpfender Chinesen (Allegro moderato). Daran schließt sich ein Kosakentanz (Tempo di trepak, molto vivace) an; als nächste treten die Rohrflöten auf, die fünf Mirletons (Andantino). Der »Blumenwalzer« (Tempo di Valse) geht dem großen Pas de deux mit Solo-Variationen voraus, den die Zuckerfee und der Prinz (Andante maestoso, Andante ma non troppo) tanzen; Ballabile-Finale (Tempo di Valse).

Das Ballett endet mit einer *Apotheose:* Um den Bienenkorb tanzen die Bienchen und huldigen ihrer Königin.

Die Erzählung vom »Nußknacker und Mausekönig« von E. T. A. Hoffmann (in der Fassung von Alexandre Dumas, die in Rußland sehr beliebt war) hat Modest Tschaikowsky für die Kinder seiner Schwester zu einem Kinderzimmerspiel arrangiert. *Peter Iljitsch Tschaikowsky,* der dieses Familientheater miterlebt haben wird, berichtete davon seinem »Dornröschen«-Choreographen *Petipa* (s. »Dornröschen« und »La Bayadère«). So wurde der Plan gefaßt, aus dieser Nußknacker-Geschichte ein Ballett zu machen. Petipa baute ein Libretto auf, das drei Szenen und eine Apotheose vorsah. Wie üblich dominiert im Eingangsakt das Pantomimische, der Tanz bleibt terre à terre, also ohne choreographische Entwicklung. Die zweite Szene hat eine dramaturgische Aufgabe, nämlich zum Reich der Zukkerfee überzuleiten. Gleichzeitig soll der Hauptteil tänzerisch präludiert werden. 59 Kinder waren bei der Uraufführung als Schneeflöckchen auf der Bühne. Das Hauptstück aber mußte von einem großen Divertissement ausgefüllt sein, während die Apotheose eine moralische Nutzanwendung verlangte. Marius Petipa bestimmte durch seine Vorbereitungen den Charakter des »Nußknacker«-Balletts so weit, daß das Werk, obwohl die Realisierung an Stelle des erkrankten Petipa von *Lew Iwanow* (1834–1901) übernommen werden mußte, ganz den Stempel Petipas trägt. Bis ins Detail gehende Wünsche sind bekannt, wie sie der Librettist dem Komponisten unterbreitete. Als Einleitung schwebten Petipa 64 Takte stimmungsvoller Musik vor; für die erste Szene, wenn die Kerzen am Christbaum angezündet werden, wollte er vom Komponisten eine funkelnde Musik von 8 Takten, für das Eintreten der Kinder und ihre gespannte Erwartung gedachte er mit 24 Takten auszukommen, für die Überraschung mit den Geschenken und für die Bewunderungsbekundungen bat er Tschaikowsky um ein Tremolo über einige Takte hin. Als Nummer 7 schrieb Petipa einfach »Galopp« auf den Plan. Für Nummer 8, den Auftritt des Drosselmeyer, legte der Balletterfinder dem Komponisten nahe, eine furchteinflößende, aber komische Musik zu liefern, »eine breite Bewegung von 16 bis 24 Takten«. Die Anregungen für den II. Akt gehen von Iwanow aus, der Arabische und der Chinesische Tanz sind präzis nach Iwanows Konzeption komponiert worden. Tschaikowsky beendete seine Partitur im Sommer 1891.

Im allgemeinen hat sich die Fassung Iwanows, wie sie zur Weihnachtszeit 1892 in Petersburg uraufgeführt wurde, durchgesetzt und gehalten. Aber die Selbständigkeit der einzelnen Nummern des Divertissements hat es mit sich gebracht, daß viele spätere Choreographen ihren personellen Verhältnissen entsprechend die Nummern verschieden besetzt, ja sogar mit großer Unbekümmertheit verstellt haben. Bei kaum einem anderen Ballett des klassischen Repertoires sind die gegenwärtigen Interpretationen so verschieden von dem historischen Modell. Balanchines »Nußknacker« zum Beispiel entspricht ganz den Vorstellungen amerikanischer Kinder von Weihnachten; in Deutschland stieß diese Version auf wenig Gegenliebe. Cranko (s. »Die Befragung«) funktionierte »Nußknacker« in einen Initiationsritus für Klara um. Aus dem Kind wird über Nacht eine Frau. Von dem in seiner Dramaturgie, vor allem aber in der Ausstattung schwachen Ballett ist ein sehenswertes Divertissement übriggeblieben. Die heute am meisten überzeugenden Fassungen von »Nußknacker« haben Juri Grigorowitsch, John Neumeier, Heinz Spoerli und Mark Morris erarbeitet.

Seit der Uraufführung, als Antonietta dell'Era die Zukkerfee und Pavel Gerdt den Prinzen tanzten, ist die Reihe der glorreichen Pas-de-deux-Partner dieses Standardwerks für Weihnachtsprogramme unübersehbar geworden.

N. Y. Export, Op. Jazz

(New York Export, Op. Jazz)

Ballett in 5 Teilen. Musik: Robert Prince (Jazz Concert); Choreographie: Jerome Robbins; Bühnenbild: Ben Shahn; Kostüme: Florence Klotz und Ben Shahn; Beleuchtung: Jean Rosenthal; Uraufführung: Ballets: U.S.A., Festival of Two Worlds, Spoleto, 8. Juni 1958.

1. *Auftritt: Gruppentanz.* Das Ensemble.
2. *Statisch.* Ein Paar und vier Jungen.
3. *Improvisationen.* Das Ensemble.
4. *Pas de deux.*
5. *Thema, Variationen und Fuge.* Das Ensemble.

»N. Y. Export, Op. Jazz« ist ein abstraktes Ballett (besser – nach G. B. L. Wilson – ein in Jeans getanztes Jazz-Ballett), das auf den Bewegungen, rhythmischen Besonderheiten, dem Ausdruck menschlicher Beziehungen und der Atmosphäre fußt, wie man sie in modernen Tänzen findet.

Ein anschauliches Bild des erfolgreichsten Balletts des »West Side Story«-Schöpfers Jerome Robbins vermittelt Horst Koegler (in der »Stuttgarter Zeitung«): »Der geistige Bezug von ›New York Export, Op Jazz‹ ... – mit der prätentiös-hybriden Jazzpartitur von *Robert Prince* – weist ... eindeutig in die Richtung der amerikanischen Halbstarken in den Millionenstädten, deren nervöse Atmosphäre *Ben Shahn* ingeniös in dem TV-Antennen-Wald und den Reklameschreien seiner Prospekte beschwört. Auch dies Ballett hat keine Handlung im eigentlichen Sinne. Es unternimmt es, Erfahrungssituationen der – nicht nur amerikanischen – heutigen Jugend tanzen zu lassen: der Angst und Unsicherheit, die sie zum Zusammenschluß in Banden treibt, der messerscharfen Rivalität, der hemmungslosen Ausgelassenheit und der abgrundtiefen Verlorenheit. Robbins geht hier ganz nah an die Bewegungsformen von 1958 heran, er übernimmt sie aus dem Reservoir der Tanzdielen und der Sportplätze, der Halbstarkenparties und der Straßenkrawalle, der Mopedfahrer-Zusammenrottungen und der Bandenschlachten – übernimmt sie in einem Realismus, der einem einfach an die Kehle geht. Erst im letzten Satz erfolgt dann vor neutralem, knallbuntem Hintergrund die ballettistische Stilisierung des tänzerischen Rohmaterials, die in Thema, Variationen und Fuge die erst hier farblich einheitlich gekleidete Kompanie (schwarze Trikots und weiße Pullover) sozusagen das choreographische Fazit der vorigen Sätze ziehen läßt.«

In »N. Y. Export, Op. Jazz« verbindet *Jerome Robbins* (s. »The Concert«) klassisch-akademische Pas mit Elementen des Freien Tanzes und Figuren aus den Gesellschaftstänzen der Rock-Zeit. Die Skala des verwandten Bewegungsmaterials reicht von einfachen Gesten (etwa dem Schnalzen mit den Fingern) bis zu den Bewegungen tänzerischer Virtuosität und Brillanz; von Atmosphäre beschwörenden Zeichen (wie im Pas de deux) bis zu brisanten Theatereffekten. Charakteristisch vor allem aber für das Werk ist der Drive: die Dynamik, das Tempo, der Rhythmus und die »Coolness« des Jazz-Tanzes.

Überraschend stellte sich bei der Wiederaufnahme des Balletts nach über zehn Jahren heraus, daß es als Abbild der Rock-Jugend auch der Beat-Jugend noch etwas zu sagen hat und daß es den heutigen Tänzern nicht schwerfällt, das Bewegungsgefühl der damaligen »Halbstarken« in ihr eigenes zu übersetzen.

Onegin

Ballett in drei Akten und sechs Szenen. Libretto: John Cranko nach dem Roman »Eugen Onegin« von Alexander Puschkin; Musik: Peter Iljitsch Tschaikowsky, eingerichtet und instrumentiert von Kurt-Heinz Stolze; Choreographie: John Cranko; Ausstattung: Jürgen Rose; Uraufführung der ersten Fassung: Stuttgarter Ballett, Württembergische Staatstheater, Großes Haus, Stuttgart, 13. April 1965; zweite Fassung: 27. Oktober 1967.

Personen: Onegin, ein Gutsbesitzer; Tatjana; Olga, ihre Schwester; Madame Larina; Lenski, ein Dichter; Fürst Gremin; Freundinnen; Ballbesucher.

I. Akt. 1. Szene: Im Garten Madame Larinas. Tatjana und Olga tanzen mit ihren Freundinnen. Ein altes Spiel wird gespielt: wer in den Spiegel blickt, sieht den künftigen Geliebten. Bei der fröhlichen Olga bewahrheitet sich der Aberglaube, sie erblickt ihren Verlobten, den Dichter Lenski. Als ihre Schwester, die schwermütige Tatjana, das Spiel wiederholt, sieht sie im Spiegel Onegin, der – von Lenski eingeführt – seinen Antrittsbesuch bei Madame Larina macht. Onegin, einmal Alleinerbe des Landguts seines Onkels, läßt die Gesellschaft seinen blasierten und zügellosen Hochmut spüren. Tatjana verliebt sich augenblicklich in Onegin. Die beiden Freunde sollen sich am Tanz beteiligen; Onegin wendet sich gelangweilt von Tatjana ab.

2. Szene: Tatjanas Schlafzimmer. Tatjana schreibt einen Brief an Onegin, in dem sie ihrer schwärmerischen Liebe zu dem fast unbekannten Mann Ausdruck gibt. Als sie in ihren Spiegel blickt, erfüllt sich ihr Wunschtraum: Onegin erscheint und erwidert ihre Liebe.

II. Akt. 1. Szene: Im Haus Madame Larinas. Tatjana feiert ihren Geburtstag mit einem Fest, an dem auch Onegin und Lenski teilnehmen. Endlich hat Tatjana Gelegenheit, Onegin zu fragen, ob er ihren Brief erhalten habe; als Antwort zerreißt Onegin den Brief vor ihren Augen. Er verletzt sie noch mehr, indem er Olga den Hof macht. Fürst Gremin, ein Freund der Familie Larina, versucht zu vermitteln. Onegin jedoch widmet sich Olga, daraufhin fordert ihn der brüskierte Lenski zum Duell.

2. Szene: Ein verlassener Park. Tatjana und Olga beschwören Lenski, auf das Duell zu verzichten. Auch Onegin ist zur Versöhnung bereit. Doch Lenski besteht auf seiner Herausforderung. Onegin tötet Lenski.

III. Akt. 1. Szene: Ballsaal des Fürsten Gremin. Zehn Jahre sind vergangen. Tatjana ist die Frau des Fürsten Gremin geworden. Auf dem Ball, den Gremin gibt, erscheint auch Onegin. Er ist vom Leben enttäuscht worden und hat erkannt, daß er mit Tatjana die einzige echte Liebe seines Lebens verschmäht hat. Als er Tatjana wiedersieht, hofft er, ihre einstigen Gefühle für ihn wiederzufinden. Tatjana wendet sich überlegen ab.

2. Szene: Tatjanas Boudoir. Onegin hat sich brieflich bei Tatjana angemeldet; diese will die Begegnung vermeiden, doch ihre Bitte an den sorglosen Gatten, sie an diesem Abend nicht zu verlassen, bleibt vergeblich. Onegin kommt und beteuert ihr nun seine Liebe. Im Kampf mit ihren Gefühlen siegt in Tatjana die Einsicht, daß Onegins haltloser Charakter ihrer Liebe nicht wert ist: sie zerreißt

seinen Brief. Verzweifelt stürzt Onegin davon, verzweifelt bleibt Tatjana zurück.

Der ursprünglichen Fassung ging ein Prolog voran: Im Haus von Onegins Onkel. Onegin erwartet den Tod seines Onkels. Alleinerbe des Landgutes geworden, läßt er die Verwandten und das Landvolk seinen blasierten und zügellosen Hochmut spüren. (Aus dem Programmheft der Stuttgarter Uraufführung.)

Die Neufassung von »Onegin« im Jahre 1967 ließ die großen Pas de deux, vor allem die im I. Akt, 2. Szene (sogenannter »Traum«-Pas-de-deux), und im III. Akt, 2. Szene, unberührt. Sie gehören zum Besten, was die dritte Bühnendisziplin nach dem Krieg hervorgebracht hat.

Was diesem Kunstwerk ursprünglich fehlte, war der Rahmen. Ihn hat *John Cranko* (s. »Die Befragung«) in den stark überarbeiteten Gruppentänzen nachgeliefert. Sie gewannen sowohl an choreographischer Substanz wie an dramaturgischer Verzahnung. Höhepunkt ist ein ländlicher Reigen, der sehr russisch anmutet, obwohl sämtliche Bewegungselemente der griechischen Folklore entnommen sind. Nachklang eines Griechenland-Gastspiels, aber auch – wer Cranko kennt – eine Hommage à Theodorakis. Doch nicht so sehr der neue Rahmen machte deutlich, was Cranko mit »Onegin« will, als die Neubesetzung des Titelparts mit dem deutschen Danseur noble Heinz Clauss. Man hat den Dichter des »Eugen Onegin«, *Alexander Puschkin,* nicht umsonst den »russischen Byron« genannt. In seinem Versroman hat er das Porträt eines Byronschen Dandy aus russischer Sicht gezeichnet: das Porträt des »überflüssigen Menschen«, der in verblendeter Blasiertheit niemanden liebt als sich selbst – bis es zu spät ist. Die bodenlose Arroganz dieses im Grunde unsterblichen Typs stellte Heinz Clauss auf verblüffend glaubhafte Weise dar.

Marcia Haydée erfüllt die Rolle der Tatjana, deren erste Liebe Onegin mit einer Handbewegung abtut, in der er aber später seine verlorene Jugend verkörpert sehen wird, mit ihrer ganzen schwer vergleichlichen Kunst. Im Laufe des Balletts verkörpert sie ebenso glaubhaft den Backfisch auf einem Gut in der Provinz wie die Hocharistokratin in St. Petersburg.

»Onegin« gehört zu jenen Balletten Crankos, in denen man nicht nur immer wieder choreographische Schönheiten entdecken kann, sowohl in den Gruppentänzen wie in den Soli und Pas de deux. Letztere bedienen sich eines Bewegungsvokabulars, das mit seinen Hebungen, Sturzflügen und oft komplizierten Drehungen die Leidenschaft von Liebenden in geradezu vulkanische Ausbrüche verwandelt. Die Liebe bei Cranko enthält stets ein selbstzerstörerisches Element. »Onegin« gehört auch zu jenen seiner Inszenierungen, die sowohl sein eminentes Gefühl für theatralische Wirkungen beweisen wie zeigen, daß er seinen Stoff bis in alle Einzelheiten kennt. So zeigt das Geburtstagsfest Tatjanas (II. Akt, 1. Szene) eine Gesellschaft, wie sie immer wieder in der russischen Literatur gezeichnet worden ist. Der russische Landadel erscheint in der Karikatur, überzeichnet, fratzenhaft, was durch die Schönheit der tanzenden Jugend nachdrücklich unterstrichen wird.

»John Crankos Ballettschöpfung ›Onegin‹ ist mit Peter Tschaikowskys Oper ›Eugen Onegin‹ allein durch Alexander Puschkins Roman verbunden, der beiden Werken zugrunde liegt. Das bedeutet, daß die Musik zu dem abendfüllenden ›Onegin‹-Ballett keinen Takt aus Tschaikowskys Oper verwendet, sondern von mir aus mehreren wenig bekannten Werken Tschaikowskys ausgewählt, zusammengestellt und in den meisten Fällen auch instrumentiert wurde. Ein Duett aus ›Romeo und Julia‹ diente als Vorwurf für das Hauptthema im Pas de deux Tatjana–Onegin im ersten Akt, während der Mittelsatz der sinfonischen Dichtung ›Francesca da Rimini‹ einen breiten Raum im Pas de deux des dritten Aktes einnimmt. Die großen Tanznummern – Walzer, Mazurka, Polonaise usw. – sind vorwiegend aus Klavierkompositionen entstanden.« (Kurt-Heinz Stolze.)

»Unbekannt ist das genaue Todesdatum von *Kurt-Heinz Stolze* (geb. 1930), der, vierzigjährig, zu Beginn der Spielzeit 1970/71 in München Selbstmord beging. Als Ballettdirigent der Württembergischen Staatstheater war er ein musikalisch vielbeschlagener Mann – auch ein vorzüglicher Cembalospieler und versierter Ballettkomponist, von dem sich John Cranko die Musik zu seinen Balletten ›Wir reisen nach Jerusalem‹ (1963), ›Onegin‹ und ›Der Widerspenstigen Zähmung‹ [s. d.] komponieren beziehungsweise arrangieren ließ.« (Horst Koegler.)

Opus 1

Passacaglia von Anton von Webern. Choreographie: John Cranko; Uraufführung: Stuttgarter Ballett, Württembergische Staatstheater, Großes Haus, Stuttgart, 7. November 1965.

Ein Ballett auf Weberns »Passacaglia«, op. 1, kann sowohl als ein bloß formaler Prozeß, als eine abstrakte »Komposition mit Körpern« verstanden werden wie auch als ein in Tanz umgesetzter Lebenszyklus, als eine organische Folge von Werden und Vergehen – beides in unmittelbarer Entsprechung zur Musik, die aus dem Nichts hervorwächst, zu vielfältigen Formen sich zusammenfügt und wieder ins Unhörbare, in »Nichts« zurücksinkt. Wie in der Musik, dem Formgesetz der Passacaglia zufolge, allen figurativen Veränderungen die gleiche Baßmelodie zugrunde liegt, so zieht sich auch in der Choreographie eine einheitliche Schritt- und Gebärdenfolge durch das ganze Ballett. (Nach dem Programmheft der Uraufführung.)

»Opus 1« gehört zu den erfolgreichsten Balletten *John Crankos* (s. »Die Befragung«). Mit Richard Cragun und Birgit Keil in den Hauptrollen hat es überall enthusiastische Zustimmung gefunden, sowohl bei den Verfechtern des akademischen wie des modernen Balletts, ob in Berlin, Paris oder New York. Dabei ist der vollkommene Einklang von Musik und – zumindest auf der Danse d'école basierendem – Tanz geradezu paradox. Denn die »Passacaglia« ist völlig untypisch für den Gott der Seriellen, *Anton von Webern* (s. »Episodes«). Es ist ein spätromantisches Werk von der Rauschhaftigkeit des »Poème de l'Extase« (s. d.) von Skrjabin. Im Gegensatz dazu steht scheinbar die expressionistische (ausdruckstänzerische, sehr deutsche) Gebärde der Choreographie, getanzt zudem mit nacktem Oberkörper oder schmucklos weißem Trikot. Nie war Cranko scheinbar Béjart (s. »Lieder eines fahrenden Gesellen«) näher als hier. Der Unterschied ist freilich, daß es Cranko hier wie schon früher in »Die Befragung« gelungen ist, ein offenbar sehr zeitgebundenes Thema wie das von der Einsamkeit und vollkommenen Hilflosigkeit des Menschen (oder wie in »Die Befragung« das der Konzentrationslager) völlig ins Zeitlose zu transponieren. Crankos »einsamer Mensch« ist nackt, Béjarts »einsamer Mensch« trägt Jeans. Darin liegt – so simpel es klingen mag – der große Unterschied.

Orpheus

I Ballett in drei Szenen. Libretto: Igor Strawinsky; Musik: Igor Strawinsky; Choreographie: George Balanchine; Ausstattung: Isamu Noguchi; Uraufführung: Ballet Society, City Center, New York, 28. April 1948.

Personen: Orpheus; Eurydike; der Schwarze Engel; die Anführerin der Furien; die Anführerin der Bacchanten; Apollo; Freunde des Orpheus, die Furien, die Bacchanten.

1. Szene: Orpheus steht mit dem Rücken zum Publikum (Lento sostenuto) neben dem Grab der Eurydike. Freunde bezeugen ihm ihre Anteilnahme. Jeder legt seine Hand auf des Trauernden Schulter. Dann lassen sie ihn allein. Orpheus nimmt seine Lyra und klagt in der großen Air de Danse (Andante con moto) um die geliebte Dahingegangene. Orpheus legt die Lyra an Eurydikes Grab nieder. Der Schwarze Engel, der Engel des Todes, tritt auf. Er verspricht, Orpheus zu Eurydike in den Hades zu führen – unter der Bedingung, daß Orpheus eine goldene Maske erst dann ablegt, wenn der Engel es ihm erlaubt.

2. Szene: Im Hades. Geheimnisvolle Gestalten bedrohen den Eindringling. Es sind die Furien (Agitato). Die Erste Furie greift Orpheus an. Der Schwarze Engel vermag Orpheus nicht vor ihr und ihren Schwestern zu schützen, zu denen sich später auch noch verdammte Seelen gesellen, die Orpheus nicht weniger feindselig gesinnt sind.

Der Schwarze Engel erinnert sich an die Lyra und gibt sie Orpheus (Air de Danse, Grave). Von Orpheus' Lied und Tanz tief bewegt, bitten die verdammten Seelen ihn, weiterzuspielen (L'istesso tempo). Selbst Hades kann sich Orpheus' Weise nicht verschließen. Pas d'action (Andante leggiadro). Die verschleierte Eurydike wird hereingeführt. Ihre Augen sind verbunden. Sie berührt Orpheus' Schultern – er fühlt ihre Gegenwart. Die Liebenden vereinigen sich zu einem Pas de deux (Andante sostenuto). Aber da sie sich nicht sehen können, ist das Glück der Wiederbegegnung nicht vollkommen. Die Spannung zwischen ihnen wächst. Orpheus reißt sich schließlich die goldene Maske vom Gesicht. Er blickt Eurydike an. Damit verfällt sie erneut Hades.

Interlude (Moderato assai). Verwandlung zum 1. Bild.

Pas d'action (Vivace). Eine Thrakerin mit langen roten Haaren führt eine Schar berauschter Bacchantinnen an. Sie umkreisen Orpheus im rasenden Tanz. Schließlich zerfleischen sie ihn.

3. Szene: Apotheose des Orpheus (Lento sostenuto). Apollo erscheint. Er nimmt die Lyra des Orpheus und trägt sie himmelwärts.

George Balanchine (s. »Agon«), der schon 1936 in der Metropolitan Opera zu New York Glucks Oper von Tänzern (zum Gesang der Solisten) hatte darstellen lassen, ist der Initiator von *Strawinskys* Ballett. Er wollte einen »neuen, modernen Orpheus«. Strawinsky ging auf Balanchines Vorschlag ein. Innerhalb von acht Monaten ist die Partitur in Hollywood entstanden. Sie wurde am 23. September 1947 abgeschlossen. Der Plan ging darauf hinaus, das Zeitlose des Orpheus-Mythos den Menschen der Gegenwart nahezubringen. Balanchine hat bei seiner Darstellung vor allem mit Hilfe von Jean Rosenthal das Szenische völlig abstrahiert – ganz im Sinne der Musik, »die rein im Umriß und knapp wie ein antikes Epigram ist« (Rudolf Bach). Nicholas Magallanes war der Orpheus der Uraufführung, Maria Tallchief die Eurydike, Francisco Moncion der Schwarze Engel, Tanaquil LeClercq die Bacchantin, Herbert Bliss der Apollo.

Die Erstaufführung in Deutschland fand, unter Georg Soltis musikalischer Leitung, 1949 an der Bayerischen Staatsoper in der Choreographie von Rudolf Kölling mit der Ausstattung von Ernst Geitlinger statt.

II Ballett in sechs Szenen. Libretto: Edward Bond; Musik: Hans Werner Henze; Choreographie und Inszenierung: William Forsythe; Bühnenbild: Axel Manthey; Kostüme: Joachim Herzog; Dramaturgische Beratung: Jens Brockmeier; Uraufführung: Stuttgarter Ballett, Großes Haus der Württembergischen Staatstheater, Stuttgart, 17. März 1979. (Dauer: abendfüllend.)

Personen: Orpheus; Eurydike; Persephone; Hades; Apollo; Drei Richter; Hauptwächter; Wärter; Totenwächter; Landleute; Wahnsinnige; Arme Leute; Verkrüppelte und rasende Menschen; Reiche Leute; Mädchen; Frauen; Männer; die Toten; Orpheus' Freunde; Monstren; Tiere.

I. Akt, 1. Szene: I. Frühlingsfest; II. Der Sturm; III. Apollo; IV. Orpheus erste Arie; V. Zwischenspiel.

2. Szene: VI. Danza generale; VII. Tumult-Szene; VIII. Die tote Eurydike; IX. Klagelied, Orpheus' zweite Arie; X. Zwischenspiel.

3. Szene: XI. Drei Tänze; XII. Pas d'action; XIII. Disput zwischen Orpheus und Apollo.

II. Akt, 4. Szene: XIV. Der Styx; XV. Orpheus' dritte Arie; XVI. Persephone und Hades; XVII. Zwischenspiel.
5. Szene: XVIII. Die Rückkehr aus der Hölle.
6. Szene: XIX. Orpheus' Wahnsinn; XX. Sarabande; XXI. Finale.

Daß nicht mit einer herkömmlichen Interpretation des »Orpheus«-Themas zu rechnen war, läßt schon die Mitarbeit des Dramatikers Edward Bond erwarten, der mit seinem »visionären Gedicht in Prosa«, wie der Komponist Hans Werner Henze (s. »Der Idiot«) dessen librettistischen Leitfaden nennt, den Tenor des sechsteiligen Balletts bestimmt. Und in der Tat, Henze kehrt in diesem Stück zu den Anfängen der Musik zurück, und William Forsythe, der Choreograph, folgt ihm dabei mit theatralischer Beflissenheit. Ein archaisches Chaos zettelt er auf der Bühne an, indem er einfach die kubanischen und afrikanischen Rhythmen, die Henze zitiert, in Bewegungen umwandelt. Zukkende, sich windende, stampfende Leiber sind zu sehen. Landleute, die mit Sistrum, Hyoshigi, Sagi-Trommel, Rasseln, Spielzeugpfeifen, Blockflöten und Flexatonen einen Heidenlärm veranstalten oder sich, von Medizinmännern und -frauen mit roter Farbe beschmiert, wie wilde Tiere gebärden.

»Bonds und Henzes Orpheus ist einer der Landleute, der mittels der von Apollo gestifteten Lyra das Chaos bändigt. Er begegnet Eurydike, und zusammen befrieden sie die Welt. Doch die fällt sogleich in eine Welt der Reichen und eine Welt der Armen auseinander. Die streitstiftenden Mächte der Unterwelt sorgen dafür, daß das Chaos wieder zurückkehrt auf die Erde. Sie holen Eurydike mittels der Totenwächter zu sich, hinab in das von Hades und Persephone verwaltete Totenreich. Doch Orpheus gibt nicht auf, und mit seiner Lyra dringt er zu den in ihre Leiden eingesiegelten Toten vor.

Als er mit seinen Klängen die Hölle in ein Paradies zu verwandeln droht, geben Hades und Persephone ihm Eurydike heraus. Wenn sie ihm dann jedoch, bei der Rückkehr auf die Erde, geblendet durch den Glanz Apolls, ein zweites Mal entrissen wird, zerschmettert Orpheus im Wahnsinn seine Lyra – und mit ihr die Macht Apolls. Doch der einen, übriggebliebenen Saite entlockt er einen neuen Ton, die neue Melodie, die die Toten aus der Hölle auferstehen läßt und den Menschen ruhiges Glück und Frieden bringt. Apollo ist überwunden, die Menschen bedürfen seiner nicht mehr. Sie selbst haben seine Stelle eingenommen.« (Horst Koegler.)

Ein Stück Menschheitsgeschichte, anhand des »Orpheus«-Mythos rekapituliert – und zwar nicht auf eine überlieferte Weise, sondern mit den musikalischen und körperlichen Ausdrucksmitteln unserer Zeit. Dabei differenziert Henze sehr präzis zwischen den Klangwelten, die er der primitiven Ur-Gesellschaft, Orpheus, Eurydike oder Apoll zuordnet. Orpheus beispielsweise wird durch eine Zwölftonreihe charakterisiert, die zunächst auf dem volkstümlichsten Saiteninstrument, der Gitarre, erklingt, später der Harfe zugespielt wird, um zuletzt (innerhalb des traditionell besetzten Orchesters) von der Streichergruppe übernommen zu werden. Eurydike wird durch ein verwandtes, gleichwohl abgehobenes Instrument gekennzeichnet: durch das Cembalo, das zudem noch meist solistisch eingesetzt ist. Apoll schließlich, Symbol der Ordnung, erscheint stets von barbarischen Bläsern begleitet, die sich immer wieder der Unterstützung martialischer Schlagzeuger versichern. Die ihm zugedachte Harmonik gipfelt in einer schmetternden Sarabande, die zugleich sein Ende bedeutet. Denn Orpheus, vom Schmerz um die verlorene Gattin überwältigt, zerstört sein Instrument und schafft sich eine neue Musik, eine neue Tonalität.

Henze in einem Brief an Josef Rufer: »Es geht in dem ganzen Werk um die Abschaffung des Leids, des Aberglaubens, um die Verwirklichung des Menschen auf dieser Erde. Es geht auch um die Einzelperson des Künstlers und ästhetisch um mein altes Thema, das ich mit ›Orpheus‹ um einen weiteren Versuch bereichern möchte – das Thema heißt: Sprachlichkeit der Musik. Im vorliegenden Falle geht es zusätzlich, in gesteigertem Maße, auch um die Gebärden, die Musik zu machen versteht.«

William Forsythe (geb. 1949 in New York) begann seine Karriere als Choreograph mit Elvis Presley, genauer mit dem Musical »Bye, Bye, Birdie«, zu dem der König des Rock 'n' Roll Pate gestanden hatte. Forsythe stellte seine allererste Choreographie für eine Aufführung dieser Musik-Satire an einer New Yorker High-School.

Seine Vorliebe für Europäisches und seine ungewöhnliche Musikalität hat er vielleicht von seinem Großvater, einem in Bologna geborenen Österreicher, geerbt, der Konzertvirtuose und Violinlehrer war. Bei ihm hat Forsythe Geigenspielen gelernt. Außerdem beherrscht er das Fagott und die Flöte. Seine hohe Musikalität ist ihm bei seinen weiteren choreographischen Versuchen in New York zugute gekommen. Sie gipfelten in dem Pas de deux »Urlicht« für Stuttgart, wohin er 1973 als Tänzer gekommen war. Sein erstes professionelles Ballett überhaupt, »Daphne« (Musik: Antonín Dvořák), erfüllte alle in ihn gesetzten Hoffnungen und wurde ein internationaler Erfolg. Die New Yorker Kritiker bestätigten 1977 während des USA-Gastspiels des Stuttgarter Balletts die Qualitäten, die ihm ihre deutschen Kollegen eingeräumt hatten. Als Hauschoreograph des Stuttgarter Balletts erarbeitet er in der Folgezeit so verschiedenartige Werke wie »flore subsimplici« (Händel), »In endloser Zeit« (György Ligeti), »Traum des Galilei« (Krzysztof Penderecki), »Orpheus« (Henze), »Seite 1 – Love Songs – Alte Platten« (Popmusik) und »Time Cycle« (Lukas Foss); von 1980/81 an ist Forsythe als freier Choreograph tätig – vor allem für das Ballett der Städtischen Bühnen Frankfurt, für die er seine »Gänge« (Thomas Jahn) 1982/83 choreographiert, für das Nederlands Dans Theater und das Joffrey Ballet. Seit 1984/1985 ist Forsythe Ballettdirektor in Frankfurt a. M.

Die Uraufführung dieses »Orpheus« wurde von Richard

Cragun (Orpheus), Birgit Keil (Eurydike), Reid Anderson (Apollo), Melinda Witham (Persephone) und Otto Neubert (Hades) getanzt.

Das Orpheus-Thema ist oft vom Ballett adaptiert worden. Schon das von dem Tanzmeister Bergonzio di Botta de Tortone im Jahr 1489 gestaltete Tanzfest stand im Zeichen der Orpheus-Sage. In den zwanziger Jahren brachte Ida Rubinstein (s. »Boléro«) das Mimodrama »Orphée« an der Pariser Opéra heraus. 1941 gestaltete Ninette de Valois (s. »The Rake's Progress«) ein zweiaktiges Ballett »Orpheus und Eurydike« für das Sadler's Wells Ballet (heute Royal Ballet) nach Glucks Musik. Unter den neueren Versionen ragt Béjarts (s. »Lieder eines fahrenden Gesellen«) abendfüllendes Ballett zu Musique concrète »Orphée« hervor, uraufgeführt 1958 von Béjarts Compagnie im Opernhaus von Lüttich, mit Béjart, Seigneuret und Tania Bari als Solisten. Im In- und Ausland erregte die Ballettfassung der Monteverdi-Oper »Orfeo« (Choreographie: Erich Walter; s. »Musique pour les Soupers du Roi Ubu«) berechtigtes Aufsehen.

Aber auch Glucks Oper wurde oft von Choreographen interpretiert – von Balanchine (1936), Mary Wigman (1947), Frederick Ashton (1953), Pina Bausch (1975), John Neumeier (1978), Erich Walter und Heinz Spoerli (beide 1983), der auch Henzes Ballett interpretierte.

Paquita

Pantomimisches Ballett in zwei Akten und drei Szenen. Libretto: Paul Foucher und Joseph Mazilier; Musik: Ernest Delvedez; Choreographie: Joseph Mazilier; Ausstattung: Philastre, Cambon, Diéterle, Séchan und Despléchin; Uraufführung: Théâtre de l'Académie Royale de Musique, Paris, 1. April 1846. (Dauer: abendfüllend.)

Personen: Lucien d'Hervilly; Inigo, der Anführer einer Zigeunersippe; Don Lopez de Mendoza, der spanische Gouverneur der Provinz; der Comte d'Hervilly, ein französischer General, Luciens Vater; ein Steinmetz; Paquita; Dona Seraphina; die Comtesse, die Mutter des Generals; eine junge Zigeunerin; Bauern; französische Offiziere; spanische Offiziere; Husaren; Hofdamen; Kinder.

I. Akt: Ein Tal in der Nähe von Saragossa zur Zeit der napoleonischen Besatzung, das nach einem großen Stiergehege an den Abhängen benannt ist. Rechts sind etwas entfernt riesige Felsen zu erkennen, in die einige Stufen eingehauen sind. Auf der Seite ist ein Zigeunerlager zu sehen. Ein Steinmetz meißelt eine Inschrift auf eine Marmortafel. Der Comte d'Hervilly will sie zum Andenken an seinen Bruder aufstellen lassen, der Jahre zuvor an diesem Ort von Banditen ermordet worden ist. Während der Comte seiner Schwester Seraphina, seiner Mutter und seinem Sohn von der Untat erzählt, erscheint der spanische Gouverneur. Er berichtet, daß ausgerechnet auf diesem Platz in Kürze ein Dorffest stattfinden soll. Da erklingt auch schon fröhliche Musik. Zigeuner kommen aus den Bergen. Ihr Anführer bemerkt, daß Paquita offenbar verschwunden ist. Er will sie suchen, aber da taucht sie auch schon wieder auf. Inigo ist wütend über ihre Verspätung und heißt die anderen, sich im Zelt auf den Tanz vorzubereiten. Paquita hingegen läßt er zu sich rufen und erklärt ihr, daß er ihr Sklave sein könnte, wenn sie nur wollte. Doch Paquita schweigt und beginnt zu tanzen, als wollte sie dadurch ihre Gedanken vertreiben. Empört verläßt Inigo sie. Allein, betrachtet Paquita heimlich ein Medaillon, das ihren Vater darstellen soll. Erinnerungen werden wach. Auch der Ort erscheint ihr auf einmal vertraut. Ihre Reminiszenzen werden unterbrochen, als die Gäste Platz nehmen. Die Zigeuner haben inzwischen festliche Gewänder angelegt und zeigen ihre Tänze.

Am Ende der Vorstellung drängt Inigo Paquita, Geld einzusammeln. Sie tut es unwillig, macht dabei aber einen starken Eindruck auf Lucien. Inigo will Paquita ein zweites Mal tanzen lassen, weil er mit dem Ertrag ihrer Kollekte unzufrieden ist. Doch sie weigert sich. Als er sie schlagen will, beschützt sie Lucien. Er kann nicht glauben, daß Paquita eine Zigeunerin ist. Sie will ihm ihr Medaillon zeigen, doch Inigo hat es vorsorglich gestohlen. Sie ist außer sich und beschuldigt Inigo. Der Gouverneur vermittelt. Paquita beginnt erneut zu tanzen – nicht um dem Wunsch Inigos zu willfahren, sondern um Lucien zu gefallen. Der Gouverneur beobachtet beide. Er schmiedet einen Plan: Inigo soll Lucien töten, der nach dem Willen des Generals bald seine Tochter heiratet. Er hofft, daß ihm dabei Paquita als Köder dient, um Lucien in die vorbereitete Falle zu locken. Während sich die Gäste entfernen, bespricht er sich mit Inigo. Da kehrt Lucien zurück. Er will Paquita bewegen, mit ihm zu gehen. Doch sie widersetzt sich. Inigo hat das Paar belauscht und unterrichtet den Gouverneur, der sofort handelt. Er läßt durch eine andere Zigeunerin Lucien ein kleines Blumenbukett zukommen – angeblich ein Liebespfand Paquitas. Lucien ist beglückt. Er trennt sich von seiner Familie, die nach Saragossa zurückkehrt, und folgt den Zigeunern in einigem Abstand.

II. Akt, 1. Szene: Im Innern einer Zigeunerhütte. Paquita tritt auf. Sie träumt von dem Offizier, den sie wahrscheinlich in ihrem Leben niemals wiedersehen wird. Da kommt Inigo mit einem maskierten Mann, der sich später als der Gouverneur entpuppt. Paquita versteckt sich und erfährt so vom Mordkomplott der beiden. Inigo trifft seine Vorbereitungen, nachdem der Gouverneur verschwunden ist. Auch Paquita will den Raum verlassen, wird dabei aber von Inigo ertappt. Doch sie kann ihn beruhigen: Sie sei eben erst gekommen. Zur Überraschung Paquitas taucht Lucien auf. Sie versucht ihn zu warnen, aber er schenkt ihren Befürchtungen keinen Glauben. Inigo lädt Lucien zum Essen ein. Während sich Lucien beim Trinken zurückhält, leert Inigo Glas um Glas. Um ihm zu schmeicheln, tanzt Paquita. Inigo holt eine neue Flasche. Sie enthält einen Schlaftrunk. Paquita gelingt es, die gefüllten Gläser zu vertauschen. Während sich Lucien auf Anraten Paquitas schlaftrunken stellt, ist Inigo wenig später tatsächlich betrunken. In einem Stuhl schläft er ein. Paquita und Lucien durchsuchen ihn nach Waffen und finden dabei das Medaillon wieder. Schlag Mitternacht entfliehen beide.

2. Szene: Ein schöner Ballsaal in der Residenz des französischen Kommandeurs zu Saragossa. Die Architektur läßt sowohl den maurischen Einfluß erkennen wie auch den Stil des Empire. Ein großes Porträt hängt an der Wand. Unter den zahlreichen Gästen sind ältere Generäle und jüngere Offiziere zu erkennen, Repräsentanten aller Waffengattungen in den glänzendsten Gala-Uniformen jener Zeit. Auch Offizielle aus Frankreich sieht man, Frauen in langen Abendkleidern, Mitglieder des spanischen Adels in ihren Nationalkostümen. Der Comte d'Hervilly erscheint mit seiner künftigen Schwiegertochter, und auch der Gouverneur ist da. Die Comtesse scheint beunruhigt, weil Lucien immer noch nicht zurückgekehrt ist. Da werden die Tänzer jäh in ihrem bunten Treiben unterbrochen, als Lucien zusammen mit Paquita den Saal betritt. Die Überraschung des Generals und seiner Mutter weicht alsbald der Freude, als sie von der Gefahr hören, der Lucien entronnen ist. Paquita, die er zu heiraten gedenkt, deckt das Mordkomplott auf. Der Gouverneur wird mitsamt seiner Sippschaft gefangengesetzt. Als Paquita heimlich verschwinden will, stößt sie auf das Porträt, das an der Wand hängt. Sie vergleicht es mit dem Bild auf ihrem Medaillon und erkennt die Ähnlichkeit. Wie sich herausstellt, ist dieser Offizier ihr Vater. Sie hat damals als einzige das Massaker im Stier-Tal überlebt und kam in die Obhut Inigos. Der General umarmt Paquita. Seine Mutter aber nimmt Paquita beiseite, um sie neu einzukleiden. Der Ball wird fortgesetzt. Am Ende erscheint Paquita wieder und tanzt ihren Pas, der zum Auftakt des Final-Ensembles wird.

Wahrscheinlich teilte »Paquita« das Schicksal so vieler Ballette der Romantik, wäre nicht *Marius Petipa* (s. »La Bayadère«) gewesen. Er debütierte 1847 als Premier danseur am Großen Theater in St. Petersburg in der Rolle des Lucien – und zwar in einer Aufführung, die möglicherweise sein Vater Jean Petipa einstudierte, wahrscheinlich aber er selbst zusammen mit Frédéric (alias Pierre Frédéric Malavergne) zu verantworten hatte. Wichtiger als diese Produktion, die sich choreographisch noch deutlich am erfolgreichen Original von *Joseph Mazilier* (s. »Le Corsaire«) orientiert hatte, war indes eine spätere Einstudierung. Petipa erarbeitete sie 1881 für das Große Theater in St. Petersburg und ließ sich für diese Gelegenheit von *Ludwig Minkus* (s. »La Bayadère«) einen Pas de trois für den ersten sowie einen Grand Pas und eine Kinder-Mazurka für den dritten Akt nachkomponieren. Jekaterina Wazem, die Paquita dieser Neufassung, in ihren Erinnerungen: »Dem letzten Bild gab Petipa den Charakter eines großen Festes mit verschiedenartigen Tänzen. Dessen Höhepunkt – wie der des gesamten Balletts – war der von ihm auf neue Musik von Minkus geschaffene Grand Pas. Darin wirkten die Ballerina und der Erste Kavalier, einige Solistinnen und eine Reihe Zweiter Tänzerinnen mit. Der Pas rief eine außerordentliche Wirkung hervor. Tatsächlich war er Petipa sehr gelungen: ein imposanter Auftritt, ein dekoratives Adagio aller Mitwirkenden in einer Diagonale von rechts vorn nach links hinten (vom Zuschauer aus gesehen) und abwechslungsreiche Variationen der Solistinnen.«

Wenn wir heute von »Paquita« sprechen, meinen wir im Grunde allein diesen Grand Pas nebst dem eingeschobenen Pas de trois, der sich als ein unverfälschtes Beispiel der klassischen Kunst Marius Petipas erhalten hat. Die Geschichte selbst ist verloren. Überliefert wurde im Repertoire der Ballettschule auch die Mazurka – wahrscheinlich, weil an ihr achtzig Kinder beteiligt waren. Die erste Neueinstudierung an einer sowjetischen Bühne erfolgte 1957 am Leningrader Maly-Theater durch Konstantin Bojarskij. Andere Bühnen zogen gleich. Heute gehört der Grand Pas wieder zum Repertoire der russischen Theater und ist vielfach auch im Westen zu sehen gewesen. So studierte

Alexandra Danilowa den Grand Pas 1949 für das Ballet Russe de Monte-Carlo ein. Ein Jahr zuvor erinnerte sich George Balanchine des Pas de trois im Auftrag des Grand Ballet du Marquis de Cuevas und übernahm ihn 1951 ins Repertoire des New York City Ballet. Rudolf Nurejew erarbeitete für die R.A.D.-Gala in London, für das Ballett der Mailänder Scala und für das American Ballet Theatre den Grand Pas. Andere Fassungen stammen von Oleg Winogradow, Galina Samsova und Natalia Makarowa.

Solisten der Pariser Uraufführung waren Carlotta Grisi und Lucien Petipa.

Parade

Ballett in einem Akt. Libretto: Jean Cocteau; Musik: Erik Satie; Choreographie: Léonide Massine; Ausstattung; Pablo Picasso; Uraufführung: Diaghilews Ballets Russes, Théâtre du Châtelet, Paris, 18. Mai 1917.

Personen: Chinesische Gaukler; Akrobaten; das kleine amerikanische Mädchen; Manager.

»Die Szene zeigt die Häuser von Paris. Sonntag. Jahrmarktstheater. Drei Nummern des ›Music-Hall‹ gestalten die Parade: chinesische Gaukler, Akrobaten und das kleine amerikanische Mädchen. Drei abscheuliche Manager organisieren die Reklame. Sie verständigen sich in ihrem furchtbaren Idiom, so daß die Zuschauermenge die burleske Szene für die eigentliche Vorführung im Innern hält; sie bemühen sich, dies den Leuten auf plumpe Weise begreiflich zu machen. Niemand geht hinein. Nach der ersten Nummer der burlesken Szene fallen die erschöpften Manager zu einem wirren Haufen zusammen. Die Chinesen, die Akrobaten und das kleine Mädchen kommen aus dem Inneren des völlig leeren Theaterraums. Da sie die ungeheure Anstrengung und den Zusammenbruch der Manager gewahren, versuchen sie nun ihrerseits zu erklären, daß die

Vorführung im Innern stattfindet. NB: Die Direktion behält sich das Recht vor, die Reihenfolge der Parade zu vertauschen.

Die Choreographie der Parade war technisch von *Massine* nach den Anweisungen des Autors gestaltet worden. Die Gebärden des Lebens waren zum erstenmal übertrieben, vergrößert und bis zum Tanz gesteigert worden.« (Jean Cocteau.)

Ursprünglich hatten die Autoren von »Parade« nur beabsichtigt, etwas von der Stimmung einzufangen, die umherziehende Jahrmarktstheater am Sonntagmorgen in Paris oder der französischen Provinz erzeugten. Man wollte Zirkusluft einfangen oder den Schminkenduft der »Schmiere«. Von dieser Absicht blieb nicht viel übrig. In den »Managern«, eigentlich die Ausschreier des Jahrmarktstheaters, wurde die Werbung, die Reklame verulkt oder sogar karikiert. Dieser Aspekt des Balletts ist aktueller als jemals zuvor. 1917 dürften die Inszenatoren sich kaum eine Vorstellung davon gemacht haben, zu welcher Hybris sich die Reklame in unserer Zeit noch steigern sollte.

Weniger aktuell ist die einst so gerühmte Ausstattung *Pablo Picassos,* die das Ballett angeblich zu einem Fanal des Kubismus machte. Richtiger ist wohl, daß es den Kubismus, der um 1907 entstand, 1917 schon lange seinen Höhepunkt überschritten hatte, gesellschaftsfähig machte. Mit »Parade« wurde der Kubismus »chic«. *Jean Cocteau* (s. »Die Dame und das Einhorn«) schrieb das Libretto. Er trat immer dann auf den Plan, wenn etwas »chic« zu werden begann. Oder er sorgte dafür, daß es »chic« wurde. *Erik Satie* (s. »Monotones«) schrieb dazu eine entsprechende Musik aus Schreibmaschinen- und Flugzeugmotorengeräuschen.

Solisten der Uraufführung waren Lydia Lopokowa und Léonide Massine.

Pas de Dix

Klassisches Ballett. Musik: Alexander Glasunow; Choreographie: George Balanchine; Kostüme: Esteban Francés; Beleuchtung: Jean Rosenthal; Uraufführung: New York City Ballet, City Center, New York, 9. November 1955.

Die Musik zu diesem Ballett für zehn Tänzer (zwei Solisten und je vier Mädchen und Jungen) stammt aus dem abendfüllenden Ballett »Raymonda« (s. d.) von *Glasunow* (s. »Die Jahreszeiten«). *Balanchine* (s. »Agon«) hat dazu ein »unterhaltsames Spiel« ohne Geschichte geschaffen, »einfach« (Balanchine) eine Serie von Tänzen für eine Ballerina, ihren Partner und ein kleines Ensemble. Wiederum beschwört er damit den Geist von Petipa (s. »La Bayadère«), des St. Petersburger Marientheaters (s. »Ballet Imperial«) und vor allem den Glasunows und seines Balletts »Raymonda«, in dem Balanchine noch selbst getanzt hatte.

»Pas de Dix«, das sich allgemeiner Beliebtheit erfreut, verlangt, um zu voller Wirksamkeit zu gelangen, sehr gute Tänzer, obwohl die Choreographie nicht allzu hohe Anforderungen an die Technik der Tänzer stellt. Freilich ist es in Europa üblich, Balanchines sogenannte Nebenwerke wie »Pas de Dix« relativ langsam zu tanzen, während seine eigenen Tänzer, die des New York City Ballet, stets sehr schnell tanzten.

Solisten der Uraufführung waren Maria Tallchief und André Eglevsky.

Pas de Quatre

Divertissement. Musik: Cesare Pugni; Choreographie: Jules Perrot; Uraufführung: Her Majesty's Theatre, London, 12. Juli 1845.

Personen: Marie Taglioni; Carlotta Grisi; Fanny Cerrito; Lucile Grahn.

Der Vorhang geht auf. Die vier Ballerinen fügen sich zu einer Gruppe. In der Mitte steht Marie Taglioni, die Arme nach oben geöffnet, zu ihrer Linken kniet Carlotta Grisi, rechts neben ihr verharrt, die Taglioni an der Hüfte haltend, Fanny Cerrito, im Vordergrund ruht Lucile Grahn. Es ist, als sehe man ein Blumenarrangement, ein lebendes Ornament. Die Ballerinen lösen sich aus der bildhaften Starre. Mit gegenseitigen Reverenzen begrüßen sich die vier Étoiles des Romantischen Balletts und bereiten dann das Divertissement vor: die Taglioni geleitet die Cerrito und Grisi von der Bühne, die

1. Variation tanzt Lucile Grahn (Moderato). Sie ist berühmt als eine Ballerina, die über eine kraftvoll-brillante Technik verfügt, ihre Pas sind von Klarheit und Präzision bestimmt.

2. Variation: Carlotta Grisi, die Ur-Giselle, läßt einen Pas seul ganz im lyrischen Stil folgen; freilich sind so viele knifflige Schrittfolgen und vervielfachte Wendungen enthalten, daß die Lyrik mehr einer romantisch-kunstvollen Arie als einem Volkslied gleicht. Die Taglioni und die Grahn geleiten die nächste Tänzerin auf die Bühne: zwischen ihnen balancierend kommt, auf den Spitzen schwebend, die zierliche Cerrito.

3. Variation: Sie löst sich aus dem Schutz der beiden und tanzt einen graziösen Walzer (Moderato), ein Bild der Jugend und völligen Unbeschwertheit.

Am Ende ihrer Variation verbeugt sie sich, und sie verhält sich so, als ob sie eine Hoheit begrüßt: vor ihr steht Marie Taglioni, die »Göttliche«.

4. Variation: Ein Allegro grazioso dient dazu, die Vorzüge dieser legendären Tänzerin darzutun: ihre Noblesse, ihre unerschütterliche Balance und ihre Elevation. Sie ist, was und wann immer sie tanzt, die schwerelose Sylphide.

Nun vereinigen sich die vier – jede hat ihre Eigenart und ihr besonderes Vermögen demonstriert – zu dem *Pas de quatre* (Tempo di Valse). Auf dem Kulminationspunkt nehmen sie wieder die Haltung ein, in der sie der Lithograph Chalon festgehalten hat: ein Bouquet von weißen Ballerinen.

»Die vier regierenden Ballerinen« wurden von *Jules Perrot* (s. »Giselle«) 1845 unter unvorstellbaren Schwierigkeiten »unter einen Hut« gebracht – sie waren ja zugleich heftig rivalisierende Tänzerinnen. Königin Viktoria besuchte mit Prinz Albert die dritte Aufführung im Theater des Mr. Lumley. Die »Times« nannte das Ereignis die größte »Terpsichoran Exhibition«, die Europa je gesehen habe. Eine Anekdotenkette ist um diesen »Pas de Quatre« gewunden – jede der vier wollte zuerst auf die Bühne; der Direktor schlug vor, der Ältesten den Vortritt zu lassen. Damit war der Streit beendet.

Die Rekonstruktion des Perrotschen Divertissements ist Cyril Beaumont zu danken, der das literarische und archivalische Material zusammentrug. Keith Lester besorgte die choreographische Rekonstruktion; die Originalmusik Pugnis fand sich im Britischen Museum. Das Markova-Dolin-Ballett führte 1936 den »Pas de Quatre« wieder auf.

Cesare Pugni (1805–70) gehört zu den Ballettmusik-Fabrikanten des 19. Jahrhunderts. Vor allem als offizieller Ballettkomponist des Marientheaters in St. Petersburg (heute Kirow-Theater in Leningrad) schuf er annähernd 300 Ballettpartituren neben 10 Opern und 40 Messen. Heute noch gespielt werden neben der Musik zum »Pas de Quatre« die Ballette »Esmeralda« und »Das bucklige Pferdchen«, vor allem in Rußland.

Pavane auf den Tod einer Infantin

Ballett in einem Akt. Buch: Kurt Jooss; Musik: Maurice Ravel; Choreographie: Kurt Jooss; Kostüme: Sigurd Leeder; Uraufführung: Folkwang Tanztheater-Studio, Opernhaus Essen, Oktober 1929.

Personen: Die Infantin; Damen und Herren des spanischen Hofes.

»Eingeschnürt in den Zwang des kalten und bombastischen Hofzeremoniells, sucht die junge Infantin vergeblich, sich zu befreien, und unterliegt am Ende der Bürde der unveränderlichen Etikette.« (Kurt Jooss.)

Eine Miniatur wie die »Pavane« mag überraschen, wenn man die anderen Arbeiten von *Kurt Jooss* kennt: den »Grünen Tisch« (s. d.) vor allem, die »Großstadt« (s. d.) oder den »Ball in Alt-Wien«, den er zusammen mit seiner Frau Aino Siimola choreographiert hat. Aber Jooss, Repräsentant dessen, was man einmal den Ausdruckstanz oder den German Dance genannt hat, ist auch bei diesem kleinen Stück, das nicht einmal zehn Minuten dauert, ganz er selbst. Mit wenigen Bewegungen definiert er einen Charakter, umreißt er eine historische Situation. Er verfälscht nichts ins Beliebige, sondern zwingt das Drama, zu dem ihn 1929 Ravels »Pavane pour une Infante Défunte« inspiriert hat, in eine Form, die die Unerbittlichkeit, die Lebensferne und Kälte des spanischen Hofes sinnfällig macht. Dabei benützt er die Grundschritte und Körperhaltungen der überlieferten Pavane, ohne sich von eigenen Varianten abhalten zu lassen: Die junge Infantin formuliert ihren Protest gegen die Unmenschlichkeit des Hofes und des Zeremoniells auf eine freie, ungebundene Weise, die sich von den mechanischen Bewegungsmustern der anderen deutlich abhebt. Der stakkatohafte Schreittanz kennt kein Erbarmen. Der Ausbruch aus dem goldenen Gefängnis ist vergeblich. Immer wieder stößt das Kind auf den Widerstand von Menschen, die in ihren Velazquez-Kostümen längst jede Menschlichkeit verloren haben und ihre abgezirkelten Schritte ohne jede innere Regung setzen.

Anläßlich des Concours International de Chorégraphie Paris faßt Jooss 1932 sein »Credo« in folgende Worte: »Wir glauben an den Tanz als eine unabhängige und autonome Form des Theaters, eine Kunst, die nicht durch das gesprochene Wort ersetzt werden kann; seine Sprache ist die ausdrucksvolle Bewegung des menschlichen Körpers in reiner und stilisierter Form. Unsere Anstrengungen gelten vor allem dem theatralischen Tanz, den wir als die fruchtbarste Synthese von hoher dramatischer Ausdruckskraft und reinem Tanz betrachten. Wir streben nach einer Tanzkunst und einer Form der Choreographie, die gleichermaßen auf den Theorien und der Praxis des Neuen Modernen Tanzes und jenen des traditionellen klassischen Balletts aufbaut. Die Basis unserer Arbeit ist, den äußerst weitgespannten und umfassenden Bogen allen menschlichen Empfindens und Handelns in allen Phasen der unbegrenzten Wege sichtbar zu machen. Durch Konzentration auf das Wesentliche kommen wir zu unseren Tanzformen.« Jooss hat die »Pavane« zum 50. Geburtstag des Tänzers und Tanztheoretikers Rudolf von Laban konzipiert. Wie kein anderes seiner Stücke bekräftigt sie sein choreographisches Glaubensbekenntnis.

Die *Pavane* ist ein feierlicher, meist geradtaktiger höfischer Schreittanz, der sich im 16. und 17. Jahrhundert besonders in Italien, Frankreich und Spanien großer Beliebtheit erfreute. Seine Herkunft liegt im dunkeln. Oft wird sein Name von der Stadt Padua abgeleitet (gelegentlich findet sich auch die Tanzbezeichnung »Padovana«), gelegentlich mit dem spanischen Wort »pavo« (Pfau) in Zusammenhang gebracht. In einem Quellenwerk des frühen 16. Jahrhunderts, Ambrosio Dalzas »Tabulature de Lauto« von 1508, sind vier Tänze als Pavanen bezeichnet. Als langsamer Hoftanz verdrängt er die älteren »Basses Danses« der burgundischen Schule und erscheint meist zusammen mit der Galliarde. Ravel, der sich später eher kritisch über seine »Pavane pour une Infante Défunte« geäußert hat, übernimmt das langsame, gravitätische Zeitmaß. Sie ist von Choreographen immer wieder gern interpretiert worden – so auch von John Cranko (s. »Die Befragung«) in dem 1967 geschaffenen Ravel-Ballett »Quatre Images«. Eine andere, vielfach choreographierte »Pavane« stammt von dem französischen Komponisten Gabriel Fauré.

Pelleas und Melisande

Ballett von Erich Walter nach einem Drama von Maurice Maeterlinck. Musik: Arnold Schönberg; Choreographie: Erich Walter; Bühnenbild: Heinrich Wendel; Kostüme: Günter Kappel; Uraufführung: Wuppertaler Bühnen, Opernhaus, 27. November 1955.

Personen: Melisande; Pelleas; Golo; die Königin; der König; Corps de ballet.

Der König und die Königin von Allemonde leben in ihrem Schloß wie in einer längst vergangenen Welt. Sie nehmen das Elend, das sie umgibt, kaum noch wahr. Ihre Lebensäußerungen sind zu strengen Formeln erstarrt. Der ältere Sohn Golo kann sich mit der Realität abfinden, der jüngere Pelleas lebt in einer heilen Traumwelt.

Auf der Jagd findet Golo an einer Quelle Melisande, die sich hierher verirrt hat. Traurig blickt sie auf die Krone, die ihr ins Wasser fiel. Golo nimmt sie mit sich auf das Schloß. Hier begegnet sie zum erstenmal dem wesensverwandten Pelleas. Melisande wird Golos Gemahlin.

Am Brunnen begegnen sich Pelleas und Melisande wieder. Beide spüren die Gefühle, die sie füreinander haben. Melisande, durch ihre Empfindungen verwirrt, verliert Golos Ring.

In der Abenddämmerung fließt Melisandes Haar über die Brüstung zu Pelleas herab. Golo beobachtet beide, seine Eifersucht ist geweckt, er beginnt seinen Bruder zu hassen. Er führt Pelleas in ein unterirdisches Gewölbe des Schlosses. Dort blicken sie in einen tödlichen Abgrund. Pelleas versteht und entflieht dem Haß seines Bruders. Golo bemerkt das Fehlen des Ringes. Er befiehlt Melisande, ihn zu suchen. Sie geht zum Brunnen und trifft auf Pelleas. Melisande ist glücklich darüber, auch wenn sie weiß, daß Golo sie beobachtet. Als sie sich küssen, tritt Golo hervor und tötet Pelleas.

Golo irrt durch die Wälder. Er kommt zu jener Quelle, an der er einst Melisande gefunden hat. Er sieht ihre Krone, kann sie aber nicht erreichen. Melisande stirbt.

Golo steht an ihrem Leichnam. Der König und die Königin bleiben ungerührt. Golo verliert sich im Anblick Melisandes.

Das gleichnamige Stück von *Maurice Maeterlinck* (1862–1949) ist immer wieder gern interpretiert worden. »Was die Komponisten um 1900 an Maeterlinck faszinierte«, so schreibt *Arnold Schönberg* (1874–1951) noch kurz vor seinem Tode, »war seine Kunst, ewige Menschheitsprobleme in der Form von zeitlosen Märchen zu dramatisieren.« Deshalb ist es auch nicht verwunderlich, daß es ein Komponist war, der dem jungen Schönberg das impressionistisch-symbolistische Schauspiel des Flamen zur Vertonung empfahl: Richard Strauss. Ohne zu wissen, daß in Paris unter dem gleichen Titel bereits eine Oper von Claude Debussy (s. »Brouillards«) uraufgeführt worden war, begann Schönberg im Juli 1902 mit einer »Symphonischen Dichtung«, die drei Jahre danach als Opus 5 unter seiner Leitung in Wien vorgestellt wurde. Anders als Debussy deutet er in seiner Musik Maeterlincks Stück als eine klar durchschaubare Schicksalstragödie. Sie folgt der Handlung. Formal gesehen ist sie indes, wie Edward Staempfli in der »Schweizerischen Musikzeitung« betont hat, »eine viersätzige Symphonie, also absolute Musik mit einer programmatischen Grundlage. Schönberg folgte darin der großen deutschen Tradition seit Wagner, die zu Bruckner, Richard Strauss und Mahler geführt hatte; in satztechnischer Hinsicht verdankte er aber auch Brahms sehr viel.« Interessant ist in diesem Zusammenhang eine Analyse von Alban Berg, der wie Schönberg später zu den Vertretern der sogenannten Zwölftontechnik gehört. In ihr definiert er 1920 den Ersten Teil der Symphonie als die Exposition eines ersten Sonatensatzes (mit Reprise): Einleitung (im Walde), Hauptthema (Golo), Seitenthema (Pelleas) und Schlußthema (Melisandes Liebeserwachen). Zweiter Teil: drei das Scherzo und die dramatische Peripetie vertretende Stücke (Szene am Springbrunnen, Szene am Schloßturm,

Szene in den unterirdischen Gewölben des Schlosses). Durchführungsartige Einleitung; dann Dritter Teil: quasi Adagio (Abschieds- und Liebesszene zwischen Pelleas und Melisande). Vierter Teil: Reprise der Exposition (aus dem Ersten Teil) und des Adagiothemas, überleitend in die Szene im Sterbegemach Melisandes. Epilog (dreiteilig): Hauptsatzthema, durchführungsartige Verarbeitung von Partien aus dem Zweiten und Dritten Teil, Wiederholung des Epiloganfangs.

Schon drei Jahre vor Erich Walter hatte Peter van Dyk Schönbergs Komposition für das Hessische Staatstheater Wiesbaden choreographiert, 1969 folgte Roland Petit mit einer Interpretation für das Royal Ballet London (und Margot Fonteyn und Rudolf Nurejew). 1975 inszenierte Gray Veredon das Werk für das Kölner Tanz-Forum. Andere Choreographen unterlegten ihren Versuchen andere Musik: so Jean-Jacques Etcheverry, der 1953 in Enghien-les-Bains ein Ballett gleichen Titels zu Musik von Gabriel Fauré herausbrachte. 1954 verwendete Tatjana Gsovsky an der Städtischen Oper Berlin eine Komposition von Max Baumann, 1975 Joachim Gerster am Staatstheater Braunschweig eine von Jean Sibelius. Drei Jahre später stellte Fred Howald an der Frankfurter Oper unter dem Titel »Golaud – Pelléas – Mélisande« gar ein abendfüllendes Ballett vor. Als musikalische Grundlage diente ihm neben Schönbergs Musik noch Debussys »Children's Corner« und »Trois Nocturnes«. Wirklich durchgesetzt hat sich indes nur die Wuppertaler Arbeit von Erich Walter (s. »Musique pour les Soupers du Roi Ubu«): Sie war 1967 auch in Zürich, 1969 in Düsseldorf, 1975 an der Deutschen Oper Berlin und 1977 an der Wiener Staatsoper zu sehen. Sie realisiert am ehesten die Atmosphäre des Stücks, die Stimmung des Todes, des Untergangs. Unerbittlich »zirkelt das greise Königspaar sein Todesmenuett«. Vergebens kämpfen Pelleas und Melisande, Lichtfiguren in diesem Schattenreich, gegen diese Welt des Vergehens. Sie müssen sterben. Walters Ballett wurde immer wieder als eine seiner inspiriertesten Choreographien bezeichnet, »ein Werk mit einem ganz eigenen, märchenhaft-verwunschenen, leicht degenerierten Tonfall«, eine »Bildvision von Traum und Ferne, von Verfall und Vergehen, in der sich Tanz poetisch erfüllen kann« (Horst Koegler).

Solisten der Uraufführung waren Denise Laumer (Melisande), Egon Pinnau (Pelleas) und Erich Walter (Golo).

La Péri

I Ballett in zwei Akten. Libretto: Théophile Gautier und Jean Coralli; Musik: Friedrich Burgmüller; Choreographie: Jean Coralli; Ausstattung: Séchan, Dieterlé, Despléchin u. a.; Uraufführung: Théâtre de l'Académie Royal de Musique, Paris, 17. Juli 1843.

II Pas de deux. Musik: Paul Dukas; Choreographie: Ivan Clustine; Ausstattung: R. Piot; Uraufführung: Théâtre du Châtelet, Paris, 22. April 1912.

Personen: Iskender; die Péri.

Nach der persischen Mythologie sind Péris gefallene Engel, die die Form elfischer Wesen annehmen können. Um die Geschichte von Iskender, seiner Suche nach dem Lotus, der Blume der Unsterblichkeit, und seiner Begegnung mit einer Péri sind viele Ballette choreographiert worden (u. a. von Staats, Ashton [s. »Façade«], Lifar [s. »Phèdre], Béjart [s. »Lieder eines fahrenden Gesellen«]). Auf der Suche nach der Blume wandert Iskender bis »ans Ende der Welt«. Endlich findet er sie in der Hand eines schlafenden Mädchens von großer Schönheit. Er stiehlt die Blume, aber macht sich nicht davon, weil er das Mädchen so sehr bewundert, das vor ihm liegt. Als die Péri erwacht, weiß sie sofort, was er will, und stachelt tanzend seine Begierde an. Sie muß die Blume zurückhaben. Iskender ist hingerissen. Für einen Kuß würde er alles auf der Welt hergeben. Er gibt die Blume zurück. Das Mädchen nimmt die Gestalt einer Péri an und vergeht im Licht, das aus dem Kelch der Blume strahlt. Iskender erkennt, daß er sterben muß. Er fühlt, wie ihn die Schatten umzingeln.

Heute wird das Ballett nur noch als Pas de deux mit der Musik von *Paul Dukas* (1865–1935) getanzt, dessen ursprünglich für den Konzertsaal gedachtes Orchesterscherzo »Der Zauberlehrling« sich ebenfalls großer Beliebtheit als Ballettmusik erfreut.

Die Solisten der Uraufführung des Burgmüller-Balletts waren Carlotta Grisi und Lucien Petipa; die Rolle der Péri in der Dukas-Fassung kreierte Natalia Trouhanova.

Persephone

Melodrama in drei Szenen. Libretto: André Gide; Musik: Igor Strawinsky; Choreographie: Kurt Jooss; Ausstattung: André Barsacq; Uraufführung: Ballets Ida Rubinstein, Théâtre National de l'Opera, Paris, 30. April 1934.

Personen: Persephone; die Schatten der Unterwelt; Eumolpus, Hoherpriester; Pluto; Merkur; Demeter; Demaphoon.

1. Szene: »Die Entführung der Persephone.« Persephone wird aufgefordert, keine Narzisse zu pflücken, denn wer auch immer ihren Duft einatme, werde den Hades erblikken. Aber Persephone bewundert die Blume über alle Maßen. Als sie ihren Duft einatmet, erscheinen ihr die traurigen Schatten der Unterwelt, die rastlos wandern müssen bis ans Ende aller Tage. Sie hat Mitleid mit ihnen. Der Hohepriester Eumolpus sagt Persephone, daß, wenn sie sich entschließen könnte, in die Unterwelt hinabzusteigen, viele Schatten glücklicher sein würden. Pluto ruft Persephone, die in den Hades hinabsteigt.

2. Szene: »Persephone in der Unterwelt.« Sie ist Herrscherin der Schatten geworden. Mit Persephone ist der Frühling von der Erde verschwunden. Indem sie in einen

Granatapfel beißt, den ihr Merkur bringt, erinnert sie sich an die Erde, an ihre Mutter und an ihren irdischen Gatten, Demaphoon. Eumolpus sagt, daß der Winter nicht ewig auf der Erde dauern werde. Demeter plane, Demaphoon zu veranlassen, die Menschen den Ackerbau zu lehren. Durch seine Fürbitte wird Persephone wiedergeboren und kann zu ihm und der Mutter zurückkehren.

3. Szene: »Persephones Wiedergeburt.« Persephone ist wiedervereint mit ihrer Mutter und ihrem irdischen Gatten. Der Frühling ist auf die Erde zurückgekehrt. Nachdem der Rhythmus der Jahreszeiten wieder stimmt, erkennt Persephone, daß ihr Schicksal dennoch mit dem der Schatten verbunden ist und daß sie in den Hades zurückkehren muß, um an der Seite Plutos über sie zu herrschen. Mit einer Fackel, die ihr Merkur gibt, geht sie den Weg in die Dunkelheit zurück. (Von nun an wird sie ein halbes Jahr mit ihrer Mutter Demeter, der Göttin der Fruchtbarkeit, und ihrem Gatten Demaphoon, dem Gott des Ackerbaus, auf der Erde verbringen; die andere Hälfte herrscht sie neben Pluto über die Toten.)

Die Solistin der Uraufführung war Ida Rubinstein.

»Als eines der am schwierigsten zu realisierenden Werke des modernen Musiktheaters hat sich bei allen Inszenierungsversuchen immer wieder *Gide–Strawinskys* ›Persephone‹ herausgestellt. Als Melodram im Auftrag der Schauspielerin und Tänzerin *Ida Rubinstein* [s. ›Boléro‹] entstanden, die es auch 1934 mit ihrer eigenen Truppe in der Choreographie von *Kurt Jooss* [s. ›Großstadt‹] zur Uraufführung brachte, hat es mit seiner Forderung nach einer Tänzerin, die gleichzeitig eine hervorragende Sprecherin sein muß, in unserem Theaterbetrieb einen schweren Stand. Trotzdem kann man dieser ›Persephone‹ in Abständen immer wieder einmal auch auf der Bühne begegnen – so vor einigen Jahren in einer sehr eindrucksvollen Inszenierung Walter–Wendels [s. ›Musique pour les Soupers du Roi Ubu‹] in Wuppertal und beim Londoner Royal

Ballet in einer Inszenierung Frederick Ashtons [s. ›Façade‹], mit Svetlana Beriosova in der Titelrolle – in der allem Anschein nach überzeugendsten szenischen Lösung, die ›Persephone‹ je erfahren hat.« (Horst Koegler.)

Les Petits Riens

Ballett-Divertissement von Jean-Georges Noverre. Musik: W. A. Mozart; Choreographie: Jean-Georges Noverre; Uraufführung: Théâtre de l'Académie Royal de Musique, Paris, 11. Juni 1778.

Personen: Drei Schäferinnen; zwei Kavaliere (Colin und Maillard); Amor.

Eine muntere Ouvertüre, ein Allegro in unbefangenem C-Dur, leitet das Werk ein. Die lächelnde Rokokowelt des Balletts »Les Petits Riens« ist gegliedert in drei Pastoralen.

Die *erste Pastorale* zeigt einen Käfig, in dem sich Amor hatte fangen lassen (Entrée, Largo con sordini). Daß der mutwillige Liebesgott den Schäferinnen ins Garn gegangen ist, ist Grund genug für einen launigen Tanz (La Poursuite, Allegro). Das Andantino (Nr. 3 und 4) ist die pantomimische Klage des im Käfig gefangenen Amor und die tänzerische Zwiesprache, welche die Schäferinnen mit ihm führen. (Mozart hat das Andantino auch mit Echo-Flöten besetzt, die dem sentimentalisch-heiteren Pathos des gefangenen Amor Ausdruck verleihen.) Eine Musette tanzen die Mädchen zu dem Larghetto. In der Partitur steht über diesem Tanz (Nr. 5) ausdrücklich »Idylle«.

In der *zweiten Pastorale* sehen wir das Blindekuh-Spiel (Nr. 6, Gavotte joyeuse). Zu den drei Mädchen haben sich zwei Kavaliere gesellt, und nun wird, nach einem kurzen Adagio (Nr. 7) – das Zeit läßt, sich gegenseitig mit artigen Reverenzen zu begrüßen –, ein kontrastierendes, feuriges Presto angeschlagen, und alle Freude am Tanz und am Spiel erfaßt die Agierenden. Das ist ein Allegro vivo (Nr. 8, auch als Courante betitelt). Der folgende Pas de cinq auf die Musette (Andante non troppo Nr. 9, Partitur-Bezeichnung Gavotte gracieuse) dient hier, wie überhaupt in der Tanzsuite, nicht einer Handlung. Er ist Stimmung, und er erzeugt Stimmung, gibt ein Bild der frohen Jugend.

Das dritte und letzte Bild stellt die Rache des gefangenen Amor dar (Pantomime Nr. 10 Allegro assai). Ihm ist es gerade recht, daß er zwar mit drei Schäferinnen, aber nur mit zwei Kavalieren zu tun hat. Die Anführerin der Schäferinnen hat Amor aus dem Käfig befreit, und er rät ihr nun, sich als Kavalier zu verkleiden. Die beiden Mädchen wenden sogleich ihre Aufmerksamkeit dem neuen unbekannten Bewerber zu, der besonders forsch mit ihnen kokettiert (Nr. 11 Passepied, Allegro vivo). Schon scheinen die beiden ersten Galane vergessen und aus dem Felde geschlagen zu sein (Nr. 12 Gavotte sentimentale, Andante), da demaskiert sich der »Kavalier«, indem »er« seinen Busen entblößt (Nr. 13 Dénouement, Andante). Alle fünf vereinigen sich mit Amor zum Finale (Nr. 14 Gigue, Allegro).

Théophile Gautier hat vom Ballett gesagt, es sei »beinahe nichts und doch alles!« Damit ist auch alles über »Die kleinen Nichtigkeiten« Mozarts gesagt.

Das Ballett »Les Petits Riens« war nach der Uraufführung – es wurde zusammen mit der Oper »Le Finte Gemelle« von Niccolò Piccini (1728–1800) gegeben – lange verschollen. *Mozart* als Komponist war auf dem Theaterzettel nicht einmal erwähnt worden. 1872 hat der deutsche Musikforscher Viktor Wilder in der Bibliothek der Pariser Oper das Mozartsche Original wiederentdeckt; eindeutig von Mozarts Hand sind nur die Ouvertüre sowie die vierzehn Nummern, die ins Köchelverzeichnis (Nr. 299 b) aufgenommen sind. Das Noverresche Ballett hatte aber außer den Mozartschen Kompositionen noch sieben weitere Nummern von anderer (unbekannter) Hand. In einem Brief an den Vater (vom 9. Juli) schreibt Mozart: ». . . Wegen des Balletts des Noverre habe ich ja nichts Anderes geschrieben als daß er vielleicht ein neues machen wird. Er hat just ein halbes Ballett gebraucht, und dazu machte ich die Musik –, daß ist sechs Stück werden von Andern darin seyn, die bestehen aus lauter miserablen französischen Arien; die Sinfonie und Contredanses, überhaupt zwölf Stücke werde ich dazu gemacht haben. Dieses Ballett ist schon viermal mit größtem Beyfalle gegeben worden.« Der musikalische Ablauf des Balletts ist von Wilder nach Aufzeichnungen der Pariser Opernbibliothek rekonstruiert worden, die meisten szenisch-choreographischen Wiedergaben des Balletts stützen sich darauf.

»Les Petits Riens« ist durchaus nicht typisch für den Choreographen *Jean-Georges Noverre* (1727–1810), der der erste große Reformer des Balletts war. Er wandte sich vor allem gegen Divertissements wie das Mozart-Ballett und verlangte Handlungsballette, vorwiegend mythischen oder heroischen Charakters. Freilich ist er oft mißverstanden worden. In seinen »Briefen über den Tanz« (1760 in Stuttgart und Lyon) sagt er ausdrücklich, daß man nur solche Stoffe für das Ballett wählen solle, die sich dem Wort und der Darstellung durch die anderen Bühnendisziplinen entziehen. Noverre leitete von 1760 bis 1766 das Ballett des Herzogs Carl Eugen in Stuttgart – die erste deutsche Ballettcompagnie, von der zumindest indirekt Impulse ausgingen, die die internationale Ballettszene veränderten.

Die »Briefe über den Tanz« erschienen schon im Dezember 1759; in der Erstausgabe aber heißt es »À Stuttgart et se ven à Lyon chez A. Delaroche, 1760«. Der vollständige Titel des Werkes lautet »Lettres sur les Arts Imitateurs en Général et sur la Danse en Particulier« (Briefe über die nachahmenden Künste im allgemeinen und über den Tanz im besonderen).

Das Tanz-Komitee des Internationalen Theaterinstituts (ITI) hat den 29. April, den Geburtstag Noverres, zum »Internationalen Tanz-Tag« erhoben, um auf die Bedeutung des Balletts und des Tanzes, auf ihre Kunstformen, aber auch auf ihre Bedeutung für die Erziehung hinweisen zu können.

Petruschka (Petrouchka)

Burleske in vier Szenen. Libretto: Igor Strawinsky und Alexandre Benois; Musik: Igor Strawinsky; Choreographie: Michail Fokine; Ausstattung: Alexandre Benois; Uraufführung: Diaghilews Ballets Russes, Théâtre du Châtelet, Paris, 13. Juni 1911.

Personen: Die Ballerina; Petruschka; der Mohr; der alte Zauberer; die Ammen (Pas de neuf); die Kutscher (Pas de cinq); die beiden Stallknechte; der Kaufmann; die beiden Zigeunerinnen; die beiden Straßentänzerinnen; der erste und der zweite Orgelspieler; der »Hungerkünstler« auf dem Jahrmarkt; der Besitzer des Panoptikums; maskierte Bummler; Offiziere; Soldaten; Damen und Herren; Kinder; Polizisten; ein Bärentreiber; Jahrmarktsvolk.

Petersburg um 1830, Platz vor der Admiralität. Die Bauern sind in die Stadt gekommen, um vor der Fastenzeit noch einmal alle Geister der Fröhlichkeit zu beschwören. Man sieht Schaubuden, Karussells, ein Riesenrad. In der Mitte steht die Bude des Zauberers (Bühne auf der Bühne mit Vorhang). Die Szene ist sehr voll, man muß durchaus den Eindruck eines Volksgedränges haben. Eine Gruppe torkelnder Angetrunkener überquert den Platz (Vivo). Von seiner Gauklerbühne herab unterhält der »Hungerkünstler« die Menge. Der Drehorgelspieler tritt auf, ihn begleitet eine Tänzerin. Mit der einen Hand dreht er die Walze, mit der anderen hält er das Cornet und spielt der Tänzerin auf. Von der anderen Seite kommt ein anderer Musikant mit seinem Kasten, auch er spielt für eine Straßentänzerin. Die erste Tänzerin schlägt zu ihrem Tanz eine Triangel – beide Drehorgeln rivalisieren miteinander (Vivace). Die Betrunkenen überqueren aufs neue die Szene.

Der alte Zauberer erscheint vor seinem Theater (Le Tour de passe-passe). Er bläst auf seiner Flöte eine Cadenza. Der Vorhang seines Theaters geht in die Höhe. Man sieht auf der dreigeteilten Bühne drei Puppen: Petruschka, den Mohr, die Ballerina. Alle drei haben starr

einen Arm erhoben. Im Mittelfeld steht die Ballerina; sie sieht aus wie eine Porzellanfigur mit großen kreisrunden Rougeflecken auf den Wangen. Zur Linken der Mohr; die Augen und die Zähne kontrastieren in grellem Weiß zu seiner dunklen Haut; er trägt einen Turban und eine seidene Bluse sowie weite Pluderhosen. Zur Rechten aber sieht man Petruschka, den russischen Hanswurst. Sein Gesicht ist eine weiße Maske, sein Körper ist schlaff wie der einer alten Puppe. Während der Mohr und die Ballerina aufrecht und stolz dastehen, hält Petruschka den Kopf seitlich geneigt, ein Bild, das Mitleid weckt.

Auf ein dreifaches Flötensignal des Zauberers beginnen die Puppen vor der Menge zu tanzen: Danse Russe (Allegro giusto). Ihr Tanz hat etwas Mechanisches, Puppenhaftes. Eine Tragödie bahnt sich an: der Mohr und Petruschka tanzen eigentlich nicht für die Zuschauer, sondern für die von jedem auf seine Art geliebte Ballerina. Die Ballerina flirtet mit dem Mohren; Petruschka ist eifersüchtig. Die Bühne wird dunkel, der Tanz erstarrt. Der Vorhang fällt.

Bei Petruschka. Wenn sich der Vorhang wieder hebt, wird die Tür zu Petruschkas Bude brüsk geöffnet; mit einem Fußtritt wird Petruschka in eine Ecke befördert (Impetuoso). Der Raum ist eine dürftige Zelle. Petruschkas Tanz ist der Ausdruck vollkommener Hoffnungslosigkeit (er wird begleitet vom Soloklavier) – Petruschka kehrt zur Tür zurück, er möchte hinaus aus seinem Gefängnis. Er drückt seine Sehnsucht in einem kleinen Tanz aus (Andantino).

Die Ballerina tritt in Petruschkas Bude (Allegro). Sie schaut amüsiert auf den unglücklichen Petruschka, der mit brillanten Sprüngen die Ballerina für sich einzunehmen sucht. Aber sie wendet sich ab und verläßt den armseligen Raum wieder. Petruschka ist verzweifelt. Er weiß nicht, was er tun soll. Schließlich stürzt er sich kopfüber durch das gemalte Fenster an der Wand seiner Zelle und landet ...

Bei dem Mohren. Sein Raum ist ausgemalt mit Palmen und exotischen Früchten. Ein großes Ruhebett nimmt viel

Platz ein. Der Mohr liegt darauf und spielt mit einer Kokosnuß. Tanz des Mohren – er ist mit sich und seinem Schicksal zufrieden. Nur ärgert er sich, daß er die Nuß nicht öffnen kann – woraus er schließt, daß sie ihm überlegen ist. Deshalb kniet er nieder, um die Nuß wie etwas Göttliches anzubeten.

Die Ballerina erscheint, ein Cornet à piston blasend, accompagniert von einem Tambour militair. Der Mohr vergißt seinen Fetisch, die Kokosnuß, und ist entzückt vom Spiel der Ballerina. Beide tanzen einen Walzer (Lento cantabile): Der Mohr tanzt *gegen* den Walzer, die Ballerina dagegen überläßt sich ganz dem Walzerrhythmus. Schon will der Mohr die Ballerina zum Ruhebett führen, da stürzt Petruschka durch das Fenster (auf die Wand gemalt wie das in Petruschkas Bude). Sogleich greift der Mohr Petruschka an, sie kämpfen miteinander (Agitato) – die Ballerina aber verläßt den Raum. Zornig wirft der Mohr Petruschka hinaus. Vorhang.

Wieder das Volksfest am Abend. Während der vorhergehenden Szenen, die sich in des Zauberers Theater abgespielt haben, ist draußen das Fest weitergegangen: Tanz der Kindermädchen (Pas de neuf; Allegretto); ein Bärentreiber bringt seinen Tanzbären (Tempo giusto); von zwei Zigeunerinnen begleitet kommt der verschwenderische Kaufmann, der großzügig Geldscheine austeilt. Die Zigeunerinnen tanzen, der Kaufmann spielt dazu auf dem Akkordeon. Eine ausgelassene Truppe kommt hinzu: fünf Kutscher und zwei Stallknechte (Moderato). Sie tanzen einen typisch russischen Männertanz, in den sie später die prallen Ammen einbeziehen. Da stürmen Maskierte herbei (L'istesso tempo ma poco a poco agitato). Ein Teufel unter ihnen treibt mit allen seinen Spaß. Ein Paar vergnügt sich, als Geiß und Schweinchen verkleidet. Plötzlich erscheint auf dem Theater des Zauberers Petruschka, vom Mohren verfolgt, den die Ballerina zurückzuhalten versucht. Petruschka stürzt sich in höchster Not von der Bühne unter das Volk. Der Mohr verfolgt ihn und erschlägt ihn mit dem

Schwert. Die Menge umringt den Niedergestreckten. Ein Polizist ruft den Zauberer herbei. Der beugt sich über die Puppe und schüttelt sie. Das Volk verläuft sich. Der Zauberer schleppt die Hülle Petruschkas ins Theater, auf dessen Dach Petruschkas unsterblicher Geist erscheint und dem Zauberer eine lange Nase macht.

Aus dem ursprünglich geplanten Konzertstück von der Marionette, »die plötzlich lebendig wird und die Geduld des Orchesters mit diabolischen Arpeggien-Kaskaden zu höchster Erbitterung steigert«, ist, auf Serge Diaghilews Rat, das »choreographische Schauspiel vom ewig unglücklichen Helden der Jahrmärkte« geworden. Die leidende Puppe Petruschka wurde von dem Choreographen *Michail Fokine* (s. »Carnaval«) mit genialer Intuition zu einem Prototyp des Theaters gestaltet. Der erste Petruschka war Waslaw Nijinsky (s. »Jeux«), die Ballerina Tamara Karsawina; den Mohren tanzte Orlow. Fokine sagte, er habe den Part des Petruschka nicht eigentlich für Nijinsky entworfen; dieser habe der Rolle zwar die besonderen Züge einer besonderen Künstlerschaft gegeben, es wären aber auch andere Möglichkeiten der Interpretation denkbar – Nijinsky ist aber das Vorbild für die Gestaltung des Petruschka geblieben. Auch die Ballerina der Tamara Karsawina ist *die Ballerina* schlechthin geblieben – »die Tragödie der Puppe, einer Coppelia von tieferer Bedeutung« (Arnold L. Haskell, Balletomania).

Für die Neue Musik (»die Einschmelzung der russischen Folklore in den neuartigen und aufreizenden Klangspielen des Petruschka«, Manfred Gräter) und für die Neue Choreographie (als Verschmelzung der Danse d'école und der von Isadora Duncan ausgehenden Anregungen) ist das Werk von höchster Bedeutung. Es gehört zu den beliebtesten Balletten überhaupt. »Petruschka« steht alljährlich mit an der Spitze der Aufführungsstatistik.

Über die Aufführungspraxis der Fokineschen Original-Choreographie gehen die Meinungen auseinander, sonderlich was Petruschkas Sturz aus dem eigenen Raum in den des Mohren angeht. Ehemalige Mitglieder der Ballets Russes haben in ihren Inszenierungen kaum einmal auf diesen wirkungsvollen Effekt verzichtet, der eine Travestie des Fenstersprungs von Nijinsky im »Spectre de la Rose« (s. d.) zu sein scheint. Auch Balanchine (s. »Agon«) hält sich an diese Version mit dem Unterschied, daß Petruschka bei ihm mit dem Kopf durch die Wand geht und das Zimmer des Mohren durch die Tür betritt.

Phèdre (Phaedra)

Choreographisches Trauerspiel. Libretto: Jean Cocteau; Musik: Georges Auric; Choreographie: Serge Lifar; Ausstattung: Jean Cocteau; Uraufführung: Théâtre National de l'Opéra, Paris, 14. Juni 1950.

Personen: Phaedra; Oenone; Aricia; Hippolytus; Theseus; Poseidon; Apollo; Minos; Pasiphaë.

»Ein Mythos ist ein Mythos, weil die Dichter ihm zu jeder Zeit neues Leben eingehaucht haben und ihm dadurch Unsterblichkeit verliehen.

Niemand sollte leben, ohne um den Mythos des Sonnenenkels Phaedra zu wissen.

Wir wollen dem Mythos huldigen, sei es in Lied oder Tanz.« (Jean Cocteau)

Szenarium: Phaedra verbietet ihren Frauen, sie zu schmücken. Sie bemerkt Oenone, die neben dem Wagen des Hippolytus steht.

Phaedra flieht vor Hippolytus' Freunden.

Aricia vertreibt die Freunde.

Aricia und Hippolytus tanzen zusammen.

Phaedra erzählt Oenone von ihrer Liebe zu Hippolytus.

Phaedra gesteht Hippolytus ihre Liebe. Entsetzt flieht Hippolytus.

Seeleute bringen Nachricht von Theseus' Tod. Klagerufe und Trauermarsch.

Oenone bringt Hippolytus mit Phaedra zusammen.

Phaedra gibt sich keine Schuld an Theseus' Tod.

In der Ferne sieht man den zurückkehrenden Theseus.

Die Seeleute und ihre Begleiter sind erfreut über die Rückkehr des Theseus.

Ebenso die Freunde des Hippolytus.

Phaedra schickt Oenone weg.

Theseus ist seinem Sohn wiedergegeben, der seine Liebe zu Aricia gesteht.

Oenone stürzt sich ins Meer.

Theseus begegnet Phaedra. In diesem Augenblick begreift sie, daß Theseus dem Hippolytus mehr bedeutet als sie. Jetzt verleumdet sie Hippolytus.

Theseus bittet Poseidon, Hippolytus zu strafen. Poseidon erscheint. Wellen überfluten die Szene.

Der Leichnam des Hippolytus wird von seinen Pferden hereingeschleift.

Phaedra, die Gift genommen hat, kommt dazu und gesteht ihr Verbrechen. Dann stirbt sie.

Apollo hat einen Pfeil verloren. Rechts von ihm steht Minos, links Pasiphaë.

Minos und Pasiphaë schreiten zur Bühne hinab. Die Mutter bedeckt den Körper ihrer Tochter mit einem roten Gewand.

Serge Lifar erzählt in seinem Buch »Le Livre de la Danse« (1954), die Sage von Phaedra habe ihn immer schon fasziniert. Der Stoff eigne sich für die tänzerische Darstellung. 1938 habe er in Anlehnung an die Tragödie des Euripides ein Ballett mit dem Arbeitstitel »Hippolyte« skizziert, zu dem Vittorio Rieti die Musik geschrieben habe. Der Krieg verhinderte die Aufführung.

Zwölf Jahre später verfaßte *Jean Cocteau* (s. »Die Dame und das Einhorn«) ein Ballett, das auf dem gleichen Stoff basiert. Er griff auf Racine zurück. Georges Auric schrieb die Musik. Lifar erklärte sich bereit, die Choreographie zu übernehmen. Cocteau versprach sich davon sehr viel. Im Gegensatz aber zu Roland Petit, mit dem Cocteau das Ballett »Le Jeune Homme et la Mort« in enger Zusammenarbeit geschaffen hatte, zeigte Lifar nur wenig Verständnis für die Vorschläge des Dichters. Cocteau wünschte unter anderem, daß die Rollen der Phaedra und des Hippolytus mit Tamara Toumanova und Jean Babilée besetzt werden sollten. Es gelang ihm, die Toumanova durchzusetzen. Die Rolle des Hippolytus aber tanzte Lifar selbst. Cocteau besuchte nur die letzten Proben.

Die Handlung des Balletts spielt auf zwei Ebenen. Im Hintergrund steht ein kleiner weißer griechischer Tempel. Sein Inneres ist mit blauen Vorhängen verhängt. Hin und wieder öffnen sich die Vorhänge vor Gruppen in der Art lebender Bilder, die die Handlung auf der unteren Ebene kommentieren. Die Ausstattung gehört zu den schönsten, die Cocteau für ein Ballett geschaffen hat. Zu dem graphisch, mit wenigen großen Linien angedeuteten Bühnenbild kontrastieren die in reinen Farben gehaltenen Kostüme.

Die Partitur Aurics stimuliert die Leidenschaften, hält den Vergleich mit Cocteaus Idee aber ebensowenig aus wie Lifars Choreographie, die sich moderner und archaischer Bewegungselemente bedient, das Schwergewicht aber auf die tänzerische Aussage legt. Wie in den meisten seiner Ballette versucht Lifar auch hier, den tänzerischen Schritt dem dichterischen Wort gleichzusetzen. Cyril Beaumont bemerkt dazu: »Der Choreograph hat offenbar versucht, das Unmögliche möglich zu machen.«

Protagonisten der Uraufführung waren Tamara Toumanova, Lycette Darsonval, Liane Daydé, Serge Lifar und Roger Litz.

Georges Auric (1899–1983) gehörte zu der französischen Avantgarde-Gruppe der »Six«. Er kam über Diaghilew zum Ballett. Für die Ballets Russes schrieb er die Partituren zu »Les Fâcheux« (1924), »Les Matelots« (1925) und »Pastorale« (1926). Er beteiligte sich an den Gemeinschaftskompositionen »Les Mariés de la Tour Eiffel« für die Ballets Suédois und »L'Éventail de Jeanne«, einem Kinderballett. 1929 erschien »Les Enchantements d'Alcine«, eine weitere Ballettkomposition, bevor er sich mit allergrößtem Erfolg der Filmmusik verschrieb (u. a. »Blut eines Dichters«; »Moulin Rouge«; »Rififi« und »Lohn der Angst«). Spätere Ballettpartituren Aurics sind »Le Peintre et son Modèle« (1949), »Coup de Feu« und »Der Weg zum Licht« (beide 1952).

Serge Lifar (geb. 1905 in Kiew, gest. 1986 in Lausanne) wurde von Diaghilew entdeckt und war der letzte Premier danseur der Ballets Russes in der Nachfolge von Nijinsky (s. »Jeux«) und Massine (s. »Le Beau Danube«). 1929 übernahm er die Leitung des Pariser Opéra-Balletts, das unter ihm eine neue Blüte erlebte. Sein Stil – wie der Balanchines (s. »Agon«) mißverständlich »Neoklassizismus« genannt – ist durch seine Betonung des Literarischen bis heute tonangebend geblieben für die französische Ballettszene. Zu seinen bedeutendsten Choreographien gehören »Renard« (1929), »Icare« (1935), »Le Roi Nu« (s. d.), »Suite en Blanc« (1943). In einer ganzen Reihe von Büchern machte er Propaganda für sich selbst.

Pierrot Lunaire

Ballett von Glenn Tetley. Musik Arnold Schönberg; Choreographie: Glen Tetley; Ausstattung: Rouben Ter-Arutunian; Uraufführung: Fashion Institute of Technology, New York, 5. Mai 1962.

Personen: Pierrot; Columbina (L'Inamorata); Brighella (Der Intrigant).

Pierrot Lunaire

Pierrot, ganz in Weiß, schwingt sich auf turmförmiges Trapezgerüst, das seine Welt versinnbildlicht. Columbina tritt auf, an einer Gummileine Wäsche mitführend. Pierrot ist von ihr entzückt. Sie macht ihm Avancen. Als er versucht, sie zu küssen, schlägt sie ihm ins Gesicht und verläßt ihn. Der dunkelgekleidete Brighella tritt auf. Pierrot flüchtet auf den Turm. Brighella folgt ihm. Er zeigt ihm, wie man mit einem Schwert kämpft. Er trifft ihn, ignoriert aber seinen vermeintlichen Tod, weil Columbina auftaucht – diesmal in einem leuchtend roten Kostüm. Ihr Gesicht bedeckt ein weißer Schleier. Columbina und Brighella verstehen sich. Pierrot fühlt sich ausgestoßen. Er versucht, mit Columbina zu tanzen. Doch zusammen mit Brighella knüpft sie ihn an elastische Bänder und degradiert ihn zur Marionette. Nach seinem Zusammenbruch raubt ihm Brighella das weiße Gewand, um es sich selbst überzustreifen. Sie spielen ihm einen Streich und besetzen den Turm. Von der obersten Sprosse beobachten sie den geschlagenen Pierrot, der um den Turm herumrennt. Schließlich gibt ihm Brighella wieder den weißen Hut, doch Pierrot wirft ihn achtlos auf den Boden. Er endet als Opfer, hängt baumelnd zwischen den beiden anderen an der Trapezstange des weißen Turms.

Glen Tetley (s. »Embrace Tiger and Return to Mountain«) schreibt über seine erste Choreographie: »Arnold Schönbergs Partitur ›Pierrot Lunaire‹ löst auch nach einem halben Jahrhundert noch den Schock des Ungewöhnlichen aus. Für mich enthält sie das Klanggefüge, das wir seit der Kinderzeit in uns tragen, noch bevor wir zu sprechen vermögen. Pierrot war meine erste Choreographie, und mehr als der expressionistische Text von Albert Giraud interessiert mich die körperliche und nervige Spannung, die in Schönbergs Musik pulsiert, der rasche euphorische Aufschwung, der ebenso schnell in böse Ahnungen umschlägt, das Zersplitterte, das so überraschend darin enthalten ist. Schönbergs Musik scheint den ganzen Bereich zwischen

Commedia dell'arte, Vocalise und der Neurose eines zutiefst im 20. Jahrhundert lebenden Clowns zu umfassen.

Schon vom antiken römischen Theater her kennt man den Kampf des weißen Clowns mit dem schwarzen Clown; die Auseinandersetzung des Symbols der Unschuld mit dem der intrigenreichen Erfahrung. Die Commedia-dell'arte-Figuren Pierrot und Brighella gelten als direkte Nachkommen des weißen und schwarzen Clowns und Columbina – Mädchen, Mutter, Geliebte und Hure in einer Person – als deren ewig-weibliches Spielobjekt.«

Arnold Schönberg (s. »Pelleas und Melisande«) hat die »Dreimal sieben Gedichte« des belgischen Expressionisten Albert Giraud 1912 unter dem Titel »Pierrot lunaire« für fünf Instrumentalisten und eine Sängerin komponiert, die in einer Art Sprechgesang die Verse vorträgt. Die Worte dienen viel mehr der Akzentuierung des Klangbildes als der Hervorhebung ihres verbalen Ausdrucks. Die menschliche Stimme wird vom Komponisten somit gewissermaßen als zusätzliches Instrument verwendet. Tetley ignoriert bewußt die von dem Komponisten verwendeten Gedichttexte. Für ihn ist Pierrot ein Träumer, der durch seine Erfahrungen in diesem Ballett alle Illusionen verliert.

Solisten der Uraufführung waren Glen Tetley (Pierrot), Linda Hodes (Columbina) und Robert Powell (Brighella). Das Werk wird heute von vielen Ensembles in aller Welt nachgetanzt.

Pillar of Fire

Ballett in einem Akt. Libretto: Antony Tudor; Musik: Arnold Schönberg (»Verklärte Nacht«); Choreographie: Antony Tudor; Ausstattung; Jo Mielziner; Uraufführung: Ballet Theatre, Metropolitan Opera House, New York, 8. April 1942.

Personen: Hagar; der junge Mann von gegenüber; die ältere Schwester; die jüngere Schwester; der Freund.

Um die Jahrhundertwende. Offener Platz mit zwei Häusern auf jeder Seite. Eine junge Frau befürchtet, sie werde durch ihre jüngere Schwester den Mann verlieren, den sie liebt. Die ältere Schwester ermutigt die jüngere, Hagars Freund zu verführen. Aus Furcht, eine alte Jungfer wie ihre hinterhältige ältere Schwester zu werden, gibt sich Hagar dem jungen Mann von gegenüber hin, den sie nicht liebt. Aber nach der Episode fühlt sie nichts anderes als Scham, Trauer und Verzweiflung. Bis der Freund zurückkehrt, der sie voll Sympathie und Verständnis in die Arme schließt. Zusammen gehen sie in den Wald – Schulter an Schulter.

Antony Tudor (s. »Dark Elegies«) verließ 1939 England, um mit dem neugegründeten Ballet Theatre zu arbeiten. Hier erhielt er die Gelegenheit, zu beweisen, daß er zu den überragenden Choreographen unserer Zeit gehört. Auf die Dauer war die Zusammenarbeit freilich weniger befriedigend und fruchtbar für seine künstlerische Entwicklung, als es zuerst ausgesehen hatte. Abgeschnitten von den Dingen, die ihn bisher stimuliert hatten, und gehemmt durch die Arbeitsbedingungen des American Ballet Theatre, vor allem was die gesetzlichen Beschränkungen der Probenzeiten anging, fühlte er sich fehl am Platze. Dennoch schuf er in Amerika sein Meisterwerk »Pillar of Fire«. Wieder wandte er – wie schon in »Jardin aux Lilas« (s. d.) – die Methode an, Gefühle, sonderlich solche der Frustration, durch Bewegung auszudrücken. Tudor will in seinen Balletten nicht nur zeigen, wie sich Menschen verhalten, sondern auch die innerlichen, die seelischen Motive, wieso und warum sie sich so verhalten. Darin sind ihm einige Choreographen gefolgt. Besonders in Amerika hat sein »psychologisches Drama« Anklang gefunden und Schule gemacht, so sehr, daß man Tudor zu den amerikanischen Choreographen zählt und seine Ballette zu den Klassikern des amerikanischen Bühnentanzes.

Arnold Schönberg (1874–1951), dessen Name untrennbar mit der Zwölfton-Methode verbunden ist, hat außer der

Musik zum »Tanz um das Goldene Kalb« in seiner Oper »Moses und Aron« (s. »Reclams Opernführer«) keine Ballettpartitur geschrieben. Doch werden seine Orchesterwerke, vor allem die, die vor der Zwölfton-Zeit entstanden sind, immer wieder Balletten unterlegt, so die »Verklärte Nacht« und »Pelleas und Melisande« (s. d.).

Pineapple Poll

Ballett in drei Szenen. Libretto: John Cranko, frei nach W. S. Gilberts »The Bumboat Woman's Story« (Die Geschichte von dem Kanonenboot-Mädchen); Musik: Arthur Sullivan, ausgewählt und arrangiert von Charles Mackerras; Choreographie: John Cranko; Ausstattung: Osbert Lancaster; Uraufführung: Sadler's Wells Theatre Ballet (heute Royal Ballet), Sadler's Wells Theatre, London, 13. März 1951.

Personen: Poll; Captain Belaye; Jasper, liebt Poll; Blanche, ist mit Belaye verlobt; Mrs. Dimple, ihre Tante.

»Pineapple Poll« ist ein Gilbert-und-Sullivan-Stück. Das Ballett erzählt die Geschichte von einem hübschen Kapitän, der einer Gruppe von Mädchen solches Herzklopfen bereitet, daß sie sich als Matrosen verkleiden, einschließlich Poll, und sich anheuern lassen, um in der Nähe ihres »dream boy«, ihres Traumjungen, sein zu können. Die Situation an sich ist komisch genug. Tanz und Pantomime müssen dazu herhalten, die Komplikationen darzustellen, die sich aus einer »Multiple amour« im »Naval Style« ergeben (aus einer »vielfachen Liebe« im Stil der Marine; anzunehmen ist, daß die Geschichte 1951 noch recht platonisch gemeint war).

Die Solisten der Uraufführung waren David Blair und Elaine Fifield.

»Pineapple Poll« ist das englischste Ballett *John Crankos* (s. »Die Befragung«), naturgemäß, da *W. S. Gilbert* und

Arthur Sullivan (1842–1900) in ihren Operetten die angelsächsische Mentalität eingefangen haben. In Deutschland ist eigentlich nur »Der Mikado« bekannt geworden. Mit Sullivans Musik können Mitteleuropäer kaum etwas anfangen. »Seine Melodien waren weniger melodisch als von modisch einschmeichelnder Sentimentalität« (Hans Otto Spingel).

Poème de l'Extase

Ballett in zwei Szenen. Libretto: John Cranko; Musik: 1. Sonate Nr. 9 von Alexander Skrjabin in der Orchesterfassung von Wolfgang Fortner (1985 Orchesterfassung von John Campbell); 2. »Poème de l'Extase« von Alexander Skrjabin; Choreographie: John Cranko; Ausstattung: Jürgen Rose; Uraufführung: Stuttgarter Ballett, Württembergische Staatstheater, Großes Haus, Stuttgart, 24. März 1970.

Personen: Die Schöne; der Jüngling; ihre Visionen.

»Unter den Gästen einer Soirée, die ein großer Bühnenstar gibt, befindet sich auch ein junger Mann, der sich in die Diva verliebt. Zunächst von seiner Werbung geschmeichelt, erinnert sie sich immer lebhafter ihrer früheren Liebesbeziehungen, begreift, daß sich ihr Leben bereits erfüllt hat und weist ihn schließlich ab.« (John Cranko.)

Choreographie und Ausstattung dieses Balletts beziehen wesentliche Impulse aus dem Werk Gustav Klimts (1862–1918). Sie versuchen, das Zusammenspiel von Körperlichem und Ornamentalem, das den Reiz seiner Bilder ausmacht, auf der Ballett-Szene zu realisieren. Die »Stuttgarter Nachrichten« schrieben nach der Uraufführung über »Poème de l'Extase«:

»Apollinisch gerahmt mit Balanchines ›Apollon Musagète [s. d.] von 1928 und Crankos ›Katalyse‹ [s. d.] von 1961 brach über das Stuttgarter Publikum das Dionysische herein – mit ›Poème de l'Extase‹ nach dem gleichnamigen

Orchesterstück von Skrjabin. Da war wohl zu vieles zusammengekommen: die Besetzung der Hauptrolle mit Margot Fonteyn, Jürgen Roses geradezu überwältigendes Bühnenbild, Crankos exotische Choreographie, die zugrunde liegende Geschichte von Liebe und Vergänglichkeit, und – nicht zu vergessen – der völlig überraschende Einbruch des Frühlings.

Noch vor Ende des neuen Balletts im Großen Haus der Württembergischen Staatstheater brach das Publikum in einen einzigen Schrei des Entzückens aus, wie er nie vorher gehört wurde, obwohl gerade die Stuttgarter sonst nicht mit Bravos und Applaus sparen.

Es bestand aller Grund zu diesem Enthusiasmus. John Cranko ist es wieder einmal gelungen, eine an sich literarische Geschichte, wie sie die Colette in ›La Naissance du Jour‹ (Freuden des Lebens) aufgeschrieben hat und wie sie hier mit dem Schicksal der Bernhardt und Duse verbunden wird, ins Theatralische und allgemein Sinnfällige zu übertragen. Zugleich hat er aber auch das Quentchen Gegenwart hineingebracht, das uns angeht. Freilich hat der Bühnenbildner Jürgen Rose sein gerüttelt Maß dazugetan. Seine Dekorationen beschwören eine Atmosphäre, die durch die Pop-Kultur wieder zu einem Bestandteil unseres Lebens, zumindest aber bestimmter Gruppen geworden ist: der Blumenkinder und der oberen Zehntausend in New York.

Da steigt aus einer Achatschale Weihrauch auf, und die Damen und Herren, die sich im Salon einer alternden Diva zusammenfinden, sind absolute Kunstfiguren, sowohl was ihre Gefühle als auch was ihre Gestik angeht. Cranko hat sie stilisiert zu einem Fries, welcher Klimt in Bewegung umsetzt. Was die Tänzer allein mit den Handflächen treiben, läßt eine ganze Welt entstehen, die in der neuesten Mode mit ›Uni-Sex‹ umschrieben wird. Man weiß nicht mehr recht, was Männlein oder Weiblein ist. Obwohl es gerade darum geht. Die Diva, von Margot Fonteyn dargestellt auf eine Weise, die einem den Atem verschlägt (in ihren Augen zumindest geschieht viel mehr als in ihren outriert-gekünstelten Bewegungen), wird von einem jungen Mann umworben (Stuttgarts blonder Prinz und Liebling Egon Madsen), dem sie offenbar nicht mehr so recht zu glauben vermag. Er beschwört die vier größten Leidenschaften ihres Lebens, denen sie sichtlich nachtrauert und die sie tatsächlich auf der Bühne in einem furiosen Rondo noch einmal durchlebt. Hier nun, zum eigentlichen ›Poème de l'Extase‹ geschieht nun wirklich so etwas wie der berauschte Zug der Mänaden durch Griechenlands Frühlingswälder zu Ehren des Gottes und zum Unheil Perseus', in diesem Fall Egon Madsen, des Jünglings, der daran zerbricht. Es ist eine Orgie der Bewegung, der Kostüme, besonders der Umhänge der früheren Liebhaber, und des Bühnenbildes selbst, das einbezogen wird in die Choreographie.

Die Choreographie tut eher zuviel des Guten, als daß man sie nach einmaligem Sehen endgültig beurteilen könnte. Die Dame Margot, so sehr die Rolle der ›Schönen‹ ihr auf den Leib geschneidert ist und sie diese rein schauspielerisch auch bis zur Vollendung beherrscht, wurde sichtlich nicht mit den Akrobatismen fertig, die die Choreographie ihr abverlangt. Dieses Ballett kann in seinem Charakter als Gesamtkunstwerk nur dann goutiert werden, wenn es perfekt aufgeführt wird. Es schreit geradezu nach Perfektion.«

Wie sehr Crankos Ballett Skrjabins Musik ins Visuelle übersetzt hat, zeigt eine sehr charakteristische Bemerkung des Komponisten: »Das letzte Ziel – absolutes Sein – ist allgemeine höchste Entfaltung. Das ist der letzte Augenblick, in dem sich die göttliche Synthese vollziehen wird. Das ist der Höhepunkt meiner alles umfassenden Individualität. Das ist die Wiederherstellung der Weltharmonie, die Ekstase, die mich zum Zustande der Ruhe zurückführt. Alle andern Momente des Seins sind Etappen auf dem Wege der folgerichtigen Entwicklung dieser Idee, des Wachstums des Bewußtseins bis zu dem meinen.«

Alexander Nikolajewitsch Skrjabin (1872–1915) war einer der phantastischsten Komponisten der frühen Moderne. Er war neben Debussy (s. »Brouillards«) wohl der bedeutendste Impressionist. Nach dem sprühenden Farbenspiel der Frühwerke wird in späteren Arbeiten die romantische Idee von der Einheit der Sinne ins Extreme getrieben. Es kommt zur Auflösung der musikalischen Elemente und zwingend zur Atonalität! Das harmonische Fundament Skrjabins wird der sich auf einer (siebentönigen) Quartenfolge aufbauende »Synthetische Akkord«. Heute ist man sich bewußt, daß der russische Komponist zu den wichtigsten Anregern der modernen Musik gehört.

Polowetzer Tänze

Ballett in einem Akt (aus der Oper »Fürst Igor«). Musik: Alexander Borodin; Choreographie: Michail Fokine; Ausstattung: Nicholas Roerich; Uraufführung: Diaghilews Ballets Russes, Théâtre du Châtelet, Paris, 19. Mai 1909.

Personen: Ein Polowetzer Mädchen; eine Frau; der Khan der Polowetzer; Mädchen; Krieger; Jugend.

Im Zeltlager des Polowetzer Khans Kontschak bricht der Morgen an. Mädchen tanzen um das erlöschende Lagerfeuer (Andante). Andere Mädchen kommen hinzu. Man tanzt in einem doppelten Kreis. Schließlich gesellen sich auch die Krieger zu den Tanzenden (Allegro vivo). Der Khan tritt auf, der die Polowetzer im siegreichen Kampf gegen die Russen und ihren Zaren Igor angeführt hat. Er stellt sich, das Schwert schwingend, an die Spitze der Tanzenden (Allegro). Der Tanz steigert sich (Presto). Die Mädchen suchen das Tempo durch einen ruhigen Reigen zu verlangsamen (Moderato). Aber die Männer stellen sich ihnen mit einem Presto entgegen, bis der Khan wieder erscheint und beide Gruppen im kulminierenden Tanz vereint (Allegro con spirito – Più animato).

Als Serge Diaghilew sein erstes Gastspiel für Paris vorbereitete, schlug er dem Choreographen *Michail Fokine* (s. »Carnaval«) vor, eine »russische Visitenkarte« mit in den Westen zu nehmen. Diaghilew und Fokine einigten sich, die Szene des Feldlagers aus dem 2. Akt der *Borodin*-Oper »Fürst Igor« (s. Reclams Opernführer) zu einem inhaltlich von dieser Oper völlig gelösten, selbständigen Ballett, zu einer Folge russischer Nationaltänze zu machen. Die Proben wurden noch in der Heimat in einem kleinen Petersburger Theater gehalten, die Uraufführung jedoch im Pariser Théâtre du Châtelet im Mai 1909 – an jenem ersten Abend, als die große Ära des modernen Balletts begann. Seit seiner Uraufführung ist dieses Ballett ununterbrochen im internationalen Repertoire geblieben.

Die eigentliche Bedeutung der »Polowetzer Tänze« für die Ballettgeschichte besteht darin, daß mit dieser Choreographie bewiesen wurde, daß Bühnentanz durchaus eine Sache von Männern sein konnte. Im Laufe des 19. Jahrhunderts war das in Westeuropa mehr oder weniger in Vergessenheit geraten, nachdem man den männlichen Tänzer zunächst zur »Ballettstange« der dominierenden Ballerina degradiert hatte und schließlich Männerrollen überhaupt von Frauen en travesti hatte tanzen lassen (s. »Coppélia«). Erst mit den »Polowetzer Tänzen« kehrte der tanzende Mann auf die westeuropäische Bühne zurück.

Présence

Ballet blanc en Cinq Scènes pour Violon, Violoncelle et Piano. Libretto: Bernd Alois Zimmermann; Musik: Bernd Alois Zimmermann; Choreographie: John Cranko; Ausstattung: Jürgen Schmidt-Oehm; Uraufführung: Stuttgarter Ballett, Schwetzingen, 16. Mai 1968.

Distribution: Speaker – »eine korrekt angezogene Person«, gemäß der Herrenmode um die Jahrhundertwende gekleidet, mit Kopfbedeckung; Don

Quichotte (Violon) – Danseur noble mit Goldhelm, Visier und Federbusch; Molly Bloom (Violoncelle) – Prima ballerina mit Tutu und Maske der Gaia-Tellus; Ubu-Roi (Piano) – Danseur noble mit einem Tapirkopf.

1ère scène, introduction et pas d'action (Don Quichotte).
wir jagen das wild das uns opfert.
2ème scène, pas de deux (Don Quichotte et Ubu).
die stählernden engel der dinge holen uns ein.
3ème scène, solo (pas d'Ubu).
alle wahrvögel nisten in einem einzigen baum.
4ème scène, pas de deux (Molly Bloom et Don Quichotte).
flutende lippen umwogen den grund ... unentblätterter schlaf, atemloses versprechen ... insel der schwebenden vögel.
5ème scēne, pas d'action et finale (Molly Bloom).
im unaufhörlichen tamtam deiner haare dreht sich der sarg der umkehrenden träume. (Bernd Alois Zimmermann.)

Bei der Aufführung des Werks zieht der Speaker, der über eine gewisse tänzerische Ausbildung verfügen sollte, an einer entsprechenden Vorrichtung die heraldischen Symbole – Wortembleme – jeweils zu Beginn der entsprechenden Szene auf. Die Wortembleme sind auf Tafeln von entsprechender Größe in graphischer Ausführung gut lesbar angebracht. Der Speaker tritt erst auf, wenn die Solisten Platz genommen haben. Der Auftritt des Speakers erfolgt korrekt und ohne jede Attitüde. Die Kopfbedeckung wird nicht abgenommen. Nachdem der Speaker sich vor den Musikern wie ein Dirigent aufgestellt hat, wendet er sich dem Publikum zu, macht eine knappe Verbeugung, tritt zur Vorrichtung, hißt das heraldische Zeichen der ersten Szene und begibt sich mit einer knappen (und in den jeweiligen Szenen den Inhalt derselben andeutenden) Attitüde an seinen Ausgangspunkt zurück, wo er auf einem Stuhl Platz nimmt. Während der Ausführung der Szenen bleibt der Speaker – mit Ausnahme der dritten – unbeweglich in korrekter Haltung, immer mit Kopfbedeckung, sitzen. Wenn die erste Szene beendet ist, begibt er sich wiederum an die Aufziehvorrichtung, hißt das zweite Symbol und begibt sich wiederum mit einer tänzerischen Attitüde auf seinen Platz und so fort, bis alle heraldischen Zeichen gehißt sind. Die Vorrichtung zum Hissen soll so beschaffen sein, daß das jeweils aufgezogene heraldische Symbol bis zum Schluß des Werks präsent bleibt. Bei der dritten Szene erhebt sich der Speaker an einer in der Partitur bezeichneten Stelle rasch, aber nichtsdestoweniger korrekt, nimmt die Kopfbedeckung ab und buchstabiert stumm »le mot d'Ubu«: m-e-r-d-e. Daraufhin setzt der Speaker die Kopfbedeckung wieder auf und nimmt Platz. Wenn das Stück beendet ist, steht er wiederum auf, macht eine knappe Verbeugung gegen das Publikum, wobei er in unmißverständlicher Weise die Kopfbedeckung, diesmal mit einer gewissen Grazie, abnimmt, und verläßt rasch und korrekt die Bühne.

Die Uraufführungsversion von »Présence« von *John Cranko* (s. »Die Befragung«) ist der Prototyp einer pluralistischen Interpretation einer »pluralistischen« Komposition. Den Instrumenten Violine, Violoncello und Klavier sind hier die literarischen Gestalten Don Quichotte, Roi Ubu und Molly Bloom (aus Joyces »Ulysses«) zugeordnet. Szenisches wie Musikalisches – in der Partitur unterstrichen durch Zitate von Richard Strauss, Prokofjew und Stockhausen – wollen eine tiefgehende Einheit von Vergangenheit, Gegenwart und Zukunft. Das macht Cranko sichtbar, indem er zunächst einmal die literarischen Figuren in ihren charakteristischen Kostümen und mit den ihnen eigentümlichen Spleens pantomimisch vorstellt, ihre jeweilige Zeitgebundenheit durch eine wunderschön buntpopig-kinetische Lichtdekoration *(Schmidt-Oehm)* und eine bösartig-terroristische Geräuschkulisse verstärkend, um sie im nächsten Augenblick all dieses Zaubers zu entkleiden und sie im Arbeitstrikot vor neutralem Hintergrund als die Tänzer Marcia Haydée, Richard Cragun und Heinz Clauss tanzen zu lassen – Zimmermanns ebenfalls Zeit-aufhebende

Musik der Cluster und Zitate und Zitaten-Cluster. Je mehr Cranko Wert darauf legt, daß der Zuschauer seine Tänzer im popfarbigen Ganztrikot mit den aufgenähten Anfangsbuchstaben der Rollennamen (M = Molly; R = Roi; D = Don) als Menschen der Gegenwart auf der desillusionierten Bühne identifiziert, desto weniger Wert legt Zimmermann darauf, daß der Hörer das einzelne zeitgebundene Zitat erkennt – es soll im musikalischen Augenblick untergehen. Zeit kommt zum Stillstand, gerinnt, wird überwunden. Cranko hat darüber hinaus die literarischen Gestalten in zeitlos-allgemeingültige Figuren verwandelt: »Molly Bloom steht für die Frau an sich in allen ihren Aspekten als Mutter und Geliebte, Braut und Hure, Göttin und Schlampe; Don Quichotte ist der Träumer, der Weltverbesserer, der es immer gut meint und dennoch immer scheitert; Roi Ubu ist jener Typ, der alles mit Gewalt zu lösen hofft, obwohl es ihm nachher leid tut, der, wenn das Spielzeug zerbrochen ist, zur Mutti läuft, zu behaupten, er habe es nicht absichtlich getan, kurz jener, der angeblich ständig ungewollt Unheil anrichtet und doch zugleich Sehnsucht hat nach der Geborgenheit – in Muttis, hier Molly Blooms Schoß.« (»Stuttgarter Nachrichten«)

John Cranko hat sich im übrigen nicht an die Regieanweisungen *Bernd Alois Zimmermanns* (s. »Die Befragung«) gehalten. Er hat versucht, den Geist der Komposition zu treffen. Offenbar mit Erfolg, denn Zimmermann hat Crankos Version sein Plazet gegeben. Die internationale Ballettkritik rechnet »Présence« zu den wichtigsten Experimenten, die auf der Tanzbühne unserer Zeit gemacht worden sind.

Der Prinz der Pagoden
(The Prince of the Pagodas)

Ballettmärchen in drei Akten. Libretto: John Cranko; Musik: Benjamin Britten; Choreographie: John Cranko; Bühnenbild: John Piper; Kostüme: Desmond Heeley; Uraufführung: Royal Ballet, Royal Opera House, Covent Garden, London, 1. Januar 1957. (Dauer: abendfüllend.)

Personen: Der Narr, ein guter Diener; der Zwerg, ein schmeichlerischer Diener; der Herrscher des Königreichs der Mitte, Vater der Prinzessinnen Belle Epine und Belle Rose; seine vier Minister; seine Hofdamen; seine Hofherren; der König des Nordens; der König des Ostens; der König des Westens; der König des Südens; die Pagen der Könige; Prinzessin Belle Epine, Lieblingstochter des Herrschers und Thronfolgerin des Königreichs der Mitte; Prinzessin Belle Rose, die vom Vater vernachlässigte jüngere Tochter, die nur ihre Schönheit und Bescheidenheit zur Mitgift hat; der Prinz der Pagoden als Vision; Frösche, die Boten des Prinzen der Pagoden; Sterne; Wolken; der Mond; Fische; die Beherrscher des Feuers; der grüne Salamander; Pagoden; Untertanen des Prinzen der Pagoden; Hofdamen und Höflinge des Prinzen der Pagoden; Herolde.

I. Akt: Bei Hof im Reich der Mitte. Die kurze musikalische Einleitung macht mit dem kühnen Fanfarenthema bekannt, das sich durch das ganze Ballett zieht. Während sich der Vorhang über dem Reich der Mitte hebt, erklingt das Motiv des Prinzen der Pagoden als grüner Salamander. – Der Narr ist allein auf der Bühne. Er erwartet die Ankunft der Hofgesellschaft. Drohende Bläserakkorde begleiten den Auftritt des übelwollenden Hofzwergs. Narr und Zwerg kämpfen miteinander. Der König tritt ein und beendet den Kampf (Alt-Saxophon). Ein brillanter Marsch kündigt die Hofgesellschaft an. Die Hofgesellschaft tanzt zu einer eleganten Gavotte. Der König unterbricht die Gavotte und tanzt ein Solo (wieder Alt-Saxophon). Die Hofgesellschaft ahmt den Tanz des Königs nach. Der König tanzt wieder allein. Alle kehren zur Gavotte zurück. Der König bricht erschöpft zusammen (Alt-Saxophon). Das Fanfarenthema erklingt zum zweitenmal. Zu einem sanften, aber majestätischen Motiv (Flöten und Pauken) treten vier Pagen auf, gefolgt von vier Königen (Streicher). Die

Könige sind gekommen, um die Hand der Thronfolgerin anzuhalten. Charaktertänze der Könige: Der König des Nordens tanzt einen Gopak; der König des Ostens tanzt zu einem Gespinst von flimmernden Tönen; der König des Westens tanzt eine Polka (Zwölfton-Persiflage); der König des Südens tanzt zum Klang afrikanischer Trommeln. Alle vier Tänze sind Variationen des König-Themas. Der Herrscher befiehlt dem Zwerg, die Thronfolgerin Belle Epine zu holen. Sie erscheint und tanzt ein stolzes Solo voll Herrschsucht (wieder eine Variation des König-Themas). Die Könige verbeugen sich vor der Prinzessin. Der gutherzige Narr geht hinaus, um die Prinzessin Belle Rose zu holen. Der Zwerg (Blasorchester) will ihn daran hindern. Ohne Erfolg. Die Prinzessin Belle Rose tritt auf (Oboen-Melodie). Mit ihrem Solo gibt sie zu verstehen, daß sie von ihem Vater vernachlässigt wird. Wieder erklingt das Trompetenthema. Der Prinz der Pagoden erscheint der Prinzessin Belle Rose als Vision. Sie tanzen miteinander. Wenn der Tanz seinen Höhepunkt (Zimbeln) erreicht hat, flieht der Prinz der Pagoden. Die Prinzessin bleibt allein und traurig zurück (Oboen-Melodie). Die Könige knien vor ihr nieder. Der Herrscher gerät darüber in Zorn und setzt der Prinzessin Belle Epine seine Krone aufs Haupt (Trompeten, Posaunen, Trommeln). Belle Epine triumphiert. Belle Rose läuft davon. Belle Epine tanzt mit den Königen, weist sie aber alle ab. Die Könige geraten in Zorn. Der Herrscher und seine Höflinge versuchen, die Könige zu beruhigen (Herrscher-Thema und Alt-Saxophon). Belle Rose wird zurückgeholt (Oboe). Aber die Majestäten weisen sie zurück, da ihr einziges Interesse der Krone gilt. Zum Klang des Fanfarenthemas öffnet sich unerwartet das Tor des Palastes und vier grüne Frösche treten ein. Sie bringen ein smaragdgrünes Schmuckkästchen mit. Belle Epine versucht, das Kästchen zu öffnen (Pizzikato der Streicher, Variation ihres Themas). Vergeblich. Belle Rose kommt und das Kästchen öffnet sich von selbst (Celesta). Sie nimmt eine Rose aus dem Kästchen. Die Höflinge lachen (die Gavotte wird wieder aufgenommen). Die Frösche gebieten den Höflingen Schweigen. Sie bitten Belle Rose, in ein riesiges, goldenes Netz zu steigen. Belle Rose wird mit dem Netz emporgezogen (Prinzen-Thema). Unter den Höflingen entsteht ein Tumult. Aber Belle Rose ist bereits auf dem Weg ins Land der Pagoden.

II. Akt, 1. Szene: Prinzessin Belle Roses seltsame Reise ins Königreich der Pagoden (Reise-Musik). Belle Rose macht Bekanntschaft mit den drei Elementen: Luft, Wasser und Feuer. Wolken und Sterne tanzen einen Walzer. Der Mond kommt und geht (Glocken). Schließlich bedekken die Wolken den ganzen »Himmel«. Es wird dunkel. Die Reise-Musik trägt Belle Rose weiter zum Wasser. Eine »große Woge« flutet über die Bühne. Fische schwimmen neben dem von Fröschen gezogenen Netz Belle Roses her. Eine Kette von Tänzen erfreut sie. Ein Galopp vereinigt schließlich alle Seegeschöpfe. Die Reise-Musik leitet zum Feuer über. Die weibliche und die männliche Flamme tanzen einen Pas de deux. Zu ihnen gesellen sich zum Finale weitere Flammen.

2. Szene: Die Ankunft und die Abenteuer der Prinzessin Belle Rose im Land der Pagoden. Es ist dunkel. Belle Rose streift umher (Violin-Kadenz). Als es heller wird, sieht Belle Rose die Pagoden. Sie berührt sie und sie drehen sich im Kreis (Balinesisches Gamelan-Orchester). Die Pagoden bieten Belle Rose Geschenke an. Sie tanzt mit ihnen. Die Pagoden verbinden Belle Rose die Augen. Ein großer grüner Salamander tritt auf (das vertraute Fanfarenthema und das Salamander-Motiv aus der Einleitung zum 1. Akt). Der Salamander nähert sich zitternd Belle Rose (die erfolglos versucht, sich von der Augenbinde zu befreien). Der Salamander wirft seine Haut ab. Der Prinz der Pagoden und Belle Rose tanzen einen zärtlichen Pas de deux. Belle Rose überwältigt die Neugier. Sie reißt die Binde herunter. Der Prinz entflieht (die Pagoden-Musik bricht ab). Belle Rose läuft hinter dem Prinzen her. Als sie ihn hinter einer Pagode entdeckt, hat er sich wieder in einen Salamander verwandelt (Gong). Sie weicht zurück (Oboe). Der schlüpfrige Salamander folgt ihr. Die Pagoden drehen sich wieder ...

III. Akt, 1. Szene: Wieder bei Hof im Reich der Mitte. Belle Epine ist nun Herrscherin. Der Zwerg scheint betrunken. Die Herrscherin ruft die Wachen und läßt den alten Herrscher, der in einem Käfig gefangengehalten wird, herbeiholen. Er wird freigelassen und muß zur Belustigung des Volkes tanzen (die pathetische Melodie des Herrschers). Die Höflinge verspotten ihn. Nur der Narr hat Mitleid mit ihm. Der Herrscher erinnert sich an seine vergangene Glorie. In diesem Augenblick tritt Belle Rose auf (ihre eigene Melodie), gefolgt vom Salamander. Belle Rose tröstet ihren Vater. Ihre Schwester befiehlt den Wachen, Belle Rose und den Salamander zu ergreifen. Belle Rose fleht die Wachen an, den Salamander zu schonen. Sie umarmt den Salamander (Thema aus dem Pas de deux, II. Akt, 2. Szene). Nun richtet sich der Salamander zu seiner vollen Größe auf und wirft seine Haut ab. Mit einem Donnerschlag (Gong) verschwindet der Palast.

2. Szene: Die triumphale Rückkehr der Prinzessin Belle Rose und ihre Vermählung mit dem Prinzen der Pagoden. Das Dunkel lichtet sich. Der Prinz, Belle Rose, der Herrscher und der Narr erscheinen. Die Einwohner von Pagoden-Land feiern Liebe und Freiheit in einer Reihe von Tänzen: 1. Pas de six. Entrée (schnell und energisch). 2. Variation. Pas de deux (breit). 3. Variation. Solo des Mädchens (schnell, anmutig). 4. Variation. Solo Junge (schneller Walzer). 5. Pas de trois (fließend). 6. Pas de deux. Belle Rose und der Prinz (majestätisch). 7. Variation. Der Prinz (heftig). 8. Variation. Belle Rose (ruhig, sehr süß).

Das Finale beginnt lebhaft. Ein Walzer-Rondo folgt. In der Apotheose wird die Salamandermelodie in eine Triumphmusik verwandelt. Der Narr legt die Hand der Prinzessin in die des Prinzen.

»Der Prinz der Pagoden« ist die erste und einzige Ballett-Partitur des größten modernen englischen Komponisten *Benjamin Britten* (1913–76) und – die erste moderne abendfüllende englische Ballett-Partitur überhaupt. Das in enger Zusammenarbeit zwischen *Cranko* (s. »Die Befragung«) und Britten entstandene Werk führt die Märchenballett-Tradition Tschaikowsky–Prokofjew fort. In England wurde »Der Prinz der Pagoden« als nationale Tat gefeiert. Nicht ganz so enthusiastisch war die Aufnahme auf dem Festland. Die Protagonisten der Uraufführung waren Svetlana Beriosova, Julia Farron und David Blair.

Prinzessin Turandot

Ballett in zwei Bildern. Libretto: Luigi Malipiero; Musik: Gottfried von Einem; Choreographie: Tatjana Gsovsky; Ausstattung: Luigi Malipiero; Uraufführung: Staatsoper, Dresden, 5. Februar 1944.

Personen: Altoum, sagenhafter Kaiser von China; Prinzessin Turandot, seine Tochter; Kalaf, vertriebener Prinz von Astrachan; Prinz von Samarkand; die Rätselgestalten: der Tod, zwei Krieger, Jüngling; die Narrheit; die Liebe (zwei Paare); Henker; Begleiterinnen der Turandot; Volk.

1. Bild: Vor den Toren des kaiserlichen Palastes in Peking (Einleitung: Vivace). Der Prinz von Samarkand hat um die Hand der Prinzessin Turandot angehalten, die nur den zum Manne nehmen will, der drei Rätsel löst. Der Bewerber aber, der ihren Sinn nicht ergründen kann, muß mit dem Leben büßen (Allegro). Den Prinzen von Samarkand ereilt das gleiche Schicksal wie alle seine Vorgänger. Das Palasttor öffnet sich. Der Prinz wird zum Richtplatz geführt. Turandot tritt auf (Moderato). Der Prinz bittet sie um Gnade. Turandot übersieht ihn, tanzt (Moderato) und läßt sich huldigen. Die Henker ergreifen den Prinzen (Allegro) und schleppen ihn weg. Kurz darauf bringen Diener seine Kleider. Sein Kopf wird als Warnung für neue Bewerber auf dem Palasttor ausgestellt.

Der aus seinem Land vertriebene Prinz Kalaf von Astrachan hat das grausame Schauspiel beobachtet. Er wiegelt das Volk gegen die Tyrannei auf (Vivace). Dann aber sieht er die schöne Turandot und entschließt sich, um sie zu werben.

2. Bild: Im Thronsaal des Kaiserpalastes. Die Minister warnen Kalaf. Trotzdem tritt er vor den Kaiser und Turandot hin. Der Kaiser bittet Turandot, das grausame Spiel zu beenden. Turandot ruft ungerührt nach den Rätselgestalten. Der Tod, zwei Krieger und ein Jüngling tanzen auf ein Andante. Kalaf (Allegretto) deutet schließlich auf den Tod. Das erste Rätsel ist gelöst. Dann tanzt ein Gaukler in mancherlei Masken (Con moto). Kalaf (Vivace) findet die Lösung: die Maske der Narrheit. Darauf tanzen das Paar der glücklichen und das Paar der unglücklichen Liebe (Pas de quatre). Turandot gesellt sich verkleidet zu ihnen. Kalaf schreitet auf die »Liebe« zu (Andante) und entschleiert sie.

Zunächst will Turandot Kalafs Überlegenheit nicht anerkennen. Sie werden allein gelassen. Endlich (Pas de deux) siegt die Liebe über Turandot. Der Kaiser findet ein glückliches Paar (Vivace).

Gottfried von Einem (geb. 1918), Kompositionsschüler Boris Blachers, trat mit dem Ballett »Turandot« als seinem Opus 1 äußerst erfolgreich an die Öffentlichkeit. »Charakteristisch für von Einems Musik ist ihre einfache Faktur und ihre rhythmisch-gestische Ausdruckskraft. Die harten Gegensätze zwischen den lebhaft-dramatischen und den expressiv-lyrischen Teilen wirken außergewöhnlich fesselnd« (Eberhard Rebling). Von Einem trat 1952 mit einem zweiten Ballett »Rondo vom Goldenen Kalb« (s. d.) hervor. Von der Choreographie von *Tatjana Gsovsky* (s. »Die chinesische Nachtigall«) wird berichtet, daß sie eine »ekstatisch überhöhte Gestik mit leidenschaftlicher Entfesselung tänzerischer Bewegungsformen« verbunden habe. Der Librettist *Luigi Malipiero* schuf auch Bühnenbild und Kostüme.

Hauptdarsteller waren Evelyne Marek (Turandot) und Franz Karhanek (Kalaf).

Pulcinella

Ballett mit Gesang in einem Akt. Libretto: Léonide Massine, nach einem neapolitanischen Manuskript des 18. Jahrhunderts; Musik: Igor Strawinsky (nach Giovanni Battista Pergolesi); Choreographie: Léonide Massine; Ausstattung: Pablo Picasso; Uraufführung: Diaghilews Ballets Russes, Théâtre National de l'Opéra, Paris, 15. Mai 1920.

Personen: Pulcinella; Pimpinella; Prudenza; Rosetta; Furbo; Caviello; Florindo; Il Dottore; Tartaglia; vier kleine Pulcinellas. Gesangssolisten: Sopran, Tenor, Baß.

Ouvertüre (Allegro moderato).

Spiel im Stil der Commedia dell'arte. Die Szene zeigt ein Straßenbild in Neapel, darüber im Hintergrund den Vesuv. Man hört ein altes Liebeslied, das Larghetto: »Mentre l'erbetta pasce l'agnella, pasce l'agnella sola, soletta la pastorella tra fresche frasche per la foresta cantando va...« (»Im dichten Wiesengrün weidet einsam das Lamm, schreitet singend mutterseelenallein die Schäferin zwischen dem kühlen Gezweig durch den Wald...«). – Dem Lied schließt sich ein Scherzino an. Caviello und Florindo wollen ihre Liebchen besuchen. Auf dem Balkon des Hauses von Tartaglia erscheint Rosetta, die Caviello zuwinkt. Vom Fenster des Hauses von Il Dottore wirft Prudenza Florindo Kußhändchen zu. Als die Männer herangekommen sind, erleben sie eine nasse Überraschung: Die Mädchen leeren

Nachttöpfe über ihren Köpfen aus. Zu allem Überfluß kommt der Dottore dazu und verscheucht die pudelnassen Liebhaber. Jetzt tritt der langnasige Vetter von Harlekin, Punch, Kasperle und Petruschka auf: Pulcinella, in den alle Mädchen Neapels verliebt sind. Er spielt auf einer Tanzmeistergeige (Allegro) und tanzt dazu. Prudenza sowohl wie Rosetta kommen auf die Straße und machen Pulcinella schöne Augen. Prudenza weist er ab, mit Rosetta tanzt er, aber nur so lange, bis Pimpinella, seine ewig Angebetete, auftritt.

Wieder ein Lied – die Sopranistin singt: »Contento forse vivere nel mio martir potrei se mai potessi credere che ancor lontan tu sei fedele all'amor mio, fedele a questo cor fedele, a questo cor . . .« (»Beruhigt könnte ich vielleicht in meiner Qual leben, wüßte ich nur, daß du, wenn auch noch fern, meiner Liebe treu bist, treu diesem treuen Herzen, diesem Herzen . . .«)

Die eifersüchtigen Liebhaber Caviello und Florindo kehren zurück, sich an Pulcinella zu rächen. Pimpinella holt die Mädchen zur Hilfe, die die Männer vertreiben können, sich aber anschließend wieder an Pulcinellas Hals hängen, was Pimpinella nicht recht sein kann. Die Väter, Tartaglia und Il Dottore, holen ihre Töchter ins Haus zurück. Auf die Gelegenheit haben Caviello und Florindo gewartet. Sie kehren maskiert und bewaffnet zurück. Pimpinella sucht das Weite. Florindo ersticht Pulcinella. Voller Genugtuung ziehen sich die beiden eifersüchtigen Liebhaber zurück – in dem Glauben, Pulcinella sei tot. Der aber steht gleich wieder auf und spaziert die Straße hinunter.

»Con queste paroline, paroline cosi saparatine, saporitine il cor voi mi scipate dalla profondità« (»Mit diesen so honigsüßen, lieblich klingenden Schmeicheleien wühlt Ihr mein Herz in der Tiefe auf«), so singt der neapolitanische Kommentator, ein Bassist, das Allegro (alla breve). Drei kleine Pulcinellas in schwarzen Mäntelchen tragen die Leiche Pulcinellas herbei; bahren ihn auf und tanzen eine Trauerzeremonie (Largo). Das Sängerterzett singt: »Sento dire non c'è cor ma chiupette, no, no, non c'è pace chiupette, no, no, no, n'è pace chiupette ...« (»Ich lasse mir sagen, da ist kein Herz, das je [der Liebe] entwische, nein, nein, da ist kein Friede, der entfliehe, nein, nein, nein, kein Friede, der entfliehe ...«). Die Mädchen stürzen herbei. Il Dottore konstatiert Pulcinellas Tod. Ein Zauberer tritt auf, der vorgibt, Pulcinella wiedererwecken zu können. Tatsächlich beginnt sich Pulcinella zu bewegen. Aber es ist gar nicht Pulcinella, es ist sein Freund Furbo. Der Zauberer entpuppt sich als der richtige Pulcinella. Alle, einschließlich Pimpinella, der Furbo nachsetzt, laufen erschrocken davon.

Ein cantabiles Andantino des Soprans: »Se tu m'ami, se tu sospiri sol per me, gentil pastor, ho dolor de' tuoi martiri, ho diletto del tuo amor ...« (»Wenn du mich liebst, wenn du dich nur nach mir verzehrst, artiger Schäfer, empfinde ich Schmerz über deine Qualen, habe ich Freude an deiner Liebe ...«) leitet über zur nächsten Szene. Caviello und Florindo erscheinen, als Pulcinellas verkleidet. Die Mädchen lassen sich täuschen, denn jede hat nun einen Pulcinella. Pimpinella kehrt mit dem als Pulcinella verkleideten Furbo zurück. Gavotte der drei Paare mit zwei Variationen. Der echte Pulcinella versucht vergebens, den Irrtum aufzuklären. Am Ende also verkleidet sich Furbo als Zauberer und führt die richtigen Paare mit dem Segen der Väter zusammen: Caviello kriegt Rosetta, Florindo Prudenza, Pulcinella Pimpinella. Die drei Paare und ein Terzett aus dem Dottore, Tartaglia und Furbo vereinigen sich zu einem Finale, das das Sängerterzett mit einem heiteren »Pupillette fiammette d'amore per voi il core stringendo si va« (»Ihr Augäpfel, Flämmlein der Liebe, für euch schnürt sich das Herz zusammen und vergeht«) eingeleitet hat. Das Allegro assai des Schlußtanzes stellt Pulcinella als Glücksbringer und Glücklichen in die Mitte des Spiels der Commedia dell'arte.

Es ist das Verdienst des Choreographen *Léonide Massine* (s. »Le Beau Danube«), daß er der musikalischen Form eine getreue tänzerische Ausprägung zu geben verstand und dennoch den komödiantischen Zauber, die Leichtigkeit des italienischen Stegreif-Spiels und den poetischen Hintersinn der Handlung zu wahren wußte. Freilich hatte Massine zur Uraufführung ein Ensemble sondergleichen: Tamara Karsawina war die erste Pimpinella, die Tschernitschewa tanzte die Rolle der Prudenza und Vera Nemtschinowa die Rosetta. Sie alle waren aus der Schule des größten Ballettpädagogen der Zeit, des Italieners Enrico Cecchetti, der den Dottore spielte. Seitdem gehört diese Rolle zu den gesuchtesten für Pantomimiker, die aus Gestik und Mienenspiel einen stark skurrilen Charakter zu gestalten vermögen. Massine selbst kreierte den Pulcinella.

Der Stoff zu dem Ballett ist einer alten italienischen Komödie entnommen. Das »kompositorische Material« fand *Igor Strawinsky* in *Pergolesis* (1710–36) Nachlaß; er hat das Gold des großen Italieners umgeschmolzen und – aus Liebe und Respekt, wie er selber sagt – seine exquisite Partitur geformt. *Pablo Picassos* (1881–1973) Bühnenbild soll nicht so sehr der Heimat der Commedia dell'arte entsprochen haben, aber dafür um so mehr dem Geschmack des Pariser Publikums, das »Pulcinella« stürmisch bejubelte.

Die Puppenfee

Pantomimisches Divertissement in einem Akt. Libretto: Josef Haßreiter und Franz Gaul; Musik: Josef Bayer; Choreographie: Josef Haßreiter; Ausstattung: Anton Brioschi; Uraufführung: K. u. k. Hofoperntheater, Wien, 4. Oktober 1888. (Dauer: abendfüllend.)

Die Puppenfee

Personen: Ein Spielwarenhändler; dessen Faktotum; Sir James Plumpstershire; Lady Plumpstershire; deren drei Kinder; ein Bauer; die Bäuerin; ihr Töchterchen; eine Dienstmagd; der Lohndiener eines Hotels; ein Kommis; ein Briefträger; die Puppenfee; die mechanischen Figuren (7 Damen, 4 Herren).

Im Laden eines Puppenmachers, in dem die verschiedensten Puppentypen zu sehen sind. Der Puppenmacher (ein Kollege des Coppelius in »Coppélia«; s. d.) arbeitet an einem Puppenkopf. Sein Gehilfe staubt die Puppen ab. Der Briefträger, der in den Laden tritt, stößt eine Puppe an, die sofort zu tanzen beginnt. Ein Mädchen bringt eine zerbrochene Puppe zum Reparieren. Es folgt eine Bauernfamilie, die sich recht tolpatschig verhält. Eine Puppe fällt um, die der Puppenmacher reparieren muß. Als nächster erscheint ein Lord mit Frau und Kindern. Sie wollen eine tanzende Puppe kaufen. Die erste, die der Puppenmacher vorführt, versagt. Aus dieser Verlegenheit hilft er sich mit der Vorführung seiner schönsten Puppen: Eine Puppe im oberösterreichischen Nationalkostüm tanzt einen Ländler; eine Babypuppe krabbelt herum und schreit »Papa« und »Mama«; die chinesische Puppe tanzt eine Polka; eine spanische Puppe einen Tanz aus ihrer Heimat; die Japanerin versucht sich an einer Mazurka; dem Harlekin ist die Tarantella vorbehalten. Am Schluß erscheint die Puppenfee und führt einen Walzer vor.

Die Kunden sind zufrieden. Sie bestellen eine Puppe. Der Laden wird geschlossen. Es wird Abend, und nun beginnt der Puppenzauber. Man sieht, daß die Puppen keine leblosen mechanischen Wesen sind; nachts werden sie quicklebendig. Sie vereinigen sich zu einem Divertissement. Es kommen Hanswurste mit Tschinellen, Tirolerinnen, lachende Kinder, die Spanierin erscheint, ihr folgt die Chinesin, eine Mohrin, ein Trompeter, ein Poet, und am Schluß tanzt alles und umringt die schöne Puppenfee, die von allen geliebte Königin.

Ursprünglich hieß der Titel »Im Puppenladen« mit dem Untertitel: »oder die Puppenfee«. Das Libretto stammt von dem Solotänzer und Ballettmeister *Josef Haßreiter* (1845–1940) und dem Bühnenmaler *Franz Gaul,* der eine besondere Leidenschaft für den Tanz hatte und der sich zuweilen auch erfolgreich als Choreograph betätigte. Als dritten im Bunde gewannen die beiden Librettisten den Musiker *Josef Bayer* (1852–1913), der den Titel »Ballettdirigent am K. u. k. Hofoperntheater zu Wien« trug. Bayer hat außerdem die Musik zu den Balletten »Wiener Walzer«, »Kinder-Weihnachtstraum«, »Die Donaunixe«, »Burschenlieder«, »Rund um Wien«, »Die Liebesgeige« usw. geschrieben. »Da ist ein Reiter und ein Gaul«, soll der Komponist gesagt haben, »und ich gebe beiden das Futter«; tatsächlich hat die Musik von Bayer einen solchen Effekt gemacht, daß die »Puppenfee« für Jahrzehnte das meistgespielte Ballett in Deutschland war. In Rußland wurde »Die Puppenfee« in der Choreographie von Sergej und Nikolai Legat bekannt. Auch Anna Pawlowa hat das Ballett auf ihren Tourneen getanzt. »Die Puppenfee« gab Massine (s. »Le Beau Danube«) den Anlaß zu seinem Ballett »Der Zauberladen« (s. d.), das Bayers Werkchen fast gänzlich aus dem Repertoire verdrängt hat.

The Rake's Progress (Das Leben eines Wüstlings)

Ballett in sechs Bildern. Libretto: Gavin Gordon (nach William Hogarth); Musik: Gavin Gordon; Choreographie: Ninette de Valois; Ausstattung: Rex Whistler (nach William Hogarth); Uraufführung: Vic-Wells Ballet (heute Royal Ballet), Sadler's Wells Theatre, London, 20. Mai 1935.

1. Bild: Der Empfang in des Wüstlings Heim.

Personen: Der Wüstling; der Schneider; der Fechtmeister; der Bravo; der Hornist; der Tanzmeister; das verlassene Mädchen; ihre Mutter.

Ein junger Mann hat ein großes Vermögen geerbt. Er trifft, von zweifelhaften Gestalten umgeben, Anstalten, es mit beiden Händen zum Fenster hinauszuwerfen. Ein Mädchen tritt auf, das er in Schande gebracht hat. Dessen Mutter verlangt, daß er die Entehrte heirate.

2. Bild: Die Orgie.

Personen: Der Wüstling; fünf leichte Mädchen; eine Tänzerin; die Bedienerin; der Freund des Wüstlings; die Balladensängerin; zwei Musiker.

Umgeben von zweifelhaften Geschöpfen trinkt und tanzt der Rake. Eine unverschämte Balladen-Sängerin ergötzt ihn.

3. Bild: Auf der Straße.

Personen: Das Mädchen; der Wüstling; drei Gläubiger.

Das Erbe ist verpraßt. Das betrogene Mädchen muß den Wüstling vom Schuldturm freikaufen.

4. Bild: In der Spielhölle.

Personen: Der Wüstling; sein Freund; drei Spieler.

Der Wüstling spielt und verliert.

5. Bild: Vor dem Gefängnis.

Personen: Das Mädchen; der Wüstling.

Der Rake sitzt im Gefängnis. Das Mädchen aber ist ihm treu geblieben.

6. Bild: Im Irrenhaus.

Personen: Das Mädchen; der Wüstling; der Mann mit dem Strick; der Kartenspieler; der Geiger; der Seemann; der König; der Pfarrer; Besucher.

Das wüste Leben hat den Rake ins Irrenhaus gebracht. Das Mädchen findet ihn dort und erkennt: die Schuld des Wüstlings war größer als seine Liebe.

Das Ballett basiert auf *William Hogarths* (1697–1764) satirisch-moralisierenden Bilderbogen, darin er den skrupellosen Lebemann geißelt, dessen Genußsucht größer ist als alle sittlichen Bedenken. Aus den acht Hogarth-Szenen, die das Londoner Soane-Museum beherbergt, hat *Gavin Gordon,* der Librettist und Komponist des Balletts, sechs gemacht, indem er die ersten beiden zusammenzog und das fünfte Hogarth-Bild (Hochzeit) aus dramaturgischen Überlegungen ausließ. Cyril Beaumont nennt »The Rake's Progress« in seinem »Complete Book of Ballets« »nicht eigentlich ein Ballett, als vielmehr ein mimisches Spiel mit Tänzen«. In seiner Musik, die ein Muster für kompositorisches Zeitkolorit und theatralische Wirksamkeit ist, lehnt sich Gavin Gordon formal dort, wo es angebracht ist, an die Hogarth-Zeit an – z. B. läßt er ein Menuetto galante (Pomposo) erklingen. Das Rondo der Orgie füllt er, immer in der Form sich bindend, mit allem Temperament des Bühnenvorgangs (Molto allegro ma non troppo presto).

Bei der Uraufführung tanzte Walter Gore den Wüstling, das verlassene Mädchen Alicia Markova. Im Mai 1956 brachte die Bayerische Staatsoper den »Rake« als erste außerenglische Bühne zur Erstaufführung.

Dame Ninette de Valois (Edris Stannus, geb. 1898 in Irland) ist die Gründerin und langjährige Leiterin des englischen Royal Ballet. Sie studierte bei Enrico Cecchetti. 1923 schloß sie sich den Ballets Russes Diaghilews an. 1926 gründete sie eine Schule in London, die Academy of Choreographic Art, die der Grundstein über viele Zwischenstufen und wechselnde Namen für das britische Nationalballett war. Unter ihren Balletten ragen neben »The Rake's Progress« »Schachmatt« und »Hiob« hervor. – Neben Dame Marie Rambert (Miriam Ramberg, 1888–1981) – die, obwohl Anhängerin von Isadora Duncan und Dalcroze, auch bei Cecchetti studiert hatte und ebenfalls Mitglied der Ballets Russes war, bevor sie 1920 ihre eigene Schule gründete, aus der das heutige Ballet Rambert hervorging –, gilt Ninette de Valois nicht nur als Gründerin des Royal Ballet, sondern auch als Schöpferin des englischen Balletts überhaupt. 1962 wurde sie geadelt. Außerdem ist sie Ritter der Ehrenlegion und mehrfacher Ehrendoktor.

Ramifications (Verzweigungen)

Ballett in zwei Teilen. Musik: György Ligeti (Ramifications, 1968) und Henry Purcell (Dido und Aeneas, 1689); Choreographie: Rudi van Dantzig (»für Toer van Schayk«); Uraufführung: Het Nationale Ballet, Stadsschouwburg, Amsterdam, 1. Juli 1973. (Dauer: 15 Minuten.)

»Ramifications« stimmt in der angeschnittenen Problematik in vielem mit dem überein, was Rudi van Dantzig mit seinem nur eine Woche vorher uraufgeführten Ballett »Hier rust: een Zomerdaag« hatte ausdrücken wollen. Das Thema wird allerdings in »Ramifications« allgemeiner, abstrakter behandelt. Es geht um die paradoxe Frage, wieso zwei Menschen nicht miteinander leben können, aber auch nicht ohne einander, was durch die drei Paare der Choreographie sichtbar gemacht werden soll. Sie klammern sich aneinander fest, stoßen einander ab, und jeder einzelne wird auf sich selbst zurückgeworfen.

Der Wille der Paare, miteinander auszukommen und es doch nicht zu können, wird zu *Ligetis* Musik getanzt – in einem tänzerischen Idiom, das noch stark an Rudi van Dantzigs Gebrauch des Modern Dance zum Beispiel in seinem ersten Hauptwerk »Monument voor een gestorven Jongen« (s. d.) erinnert. Der zweite Teil: die Resignation des einzelnen – ein Solo für einen Jungen – weist schon auf die Klassizität von »Vier letzte Lieder« (s. d.) hin. Der Pas seul zu der Arie aus »Dido and Aeneas« von *Henry Purcel*: »When I am laid in earth, / may my wrongs create / no trouble in thy breast; / remember me, remember me, / but ah, forget my fate« (Wenn ich unter der Erde liege, sollen dir meine Fehler keinen Kummer bereiten. Denk an mich, denk an mich, aber vergiß mein Schicksal), wird in einem so weichen Bewegungsfluß übersetzt, daß man die Trauer am Körper des Tänzers ablesen kann. Das Ballett ist ein Denkmal für die Freundschaft, für die Liebe – trotz der Einsicht, daß sie vergehen wie alles Irdische.

Getanzt wurde die Uraufführung von Sonja Marchiolli, Alexandra Radius, Monique Sand, Han Ebbelaar, Henny Jurriëns und Francis Sinceretti.

Rudi van Dantzig (s. »Monument voor een gestorven Jongen«) gehört heute zu den bedeutendsten europäischen Choreographen.

Raymonda

Ballett in drei Akten (vier Szenen). Libretto: Lydia Paschkowa und Marius Petipa; Musik: Alexander Glasunow; Choreographie: Marius Petipa; Ausstattung: Orest Allegri, Konstantin Iwanow, Piotr Lambin; Uraufführung: Marientheater, St. Petersburg, 7./19. Januar 1898 (Jul./Greg. Kalender). (Dauer: abendfüllend.)

Personen: Raymonda; Gräfin Sibylle; Jean de Brienne, der Verlobte Raymondas; Abderam, ein sarazenischer Ritter; Beranger und Bernard, zwei Troubadoure; Henriette und Clementine, Freundinnen der Raymonda; Andreas, König von Ungarn; die Weiße Dame, Beschützerin des Schlosses; der Seneschall – Gäste, Ritter, Soldaten, Pagen.

I. Akt, 1. Szene: Das Innere eines Schlosses mit Gobelins und Statuen. Im Hintergrund führt eine Tür auf eine Terrasse. Pagen üben mit Waffen, andere musizieren auf Flöten und Fiedeln (Lento maestoso): sie bereiten die Geburtstagsfeier Raymondas vor. Jungfern und Pagen tanzen miteinander (Moderato-Allegretto). Auftritt der Ehrendamen, angeführt von Gräfin Sibylle, Raymondas Tante (Andante). Sie schilt die Mädchen ob ihrer Untätigkeit (Agitato poco), was niemand stört – die Jugend setzt ihren Tanz fort (Allegro; Allegro agitato). Sibylle wendet die Aufmerksamkeit einer der aufgestellten Statuen zu: der Weißen Dame, von der gesagt wird, daß sie dem strafend oder warnend erscheine, der in Gefahr ist, die Familienehre zu verletzen (Andante). Das junge Volk hält von solchem Aberglauben nicht viel, es umtanzt die Statue der Weißen Dame (Allegro). Fanfaren erklingen, der Seneschall kündigt die Rückkehr des Ritters de Brienne von einem Feldzug an. Sibylle läßt ihre Nichte verständigen: Entrée der Raymonda (Allegro giocoso; Scène mimique; Moderato).

Auf ein Andante Marciale bringen die Lehensleute ihrer Herrin Raymonda die Geburtstagshuldigung dar. Großer Walzer (Allegro). Die Gefeierte antwortet mit dem Pas de Raymonda: Pizzicato (Allegretto). Raymonda läßt sich die Laute bringen (Prélude), und nach einigen Arpeggien tanzen zwei Damen und zwei Pagen die Romanesca (Moderato molto).

Der Seneschall meldet den Sarazenen-Ritter Abderam. Von den Damen des Hauses – der Tante wie Raymonda selbst – empfangen, bringt Abderam Raymonda seine Verehrung dar; Raymonda weist seine stürmische Werbung zurück. Da die Tante fürchtet, ihre Nichte sei zu schroff gegen den Ritter gewesen, lädt Sibylle den Sarazenen zu den Geburtstagsfeierlichkeiten ein.

Raymonda bleibt allein zurück. Wie Weiße Dame steigt von ihrem Sockel (Apparition de la Dame blanche, Allegro, Andante; Più mosso; Allegretto). Raymonda folgt der Weißen Dame.

Verwandlung in eine mysteriöse Landschaft.

2. Szene: Die Weiße Dame führt Raymonda über die Terrasse; sie zeigt ihr die strahlende Erscheinung ihres Verlobten Jean de Brienne. Raymonda eilt auf ihn zu; sie vereinigt sich mit ihm zu einem Traum-Pas-de-deux (Grand Adagio; Valse fantastique – Allegro; Variation I, II und III. Allegretto; Coda-Presto). Danach zeigt die Weiße Dame Raymonda eine andere Gestalt: Abderam, den Sarazenen. Mit großer Leidenschaft dringt er werbend auf Raymonda ein. Standhaft weist sie ihn zurück; Irrlichtgestalten und Kobolde dringen in einem Rundtanz auf Raymonda ein – Raymonda stürzt zu Boden. Vom Schloß her kommen Pagen und Damen und finden die vermißte Raymonda (Allegro).

II. Akt: Entr'acte: Allegretto. Geburtstagsfeier im Schloß. Auf einem Ehrensitz haben Raymonda und Sibylle

Platz genommen. Die Gesellschaft tritt nacheinander auf: Mädchen, Pagen, Chevaliers, Damen und Abderam (Entrée d'Abderam: Moderato pesante). Raymonda beschwört ihre Tante, den Fremden wegzuschicken. Sibylle weist das Ansinnen zurück. In einem Grand Pas d'action (Andante) macht Abderam Raymonda erneut den Hof. Er läßt Mitglieder seines Gefolges herbeirufen, die nun mit ihren Künsten bei Raymonda Eindruck machen sollen: der Jongleur (Allegretto), die Garçons Arabes (Vivace), Sarazeninnen; ein ganzes Divertissement mit Grand Pas Espagnol, Danse Orientale und endlich Bacchanal schließt sich an. Abderam schenkt der Gesellschaft von seinem fremden starken Wein im Überfluß ein; als die Feststimmung überzubrodeln beginnt, gibt Abderam seinen Männern das Zeichen, Raymonda zu entführen.

In letzter Minute erscheint Jean de Brienne im Gefolge des Königs von Ungarn. De Brienne befreit seine Braut und will die Fremdlinge niedermetzeln. Der König aber verlangt, daß die beiden Gegner miteinander kämpfen (Le combat, Allegro assai). Die Weiße Dame entscheidet den Kampf zugunsten de Briennes. Der Sarazene fällt. Mit einer Hymne, zu deren Klängen der König Raymonda und de Brienne vereint, endet der II. Akt.

III. Akt: Entr'acte (Allegro moderato). Hochzeitsfest, ausgefüllt mit einem ungarischen Divertissement: 1. Le Cortège hongrois (Moderato maestoso); 2. Grand Pas hongrois (Molto pesante); 3. Tanz der Kinder (Allegro moderato); 4. Pas classique hongrois (mit drei Variationen und Coda); 5. Finale: Galopp (Allegro assai). Apothéose (Das Turnier): Andante.

Alexander Glasunow (s. »Die Jahreszeiten«) hat »Raymonda«, sein Opus 57, in Zusammenarbeit mit *Petipa* (s. »La Bayadère«) komponiert und sich bei der Niederschrift der Partitur ganz den Erfordernissen der Choreographie gebeugt. Seit der Uraufführung von 1898, wobei die fast legendäre Primaballerina Pierina Legnani die Raymonda tanzte, ist dieses Werk (es beansprucht eine Spieldauer von zwei vollen Stunden) – wenn auch meist nicht als Ganzes – doch in vielen seiner überlieferten choreographischen Teile im russischen Repertoire. Rudolf Nurejew hat mit seinen Einstudierungen das Ballett auch im Westen populär gemacht (hervorgehoben sei an dieser Stelle die offenbar stark an Petipa orientierte Polonaise des letzten Aktes).

Requiem

Ballett in einem Akt. Musik: Gabriel Fauré (Requiem op. 48); Choreographie: Kenneth MacMillan; Ausstattung: Yolanda Sonnabend; Beleuchtung: Mark Pritchard; Uraufführung: Stuttgarter Ballett, Großes Haus der Württembergischen Staatstheater, Stuttgart, 28. November 1976.

»Dieses getanzte Requiem ist der Erinnerung an meinen Freund und Kollegen John Cranko, Direktor des Stuttgarter Balletts, gewidmet.« (Kenneth MacMillan.)

Introitus/Kyrie: Solistin und Ensemble.
Offertorium: Acht Solisten und Ensemble.
Sanctus: Zwei Solisten.
Pie Jesu: Solistin.
Agnus Dei: Neun Solisten.
Libera me: Vier Solisten und Ensemble.
In Paradisum: Ensemble.

Zwischen lyrisch-poetischer Melodik und strenger, fast Bachscher Form entwickelt die Musik Faurés ein fast unbegrenzt harmonisches Weltgefüge. Das 1886/87 entstandene Requiem op. 48 spiegelt zwar eine schmerzvolle Klage auf den Tod der Eltern wider; indem es jedoch der gregorianischen Totenmesse folgt, weist es sogar über den Tod hinaus.

Von klarer choreographischer Grundform, auf der sich hochsensible Bewegungsabläufe aufbauen, scheint auch Kenneth MacMillans künstlerischer Charakter geprägt zu sein. Zwischen dem heutigen Chefchoreographen des Royal Ballet London und John Crankos Stuttgarter Ballett besteht ein enges Verhältnis, das in so bedeutenden Werken wie »Las Hermanas« (s. d.) und »Das Lied von der Erde« (s. d.) seinen überzeugenden Ausdruck gefunden hat.

»Faurés ›Requiem‹ ist keine dramatische Vision wie bei Berlioz und Verdi, sondern still verklärte Tröstung. Die an Gounods Wärme gemahnende Lyrik scheint rückwärtsgewandt, die Benützung des gregorianischen Melos deutlich vorwärts; in solcher leittonfremder Melodik, die sich auf die Zusammenklänge auswirkt, liegt das Wesentliche von Faurés Modernität.« (Kurt Honolka.) Kenneth MacMillan hat sich dieser Herausforderung gestellt. Wie Faurés Musik ist der dabei angewandte Bewegungsduktus zugleich rückwärts wie vorwärts gewandt. Schöner, zuweilen die Grenzen des Kitschs streifender Bewegungsfluß wechselt in diesem abstrakten Ballett mit beinahe häßlichen, verkrampften Motionen ab. Manches, wie die Führung der Arme, erinnert an Balanchines »La Valse« (s. d.), anderes steht in der Nähe der Aggressionen Neumeiers in »Der Fall Hamlet«. Der Dualismus in Musik und Choreographie bringt immer wieder tänzerische Szenen hervor, die an die besten Ballette MacMillans anknüpfen wie »Las Hermanas« und »Das Lied von der Erde«. Das Kyrie zu Beginn ist eine der großartigsten Massenchoreographien der letzten Jahre; es motiviert die Ballungen der Menschenleiber, die für dieses Ballett charakteristisch sind. Daneben stehen ästhetisch geschmäcklerische wie in der Bewegungserfindung außerordentlich verblüffende Soli und kleinere Ensembles (die die Stuttgarter Solisten wie Marcia Haydée, Birgit Keil, Egon Madsen, Richard Cragun und Reid Anderson in ein geradezu verklärtes Licht tauchten).

»Requiem« war einer der größten Erfolge, die das Stuttgarter Ballett während seiner USA-Tournee 1977 unter der Leitung von Marcia Haydée, die Glen Tetley als Nachfolger John Crankos abgelöst hatte, errungen hat. »›Requiem‹ ist interessanter als alles, was MacMillan für das Royal

Ballet in zehn Jahren oder mehr getan hat«, schrieb Clive Barnes in der »New York Times«. Und sein Kollege von der Londoner »Times« meinte, es sei eine der bedenklichsten Fehlentwicklungen auf der internationalen Ballettszene 1976/77, »daß Kenneth MacMillan nach Stuttgart gehen mußte, um sein bestes Ballett zu schaffen«.

Kenneth MacMillan (s. »Concerto«) war von 1970 bis 1978 Direktor des Londoner Royal Ballet. Für dieses Ensemble schuf er unter anderem die abendfüllenden Ballette »Anastasia« (1971), »Manon« (s. d.) und »Mayerling« (s. d.).

Gabriel Urbain Fauré (1845–1924) ging aus der Schule von Niedermeyer und Saint-Saëns hervor. Er war längere Zeit Organist und Kirchenmusiker an der Madeleine in Paris, Professor und Direktor des Pariser Konservatoriums. Faurés Schreibweise, von César Franck mehr beeinflußt als von seinem Lehrer Saint-Saëns, klärte sich besonders in der Kammermusik und in seinen Klavierwerken zu einer Durchsichtigkeit von oft eigenartigem Reiz. Seine Opern »Prométhée« und »Pénélope« galten dem jungen, sich von allen romantischen Nachwirkungen lösenden Frankreich als Muster eines neuhellenischen Stils. (Nach Ernst Bücken.)

Revelations (Offenbarungen)

Ballett in drei Abteilungen. Musik: Negro Spirituals, arrangiert von Howard Roberts, Hall Johnson und James Miller; Ausstattung: Ves Harper; Uraufführung: Alvin Ailey Dance Theater, 99. Straße, YM-YWHA, New York, 31. Januar 1960.

I. Teil: Pilgrim of Sorrow.

1. I Been Buked. Zu Beginn stehen Männer und Frauen dicht aneinandergedrängt, wie von einer unsichtbaren Macht niedergedrückt. Ihre tiefen, weiten Pliés, in denen sie verharren, scheinen die Kümmernisse eines ganzen Volkes wiederzugeben. Schützend halten sie, Flügeln gleich, ihre Arme über die Nächsten. Aber die Spannung löst sich schließlich, die Gruppe entfaltet sich wie eine Blume, die Körper streben nach oben, ihre Hände und Arme tasten weiter zum Licht.

2. Didn't My Lord Deliver Daniel. Trio für zwei Tänzerinnen und einen Tänzer, das an die biblische Szene in der Löwengrube erinnert.

3. Fix Me Jesus. Der erste, religiöse Teil schließt mit einem innigen Pas de deux, dessen plastische, technisch sehr anspruchsvolle Posen noch einmal die Grundstimmung zum Ausdruck bringen.

II. Teil: Take Me to the Water.

1. Processional. Zwei Männer tragen Stangen mit kleinen, flatternden Kleiderstücken. Alle tragen weiße Hosen und Kleider. Eine der Frauen hält einen riesigen weißen Schirm. Zwei lange Seidenbahnen werden über den Bühnenboden gespannt und beginnen zu vibrieren. Dazwischen drehen und kreisen die Tänzer. Die Stoffbahnen heben ab, schweben leicht über dem Boden wie Wellen im Meer.

2. Wading in the Water. Ein Solo für einen Tänzer, das Zweifel, Reue und den guten Willen eines einzelnen Menschen zeigt.

3. I Want to Be Ready. Das Volk feiert mit überschäumender Lebensfreude den gefundenen Weg zur Bekehrung.

III. Teil: Move, Members, Move.

1. Sinner Man. Ein höchst dynamisches Trio für drei Tänzer leitet diesen Teil ein und zeigt, daß der Pfad zwischen Gut und Böse für manche zu schmal ist. Verzweifelt sucht man einer drohenden Strafe zu entgehen.

2. The Day is Past and Gone. Die Szene zeigt die Tänzerinnen mit Stühlen und Fächern. Sie erwarten die Schönheit des Sonnenuntergangs.

3. You May Run Home. Die Männer in Shorts und hübschen Westen gesellen sich ihnen zu.

4. Rocka My Soul in the Bosom of Abraham. Das Ballett schließt mit einem Tanz, der noch einmal die Lebenslust und Menschlichkeit des ganzen Volkes bekräftigt.

Das Ballett »Revelations« ist nicht nur zum Image-Stück des Alvin Ailey Dance Theater geworden. Das Werk gilt als ein Höhepunkt des Jazztanzes, ja als ein Markstein in der Geschichte der Choreographie überhaupt. Ailey zeigt sich hier als ein Künstler, der über »eine Souveränität, eine Größe der Vorstellungskraft, eine szenische Plastizitätsphantasie und eine Ruhe und Gelassenheit im Einsatz seiner Mittel« verfügt, »daß er es sich leisten kann, auf all die üblichen Jazztanz-Mätzchen zu verzichten. Seine Choreographien haben die Einfachheit, die ein Privileg ganz großer Kunst ist« (so Horst Koegler nach dem ersten Deutschland-Gastspiel in der »Stuttgarter Zeitung«). Seine Werke haben – wie »Revelations« zeigt – nach »außen hin Divertissementcharakter – trotzdem glaubt man sich in jeder einzelnen seiner Nummern dem Herzschlag des Lebens so nahe wie bei tänzerisch konkret erzählten Handlungen nur in ganz seltenen Ausnahmefällen. Er scheint völlig unintellektuell zu arbeiten, aber seine Choreographien sind von einer kompositorischen Logik, die jeder intellektuellen Analyse standhält. Zweifellos gehört er zu den an den Fingern beider Hände abzuzählenden großen Choreographen der heutigen internationalen Szene, ganz er selbst, keinem einzigen seiner Kollegen vergleichbar.«

Der Texaner *Alvin Ailey* (1931–89) erhielt seine erste Ausbildung im Lester Horton Dance Theatre in Los Angeles. Ende 1953 übernahm er nach dem Tode Lester Hortons die Position des Choreographen und Künstlerischen Leiters der Bühne. Nach einigen Jahren mit der Horton Company und nach seiner Mitwirkung in den Filmen »Carmen Jones« und »Lydia Bailey« trat er als Solotänzer in dem Broadway-Musical »House of Flowers« in Erscheinung. Daneben studierte Ailey Modern Dance bei Martha Graham (s. »Klytemnestra«), Hanya Holm, Charles Weidman sowie klassisches Ballett bei Karel Shook. 1958 gründete er seine eigene Truppe, die sich mittlerweile The Alvin Ailey American Dance Theater nennt und zu den prominentesten »schwarzen« Ensembles gehört. Zu seinen wichtigsten Arbeiten zählen außer »Revelations« noch die »Blues Suite« (1958), »Hermit Songs« (1962), »Reflections in D« (1964), »Cry« (1971) und »The Lark Ascending« (1972). Ailey, durch seine Gastspiele in der ganzen Welt populär geworden, hat gelegentlich auch für andere Compagnien wie das Ballett der Hamburgischen Staatsoper, das Joffrey Ballet und das American Ballet Theatre choreographiert, ohne seine Herkunft vom Jazz und Modern Dance jemals zu leugnen.

Rodeo oder: Das Liebeswerben auf der Burnt Ranch

Ballett in zwei Szenen. Libretto: Agnes de Mille; Musik: Aaron Copland; Choreographie: Agnes de Mille; Bühnenbild: Oliver Smith; Kostüme: Kermit Love; Uraufführung: Ballet Russe de Monte Carlo, Metropolitan Opera House, New York, 16. Oktober 1942.

Personen: Cowgirl; Obercowboy; Cowboy; Frauen.

Die Handlung dreht sich um ein Cowgirl, das sich in dem Bestreben, dem Obercowboy, in den sie verliebt ist, möglichst eng verbunden zu sein, wie ein Mann kleidet und benimmt. Sie erreicht damit aber nur, daß sie alle anderen Cowboys verärgert und sich den offenen Hohn und Spott der Frauen einhandelt. Am Ende zieht sie doch die Röcke an und bekommt ihren – oder besser gesagt – einen Mann.

Agnes de Mille, die Choreographin selbst, erzählt in ihren Erinnerungen über die Entstehung dieses Quasi-Nationalballetts der Amerikaner:

»Dann sagte ich, mit unhörbarem Zittern in der Stimme: ›Wir beginnen mit einem Rodeo. Wenn ihr ein widerspenstiges Pferd reitet und abgeworfen werdet, dann sieht das so aus.‹ Und ich ritt auf einem bockigen Pferd, wurde abgeworfen, flog durch den ganzen Raum und schlug hart mit dem Kopf auf dem Boden auf. ›Liebling!‹ rief Freddie und stürzte auf mich zu, ›Liebling, du wirst dir weh tun!‹ – ›Hat es gut ausgesehen, Freddie?‹ – ›Wunderbar! Aber du wirst dich dabei erschlagen!‹ – ›Ich nicht. Ihr sollt es machen.‹ – Die jungen Männer schauten verblüfft drein. – ›Na gut‹, sagte Freddie. ›Da hilft nichts. Los, Burschen, probieren wir es.‹ – Die Reitversuche waren weder realistisch, noch suchten sie den Charakter der Bewegungen wiederzugeben. Ich hatte in London ein Jahr lang gearbeitet, um die eigenartige Schönheit dieser Bewegungen herauszuarbeiten. Richtig ausgeführt, drückten sie den starken, lebendigen Genuß des Reitens aus. Es war nur sehr schwer, denn die Tänzer mußten den Eindruck erwecken, als würden sie von einem unsichtbaren Tier gestoßen. O weh! Diese großen, kräftigen Burschen waren jahrelang darauf gedrillt worden, sich wie Blumenblätter im säuselnden Wind zu bewegen. ›Hebt eure Arme!‹ flehte ich sie an. ›Ihr habt doch Männerarme, voll Kraft zum Dreinschlagen. Ihr könnt ein Lasso halten und damit ein wütendes vierhundert Kilo schweres Tier bändigen!‹ Schlanke Handgelenke und gebogene Finger von Rokokostutzern vollführten zierliche Gesten. ›Macht keine Pliés‹, flehte ich sie an, ›ihr müßt auf einem Pferd sitzen! Das ist etwas ganz anderes!‹ Aber die Anstrengungen waren zu groß für sie. Sie fielen erschöpft in die zweite Position zurück, in der sie sich zu Hause fühlten. – Ich hatte beabsichtigt, mit achtzehn Männern zu arbeiten. Zehn blieben schließlich übrig, doch die waren bereit, mit mir durch dick und dünn zu gehen und hatten auch das Zeug dazu. Zwei Stunden lang rollte ich mit ihnen auf dem Boden herum, verrenkte mich, klappte zusammen, hängte mich an Sättel und knirschte mit den Zähnen. Sie jammerten und strengten sich entsetzlich an.

Ich war ihnen an Konzentration, Elastizität und Zähigkeit weit überlegen und zähmte sie. Außerdem machte ich alle ihre Vorstellungen von Technik zunichte, die sie bis jetzt angebetet hatten. Zum Schluß forderte ich sie auf, zu gehen. Wie bitte? Nun, sie sollten gehen wie Cowboys. Sie starrten mich sprachlos an. Die Trikots klebten ihnen am Körper, staubig vom Herumrollen am Boden, die Haare fielen ihnen ins Gesicht. Sie begannen zu gehen. ›Nicht so!‹ rief ich. Ich begann langsam meine Munterkeit wiederzugewinnen. ›Der Sattel hat euch wundgescheuert, ihr tragt riesige Cowboy-Stiefel, eure Lederbekleidung ist schweißgetränkt. Ihr fühlt euch nicht wohl in eurer Haut, ihr seid es nicht gewöhnt, zu gehen, ähnlich Zentauren ohne Pferdeleib!‹ – ›Paßt auf‹, sagte ich, ›die Sonne von Colorado blendet euch. Ihr könnt nicht so in die Sonne blicken!‹ – ›Ja, das stimmt‹, sagten ein paar und nickten anerkennend. Sie begannen zu blinzeln, ihre Haltung wurde nachlässig, sie waren erhitzt, staubig und mitgenommen. ›Man konnte sie beinahe riechen‹, sagte meine Schwester später einmal.«

Daß *Agnes de Mille* (geb. 1909), Nichte des Filmregisseurs Cecil B. de Mille, den Amerikanern als die amerikanischste aller Choreographen auf der Welt gilt, versteht sich wohl nach »Rodeo« von allein. Sie wurde ausgebildet von Theodore Koslow, Winifred Edwards und Madame Rambert. Sie choreographierte neben einer ganzen Reihe weiterer Ballette die Tänze zu den Musicals »Oklahoma!«, »Brigadoon« und »Carousel«, die heute noch die Kassen am Broadway klingen lassen.

Aaron Copland (1900–90), der als der amerikanischste aller amerikanischen Komponisten gilt, schrieb die in der amerikanischen Volksmusik wurzelnde Partitur zu »Rodeo«.

Le Roi Nu (Des Kaisers neue Kleider)

Ballett in einem Akt (vier Bilder). Libretto: Serge Lifar; Musik: Jean Françaix; Choreographie: Serge Lifar; Ausstattung und Kostüme: Pedro Pruna; Uraufführung: Théâtre National de l'Opéra, Paris, 15. Juni 1936.

Personen: Der König; die Königin; der Geliebte; die vier Ehrendamen; zwei Minister; drei Schneider; Bauern und Bäuerinnen (acht Paare); ein Kind; Pagen; Wachsoldaten.

1. Bild: Platz vor dem Königsschloß. Drei arme Schneidergesellen möchten die Gunst des Königs erringen (Danse des trois tailleurs; Allegro). Um ins Schloß zu gelangen, provozieren sie die Wachen, die sie gefangennehmen wollen (Prestissimo). Erst als der König selbst erscheint, lassen sie sich verhaften.

2. Bild: Königlicher Gerichtshof. Die drei Schneidergesellen werden verhört (Andantino amabile). Sie behaupten, einen besonderen Kleiderstoff zu besitzen (Fable de l'étoffe magique), der die Eigenschaft habe, unsichtbar zu sein, wenn der Betrachter unehrlich sei oder nicht für sein Amt tauge. Die Schneider erhalten den Befehl, den Stoff herbeizubringen (Présentation de l'étoffe; Andantino). Die Schneider kommen zurück und geben vor, den Stoff zu tragen. Niemand sieht ihn, aber niemand wagt es, das einzugestehen. Der König stimmt in die allgemeine Bewunderung (Valse) ein und bestellt bei den Spitzbuben ein schönes Kleid für sich.

3. Bild: Königliches Gemach. Die Königin vergnügt sich mit ihrem Liebhaber. Man hört den König kommen (Maestoso, Fanfare). Die Königin versteckt den Freund im Wandschrank (Presto subito). Königin ab. Der König tritt mit Ministern und Schneidern auf (Maestoso, sostenuto, e bene legato). Der König freut sich auf das neue Kleid (Variation du Roi).

Die Schneider verfahren wie bei einer richtigen Anprobe. Der König läßt die Königin rufen. Er will ihre Meinung hören. Schuldbewußt stimmt sie in die Begeisterung aller ein (Variation de la Reine). Der König tanzt mit der Königin (Pas de deux du Roi et de la Reine; Andante).

4. Bild: Thronsaal. Auf dem Höhepunkt eines Festes (Subito maestoso) erscheint das Königspaar, der König – wie er glaubt – in seinem neuen Kleid. Zwanzig Takte vergehen, bis eine Kinderstimme ruft: »Aber der König ist ja nackt!« Aufruhr entsteht (Furioso; Panique). Der König hat die Lehre verstanden. Er verjagt seine alten Minister und macht die Schneider zu seinen Beratern (Apothéose de trois tailleurs).

Von den Balletten *Serge Lifars* (s. »Phèdre«) sind nur wenige ins internationale Repertoire eingegangen; »Le Roi Nu« auf Andersens Märchen von des Kaisers neuen Kleidern jedoch ist oft aufgeführt worden. »Le Roi Nu« ist auch das populärste Ballett des Komponisten *Jean Françaix* (s. »Les Demoiselles de la Nuit«).

Solisten der Uraufführung waren Yvette Chauviré, Serge Lifar und Paul Goubé.

Romeo und Julia

I Ballett in drei Akten (13 Bilder) mit Prolog und Epilog nach Shakespeare. Libretto: Leonid M. Lawrowski, Serge Prokofjew und Serge Radlow; Musik: Serge Prokofjew; Ausstattung: Václav Skruzný; Uraufführung, Choreographie: Ivo Vána Psota; Brünn, 30. Dezember 1938; Russische Erstaufführung, Choreographie: Leonid M. Lawrowski; Ausstattung: Peter Williams; Kirow-Ballett, Kirow-Theater, Leningrad, 11. Januar 1940. (Dauer: abendfüllend.)

Personen: Escalus, Herzog von Verona; Graf Paris, Julias Verlobter; Capulet; Gräfin Capulet; Julia, deren Tochter; Montague; Romeo, sein Sohn; Tybalt; Julias Amme; Mercutio, Romeos Freund; Benvolio, Romeos Freund; Lorenzo, ein Mönch; Samsone, Gregorio und Pietro, Diener Capulets; Abramio und Balthasar, Diener Montagues; ein Page des Paris; ein Page Romeos; Kneipenwirt; Bedienerinnen; Bettler; Julias Freundinnen; Troubadoure; ein Narr; ein kämpfender Jüngling; ein Gemüsehändler.

Prolog: Im »Triptychon« erscheinen Romeo, Bruder Lorenzo und Julia.

I. Akt, 1. Bild: Früher Morgen. Romeo schlendert auf dem Platz vor dem Haus der Capulets umher. Als die ersten Bürger erscheinen, verschwindet er in einer Seitengasse. Diener der Capulets und der Montagues stoßen aufeinander, woraus ein Streit entsteht. Benvolio mischt sich auf der Seite der Montagues ein, Tybalt auf der Seite der Capulets. Der Kampf wird heftiger. Die Familienoberhäupter greifen ein. Es erscheint der Herzog von Verona und gebietet Frieden. Er verbietet weitere blutige Kämpfe in Verona unter Androhung des Todes oder der Verbannung.

2. Bild: Julias Zimmer im Hause der Capulets. Julia erlaubt sich mit ihrer Amme allerlei Streiche. Julias Mutter kommt und berichtet, daß Graf Paris um die Hand Julias angehalten habe. Julia erschrickt, denn sie ist ja noch ein Kind. Die Mutter aber führt sie zum Spiegel und zeigt ihr, daß sie schon eine Frau ist.

3. Bild: Gäste schreiten feierlich zum Fest im Hause Capulet. Julias Freundinnen kommen in Begleitung von Kavalieren. Ihnen folgt Paris mit seinem Pagen. – Vorbühne. Mercutio und Benvolio erscheinen; sie hören Musik (Menuett, Assai moderato) und beschließen, den Ball zu besuchen. Sie überreden Romeo, mit ihnen zusammen ins Haus einzudringen.

4. Bild: Ball im Hause Capulet. Nach dem zeremoniellen, steifen Tanz mit den Kissen (Allegro pesante) erscheint Julias Tanz (Pas de deux mit Paris; Solovariationen Julia; Moderato) wie ein leichter Windhauch. Romeo betritt mit seinen Freunden den Saal. Romeo ist von Julias Schönheit hingerissen. Der Spaßvogel Mercutio bricht mit seinen Späßen die feierliche Atmosphäre des Balles.

Romeo nähert sich Julia während des Madrigals. Die Maske fällt ihm vom Gesicht. Julia fühlt, daß sie ihn lieben könnte. Tybalt erkennt Romeo und eilt zu Capulet, um ihm über Romeos freches Eindringen zu berichten. – Vorbühne. Zu den Klängen einer Gavotte (Allegro) entfernen sich die Gäste. – Die Amme erklärt Julia, daß der fremde Jüngling der Sohn von Capulets Feind Montague ist.

5. Bild: Ein vom Mondlicht übergossener Garten. Julia träumt von Romeo. Der erscheint und streckt flehend die Arme nach ihr aus (Variation, Allegro amoroso). Die Szene gipfelt in einem Pas de deux (Andante).

II. Akt, 1. Bild: Auf dem Platz von Verona herrscht Karnevalstreiben. Benvolio und Mercutio flirten mit den Kellnerinnen. Während des Karnevalsumzuges werden der »Tanz der fünf Paare« (Vivo) und der »Tanz der Mandolinen« (Vivace) ausgeführt.

Julias Amme tritt auf und sucht Romeo (Adagio scherzando). Benvolio und Mercutio treiben auch mit ihr ihre Späße. Romeo erscheint. Die Amme übergibt ihm Julias Brief, in dem sie sich bereit erklärt, seine Frau zu werden.

2. Bild: Bruder Lorenzo lebt in stiller Abgeschiedenheit. Romeo bittet Lorenzo, Julia und ihn zu trauen. Lorenzo ist einverstanden, weil er damit die feindlichen Häuser zu versöhnen hofft. Julia kommt. Lorenzo vollzieht die Trauung. – Vorbühne: Mercutio und Benvolio tanzen mit ihren Mädchen vorbei.

3. Bild: Auf dem Platz in Verona vergnügt sich die Menge, unter ihr Mercutio und Benvolio mit den Mädchen. Tybalt erscheint. Als er die feindlichen Montagues entdeckt, zieht er den Degen und stürzt sich auf Mercutio. Romeo tritt dazwischen. In diesem Augenblick versetzt Tybalt Mercutio hinterrücks den Todesstoß. Romeo rächt Mercutio und tötet Tybalt. Benvolio führt Romeo weg. Die Capulets schwören den Montagues Rache über der Leiche Tybalts.

III. Akt, I. Bild: In Julias Schlafzimmer. Morgendämmerung. Romeo muß das Haus verlassen, bevor es erwacht.

Julia versucht ihn zu halten. Schließlich nehmen die Liebenden in einem großen Pas de deux Abschied voneinander. Romeo geht in die Verbannung nach Mantua. – Die Amme kommt und meldet Julias Eltern und Paris. Die Hochzeit mit dem Grafen ist festgesetzt. Julia behandelt Paris sehr kühl, der verletzt das Zimmer verläßt. Die Eltern machen Julia Vorwürfe. In ihrer Verzweiflung beschließt sie, bei Bruder Lorenzo Rat zu suchen.

2. Bild: Julia bittet Lorenzo um Hilfe. Sie will sich mit einem Dolch entleiben. Lorenzo verhindert das und gibt ihr ein Gift, das sie tot erscheinen lassen wird, so lange bis Romeo in Mantua unterrichtet und nach Verona zurückgekehrt sein wird.

3. Bild: Julia ist in ihr Zimmer zurückgekehrt und erklärt den Eltern ihr Einverständnis zur Hochzeit mit Paris. Sie nimmt Lorenzos Gift und schläft ein. Am nächsten Morgen, dem Tag der Hochzeit mit Paris, findet man Julia scheinbar tot auf ihrem Bett liegen – während Kavaliere eine fröhliche Serenade tanzen. Julias Freundinnen trauern im »Tanz mit den Lilien« um die scheinbar Verstorbene.

4. Bild: Romeo in Mantua, sein Diener berichtet ihm, daß Julia gestorben sei. Erschüttert eilt er nach Verona.

5. Bild: Friedhof von Verona. Die Angehörigen der beiden feindlichen Familien geben Julia das Geleit (Adagio funebre). Julia wird in der Gruft aufgebahrt. Hier findet sie Romeo und nimmt angesichts der toten Geliebten Gift. Julia erwacht, erblickt den toten Romeo und stößt sich dessen Dolch in die Brust.

Epilog: Die Montagues und Capulets kommen auf den Friedhof. Sie erblicken die entseelten Körper ihrer Kinder und reichen einander die Hand zur Versöhnung.

Shakespeare hat mit seiner Tragödie ein unvergängliches Sinnbild für die Liebe ganz allgemein, im besonderen aber für das Schicksal von Liebenden geschaffen, die zwischen die Mühlsteine zweier feindlicher Parteien geraten, ob sie nun Montague und Capulet oder Weiße und Puertorikaner (wie in Robbins–Bernsteins Adaptation »West Side Story«) oder Rechts und Links (im politischen Sinne) heißen. Darin Shakespeare zu folgen und ihm oder dem Geist des Trauerspiels gerecht zu werden, ist die Aufgabe, die jeder Transformierung des Stoffs in ein Ballett gestellt ist.

Die Realisierung der Prokofjewschen Partitur in der Choreographie von Leonid Lawrowski und mit Galina Ulanowa als Julia galt lange als ungewöhnlich treffend. Da die Gastspiele des sowjetischen Balletts auch der nichtrussischen Welt die Möglichkeit gegeben haben, das Werk kennenzulernen, ist vieles, was den Glorienschein betrifft, verblaßt. Freilich, der märchenhafte Ruhm und die Bewunderung der Galina Ulanowa bestehen zu Recht, und nichts vermöchte die Anerkennung der Komposition *Prokofjews* (s. »Le Chout«) zu schmälern.

Leonid M. Lawrowski (1905–67), der Schöpfer der sowjetischen Version von »Romeo und Julia«, galt lange als bedeutendster Choreograph, den die UdSSR hervorgebracht hat. Er wurde mit mehreren Stalin-Preisen ausgezeichnet und war »Verdienter Künstler« der russischen Sowjetrepublik. Neben »Romeo und Julia« hat er sich vor allem mit den Balletten »Der Gefangene im Kaukasus« (1938) und »Roter Mohn« (1949) einen Namen gemacht. Letzteres gilt als Gipfelleistung einer spezifisch sowjetischen Ballettkunst.

Bei der Leningrader Premiere – die Uraufführung des Balletts fand 1938 in Brünn statt – tanzte die Ulanowa die Julia, ihr Partner als Romeo war Konstantin Sergejew (alternierende Romeo-Darsteller waren J. Schdanow und M. Gabowitsch), den Mercutio tanzte Sergej Koren, Robert Gerbek und Alexej Jermolajew tanzten abwechselnd den Tybalt.

»Romeo und Julia« ist seit langem ein beliebter Ballettstoff: Eusebio Luzzi, Solotänzer und Choreograph in Venedig, brachte 1785 »Giulietta e Romeo« heraus; Claus Schall (1757–1835) schrieb für Vincenzo Galeotti ein Ballett gleichen Titels. 1926 schufen Bronislawa Nijinska (s. »Les Biches«) und George Balanchine (s. »Agon«) gemeinsam ein »Romeo und Julia«-Ballett für die Ballets Russes mit Musik von Constant Lambert und einer Ausstattung von Max Ernst und Joan Miró. Antony Tudor (s. »Dark Elegies«), einer der interessantesten Einzelgänger moderner Choreographie, brachte im April 1943 für das Ballet Theater in New York sein einaktiges »narrative ballet, based on the play by Shakespeare« zur Uraufführung. Diese Version basierte auf Musik von Frederick Delius, die Ausstattung dazu schuf Eugene Berman. Fünf weitere Versionen der Shakespeare-Tragödie folgten der von Tudor: 1946 von Lifar (s. »Phèdre«) mit Musik von Tschaikowsky (s. »Dornröschen«), 1950 von Bartholin ebenfalls mit Musik von Tschaikowsky; Ashton (s. »Façade«), Lifar (beide 1955), MacMillan (s. »Concerto«), van Dantzig (s. »Monument voor een gestorven Jongen«) und Spoerli (s. »Vier Gesänge für Frauenchor«) griffen auf Prokofjew zurück. George Skibine choreographierte einen Pas de deux auf Tschaikowskys Fantasie-Ouvertüre. Leo Spies (s. »Don Quixote«) komponierte 1942 ein Ballett »Die Liebenden von Verona«. In Wuppertal setzten Erich Walter (1959), in Brüssel Maurice Béjart (1966) und in Köln Gray Veredon (1976) Hector Berlioz' dramatische Sinfonie »Romeo und Julia« in Tanz um. Für eine ganz eigene Fassung in Freiburg i. Br. verwendete Krisztina Horváth 1983 vor allem Renaissance-Musik.

II Choreographie: John Cranko; Ausstattung: Jürgen Rose; Uraufführung: Stuttgarter Ballett, Württembergische Staatstheater, Großes Haus, Stuttgart, 2. Dezember 1962.

John Crankos (s. »Die Befragung«) Version von Prokofjews Ballett gilt zumindest im Westen als eine der besten Realisierungen. Er hat den russischen Kulissenzauber beseitigt, aus dem Zwist und Hader der Häuser Capulet und Montague die unsterbliche Liebesgeschichte von

Romeo und Julia vollends herausgeschält. So verzichtet er auf den Epilog der Versöhnung – wie alle Choreographen, z. B. MacMillan (s. »Concerto«), nach ihm. Neben den psychologisch wunderbar gezeichneten Liebenden, für die der Pas de deux am Ende des I. Aktes (Balkonszene) tänzerisch den Höhepunkt bringt, besitzt bei Cranko der Freund Romeos, Mercutio, besondere Bedeutung, da sein Tod zwischen Lachen und Weinen zeigt, wie Cranko den größten Dramatiker der Weltliteratur begreift. Cranko behauptet, Shakespeare bilde das Leben selbst ab, die Absurdität des Lebens, das ins Lachen Tränen mischt und im Weinen lacht über den nächsten Witz.

Ohne »Romeo und Julia« sind alle folgenden Handlungsballette Crankos nicht zu verstehen. Mit dem »Balkonszenen«-Pas-de-deux begann die über »Onegin« (s. d.) und »Der Widerspenstigen Zähmung« (s. d.) bis »Carmen« (s. d.) sich stets steigernde Serie von Liebes-Pas-de-deux, die sämtliche Regungen dieser Leidenschaft, vom Hauch der Zärtlichkeit bis zum Terror der Selbstzerstörung, enthalten. »Romeo und Julia« hatte Cranko schon einmal 1958 mit Tänzern der Scala in Verona einstudiert.

III Choreographie: John Neumeier; Ausstattung: Filippo Sanjust; Uraufführung: Opernhaus, Städtische Bühnen, Frankfurt a. M., 14. Februar 1971.

Die Version *John Neumeiers* (s. »Dritte Sinfonie von Gustav Mahler«) gilt als ein Musterbeispiel für die Übertragung des Epischen Theaters Brechts auf das Ballett. Die »Stuttgarter Nachrichten« schrieben dazu nach der Uraufführung:

»John Neumeiers neues Ballett ›Romeo und Julia‹ ist eine Huldigung des Cranko-Schülers an den Meister, in dem er sich erfolgreich bemüht hat, eine Alternative zu schaffen.

Neumeier geht in seiner strengen Dramaturgie weit über die seiner Vorgänger hinaus: Durch das ganze Drama wandert eine Schauspieltruppe, die das Geschehen kommentiert und plausibel macht. In sie ist Mercutio ebenso wie Romeo einbezogen (letzterer bei Neumeier fast eine Hamlet-Figur). Mercutio springt gleich in der ersten Szene aus dem Thespis-Karren, angetan mit einem quasimexikanischen Totenkopf. Der Tod tanzt von Anfang an mit! Das wird so weit getrieben, daß Mercutio gleichsam als Mitglied der Schauspieltruppe und in deren Kostüm und Maske scheinbar spielend stirbt, so daß die anderen zunächst glauben müssen, Tybalt habe ihn überhaupt nicht getroffen. Romeo übernimmt dann konsequenterweise die Rolle des Freundes, dessen Maske, um mit den Schauspielern zu fliehen.

Das alles ist eine großartige, durch und durch moderne Shakespeare-Interpretation. Neumeier mischt durchaus humorvoll Tragödie und Komödie.«

Rondo vom Goldenen Kalb

Drei Nachtstücke. Libretto: Tatjana Gsovsky; Musik: Gottfried von Einem; Choreographie: Helga Swedlund; Bühnenbild: Alfred Siercke; Uraufführung: Hamburgische Staatsoper, Hamburg, 1. Februar 1952.

1. Nachtstück: Hochzeit.

Personen: Der reiche Herr; das junge Mädchen; der junge Mann; Hochzeitsgäste, Männer und Frauen.

Die Braut taumelt durch die Reihen der Gratulanten. Sie sucht Hilfe bei einem jungen Mann, der reglos verharrt (Allegro moderato). Der viel ältere Bräutigam tanzt mit seinen Freunden einen Junggesellen-Abschiedstanz, dem sich alle – ausgenommen die Braut – anschließen.

Adagio: Die Braut allein. Die Vorstellung, mit einem alten Mann verheiratet sein zu müssen, läßt sie verzweifeln.

Allegro moderato: Der junge Mann kommt zurück. Die

beiden jungen Menschen geben sich der Liebe hin, die unerfüllt bleiben muß. Das Mädchen will sterben. Mit einem Kuß tötet der junge Mann das Mädchen.

Lento: Der ältliche Bräutigam findet den Jungen, der die tote Braut in seinen Armen hält.

Intermezzo (Moderato molto).

2. *Bild:* Schwarzer Tag.

Personen: Die schwarzgekleideten Herren; die Menschen.

Vor einem Portal, hinter dem »Entscheidungen« fallen, wartet das Volk.

Adagio: Zwei Herren mit roten Aktentaschen schreiten durch das Portal.

Moderato: Das Volk wartet weiter.

Più mosso: Das Portal öffnet sich und speit Zeitungsnachrichten aus. Veitstanz der Katastrophen.

Un poco pesante: Die Herren treten aus dem Portal. Vor der Menge erfaßt sie Angst. Tatsächlich werden sie gelyncht. Die Masse glaubt, die Freiheit errungen zu haben (Molto allegro).

Adagio: Da tauchen aber bereits die neuen Herren mit grünen Aktentaschen auf und verschwinden im Portal.

Intermezzo (Adagio).

3. *Bild:* Roulette.

Personen: Der junge Mann; der Dandy und seine Geliebte; der feiste Spieler; die Greisin; der Offizier; Spielertypen; Männer und Frauen.

Allegro molto: Im Spielsaal jagen die Spieler um den Spieltisch.

Poco meno mosso: Einige Spieler springen auf den Tisch. Die Jagd geht weiter.

Allegro: Eine makabre Greisin setzt gegen einen jungen Offizier, der verliert.

Poco meno mosso: Die Jagd um den Tisch geht weiter. Der junge Offizier erschießt sich.

Presto: Ein feister Mann gewinnt gegen seinen Willen. Das lockt die Frauen an. Der Feiste verschwendet an sie seinen Gewinn. Ein junger Mann sieht fassungslos zu.

Allegro moderato: Ein Dandy setzt gegen den Feisten seine Geliebte, ein schönes Mädchen. Der Feiste gewinnt. Schmuck und Kleider verteilt er unter die Frauen. Das nackte Mädchen aber will er nicht.

Presto: Da setzt der junge Mann und gewinnt ein Vermögen. Er setzt es gegen das Mädchen und gewinnt es.

Adagio: Die Spielerwelt versinkt. Das junge Paar ist allein, vereinigt sich in einem Grand Pas de deux.

So wie im vorigen Jahrhundert »Giselle« von 1841 ohne die »Sylphide« von 1832 undenkbar gewesen wäre, so ist 1952 das »Rondo vom Goldenen Kalb« von *Tatjana Gsovsky* (s. »Die chinesische Nachtigall«) undenkbar ohne den »Grünen Tisch« von Kurt Jooss aus dem Jahre 1932. *Gottfried von Einems* Opus 13 ist typisch für sein ausgeprägtes Formgefühl; so ist der Titel »Rondo« hier nicht nur als »Rundtanz« zu verstehen, sondern auch als charakteristische (freilich erweiterte) musikalische Form, die von Zwischensätzen eingefaßt ist.

Die Hamburger Uraufführung, von *Helga Swedlund* inszeniert und choreographiert, fügte dem »Rondo« einen den Charakter des Schwarzen Stückes noch mehr betonenden Tanzprolog hinzu, und zwar für den Todesboten (Bico von Larszky) und den bösen Geist (Eva Bajoratis). Dementsprechend steht im letzten Bild bei der Swedlund eine »rote Dame« (ursprünglich das junge Mädchen) einer »roten Maske« (an Stelle des im Libretto vorgesehenen jungen Mannes) gegenüber. Die »rote Dame« setzt sich selbst zum Preis, sie wird dem Träger der »roten Maske« zugeschlagen, der sich als Bote des Todes zu erkennen gibt. Die Hauptdarsteller waren: Natascha Trofimowa und Peter Ahrenkiel.

Der rote Mantel

Ein Ballett frei nach Federico García Lorca. Libretto: Tatjana Gsovsky; Musik: Luigi Nono; Choreographie: Tatjana Gsovsky; Ausstattung: Jean-Pierre Ponnelle; Uraufführung: Städtische Oper, Berlin, 20. September 1954.

Personen: Perlimplin, ein alter Junggeselle; Belisa, eine Schöne; Belisas Mutter; Marcolfa, Perlimplins Dienerin; Zentaurus; Negerjunge; Mörder; zwei Kobolde.

I. Akt: Im Hause Don Perlimplins, eines alten, schon etwas kindisch gewordenen Mannes, der nie die Liebe kennengelernt hat. Die Dienerin Marcolfa hilft ihrem Herrn beim Ankleiden. Belisas Mutter geht über die Straße und verschwindet in der Tür unter dem Balkon ihres Hauses, auf dem Belisa selber erscheint. Die junge Schöne singt ein Lied von ungestillter Sehnsucht nach Glück und Liebe. Marcolfa macht ihren Herrn auf Belisa aufmerksam und gibt ihm genaue Anweisungen, wie er seine Werbung vorzubringen habe. Perlimplin, den die Liebe wie ein Blitz getroffen hat, erklärt Belisa seine Zuneigung. Marcolfa und Belisas Mutter führen die beiden zusammen; die Verlobung ist beschlossen. Allein geblieben, tanzt Perlimplin, zwischen Angst und Hoffnung schwankend, einen wirren Liebestanz.

II. Akt: Perlimplin und Belisa betreten, von Marcolfa geführt, das Hochzeitsgemach, aber der schüchterne Perlimplin trifft keine Anstalten, sich ihr zu nähern. Belisa schläft schließlich enttäuscht ein. Zwei Kobolde ziehen einen Schleier über die Szenerie. Es bleibt offen, ob die folgenden Vorgänge Traum oder Wirklichkeit sind. Ein Zentaur, ein Neger und ein Mörder umwerben Belisa, die schließlich in einem symbolischen Akt erstochen wird. Die Kobolde nehmen den Schleier fort, Perlimplin erwacht als Gehörnter mit einem riesigen Geweih auf dem Kopf.

III. Akt: Perlimplin schreibt Belisa einen Brief und verkleidet sich mit Hilfe eines großen roten Mantels als Torero. Er will Belisa lehren, was Liebe ist. Sein Plan gelingt. Belisa erkennt den verkleideten Perlimplin nicht und verliebt sich in den falschen Torero. Als ihr Perlimplin ohne Verkleidung entgegentritt, stürzt sie verzweifelt zu Boden. Selig vor Glück küßt er die Spuren ihrer Tränen von seinen Fingern, denn Belisas Liebe gilt ja ihm, auch wenn sie einen anderen in ihm zu sehen glaubt. Sie gesteht ihm ihre Liebe zu dem »Unbekannten«. Er täuscht Eifersucht vor und droht, er werde den Torero töten. Belisa eilt ihm bis zur Tür nach. Dort sinkt ihr eine in den roten Mantel gewickelte Gestalt in die Arme. Sie legt sich den Mantel um die Schultern und geht langsam davon.

Die Gestalt der Dienerin Marcolfa bedarf einer besonderen Deutung. Sie wird im I. Akt durch einen hochgewachsenen Mann, im II. Akt durch eine Frau und im III. Akt durch ein Kind dargestellt. Sie nimmt also von Akt zu Akt an körperlichem Volumen ab, und zwar in dem Maße, wie mit der Menschwerdung Perlimplins seine Abhängigkeit von der Dienerin geringer wird.

Das Ballett »Der rote Mantel« greift auf *García Lorcas* romanzenhaftes Spiel »In seinem Garten liebt Don Perlimplin Belisa« zurück. Es ist ein gutes, ein traumschönes Ballett, vor allem dank *Luigi Nonos* (1924–90) Musik, mit Sopran, Bariton und Chor hinter der Bühne. Lange Schlagzeugpassagen und spanische Volksrhythmik bilden das tänzerische Fundament. Offenbar inspirierte gerade die Dichtung des »wunderbaren Andalusiers« den Komponisten zu seinen besten Werken. Die Partitur löste während der Uraufführung Protest aus. Inwieweit auch die Choreographie *Tatjana Gsovskys* (s. »Die chinesische Nachtigall«) gemeint war, läßt sich heute nicht mehr feststellen. Das Werk hat sich im Repertoire kaum durchsetzen können. Lediglich Heinz Spoerli (s. »Vier Gesänge für Frauenchor«) hat 1980 eine erfolgversprechende Neufassung in Basel versucht.

Lorcas Geschöpfe wurden bei der Uraufführung in Berlin dargestellt von Erwin Bredow, Gisela Deege und Lilo Herbeth. Außerdem wirkten mit: Manfred Taubert, Rainer Köchermann, Gert Reinholm und Egbert Strolka.

Rückkehr ins fremde Land

(In memoriam John Cranko)

1. Pas de trois. Musik: Leoš Janáček (Sonate in es-moll); Choreographie: Jiří Kylián; Uraufführung: Stuttgarter Ballett, Großes Haus der Württembergischen Staatstheater, Stuttgart, 6. Juli 1974.
2. Ballett in vier Teilen. Musik: Leoš Janáček; Choreographie: Jiří Kylián; Uraufführung: Stuttgarter Ballett, Großes Haus der Württembergischen Staatstheater, Stuttgart, 17. Mai 1975.

»Als Musik zu diesem Ballett verwendete ich Leoš Janáčeks zweisätzige Komposition ›1. X. 1905‹, einen Satz aus dem Klavierzyklus ›Auf verwachsenem Pfade‹ und eines der vier Klavierstücke aus dem Zyklus ›Im Nebel‹.

Der Titel ›Rückkehr ins fremde Land‹ bedeutet mir: von einem Sein in ein anderes gehen. Die Materie, aus der Körper bestehen, existierte unbewußt bereits im Jenseits. Leben ist Bewußtwerden. Sterben ist Rückkehr ins fremde Land – das Land der Herkunft.

Alle vier Teile des Balletts beschäftigen sich auf eigene Art und Weise mit diesem Thema.« (Jiří Kylián)

Das Bild, das man sich von dem mährischen Komponisten *Leoš Janáček* (s. »Intime Briefe«) gemeinhin macht, ist geprägt von dem Ereignis einer Überrumpelung: die Vitalität seiner Musik, ihr nach wie vor spürbar Aggressives und Unkonventionelles suggeriert Modernität; und ihre Frische und Lebendigkeit lassen sie als Zeugnis eines gleichsam den Zeitläufen enthobenen Schöpfertums erscheinen, als Ausdruck einer längst »verschüttet« geglaubten Musikalität der Ursprünglichkeit.

»Rückkehr ins fremde Land« bestätigte den Cranko-Schüler und Direktor des Nederlands Dans Theaters in seinem Rang als einer der wenigen jungen Choreographen von internationalem Format.

Der »verschüttet« geglaubten Musikalität und Ursprünglichkeit Janáčeks entspricht die Choreographie Jiří Kyliáns: Nie geraten die Paare ins Stottern. Obwohl fast immer zu

Duos oder Terzetten verbunden, ja verschlungen, bleibt die Bewegung fließend, tänzerisch, raumgreifend. Kylián hat die Keimzelle von »Rückkehr ins fremde Land« für die Gala der Stuttgarter Ballettwoche 1974 und »In memoriam John Cranko« geschaffen und beschwört mit dem Titel »Im Nebel« Crankos Ballett »Brouillards« (s. d.). Dennoch handelt es sich um keine Kopie, allenfalls um Anlehnung. Dieses Ballett besitzt soviel Eigengewicht, daß es neben den Vorbildern bestehen kann und darüber hinausweist. In seiner Essenz ist dieses Stück ein Walzer – aus einem fremden Land. Man dreht ständig im Raum, um sich selbst und mit den Partnern, wobei die ineinander verschlungenen Arme stets auf eine geradezu paradox erscheinende, letztlich aber organische Art und Weise nachgeben müssen. Kylián neigt zu vertrackten Figurationen von verknoteten Gliedmaßen und Leibern. Von Mal zu Mal aber löste sich der damit verbundene Krampf leichter auf in logisch daraus resultierendem Bewegungsfluß. In »Rückkehr ins fremde Land« ist es ihm zum erstenmal restlos geglückt, das eine aus dem anderen zu motivieren. Janáček hat musikalische Motive geschaffen, hinter denen »wie durch Zauberschlag ein menschliches Wesen erscheint«. Und aus dem, was sie für Janáček bedeuten, erklärt sich, warum er in einer Komposition nichts anderes tut, als sein Motiv immer wieder und wieder zu variieren. Kylián hat das sichtbar gemacht, indem er die entsprechenden Bewegungsmotive ebensooft wiederholt und variiert hat. »Rückkehr ins fremde Land« ist ein durch und durch humanes Werk, ein Ballett über den Menschen, über ein utopisches Menschenbild, das Vergangenes, Gegenwärtiges und Zukünftiges umfaßt.

Getanzt wurde Kyliáns Ballett bei der Uraufführung von Birgit Keil, Heinz Clauss, Vladimír Klos, Lucia Isenring, Christian Fallanga und William Forsythe.

Jiří Kylián wurde am 21. März 1947 in Prag geboren. Er studierte am Prager Konservatorium und an der Londoner Royal Ballet School. Von 1968 bis 1975 war er Mitglied des Stuttgarter Balletts. 1975 ging er als Kodirektor zum Nederlands Dans Theater in Den Haag, dessen Gesamtleitung er 1978 übernahm. Als Choreograph debütierte er 1970 bei der Noverre-Gesellschaft in Stuttgart mit einem Pas de deux »Paradox« (Musikcollage von ihm selbst) und choreographierte dann für das Stuttgarter Ballett unter anderem »Kommen und Gehen« (Bartók; 1971), »Incantations« (Jolivet; 1971), »Der Einzelgänger« (eigene Musik; 1972), »Der stumme Orpheus« (Takemitsu; 1972), »Blaue Haut« (eigene Musik; 1974), »Nuages« (Debussy; 1976) und »Vergessenes Land« (Britten; 1981). Für das Nederlands Dans Theater schuf er zuerst »Viewers« (Martin; 1973). Es folgten u. a. »La Cathédrale engloutie« (Debussy; 1974), »Verklärte Nacht«, »Sinfonie in D« (s. d.), »Sinfonietta« (s. d.), »Psalmensinfonie« (Strawinsky; 1978), »Mša Glagolskaja« (Janáček; 1979), »Svadebka« (s. »Les Noces«) und »Stepping Stones« (1992). Viele seiner Stücke – vor allem aber seine »Sinfonie in D« – gehören heute zum internationalen Repertoire.

Le Sacre du Printemps (Das Frühlingsopfer)

Bilder aus dem heidnischen Rußland, in zwei Teilen. Libretto: Igor Strawinsky und Nicholas Roerich; Musik: Igor Strawinsky; Choreographie: Waslaw Nijinsky; Ausstattung: Nicholas Roerich; Uraufführung: Diaghilews Ballets Russes, Théâtre des Champs-Élysées, Paris, 29. Mai 1913.

Personen: Die 300jährige Alte; der Weise; das erwählte Mädchen; Mädchen; Frauen; der Rat der Weisen; Jugendliche; Ahnen.

Introduktion (Lento). Strawinsky erläutert: »Ich habe meinem Orchester die Furcht anvertraut, die jeden feinempfindlichen Geist vor der Macht der Elemente überkommt ... Ich habe den panischen Schrecken der Natur vor der Schönheit wiedergeben wollen, eine heilige Furcht vor der Mittagssonne, einen Pan-Schrei ... so muß das ganze Orchester die Geburt dieses Frühlings wiedergeben.«

I. Teil: Anbetung der Erde (russischer Urtext: *Kuß der Erde*). *Die Vorboten des Frühlings. Tanz der Jünglinge* (fehlt im russischen Urtext) (Tempo giusto). Strawinsky erläutert: »Im ersten Teil treten Jünglinge mit einer alten Frau auf... Sie kennt die Geheimnisse der Natur und lehrt die Jünglinge deren Mysterien. Wenn sich der Vorhang öffnet, sitzen die Jünglinge auf der Erde im Kreise formiert, in dessen Mittelpunkt, einem Denkmal gleich, die Uralte mit verhaltenen Gesten der Jugend das Mysterium des großen Erdgebärens kündet. Die Jünglinge nehmen den Rhythmus auf, sie erheben sich allmählich und tanzen stampfend, sie stampfen die Erde, sie stampfen das Leben aus der Erde heraus. Nun kommen die Mädchen vom Fluß herauf. Sie bilden einen Kranz, der sich mit dem der Jünglinge vereinigt.«

Das Spiel (im russischen Urtext: *Ritual*) *der Entführung* (Presto): Die Burschen jagen den Mädchen nach und erobern sie.

Frühlingsreigen (Tranquillo): Je vier Jünglinge und Mädchen tanzen zunächst in idyllischer Glückseligkeit, die sich bis zum Rausch steigert (Vivo), um schließlich gar in einen Kampf der Geschlechter umzuschlagen.

Kampfspiel (im russischen Urtext: *Ritueller Kampf*) *der feindlichen Stämme* (Molto allegro): Die Mädchen treten zurück. Die Männer tanzen das Kampfspiel, in das der Weise eingreift *(Cortège du Sage;* im russischen Urtext: *Umzug des Ältesten und Weisesten).* Auf dem ekstatischen Höhepunkt des Tanzes betet der alte Mann mit beschwörenden Gesten die Erde an *(Anbetung der Erde / Kuß der Erde. Tanz der Erde).* »Die Jünglinge tanzen stampfend, sie stampfen die Erde, sie stampfen das Leben aus der Erde heraus« (Strawinsky).

II. Teil: Das Opfer. Largovorspiel.

Mystischer Reigen der jungen Mädchen (Andante con moto): Eines der Mädchen wird auserkoren, sich der Erde zu opfern. Sie wird von den anderen Mädchen an der Opferstelle eingekreist, so daß ein Entrinnen unmöglich ist.

Verherrlichung der Erwählten (im russischen Urtext: *Wahl und Huldigung der Erwählten*) (Vivo): Im Mittelpunkt steht bewegungslos die Erwählte. Sie wird von den Jünglingen und Mädchen in einem wilden Tanz verherrlicht, der sich bis zur Raserei steigert, in deren Sog auch die Erwählte gezogen wird.

Beschwörung der Ahnen: Die Ahnen werden zur Vorbereitung der Opferhandlung gerufen. Sie tanzen einen weihevollen Ritualtanz *(Ritualtanz der Geister der Ahnen)*. Es folgt der sakrale Opfertanz der Auserwählten. Sie tanzt so lange, bis sie tot zusammenbricht *(Danse sacrale)*. Die Tote wird von den Männern »im Schoß der Erde geborgen«.

»Sacre du Printemps«, die von *Strawinsky* (s. »Agon«) in den Jahren 1912/13 geschriebene Partitur, nennt Arthur Honegger die »Atombombe der neuen Musik«. Die Uraufführung dieses Werkes, das kein vergleichbares Gegenstück hat, endete mit einem der berühmtesten Theaterskandale der Neuzeit. *Waslaw Nijinsky* (s. »Jeux«) war als Choreograph überfordert, doch wird man seiner Choreographie mit den üblichen Pauschalurteilen nicht gerecht. Nijinskys Konzeption kam jedenfalls dem Wesen des Werks näher, als es der Komponist später wahrhaben wollte: »Ich hatte zwar die größte Bewunderung für seine Begabung als Tänzer und Mime, aber seine Unwissenheit hinsichtlich der einfachsten musikalischen Begriffe war katastrophal.« So wurde zwar die Uraufführung von »Sacre« auch vom Szenischen her nicht akzeptiert, aber das Entscheidende war doch die Provozierung durch die Musik des 30jährigen Strawinsky: »Man beschrie das Ungeheuerliche, das Barbarische und erklärte zunächst: Wir sind zu zivilisiert, zu gesittet, als daß diese Kunst bei uns Wurzeln schlagen könnte.«

Das Ballett konnte in Nijinskys Choreographie nur sechsmal in Paris und London gegeben werden. Die neue Version Léonide Massines (s. »Le Beau Danube«) für die Ballets Russes von 1920 war erfolgreicher.

Die Komposition gilt jedoch längst als ein klassisches Werk der modernen Musik; heute ist man sich darüber im klaren, daß Strawinsky auch mit diesem Werk die Tradition russischer Volksmusik sowie die vor allem mit »Boris Godunow« von Mussorgsky (s. Reclams Opernführer) eingeleitete Entwicklung der russischen Kunstmusik fortgesetzt hat. »Sacre« ist als letzte Konsequenz der Auseinandersetzung mit beiden Musikformen zu betrachten. Nur auf der Bühne, für die es bestimmt war, ist es bis heute nicht gültig realisiert worden. Es galt lange überhaupt für unaufführbar. Zwar versuchten die Choreographen immer wieder, es in den Griff zu bekommen, aber erst 1957 bahnte sich mit Mary Wigmans Inszenierung für die Berliner Festwochen ein Ausweg aus dem Bühnendilemma »Sacre« an. Sie befreite das Werk von der Bindung an seinen Untertitel »Bilder aus dem heidnischen Rußland« und stellte es ganz auf ein chorisches Geschehen, das die musikalischen Inhalte und Vorgänge in großen Linien versinnbildlichen sollte. Die jüngere Choreographengeneration ist diesem Weg gefolgt. 1959 interpretierte Maurice Béjart (s. »Lieder eines fahrenden Gesellen«) »Sacre« als Initiationsritus, unabhängig von Zeit und Raum; 1962 der Engländer Kenneth MacMillan (s. »Concerto«) sogar als postatomare Wiedergeburt des Lebens. 1965 wurde »Sacre« ebenfalls in einer librettistischen und choreographischen Neufassung Natalia Kassatkinas und Wladimir Wassiljows vom Bolschoi-Ballett herausgebracht. Diese eindrucksvolle Version übernahm die Staatsoper in Ostberlin in ihr Repertoire. – Die Choreographie Erich Walters (s. »Musique pour les Soupers du Roi Ubu«) für die Deutsche Oper am Rhein in Düsseldorf-Duisburg (1970) gilt ebenso wie die John Neumeiers (s. »Dritte Sinfonie von Gustav Mahler«) für die Hamburgische Staatsoper (1972) oder Glen Tetleys (s. »Embrace Tiger and Return to Mountain«) für die Bayerische Staatsoper (1974) als gelungene Realisierung des Werks. Großes Aufsehen hat auch Pina Bausch (s. »Blaubart«) mit ihrer Aufführung in Wuppertal (1975) erregt.

Viele Beobachter halten sie für die aufwühlendste Interpretation. Die wohl eigenartigste, aber nicht abwegigste Deutung schuf übrigens schon 1941 Walt Disney für seinen Zeichentrickfilm »Fantasia«, in der »die Erde in krampfhaften Wehen mit ihren aufbrechenden Vulkanen gezeigt wird sowie der Todeskampf der riesenhaften Tiere jener Periode« (Eric Walter White).

Scènes de Ballet

Klassisches Ballett-Divertissement in einem Akt. Musik: Igor Strawinsky; 1. Choreographie (als Teil der Revue »The Seven Lively Arts« von Billy Rose): Anton Dolin; Uraufführung: Ziegfeld Theatre, New York, 7. Dezember 1944; 2. Choreographie (als selbständiges Werk): Frederick Ashton; Ausstattung: André Beaurepaire; Uraufführung: Sadler's Wells Ballet (heute Royal Ballet), Royal Opera House, Covent Garden, London, 11. Februar 1948.

Strawinsky (s. »Agon«) kommentiert: »Diese Musik ist nach den Gesetzen des klassischen Tanzes entstanden, ohne irgendeine gegebene literarische oder dramatische Idee. Die Teile folgen aufeinander wie in einer Sonate oder in einer Symphonie, je nach dem Gesetz der Ähnlichkeit oder des Gegensatzes.«

Der choreographische Aufbau sieht die Primaballerina, den Premier danseur, zwölf Tänzerinnen und vier Tänzer vor.

Introduktion (Andante).

1. *Danses:* Corps de ballet (Moderato).
2. *Variation I:* Ballerina. Heiterer, lebhafter Rhythmus.
3. *Pantomime* (Lento).
4. *Pas de deux* (Adagio, Walzer). In Ashtons Choreographie accompagnieren neben dem Premier danseur noch vier Tänzer die Ballerina.

5. *Variation II:* Danseur (Risoluto).
6. *Variation Ballerina* (Andantino). Während dieses Tanzes kniet der Partner vor ihr, seine Hand auf dem Herzen. Die vier Tänzer gruppieren sich um ihn.
7. *Pantomime* (Andantino).
8. *Danses:* Corps de ballet (Con moto).
9. *Apothéose:* Das Solistenpaar, die vier Tänzer und zwölf Tänzerinnen gruppieren sich zu einem Tableau.

Strawinskys »Scènes de Ballet« tragen die Jahreszahl 1944, sie sind eine Huldigung an die Muse des Tanzes, ob man sie nun innerhalb der Ziegfeld-Revue (Solisten: Alicia Markova und Anton Dolin) oder als selbständiges Ballett betrachtet. »Transparenz der musikalischen Faktur, instrumentale Filigranarbeit und rhythmische Differenziertheit« rühmt man an diesem Strawinskyschen Opus. »Scènes de Ballet« von *Frederick Ashton* (s. »Façade«) ist des Tanzes reinste Verkörperung, Tanz an sich, Ballet pur. Margot Fonteyn, ihr Partner Michael Somes, ein aus Solisten gebildetes Corps de ballet, dazu die das Traumhafte steigernde Ausstattung des genialischen *Beaurepaire* – dies alles machte »Scènes de Ballet« zu einem der bedeutendsten Ereignisse des Theatertanzes nach dem Krieg.

Scheherazade (Schéhérazade)

Ballett in einem Akt. Libretto: Alexandre Benois; Musik: Nikolai Rimsky-Korssakow; Choreographie: Michail Fokine; Ausstattung: Léon Bakst; Uraufführung: Diaghilews Ballets Russes, Théâtre National de l'Opéra, Paris, 4. Juni 1910.

Personen: Schahriar, der König; Schah Zeman, sein Bruder; Zobeïde, des Königs Lieblingsfrau; der Sklave der Zobeïde; der Obereunuch; eine Odaliske; die Odalisken; Haremsdamen; Eunuchen; Tänzerinnen; Bedienstete des Königshofes; Höflinge.

Halle eines orientalischen Palastes. Links eine Freitreppe, die zu den oberen Räumen führt. Im Hintergrund drei kleine blaue Türen, die mit Silbervorhängen drapiert sind. Im Saal ein königliches Ruhelager.

Die Einleitung der Musik bringt schon das Motiv, das sich durch das ganze Werk hindurchzieht (Largo e maestoso). Es wird abgelöst von dem Motiv, das Scheherazade selbst gehört, ein Lento, von der Solovioline gespielt. Die Ouvertüre ist der erste Satz aus Rimsky-Korssakows viersätzigem Tongemälde, das dem Ballett den Titel gab. Der Satz heißt: »Das Meer und Sindbads Schiff.«

Auf dem Ruhelager hält Schahriar seine geliebte Zobeïde beschwörend umschlungen – der treue Schah Zeman, der immer über und für den Bruder wacht, steht dicht daneben. Um das Thronlager gruppiert, liegen die Haremsfrauen. Zobeïde tut alles, um ihren eifersüchtigen Herrn zu erheitern – Zeman hat ihm eingeflüstert, daß Zobeïde ihn betrüge. Schahriar gibt dem Obereunuchen ein Zeichen – drei Odalisken werden zum Tanz herbeigerufen. Sie werden von Schahriar unterbrochen, der vom Lager aufspringt und sie hinausweist. In einem leidenschaftlichen Pas de deux sucht Zobeïde den sich zu rasender Eifersucht steigernden Schahriar von ihrer Treue zu überzeugen. Zeman tritt zwischen sie. Gekränkt wirft sich Zobeïde zu Boden – im übrigen erfüllt von Mißtrauen.

Man hat sich entschlossen, auf die Jagd zu gehen. Schahriar befiehlt seinen Dienern, Zobeïde im Auge zu behalten.

Sobald der König den Palast verlassen hat, stürmen Negersklaven in den Harem. Sie sind die heimlichen Liebhaber der Frauen. Mit Schmuck besticht Zobeïde den Obereunuchen, auch ihren Lieblingssklaven hereinzulassen.

Eine weitbogige, gefühlvolle Melodie hebt an: sie ist die Musik für den großen Pas de deux mit Solo-Variationen (Andantino quasi allegretto) zwischen Zobeïde und dem Lieblingssklaven, dem Goldneger. Der Goldneger – mit nacktem Oberkörper – und Zobeïde steigern sich in eine immer größere Leidenschaft hinein, und am Ende des Tanzes führt der zum Herrn der Liebe erkorene Goldneger Zobeïde auf das Lager des Königs. Die Gruppen der Haremsfrauen und ihrer Negerliebhaber begleiten diesen Pas de deux mit leidenschaftlicher Anteilnahme.

Überraschend kehrt Schahriar in den Harem zurück. Dicht auf dem Fuße folgt ihm Schah Zeman. Die Haremsfrauen und ihre Liebhabersklaven geraten in Panik. Die Sklaven werfen sich dem König zu Füßen. Die herbeigerufenen Wachen metzeln sie auf ein Zeichen des Königs nieder.

Der Goldneger der Zobeïde versucht über die Treppe zu entkommen. Vergebens – er ist von den Bewaffneten umstellt, sie strecken ihn nieder. Tot rollt er die Treppe herab. Zobeïde stürzt sich über den Geliebten. Sie wartet nicht, bis sie getötet wird, sondern erdolcht sich selbst. Voll Verzweiflung verhüllt Schahriar sein Antlitz.

Rimsky-Korssakows (1844–1908) »Scheherazade« mit den vier Sätzen: 1. Das Meer und Sindbads Schiff; 2. Erzählung des Prinzen Kalender; 3. Der junge Prinz und die junge Prinzessin; 4. Das Fest in Bagdad und Sindbads Schiff zerschellt – dieses unter der Bezeichnung Programm-Musik rubrizierte Tonbild bot den Anlaß für das Ballett. Die Atmosphäre von Tausendundeiner Nacht bezieht *Alexandre Benois,* der Librettist, aus der Rimsky-Korssakowschen Musik; auch der Choreograph wird von der Stimmung dieser Partitur getragen. Der zweite und vierte Satz werden zu einer »neuen Einheit« zusammengeschmolzen; dem dritten Satz – der ja schon eine Art musikalischen Liebes-Dialog darstellt – ist lediglich der Pas de deux für Zobeïde und ihren Liebhaber entnommen worden.

Über Rimsky-Korssakows Musik schreibt L. Ssabanejew in seiner Geschichte der russischen Musik: »Rimsky-Korssakow vereinigt in seinem Schaffen gewissermaßen zwei vollkommen verschiedene Stile ... Der eine ist durch die Eigenart des volkstümlichen Melos und eine dementsprechende Harmonisierung bedingt ... Der andere ist seiner

Natur nach unmelodisch, ja melodienfeindlich, erwachsen aus dem Bestreben, möglichst vollkommene und farbenprächtige Klangschilderungen zu geben.« – Im Zusammenhang mit »Scheherazade« ist es übrigens interessant zu wissen, daß Rimsky-Korssakow selbst zur See gefahren ist und Inspekteur der russischen Kriegsmarinekapellen war. Schahriar wird im Originallibretto als »König von Indien und China« vorgestellt. Dementsprechend sind die Dekors von prunkender Exotik. Die Handlung, die auf nichts anderem als auf dem Motiv der Leidenschaft und Eifersucht aufbaut, ist trotz der vielfältigen Gruppierungen und dem wuchernden orientalischen Rankenwerk ganz einfach und sinnfällig – darauf beruht wohl der bleibende Erfolg des Balletts. Der honigfarbene Sklave der Uraufführung war *Waslaw Nijinsky* (s. »Jeux«). In der letzten Szene, wenn die Musik das aufgewühlte Meer schildert, das Sindbads Schiff zum Zerschellen bringt, hat Nijinsky eine Höchstleistung seiner Darstellungskunst vollbracht. Es heißt, daß er in der Todesszene, gejagt und gehetzt wie ein Wild, mit hohen Sprüngen seinen Verfolgern zu entrinnen trachtete. Als er endlich niedergeschlagen worden war, stürzte er herab von den Stufen – ein erschreckendes Bild, bis er an der untersten Stufe lag »wie ein toter Fisch, den das Meer ausgespien hatte«. Bei der Uraufführung mimte Ida Rubinstein die Zobeïde; später, als dann Tamara Karsawina eine der hervorragendsten Interpretinnen dieser Rolle war, baute Fokine den Part tänzerisch aus.

Am 17. Juni 1950 brachte das Kleine Opern- und Ballett-Theater in Leningrad eine Neufassung von »Scheherazade« mit dem Libretto von A. Chandomirowa, der Choreographie von Nina Anissimowa (s. »Gajaneh«) und der Ausstattung von Simon Wirsaladse heraus. Diese Version beansprucht, der Tondichtung Rimsky-Korssakows besser zu entsprechen als die Fokines (s. »Carnaval«), der tatsächlich überhaupt keine Rücksicht genommen hat auf die Titelgestalt, die bekanntlich in Tausendundeiner Nacht den eifersüchtigen Sultan durch ihre Märchen nicht nur davon abhält, sie zu töten, sondern der es darüber hinaus gelingt, ihn für sich zu gewinnen.

Eine ganz eigene Deutung glückte dem argentinischen Choreographen Oscar Araiz 1983 am Grand Théâtre Genf. Ohne das Ballett als Ausstattungsstück mißzuverstehen, erfand er Szenen von erstaunlicher Bild- und Bewegungskraft.

Schlagobers

Heiteres Wiener Ballett in zwei Aufzügen. Libretto: Richard Strauss; Musik: Richard Strauss; Choreographie: Heinrich Kröller; Bühnenbild und Kostüme: Ada Nigrin; Uraufführung: Staatsoper, Wien, 9. Mai 1924. (Dauer: abendfüllend.)

Personen: Die Prinzessin Pralinee; Fürst Nicolo, ihr Hofmarschall; Prinzessin Teeblüte; Prinz Kaffee; Prinz Kakao; Don Zuckero; Mademoiselle Marianne Chartreuse; Ladislaw Sliwowitz; Boris Wutki; Firmlinge mit ihren Paten; ein Arzt; der Hofstaat der Prinzessin Pralinee; Knallbonbons; kleine Pralinees; Quittenwürstchen; vier Herolde mit Trompeten; Chor der Marzipane; Lebkuchen und Zwetschgenmänner; orientalische Magier; Gugelhupfe; Weihnachtsstollen; Schillerlocken; Schmalznudeln; Kaffeestriezel; Schlagobers; Mazzes.

Ort der Handlung: Eine Wiener Konditorei.

I. Aufzug (Kurzes Vorspiel): Hinter der offenen Tür im Hintergrund fahren blumengeschmückte Fiaker vor, denen Knaben und Mädchen im Firmlingsgewand, begleitet von ihren Paten, entsteigen. Ihnen wird in der Konditorei Schokolade mit Schlagobers serviert. Anschließend tanzen sie einen Ländler – und verlassen die Konditorei wieder. Die Szene verwandelt sich in die Konditoreiküche. Die herumstehenden Büchsen öffnen sich. Marzipane, Zwetschgenmänner und Lebkuchen springen heraus und spielen Krieg in marionettenhaftem Tanz.

Der Teebüchse entsteigt die Prinzessin Teeblüte und tanzt einen chinesischen Tanz. Dann tanzt Prinz Kaffee einen brasilianischen Tanz, und schließlich schlägt Prinz Kakao burleske Kapriolen. Im spanischen Kostüm erscheint Don Zuckero und wirbt um die Gunst der hohen Herrschaften (Polka). Prinz Kakao umarmt ihn. Mit den anderen Fürstlichkeiten tanzen sie einen Pas de quatre. Im Hintergrund taucht eine Schlagobers-Schüssel auf. In ihr wird Sahne (Schlagobers) geschlagen. Das Corps de ballet in Weiß überflutet, den Schlagobers-Walzer tanzend, die Bühne.

II. Aufzug: In einem Krankenzimmer liegt ein Firmling, der zuviel Schlagobers gegessen hat. Er bekommt eine Arznei, schläft ein und träumt von leckeren Sachen. Die Szene verwandelt sich. Prinzessin Pralinee entsteigt ihrem Prunkwagen und tanzt mit ihrem Gefolge einen langsamen Walzer. Es folgen Tänze der kleinen Pralinees (Oberpfälzer Bauerntänze), der Knallbonbons (Springtanz) und ein Galopp der Prinzessin mit ihrem Hofstaat.

Zwischenspiel (Molto agitato).

Die Szene verwandelt sich erneut in eine Glasvitrine, die mit übergroßen Likörflaschen gefüllt ist. Aus der Vitrine springt Mademoiselle Marianne Chartreuse und tanzt Menuett. Der folgende Ladislaw Sliwowitz wirbt um sie. Auch Boris Wutki macht ihr den Hof. Aber sie entscheidet sich für Sliwowitz (Pas de deux). Wutki darf ihr die Schleppe tragen.

Verwandlung: »Das Chaos« (Variationen über ein und dasselbe Thema). In einer Vorstadtstraße treten riesige Gugelhupfe, Baumkuchen, Weihnachtsstollen, Hefebrezeln usw. auf, angeführt von Schillerlocken und orientalischen Magiern. Sie revoltieren. Marianne, Ladislaw und Wutki mischen sich ein. Sie führen mit gelben Fahnen die Heere von Marzipan, Lebkuchen, Mazzes usw. an. Alle tanzen die Aufruhrpolka. Über die Revolutionäre wird der Inhalt riesiger Tee-, Kaffee- und Kakaokannen ausgeschüttet. Während sich zu allem Überfluß auch noch Bier aus riesigen Maßkrügen über die Menge ergießt, kündigen Herolde die Ankunft der Prinzessin Pralinee an. Sie nimmt die drei Schnäpse in ihr Gefolge auf und läßt von Negerknaben Schokoladentaler unter das Volk werfen. Das Finale (Presto) vereinigt alle in größter Eintracht. Die Glasvitrine verwandelt sich in einen Kuchenaufsatz, den die Firmlinge bewundern.

Auf einen (verlorengegangenen) Brief von *Richard Strauss* (s. »Josephslegende«) vom 16. Juli 1921 antwortet der Dichter Hugo von Hofmannsthal am 2. 8. 1921: »Ein selbstgemachtes Ballett! Dafür haben Sie das Organ in sich, übrigens im Sinne der bayrischen barock-theatralischen Theaterbegabung. Schon die mythologischen Ballette (gemeint ist ›Kythere‹), die Sie mir vor Jahren zeigten, waren gut. Diese Nachricht ist eine Freude!« Strauss ist in dieser Zeit besonders aufgeschlossen für das Ballett. Er plante, die Karsawina und Nowikow für die Wiener Oper zu gewinnen. In einem Brief (12. 7. 1923) an Hofmannsthal schreibt der Komponist (im Zusammenhang mit »Helena«), »bitte in jedem Akt hübsches Ballett«.

Hübsches Ballett ist »Schlagobers«; der Aufbau ist der eines Divertissements. *Heinrich Kröller* (1880–1930), der 1922 die »Josephslegende« (s. d.) in Wien mit großem Erfolg herausgebracht hatte und der unter Strauss' Anteilnahme auch andere Ballettpläne (»Die Ruinen von Athen«) realisierte, war der erste Choreograph von »Schlagobers«. Kröller, der einzige Choreograph, der in den Jahren der Geringschätzung des Balletts in Deutschland – München und Berlin – und in Wien die Tradition bewahrte, beherrschte nicht nur das dramatische Ballett, sondern auch die Danse simple.

Bei der Uraufführung tanzte Gusti Pichler die Prinzessin Pralinee, Hedy Pfundmayr den Prinzen Kaffee, Tilly Losch die Prinzessin Teeblüte; Toni Birkmeyer und Rudi Fränzl waren Sliwowitz und Wutki.

Es ist oft bittere Kritik an diesem wahrhaft »kulinarischen« Ballett geübt worden, das zu einer Zeit uraufgeführt wurde, in dem das Nachkriegselend in Österreich (wie in Deutschland) so groß war, daß sich kaum jemand Schlagobers-Orgien leisten konnte. Darüber hinaus ist das Libretto ganz einfach albern, eine »läppische Konditorei-Angelegenheit« – wie Richard Strauss es selbst getauft hat. Um die Musik freilich ist es schade. Sie mit einem neuen Libretto zu neuem Leben zu erwecken, wäre verdienstvoll.

Schwanensee (Le Lac des Cygnes)

Ballett in vier Akten. Libretto: Vladimir Petrowitsch Begitschew und Wassily Geltzer; Musik: Peter Iljitsch Tschaikowsky. Choreographie – 1. Fassung: Wenzel Reisinger; Ausstattung: H. Groppius, K. F. Valts und H. Shangin; Kostüme: H. Simone und Vormenko; Uraufführung: Moskau, Bolschoi-Theater, 20. Februar / 4. März 1877 (Jul./Greg. Kalender). – 2. Fassung: Marius Petipa und Lew Iwanow; Ausstattung: Michail Botscharow und Heinrich Levogt; Uraufführung: St. Petersburg, Marientheater, 15. Januar / 27. Januar 1895 (Jul./Greg. Kalender). (Dauer: abendfüllend.)

Personen: Prinz Siegfried; seine Mutter; Wolfgang, des Prinzen Lehrer; Benno, Siegfrieds Freund; Odette; Odile; Rotbart, ein Zauberer; Jagdgefolge; Hofleute; Schwäne.

I. Akt: Schloßpark. Aus Anlaß der Volljährigkeit des Prinzen Siegfried wird ein Fest gefeiert. Junge Leute aus der Umgebung sind gekommen, dem Prinzen zu gratulieren. Siegfrieds Gefolge, angeführt von seinem Freund Benno und seinem alten Lehrer Wolfgang, hat sich unter die Landleute gemischt. Gemeinsam vergnügt man sich und spricht dem Wein zu. Der Herr Lehrer am meisten ...

Ein Junge und zwei Mädchen treten vor und tanzen einen Pas de trois mit Variationen, unter denen die des Jungen durch Entrechats und Tours en l'air hervorragt. (Dieser Pas de trois ist seit Diaghilews Version des II. Akts von 1911 häufig innerhalb dieses Aktes aufgeführt worden. Üblicherweise wird er dort von Benno und zwei Schwänen getanzt, zuweilen auch vom Ersten Jäger und zwei Schwanenprinzessinnen; so in der Fassung von Sadler's Wells. Wenn der Pas de trois nicht voll in den II. Akt aufgenommen wird, dient die Variation des Tänzers einem Solo des Benno.)

Die Mutter des Prinzen, begleitet von vier Hofdamen, tritt auf und gibt dem Prinzen – unwillig über das Treiben um ihn – zu verstehen, daß es Zeit sei, sich eine Frau zu suchen. Danach kehrt sie ins Schloß zurück. Man tanzt einen Walzer (Tempo di Valse). Wolfgang ist betrunken und kann nur torkelnd – zur allgemeinen Belustigung – am Tanz teilnehmen, der in einer großen Polonaise gipfelt. Ein Zug wilder Schwäne fliegt über den Schloßpark (zum erstenmal erklingt das Schwanen-Motiv in h-Moll; Andante). Der Prinz beschließt, auf die Jagd zu gehen.

II. Akt: Das Schwanen-Thema wird vom Orchester wieder aufgenommen. Die Szene zeigt eine Klosterruine vor einem Waldsee im Mondlicht. Schwäne ziehen über das Wasser, angeführt von einem wunderschönen weißen Vogel, der eine Krone trägt. Das Jagdgefolge des Prinzen erscheint. Benno entdeckt die Schwäne. Siegfried befiehlt, sie am Seeufer entlang zu verfolgen. Er selbst bleibt zurück, weil er etwas sehr Merkwürdiges und Geheimnisvolles gesehen hat. Er versteckt sich im Wald.

Die schönste Frau, der Siegfried je begegnet ist, betritt in weißem Tutu die Lichtung. Ihr Gesicht ist von Schwanenfedern umgeben. Sie trägt die Krone der Schwanenkönigin. Sie glaubt, allein zu sein. Sie macht eine Arabesque, verharrt in ihr, legt ihren Kopf auf die Schulter und bewegt ihn, wie es Schwäne tun, wenn sie ihre Federn glätten. Der Prinz ist von dem zauberhaften Wesen so beeindruckt, daß er auf die Lichtung hinaustritt. Das Mädchen erschrickt bei seinem Anblick. Es zittert am ganzen Leib. Es weicht vor dem Prinzen zurück. Odettes Flucht »auf Spitze« wirkt wie ein Tremolo der Furcht. Ihre Arme flattern wie die Flügel eines Vogels, der Rettung und Freiheit in der Luft sucht. Der Prinz bittet sie, nicht zu fliehen. Odette gibt ihm zu verstehen, daß sie sich fürchtet und deutet auf die Armbrust des Prinzen. Siegfried schwört, daß er nie auf sie schießen werde, sondern sie im Gegenteil beschützen wolle.

Gefragt, wer sie sei, erzählt Odette, indem sie auf ihre Krone und auf den See zeigt, sie sei die Schwanenkönigin, und der See sei »aus den Tränen ihrer Mutter« (Balanchine; s. »Agon«) entstanden, die geweint habe, als ein Teufel, der Zauberer Rotbart, ihre Tochter in die Königin der Schwäne verwandelt habe. Sie müsse für immer ein Schwan bleiben – mit Ausnahme der Zeit zwischen Mitternacht und Dämmerung –, wenn nicht ein Mann kommen, sie lieben und heiraten und nie eine andere lieben werde (Pas seul).

Siegfried legt die Hand aufs Herz und sagt damit, daß er Odette liebt und daß er sie heiraten und niemals eine andere lieben wird. Er beschwört es. In diesem Augenblick erscheint Rotbart in der Gestalt einer Eule in der Klosterruine. Er streckt die Krallen nach Odette aus. (In den einaktigen Versionen von »Schwanensee« – II. Akt – wurde diese Pantomime gekürzt und die Musik für einen kurzen Pas de deux – Adagio vivo – verwendet. Dieser Pas de deux wird heute auch in abendfüllenden Fassungen von »Schwanensee« getanzt.) Odette stellt sich zwischen Rotbart und den Prinzen. Siegfried legt die Armbrust auf Rotbart an. Odette beschwört den Prinzen, nicht auf den Zauberer zu schießen. Sie kehrt zu Siegfried zurück, stützt sich auf dessen Armbrust und verharrt in einer Arabesque über dem Prinzen. Rotbart verschwindet. Siegfried erhebt sich, umarmt Odette und führt sie dem Walde zu. Er bittet sie, am nächsten Tag zum Festball zu kommen. Auf dem Ball müsse er seine zukünftige Frau vorstellen. Odette kann die Einladung nicht annehmen, da sie, solange sie nicht erlöst ist, den Bannkreis des Zauberers nicht verlassen kann. Außerdem wird Rotbart versuchen, Siegfried zum Wortbruch zu verführen. Der Prinz schwört erneut ewige Treue. Die Liebenden verlassen die Lichtung.

Schwanensee

Odettes Gefährtinnen erscheinen, wie ihre Königin das Gesicht von Schwanenfedern umgeben und in weißen Tutus. Sie teilen das Schicksal Odettes, nur zwischen Mitternacht und Dämmerung wieder Menschengestalt annehmen zu können. Wie in »La Bayadère« (s. d.) treten sie eine nach der anderen aus einer der hinteren Gassen auf und bewegen sich in einer Serpentine auf die Rampe zu. Bald darauf kehrt Benno zurück. Die Mädchen kreisen ihn ein und tanzen um ihn herum – wie ängstliche Vögel – mit flatternden Armen. Benno macht bei diesen Fabelwesen, die wie Mädchen aussehen und sich wie Schwäne verhalten, keinen Unterschied zwischen Wild und Menschen. Er legt die Armbrust auf die sich im Hintergrund zusammendrängenden Wesen an. Die Gefährten folgen seinem Beispiel. In diesem Augenblick erscheint Odette und stellt sich schützend vor die zitternden Mädchen. Siegfried erklärt den Jägern, daß es sich tatsächlich um Mädchen und nicht um Schwäne in Menschengestalt handle. Danach verlassen Odette, Siegfried und die Jäger die Szene.

Die Mädchen tanzen in drei Gruppen einen Walzer (Tempo di Valse). Ihr Ensemble wird von drei Schwanenmädchen angeführt (in anderen Versionen von zwei, was freilich angesichts der drei Gruppen unlogisch erscheint).

Von Harfenklängen eingeleitet folgt der große Pas de deux (zur Unterscheidung vom Schwarzen-Schwan-Pas-de-deux im III. Akt zuweilen Weißer-Schwan-Pas-de-deux genannt). Genaugenommen handelt es sich um einen Pas de trois, da Benno am Tanz der Liebenden beteiligt sein sollte – so wie sich die zurückgekehrten Jäger unter die Mädchen mischen und mit ihnen tanzen. In neueren Versionen von »Schwanensee« freilich ist man von dieser dramaturgisch durchaus plausiblen Lösung abgekommen. Odette und Siegfried tanzen allein, accompagniert nur von den Mädchen, die deren Tanz kontrapunktieren. Höhepunkte des Pas de deux sind: Odette stellt sich »auf die Spitze«. Dann sinkt sie langsam zu Boden. Sie ruht auf dem linken Knie, das rechte Bein nach vorne ausgestreckt. Sie beugt sich nach vorne, die Arme nach vorne zusammenlegend wie Vogelflügel. Siegfried kommt, ergreift ihre Hände und zieht sie zu sich hoch. Mit dem Einsatz der Solovioline (Andante non troppo), die das Thema des Adagios (hier nicht als musikalische, sondern als tänzerische Bezeichnung zu verstehen) spielt, dreht Odette langsame Pirouetten. Dann sinkt sie kopfüber in eine tiefe Arabesque. (Odette wendet sich jetzt, sofern er mittanzt, Benno zu; Arabesque.) Von nun an wird immer deutlicher, wie sehr Odette den Prinzen liebt und er sie. Sie ruht an seiner Brust aus (wendet sich wieder Benno zu; er wird immer wieder im Folgenden in den Pas de deux einbezogen werden, sofern er – wie gesagt – überhaupt mittanzt). Jetzt beteiligen sich auch die anderen Mädchen am Tanz, beginnend mit einer Arabesque (auch sie werden, wie die Jäger, im Folgenden immer wieder kontrapunktierend mittanzen). Der nächste Höhepunkt der Choreographie sind Odettes gehüpfte Arabesquen, die sie, gehalten von Siegfried, an der Reihe ihrer Gefährtinnen entlang ausführt. Es wiederholen sich zur Anfangsmelodie der Solovioline Arabesquen, Pirouetten und die Posen der Zärtlichkeit wie zu Beginn. Am Ende des Pas de deux steht Odette zunächst auf Spitze, mit dem rechten Fuß Petits battements ausführend (in manchen, so vor allem den russischen Versionen werden sowohl die gehüpften Arabesquen wie der Beginn des Finales dadurch akzentuiert, daß Siegfried Odette hebt; im ersten Fall führt Odette dabei Grands jetés aus, im zweiten Fall Entrechats). Mit einer Serie von Pirouetten, nach denen Odette dem Prinzen zuerst in den einen, dann in den anderen Arm sinkt, schließt der Pas de deux (Adagio). Die Liebenden verlassen die Lichtung (auch Benno und die Jäger).

Die sogenannten »vier kleinen Schwäne« tanzen ihre legendäre »Nummer«: Pas de quatre; Allegro moderato. Sie halten sich über Kreuz bei den Händen und führen am Ende 16 Pas de chat diagonal über die Bühne aus. (Wird der II. Akt allein gegeben, schließt sich eine Solo-Variation des Prinzen an, die auf die Musik des selten gespielten Pas de deux aus dem III. Akt getanzt wird.) Den vier kleinen Schwänen folgen »die drei großen Schwäne« (manchmal auch zwei, s. o.) mit Variationen, die zum Ensembletanz (As-Dur-Walzer) überleiten.

Der Akt endet tänzerisch mit der Variation der Schwanenkönigin, dem »Schwanentanz« (Moderato assai). Die Arme nach hinten ausgestreckt, den Kopf in den Nacken gelegt, führt sie eine Reihe von Arabesquen aus und beendet ihre Variation mit einer Serie sehr schneller Pirouetten quer über die Bühne. Die Dämmerung bricht an. Die Mädchen kehren zum See zurück und verwandeln sich wieder in Schwäne. Rotbart stellt sich Siegfried, der Odette folgen will, in den Weg. Über den See ziehen die Schwäne, angeführt von ihrer Königin.

III. Akt: Festball im Schloß am nächsten Tag. Prinz Siegfried und seine Mutter werden von Herolden angekündigt, betreten den Saal, nehmen unter dem Thronhimmel Platz und lassen sich von den anwesenden Gästen huldigen. Siegfried ist offenbar nicht bei der Sache. Er denkt an Odette. Botschafter fremder Länder in ihren Nationaltrachten treten mit Gefolge auf. Ein erneutes Signal des Herolds kündigt die Ankunft von sechs schönen Mädchen an, die Siegfrieds Mutter eingeladen hat, weil sie annimmt, daß eine von ihnen die Frau ihres Sohnes werden könnte. Die Reihenfolge der Tänze schwankt in den verschiedenen Versionen. Manche ziehen die Nationaltänze vor. Dramaturgisch einleuchtender ist zweifellos, daß zuerst die Bräute tanzen. Sie stellen sich dem Prinzen mit einem höfischen Walzer vor, an dem er sich zwar auf Befehl seiner Mutter beteiligt, aber den er ebenso mit der linken Hand abtut wie die Mädchen, die über sein Verhalten ebenso gekränkt sind wie die Mutter.

Ebenfalls dramaturgisch richtiger erscheint, an dieser Stelle nicht schon die Nationaltänze tanzen zu lassen, sondern Odile, den »Schwarzen Schwan«, und den Zauberer Rotbart in Gestalt eines »schwarzen Fürsten« auftreten zu lassen, den Siegfried nicht erkennt, obwohl er Odile notwendigerweise mit Odette verwechseln muß, da der Zauberer seiner Tochter deren Züge verliehen hat und Odile im Kostüm Odettes auftritt. Freilich sind Schwanenfedernkappe und Tutu diesmal schwarz, wie schon der Name des Fabelwesens sagt. Der Auftritt der beiden an dieser Stelle liegt um so näher, als Siegfried ja gerade erst die für ihn ausgewählten Bräute abgewiesen hat und unmißverständlich zu erkennen gibt, daß Odile sein ganzes Glück ist (Pas de deux), was aller Zustimmung – einschließlich der seiner Mutter – findet, obwohl sich die beiden schwarzen Herrschaften sehr unkonventionell eingeführt haben. Ihr Auftritt wurde von Pauken und Trompeten begleitet und von Blitz und Donner, einem Gewitter, das die Bühne verdunkelte. Außerdem verhält sich Odile im Gegensatz zu der lyrischen, zärtlichen Odette sehr kapriziös, überlegt, um nicht zu sagen erkältend berechnend (die beiden Rollen waren ursprünglich für eine lyrische und eine brillante Ballerina gedacht; in St. Petersburg ließ man aber beide Parts von einer Ballerina tanzen, was durchaus einleuchtend erscheint, aber allerhöchste Anforderungen an die Wandlungsfähigkeit der Darstellerin stellt).

Odile und Siegfried, der nicht gesehen hat, daß Odette im Hintergrund aufgetreten ist und ihre Arme nach ihm ausgestreckt hat, verlassen den Saal und bleiben während der folgenden Nationaltänze unsichtbar, was oft recht unmotiviert wirkt. Aber auch dafür findet sich in verschiedenen Wiedergaben des Librettos eine einleuchtende Erklärung, so bei Balanchine: »Er führt Odile in den Schloßpark« – was offenbar Liebende auf jedem Ball tun, will man Romanen und Filmen Glauben schenken. Sie wollen allein sein. Sie haben sich etwas zu erzählen. Fürst Rotbart nimmt inzwischen neben Siegfrieds Mutter auf dem Thron Platz, worin eine gewisse Anmaßung liegt, die freilich leicht aus seinem Charakter zu erklären ist.

Über die Anzahl der Nationaltänze und ihre dramaturgische Funktion läßt sich nichts Eindeutiges sagen. Balanchine nennt drei: das spanische »Divertissement« für zwei

Paare, den Csárdás für fünf ungarische Paare und die Mazurka für acht polnische Paare. Die Tänzer gehören offenbar dem Gefolge der Botschafter aus den jeweiligen Ländern an. (An dieser Stelle liegt die Frage nahe, wo denn »Schwanensee« spielt; offenbar in einem romantischen Deutschland, wenn nicht gar im Allgäu.) Üblicherweise werden jedoch mindestens vier Nationaltänze aufgeführt: spanischer Bolero, neapolitanische Tarantella, ungarischer Csárdás und polnische Mazurka. Zu ihnen tritt zuweilen noch ein russischer Tanz.

Andere dramaturgische Verankerungen der Nationaltänze, die mitteilenswert erscheinen, sind: Der Russe Wladimir Burmeister motivierte sie als Zauberkunststücke des Zauberers Rotbart. Seine »Schwanensee«-Version für das Moskauer Stanislawski- und Nemirowitsch-Dantschenko-Theater hat vor Jahren großes Aufsehen im Westen erregt. Cranko (s. »Die Befragung«) hat die Nationaltänze in seinen Versionen noch am plausibelsten dramaturgisch verzahnt, indem er sie mit den Bräuten verbindet, die sich mit ihnen vorstellen und durch sie charakterisiert werden können – im Gegensatz zu der Musik des eigentlichen Brauttanzes, die recht dünn, wenn auch scheinbar endlos ist, jedenfalls nicht ausreicht, den Bräuten Konturen zu verleihen.

Als Höhepunkt dieses Divertissements gilt der Schwarze-Schwan-Pas-de-deux, den das in den Saal zurückgekehrte junge Prinzenpaar tanzt (dieser Pas de deux wird oft als Galanummer in Konzertprogrammen gezeigt, wobei er, wie Balanchine ganz richtig bemerkt, an Wirkung verliert, weil der dramaturgische Hintergrund fehlt und mancher Zuschauer nicht recht begreift, weshalb Odile so »zickig« ist). Auch in diesem Fall handelt es sich eher um einen Pas de trois als um einen Pas de deux, da Rotbart von Odile immer wieder in den Tanz einbezogen wird. Der Zauberer gibt seiner Tochter immer wieder Ratschläge, wie sie Siegfried zu behandeln habe. Der Pas de deux ist im Gegensatz zu dem im II. Akt außerordentlich brillant. Er stellt höchste Ansprüche an das technische Können der Ballerina, die mit einer Reihe von Pirouetten durch den Saal beginnt und mit einer Serie von 32 Fouettés endet (die freilich nicht vom Choreographen, sondern von der St. Petersburger Ballerina Pierina Legnani [1863–1923] stammen, die sie aus dem Ballett »Cinderella« [s. d.] – nach anderen Quellen: aus »Die Tulpe von Haarlem« – übernahm). Unterbrochen wird der Pas de deux von einer erneuten Erscheinung der Odette, die freilich auch diesmal von Siegfried nicht wahrgenommen wird; Odile weiß das zu verhindern. Wie fast jeder klassische Pas de deux enthält auch der des Schwarzen Schwans zwei Variationen für die Ballerina und ihren Partner.

Odile hat Siegfried vollkommen verzaubert. Er bittet Rotbart um ihre Hand. Der Zauberer fordert Siegfried auf, seiner Tochter ewige Treue zu schwören. Siegfried tut es. Wiederum unter Donner und Blitz verlassen Rotbart und Odile den Saal. Im Hintergrund erscheint zum drittenmal Odette. Diesmal sieht Siegfried sie und erkennt, daß Rotbart ihn doch zum Treubruch verführt hat. Schuldbewußt stürzt er zu Boden. – In anderen Versionen läuft er aus dem Saal, Odette zu suchen, was dramaturgisch plausibler erscheint.

IV. Akt: Am mitternächtlichen Schwanensee (wie im II. Akt). Zu den weißen Schwänen, die ihre Königin zurückerwarten, haben sich vier kleine schwarze Schwäne gesellt (Moderato, b-Moll). Sie verkörpern offenbar durch die Farbe und die ihnen zugeordnete Musik die bedrückte Stimmung ihrer älteren Schwestern. Odette erscheint. Sie weint. Ihre Gefährtinnen, die es offenbar geahnt haben, wissen nun, daß Siegfried seinen Treueschwur gebrochen hat, daß er den Zauberkünsten Rotbarts nicht gewachsen war. Siegfried tritt auf. Verzweifelt sucht er unter den Schwanenmädchen die Schwanenkönigin. Die kleinen Schwäne (an dieser Stelle sei noch einmal darauf hingewiesen, daß sie um Mitternacht ihre Menschengestalt zurückerlangen) haben um Odette einen Kreis gebildet, der sich öffnet wie eine Blume, wenn Siegfried vor ihn hintritt, indem die Mädchen auf das linke Knie sinken, das rechte Bein nach vorne ausstrecken und ihre Arme nach vorne wie Vogelflügel zusammenlegen (es ist die gleiche Pose, die Odette im großen Pas de deux des II. Aktes zu Beginn einnimmt; man könnte sie die »Schwanen«-Pose schlechthin nennen; auch Fokine [s. »Carnaval«] hat sie in seinem »Sterbenden Schwan« verwendet). Siegfried bittet verzweifelt Odette, ihm zu glauben, daß er nur sie und keine andere liebe. Sie vergibt ihm. In diesem Augenblick erscheint Rotbart.

Es gibt mehrere Versionen von dem, was nun folgt. Das originale Finale Tschaikowskys (s. »Dornröschen«) klingt in H-Dur aus. Bei ihm siegt jedenfalls die Liebe über das Böse. Rotbart läßt zwar zunächst den See über seine Ufer treten in der Annahme, Odette, Siegfried und die Schwanenmädchen würden in den Fluten ertrinken. Aber Siegfried bricht dessen Macht, indem er versucht, die Geliebte und die Mädchen zu retten. Er trägt sie auf eine Anhöhe. Plausibler war offenbar Petipas St. Petersburger Lösung: Odette stürzt sich – ihres Todes sicher – in den See. Siegfried beweist seine Liebe, indem er ihrem Beispiel folgt. In beiden Fällen endet »Schwanensee« mit einer Apotheose: Der Morgen dämmert. Die Schwanenmädchen behalten ihre Menschengestalt. Odette und Siegfried schreiten in die aufgehende Sonne hinein, einer glücklichen Zukunft entgegen. Oder sie steigen in eine Barke, die aus der St. Petersburger Version stammt, wo sie freilich von metaphysischer Natur ist: Die offenbar ertrunkenen Liebenden fahren in ihr auf der goldenen Bahn, die die aufgehende Sonne auf den See wirft, einem »neuen und ewig glücklichen Leben« entgegen. In neueren Versionen wurde auf die Sturmflut verzichtet. An ihre Stelle trat ein todesmutiger Kampf Siegfrieds mit dem Drachen Rotbart, der damit endete, daß der Prinz dem Zauberer die Eulenflügel brach oder gar ausriß, was Rotbart Gelegenheit bot, einen höchst theatralischen Tod zu sterben. Heute bevorzugt man wieder die Sturmflut, in der freilich Siegfried umkommt, nachdem Odette und die Mädchen wieder zu Schwänen geworden sind (Cranko und Rudolf Nurejew). Der tragische Schluß mag dem Zeitgefühl entsprechen. Aber er entspricht nicht der Absicht der Autoren des Balletts, die zeigen wollten, daß Liebe mächtiger ist als das Böse in dieser Welt.

»Schwanensee« (russisch »Lebedinoje osero«; französisch »Le Lac des Cygnes«; englisch »The Swan Lake«) ist das populärste Ballett überhaupt. Für viele ist es ein Synonym für Ballett geworden, indem ihnen bei der Nennung der Gattungsbezeichnung zuerst einmal die »weißen Schwäne« einfallen. Man kann fast schon von einem Archetyp sprechen. Wie tief tatsächlich das Trauma »Schwanensee« geht, beweist die Werbung jeden Tag, die mit der »Schwanenkönigin« auf oft recht geschmacklose Weise für Dinge wirbt, wie z. B. Eisschränke, die absolut nichts mehr mit Ballett zu tun haben.

»Schwanensee« zeitigt darüber hinaus ein merkwürdiges Symptom bei Ballettomanen. Sie kriegen nie genug von »Schwanensee«. Man ist überhaupt erst ein echter Ballettomane, wenn man »Schwanensee«-süchtig ist.

Junge Ballettliebhaber lehnen dieses Ballett, eben weil es als Verkörperung des Begriffs »Ballett« gelten soll, der natürlich viel umfassender ist als das, was »Schwanensee« darstellt, sehr entschieden als zumindest altmodisch und dumm ab. Es mag zwar eine Illusion sein, daß die Liebe das Böse am Ende besiegt, aber darum ist die Idee von einer Liebe, die die Welt in ein Paradies verwandeln könnte, dennoch ewig gültig. Was denn auch mit zunehmendem Alter eingesehen wird. Aus Saulus wird Paulus, auch in diesem Fall, und zwar oft ein ebenso fanatischer, wie es der historische war.

Darüber hinaus ist es ganz einfach wahr, daß man, ohne »Schwanensee« zu kennen, Ballett überhaupt nicht verstehen kann. »Les Sylphides« (s. d.) und »Apollon Musagète«

(s. d.), die Schlüsselwerke des modernen Balletts, sind ohne »Schwanensee« nicht denkbar, sowenig wie es »Schwanensee« letztlich ohne »Giselle« (s. d.) ist, an das es sich unübersehbar anlehnt. Balanchine fügt hinzu, man müsse sich die Frage stellen, wieso »Schwanensee« so viel populärer sei als zum Beispiel die anderen großen und bedeutenden Ballettklassiker wie »Giselle« (s. d.), »Dornröschen« (s. d.) und »Coppélia« (s. d.). Er meint, das sei auf die Hauptrolle zurückzuführen. Während die Hauptgestalten in den anderen Balletten doch alle einen starken Bezug zur Wirklichkeit hätten, sei Odette eine Imagination. Sie sei in der Welt der Elemente Luft und Wasser zu Hause, verloren, wenn sie mit der Wirklichkeit konfrontiert werde. Dennoch sei sie nie unreal oder absurd. (Ein bißchen klingt das danach, als ob Balanchine Odette tatsächlich für einen Schwan halte, der zwischen Mitternacht und Dämmerung eine wunderschöne Frau wird, nicht eine verzauberte Prinzessin, die alles daransetzt, für immer ihre Menschengestalt zurückzuerlangen.)

Das sind nur Versuche, den Zauber von »Schwanensee« zu erklären. Eine erschöpfende Erklärung wird man wohl nie finden, vermutlich weil mit der Gestalt der Odette tatsächlich ein Archetyp geschaffen, richtiger aus dem Unterbewußtsein des Menschen in sein Bewußtsein gehoben wurde.

Tschaikowsky (s. »Dornröschen«) hat dazu sicherlich viel beigetragen, indem er eine Musik schuf, die nicht nur höchst theatralisch im Sinne einer Motivierung von Situationen, sondern auch psychologisch treffend ist, indem sie Charaktere, besser noch Menschen zu zeichnen vermag, die glaubhaft sind, nicht nur, wenn sie gut oder böse, sondern auch dann, wenn sie zärtlich oder traurig sind, und die darüber hinaus wahr sind, obwohl oder gerade weil sie in einem Märchen auftreten. Es ist reine Ignoranz, wenn an dieser Musik heute Kritik geübt wird, ohne ihre Entstehungszeit zu berücksichtigen (von der üblich gewordenen Schluderei von Dirigenten und Orchestern bei Aufführungen des Balletts ganz zu schweigen). Mit seiner ersten Ballett-Partitur schuf Tschaikowsky nicht nur ein Werk von hohen künstlerischen Qualitäten, nachdem lange Zeit Fabrikanten wie Pugni (s. »Pas de Quatre«) und Minkus (s. »La Bayadère«) das Feld beherrscht hatten, sondern auch das erste »Sinfonische Ballett« (erst Juri Grigorowitsch [s. »Legende von der Liebe«] zog daraus die Konsequenzen für die Choreographie). Tschaikowsky war der erste, der Ballettmusik sinfonisch ausweitete, nachdem ihm Adolphe Adam (s. »Giselle«) in der Anwendung von Leitmotiven vorangegangen war. Es ist Tschaikowsky gelungen, die sich in einem weiten Bogen dramatisch entwickelnde Musik zu einem geschlossenen Ganzen zusammenzufassen. Sogar den Divertissements, die für die meisten Choreographen und Tänzer dieser Zeit nicht viel mehr waren als die herbeigesehnte Gelegenheit, technische Kunststücke zu zeigen, hat er zumindest musikalisch dramaturgische Glaubwürdigkeit zu verleihen gewußt.

Neben Tschaikowskys Leistung steht die von *Lew Iwanow* (s. »Der Nußknacker«). Man sollte sie zwar nicht überbewerten, wie das lange Zeit geschehen ist, weil wir heute wissen, daß er viel von dem, was uns heute an seinen »weißen« Akten (II. und IV.) so sehr fasziniert, seinem Lehrer *Marius Petipa* zu danken hat und dessen Balletten, wie vor allem »La Bayadère« (s. d.). Aber Iwanow ist einen entscheidenden Schritt über Petipa hinausgegangen. Er war der erste, der musikalisch choreographierte, indem er das Corps de ballet in die Soli und Pas de deux usw. der Solisten einbezog. Der Solist wird vom Ensemble accompagniert wie das Soloinstrument vom Orchester. Das schönste Beispiel für diese neue Art zu choreographieren ist das Adagio, der große Pas de deux von Odette und Siegfried im II. Akt, der Weiße-Schwan-Pas-de-deux, der in choreographischen Einzelheiten Vorbild war für den »Sterbenden Schwan« (s. d.) und in der choreographischen Struktur für »Les Sylphides« (s. d.). Mit letzterem begann die Geschichte des modernen Balletts.

Das alles gilt für die St. Petersburger Version. Die Uraufführung in Moskau war eine der größten Enttäuschungen in Tschaikowskys Leben. Nicht nur daß der erste Choreograph von »Schwanensee« mit der Musik nichts anzufangen wußte (sie sei teilweise »untanzbar«, behauptete er [was sehr vertraut klingt, wenn man weiß, wie oft heute schwache Choreographen von »untanzbarer Musik« reden]); er war auch nicht in der Lage zu verhindern, daß die Ballerina Glanznummern aus anderen Balletten einlegte, die schlechthin nichts mit »Schwanensee« zu tun hatten.

»Schwanensee« geriet durch diesen Dilettantismus schon bald wieder in Vergessenheit. Erst nach Tschaikowskys Tod – ob auf Initiative Petipas oder Iwanows (manches spricht für letzteren, der sich mit den Freunden des Komponisten in Verbindung setzte), ist heute nicht mehr zu klären – wurde das Ballett wiederentdeckt. Zunächst freilich wurde am 17. 2. / 1. 3. 1894 in einer Gala zu Erinnerung an Tschaikowsky nur der II. Akt aufgeführt. (Hier knüpften übrigens Diaghilew und Balanchine mit ihren einaktigen Versionen von 1911 und 1951 an.)

An »Schwanensee« entfesselt sich immer wieder der Streit über Originalchoreographie oder nicht. Fest steht, daß viel von Iwanows und Petipas Choreographie auf uns gekommen ist, nicht zuletzt dadurch, daß das Marientheater-Ballett in St. Petersburg nie aufgehört hat, »Schwanensee« zu tanzen. Auch nicht nach der Oktoberrevolution. Im Gegenteil, Tschaikowskys Ballett wurde häufiger getanzt als je zur Zarenzeit. Ähnliches gilt für die »Schwanensee«-Versionen des englischen Royal Ballet, die sich sämtlich auf Nicholas Sergejew berufen, der vom Marientheater in St. Petersburg nach London gekommen war. Wie Nurejew (vom heutigen Kirow-Ballett in Leningrad). Auch er erhebt natürlich den Anspruch, das Original zu kennen (wofür seine sehr Petipasche Polonaise im I. Akt spricht). Aber ob mehr oder weniger original, ist gewiß nicht entscheidend, sondern allein, ob eine Neuinszenierung den Geist von Iwanow, aber auch den von Petipa zu wahren weiß – wie zum Beispiel Crankos Versionen für Stuttgart und München.

In letzterer ist Cranko auf neueste Forschungsergebnisse eingegangen, die besagen, Tschaikowsky habe bei der Abfassung des Librettos zwar die deutsche Märchenwelt im Auge gehabt, im besonderen aber das Schicksal des Königs Ludwig II. von Bayern, in dessen Leben der Schwan als Symbol zweifellos eine höchst merkwürdige Rolle gespielt hat. Abgesehen von Tschaikowskys Deutschland-Aufenthalten zu der Zeit, als der letzte deutsche Märchenprinz lebte und starb (1883), spricht für diese Annahme einmal mehr die berühmte Abwandlung der Melodie zu »Nie sollst du mich befragen« aus Richard Wagners »Lohengrin« (mit dem sich der königliche Freund des Bayreuthers identifizierte) zum »sehnsüchtigen Schwanen-Motiv in h-Moll«, zum anderen aber und vor allem die Wahlverwandtschaft von Ludwig II. und Tschaikowsky, die anhand ihrer Biographien leicht nachzuweisen ist. John Neumeier formulierte 1976 unter dem Titel »Illusionen – wie Schwanensee« an der Hamburgischen Staatsoper ein interpretatorisches Konzept, das diese »Wahlverwandtschaft« zum Angelpunkt nimmt. Neumeier: »Der Schritt vom Märchenmythos des Librettos zu einem anderen ›Schwanenmythos‹ desselben Jahrhunderts, in dem sich die psychologische Struktur besser offenbart als im ursprünglichen Ballett, liegt nahe, zumal von beiden Mythen bis heute ähnliche Zauberwirkung, eine gleiche ›magische Aura‹ ausgeht. Überraschender als die offensichtlichen Parallelen zu Ludwig II., dem bayrischen Märchenkönig, der sich in Neuschwanstein ein Schwanenritterschloß und eine mystische Scheinwelt erbaute, sind die inneren Analogien im Schicksal Tschaikowskys, Ludwigs II. und Siegfrieds, des ›Schwanensee‹-Prinzen – eine unerwartete Parallelität.« Neumeier identifiziert in Siegfried den Bayern-König, der Neuschwanstein erbaut und im Beisein von Prinzessin Natalia, seiner Verlobten, eine Separatvorstellung von »Schwanensee« erlebt. Der Zauberer des Balletts: in »Illusionen – wie Schwanensee« wird er zum »Mann im Schatten«, zum Alter ego des Königs, zu einer Existenz, die Ludwig II. aus Gründen der Staatsraison nicht sein darf.

Einen radikalen Deutungsversuch unternahmen 1978 Bernd Köllinger (Libretto) und Tom Schilling (Choreographie) an der Komischen Oper in Ostberlin. Beide analysierten nicht allein die »Schwanensee«-Tradition. Sie stellten sich auch als Aufgabe, »ein unbekanntes Stück in Korrespondenz zu unseren Erfahrungen, Interessen und Bedürfnissen zu setzen; das Publikum mit dem Werk und dadurch gleichzeitig mit sich selbst bekannt zu machen – in historischer Dimension und aktueller Sicht zugleich«. Um einen »Schwanensee« so zu realisieren, wie ihn sich Tschaikowsky erdacht hatte, hieß es für sie, Abstand zu nehmen von einer musikalischen Überlieferung, die sich ihre eigenen Gesetze geschaffen hatte. Bis auf den Pas de deux »Schwarzer Schwan«, dessen Musik da wieder erklingt, wo sie hingehört, nämlich im ersten Akt, faßte Schilling die Choreographie gänzlich neu. Auch die Charaktere wurden wieder dem Moskauer Originallibretto angenähert: Siegfried ist hier nicht mehr der romantische Träumer, sondern ein aristokratischer Außenseiter, der sich mit aller Kraft den Manipulationen Rotbarts widersetzt, der am Hof die Macht an sich gerissen hat. Wie Hamlet bedient er sich einer Schar Schauspieler, um in einer Art improvisierter Theatervorstellung die Machenschaften des Usurpators bloßzustellen. Odile erscheint bereits im gleichen Aufzug, und zwar als eine Ballerina, die ihre Kunst an Rotbart verkauft und in Gestalt des schwarzen Schwans die Sinne des sensiblen Prinzen zu verwirren sucht. Und Odette, ihr weißes Ebenbild: Tom Schilling (s. »Schwarze Vögel«) sieht in ihr zwar auch die verwunschene Prinzessin, aber er gestattet ihr nicht mehr Tutu und Federflaum. Als ein ungemein attraktives Mädchen entsteigt sie den Fluten, um sich für ein paar nächtliche Stunden im Kreis der Gespielinnen ihres Menschseins zu erfreuen. Am Märchen selbst haben Schilling und Köllinger also – zumindest in den »weißen« Akten – nichts beschnitten, selbst wenn sie auf die Requisiten der Romantik grundsätzlich verzichten. Wesentlich weiter geht allerdings eine Interpretation von Mats Ek 1987 für das Schwedische Cullberg-Ballett, die die tiefenpsychologischen Aspekte des »Schwanensee«-Mythos auslotet.

Neben Pierina Legnani als Odette-Odile tanzte übrigens in der St. Petersburger Fassung Pavel Gerdt (1844–1917) den Prinzen Siegfried. Gerdt war später einer der bedeutendsten Lehrer der Ballettschule am Marientheater. Natürlich war die Schwanenkönigin stets eine der beliebtesten Rollen überhaupt. In unserer Zeit haben in diesem Part am meisten Galina Ulanowa und Margot Fonteyn beeindruckt. Rudolf Nurejew hat das Verdienst, die Rolle des Prinzen aufgewertet, oder besser vom Ballettstangen-Dasein (wofür Margot Fonteyns Partner Michael Somes das Paradebeispiel war) befreit, und ihr die Gleichberechtigung zumindest, wenn nicht die Dominanz, die der Prinz beanspruchen kann, zurückgegeben zu haben.

Schwarze Vögel

Ballett in zwölf Bildern, einem Prolog und einem Epilog. Libretto: Bernd Köllinger; Musik: Georg Katzer; Choreographie: Tom Schilling; Ausstattung: Eleonore Kleiber; Uraufführung: Komische Oper, Berlin (Ost), 27. September 1975. (Dauer: abendfüllend.)

Personen: Hanna; Renata; Florian; Wildburg; Ambrosius; Bathyllus; Kurtisanen; Feldhauptmann; Erzherzog; die heilige Dorothea; Jungfrau Maria; der Drache Ruffo; drei Soldaten des römischen Kaisers; eine tote Bäuerin, die zum Leben erweckt wird; Bäuerinnen und Bauern; Edelleute; Hofgesellschaft; Reisige im Dienste Wildburgs; Soldaten des Fürstenheeres.

1525. Räume und Landschaften zwischen Prunk und Verfall, Aufbruch und Zerstörung.

Prolog: In einem rituellen Tanz aus uralter Zeit beschwören Bauern die Wiederkehr des Frühlings. Es ist ein Tanz des Aufbruchs – auch in die historische Tat.

1. Bild: Der Wanderprediger Ambrosius führt hungernde Bäuerinnen vor die Feste Wildburgs. Wildburg, geübt, jede soziale Unruhe im Keim zu ersticken, zerschlägt mit brutaler Gewalt die Bittprozession und zwingt das Bauernmädchen Hanna, nackt vor ihm und seinem Gefolge zu tanzen. Seine beiden Gaukler Bathyllus und Renata müssen hierzu ihre Späße machen. Florian, ein junger Adliger, ist von der Menschenverachtung Wildburgs betroffen. Reinheit und Würde Hannas berühren ihn tief. Er möchte Hanna trösten.

2. Bild: Während eines Festes bei Wildburg versucht Florian, mit dem Erlebten fertigzuwerden. Inmitten der teilnahmslos weitertanzenden Hofgesellschaft beobachtet er die Hinrichtung von Bauern. Er empfindet als einziger diese Grausamkeit. In seine Erschütterung mischt sich die Sehnsucht, auszubrechen aus dieser Welt, die ihn umgibt.

3. Bild: Wie ein Krake mit Riesenarmen, so überzieht die vom Feldhauptmann befehligte Soldateska das Land. Mord und Verfolgung herrschen. Ambrosius hat sich in Auslegung des Evangeliums die Ermordung aller Reichen und Mächtigen geschworen. Er ersticht den Feldhauptmann. Aber die Soldateska mordet weiter.

4. Bild: Hanna und Florian sehen sich wieder. Lang ist der Weg zueinander, zögernd und zaghaft sind die ersten Schritte. Hanna spürt die Wärme Florians.

5. Bild: Der Helm des ermordeten Feldhauptmanns soll einem Nachfolger übergeben werden. Wildburg ist versessen auf die damit verbundene Macht. Doch der Erzherzog überreicht Florian Kette und Helm. Er, der Hannas Welt kennengelernt hat, soll zum Bauernfänger und Rebellenjäger gemacht werden. Florian bedrängen furchtbare Bilder. Er fällt eine erste Entscheidung.

6. Bild: Wildburg sieht sich in seinem Machtanspruch betrogen und sucht Ablenkung bei seinen drei Kurtisanen. Ihrer überdrüssig, befiehlt er den beiden Gauklern Bathyllus und Renata, ihn durch derbe Späße zu erheitern. Doch nichts vermag seine ohnmächtige Wut zu dämpfen, und so weist er auch die Kunst der Gaukler zurück. Allein gelassen nehmen die Spaßmacher ihre Masken ab. Bathyllus hat sich in sein Schicksal ergeben: sein Leben ist leer, ohne Hoffnung und Wünsche. Renata empfindet dagegen die persönliche und künstlerische Unfreiheit. In ihrer Sehnsucht verwandelt sie sich in einen Vogel, der seine Flügel probiert, zaghaft anfliegt, aber dann übers Land weit hinausgetragen wird.

7. Bild: Die Bauern spielen die Legende von der heiligen Dorothea. Hanna ist die Heilige, und die Erlebnisse der letzten Zeit fließen in ihre Gestaltung der Rolle. Sie besiegt den Drachen Ruffo, der dem Erzherzog gleicht, und schlägt römische Landsknechte, die wie Wildburgs Söldner daherkommen, mit Blindheit. Einer toten Frau schenkt sie ihre eigene Lebenskraft und erweckt so die Tote. Dafür wird Dorothea von der Jungfrau Maria mit neuem Leben belohnt.

Wildburgs Söldner unterbrechen auf der Suche nach dem Mönch Ambrosius das Spiel, werden aber so in den Bann von Hannas Dorotheendarstellung gezwungen, daß sie vor ihr niederknien. Wildburg selbst greift ein und bedroht Hanna. Florian fordert Wildburg zum Kampf. Er siegt und schenkt Wildburg das Leben. Dieser jedoch läßt Hanna im gleichen Moment erstechen und geht hohnlachend davon. Florian trauert um die Tote. Den von Ambrosius zum Kampf aufgerüttelten Bauern schließt er sich als Führer an.

8. Bild: Das Bauernheer gewinnt immer mehr Zulauf. Ambrosius stößt mit einer Gruppe auf den Komödianten Bathyllus. Auch der Gaukler hatte sich an der Demütigung Hannas vor Wildburgs Feste beteiligt. In maßloser Rache sticht ihn der Mönch nieder. Renata verzweifelt. Völlig verstört, läßt sie sich von Wildburg zum Mord an Florian, dem angeblichen Urheber der Bluttat, dingen.

9. Bild: Eine erste Begegnung zwischen Bauernheer und Landsknechten geht noch unentschieden aus. Ambrosius kennt in seinem Haß keine Grenzen und sticht einem jungen adligen Mädchen die Augen aus. Florian weist den anarchischen Eiferer aus dem Lager.

10. Bild: Florian versucht, sich die Frage zu beantworten, ob seine Entscheidung richtig und die Trennung von Ambrosius notwendig war. Mit ihren Gauklerspäßen will Renata auf sich aufmerksam machen, doch niemand nimmt von ihr Notiz. Erst in der Stille des von ihr abgebrochenen Tanzes wird sie von Florian bemerkt. Er nimmt ihr die Maske ab. Renata ist von einem Zwang befreit und kann ihrem eigenen Empfinden unverhüllten Ausdruck geben. In ihrem Tanz erinnert sie sich ihrer Sehnsucht nach Freiheit. Florian und die Umstehenden sind stark berührt. Mit diesem Tanz hat Renata auch ihren Hoffnungen und Wünschen Gestalt gegeben. Renatas Weg ist nun an der Seite derer, die ihre Kunst brauchen.

11. Bild: Wildburg findet an den Späßen seiner Huren keinen Gefallen. Er bereitet sich auf die Schlacht vor. Hinter ihm sammelt sich eine gut gedrillte, seelenlose Maschinerie – sein Heer. Noch einmal können sich die Bauern der Übermacht erwehren. Aber sie wissen um die Ausweglosigkeit ihrer Lage. Die nächste Schlacht wird die Entscheidung bringen. Die Bauern, auch Florian und Renata, nehmen Abschied voneinander – ohne Aufwand, leise und für immer.

12. Bild: Die Schlacht ist angebrochen. Tapfer sterben die kämpfenden Bauern. Florian wird gefangengenommen und mit zwölf Dolchstößen getötet: für jede Woche, die er gegen die alte Welt gekämpft hat, soll er einen Tod sterben. Ambrosius, nun ein Handlanger Wildburgs, muß den ersten Dolchstoß führen. Triumphierend meinen die Herren, daß mit Florians Tod auch die Ideen untergegangen sind, für die er gekämpft hat. Sie glauben sich auf ewig sicher.

Epilog: Krüppel und Heimatlose in der Landschaft des Nachkriegs. Renata gibt den Verzweifelten und Verjagten neue Zuversicht.

Ursprünglich wollte der Librettist *Bernd Köllinger* lediglich die Ereignisse eines einzigen Tages Revue passieren lassen – und zwar die des 4. Juni 1525, als die Schwarze Schar des Florian Geyer bei Ingolstadt von den Truppen des Georg von Waldburg eingekreist und aufgerieben wurde. »Bezogen auf die letzten Stunden vor dem Untergang«, so der Autor in einem Werkstattbericht, »sollte die Lebensgeschichte Florian Geyers in wesentlichen, eng miteinander verknüpften Stationen ausgebreitet werden.«

Unter dem Zwang dramaturgischer Notwendigkeiten entfernte sich Köllinger im Verlauf der Arbeit allerdings immer mehr von dem beabsichtigten historischen Konzept. Die Schilderung menschlicher und politischer Schicksale trat in den Vordergrund und erlaubte zunehmend eine verständlichere, weil allgemeingültigere Durchzeichnung der einzelnen Spielfiguren. So wurde aus dem renitenten Reichsritter, wie ihn die Geschichte kennt, eben jener Balletthеld Florian, der sich nicht zuletzt aus Liebe zu Hanna, einer Bauernmaid, auf die Seite der Aufständischen schlägt. Sein Gegenspieler, hier Wildburg genannt, trägt die Züge eines Truchseß von Waldburg und Wilhelm von Grumbach. Dem revolutionären Wanderprediger Ambrosius hat ohne Zweifel ein Mann wie Thomas Müntzer Pate gestanden, und bei der kunstfertigen Komödiantin Renata ist einiges von der Handlungsweise Matthias Grünewalds nachgestaltet.

Die Gefahr, daß die historischen Persönlichkeiten auf diese Weise ihre Lebenskraft und Besonderheit einbüßten, war durchaus gegeben. *Tom Schilling* widersetzte sich ihr indes mit beträchtlichem Geschick. Er formulierte die Figuren, so allgemein und menschlich sie sich auch gaben, mit großer Glaubwürdigkeit und provozierte mit ihnen jenes nachhaltige Interesse, das er sich gewünscht hatte. Darüber hinaus aber entwarf er Massenszenen von solcher Kraft, daß der dramatische Bogen ohne Schwierigkeit über eine Stunde hinweg gespannt werden konnte und Genre-Momente – etwa das Legendenspiel um die heilige Dorothea – mühelos verkraftete. Unterstützt wurde er dabei von der prägnanten, durchschlagenden Musik *Georg Katzers* (geb. 1935 in Schlesien). Sie schuf die Voraussetzungen für ein Werk, das die Historie nie als Anlaß plakativer Parallelen mißverstand, sondern das Publikum allein durch die Macht des Tanzes an Phänomene heranzuführen vermochte, über die nachzudenken sich lohnte. Hermann Neef über die Musik des Balletts: »Sie ist das Werk eines von den Hörerfahrungen und der akustischen Umwelt unserer Zeit geprägten Komponisten. Die musikalische Darstellung der Ereignisse aus der Zeit des Bauernkrieges erfolgt daher durch einen Filter 450jähriger Musikentwicklung. Georg Katzer nutzt die in der Dodekaphonie, aber auch von Lutoslawski und Penderecki erprobten Techniken und setzt sie zur Gewinnung einer eigenen Klangsprache ein. Tonalitätsbezüge ergeben sich ebenso sinnfällig aus der Dramaturgie des Werks wie die mit ihnen wechselnden freitonalen Passagen. Aleatorisch gerasterte Klangflächen, rhythmisch frei kreisende Bewegungen und dramatisch zupackende Tänze machen die Musik bei ständig wechselnder Instrumentalkombination spannungsgeladen und farbig.« Katzer studierte an den Musikhochschulen Berlin und Prag Komposition und Klavier, bevor er als Meisterschüler von Hanns Eisler an die Ostberliner Akademie der Künste überwechselte. Zu seinen bekanntesten Stücken zählen das Ballett »Ein neuer Sommernachtstraum« (s. »Sommernachtstraum«), die Oper »Das Land Bum-Bum« sowie eine »Szene für Kammerensemble« nach Texten von Eckermann und Goethe.

Bernd Köllinger, 1944 in Saalfeld geboren, erhielt seine Ausbildung an der Fachschule für Tanz in Leipzig. Er studierte an der Karl-Marx-Universität Leipzig, promovierte zum Dr. phil. und war später wissenschaftlicher Mitarbeiter beim Verband der Theaterschaffenden, bevor er von 1974 bis 1990 als Ballettdirektor der Komischen Oper in Ostberlin arbeitete. Autor mehrerer Bücher, erarbeitete Köllinger wiederholt Libretti für seinen Kollegen *Tom Schilling*, der seit 1965 als Künstlerischer Direktor und Chefchoreograph des Tanztheaters an der Komischen Oper fungiert. Schilling, 1928 geboren, kam als Schüler von Dore Hoyer, Mary Wigman und Olga Ilyina über Dresden und Leipzig nach Weimar, wo er sich zum erstenmal als Choreograph versuchte. 1956 wurde er Ballettdirektor in Dresden und entwickelte dort nach und nach eine Bewegungssprache, die sich gleichermaßen des Vokabulars des akademischen wie des freien Tanzes bediente. Zu seinen wichtigsten Arbeiten gehören außer den »Schwarzen Vögeln« und dem »Neuen Sommernachtstraum« noch »Abraxas« (s. d.), »Cinderella« (s. d.), »Romeo und Julia« (s. d.), »Undine« (s. d.), »Schwanensee« (s. d.), »La Mer« (Debussy, 1968), »Match« (Siegfried Matthus, 1971) und die »Wahlverwandtschaften« (Franz Schubert, 1983).

Solisten der Uraufführung waren Hannelore Bey, Nadezda Tumova, Roland Gawlik, Jürgen Hohmann, Frank Bey und Harald Wandtke.

Septet extra

Ballett in einem Akt und einem Nachspiel. Musik: Camille Saint-Saëns; Choreographie: Hans van Manen; Ausstattung: Jean-Paul Vroom; Uraufführung: Nederlands Dans Theater, Circustheater Scheveningen, 2. Juli 1973.

Mit seinem Ballett »Septet extra« hat *Hans van Manen* (s. »Adagio Hammerklavier«) keine anderen Absichten gehabt, als das Publikum zu unterhalten. »Oft wird ein unernstes, amüsantes Ballett«, heißt es dazu in einer Programmnote, »als ein Werk beurteilt, das nicht seriös diskutiert werden kann, als sei es etwas, das der Choreograph sich aus dem Ärmel geschüttelt hat. Hans van Manen hält es für wichtig, daß die künstlerische Arbeit, der schöpferische Prozeß und die investierten Energien genauso von Bedeutung sind wie bei der Kreation eines dramatischen Werks. Der Unterschied liegt nur im Endergebnis: die Auswahl der Bewegungen, die getroffen wird, um das Konzept des Choreographen sichtbar zu machen, ist etwas anderes.«

»Septet extra« ist wie »The Concert« (s. d.) oder die »Sinfonie in D« (s. d.) ein komisches, ein ironisches Ballett, das seine Wirkung auch durch so alltägliche Gesten wie Gähnen, Haarestreicheln oder Küssen erzielt. Das »Septet extra« enthält viel von dieser Art von Bewegung. »Der Choreograph konnte in früheren Balletten davon keinen Gebrauch machen. Es sind ›Extras‹, die in Reserve geblieben waren. In ›Septet extra‹ haben diese ›Extras‹ eine klare und bestimmte Funktion. ›Bedeutung‹ interessiert van Manen in seiner Arbeit nicht, wie er niemals an irgendeiner Auslegung irgendeines Kunstwerks interessiert ist. In ›Septet extra‹ ist Gähnen einfach Gähnen, nichts mehr und nichts weniger.«

Das Ballett selbst fängt ganz harmlos an: Aus einer vertikalen Reihe, die sich aus der Seitenkulisse der wie ein Kreuzworträtsel ausgestatteten Bühne schiebt und die zehn Tänzer in ihren bemalten Trikots nur von hinten zeigt, entwickeln sich in Kanonfolgen die Paargruppierungen. Eine Diagonale erscheint in diesem klar aufgebauten Zusammenhang fast schon als Überraschungsmoment, ist

24 Naturally a private place
26 Lost original gloss ? Wel

aber ebenso durch die Musik begründet wie die Privatgesten der beteiligten Interpreten. Im zweiten Satz des Septetts für Streicher, Klavier und Trompete, op. 65, von *Camille Saint-Saëns* (s. »Der sterbende Schwan«) operiert van Manen mit zwei unterschiedlich besetzten Dreiergruppen. Dabei stellt der Choreograph nicht nur bestimmte Bewegungsmuster wie Frage und Antwort einander gegenüber. Er läßt auch die Privatexistenz der beteiligten Tänzer zur Geltung kommen, wenn er sie zum Gähnen, Küssen oder zu vielsagenden Blicken auffordert, und diskutiert gleichzeitig das überlieferte Rollenverständnis von Mann und Frau, indem er sich über gewisse Erwartungshaltungen mokiert. Der dritte Satz ist im Grunde ein einziger Pas de deux, auch wenn zwei Männer immer wieder versuchen, dem Mädchen den Partner auszuspannen. Im vierten Satz schließt van Manen zunächst an die Eröffnungsszene an, konterkariert aber hier seine Choreographie durch eine Art Schubkarrenspiel, durch Marschformationen und Dribbelläufe. In einem Nachspiel (zur Etüde in Walzerform, op. 52 Nr. 6) macht er sich schließlich über das Virtuositätsgebaren mancher Solisten lustig, wenn er wiederholt durch eine imaginäre Fliege Verwirrung stiftet. Am Ende schicken die fünf Mädchen, der ständigen Abhängigkeit überdrüssig, ihre Partner mit einem gezielten Kinnhaken auf die Matte.

Jochen Schmidt hat dem »Septet extra« schon nach der Uraufführung (mit Gérard Lemaitre und Mea Venema als Solisten) in der »Frankfurter Allgemeinen Zeitung« einen hohen Unterhaltungswert bescheinigt. »Aber«, so fügt er hinzu, »bei einem Könner wie Hans van Manen bekommen selbst Unterhaltungsstücke Dimensionen und Qualitäten, von denen andere mit den besten ästhetischen Absichten nur träumen können.« Kein Wunder also, wenn das »Septet extra« heute von vielen Ensembles in aller Welt aufgeführt wird.

Serenade

Klassisches Ballett in vier Sätzen. Musik: Peter Iljitsch Tschaikowsky; Choreographie: George Balanchine; Ausstattung: William B. Okie jr.; Uraufführung: School of American Ballet, Woodland bei White Plains, New York, 10. Juni 1934.

I. Satz (Andante non troppo; Allegro): Der Vorhang geht auf. Auf der Bühne bildet eine Gruppe von Mädchen diagonale Linien. Es ist Nacht. Das Licht, das die Szene erhellt, ist gedämpft. Anfangs verharren die Mädchen bewegungslos. Zum melodiösen Allegro und mit Hellerwerden des Lichtes aber gehen sie auf die Musik ein.

Die Mädchen tanzen nun in kleinen Gruppen. Ein Mädchen tanzt allein, dreht sich um sich selbst, bleibt zuweilen auch stehen oder hüpft um die anderen herum. Einige Mädchen scheinen es ihm nachmachen zu wollen, werden aber in einen immer schneller herumwirbelnden Kreis gezogen. Plötzlich stehen wieder alle Mädchen am gleichen Platz, den sie zu Beginn innehatten. Ein Mädchen kommt zu spät. Es nimmt seinen Platz in der Gruppe ein. Ein Junge erscheint im Hintergrund der Bühne. Er sucht das zu spät gekommene Mädchen. Alle ab bis auf den Jungen und das Mädchen.

II. Satz (Walzer): Mädchen und Junge tanzen miteinander. Wenn die Freundinnen zurückkehren, tanzt es mit ihnen. Schließlich kehrt es zum Partner zurück. Er hebt es vor der Gruppe hoch in die Luft. Der Walzer verlangsamt sich. Die Gruppe geht ab.

III. Satz (der vierte Satz in der Original-Suite; Tema Russo: Andante, Allegro con spirito): Fünf Mädchen sitzen voneinander abgewandt auf der Bühne. Sie wenden sich langsam einander zu, erheben sich aber erst, wenn der erste Ton der brillanten russischen Melodie erklingt. Sie gehen auf die Melodie ein, tanzen mit sichtlichem Vergnügen. Ein Junge kommt hinzu, tanzt mit einem Mädchen. Wenn die Musik endet, das Ensemble abgeht, läßt sich dieses Mädchen zu Boden fallen und vergräbt den Kopf in die Arme. Es ist allein.

IV. Satz (Elegie): Ein anderes Mädchen tritt mit einem Jungen auf. Das Mädchen tritt hinter den Jungen, schiebt ihn quasi vorwärts. Es ist, als bewege es ihn, als sähe er nur das, was es wünscht. Sie erreichen das am Boden liegende Mädchen. Der Junge hilft ihm auf. Der Junge tanzt mit beiden Mädchen, abwechselnd mit diesem, dann mit jenem. Schließlich muß er sich entscheiden. Er wählt das Mädchen, mit dem er gekommen ist, und geht mit ihm ab. Das verlassene Mädchen bricht zusammen, rafft sich noch einmal auf, gibt das Spiel dann aber ganz verloren. Vier Jungen kommen, heben es auf ihre Schultern und tragen es wie in einer Prozession nach vorne. Sein Körper wölbt sich langsam zurück. Seine Arme sind weit geöffnet. (Das Ballett wird getanzt von achtundzwanzig Tänzern in blauen Kostümen vor blauem Hintergrund.)

»Serenade« – basierend auf der Serenade in C-Dur für Streicher von *Peter Tschaikowsky* (s. »Dornröschen«) – ist kein Handlungsballett im herkömmlichen Sinn. Das Schwergewicht liegt auf der Choreographie. Wenn trotzdem so etwas wie eine äußerliche Handlung sichtbar wird, dann weil die Choreographie das nacherzählt, was Tschaikowsky in seiner Partitur vorgezeichnet hat. Weil die vier Sätze der Partitur von verschiedener Beschaffenheit sind, unterschiedliche Stimmungen und wohl auch menschliche Situationen suggerieren, scheinen auch die vier Sätze des Balletts eine Geschichte zu erzählen. Der »reine Tanz« läßt sich auf eine Art Fabel ein. Aber diese Fabel, rechtmäßig Aussage der Partitur, beinhaltet viele Geschichten – viele Geschichten für den Hörer der Musik und viele Geschichten für die Zuschauer des Balletts.

Aufschlußreich in diesem Zusammenhang ist, was der Choreograph *George Balanchine* (s. »Agon«) über die Entstehungsgeschichte von »Serenade« erzählt:

»›Serenade‹ war mein erstes Ballett in den Vereinigten

Staaten. Bald nach meiner Ankunft in Amerika eröffneten Lincoln Kirstein, Edward M. M. Warburg und ich die School of American Ballet in New York. Um den Studenten eine Vorstellung vom Unterschied zwischen Bühnentanz und Training zu geben, ergänzte ich den Lehrplan um einen Abendkursus in Bühnentechnik. ›Serenade‹ entstand in diesen Unterrichtsstunden. Mir schien, der beste Weg, Studenten die Bühnentechnik zu vermitteln, sei, ihnen etwas Neues zum Tanzen zu bieten, etwas, was sie vorher nie gesehen hatten. Ich wählte Tschaikowskys ›Serenade‹. Zur ersten Übungsstunde kamen ausschließlich Mädchen, und zwar siebzehn. Das Problem war, die große Zahl von Mädchen so anzuordnen, daß es auch interessant erscheine. Ich stellte sie in diagonalen Linien auf und ließ sie die Hände bewegen – zur Übung.

So entstand allmählich ›Serenade‹. Zur nächsten Stunde erschienen neun Mädchen, zur dritten sechs. Ich stellte meine Choreographie immer nur mit den Schülern, die gerade da waren. Dann begannen Jungen den Kursus zu besuchen. Sie erhielten ihren Platz und ihre Aufgabe in der Choreographie. Eines Tages, als alle Mädchen den Raum verlassen, quasi also von der Bühne abtreten sollten, fiel eins der Mädchen hin und weinte. Ich bat den Pianisten zu unterbrechen, und machte den kleinen Unfall zum Bestandteil der Choreographie. An einem anderen Tag kam ein Mädchen zu spät. Auch diese Episode fügte ich der Choreographie hinzu.

Später, als wir ›Serenade‹ auf der Bühne tanzten, wurde alles noch einmal überprüft. Die Mädchen, die nicht so gut tanzen konnten, ließ ich aus den schwierigsten Teilen heraus. Ich arbeitete sorgfältig die kleinen Zufälligkeiten heraus, die ich während des Kursus der Choreographie hinzugefügt hatte, und machte das Ganze dramatischer, theatralischer. Gleichzeitig brachte ich alles mit der Musik in Einklang, indem ich einen weiteren Satz hinzufügte. Aber immer verwandte ich die kleinen Dinge, die gewöhnlich übersehen werden.

Ich bin deswegen so ausführlich auf ›Serenade‹ eingegangen, weil viele Leute glauben, das Ballett erzähle eine Geschichte. Das ist nicht der Fall. Es gibt nur Tänzer, die sich zu einem sehr schönen Musikstück bewegen. Die einzige Geschichte ist die Musik, eine Serenade, ein Tanz, wenn Sie wollen, im Mondschein.«

Solisten der Uraufführung waren Kathryn Mullowney, Heidi Vossler und Charles Laskey.

Das Ballett »Serenade« ist heute Bestandteil des internationalen Repertoires.

Die sieben Todsünden (der Kleinbürger)

Ballett mit Gesang in sieben Bildern, Prolog und Epilog. Text: Bertolt Brecht; Musik: Kurt Weill; Choreographie: George Balanchine; Ausstattung: Caspar Neher; Uraufführung: Les Ballets 1933, Théâtre des Champs-Élysées, Paris, 7. Juni 1933.

Personen: Anna I; Anna II; die Familie; vier Liebespaare; die Eigentümer eines Kabaretts; Kabarettpublikum; der Stallmeister; Leute vom Film; Fernando, ein Gigolo; Edward, ein reicher Mann; Lebemänner.

Die Schwestern kommen aus Louisiana. Sie sollen Geld verdienen zu einem Haus für ihre Familie. Sie heißen beide Anna. Anna I ist die Verkäuferin, Anna II die Ware. Auf einer Tafel kann man die Route ihrer Tournee durch sieben Städte verfolgen. Die Familie der beiden, Vater, Mutter und zwei Brüder, sitzen auf der Bühne vor dem wachsenden Haus, das durch die Vermeidung der sieben Todsünden verdient wird.

Prolog: Anna I singt das »Lied der Schwester:«: ». . . Wir sind eigentlich nicht zwei Personen / Sondern nur eine einzige / Wir heißen beide Anna / Wir haben eine Vergangenheit und eine Zukunft / Ein Herz und ein Sparkassenbuch / Und jede macht nur, was für die andere gut ist / Nicht wahr, Anna?« Worauf Anna II antwortet: »Ja, Anna.«

1. Bild: Faulheit im Begehen des Unrechts. Für den Anfang in der ersten Stadt haben sich die Schwestern einen Trick ausgedacht. In Parks machen sie sich an Ehepaare heran. Anna II tut so, als kenne sie den Mann, bringt ihn in Verlegenheit. Anna I ist das scheinbar peinlich. Anna II stürzt sich dann auf die Frau, während Anna I mit dem Versprechen, ihre Schwester wegzuschaffen, Geld von dem Mann erpreßt. Einmal versagt der Trick, weil Anna II, anstatt zu arbeiten, auf einer Bank eingeschlafen ist. Es folgt das »Lied der Familie«, die erwartet, daß die Töchter (Tochter) das Geld herbeischaffen.

2. Bild: Stolz auf das Beste des Ichs (Unkäuflichkeit). Anna II tanzt in einem kleinen, schmutzigen Kabarett in Memphis. Nur fünf Gäste sehen ihr zu, die gähnen wie Haifische (ihre Masken zeigen in riesigen Mäulern schreckliche Zähne), weil Anna II ihr Bestes gibt. Der Patron ersetzt Anna II durch eine alte Vettel, die ordinär und sexuell tanzt, was enormen Beifall findet. Anna I weiß einen Ausweg. Sie kürzt den Rock von Anna II beträchtlich und schickt sie auf die Bühne zurück, wo die Vettel ihr das Tanzen beibringt, wobei es hauptsächlich darauf ankommt, den Rock möglichst hoch zu heben unter dem Beifall des Publikums. – Es folgen ein zweites »Lied der Schwester« und ein zweites »Lied der Familie«.

3. Bild: Zorn über die Gemeinheit. Los Angeles/Hollywood. Anna II ist Statistin in einem Filmstudio, in dem der Star, der wie Douglas Fairbanks aussieht, sein Pferd so zusammenschlägt, daß es zusammenbricht. Anna II fällt ihm in den Arm und schlägt auf ihn ein. Sie wird entlassen. Anna I veranlaßt sie, sich vor dem Star auf den Boden zu werfen und ihm die Hand zu küssen. Sie wird wieder in Gnaden aufgenommen. – Ein weiteres »Lied der Schwester«.

4. Bild: Völlerei (Sättigung, Selberessen). Philadelphia. Anna II, nun selbst ein Star geworden, hat sich vertraglich verpflichtet, ihr Gewicht zu halten. Eines Tages stiehlt sie einen Apfel und wiegt auf der Waage ein Gramm über dem ausgemachten Gewicht. Von nun an läßt Anna I sie beim Essen von Killern überwachen. – Ein weiteres »Lied der Familie«.

5. Bild: Unzucht (selbstlose Liebe). Boston. Anna II hat einen Liebhaber, der sie bezahlt, und einen Geliebten, der ihr das verdiente Geld wieder wegnimmt. Anna I bringt Anna II dazu, den reichen Edward zu behalten und den armen Fernando wegzuschicken. Bei einem scheinbaren Rückfall von Anna II raufen sich die Schwestern auf der Straße, wobei Anna II ihren »kostbaren Hintern« (Brecht) zeigt. Nach einem rührenden Abschied von Fernando kehrt Anna II zu Edward zurück. – Wieder ein »Lied der Schwester«.

6. Bild: Habsucht bei Raub und Betrug. Baltimore. Anna II ruiniert Edward, der sich erschießt. Das zweite Opfer ist ein junger reicher Mann, der sich aus dem Fenster stürzt. Als der dritte sich erhängen will, greift Anna I ein, hält ihn davon ab und gibt ihm sein Geld zurück. Sie tut es, weil ihre bis dahin hoch angesehene Schwester in den Geruch der Habsucht gekommen ist und die ehrbaren Leute beginnen, einen Bogen um sie zu machen. – Ein weiteres »Lied der Familie«.

7. Bild: Neid auf die Glücklichen. Anna II erblickt andere Annas (Mädchen in ihrer Maske), die alle Todsünden begehen, die ihr versagt sind. »Die Letzten werden die Ersten sein« heißt der folgende Tanz. Die Annas sind lustig und glücklich, Anna II ist bedrückt und unglücklich – bis sie ihren Aufstieg beginnt – durch Verzicht auf die Todsünden. Sie triumphiert, die anderen Annas verfallen. – In einem weiteren »Lied der Schwester« erklärt Anna I, daß man die Glücklichen, die sich ihren Trieben hingeben, nicht beneiden soll.

Epilog: Das Familienhäuschen in Louisiana ist fertig. Anna I teilt im letzten »Lied der Schwester« mit, daß sie nun nach sieben Jahren wieder nach Louisiana zurückkehren.

Lotte Lenya (1898–1981), die Frau von Kurt Weill, war die Anna I, Tilly Losch (1904–75) die Anna II der Uraufführung.

Die Bekanntschaft mit *Balanchine* (s. »Agon«) regte *Bertolt Brecht* (1898–1956) und *Kurt Weill* (1900–50) zu dieser zweiten Tanzkomposition (nach der Ballett-Pantomime »Die Zaubernacht«, Berlin 1923) an. Die Anna I singt die Geschichte – Anna II stellt sie tänzerisch dar. Ihre Familie wird von einem Männerquartett gesungen.

Das Bühnenbild *Caspar Nehers* (1897–1962) zeigte um das Szenenrund sieben Bogen, deren Öffnungen mit Papier bespannt waren. Anna II durchtanzte nacheinander diese Tore, wobei sie deren Bespannung zerriß. Sie ging buchstäblich durch alle »Todsünden« hindurch. Brecht wollte die Scheinheiligkeit der kleinbürgerlichen Moral bloßstellen: Man will nur fleißig sein und ein Häuschen bauen, doch muß dazu jedes Mittel recht sein. Allerdings darf nicht übertrieben werden, es dürfen wenigstens nicht so große oder so viele Verbrechen geschehen, daß es auffällt. – Das Ballett gehört nicht zu den besten Stücken von Brecht und Weill, doch besitzt es Qualitäten, die mehr Aufführungen wünschenswert erscheinen lassen.

»Alle Sätze sind melodisch und rhythmisch in sich geschlossen, wobei in einigen Zweiteiligkeit, hervorgebracht durch den Wechsel der Grundrhythmusfigur, erkennbar wird. Ausgesprochen tänzerischen Charakter haben die Sätze ›Faulheit‹ (Tarantella), ›Stolz‹ (Walzer) und ›Zorn‹, zweite Hälfte (Shimmy-Foxtrott). ›Neid‹ ist ein Marsch von großer Prägnanz. ›Introduktion‹ und ›Finaletto‹ weisen thematische Ähnlichkeit auf«, schreibt H. G. Lichthorn über die musikalische Struktur des Werks.

Eine neue Version mit der Ausstattung von Ter-Arutunian brachte Balanchine 1958 mit dem New York City Ballet (Lotte Lenya und Allegra Kent) heraus.

Unter den neueren Inszenierungen des Balletts ragt außer der Wuppertaler Fassung Pina Bauschs die der Deutschen Staatsoper in Ostberlin hervor. Grita Krätke, die

Choreographin, machte sich die Erkenntnisse der am Berliner Ensemble weiterentwickelten Brechtschen Methode des Epischen Theaters zunutze. Sie zeigte dem Zuschauer, »wie es gemacht wird«, wie Ballett im besonderen, Theater im allgemeinen gemacht wird, was ja der eigentliche Sinn Epischen Theaters ist. Erstmals stand in Ostberlin auch eine Brecht-Darstellerin auf der Bühne, die den Vergleich mit Lotte Lenya nicht zu scheuen brauchte: Gisela May.

Die Texte Brechts zu »Die sieben Todsünden der Kleinbürger« findet man im 7. Band der Gesammelten Werke, edition suhrkamp, Frankfurt a. M. 1967, S. 2857ff. Ursprünglich lautete der Titel des Balletts nur »Die sieben Todsünden«; den Zusatz »der Kleinbürger« muß Brecht später hinzugefügt haben.

Sinfonie in D

Ballett in einem Akt. Musik: Joseph Haydn (Sinfonie Nr. 101 und 73); Choreographie. Jiří Kylián; Kostüme: Tom Schenk; Uraufführung der zweisätzigen Fassung: Nederlands Dans Theater, Theater der Stadt Schweinfurt, Schweinfurt, 5. Oktober 1976; Uraufführung der dreisätzigen Fassung: Utrecht, 23. Oktober 1976; Uraufführung der viersätzigen Fassung: Metropolitan Opera, New York, 6. Juli 1981.

1. Satz Adagio – Presto: Die Komik der Choreographie entsteht vor allem durch das Wechselspiel von Gruppe und Solo. Aber auch »klassische« Verhaltensmuster werden immer wieder veralbert oder in einen anderen Zusammenhang gerückt. Eine Pose, ein Schritt des akademischen Ballettkanons wirkt dadurch auf einmal ironisch gebrochen und ausgesprochen komisch. Ein Mädchen beispielsweise fliegt in die ausgebreiteten Arme der Männer, klammert

sich dann aber an deren Beinen fest und wird am Ende wie auf einem Transportband weggeführt. Später geschieht etwas Ähnliches mit einem Mann, der in die Arme der Frauen fällt. Spielerische Augenblicke pointieren den weiteren Verlauf. Ensembles entstehen oder lösen sich auf. Bewegungen werden vorwärts und rückwärts interpretiert. Selbst die Folklore bekommt in diesem Stück etwas ab: die Männer zitieren in einer Szene die Anfeuerungsrufe russischer Volkstänze.

2. Satz Andante: Auch in diesem Satz scheint das traditionelle Rollenspiel auf die Spitze getrieben. In dem Pas de deux zu Anfang wirkt der Mann ziemlich unbeteiligt. Mit erkennbarem Egoismus absolviert er seine Pflicht. Erst als ein weiteres Mädchen aus der Kulisse zu den beiden stößt und das Duo zu einem Trio erweitert, fühlt er sich auf einmal »wie der Hahn im Korb« – aber bald begreift das zweite Mädchen, wie überflüssig es eigentlich ist, und verschwindet. Nach einem Zwischenspiel mit zwei Männern und einem Mädchen werden die tänzerischen Partnerschaftsprobleme in veränderter Form und unter einem neuen Blickwinkel wiederaufgenommen: diesmal ist die erste Tänzerin nach dem Trio überflüssig. Nach einer Szene, die an Balanchines »Apollon« (s. d.) erinnert, folgt völlig unerwartet ein Pas de trois für Männer, der zuletzt zu einem Pas de quatre ausgeweitet wird, wie man ihn aus Balletten Hans van Manens (s. »Adagio Hammerklavier«) kennt.

3. Satz Menuetto (Allegretto): Der Satz knüpft in gewisser Weise an den vorhergehenden an, indem auch er zunächst ein Tänzer-Trio zeigt. Vergebens versucht eine Solistin, die wie »La Sylphide« (s. d.) erscheint, in die »geschlossene Gesellschaft« einzubrechen: Immer wieder wird sie abgedrängt. Die Konflikt-Situation, die sich daraus ergibt, zieht sich wie ein roter Faden durch diesen Teil des Balletts, auch wenn die Konstellationen wechseln und das Ensemble an die Stelle der einzelnen tritt.

4. Satz Presto (La Chasse): In eine fünfköpfige Mädchengruppe, die auf der linken Seite der Bühne verharrt, drängelt sich ein Junge – wie Prinz Siegfried in »Schwanensee« (s. d.) offenbar auf der Flucht vor seinen Kameraden. Er löst das Mädchen ab, das wie die Schwanenkönigin in der Mitte steht, übernimmt ihre Rolle, hat aber Schwierigkeiten, den Erwartungen zu genügen: immer ist er einen Schritt zu spät dran. Auch im weiteren Verlauf tauchen wiederholt »Schwanensee«-Szenen aus der Erinnerung der Tänzer auf, werden aber sofort wieder von ihnen ironisch vereinnahmt. So zeigt der Schluß das Ensemble, wie es, in einer Diagonale aufgereiht, vergebens nach dem Prinzen Ausschau hält, der seine »Odette« gleichsam im Regen stehenläßt und in die Kulisse entschwindet.

Die »Sinfonie in D«, die in mehreren Schüben entstanden, erweitert und mehrfach überarbeitet worden ist und heute vier Sätze zählt, ist sicher nicht das kunstvollste Stück Choreographie, das Jiří Kylián (s. »Rückkehr ins fremde Land«) geschaffen hat. Aber ihr Witz und ihre Selbstironie haben seine Arbeit so populär werden lassen, daß man sie inzwischen im Repertoire vieler Compagnien wiederfindet. In ihrer endgültigen Fassung, die drei Sätze aus Haydns Sinfonie Nr. 101 (Die Uhr) und einen Satz aus der Sinfonie Nr. 73 (Die Jagd) interpretiert, entpuppt sie sich als »ein brillantes Spiel, ja fast als eine Parodie des akademischen Tanzes, dessen Technik, souverän mit choreographischer Phantasie gepaart, einen ununterbrochenen Fluß solistischer Episoden, aber auch besonders lebhafter Ensembledarbietungen ergibt. Kurze und humorvolle Passagen verbinden eine Folge von Stücken, die ›nach Art von ...‹ geschaffen sind – man erkennt Balanchine, Robbins und sogar ›Schwanensee‹ und ›Giselle‹. Es ist eine verwirrende Kontinuität der Sprache, unterbrochen von geist- und humorvollen Zitaten, von Modern-Dance-Einschüben, von – nur anscheinend – improvisierten Erfindungen reinen Tanzes. Dies alles demonstriert auf lebhafteste Weise die Welt der Tänzer, ihre ›Ticks‹, ihre psychologischen ›Dramen‹, die Härte der täglichen Arbeit und die spontanen und echten Reaktionen ihrer Begeisterung. Alles wird im Tanz und durch den Tanz gesagt, und zwar von nur acht Solotänzerpaaren, welche, als Gipfel des karikierenden Vergnügens, in grotesken Badeanzügen auftreten. Diese Ironie ist vielleicht die intellektuelle Schamhaftigkeit, die es dem heutigen Choreographen allein erlaubt, die Liebe zu einer verlorenen Welt und zu einer verschwundenen Sprache zu manifestieren«. (Alfio Agostini.)

Kylián ist nicht der erste, der Musik von Joseph Haydn (1732–1809) aufgegriffen hat. Vor ihm haben sich schon Salvatore Viganò, Max Terpis, Léonide Massine, George Balanchine, Eliot Feld und Twyla Tharp mit seinen Kompositionen auseinandergesetzt, die wohl nicht als Ballettmusik erdacht worden sind, aber viele tänzerische Impulse vermitteln.

Sinfonietta

Ballett in fünf Sätzen. Musik: Leoš Janáček; Choreographie: Jiří Kylián; Bühnenbild und Kostüme: Walter Nobbe; Beleuchtung: Joop Caboort; Uraufführung: Nederlands Dans Theater, Charleston, USA, 9. Juni 1978.

1. Satz (Allegretto): Die Szene zeigt eine farbige Landschaft, die sich in der Ferne zu verlieren scheint und ihren Charakter je nach Beleuchtung verändert. Wie von den Trompetenstößen der Musik angetrieben, stürmen die Männer in weitgezogenen Sprüngen über die Bühne. Ihre Bewegungen intensivieren sich. In Drehungen und Diagonalen manifestiert sich eine Dynamik, die am Schluß noch durch die Paarführung der Solisten gesteigert wird. Feierliche Ruhe kündigt sich erst in den Armbewegungen an, die sich langsam nach oben öffnen.

2. Satz (Andante): Konzentration bestimmt die Bewegungen der zehn Solisten. Die Bedrückung, die sich anfangs andeutet, wenn die Tänzer mit einer Hand das Gesicht bedecken, scheint alsbald zu verfliegen. Fröhlichkeit bestimmt die tänzerischen Aktionen. Kleine Sprünge und Hebungen, die oft parallel geführt werden, wechseln mit Slow-Motion-Szenen, in denen am Ende die Solisten fast erstarrt scheinen. Zuletzt sinkt ein Paar langsam zu Boden, während ein anderes im Lichtkegel zu sehen ist.

3. Satz (Moderato): Drei Paare. Die Männer werden zunächst von den Frauen abgestützt. In einem Pas de deux, der eine einzige Umarmung ist, finden ein Mann und eine Frau zur Partnerschaft. Ruhe und Bewegung kennzeichnen auch die Beziehungen der anderen. Am Ende ist die anfängliche Situation umgedreht: die Männer stützen die Frauen, die sie dann in einer Hebung von der Bühne tragen.

4. Satz (Allegretto): Zu Beginn verharren die beiden Männer im Profil. Spiegelbildlich geführt, wirken ihre Bewegungen leicht versetzt, fast kanonhaft. Die Partnerinnen treten hinzu. Beziehungen ergeben sich, Positionen werden ausgetauscht. Am Schluß stehen die Männer wieder allein, die Arme sehnsüchtig ausgestreckt, während die beiden Frauen in langsamen Drehungen über die Bühne gleiten.

5. Satz (Allegro): Aus einer Gruppe, die im Zentrum der Bühne zusammengedrängt scheint, lösen sich nach und nach einzelne Tänzer. Eine Dreier-Konstellation bleibt schließlich übrig. In einem Pas de trois wird die Frau kopfunten nach hinten getragen. Die Frau, auf den Boden gestellt, hebt die Arme. Die Szene belebt sich, wirkt beinahe hektisch. Schritt für Schritt wird das Männer-Ensemble des ersten Satzes wiederholt – allerdings seitenverkehrt: was vorher nach vorne zielte, wirkt jetzt nach hinten gewandt. Die Frauen treten hinzu. Langsam klingt das Stück aus, nachdem ein letztes Mal die Tänzer und Tänzerinnen in Sprüngen und Drehungen paarweise diagonal über die Bühne geführt wurden. Am Ende stehen alle ruhig, mit dem Rücken zum Publikum, den Blick unbeirrt auf die Landschaft gerichtet – und heben unmerklich die Arme.

Mit seiner »Sinfonietta«, so heißt es in einer kurzen Programmnotiz, »wollte Janáček ›den freien tschechischen Menschen in all seiner Schönheit, Lebensfreude und Kraft‹ besingen. Das Werk wurde ursprünglich als Festfanfare geschrieben, denn Janáček war sein Leben lang von Militärkapellen und der tschechischen Landschaft gefesselt, zwei Dinge, die – wenigstens noch zu seiner Zeit – nationalistische Gefühle wachzurufen pflegten. Kylián (ebenfalls tschechischer Herkunft) folgt in seiner Choreographie der fünfteiligen Komposition.«

Jiří Kylián hat sich immer wieder mit dem Werk Leoš Janáčeks (s. »Rückkehr ins fremde Land«) beschäftigt. Aber in keinem Ballett hat er zu einer solchen Identifikation mit der Musik gefunden wie in der »Sinfonietta«, die seit ihrer Uraufführung zur Image-Produktion des Nederlands Dans Theaters geworden ist. Denn sie zeigt ihn als einen Choreographen, der das Handwerk vollendet beherrscht und sich vor Empfindungen nicht scheut. Schon die Bläser-Entrada wird als Stimulanz eines geradezu explodierenden Männer-Ensembles akzeptiert. Aber auch die anderen Sätze der Suite provozieren Kylián zu einer Musikalität ohne alles Überflüssige. Kylián reagiert sensibel auf die wechselnden Stimmungen der Komposition. Er schafft Ruhe, um an anderer Stelle unbändige Lebensfreude desto expressiver formulieren zu können. Er sichert sich in Soli, Pas de deux, Pas de trois und Pas de quatre lyrische Kontrapunkte, die den Elan der Gruppen wirkungsvoll betonen – und erreicht damit eine vitale Virtuosität, der sich kaum jemand zu entziehen weiß.

Ein Sommernachtstraum

(A Midsummer Night's Dream)

Ballett in zwei Akten und sechs Szenen. Musik: Felix Mendelssohn Bartholdy; Choreographie: George Balanchine; Bühnenbild: David Hays; Kostüme: Barbara Karinska; Uraufführung: New York City Ballet, City Center, New York, 17. Januar 1962. (Dauer: abendfüllend.)

Personen: Titania; Oberon; Puck; Helena, in Demetrius verliebt; Hermia, in Lysander verliebt; Lysander, Liebhaber der Hermia; Demetrius, Freier der Hermia; Hippolyta, Königin der Amazonen; Theseus, Herzog von Athen; Titanias Kavalier; Zettel; Squenz, Schnock, Schnauz, Schlucker und Flaut, Zettels Kumpane; Schmetterlinge; Titanias Page; Höflinge des Theseus; Titanias Gefolge; Hippolytas Hunde; Hofdamen.

I. Akt: Ein Wald in der Nähe Athens zur Mittsommernacht. Oberon, König der Elfen, und Titania, seine Königin, streiten sich um einen Waisenknaben. Oberon befiehlt Puck, die Zauberblume zu suchen. Deren Saft, in die Augen geträufelt, erweckt Liebe zum ersten Lebewesen, das beim Erwachen erblickt wird. Während Titania schläft und nichts Böses ahnt, verzaubert sie Oberon mit dieser Blume. Inzwischen begegnet Helena, die im Walde umherirrt, Demetrius. Sie liebt ihn, ohne wiedergeliebt zu werden. Oberon beobachtet die beiden und beauftragt Puck, bei Demetrius den Zaubersaft anzuwenden, um ihn verliebt zu machen.

Ein Liebespaar, Hermia und Lysander, wandert ebenfalls durch den nächtlichen Wald. Sie verlieren sich und schlafen, vom Suchen erschöpft, getrennt voneinander ein. Puck netzt irrtümlich die Augen Lysanders, der sofort Helena seine Liebe erklärt, als sie ihn zufällig aufweckt. Verwirrt läuft Helena davon. Hermia wacht auf und erkennt, daß Lysander nur noch Augen für Helena hat. Es gelingt Puck, auch Demetrius dem Zauber der Blume zu unterwerfen. Demetrius und Lysander, jetzt beide in Helena vernarrt, geraten ihretwegen in Streit. Hermia versucht, den Streit zu schlichten und ihren Verlobten wiederzugewinnen.

Der Weber Zettel betritt zusammen mit seinen Kumpanen den Wald. Puck trennt ihn im Auftrag Oberons von seinen Gesellen. Er verwandelt ihn in einen Esel und bettet ihn zu den Füßen der schlafenden Titania. Die Königin erwacht und verliebt sich sogleich in den verzauberten Handwerker. Nachdem Oberons Ärger verraucht ist, empfindet er Mitleid für seine Gemahlin. Er läßt Zettel entfernen und befreit Titania aus ihrer Verzauberung.

Auf Geheiß Oberons hat Puck inzwischen seine Verwechslung gutgemacht. Getrennt voneinander schlafen die Sterblichen ein. Puck entzaubert Lysander und stellt die richtigen Liebesverhältnisse wieder her. Hippolyta und Theseus entdecken die Erschöpften. Sie wecken sie auf und stellen fest, daß sich alle Wirrungen wie der nächtliche Nebel aufgelöst haben. Sie geben eine dreifache Hochzeit bekannt: die der beiden Liebespaare und die eigene. Die Handwerker entdecken Zettel, vom Eselskopf befreit.

II. Akt: Im Palast des Herzogs von Athen. Zu Ehren der neuvermählten Paare finden Paraden, Tänze und Unterhaltungen statt. Die Handwerker führen das Stück »Pyramus und Thisbe« auf. Nachdem die Sterblichen sich zurückgezogen haben, erscheint noch einmal der Zauberwald und mit ihm Oberon und Titania, die jetzt im Frieden vereint sind. Am Ende fegt Puck, der die Ordnung in Unordnung verkehrt hatte, die letzten Erinnerungen an die nächtlichen Ereignisse fort. Die Glühwürmchen blinken in der Nacht und nehmen den Wald wieder in ihren Besitz.

Der »Sommernachtstraum«, den *George Balanchine* 1962 choreographiert hat, ist nicht die einzige Ballettfassung des Shakespeare-Stücks. Schon vor ihm beschäftigten sich Marius Petipa (s. »La Bayadère«) und Michail Fokine

(s. »Carnaval«) mit demselben Thema und der gleichen Mendelssohn-Musik. Aber seine Beziehung zur Vorlage und deren Bearbeitung ist für alle anderen irgendwie typisch. So schreibt Balanchine (s. »Agon«) über sein Werk: »Shakespeares ›Sommernachtstraum‹ ist immer ein Lieblingsstück von mir gewesen, seit ich es als Kind in Rußland zum erstenmal gesehen habe. Ich war ein Elf in einer Produktion des Michailowsky-Theaters in St. Petersburg im Alter von etwa acht Jahren, und ich glaube, es war damals, als sich mir so viele Zeilen des Stücks so stark einprägten, daß ich auch heute noch ganze Passagen, wie zum Beispiel die berühmte von Oberon am Anfang, auf Russisch rezitieren kann.

Später, im Jahre 1950, arrangierte ich einige Tänze für eine Aufführung im Shakespeare Memorial Theatre in Stratford, Connecticut. Was mich aber in den letzten Jahren fast noch mehr interessierte als die Worte Shakespeares, war die Musik, die Mendelssohn zu dem Stück geschrieben hat. Sie hat, so glaube ich sagen zu dürfen, mein Ballett inspiriert. Mendelssohn schrieb jedoch nicht für das ganze Stück Musik: So wählte ich Musiknummern aus anderen Mendelssohn-Partituren, die gut in den Rahmen des sich entwickelnden Handlungsballetts hineinpaßten (im ersten Akt sind es die Ouvertüren zu ›Athalie‹, zum ›Märchen von der schönen Melusine‹ und ›Die erste Walpurgisnacht‹; im zweiten die Sinfonie Nr. 9 für Streicher in c-Moll und die Ouvertüre ›Heimkehr aus der Fremde‹).«

Das abendfüllende »Sommernachtstraum«-Ballett ist sicher nicht das beste Stück Balanchines. Zu sehr zwängt er die Handlung in den ersten Akt, um dann im zweiten ein Divertissement in der Nachfolge Petipas folgen zu lassen. Aber es ist typisch für die Beweggründe, die zu einer Adaption der Shakespeare-Komödie führen können.

Weitaus überzeugender ist die Fassung, die *Frederick Ashton* (s. »Façade«) unter dem Titel »The Dream« anläßlich des vierhundertsten Geburtstags von William Shakespeare für das Royal Ballet schuf. 1964 uraufgeführt, konzentriert sie das Stück auf knapp eine Stunde Dauer und kommt daher ausschließlich mit der originalen Mendelssohn-Musik aus, die John Lanchbery zusammengestellt und arrangiert hat. Ashton schließt bei seinem »Traum« bewußt an die Ballettformen des 19. Jahrhunderts an. Sowohl die Ensembles wie die Solo-Auftritte folgen dem romantischen Modell. Dabei reflektiert der Choreograph vor allem das Verhältnis von Oberon und Titania; die Erlebnisse der beiden verwirrten Liebespaare werden zwar nicht in den Hintergrund gedrängt, aber erscheinen eher als Nebenhandlung. Kern des Balletts ist ein großangelegter Pas de deux für Titania und Oberon, der die Entwicklung und Versöhnung des Elfenpaares zeigt und eine der reifsten Reflexionen des Tanztheaters über das Wesen von menschlicher Natur und Beziehung darstellt.

Von den vielen Versuchen, Shakespeares Komödie für die Ballettbühne zu aktivieren, sind drei verhältnismäßig erfolgreich gewesen in den letzten Jahren. *Heinz Spoerli* (s. »Vier Gesänge für Frauenchor«) beispielsweise bemühte sich 1976 am Basler Stadttheater in seinem ersten abendfüllenden Handlungsballett überhaupt, die drei Spielebenen des Stücks stilistisch zu definieren: die Feenwelt als klassischen Spitzentanz, die Rüpelszenen als Sprechtheater-Reminiszenz und die Hofsphäre als Ballettparodie. Dabei verzichtet Spoerli also keineswegs auf Extreme. Er sucht sogar die Gegensätze in einer Aufführung zu integrieren, die sich allerdings ausschließlich der Kompositionen Felix Mendelssohn Bartholdys bedient: Außer seiner »Sommernachtstraum»-Musik verwendet Spoerli den Kriegsmarsch und die Ouvertüre zu »Athalie«, das Scherzo und das Zypressenlied aus »Die Hochzeit des Camacho«, die Ouvertüre zu »Die schöne Melusine«, das Adagio religioso aus der 2. Sinfonie, die Ouvertüre und Zwischenaktmusik aus »Heimkehr aus der Fremde« sowie das Menuett aus der 1. Sinfonie.

John Neumeier (s. »Dritte Sinfonie von Gustav Mahler«) ging ein Jahr später an der Hamburgischen Staatsoper sogar noch einen Schritt über seine Vorgänger hinaus und schied die Bewußtseinsebenen noch deutlicher voneinander, als es eine Schauspiel-Aufführung je vermag. Die Kompositionen György Ligetis etwa ermöglichen eine Atmosphäre des Zeitlos-Irrealen, wie sie nicht besser zum Traum-Spuk Titanias passen kann. Den Handwerkern wird eine Leierkasten-Musik zugeordnet, während Mendelssohns Klänge den Menschen vorbehalten bleiben, die auf der Suche nach ihren richtigen Partnern durch den Wald irren. Doch nicht allein die Musik gibt Neumeier die Möglichkeit sinnvoller Gliederung; auch die Choreographie setzt Akzente. Reizen ihn etwa die Leierkasten-Litaneien à la »Traviata« zu ergötzlicher Gliederkomik, so verleiten ihn Ligetis »Volumina« für Orgel und »Continuo« für Cembalo zu tänzerischen Abstraktionen, die sich bei der Uraufführung allerdings einige Kritik gefallen lassen mußten. Sobald sich Neumeier jedoch auf dem Boden kompositorischer Konvention bewegt, fühlt er sich offenbar sicher. Zu Mendelssohns Musik gelingen ihm jedenfalls Szenen, die in ihrer psychologischen Vielschichtigkeit über die Vorlage Shakespeares hinausweisen.

»Ein neuer Sommernachtstraum« nennt sich schließlich ein »romantisches Ballett«, das Bernd Köllinger (Libretto), Georg Katzer (Musik) und Tom Schilling (Choreographie) 1981 für die Komische Oper Ostberlin erarbeitet haben. Obwohl im Vorspiel noch ausdrücklich in Gestalt von Oberon und Titania Bezug auf Shakespeare genommen wird, handelt das Stück von hier und heute. Ein Ehepaar wird vorgeführt, dessen Beziehungen nicht bloß zerrüttet, sondern im höchsten Maße bösartig erscheinen. Der Sohn ist das Produkt und ein Opfer dieses Milieus und findet Bestätigung nur innerhalb einer Clique. Zwei Paare, kurz vor der Heirat stehend, wünschen sich nichts sehnlicher als einen Wechsel der Partner. Ein Junge und ein Mädchen bewahren sich inmitten dieser Umwelt ihre ursprüngliche Empfindung. Und ein Sexualprotz namens Karl spielt in seiner Triebhaftigkeit im Grunde die Rolle Zettels. Denn die Konstellationen und Probleme, die im »Neuen Sommernachtstraum« diskutiert werden, sind natürlich dieselben wie in dem Stück William Shakespeares. »Die Sommernacht des Balletts«, so *Tom Schilling* (s. »Schwarze Vögel«), »wirkt wie ein Zeitraffer, denn sie gibt allen Figuren zur gleichen Stunde die große Möglichkeit, ihre Liebesfähigkeit zu ergründen. Hier, in der Darstellung der Sommernacht, kann Tanz auszudrücken versuchen, wie die einzelnen Figuren anfangen, sich selbst zu erkennen und zu finden. Tragisches steht neben Komischem. Hermann, der zu Liebe unfähig ist, wird zerstört; Karl findet über die Verwandlung in einen Esel und die Liebe zu einer Frau einen neuen Anfang; der Halbstarke Ludwig erlebt zum erstenmal den Zauber einer von Verstellung freien natürlichen Liebe, und damit entsteht eine Hoffnung für seine Zukunft; die beiden Paare erkennen, daß das Sichere nicht sicher ist, eine wichtige Erkenntnis für ihr Leben, wie auch immer sie sich entscheiden mögen.«

Über Katzers Musik schreibt Georg-Friedrich Kühn in der »Frankfurter Rundschau«: Es gibt »keine strikte Trennung zwischen Traumwelt und sozusagen realer. Es konnte sie nicht geben. Die Übergänge sind fließend und sollen gerade fließend gemacht werden. In ihrem Grundduktus ist Katzers Partitur, von effektvollen dramatischen Verdichtungen abgesehen, kammermusikalisch lyrisch, auf psychologische Innenschau angelegt und von Mendelssohnschem Klassizismus weit entfernt. Katzer wollte keine Stilzitate. Deren ironisierende Wirkung hätte dem Ganzen Abbruch getan. Mit einer Ausnahme, sie ist dramaturgisch begründet: Ein Tschaikowsky-Walzer ist da mit Ragtime-Einsprengsel versetzt, dort, wo der Arbeiter Karl, der die Mädchen wie die Baustellen zu wechseln pflegte, in dieser Sommernacht in einen Esel verwandelt sich wiederfindet. Auf dies Shakespeare-Motiv der sonst konsequent ausgesparten ironisierenden Handwerker-Welt wollten die Autoren nicht verzichten.«

Die Musik Georg Katzers wird freilich nicht verhindern können, daß man – zumindest in Deutschland – Shakespeares Komödie immer mit den Ohren Mendelssohns hört. *Felix Mendelssohn Bartholdy* (1809–47) reflektierte mit seiner »Sommernachtstraum-Ouvertüre« 1826 zum erstenmal sein frühes Shakespeare-Erlebnis – mit einem Werk, über das einmal Robert Schumann schrieb: »Die Blüte der Jugend liegt über sie ausgegossen wie kaum über ein anderes Werk des Komponisten. Der fertige Meister tat in glücklichster Minute seinen ersten höchsten Flug.«

Mendelssohn, dessen Bedeutung als Bindeglied zwischen der Wiener Klassik und Brahms oft ebensowenig anerkannt wurde wie sein Wirken für eine nachhaltige Renaissance Bachs und Händels, hat der Ouvertüre siebzehn Jahre später eine Bühnenmusik folgen lassen, die bruchlos an die Jugendkomposition anschließt. Sie umfaßt 17 Nummern: ein Scherzo aus dem 1. Akt; das Melodram und Elfenmarsch, das Melodram und Lied mit Chor (»Bunte Schlangen, zweigezüngt«) samt einem weiteren Melodram aus dem 2. Aufzug; nach einem Intermezzo (Nr. 5) ein Melodram und Notturno aus dem 3. Akt; sodann ein Melodram (Nr. 8), den Hochzeitsmarsch aus dem 4. Aufzug; schließlich ein Melodram mit Marcia funebre, ein Tanz von Rüpeln, ein letztes Melodram und das Finale (»Bei des Feuers mattem Flimmern«) aus dem 5. Akt.

Bei der Uraufführung von Balanchines »Sommernachtstraum« tanzten Arthur Mitchell, Jillana, Edward Villella, Melissa Hayden und Roland Vasquez die Hauptrollen. Solisten in Ashtons »Dream« waren Antoinette Sibley, Anthony Dowell, Keith Martin und Alexander Grant.

Souvenirs

Ballett in sechs Szenen. Libretto: Todd Bolender; Musik: Samuel Barber; Choreographie: Todd Bolender; Ausstattung: Rouben Ter-Arutunian; Beleuchtung: Jean Rosenthal; Uraufführung: New York City Ballet, City Center, New York, 15. November 1955.

Personen: Ein Mädchen in Weiß; die Sirene; der Mann aus der Nische; ein Zimmermädchen; drei Mauerblümchen; ein Mann aus der Stadt; Strandwächter; Hotelgäste.

1. Szene: Wandelhalle des Palm Spring Hotels im Jahre 1914. Gäste. Junge Pärchen. Walzertanzende Paare gleiten vorbei. Ein Mädchen in Weiß sitzt in einer Ecke. Da betritt eine Sirene den Raum und ruft unter den jungen Leuten große Verwirrung hervor. Sie wirft jemandem einen Schlüssel zu und verschwindet im Aufzug.

2. Szene: Ein Mann, in einer Nische auf dem Flur des dritten Stockwerks, tanzt schmachtend mit seinem Spazierstock. Als ein Zimmermädchen vorbeikommt, tanzt er mit ihm. Seine Absichten sind deutlich. Der Aufzug hält, ein jungverheiratetes Paar kommt heraus und betritt hastig ein Zimmer. Der Mann aus der Nische geht mit einer anderen Frau in ein anderes Zimmer. Der Gatte dieser Frau betritt das Zimmer, und bald findet eine Verfolgungsjagd statt, an der die Gäste von vier Zimmern teilnehmen. Die Jagd endet im Aufzug.

3. Szene: Die Ecke eines Tanzsaales. Drei Mauerblümchen sehen sich nach einem freien Mann um. Zwei der Mädchen verdienen durchaus, als Mauerblümchen bezeichnet zu werden, das dritte jedoch nicht. Ein Paar tritt ein. Die beiden Liebenden sehen die Mädchen an, lachen und gehen wieder hinaus. Dann erscheint ein tanzendes Paar. Die Mauerblümchen betrachten es neidvoll. Die Bühne ist fast leer, so daß das Trio recht verloren dasitzt. Plötzlich betritt ein Mann den Saal. Er fühlt sich zu dem schönen Mädchen hingezogen. Sie tanzen ein lyrisches Duett miteinander. Noch ein Mann tritt ein, und noch ein weiterer. Am

Ende tanzt das schöne Mauerblümchen mit vier Männern. Doch der Tanz endet in einem Pas de deux mit ihrem ersten Partner. Als er sie verläßt, kehrt es zu den anderen beiden Mädchen zurück.

4. Szene: Schauplatz ist das Schlafzimmer der Sirene. Wir sehen sie à l'odalisque; von einer Lüsternheit, die man greifen zu können glaubt. Sie ist bekleidet mit einem Kostüm von großer Zügellosigkeit. Sie tanzt ein sinnliches Solo.

5. Szene: Ein Mann aus der Stadt betritt das Boudoir. Er dringt auf sie ein, aber sie versucht sich mittels eines Gewehrs zu schützen. Der Mann nimmt ihr die Waffe fort und verläßt sie lachend.

6. Szene: Am nächsten Nachmittag bevölkern die Gäste den Strand. Hinzu kommt ein Strandwächter. Die badenden Schönheiten tragen Badeanzüge, die bis zu den Knien reichen. Die Herren laufen in einem ähnlichen Aufzug umher. Sie fechten Reiterkämpfe aus. Alle tanzen und sind fröhlich. Als alle abgehen, bleibt nur der Wächter zurück. Zu ihm gesellt sich ein Mädchen. Sie umarmen sich.

Das Ballett »Souvenirs« zeigt bei all seiner Anlehnung an die Burleske und an die Musical-comedy individuelle Züge. Durch die Choreographie erscheint es als ein festgefügtes Ganzes. Bolender lacht nicht nur über seine Darsteller, er lacht auch über sich selbst.

Ursprünglich war die Musik zu »Souvenirs« eine Suite in sechs Sätzen für zwei Klaviere über die amerikanischen Tanzformen dieses Jahrhunderts (Walzer, Tango, Twostep u. a.). Für das New York City Ballet schuf der Komponist *Samuel Barber* (1910–81) eine Orchesterfassung. Barber gilt als »amerikanischer« Komponist. Für das Ballett schrieb er außerdem: »Cave of the Heart« für Martha Graham (s. »Klytemnestra«).

Die Bühnenausstattung zu »Souvenirs« ist stilisiert, einfach und suggestiv. Sie zeigt ein Grand-Hotel um die

Jahrhundertwende. Die Männer tragen ausgesprochen sportliche Kleidung, im Knopfloch steckt eine Nelke und die Haare sind glattgekämmt.

Bei der Premiere wurde die Sirene von Irene Larsson getanzt.

Todd Bolender (geb. 1914) ist aus der von Kirstein und Balanchine 1934 gegründeten School of American Ballet hervorgegangen. Als Tänzer des New York City Ballet kreierte er unter anderem Hauptrollen in den Balanchine-Choreographien »Die vier Temperamente« (s. d.) von Hindemith und »Agon« von Strawinsky. 1943 schuf Bolender seine erste Choreographie »Mother Goose Suite« (Ravel; s. »Boléro«), 1955/56 sein bisher bestes Werk »Still Point« (s. d.).

Spartacus (Szenen aus dem römischen Leben)

Ballett in vier Akten und neun Bildern: Libretto: Nikolai Wolkow; Musik: Aram Iljitsch Chatschaturjan; Choreographie: Leonid Benjaminowitsch Jakobson; Ausstattung: Valentina Chodasewitsch; Uraufführung: Kirow-Ballett, Kirow-Theater, Leningrad, 27. Dezember 1956. (Dauer: abendfüllend.)

Personen: Spartacus; Phrygia, seine Gattin; Crassus, römischer Feldherr; Ägina, griechische Tänzerin, Konkubine des Crassus; Harmodius, ein junger Thraker; Lentulus Batiatus, Besitzer einer Gladiatorenschule; ein Herold; eine Ägypterin; ein Afrikaner; ein Numidier; ein Gallier; Retiarius (der Fischer); Marmillon (der Fisch); eine Mänade; ein Satyr; Heerführer; Zenturionen; Hetären; römische Krieger; Etrusker; Römer; Sklaven; Kampfgefährten des Spartacus; Mimen; gaditanische Mädchen; Nymphen; Schäfer aus den Apenninen; Piraten.

I. Akt, 1. Bild: Im antiken Rom wird der Triumphzug des Feldherrn Crassus gefeiert, der die Thraker geschlagen hat. Unter der Menge befindet sich seine Geliebte Ägina. Den Triumphwagen des Crassus ziehen unter anderen die thrakischen Sklaven Spartacus, seine Frau Phrygia und Harmodius.

2. Bild: Sklavenmarkt. Nach dem Zwischenspiel (Allegro vivace) tanzen äthiopische Knaben (Presto) und Ägypterinnen. Der Besitzer der Gladiatorenschule, Lentulus Batiatus, kauft Spartacus und Harmodius. Ägina ersteht Phrygia.

3. Bild: Arena der Gladiatoren. Crassus und Ägina treten in die Loge. Die Gladiatoren ziehen ein. Es folgen die Spiele: »Raub der Sabinerinnen« (Presto); allgemeiner Kampf (ein Numidier wird auf Geheiß der Menge getötet); »Der Fischer und der Fisch« (Allegro vivace), worin der Freund den Freund absticht; Kampf der Thraker und Samniter (Allegro), der mit dem Sieg der Thraker unter Anführung von Spartacus endet (Andante maestoso).

II. Akt, 1. Bild: Phrygia hat heimlich das Haus der Ägina verlassen und ist in die Kaserne der Gladiatoren gekommen. Ein verwundeter Gladiator stirbt in ihren Armen (Adagio sostenuto). Spartacus ruft die Gladiatoren zum Aufstand auf (Allegro non troppo).

2. Bild: Via Appia. Bauernsklaven tanzen (»Spiel des Wolfs und der Schäflein«, Allegretto giocoso). Die aufständischen Gladiatoren erscheinen mit Spartacus an der Spitze. Die Bauern schließen sich ihnen an (Maestoso).

3. Bild: Fest in der Villa des Crassus. Nymphen tanzen (Moderato). Pas de deux und Variationen der Ägina und des Harmodius (Andante sostenuto). Bacchanal. Vier Sklaven führen den »Tanz mit den Tellern« auf. Es folgt ein Tanz gaditanischer Mädchen in spanischer Manier. Da bringen Legionäre die Nachricht vom Aufstand der Gladiatoren. Harmodius steckt auf Crassus' Befehl die Villa in Brand, während dieser sich mit Ägina und den Gästen in Sicherheit bringt. Die Gladiatoren erscheinen. Spartacus schließt Harmodius in die Arme. Die Aufständischen feiern ihren Sieg: Tanz der jungen Thraker mit Schwertern (Allegro vivace); Tanz auf den Schilden (Maestoso alla marcia).

III. Akt, 1. Bild: Zeltlager des Spartacus. Die Sklaven siegen, wo sie auf den Feind treffen. Spartacus und Phrygia geben dem Glück über die Siege und ihrer Liebe in einem großen Pas de deux Ausdruck. Ägina hat sich in der Maske einer alten Frau ins Lager geschlichen und schürt Unzufriedenheit unter den Unterführern des Spartacus. Harmodius läßt sich verführen und verläßt mit ihr das Lager.

2. Bild: Zeltlager des Crassus. Ägina ist zurückgekehrt. Auf ihren Bericht hin überfällt Crassus das Lager der unzufriedenen Unterführer von Spartacus. Er kehrt zurück und zeigt dem getäuschten Harmodius durch die geöffnete Zeltwand die gekreuzigten Gladiatoren und Bauern, die kurz zuvor noch Harmodius' Kampfgefährten waren. Jetzt begreift Harmodius, daß Ägina ihn getäuscht und verraten hat. Verzweifelt sinkt er vor Crassus auf die Knie.

IV. Akt: Untergang des Spartacus. Piraten tanzen einen wilden syrischen Tanz (Allegro vivace). Spartacus verhandelt mit ihnen über die Verschiffung eines Teils seiner Anhänger von Italien nach Sizilien. Nachdem Spartacus das Piratenlager verlassen hat, tritt Harmodius mit römischen Legionären auf und zwingt die Piraten, wortbrüchig zu werden. Sie lichten die Anker. Während sich ihre Schiffe entfernen, erklingt bei leerer Bühne das Zwischenspiel »Der Untergang der Hoffnungen des Spartacus« (Lento). Spartacus findet statt der Piraten römische Legionäre vor. Es kommt zum Kampf, in dem der Verräter Harmodius von den Römern ermordet wird und Spartacus nach verzweifelter Gegenwehr fällt. Crassus und Ägina triumphieren. Sie verlassen das Schlachtfeld. Phrygia erscheint. Sie sucht Spartacus und findet seinen Leichnam. Tanzend drückt sie ihren Schmerz aus (Adagio). In einem Trauerzug tragen junge Thraker Spartacus auf ihren Schilden weg. Der Trauermarsch wechselt in einen Triumphmarsch: Spartacus ist zum Symbol des Kampfes für die Freiheit geworden.

»›Spartacus‹ gehört zu den erfolgreichsten sowjetischen Balletten der sechziger und siebziger Jahre. Nach der Uraufführung wurde es in Moskau in der Choreographie von Igor Moissejew (geb. 1906), dem Leiter des Staatlichen Volkskunstensembles, im März 1958 erstaufgeführt.

Diesen Inszenierungen folgten weitere an anderen sowjetischen Ballett-Theatern. Die ersten Moskauer Aufführungen wurden jedoch nach einigen Monaten nicht mehr fortgesetzt, da die Inszenierung an einer Überbetonung naturalistischer Details litt und die historische Größe des Spartacus-Aufstandes nicht genügend zum Ausdruck kam. Allerdings verleitet das Libretto, das in der Moskauer Inszenierung in wesentlichen Teilen umgearbeitet worden war, zu pathetischer Veräußerlichung. In der Leningrader Aufführung wurden diese Gefahren in der Choreographie *Leonid Benjaminowitsch Jakobsons* (1904–75) im wesentlichen vermieden. 1962 wurde die Jakobsonsche Fassung mit einigen Änderungen vom Bolschoi-Theater in Moskau übernommen. Den stärksten Eindruck hinterläßt die rhythmisch und melodisch mitreißende Musik *Chatschaturjans*. Dmitrij Schostakowitsch [s. ›Concerto‹] hob in seinem Urteil über die ›Spartacus‹-Musik hervor, daß es dem Komponisten gelungen sei, die großen Linien der sinfonischen Entwicklung herauszuarbeiten. In dieser Hinsicht sei diese Musik noch höher einzuschätzen als die Musik Chatschaturjans zu dem Ballett ›Gajaneh‹ [s. d.]. Seinen Gesamteindruck über ›Spartacus‹ faßte Schostakowitsch in den Worten zusammen: ›Das Wertvollste in diesem Ballett ist die gewaltige Ausdrucksstärke der Musik, ihre Überzeugungskraft und Bewegtheit.‹« (Eberhard Rebling.)

Im Westen akzeptiert, ja dort zu einem Erfolg wurde »Spartacus« erst in der Version Juri Grigorowitschs (s. »Legende von der Liebe«), die am 9. April 1968 vom Moskauer Bolschoi-Ballett in der Ausstattung von Simon Wirsaladse (s. »Legende von der Liebe«) und mit Wladimir Wassiljew, Jekaterina Maximowa, Maris Liepa und Nina Timofejewa in den Hauptrollen herausgebracht wurde.

Grigorowitschs »Spartacus« ist das Modell eines »Sinfonischen Balletts«, darüber hinaus von einer Theatralik, die auch nach westlichen Maßstäben als »modern« gelten muß. Diese Version ist nicht nur das Meisterwerk Grigorowitschs, sie gehört darüber hinaus zu den besten Ballettinszenierungen unserer Zeit. Aus Anlaß des Gastspiels des Bolschoi-Balletts an der Staatsoper in Ost-Berlin im Jahre 1969 schrieben die »Stuttgarter Nachrichten« über dieses »russische Ballettwunder«:

»Das Bolschoi-Ballett ist jünger, schlanker und eleganter geworden. Ja, es hat sogar einen neuen, modernen, zumindest aber zeitgenössischen Stil entwickelt: das Sinfonische Ballett (nicht zu verwechseln mit Léonide Massines ›Sinfonischem Ballett‹ [s. ›Le Beau Danube‹]). Der Mann, der diese Leistung vollbracht hat, ist Juri Grigorowitsch, hervorgegangen aus dem Leningrader Kirow-Ballett. Seinen Ruf, der Reformer des sowjetischen Balletts zu sein, verdankt er vor allem drei Choreographien: Melikows ›Legende von der Liebe‹ [s. d.], Tschaikowskys ›Nußknakker‹ [s. d.] und Chatschaturjans ›Spartacus‹.

Schon wenn der Vorhang zu ›Spartacus‹ aufgeht, ist man verblüfft. Man sieht sich einer Gruppierung gegenüber, die unmittelbar aus der ›Coriolan‹-Inszenierung des Berliner Ensembles stammen könnte: Eine ›Militärmaschine‹ – wie das Programmheft ganz richtig bemerkt –, gefügt aus den Langschilden der Legionäre, dem Streitwagen des Feldherrn und den Bronze-Adler-Standarten des römischen Imperiums. Die Geschichte, die dem zugrunde liegt, ist bei uns vielleicht doch nicht so bekannt: Unter Crassus wiegelte 74 bis 71 v. Chr. der Gladiator Spartacus die Sklaven gegen Rom auf. Zunächst erfolgreich, scheiterte diese Revolution durch Verrat und Uneinigkeit. Und sicher auch durch Unvermögen. Das Ballett ergänzt die Handlung um zwei Liebesgeschichten: um die von Spartacus und der Sklavin Phrygia und die von Crassus und der Hetäre Ägina.

Grigorowitsch hat dieses Libretto seinem Prinzip des Sinfonischen Balletts unterworfen. In Analogie zur Sonatenform der Sinfonie folgt er einem konsequenten Strukturplan. Jeder der drei Akte enthält vier Handlungsszenen (meist Massenchoreographie), vergleichbar den vier Sätzen der Sinfonie, und drei Monologe, vergleichbar den Kadenzen (freilich sind das nur Krücken zum besseren Verständnis!). Ausschlaggebend aber für das Sinfonische ist letztlich, daß wirklich ununterbrochen getanzt wird, daß die Handlung restlos in Tanz aufgelöst und dessen Fluß nahtlos ist, vom Gruppentanz organisch ins Solo übergeht und umgekehrt. Darüber hinaus ist es großartig, wie Grigorowitsch die pathetischen Gruppenformationen, in welchen sein Ballett kulminiert, doch immer wieder wie selbstverständlich in Tanz aufzulösen versteht, indem er einfach einen der Solisten weitertanzen oder eine andere Gruppe aus den Kulissen treten läßt, so daß die Aufmerksamkeit des Zuschauers vom stets faszinierenden Denkmal abgeleitet wird und sich erneut dem Tanz zuwenden kann.

Was den Tanz angeht oder besser Grigorowitschs Choreographie, so ist dazu zu sagen: Sie ist eminent musikalisch und entspricht im Einsatz der Mittel stets dem Anlaß. Grigorowitsch schrickt nicht vor der Verfremdung des klassischen Kodex zurück. So unterscheidet er Legionäre und Sklaven durch das verwendete Schrittmaterial und natürlich erst recht die Charaktere. Paradebeispiel ist der Crassus, der keine Karikatur ist, zwar ein junger, herrschsüchtiger, ehrgeizig-kriegslüsterner Despot, aber zugleich auch ein manierierter, weichlicher, lasziver Ephebe.«

Mit Spartacus befaßt sich auch das Ballett »Sklaven«, das am 25. Juni 1961 in Leipzig als »Das Fanal« uraufgeführt wurde. Die Musik dazu komponierte Wolfgang Hohensee (geb. 1927). Für die Choreographie zeichnet Emmy Köhler-Richter (geb. 1918) verantwortlich. Andere Versionen stammen von Henn Haas (Hohensee; Halle, 1962), Jiří Blažek (Chatschaturjan; Prag, 1957), László Seregi (Chatschaturjan; Budapest, 1968), Youri Vamos (Chatschaturjan; Bonn, 1989) und Wazlaw Orlikowsky (Chatschaturjan; Graz, 1989).

Le Spectre de la Rose (Der Geist der Rose)

Ballett in einem Akt. Libretto: Jean-Louis Vaudoyer (nach Théophile Gautier); Musik: Carl Maria von Weber; Choreographie: Michail Fokine; Ausstattung: Léon Bakst; Uraufführung: Diaghilews Ballets Russes, Théâtre de Monte Carlo, 19. April 1911.

Personen: Das junge Mädchen; der Rosengeist.

Szene: Im Schlafzimmer eines jungen Mädchens; großes, hohes Fenster zum Garten.

Wenn das Cello-Moderato anhebt, kehrt das Mädchen heim von einem Fest, in der Hand die Rose, deren Duft es an die vergangenen Stunden erinnert; beseligt tanzt es durch den Raum. Ermattet sinkt es in den Sessel, der nahe am offenen Fenster steht. Schlaf überkommt das Mädchen, die Rose gleitet aus seiner Hand. Der Walzer klingt auf: Durchs Fenster kommt im hohen Sprung der Rosengeist herein und tanzt schwerelos durch den Raum; er berührt die Schlafende. Das Mädchen erhebt sich, um, vom Geist der Rose beflügelt, mit ihrem Tanz Sehnsucht und Erfüllung zugleich auszudrücken. Der Walzer geht zu Ende, das Mädchen, wieder im Sessel, schläft weiter; zärtlich verabschiedet sich der Rosengeist. Mit einem hohen Sprung durch das Fenster verläßt er den Raum. Wieder hebt das Cello-Solo an. Mit dem Morgengrauen erwacht das Mädchen, hebt die Rose auf und drückt sie liebevoll ans Herz.

Nachdem der Schriftsteller *Vaudoyer* den Tänzer Nijinsky in verschiedenen Rollen gesehen hatte, inspirierte er *Michail Fokine* (s. »Carnaval«) zu dem Ballett »Le Spectre de la Rose«. Die besondere Elevation des Tänzers – ein Begriff, der das Schweben in der Luft bezeichnet – sollte an der Rolle des Rosengeistes sichtbar werden: wie der Duft der Rose, so beherrschte Nijinsky die Luft; er wehte in den Raum, dort umgaukelte er die Liebende, und was sie träumte, wurde Gestalt in einem Pas de deux. Fokine hat diesen Pas de deux so lyrisch choreographiert, daß die Berichte über die Uraufführung ekstatisch von einer

»großen, innigen Dichtung« sprechen. Wenn Nijinsky zu seinem hohen, weiten Sprung durchs Fenster ansetzte, waren die Zuschauer zutiefst erregt. Es kann sich nicht um einen artistischen Trick gehandelt haben, nie hätte ein solcher so lange verzaubern können.

In Fokines Choreographie wurde »Le Spectre de la Rose« von Tamara Karsawina und Waslaw Nijinsky kreiert.

Die Musik ist *Webers* allen vertraute »Aufforderung zum Tanz«. Dieses Klavierstück hat Hector Berlioz schon 1841 orchestriert, als an der Pariser Oper für den »Freischütz« eine Balletteinlage verlangt wurde.

Unter dem gleichen Titel choreographierte *Maurice Béjart* 1978 einen Pas de deux für Judith Jamison und Patrice Touron, der Fokines Ballett parodiert. Reinhard Beuth in der »Welt«: »Mit dem Einsatz von Webers Musik schält sich ein Tänzer aus einer Art Kleiderständer: ein arg überschminktes, gerupftes Sexualsymbol von Mann. Auch die Jamison reißt sich das Kleid vom Leib, steht im exotisch bemalten Trikot da. Sie zwingt das welke Rosenmännlein in den stürmischen Pas de deux, tanzt ihn schachmatt, trampelt ihn tot – und fliegt mit gewaltigem Jeté zum Fenster hinaus.«

Die steinerne Blume

(Das Märchen von der steinernen Blume)

Ballett in drei Akten. Libretto: Mira Mendelsohn-Prokofjew und Leonid M. Lawrowski (nach einem Märchen aus dem Ural, enthalten in der Sammlung »Die Malachitschatulle« von Paul Bashow); Musik: Serge Prokofjew; Choreographie: Leonid M. Lawrowski; Ausstattung: Tatjana Starschenetzka; Uraufführung: Bolschoi-Ballett, Bolschoi-Theater, Moskau, 12. Februar 1954. (Dauer: abendfüllend.)

Personen: Danila, ein Edelsteinschleifer; Katharina, seine Braut; die Königin des Kupferberges; Sewerjan, ein Dorfschulze; ein junges Zigeunerpaar; das Irrlicht; Sewerjans Freunde; ein Kaufmann mit seiner Frau; Danilas und Katharinas Freunde; Narren; Spielleute; vier Marktbesucher; Edelsteine; Zigeuner; Marktvolk; Kaufleute; Bauernmädchen; Bauernburschen.

I. Akt, 1. Szene: Im Wald. Der junge Edelsteinschleifer Danila träumt davon, ein Kunstwerk zu schaffen. Die Unvollkommenheit der Malachitvase, die er gerade vollendet hat, läßt ihn an sich selbst verzweifeln. Seine Braut Katharina möchte ihn trösten. Er beachtet sie nicht.

2. Szene: In Danilas Hütte. Danila und Katharina feiern Verlobung (Tänze: Pas de deux, Allegretto amabile – Adagietto – Adagio; Korowod der Mädchen, Allegro festoso; Variation Danila, Moderato energico; Tanz der Junggesellen, Allegro giocoso). Der Dorfschulze Sewerjan tritt auf, nähert sich Katharina und küßt sie. Danila macht seine Rechte geltend. Die Freunde verhindern nur mit Mühe eine Rauferei. Obwohl Danila nun weiß, daß Sewerjan seiner Braut nachstellt, beschließt er, nach dem Fest die Königin des Kupferberges zu suchen, von der man erzählt, sie besitze das Geheimnis der steinernen Blume. Sie soll ihn lehren, aus Edelsteinen Kunstwerke zu schaffen.

3. Szene: Vor dem Kupferberg. Danila begegnet einer gekrönten Eidechse, in der er die Königin des Kupferberges erkennt.

4. Szene: Die unterirdische Grotte. Er folgt ihr in das Reich der Edelsteine (Pas de deux, Moderato). Smaragd, Diamant und Rubin tanzen vor Danila (Moderato – Allegro scherzando). Schließlich vereinigen sich die Edelsteine zu einem lebenden Bild: der steinernen Blume (Malachitwalzer; Allegro sostenuto e festoso). Danila nimmt sich vor, ihr Geheimnis zu ergründen. Die Königin des Kupferberges, die Danila liebgewonnen hat und ihn an sich fesseln möchte, erklärt sich bereit, ihn die Kunst zu lehren, Edelsteine in lebende Blumen zu verwandeln.

II. Akt, 1. Szene: In Danilas Hütte. Katharina, die nach dem Fest allein zurückgeblieben ist, kann sich den Nachstellungen des Dorfschulzen nur dadurch erwehren, daß sie ihn mit einem Messer bedroht und aus der Hütte jagt.

2. Szene: Auf dem Markt. Der wütende Sewerjan mischt sich unter das Volk, das auf dem Markt zur Kirmes zusammengekommen ist (1. Ural-Rhapsodie; 2. Russischer Tanz; 3. Zigeunertanz; Allegro tempestoso – Andante – Più animato – Allegro). Sewerjan trinkt mit den Zigeunern und tanzt in wildem Rausch (Più allegro). Katharina tritt auf. Sie sucht Danila. Erneut nähert sich Sewerjan dem eingeschüchterten Mädchen. Katharina flieht. Der Dorfschulze verfolgt sie. Eine unbekannte Frau stellt sich ihm in den Weg und läßt seine Füße versteinern.

3. Szene: Vor dem Kupferberg. Nachdem der Bann seine Kraft verloren hat, verfolgt Sewerjan die Zauberin, blind vor Wut. Zu spät erkennt er in der gekrönten Eidechse, in welche sich die Unbekannte verwandelt hat, die Königin des Kupferberges. Er weiß, daß nun sein Leben verwirkt ist, und bittet um Gnade. Vergebens. Die Erde spaltet sich und verschlingt ihn.

III. Akt, 1. Szene: Im Wald. Katharina begegnet auf der Suche nach Danila einem Irrlicht (Tanz des Irrlichts; Allegro giocoso). Es weist ihr den Weg in den Kupferberg.

2. Szene: Die unterirdische Grotte. Danila ist es gelungen, das Geheimnis der steinernen Blume zu ergründen. Er beherrscht nun die Kunst, Edelsteine zu verwandeln in lebende Blumen, in Kunstwerke.

Um Danila nicht zu verlieren, der beabsichtigt, zu Katharina und in seine Werkstatt zurückzukehren, zugleich aber auch, um dessen Braut abzuschrecken, verwandelt die liebende Königin des Kupferberges den jungen Mann in eine steinerne Statue. Katharina aber beweist, daß sie den steinernen Danila ebenso liebt wie den lebenden. Katharinas Treue rührt die Königin des Kupferberges. Sie gibt Danila frei.

3. Szene: Im Wald. Die Freunde feiern die glückliche Rückkehr des jungen Meisters und seiner Braut aus dem Kupferberg (Apotheose).

Der Bolschoi-Ballettmeister *Leonid Lawrowski* (s. »Romeo und Julia«) wurde durch einen Film, der nach Bashows Märchensammlung »Die Malachitschatulle« gedreht worden war, zu seinem Ballett »Die steinerne Blume« angeregt. Er bat *Prokofjew,* es in Musik zu setzen. Im Sommer 1950 arbeiteten Prokofjews Frau, *Mira Mendelsohn,* und Lawrowski das Libretto nach vier Erzählungen der »Malachitschatulle« (»Die steinerne Blume«; »Der Meister des Bergkristalls«; »Die Sohlen des Verwalters«; »Ognewuschka, der Wildfang«) aus. Zur gleichen Zeit begann Prokofjew mit der Niederschrift der Partitur, von der er hoffte, sie werde ihn rehabilitieren. Er wollte mit einem »Nationalballett« beweisen, daß die Stalinisten ihn zu Unrecht des Formalismus verdächtigten.

Aber dem Ballett war in der Choreographie Leonid Lawrowskis kein Erfolg beschieden. Es wurde nach wenigen Vorstellungen wieder vom Spielplan abgesetzt. Repertoirestück des russischen Ballett-Theaters wurde es erst in der Choreographie Juri Grigorowitschs (s. »Legende von der Liebe«) für das Leningrader Kirow-Ballett (1957), die zuerst vom Bolschoi-Ballett und dann auch von einigen anderen russischen Bühnen übernommen wurde. 1962 brachte das Königlich Schwedische Ballett als erstes westliches Ensemble »Die steinerne Blume« in der Fassung Grigorowitschs. Andere Fassungen stammen von Tom Schilling (Dresden, 1960), Wazlaw Orlikowsky (Basel, 1962), Ivan Sertić (Wuppertal, 1972) und Erich Walter (Düsseldorf, 1976).

Der sterbende Schwan (Le Cygne)

Pas seul. Musik: Camille Saint-Saëns (aus »Le Carnaval des Animaux«); Choreographie: Michail Fokine; Kostüme: Léon Bakst; Uraufführung: Marientheater, St. Petersburg, 22. Dezember 1907.

In dem Kostüm, das aus »Schwanensee« (s. d.) bekannt ist – eine Kappe aus weißen Schwanenfedern um den Kopf und im weißen Tellertutu –, tritt die Ballerina aus dem schwarzen Hintergrund hervor. (Sie stellt im Gegensatz zu den Schwänen in »Schwanensee«, die Mädchen sind, weil sie zwischen Mitternacht und Dämmerung ihre Menschengestalt zurückerhalten, tatsächlich einen Schwan dar.) Langsam, wie im Traum, kreist sie »auf Spitze«, die Arme gekreuzt, um die Bühne. Wenn sie an die Stelle gelangt, wo sie zuerst im Lichtkegel, der sie immer begleitet, während die übrige Bühne schwarz bleibt, erschienen ist, macht sie einen letzten, vergeblichen Versuch, den Horizont zu erreichen, zu fliegen. Aber die Kräfte versagen. Sie sinkt mit flatternden Armen, die Todesangst symbolisieren, zu Boden. Noch einmal gelingt es ihr, sich aufzurichten. Sie macht ein paar ungewöhnliche Schritte nach vorne – »die Beine scheinen angespannt wie die Saiten einer Harfe« (André Levinson) –, läßt das rechte Bein vorwärtsgleiten und sinkt auf das linke Knie (die bekannte Schwanen-Pose aus »Schwanensee«). Mit einem berühmten Port de bras, der Bewegung eines Armes, der die Assoziation an einen Schwanenhals auslöst, der knickt, endet das Solo. Der Schwan legt seinen Kopf zwischen die Flügel und stirbt.

Michail Fokine (s. »Carnaval«) hat mit diesem Pas seul einen »Schwanengesang«, das Lied eines sterbenden Schwans, choreographiert. Die innige Verschmelzung von Bewegung und Ausdruck ist das Entscheidende. Im »Sterbenden Schwan« verwirklichte Fokine zum erstenmal die Ideen, die er erst viel später in dem Brief an die Londoner »Times« vom 6. Juni 1914 formuliert hat. Seine Hauptthese war, daß die Bewegung stets dem Sujet entsprechen und mit stimmendem Ausdruck verbunden sein müsse. Mit dem »Sterbenden Schwan« begann Fokines »Reform des Balletts an Haupt und Gliedern«, wozu Isadora Duncan (1877–1927), die Begründerin des Ausdruckstanzes, den Anstoß gegeben hatte. Übrigens ließ Fokine seinen Schwan in Spitzenschuhen tanzen, um dem Verdacht zu begegnen, er sei ein fanatischer Verfechter des Barfußtanzes. Fokine wollte nur zeigen, daß es auch dem klassischen Tanz gegeben ist, Gefühle mit Bewegungen auszudrücken. Bloße Brillanz, wie er sie seinem Lehrer Marius Petipa (s. »La Bayadère«) sicherlich zu Unrecht unterstellte, war ihm zu wenig.

Die erste Ballerina, die den »Sterbenden Schwan« tanzte, war Anna Pawlowa (1881–1931). Sie wurde damit weltberühmt, mehr noch: zum Synonym für die Ballerina schlechthin. Die Pawlowa, wie Fokine aus dem St. Petersburger Marientheater-Ballett hervorgegangen, war einige Zeit Mitglied der Ballets Russes Diaghilews, um dann bis zu ihrem Tode mit einer eigenen Compagnie rastlos durch die Welt zu ziehen. Sie ist wohl die einzige Tänzerin, von männlichen Tänzern ganz zu schweigen, deren Ruhm so legendär war, daß ihren Namen selbst Menschen kannten, die sie nie gesehen hatten, ja, wenn überhaupt jemals ein Ballett.

Als Huldigung an Fokines Genius und an Pawlowas Legende wird der Pas seul auch heute noch getanzt. Freilich gelingt es nur den allerbesten Tänzerinnen, das fragile Zwei-Minuten-Stück glaubwürdig – der Grat zwischen Kunst und Kitsch ist hier besonders schmal – auf die Bühne zu bringen. Auch schon wieder Ballettgeschichte geworden sind die Darstellungen des »Sterbenden Schwans« von Alicia Markova, Tamara Toumanova, Maria Tallchief, Galina Ulanowa und Maja Plissetskaja.

Camille Saint-Saëns (1835–1921) war ein Schüler Gounods. Seine Kompositionen zeichnen sich durch Melodienreichtum, Farbenpracht und geradezu klassizistische Formenstrenge aus. Er hat nie für das Ballett geschrieben. Aber immer wieder werden Stücke von Saint-Saëns vom Ballett adaptiert.

The Still Point

Ballett in einem Akt. Libretto: Todd Bolender; Musik: Claude Debussy (Streichquartett in der Orchesterbearbeitung von Frank Black); Choreographie: Todd Bolender; Uraufführung: New York City Ballet, City Center, New York, 13. März 1956. (Eine frühere Version schuf Bolender für die Dance Drama Company, die sie am 3. August 1955 beim Jacob's Pillow Dance Festival in Lee, Massachusetts, aufführte.)

»Still Point« ist ein dramatisches Ballett. Es beabsichtigt nicht, die Aufmerksamkeit des Zuschauers durch tänzerische Brillanz auf sich zu lenken (obwohl es virtuose Stellen enthält). Es will fesseln durch die Darstellung menschlicher Leidenschaften. Einfach, aber sehr eindrucksvoll erzählt »Still Point« die Geschichte eines Mädchens, das weder bei Mädchen noch Jungen Anschluß findet, bis sie ein kräftiger Bursche zärtlich in die Arme nimmt.

Durch intensive Bewegungen, einige klassisch-akademisch, die meisten modern, werden Sehnsucht und Trauer ausgedrückt. Wilde Drehungen stehen für Verzweiflung. In den knappen, aber sehr beredten Gesten erzählt das Mädchen von seinen Schwierigkeiten, einen Gefährten zu finden. In den Posen der Ruhe nimmt man teil an ihrer Verlorenheit und Einsamkeit – bis der Geliebte kommt.

Dieses stark atmosphärische Ballett für eine »Nerventänzerin«, das im übrigen in der Nähe der Psychodramen Antony Tudors (s. »Dark Elegies«) anzusiedeln ist, mehr von Frustration als von Liebe handelt, gilt als Meisterwerk *Todd Bolenders* (s. »Souvenirs«).

Solisten der Uraufführung beim New York City Ballet waren Melissa Hayden und Jacques d'Amboise.

La Sylphide

Ballett in zwei Akten. Libretto: Adolphe Nourrit; Musik: Jean Schneitzhœffer; Choreographie: Filippo Taglioni; Bühnenbild: Pierre-Luc-Charles Ciceri; Kostüme: Eugène Lami; Uraufführung: Théâtre de l'Académie Royale de Musique, Paris, 12. März 1832.

Personen: Die Sylphide; James, ein schottischer Bauer; Anna, seine Mutter; Effie, die Braut des James; Gurn, ein anderer Bauer und Bewerber um Effie; die alte Madge, eine Hexe; schottische Bauern; Burschen und Mädchen; Sylphiden; Hexen.

I. Akt: Inneres eines schottischen Bauernhauses. Im Hintergrund rechts ist ein großes Fenster, links davon sieht man eine Holztreppe, die zu den oberen Räumen führt. Der Morgen dämmert (Ouvertüre; Larghetto). Gurn liegt schlafend in einer Ecke neben dem riesigen Kamin, James sitzt schlafend davor in einem hohen Lehnstuhl. Er träumt von einer Sylphide, die vor ihm kniet. Heute soll James' Hochzeitstag sein. Er trägt schon das Nationalkostüm der Schotten, den Kilt. Die Sylphide, ganz in lichte weiße Gaze gekleidet, einen Kranz weißer Seerosen im Haar, zarte durchsichtige Sylphiden-Libellen-Flügel auf dem Rücken, ist ein Wesen aus einer anderen Welt. Nur James kann sie sehen.

Lautlos erhebt sich die Sylphide, umkreist tanzend den Sessel (Andante sostenuto) und schwebt durch den Raum. Obwohl James noch immer zu schlafen scheint, hat man doch den Eindruck, daß ihm keine der Bewegungen der Sylphide entgeht (Allegro agitato). James erwacht. Aber die Traumgestalt verschwindet nicht. Sehnsüchtig streckt er die Arme nach ihr aus, doch die Sylphide entzieht sich ihm, flieht zum Kamin und ist verschwunden. James zweifelt an seinem Verstand. Er rüttelt den schlafenden Gurn wach, der nichts gesehen hat. Auch er hat von einem Mädchen geträumt, von Effie, auf die er verzichten soll, weil James sie heute heiraten wird.

James' Mutter erscheint mit der festlich gekleideten Effie (Allegretto). James ist noch ganz von dem Traumbild erfüllt. Gurn begrüßt die Braut zuerst und schenkt ihr als Zeichen der Verehrung Reiherfedern. Effie aber beachtet Gurn kaum und wendet sich James zu, der Effie, indem er sich die Sylphide aus dem Kopf schlägt, zärtlich küßt. Gurn steht traurig beiseite.

Die Mutter legt James' und Effies Hände ineinander und segnet das Paar (Andante con moto). Freunde kommen mit Hochzeitsgeschenken und tanzen einen schottischen Nationaltanz. Man macht sich über Gurn lustig, der seine Eifersucht nicht zu verbergen vermag (Alla poco presto). James blickt immer wieder zum Kamin hin, vor dem aber plötzlich statt der erwarteten Sylphide die alte Hexe Madge steht und sich als Wahrsagerin anbietet. James will sie hinausweisen, aber Effie hält ihr die Hand hin (Allegro). Die Hexe verspricht ihr Glück – mit Gurn, indem sie auf den abgewiesenen Liebhaber zeigt. Alles ist verwirrt. James jagt die Hexe aus dem Haus. Alle, bis auf James, verlassen den Saal, um in den Hochzeitsvorbereitungen fortzufahren.

James tanzt einen Pas seul. Da erscheint die Sylphide erneut, diesmal im Fenster. Sie lehnt gegen den Fensterrahmen (ein Augenblick, der auf zahllosen Stichen des 19. Jahrhunderts festgehalten wurde). Ein sinnreicher Mechanismus befördert sie auf den Zimmerboden, so daß es aussieht, als schwebte sie durchs Fenster in den Raum. Als ihr James bedeutet, daß er heute heiraten werde, wird sie traurig, denn wenn er ihre Liebe nicht erwidert, muß sie sterben. James gesteht ihr seine Liebe.

Die Sylphide tanzt durch den Raum. Sie entdeckt auf dem Sessel einen Schal von Effie, holt ihn und legt ihn um ihre Schultern, ihre Sylphidenflügel bedeckend. James ist aufs neue ergriffen von ihrem Zauber; sie kniet vor James nieder, er zieht sie zu sich empor und küßt sie. Mit diesem Kuß ist er ihr für immer mit Leib und Leben verfallen. Da erscheinen Gurn – und kurz hinter ihm Effie und alle anderen – oben auf der Treppe. Die Sylphide schlüpft in den Sessel, und James breitet schnell den Schal über sie.

Gurn glaubt gesehen zu haben, daß James eine andere Frau geküßt hat. Er entdeckt den Schal über dem Stuhl. Er zieht ihn weg – der Sessel ist leer (auch hier war ein Mechanismus am Werk; die Rückenlehne des Sessels ist zurückgeklappt, die Sylphide ist in eine der Seitengassen gerutscht).

James' Mutter gibt das Zeichen zum Hochzeitstanz. Der Festschmaus beginnt. James denkt wieder an die Sylphide. Effie muß ihn an den Brauttanz erinnern (Pas de deux). Die Sylphide erscheint, nur für James sichtbar. Der Pas de deux wird zum Pas de trois (er bildet den choreographischen Höhepunkt dieses Aktes; jede Geste und jede Bewegung von Effie wird durch die Sylphide in Echo-Tanz übernommen, aber gesteigert und übersetzt ins Sylphidenhafte). Plötzlich verschwindet die Sylphide. James bricht den Tanz ab. Alle sind sehr verwundert über sein seltsames Benehmen. Die eigentliche Trauungszeremonie beginnt. Als James und Effie die Ringe tauschen wollen, erscheint wiederum die Sylphide und nimmt James den Ring weg.

II. Akt: Im Wald. Links ist eine Felsenhöhle. Im Vordergrund ein großer Baum. In Nacht und Nebel zieht die alte Madge ihre Zauberkreise um einen dampfenden Kessel. Andere Hexen kommen herbei. Mit Madge tanzen sie den Hexentanz. Aus dem Kessel ziehen sie ein glitzerndes Gespinst. Madge reißt es an sich und vertreibt ihre teuflischen Schwestern.

Morgendämmerung auf einer idyllischen Waldlichtung. James erscheint, jetzt ganz in Weiß gekleidet wie die Sylphide. Er schaut sich nach der Geliebten um, als sie plötzlich vor ihm steht. Als Geschenk hat er ihr ein Vogelnest mitgebracht. Jetzt treten die anderen Sylphiden auf, alle in knielangen, romantischen Tutus aus durchsichtigem Tüll, weißen Seidenkorsagen, Libellenflügeln und mit schneeweißen Rosen im Haar. Das Ballet blanc, das Weiße Ballett, ist mit dieser Szene ins Leben gerufen. Die Sylphiden huldigen mit einem großen Ensemble ihrer liebenden Schwester, und James möchte mit seiner Sylphide, der schönsten von allen, tanzen, aber sooft er sie fassen will, steht eine andere Sylphide aus dem Corps de ballet vor ihm. Schließlich bleibt er allein zurück. Mit einem Mal steht die alte Madge vor ihm. Er will sich für sein rüpelhaftes Benehmen am Morgen entschuldigen. Sie wehrt freundlich ab und bietet ihm ihre Hilfe an. Mit dem glitzernden Gespinst, das sie überreicht, könne er die Sylphide für immer an sich binden. Dankbar kniet er vor Madge nieder, die sich mit einem Hexenlachen in den Wald zurückzieht.

Die Sylphide kehrt zurück. Das Paar tanzt einen zärtlichen Pas de deux miteinander. Dann zieht James den Schleier hervor und schenkt ihn der Sylphide, die das Gespinst um ihre Schultern legt. Im gleichen Augenblick fallen ihre Flügel ab (wieder einmal war ein sinnreicher Mechanismus am Werk). Sie beginnt zu taumeln und sinkt sterbend zu Boden. Die anderen Sylphiden eilen herbei und tragen ihre tote Schwester davon. Völlig verzweifelt bleibt James zurück. Glockenläuten und Dudelsackmusik erklingt. Im Hintergrund zieht eine fröhliche Hochzeitsgesellschaft vorüber. Gurn führt Effie zum Altar.

»La Sylphide« hat eine berühmte italienische Tänzerdynastie dem internationalen Repertoire beigesteuert: Vater *Filippo Taglioni* (1777–1871) hat die Choreographie geschaffen, seine berühmte Tochter, Marie Taglioni (1804–84) war die erste Sylphide. Ihr Partner in der Rolle des James war Joseph Mazilier.

Adolphe Nourrit (1802–39), der Verfasser des Librettos (nach der phantastischen Erzählung »Trilby« von Charles Nodier), ein berühmter Tenor seiner Zeit, aber auch ein leidenschaftlicher Verehrer der Tanzkunst, hat »La Sylphide« ganz ausdrücklich der Taglioni »auf den Leib« geschrieben (so wie er vier Jahre später für Fanny Elßler das Ballett »Hinkender Teufel« schrieb). Die Musik komponierte *Jean Schneitzhœffer,* ein aus dem Elsaß stammender Violinist. Außer der »Sylphide« hat er die Ballette »Venus und Mars« und »Sturm« für Fanny Elßler komponiert. Filippo Taglioni wurde zu »La Sylphide«, das die Epoche des romantischen Balletts der Geisterwesen einleitete, durch das von ihm choreographierte Nonnen-Ballett in Meyerbeers Oper »Robert der Teufel« (1831) inspiriert.

Heute wird »La Sylphide« auf der ganzen Welt in der Version von August Bournonville (s. »Napoli«) getanzt. »Sylfiden«, wie der dänische Titel lautet, wurde am 28. November 1836 mit der Musik von Hermann Løvenskjold in Kopenhagen uraufgeführt. Bournonville hielt sich wohl weitgehend an das Taglionische Vorbild, das er kannte. Die Musik Løvenskjolds ist von der Schneitzhœffers nicht sehr wesentlich verschieden. Sie wurde durch originale schottische Volksweisen bereichert, die ihr gegenüber Schneitzhœffer mehr Lokalkolorit geben. Allerdings fehlt der große Pas de trois des I. Aktes in der Bournonville-Choreographie; der Charakter des Gurn ist bei den Dänen ins Komische übersetzt; die große Tradition der Mimen, die im dänischen Ballett seit über 200 Jahren gepflegt wird, hat aus der Rolle der Hexe Madge eine sogenannte »Bomben-Rolle« gemacht. Da im dänischen Ballett auch das Pantomimisch-Darstellerische zu großer Meisterschaft kultiviert worden ist, hat »La Sylphide« mit dem Waageprinzip von Danse d'action und Ballet pur gerade den Typus an Balletten inauguriert, der als das »Romantische Ballett« in Dänemark immer lebendig geblieben ist. »La Sylphide« wurde in den über hundertfünfzig Jahren nie vom Spielplan abgesetzt. Die erste dänische Sylphide war Lucile Grahn (1819–1907).

Mit »La Sylphide« begann die Ballett-Romantik überhaupt. In seiner Zweiteilung von erstem buntem Handlungsakt und zweitem weißem Tanzakt wurde es Vorbild für die meisten romantischen Ballette von »Giselle« (s. d.)

bis »Schwanensee« (s. d.). In den choreographischen Einrichtungen von Elsa-Marianne von Rosen, Erik Bruhn und vor allem Peter Schaufuss hat »La Sylphide« auch im gegenwärtigen Repertoire einen festen Platz erobert.

Les Sylphides (Chopiniana)

Klassisches Ballett in einem Akt. Idee: Michail Fokine; Musik: Frédéric Chopin (Klavierstücke, instrumentiert von Alexander Glasunow, Maurice Keller u. a.); Ausstattung: Léon Bakst und Alexandre Benois; Choreographie: Michail Fokine; Uraufführung: St. Petersburg, 10./23. Februar 1907 (erste Version); 8./21. März 1908 (Jul./Greg. Kalender; zweite Version); Westeuropäische Erstaufführung: Diaghilews Ballets Russes, Théâtre du Châtelet, Paris, 2. Juni 1909.

Personen: Drei Ballerinen; ein Danseur noble; Corps de ballet (nur Tänzerinnen).

Prélude A-Dur op. 28, Nr. 7 (Andantino): Die Szene zeigt ein Waldstück mit einer mittelalterlichen Ruine. Mondnacht. Man sieht, zu einem Tableau gruppiert, die Sylphiden im romantischen Kostüm (s. »La Sylphide«) und den Danseur noble als Poeten in Schillerkragen, schwarzem Samtwams und weißen Trikothosen (ursprünglich Polonaise A-Dur).

Nocturne As-Dur op. 32, Nr. 2 (Moderato): Die vier Solisten und Corps de ballet.

Ges-Dur-Walzer op. 70, Nr. 1 (Molto vivace): Variation der lyrischen Ballerina.

C-Dur-Mazurka op. 33, Nr. 2 (Vivace): Variation der brillanten Ballerina (Primaballerina).

C-Dur-Mazurka op. 67, Nr. 3 (Allegretto): Variation des Danseur noble (in der UdSSR C-Dur-Mazurka op. 33, Nr. 3).

Prélude A-Dur op. 28, Nr. 7 (Andantino): Variation der dritten Ballerina.

cis-Moll-Walzer op. 64, Nr. 2 (Tempo giusto): Pas de deux der Primaballerina und des Danseur noble.

Es-Dur-Walzer op. 18, Nr. 1 (Vivo): Die vier Solisten und Corps de ballet.

»Les Sylphides« läßt sich schwer nacherzählen. Es knüpfte sowohl an »La Sylphide« (s. d.) wie an »Schwanensee« (s. d.; Iwanows Einbeziehung des Corps de ballet in die Soli, Pas de deux, Pas de trois usw. der Solisten) an. Zugleich war »Les Sylphides« das letzte Ballet blanc und das erste abstrakte, handlungslose Ballett. Es ist eine Choreographie, die ganz dem Tanz verschworen ist. Darüber hinaus ist es ein Kunstwerk von äußerster Zerbrechlichkeit. Es bedarf der besten Tänzer, um voll zur Wirkung zu kommen.

Aber was zu »Les Sylphides« gesagt werden muß, hat der erste große Choreograph unseres Jahrhunderts, *Michail Fokine* (s. »Carnaval«), selbst am besten gesagt (»Memoirs«):

»Für eine Wohltätigkeitsvorstellung in Petersburg choreographierte ich 1907 einige kurze Stücke von Chopin, darunter den von Glasunow instrumentierten cis-Moll-Walzer. Ich wählte diesen Walzer, weil ich ein Ballett auf der Spitze und in den langen Tutus der Taglioni-Epoche machen wollte und die meisten anderen Walzer zu sehr Charaktertanz verlangen. Dadurch ermutigt, schuf ich dann im März 1908 für eine Vorstellung des Marientheaters meine ›Zweite Chopiniana‹. Ich beabsichtigte, mit diesem Ballett den unberechtigten Vorwurf zurückzuweisen, daß ich den Tanz auf der Spitze ablehnte. Tatsächlich hatte ich sehr wohl ein Verhältnis zum Spitzentanz, aber ich verstand ihn anders als meine Zeitgenossen. Meine Konzeption für dieses Ballett fand ich während der Proben für die erste Version, als ich den cis-Moll-Walzer für Pawlowa und Oboukhow choreographierte. Das neue Ballett war in seiner Grundsubstanz eine sorgfältig ausgearbeitete Weiterentwicklung des gleichen Walzers und die Wiederholung des früheren Versuchs in einem größeren Rahmen. Ich kam zu der Überzeugung, daß das Ballett und der Spitzentanz in dem Streben nach immer akrobatischeren Kunststücken die Wirkung eingebüßt hatten, die ihre Erfinder ihnen zugedacht hatten. Wenn ich die Fotos und Lithographien von Ballerinen der romantischen Periode – Taglioni, Grisi, Cerrito u. a. – betrachtete, wurde mir klar, daß ihre Art zu tanzen äußerst verschieden von der unserer Zeit war. Für sie war das Ziel des Tanzes nicht die Demonstration physischer Kraft, sondern die Vermittlung reiner Poesie. Es ist leicht, den ungeheuren Unterschied zwischen der romantischen und unserer Periode des Balletts zu erkennen, wenn wir die bildlichen Darstellungen miteinander vergleichen. In meiner ›Huldigung an die Romantik‹, wie ich meine neue Chopiniana nannte, versuchte ich dem Ballett Attribute aus der Zeit seiner höchsten Entfaltung zurückzugewinnen. Wie tanzten unsere Vorgänger? Ich weiß es nicht genau, und niemand kann es genau wissen. Aber wenn meine Imagination ein Kriterium ist, dann war ihre Art zu tanzen genau die meiner ›Chopiniana‹.

Die Reihe der Solonummern und Ensembles zu kurzen Klavierstücken von Chopin wurden von Maurice Keller instrumentiert. Außerdem fügte ich den von Glasunow instrumentierten Walzer der ersten Version hinzu. In der Absicht, Geld zu sparen, wurden die Kostüme nach einer besonders sparsamen Methode hergestellt. Von alten Ballettkostümen trennten wir die längsten Tutus ab, fügten zusätzliche hinzu und nähten sie mit den Miedern zusammen. Der Stil der Kostüme hielt sich an die Entwürfe, die Bakst im Vorjahr für Pawlowa gemacht hatte. Das Ergebnis war so, daß das Corps de ballet aussah wie kein anderes vorher: ich war von lauter Taglionis umgeben.

Die Besetzung war glorios: Anna Pawlowa, Olga Preobrajenska, Tamara Karsawina und Waslaw Nijinsky.

Pawlowa flog in der Mazurka über die Bühne. Obwohl sie nicht besonders hoch sprang, befähigten sie ihre ganze Haltung, ihr gertenschlanker Körper – kurz, ihr Talent – dazu, den Eindruck des Fliegens hervorzurufen. Sie hatte den Unterschied zwischen Springen und Schweben überwunden, etwas, was man nicht lernen kann.

Karsawina tanzte den Walzer. Ich glaube, daß der tänzerische Stil von ›Les Sylphides‹ ihrem Talent besonders entgegenkam. Sie besaß weder die Schlankheit noch die Leichtigkeit der Pawlowa, aber in ›Les Sylphides‹ vermittelte sie eine äußerst seltene romantische Ausstrahlung, wie ich sie kaum noch bei anderen Darstellern angetroffen habe.

Das Prélude wurde von Preobrajenska getanzt. Ich machte darin von ihrer ungewöhnlichen Balance-Fähigkeit Gebrauch. Sie schien mit der Spitze auf dem Bühnenboden förmlich anzufrieren, und in einer Choreographie ohne Sprünge war dies genau die Fähigkeit, um den Eindruck des Schwerelosen zu vermitteln.

Ich bin geneigt zu glauben, daß Nijinskys Rolle in ›Les Sylphides‹ eine von seinen besten war.

Dem Ballett liegt kein Libretto zugrunde. Es war das erste handlungslose Ballett. Aber Nijinskys Partie darin würde ich immer als Rolle bezeichnen und nicht als einen rein tänzerischen Part, da sie nicht nur aus einer Folge von Schritten besteht. Er war hier kein Tänzer mit großem Sprungvermögen, sondern die Personifikation einer poetischen Vision. Die Rolle verlangt einen Jüngling, einen Träumer, der den schönen Dingen des Lebens zugewandt ist. Es ist völlig unmöglich, die Bedeutung dieser Rolle und dieses Balletts exakt zu beschreiben. Bei verschiedenen Anlässen hatte ich Gelegenheit, eine Inhaltsangabe von ›Les Sylphides‹ zu verfassen. Ich kenne viele Kritiken von Leuten, die über eine größere Wortgewandtheit als ich verfügen, ich habe in Programmheften manche Beschreibungen aus der Feder von Experten gelesen – aber ich habe niemals eine zufriedenstellende Erläuterung dieses Balletts gefunden.

Wenn ich mir die willkürlichen Änderungen ins Gedächtnis zurückrufe, die in den letzten dreißig Jahren an diesem Ballett vorgenommen wurden, so muß ich daraus den Schluß ziehen, daß viele Tänzer und Ballettmeister ›Les Sylphides‹ immer noch nicht begriffen haben. Bis heute erscheint es allzu leicht. Natürlich ist der Tanz zeitweilig in der Lage, etwas klar auszudrücken, was in Worten nicht ausgedrückt werden kann. Aber um die besondere, die verborgene Bedeutung eines Tanzes zu begreifen, dazu bedarf es einer besonderen tänzerischen Spiritualität. Die männliche Rolle in ›Les Sylphides‹ ist ein Poet, grundlegend unterschieden von den üblichen Männerrollen in den Balletten seiner Entstehungszeit. Es war vorher üblich, daß in allen Männervariationen Double tours en l'air enthalten waren und daß sie mit einer Préparation und einer Pirouette endeten. Der grundsätzliche Unterschied zwischen dem neuen und dem alten klassischen Tanz jedoch lag in dem Wert, der dem Ausdruck beigemessen wurde. Vorher war sich der Tänzer in allen seinen Bewegungen bewußt, daß er zum Vergnügen eines Publikums tanzte, sich selbst zur Schau stellend, indem er zu sagen schien: ›Seht her, wie gut ich tanze!‹ Dies war die eigentliche Substanz in den alten Balletten. Deshalb sah ich mich veranlaßt, auf jeder neuen Probe von ›Les Sylphides‹ zu den Tänzern etwa zu sagen:

›Tanzt nicht für das Publikum, stellt euch nicht selbst zur Schau, bewundert euch nicht selbst. Schaut nicht auf euch, sondern bemüht eure Phantasie, um die euch unsichtbar umgebenden Elementarwesen, die ätherischen Sylphiden, zu erblicken. Bewundert sie, greift nach ihnen, wenn ihr tanzt. Diese Augenblicke des Eintauchens in eine phantastische Welt bestimmen die Bewegungen und den Ausdruck des Balletts.‹

Ich choreographierte ›Les Sylphides‹ in drei Tagen. Es war ein Rekord für mich. Niemals habe ich an diesem

Ballett etwas geändert und noch heute, nach 30 Jahren, erinnere ich mich jeder, auch der geringsten Phase des choreographischen Ablaufs.

Die ›Zweite Chopiniana‹ hatte ihre Premiere in Rußland und wurde später unter dem Namen ›Les Sylphides‹ ohne jede Änderung der Choreographie in Westeuropa aufgeführt. Seitdem wurde das Ballett ein Standardwerk im Repertoire jeder großen Compagnie in der ganzen Welt.«

In Rußland wurde stets der ursprüngliche Titel »Chopiniana« beibehalten. Übrigens nahm Galina Ulanowa am 29. Dezember 1960 mit dieser Fokine-Choreographie im Bolschoi-Theater von Moskau ihren Abschied von der Bühne.

Sylvia oder: Die Nymphe der Diana

Ballett in drei Akten (5 Szenen). Libretto: Jules Barbier und Baron von Reinach; Musik: Léo Delibes; Choreographie: Louis Mérante; Ausstattung: Jules Chéret, Auguste-Alfred Rubé, Philippe-Marie Chaperon; Kostüme: Eugène Lacoste; Uraufführung: Théâtre National de l'Opéra, Paris, 14. Juni 1876. (Dauer: abendfüllend.)

Personen: Diana; Sylvia, eine Nymphe der Diana; Eros; Amyntas, ein Schäfer; Orion, der Schwarze Jäger; ein anderer Schäfer; Landvolk; Nymphen; Satyrn; Najaden; Dryaden; Bacchanten; Bacchus-Priester; Sklaven; Schiffer etc.

I. Akt: Ouvertüre (Moderato maestoso). Faune und Dryaden tanzen zur Morgenstunde um ein Standbild des Gottes Eros. Sie werden von dem Schäfer Amyntas verjagt, der an dieser Stelle einmal eine als Jägerin verkleidete Nymphe belauscht hat, die er gerne wiedersehen möchte. Zum Klang eines Hornes (Allegretto animato) tritt Sylvia mit ihren Nymphen-Schwestern auf, die sich dem Dienst der Göttin Diana geweiht haben. Sie baden im Bach, während Sylvia auf einem Ast über dem Wasser sitzt. Sie wird nicht nur von Amyntas beobachtet, sondern auch von Orion, dem mythischen Jäger.

Amyntas wird entdeckt. Sylvia richtet den Bogen auf ihn, aber da ihr das Opfer zu gering erscheint, lenkt sie den Pfeil auf die Eros-Statue. Er trifft zwar Amyntas, der sich schützend vor das Götterbild geworfen hat. Dennoch rächt sich Eros, indem er seinen Pfeil in Sylvias Herz lenkt. Sie tut so, als sei nichts geschehen. Die Nymphen eilen davon.

Burschen und Mädchen kommen und opfern Eros Wein und Früchte. Tanzend ziehen sie aufs Feld zur Ernte. Nur ein junger Hirt bleibt zurück, der sich versteckt, als Orion erscheint und befriedigt feststellt, daß sein Nebenbuhler Amyntas schon aus dem Weg geräumt ist. Orion will die Nymphe Sylvia besitzen. Als die Halbgöttin zurückkehrt, fängt er sie mit einer goldenen Schlinge und schleppt sie davon.

Der junge Hirt ruft seine Freunde zu Hilfe. Amyntas wiederzubeleben gelingt ihnen nicht. Ein weiser Mann kommt hinzu, drückt Amyntas eine Rose auf den Mund und holt ihn so ins Leben zurück. Der Weise bestärkt ihn in seiner Absicht, Sylvia zu suchen und zu befreien.

II. Akt: In Orions Höhle. Der Jäger bewacht die schlafende Nymphe, die, als sie erwacht, vergeblich zu fliehen versucht. Orion gesteht Sylvia seine Liebe, die so entschieden zurückgewiesen wird, daß der ungeschlachte Jäger nicht weiß, was er tun soll. Sylvia weiß Rat. Sie macht den unglücklichen Orion während eines von ihr geforderten Bacchanals so trunken, daß er einschläft. Der großmütige Eros hilft ihr dann, aus der Höhle in die Arme Amyntas' zu fliehen.

III. Akt, 1. Bild: Ein Hain am Gestade des Sees, im Hintergrund das Heiligtum der Diana. Der ahnungslose Amyntas ruft Bacchus um Hilfe an. Bacchanten und Bacchantinnen tanzen und opfern ihrem Gott (Moderato ben marcato). Ein Schiff legt an. Es ist Eros in Gestalt eines Piraten, der Amyntas auf die Probe stellen will. Er läßt höchst verführerische Sklavinnen vor dem Jüngling tanzen (die berühmte Pizzicato-Polka). Aber Amyntas hat nur Augen für eine, die, als er ihren Schleier lüftet, Sylvia ist. Die von Eros glücklich vereinten Liebenden tanzen einen Pas de deux. Da erscheint der rasende Orion. Sylvia flieht entsetzt in den Tempel der Diana. Amyntas will sich dem Jäger entgegenstellen. Doch der wendet sich dem Tempel der Diana zu.

2. Bild: Im Innern des Diana-Tempels. Sylvia kniet neben Diana. Die Göttin steht mit gespanntem Bogen und erwartet den Eindringling, der das Tempeltor mit der Axt zerschlägt. Als Orion kommt, bricht er, vom Pfeil Dianas durchbohrt, zusammen. Diana fordert von der Nymphe Rechenschaft. Sylvia gesteht, daß Eros sie verwundet habe; Eros erinnert Diana daran, daß auch sie einmal Endymion geliebt habe.

Diana vergibt Sylvia, daß sie den Schwur, nie zu lieben, gebrochen hat. Begleitet von Eros kehrt Diana auf ihren Götterthron zurück. Die Nymphen der Diana huldigen den versöhnten Gottheiten. Sylvia und Amyntas vereinigen sich im Liebestanz, an dem sich die ländliche Jugend voll Freude beteiligt.

Die Idee zu dem Ballett »Sylvia« bezogen die Librettisten – *Jules Barbier* (1822–1901; von ihm stammen auch bekannte Opernlibretti, z. B. Thomas' »Mignon« und Gounods »Margarethe«) und der *Baron Reinach,* ein Ballett-Enthusiast – aus Tassos Dichtung »Aminta«. Freilich ist die verschnörkelte Handlung mit vielen, tänzerisch kaum ausdrückbaren Nebenmotiven belastet (vorausgesetzt wird u. a. die Kenntnis, daß Diana als die jungfräuliche Göttin von ihren Dienerinnen, den Nymphen, Keuschheit verlangte). Es nimmt also nicht wunder, daß »Sylvia« nicht im gleichen Maße erfolgreich war wie vorher »Coppélia« (s. d.).

Louis Mérante (1828–87), der lange Jahre als Jeune premier an der Pariser Oper tanzte – er war als 48jähriger der erste Darsteller des Jünglings Amyntas, die Titelrolle wurde von Rita Sangalli kreiert –, hat als Choreograph eine Reihe von Balletten geschaffen, die an der Pariser Oper für Dezennien Bestand hatten, darunter vor allem »Sylvia« (zehn Jahre später gelang ihm noch ein Wurf mit den »Deux Pigeons«, die Ashton [s. »Façade«] für das Londoner Royal Ballet mit Lynn Seymour und Christopher Gable in den Hauptrollen rekonstruiert hat).

»Sylvia« ist nicht in der Originalchoreographie überliefert und wurde darum immer wieder neu inszeniert, so von Léo Staats, Albert Aveline und Lifar (s. »Phèdre«). In St. Petersburg haben zwei der großen russischen Ballettmeister, Lew Iwanow (s. »Nußknacker«) und Pavel Gerdt, eine wirkungsvolle Choreographie geschaffen, die heute noch in Rußland aufgeführt wird. 1922 rekonstruierte Heinrich Kröller an der Berliner Staatsoper »Sylvia«. Im Programm des Londoner Sadler's Wells Ballet gibt es seit 1952 eine Neufassung von »Sylvia« in Frederick Ashtons Choreographie; die Handlung ist, was der Barbier-Reinachschen Vorlage gut bekam, sehr vereinfacht. László Seregis Version (Budapest, 1972) gilt heute als die beste. Sie wird von vielen Ensembles getanzt.

Das Ballett wird dennoch relativ selten aufgeführt. Gleichwohl hat sich George Balanchine (s. »Agon«) nachdrücklich dafür eingesetzt, weil die Musik *Léo Delibes'* (s. »Coppélia«) im 19. Jahrhundert nicht nur eine Ausnahme gewesen sei, sondern auch Tschaikowsky (s. »Dornröschen«) beeinflußt und noch bis Strawinsky (s. »Agon«) fortgewirkt habe.

Symphonic Variations

Klassisches Ballett in einem Akt. Musik: César Franck; Choreographie: Frederick Ashton; Ausstattung: Sophie Fedorovitch; Uraufführung: Sadler's Wells Ballet (heute Royal Ballet), Royal Opera House, Covent Garden, London, 24. April 1946.

Dieses klassische Ballett ohne Handlung folgt den formalen Strukturen und den Stimmungen der »Sinfonischen Variationen für Klavier und Orchester« von *César Franck.* Einige Tänzer spiegeln den Rhythmus und die Brillanz des Soloinstruments, andere folgen den Impulsen des Orchesters.

Solisten der Uraufführung waren Margot Fonteyn und Michael Somes.

»Symphonic Variations« gilt bis heute vielen seiner Verehrer als das eigentliche Meisterwerk *Frederick Ashtons* (s. »Façade«). Margot Fonteyn schätzt an Ashtons Choreographie vor allem sein Eingehen auf die Gesamtbedeutung des Werkes:

»Ashtons Musikalität ist von einer besonderen Art, die nicht so sehr auf den mathematischen Aspekt jeden Taktes beschränkt ist (der ihn eigentlich eher langweilt), sondern mehr auf die Linie, die Farbe und die Gesamtbedeutung des Werkes eingeht. Das erklärt wahrscheinlich auch die außerordentliche Spannweite seiner Schöpfungen. Um mich auf einen einzigen Stil zu beschränken, würde ich sagen, daß ›Symphonic Variations‹ das am vollständigsten befriedigende Beispiel in Bewegung übersetzter Musik ist. Die Choreographie ist vollkommen abstrakt, dennoch ist das Ballett insgesamt viel mehr als die Summe seiner Schritte: es hat eine undefinierbare Bedeutung, die aus der Inspiration des Komponisten geboren scheint. Viele seiner Pas de deux erwecken den gleichen Eindruck. Arabesquen und Pirouetten sind erfüllt von einer unerklärlichen Bedeutung, weil sie, wie durch ein natürliches Gesetz, aus der Musik hervorgehen. Und zu Hebungen, die so oft bloß um des spektakulären Effektes willen angewandt werden, kommt es bei ihm nur, wenn sie die choreographische Linie erfordert – was natürlich ihre Wirkung erhöht. Mir scheint, daß das Genie von Ashtons Choreographie in seiner Fähigkeit liegt, das auszudrücken, was nicht in Worten gesagt werden kann. Es forscht nach dem Wesen der Musik und fließt direkt aus der Musik – in jener scheinbaren Einfachheit, die nur wirklich großer Kunst eignet.«

Nicht nur Margot Fonteyn, auch Michael Somes hat sich darüber geäußert, worauf der Erfolg des Choreographen Frederick Ashton beruht: »Oftmals hatte ich als Tänzer das Glück, bei den allerersten Begegnungen mit seinem Mitarbeiter, dem Komponisten der Musik, dabei zu sein. Ob es sich nun um eine speziell in Auftrag gegebene Partitur oder um ein Arrangement zu einer bereits existierenden Musik handelt: Ashton gibt eine großzügige Andeutung der Erfordernisse der Handlung. Erstens besitzt er einen sehr sicheren Sinn für die Zeit, die nötig ist, eine Atmosphäre zu schaffen, und die Erfordernisse der dramatischen Aktion. Zweitens hat er ein sehr genaues Gefühl für die visuellen Grenzen des Publikums, wieviel und wie lange es etwas aufnehmen kann, ohne sich zu langweilen. Das Ausruhen ist ihm ebenso wichtig wie ein aufregender Höhepunkt; und doch weiß er andererseits genau, wann bei gegebener Gelegenheit eine Handlungsformel zu wiederholen ist. Er wird eine Bewegung vorsätzlich verlangsamen, wenn es darauf ankommt, daß ihr eine Geschwindigkeitsschaustellung folgt, um den Kontrast zu erhöhen. In ähnlicher Weise wird er den Auftritt eines Solisten durch Intensivierung oder Verminderung der Handlung des Corps de ballet aufbauen. Ebenso wird er die Kleinheit einer Bewegung für angebracht halten, wenn er später wünscht, einer größeren Bewegung Gewicht zu verleihen.«

Symphonie in C (Palais de Cristal)

Klassisches Ballett in vier Sätzen. Musik: Georges Bizet; Choreographie: George Balanchine; Ausstattung: Léonor Fini; Uraufführung: Théâtre National de l'Opéra, Paris, 28. Juli 1947.

1. Satz (Allegro vivo): Der Vorhang hebt sich noch vor dem Einsetzen der Musik. Zwei kleine Mädchengruppen beginnen mit dem ersten Ton zu tanzen. Wenn das Orchester das erste Thema spielt und es wiederholt, tanzen die beiden Gruppen gegeneinander. Sie folgen den Bewegungen ihrer Solisten. Die Ballerina erscheint, wenn das zweite Thema durch Oboe und Streicher angekündigt wird. Sie tanzt mit rhythmischen, offenen Bewegungen zur Rampe hin, dreht sich graziös und balanciert einen Augenblick lang, da sie auf das Thema wartet, um von neuem zu beginnen. Nun wird ihr Tanz lebendig. Sie dreht schnelle Pirouetten. Als die beiden Solisten sich mit ihr vereinen, hält sie noch einmal die Balance und geht ab.

Das Orchester nimmt das erste Thema wieder auf. Hörner bilden den kurzen Übergang. Zwei Jungen kommen auf die Bühne und unterstützen die Solisten. Die Ballerina kehrt in Begleitung ihres Partners zurück, tanzt um die Bühne herum, verharrt im Hintergrund und führt das Ensemble an, sobald das erste Thema des Satzes zu hören ist. Mit dem letzten Ton verharrt sie in einer anmutigen Pose.

2. Satz (Adagio): Das Corps de ballet bewegt sich langsam zu dem Einleitungsteil. Eine zweite Ballerina tritt mit ihrem Partner auf, wenn das sanfte Hauptthema dieses Satzes auf der Oboe erklingt. Die Ballerina wird ein wenig emporgehoben, wobei sie langsame Bewegungen ausführt. Dann wird sie hoch in die Luft gehoben. Ihre Beine beschreiben schwungvolle Bogen. Bei ihren langsamen Hebungen und in ihrer Pose wird sie von ihrem Partner unterstützt. Das Corps de ballet schart sich um sie. Mit dem Ende des Satzes fällt die Ballerina zurück in die Arme ihres Partners.

3. Satz (Allegro vivace): Zu der lebhaften Musik tanzen sechs Mädchen aus dem Corps de ballet nach vorne. Zwei Paare verbinden sich und hüpfen über die Bühne. Schließlich treten die dritte Ballerina und ihr Partner auf. Sie umtanzen die Bühne in großen Sprüngen. Sie kommen zusammen, drehen in der Luft Pirouetten und laufen zurück in die

Kulissen. Schon bald kehren sie wieder, wiederholen ihren Tanz und führen das Corps de ballet an. Der Junge hebt die Ballerina, läßt sie wieder sinken und stößt sie zur Rampe hin. Wenn die Schlußtakte erklingen, kommt die gesamte Gruppe zusammen. Beim letzten Ton kniet das Corps. Die Ballerina wird in einer graziösen Pose gehalten.

4. Satz (Allegro vivace): Im letzten Satz verbinden sich die Solisten der ersten drei Sätze mit der vierten Ballerina und ihrem Partner zu einer heiteren Darbietung ihres Könnens, die manchmal den Eindruck eines Wettkampfes macht. Die vierte Ballerina mit ihrer Gruppe tanzt zuerst. Ihnen folgt die Ballerina des ersten Satzes, begleitet von ihrem Corps de ballet. Die Ballerina des Adagio-Satzes erscheint als nächste, dann die des dritten Satzes. Die 32 Mädchen, die die vier Corps bildeten, stehen nun an den Seiten und im Hintergrund der Bühne. Alle vier Ballerinen tanzen in der Mitte der Bühne und führen die gleichen brillanten Schritte aus. Ihre Partner kommen hinzu. Hinter ihnen tanzt die 2. Garde der Solisten. Am Ende kommen alle 48 Tänzer – Solisten und Corps de ballet – zu einem glänzenden Finale zusammen.

»Symphonie in C« (in Deutschland auch »Sinfonie in C«) wurde von *Balanchine* (s. »Agon«) während seines Besuches als Gast-Choreograph 1947 in Paris geschaffen. Balanchine selbst sagt, er habe die Choreographie innerhalb von zwei Wochen gestellt. Nichtsdestoweniger ist »Symphonie in C« eines der schönsten, tänzerischsten, musikalischsten Ballette, die Balanchine je choreographiert hat. Die Choreographie basiert auf der gleichnamigen, genialen Sinfonie von *Georges Bizet* (s. »Carmen«), die er im Alter von nur 17 Jahren komponiert hat. Die Tänzer tanzen in klassischen Ballettkostümen vor blauem Hintergrund.

Solisten der Uraufführung waren u. a. Lycette Darsonval, Tamara Toumanova und Michel Renault.

La Symphonie pour un Homme Seul

(Die Sinfonie eines einsamen Menschen)

Ballett mit konkreter Musik von Pierre Henry und Pierre Schaeffer; Choreographie: Maurice Béjart; Uraufführung: Ballets de l'Étoile, Théâtre de l'Étoile, Paris, 26. Juli 1955.

Personen: Sie; der Mensch; die Anderen.

»Wie soll man antworten auf das Lärmen der Menge? ... Mit Violinen? Mit Oboen? Und welches Orchester könnte sich rühmen, jenen anderen Schrei auszugleichen, den unterdrückten Schrei des Menschen in seiner Einsamkeit? Verzichten wir also auf die Eigenart des Cellos, das zu träge ist für seine kollektive Angst. Schritte, Stimmen, alltägliche Geräusche mögen genügen ...

Schritte bedrängen ihn, Stimmen durchdringen ihn, Laute, die Liebe oder Krieg bedeuten, das Zischen der Bomben oder die Melodie eines Liedes.

Der moderne Tänzer gebe sich einfach, ohne Verkleidung, ohne Pauken und Trompeten. Sein Tanz entspringe der wahren Tiefe seines Herzens und er wird überzeugen.« (Pierre Schaeffer.)

In der Mitte der dunklen Bühne, unter einem aus dem Schnürboden herabhängenden Seil, steht der Mensch, von fahlem Licht umflossen. Allmählich wird es heller. Der Hintergrund wird zum transparenten hellblauen Horizont. Über den Bühnenboden legt sich ein Teppich aus bunten Lichtmustern. Die bisher zu hörenden Pauken- und Trommelschläge werden von undefinierbaren Klopfgeräuschen und undeutlichen Rufen abgelöst. Dann stößt der Mensch einen langen unartikulierten Schrei aus (»der unterdrückte Schrei des Menschen in seiner Einsamkeit«). Der folgende kurze Tanz ist lasziv in der Art eines orientalischen Bauchtanzes.

Der Mensch hüpft von einem Bein aufs andere (Pfeiftöne). Er weiß offenbar nicht, was er anfangen soll: Er schüttelt den Kopf, zuckt mit den Schultern. Er schreit zum zweitenmal. Seine Haltung ist jetzt verkrampft, verzweifelt. Er schlingt das Seil um seinen Arm und hängt sich hinein. Die Musik (Klavier) steigert sich in der Tonhöhe. Sie bricht ab. Stille.

Dumpfer Gong- oder Glockenschlag. Die Anderen (sieben Mädchen in blau-grauen Maillots) treten auf. Ihr Tanz wird durch starke Hüftbewegungen akzentuiert. Schließlich bilden zwei Mädchen mit ihren Armen ein Tor. Die anderen Mädchen tanzen hindurch. Der Mensch versucht mehrmals vergeblich, es ihnen gleichzutun. Vier Jungen in schwarzen Trikots kommen hinzu. Mädchen und Jungen tanzen miteinander.

Von vereinzelten Stimmen angekündigt, tritt Sie auf (schwarzes Maillot). Mit hohen, weiten Schritten, Lustseufzer ausstoßend (»Schritte bedrängen ihn, Stimmen durchdringen ihn, Laute, die Liebe oder Krieg bedeuten...«), kommt Sie auf den Menschen zu. Er weicht zurück, fällt zu Boden, erhebt sich wieder. Beide gehen mit ausgestrecktem Arm und Zeigefinger aufeinander zu. In dem Augenblick, in dem sich ihre Fingerspitzen berühren, entlädt sich ein Blitz. Der Mensch will Sie umarmen. Sie aber entzieht sich ihm, spielt nur mit ihm, schreibt dann – weit vornübergebeugt – Buchstaben auf den Boden. Die Spannung zwischen ihnen löst sich allmählich. Sie scheinen sich mit Kreisbewegungen der Arme zu verständigen. Sie tanzen miteinander. Dann aber stößt Sie ihn wieder zurück. Er schlägt Sie. Sie flieht. Er bleibt allein zurück (Glocken und Klavier), dreht sich um sich selbst.

Er kehrt zum Seil zurück. Eine Stimme singt eine orientalisch anmutende Melodie (»die Melodie eines Liedes«). Mit einem Explosionsgeräusch (»das Zischen der Bomben«) erscheinen wieder die Mädchen. Sie bilden einen Halbkreis um ihn und legen sich auf den Boden. Er schreitet über jede einzelne hinweg. Jedes Mädchen läßt hinter ihm einen Arm kreisen.

Sie kehrt lachend zurück. Auch die Jungen treten wieder auf. Alle laufen und gehen durcheinander. Durch Licht- und Scheinwerfereffekte werden ihre Schatten zum Teil überdimensional auf die Rückwand geworfen. Die Paare finden sich. Der Mensch findet zu Ihr zurück. Jungen und Mädchen ab. Der Mensch und Sie bleiben allein zurück. Sie tanzen wieder miteinander. Dann stellt er Sie hin wie eine Puppe und bewegt Sie wie eine Puppe, stößt Sie in die Rumpfbeuge, verschränkt ihre Arme, und richtet Sie wieder auf. Da stößt Sie ihn erneut zurück.

Alle Mädchen und Jungen kehren auf die Bühne zurück. Sie bilden einen Halbkreis um den Menschen. Sie kommen in der Mitte zusammen. Mit ausgestreckten Armen legen alle ihre Hände aufeinander. Obenauf ruht ihre Hand. Er rennt herbei und legt seine Hand auf ihre Hand. Im gleichen Augenblick reißen alle ihre Arme wieder hoch. Sie weist auf das Seil. Er ergreift es, zieht sich an ihm hoch und erhängt sich.

Dieses »Der einsame Mensch« überschriebene Ballett ist ein Porträt Maurice Béjarts. Die Identifizierung des Begriffs mit einer bestimmten Person kommt nicht von ungefähr. Béjart (s. »Lieder eines fahrenden Gesellen«) gehört einer Generation an, die sich im »Einsamen Menschen« wiedererkannte. Sein Vater, Gaston Berger, war Professor und Husserl-Schüler. Er selbst hat Philosophie studiert . . .

Béjart hat das Ballett selbst zusammen mit Michèle Seigneuret getanzt. 1956 wurde die Choreographie, die auch heute noch vom Brüsseler Ballet du XXe Siècle ebenso wie von anderen Ensembles interpretiert wird, fürs Fernsehen aufgezeichnet.

The Tempest (Der Sturm)

Ballett in zwei Teilen nach Shakespeares »Sturm«. Libretto: Glen Tetley; Musik: Arne Nordheim; Choreographie: Glen Tetley; Bühnenbild und Kostüme: Nadine Baylis; Beleuchtung: John B. Read; Projektionen: Malcolm Hoare; Uraufführung: Ballet Rambert, Rokokotheater Schwetzingen, 3. Mai 1979. (Dauer: abendfüllend.)

Personen: Prospero; Miranda; Ariel; Caliban; Ferdinand; Sycorax; Alonso; Antonio; Sebastian; Trinculo; Stefano; Juno; Ceres; Isis; Mountain, Silver, Fury, Prosperos Hunde; Nymphen; Meerjungfrauen; Geister; der Hof von Mailand.

I. Teil: Eine einsame Insel, die früher von Sycorax, einer bösen Hexe, beherrscht worden ist. Von einem Sturm hierher verschlagen, hat sie einem Sohn das Leben geschenkt: Caliban, ein Wesen, halb Mensch, halb Tier. Ebenfalls von einem Sturm auf die Insel verschlagen wurde Prospero, der rechtmäßige Herzog von Mailand, der einer Verschwörung seines Bruders Antonio zum Opfer gefallen ist und nur seine Tochter Miranda gerettet hat. Ariel ist der dritte Inselbewohner, ein Geisterwesen, sichtbar nur für Prospero und Sycorax. Er, der mächtige Herrscher über Wind und Wellen, weigert sich, Sycorax zu dienen. Sycorax rächt sich, indem sie ihn in einen knorrigen Baum stößt, von dem er sich nicht lösen kann. Prospero befreit Ariel und sichert sich so dessen Dienste. Auch für Caliban sorgt er zärtlich, bis er entdeckt, daß dieser in tierischer Unschuld die schöne Miranda wollüstig bedrängt. Caliban wird als Sklave gefesselt.

Miranda fragt Prospero, wie sie auf diese Insel gekommen seien, und Prospero erzählt von vergangenen Tagen. Erregung überkommt ihn bei der Erinnerung, doch Miranda läßt sein Bericht ungerührt. Sie schläft darüber ein.

Prospero gebietet nun Ariel, seinen Bruder Antonio und dessen Spießgesellen zusammen mit dem König von Neapel und dessen Hofstaat einem Sturm auszusetzen und sie dann an die Gestade der Insel werfen zu lassen. So kann er die Verschwörer in seine Gewalt bringen.

Ans Land geworfen, erliegt der König von Neapel einem Zauber Prosperos und sinkt in tiefen Schlaf, nachdem er sich vor Gram über den wahrscheinlichen Tod seines Sohnes Ferdinand in den Wellen fast verzehrt hat. Antonio will Sebastian, den Bruder des Königs, dazu überreden, den Schlafenden zu töten. Doch Ariel bewirkt, daß der König erwacht, bevor der tödliche Dolchstoß erfolgt.

Zu Caliban haben sich Trinculo, des Königs Hofnarr, und Stefano, ein stets betrunkener Kellermeister, gesellt. Caliban hat sich von Prosperos Fesseln lösen können, jedoch nur, um sich eigene anzulegen – Stefanos Flasche. Caliban versucht, Trinculo und Stefano zum Mord an Prospero anzustiften: dann könnte er die Herrschaft über die Insel antreten. Doch Prospero ist wachsam und vereitelt alle bösen Pläne.

Ferdinand, der Sohn des Königs von Neapel, ist nicht, wie sein Vater geglaubt hat, tot. Er war lediglich in Schwierigkeiten und hatte seinerseits den scheinbaren Tod des Vaters betrauert. Ariel hilft ihm und veranlaßt, daß Ferdinand zu Miranda geführt wird. Ihre Begegnung ist Liebe auf den ersten Blick.

II. Teil: Prospero ist bereit, seine Einwilligung zur Hochzeit zu geben, warnt jedoch Ferdinand davor, sich Miranda vor der Feier zu nähern. Der Augenblick kommt, da Prospero alle seine alten Feinde, denen er vergeben hat, um sich versammeln kann. Ferdinand und Miranda beim Schachspiel – eine Szene von symbolischer Bedeutung: Die Kinder der ehemaligen Feinde haben sich gefunden, von Prospero zusammengeführt wie Figuren auf einem Schachspiel. Prospero, der große Zauberer, kann jetzt seinen Zauberrock zusammenfalten. Er ruft die Göttinnen Juno, Ceres und Isis auf, die heilige, reine Verbindung zu segnen. Nymphen und Meerjungfrauen tauchen auf und vereinigen sich mit dem Paar in einem Erntetanz – himmlische Vision eines guten und harmonischen Lebens.

Aber plötzlich beendet Prospero das Schauspiel. Er enthüllt seine eigene Einsamkeit und die Gegensätzlichkeit von Jugend und Alter. Ariel versucht, Prosperos düstere Gedanken zu zerstreuen – Prospero zeigt seine Dankbarkeit, indem er Ariel die Freiheit schenkt. Nachdem er nun völlig allein ist, wendet er sich an das Publikum und bittet es seinerseits um Freiheit. (Nach Glen Tetley.)

Glen Tetley (s. »Embrace Tiger and Return to Mountain«), eher seiner abstrakten Arbeiten wegen geschätzt, verweigert sich dem Drama in keiner Weise. Er vollzieht vielmehr die Handlung, die Shakespeare entwickelt hat, mit beispielhafter Konsequenz. Ja, er geht sogar noch soweit, die Vorgeschichte, die Miranda in der 2. Szene des 1. Aktes aus dem Munde ihres Vaters erfährt, choreographisch nachzustellen. Da erscheint, phantastisch vermummt, die rotnäsige Sycorax, die sich des einsamen Eilands mit ekelerregender Gier bemächtigt und mit tentakelhaften Tuch-Armen nach möglichen Opfern tastet. Da geschieht die Geburt Calibans, den ein Teufel gezeugt, und mit Erschrecken beobachtet man, wie brutal die Hexe mit ihrem grotesken Geschöpf verfährt. Und da ereignet sich schließlich die Gefangennahme Ariels, den Sycorax in einen Baum bannt, bevor sie, in sich zusammensackend, wie ein schleimiges Ungeheuer aus der Vorzeit von der Bildfläche verschwindet.

Der Choreograph bleibt dem Werk nichts schuldig. Der Luftgeist treibt bei ihm tatsächlich seinen spöttischen Schabernack. Caliban lebt in dumpfer Einfalt seinen Trieben. Die Schiffbrüchigen verschlägt ein Schein-Sturm, nach der Art der Peking-Oper inszeniert, auf die Insel. Und Prospero, der melancholische Magier, ermöglicht mit seiner wissenden Allmacht nicht allein die Liebe zwischen Miranda und Ferdinand, sondern auch die Versöhnung mit seinen Widersachern.

Und dennoch wird Tetley bei aller Genauigkeit niemals banal. Weil er »The Tempest« immer als eines der großen

Naturstücke begreift, in dem ein ununterbrochener Bewegungsfluß sich ständig verändernde Situationen schafft, entzieht er sich simpler Konkretisierung. Wie in »Greening« (1975 in Stuttgart zu Musik von Arne Nordheim) verdichtet er lediglich die Choreographie wiederholt zu Tableaux, die sich dem Zuschauer als Handlungsimaginationen einprägen. Und diese Tableaux gelingen mit erstaunlicher Sinnfälligkeit und anschaulicher Prägnanz: der Reifeprozeß von Miranda etwa, die allmählich »sehend« wird; die neugierige Sinnlichkeit Calibans, die sich ein Ziel sucht; die anrührende Zartheit, mit der sich die Liebe der jungen Leute erfüllt; und die Phantasmagorie Prosperos, die in elisabethanischem Prunk Ceres, Juno und Isis als segnende Gottheiten in einem »lebend-Puppenspiel« zusammenzwingt.

Der Stoff, aus dem die Träume Tetleys sind: In »The Tempest« kommt er aus einem Bewegungsmaterial, das nicht mehr aus dem Fundus der Danse d'école stammt. Die Ausdrucksmittel speisen sich mehr aus den Ressourcen des Modern Dance und erlauben eine Vielschichtigkeit, die an seine besten Arbeiten, an »Embrace Tiger and Return to Mountain« (s. d.) oder »Pierrot Lunaire« (s. d.) erinnert. Gleichwohl verzichtet er nicht auf eindeutige Charakterisierungen. Jeder Person sind exakt determinierte Motionen als Motive zugeordnet.

Die Voraussetzungen dafür sind allerdings günstig. Denn Arne Nordheim (geb. 1931 in Larvik, Norwegen) errichtet ihm magische Musikräume, in denen sich Tetley heimisch fühlen muß. Die komplexen Klänge, die sich aus instrumentalen Live-Sequenzen eines großen Orchesterapparats, elektronischen Tonbandeinspielungen, historischen Zitaten (aus der Shakespeare-Zeit) und Vokalisen zusammensetzen, sichern nicht bloß authentische Stimmung. In ihrer Konturlosigkeit gewähren sie ihm auch eine choreographische Unabhängigkeit, die sich künstlerisch bezahlt macht. Tetley hat seinen »Tempest« später wiederholt mit den verschiedensten Ensembles erarbeitet.

Während Michael Smuin ein Jahr später für ein eigenes »Sturm«-Ballett in San Francisco eine neue Musik Paul Chiharas interpretierte, die sich wiederum auf Henri Purcell bezog, greift *Rudolf Nurejew* (s. »Manfred«) 1982 bei seinem »Tempest« (Royal Ballet London) auf Kompositionen Peter Tschaikowskys zurück: vor allem natürlich auf dessen gleichnamige sinfonische Fantasie nach Shakespeare, op. 18, aber auch auf Stücke aus der 1. und 3. Suite. Die Reaktionen auf sein einstündiges Werk waren unterschiedlich. Abgesehen vom Mangel an Klarheit beklagt Peter Williams beispielsweise »eine sich allzu sehr wiederholende Choreographie, vor allem bei den Ensembles«, konstatiert Jochen Schmidt in der »Frankfurter Allgemeinen Zeitung«: »›The Tempest‹ erzählt Shakespeares Fabel so einleuchtend nach, wie es der Tanzbühne überhaupt möglich ist, und die theatralischen Effekte eines illusionistischen Zaubertheaters sind ihm zum Teil brillant gelungen. Doch mehr noch: Nurejew versteht es, aus dem veralteten, partienweise verstaubten szenischen und choreographischen Material dramatische Funken zu schlagen. Wie Prospero die Elemente der Natur, bezwingt Nurejew die der Tanzbühne.«

Solisten des »The Tempest«, den Tetley in Schwetzingen uraufgeführt hat, waren Christopher Bruce, Lucy Burge, Gianfranco Paoluzi und Thomas Yang.

Tent (Zelt)

Lichtschau. Musik, Choreographie, Ausstattung, Beleuchtung: Alwin Nikolais; Uraufführung: The Dance Theater of Alwin Nikolais, University of South Florida, Tampa, 5. Juli 1968.

In keiner anderen Lichtschau (»Ballett« ginge am Wesentlichen vorbei) hat *Alwin Nikolais* seine Mittel so nahtlos miteinander verzahnt wie in »Tent«. Es ist nach wie vor sein Meisterwerk, in der die Utopie Wirklichkeit geworden ist. Es ist nicht genug zu sagen, daß die Tänzer in diesem Stück ein Zelt bauen und dann darin, darunter, darüber, durch es hindurch und darum herum tanzen. Hauptsache ist vielmehr, daß Nikolais diesen Vorgang mit traumschönen Projektionen in Landschaften verwandelt, die man nie vorher gesehen hat. Assoziationen an Tausendundeine Nacht, mehr aber noch an Szenen aus Science-fiction-Romanen stellen sich ein. Der Zusammenklang der Mittel ist so perfekt, so absolut präzise, daß man hinter allem einen Computer vermutet, der die Marionetten tanzen läßt. Theaterleute behaupteten denn auch, was Nikolais treibe, sei in Deutschland überhaupt nicht möglich, weil es monatelanger Proben bedürfe.

Sein Ensemble nennt sich »The Dance Theater of Alwin Nikolais« (New York). Aber das ist irreführend. Die Choreographie hat in dieser Art von Theater nur eine untergeordnete Bedeutung. Ebenso wie die elektronische Gebrauchsmusik. Und die Tänzer sind überhaupt nur als Teile des Ganzen, als ausführende Objekte zu betrachten. Hauptsache ist, daß sich etwas bewegt in bunten Lichtschleiern, die zauberhaft und psychedelisch sind (freilich war Nikolais schon »psychedelisch«, als es das Wort noch gar nicht gab).

Was für »Tent« vom Anfang bis zum Ende gilt, wird im übrigen sonst nur für Augenblicke erreicht. Am wenigsten überzeugt Nikolais in »Somniloquy«, in dem der Tanz überwiegt. Das Vokabular ist dünn. Meist handelt es sich um Rudimente der Martha-Graham-Technik. Oft aber auch nur um stilisierte Bewegungen, die Nikolais Kinderspielen oder Maschinenfunktionen abgeschaut zu haben scheint. Zuweilen aber erreicht er gerade damit, mit ganz einfachen Dingen, einer Handbewegung etwa oder einem Kopfschütteln, ganz große Wirkungen.

Dennoch nimmt man Nikolais den reinen Tanz nicht

mehr ab. Glaubwürdig erscheint er einem nur dann, wenn er wie in »Divertissement I«, in »Divertissement II« oder in »Echo« die an sich sparsame Bewegung in dehnbare Materialien wie Bänder oder sackartige Gebilde spannt und mit phosphoreszierenden Tinten übergießt.

Immer glaubt man Wesen (meist Insektengeschöpfe) von einem anderen Stern vor sich zu haben. Zuweilen bricht dennoch Nikolais' Humor durch – und die Zukunft erscheint einem nicht mehr nur ästhetisch, sondern auch erträglich und menschlich. Vor allem gilt das für »Tower« (Turm), ein ebenfalls mit dem Ensemble gemeinsam erarbeitetes Stück, in dem man mit Metalleitern seinen Schabernack treibt, die Welt lachend auf den Kopf stellt, um sie letztlich doch in Frage zu stellen, indem man aus den Leitern einen babylonischen Turm errichtet und ihm die Embleme unserer Zeit aufpflanzt. Man könnte sagen, dieses »Ballett« ende mit dem Atomblitz. Aber das wäre eine Interpretation. Nur eines kann man behaupten: Nikolais jongliert souverän mit neuen Formen und macht aus ihnen ein neues Theater, in dem die Ästhetik freilich noch wichtiger als die Aussage ist.

Alwin Nikolais ist bei allen Einschränkungen dennoch nicht nur der »größte Showman des amerikanischen Theaters« (Clive Barnes), sondern darüber hinaus der einzige Choreograph (sofern man ihn überhaupt so nennen kann), der begonnen hat, das Theater der Zukunft zu verwirklichen. Er ist ein wahrhaft genial begabter Künstler.

Die in den Programmheften stets gleichlautend abgedruckte Biographie sei hier mitgeteilt:

»Im Jahre 1953 führte Alwin Nikolais [geb. 1912] sein vielgestaltiges Theater ein. Seitdem brachte er jedes Jahr neue Arbeiten heraus, von denen die meisten abendfüllend waren. Er bekam zwei Guggenheim-Stipendien, im Jahr 1968 erhielt er den ›Dance Magazine Award‹, den ›Oscar‹ der Welt des Tanzes. Er war einer der ersten Choreographen, der einen direkten Zuschuß vom National Council of

Arts bekam. Gouverneur Rockefeller ernannte ihn zum Mitglied des Council on the Arts im Staate New York. Er war Präsident der Association of American Dance Companies und ist jetzt noch Vorstandsmitglied. Er ist auch der Vorsitzende des Filmkomitees für Tanz beim Institute of International Education (Fulbright) und ist fachmännischer Berater bei einigen Kunstagenturen der Regierung.«

Der Teufel im Dorf

Ballett in drei Akten (acht Bilder). Libretto: Pino und Pia Mlakar; Musik: Fran Lhotka; Choreographie: Pino und Pia Mlakar; Bühnenbild: Roman Clemens. Uraufführung: Stadttheater, Zürich, 18. Februar 1935. (Dauer: abendfüllend.)

Personen: Der Teufel; die Teufelswirtin; Jela, ein Mädchen; Mirko, ein Bauernbursche; Jelas Mutter; der Onkel; eine Freundin; eine Nachbarin; der Brautwerber; der Bräutigam; zwei Mädchen; eine Tanzgruppe; Lockgestalten; Dorfmädchen; Burschen; Teufel; Gesindel; Musikanten; Kinder.

I. Akt, 1. Bild: Pas de deux. Mirko mit Jela am Brunnen (Allegro; Poco meno mosso; Poco più mosso; Andantino).

2. Bild: Teufelshände greifen nach den Herzen der Liebenden (Andante – Allegretto – Andante).

3. Bild: Mädchen kommen zum Brunnen, Wasser zu schöpfen (Moderato semplice). Jela kommt hinzu. Sie tanzt (Poco allegro) mit ihrem Spiegelbild (Allegretto moderato), voll Liebe (Allegretto im $^{6}/_{8}$-Takt), die allmählich in Melancholie übergeht (Poco andante). Da erscheint Mirko Arm in Arm mit zwei Mädchen (Molto allegro). Er beachtet Jela nicht. Sie bricht zusammen (Presto).

4. Bild: Allegro non troppo. Mirko zieht mit den Mädchen über den Jahrmarkt. Der Teufel erscheint als städtischer Kaufmann hinter einem Stand (Moderato rubato). Er zeigt eine Kasperlepuppe (Allegretto). Obwohl von einem Burschen gewarnt, kauft Mirko einen Gürtel (Poco andantino) und gerät damit in die Gewalt des Teufels. Mirko tanzt einen wilden, besessenen Tanz (Allegro). Die anderen werden davon ergriffen (Allegretto). Der Teufel holt Mirko (alle voller Angst ab) und tanzt einen Triumphtanz (Meno mosso rubato – Allegro). Jela irrt über den leeren Platz (Andante).

II. Akt, 5. Bild: Mirko stürzt aus dem Gasthaus »Zur Teufelsbrücke«. Er will dem Teufel entfliehen, der ihn zu bannen sucht (Meno mosso). Ein Spuk hebt an (Largo): Ein Bursche, dessen Glieder sich immer wieder grausig verselbständigen, zieht nackte Mädchen herbei (Moderato; Andante: Solo und Gruppe), die Sinnlichkeit verbreiten (Poco più mosso). Mirko sinkt vor einer Schönen auf die Knie, die sich triumphierend in die Teufelswirtin verwandelt (Allegro furioso) und Mirko in die Hölle stößt. Wieder kommt Jela zu spät.

6. Bild: Tanz der Teufel in der Hölle (Molto allegro). Mirko mitten unter ihnen sehnt sich nach Jela (Andante). Die Teufelswirtin erscheint, tanzt zuerst allein (Valse), dann mit Mirko (Allegro vivace; Molto allegro; Valse). Mirko bricht zusammen. Der Teufel erscheint, tanzt zuerst allein (Allegro), dann mit der Teufelswirtin. Mirko ergreift die Gelegenheit, bemächtigt sich des Zaubermantels und flieht.

III. Akt, 7. Bild: Die Brautwerber (Moderato, tragikomisch) erscheinen in Jelas Haus. Diese verhält sich dem Bräutigam gegenüber ablehnend. Die Brautwerber aber vertrösten ihn auf die Hochzeit (Polka). Die Familie redet Jela zu (Tanz der Mutter um Jela: Andante; Poco allegretto; Andante; Marsch). Jela aber gibt nicht nach. Die Brautwerber werden zornig (Risoluto). Zuletzt ist Jela einverstanden (Andante). Man gratuliert (Allegro).

8. Bild: Mirko, vom Teufel verfolgt, bricht an einem Marterl zusammen. Der Hochzeitszug tritt auf (Marsch). Jela stockt (Marcia funebre). Mirko erkennt sie, vergißt den Zaubermantel, den der Teufel ergreift und nun die Hochzeitsgesellschaft mit Blitz und Donner auseinandertreibt. Die Bühne ist leer (Andante). Jela und Mirko stehen sich gegenüber (Molto allegro). Mirko bereut. Jela verzeiht, sie umarmen sich kniend (Andantino), tanzen miteinander (Allegretto). Dann halten sie Hochzeit (Kolo-Finale).

Pino Mlakar (geb. 1907 in Novo Mesto) und *Pia Mlakar* (geb. 1908 in Hamburg), die Autoren des Balletts, waren Schüler von Rudolf von Laban (Ausdruckstanz) und der Russin Jelena Poljakowa (Ballett).

Dem »Teufel im Dorf« liegt als Fabel eine kroatische Variante der Faust-Sage zugrunde. Choreographie und Musik des Balletts sind stark von der jugoslawischen Folklore beeinflußt. Der Komponist *Fran Lhotka* (1883 bis 1962), ein Schüler Antonín Dvořáks, galt lange als der bedeutendste Komponist Jugoslawiens. »Der Teufel im Dorf« gilt jedenfalls heute als das jugoslawische »Nationalballett«.

Three Preludes (Trois Préludes)

Ballett in einem Akt. Musik: Serge Rachmaninow; Choreographie: Ben Stevenson; Uraufführung: Harkness Youth Dancers, New York, September 1969.

Die Szene ist ganz auf Schwarz-Weiß-Kontraste abgestellt. Aus dem Dunkel der Bühne wird eine Barre herausgeleuchtet, an der zwei Tänzer im weißen Trikot üben. Weiter hinten erblickt man einen Pianisten. Er spielt das Prélude op. 34 Nr. 10, h-Moll (Lento). Das Solistenpaar probiert die gleichen Armhaltungen. Ihre Bewegungen spiegeln sich. Die Ballettstange ist dabei sowohl Barriere wie Möglichkeit einer allmählichen Annäherung. Beider Blicke treffen sich. Sie nehmen sich wahr. Langsam entwickelt sich aus dem getrennten Gegenüber Gemeinsamkeit. Ein Pas de deux entsteht, der schließlich alle äußerliche Hemmung überwindet. Immer wieder werden die Plätze gewechselt, Zärtlichkeiten ausgetauscht. Am Ende sind Motion und Emotion eins.

Beim nachfolgenden Prélude op. 23 Nr. 1, fis-Moll (Largo), gibt es keine Stange mehr. Die beiden Tänzer beginnen mit identischen Figuren, um nach und nach zu einem Pas de deux zu finden, der den Raum in weiten Läufen umgreift und zuletzt sich in virtuosen Hebe- und Wurffiguren steigert.

Im abschließenden Prélude op. 32 Nr. 9, A-Dur (Allegro moderato), erfüllt sich gleichsam das kleine Ballett. In helles Licht getaucht, wird die Bühne zur Plattform, aus einer Probe eine Vorstellung, in der der Blick wiederholt auf das Publikum fällt und allein die technische Meisterschaft der beiden Interpreten zählt.

Die »Three Preludes« gehören zu den Lieblingsstücken vieler Ensembles, auch wenn man ihre künstlerische Bedeutung in Zweifel ziehen kann. Sie machen Effekt, stellen nicht nur einen menschlichen Entwicklungsprozeß dar, sondern geben einer subjektiven Empfindung schließlich eine objektive Form. *Ben Stevenson* (geb. 1936 in Portsmouth, England) hat den Pas de deux noch als Direktor der Harkness Youth Dancers geschaffen und dafür 1972 den 1. Choreographie-Preis beim Internationalen Ballettwettbewerb in Varna erhalten. Neben »Dornröschen« (1967 für das London Festival Ballet) und »Cinderella« (1970 für das Washington Ballet) ist es seine populärste Arbeit.

Serge Rachmaninow (1873–1943) hat zwar zeitlebens keine Ballettmusik geschrieben, aber seine Kompositionen haben immer wieder Choreographen inspiriert – vor allem natürlich seine Rhapsodie über ein Thema von Paganini für Klavier und Orchester, op. 43, die u. a. von Michail Fokine (s. »Carnaval«), Leonid Lawrowski (s. »Romeo und Julia«), Frederick Ashton (s. »Façade«) und Youri Vamos interpretiert worden ist. Unter dem Titel »Die

Toteninsel« bezog sich 1979 Riccardo Duse am Stadttheater Luzern nicht allein auf das Gemälde Arnold Böcklins, das Rachmaninow »vertont« hatte; er reflektierte in seinem Ballett gleichzeitig auch den »Tristan«-Mythos und zeigte die letzte Reise des Helden. Einen fünfteiligen Rachmaninow-Abend (mit Stevensons »Three Preludes«, Vamos' »Paganini« und weiteren Beiträgen von Ray Barra, Peter Breuer und Norbert Vesak) offerierte 1984 die Bayerische Staatsoper im Münchner Cuvilliéstheater – um, wie es im Programmheft hieß, »eine Lanze für den letzten bedeutenden russischen Spätromantiker« zu brechen.

Solisten der Uraufführung waren Jane Miller und Robert Scevers.

Das Triadische Ballett

Ballett von Oskar Schlemmer. Musik: Enrico Bossi, Claude Debussy, Baldassare Galuppi, Joseph Haydn, Georg Friedrich Händel, Wolfgang Amadeus Mozart, Domenico Paradies und Mario Tarenghi; Choreographie: Oskar Schlemmer und Albert Burger; Bühnenbild und Kostüme: Oskar Schlemmer; Uraufführung: Württembergisches Landestheater, Kleines Haus, Stuttgart, 30. September 1922.

I. Gelbe Reihe.

1. Rundrock. (Musik: »Sérénade burlesque«, op. 41, Nr. 10, von Tarenghi.)
2. Rundrock und Taucher. (»Pantomima«, op. 102, Nr. 7, von Bossi.)
3. Kugelrock und Zylindermann. (»Caresse«, op. 122, Nr. 1, von Bossi.)
4. Kugelhände. (»Scherzino«, op. 102, Nr. 3, von Bossi.)
5. Debussy-Harlekin. (Debussy.)

II. Rosa Reihe.

1. Faltenrock. (Finale aus der Sonate Nr. 9 von Haydn.)
2. Weißer Debussy-Harlekin und Tänzerin in Weiß. (Menuett in Es-Dur von Mozart.)
3. Tänzer türkisch, Tänzer türkisch und Kugelrock. (»Türkischer Marsch« aus Mozarts Oper »Die Entführung aus dem Serail«.)

III. Schwarze Reihe.

1. Der Abstrakte. (Largo di sostenuto von Haydn.)
2. Spirale. (Toccata von Paradies.)
3. Zwei Scheibentänzer. (Musik von Galuppi.)
4. Drahtkostüm und zwei Goldkugeln. (Passacaille aus der 7. Suite in g-Moll von Händel.)

Die Wertschätzung des Theaters, die *Oskar Schlemmer* immer wieder bezeugt, kommt nicht von ungefähr. 1888 in Stuttgart als Sohn eines Komödienschreibers geboren, hat ihn von Anfang an die Bühne mit ihren vielfältigen Möglichkeiten begeistert. Dennoch entschied er sich für die Malerei, weil sie ihm nicht allein eine gewisse Unabhängigkeit bot, sondern zunächst einfach als eine höhere Kunstform erschien. Trotzdem riß sein Kontakt zu dem, was er als seine Leidenschaft bezeichnet, niemals ab. 1912 lernte er in Stuttgart Albert Burger (1884–1970) kennen, und dieser wiederum machte ihn nach und nach mit der Vielfalt des modernen Tanzes vertraut. Denn obschon als erster Solist am Königlichen Hoftheater engagiert, ließ sich der junge Tänzer seine Neugier nicht nehmen und pilgerte wie viele andere auch nach Hellerau, um dort in der Rhythmuslehre eines Émile Jaques-Dalcroze (1865–1950) die künstlerische Befriedigung zu suchen, die ihm das klassische Ballett offenbar versagte.

Gemeinsame Tanzpläne unterbricht zunächst der Erste Weltkrieg. Erst 1922 kann das »Triadische Ballett« in Stuttgart uraufgeführt werden. Warum triadisch? Schlemmer gibt darauf Antwort: »Weil die Drei eine eminent wichtige, beherrschende Zahl ist, bei der das monomane Ich und der dualistische Gegensatz überwunden sind und das Kollektive beginnt. Nächst ihr kommt die Fünf, dann die Sieben und so fort. Abgeleitet von Trias = Dreiklang, ist das Ballett ein Tanz der Dreiheit zu nennen, des Wechsels der Eins, Zwei und Drei. Eine Tänzerin und zwei Tänzer: zwölf Tänze und achtzehn Kostüme. Solche Dreiheiten sind ferner: Form, Farbe, Raum; die drei Dimensionen des Raums: Höhe, Tiefe, Breite; die Grundformen: Kugel, Kubus, Pyramide; die Grundfarben: Rot, Blau, Gelb; die Dreiheit von Tanz, Kostüm und Musik, und so weiter.«

Das »Triadische Ballett« ist in erster Linie ein Werk Schlemmers, auch wenn Burger an der choreographischen Ausarbeitung und tänzerischen Interpretation beteiligt gewesen ist. Das beweist nicht nur die Aufteilung in eine Gelbe, Rosa und Schwarze Reihe mit entsprechendem Hintergrundvorhang, die der Maler als »heiter-burlesk«, als »festlich-getragen« und »mystisch-phantastisch« empfunden wissen wollte. Das zeigt sich vor allem im Kostüm, das die Figurine und damit die Bewegung bestimmt. »Raumplastisch« nennt es Schlemmer in seinem Vortrag »Bühnen-Elemente«, den er Jahre später in Zürich hält. »Raumplastisch, weil es sozusagen farbige und metallische Plastiken sind, die sich, von Tänzern getragen, im Raum bewegen, wobei das Körpergefühl entscheidend beeinflußt und verändert wird, derart, daß der scheinbar vergewaltigte Körper, je mehr er mit dem Kostüm verwächst, zu neuen tänzerischen Ausdrucksformen gelangt.«

Schlemmer steht mit seinen Ideen nicht allein. Mit der Tendenz zu Typisierung, Mechanisierung, mit dem Menschen als wandelnde Architektur und »raumbehextes Wesen« sieht er sich im Einklang mit einer Avantgarde, die sich nicht allein in der Malerei und Musik der zwanziger Jahre verfolgen läßt, sondern vor allem auch im Theater

und Film. Er selbst nennt in seinen Texten immer wieder Fernand Léger, der ähnliche Absichten verfolgt, aber bis zuletzt doch der Gestalter eines Bühnenbilds bleibt wie beispielsweise auch Picasso bei »Parade« (s. d.). Als Leiter der Bauhaus-Bühne in Dessau setzt Schlemmer (der 1943 in Baden-Baden stirbt) seine Beschäftigung mit Tanz und Theater fort.

Das längst zur Legende gewordene Schlemmer-Stück rekonstruierte Margarete Hasting zusammen mit der Bühnenbildnerin Margit Bárdy 1970 für das Fernsehen. Sieben Jahre später versuchte Gerhard Bohner, wie Schlemmer übrigens in Stuttgart aufgewachsen, eine choreographische Neufassung und Bühnen-Rekonstruktion als Beitrag zum Rahmenprogramm der 15. Europäischen Kunstausstellung »Tendenzen der Zwanziger Jahre«. In dieser Einstudierung, die zwar nicht in jedem Bewegungsdetail dem historischen Original entspricht (von dem sich nur Beschreibungen, keine eindeutig fixierten Schritte erhalten haben), aber der dem jeweiligen Kostüm zugrundeliegenden Formidee verpflichtet ist, konnte sich das »Triadische Ballett« inzwischen endgültig durchsetzen. Gänzlich neu ist lediglich die Musik, die Hans-Joachim Hespos im Auftrag der Berliner Akademie der Künste komponierte. Sie ersetzt die Stücke, die sich Schlemmer notgedrungen für die Stuttgarter Uraufführung zusammengesucht hatte, ersetzt die Begleitmusik für mechanische Orgel, die Paul Hindemith 1926 für eine Aufführung in Donaueschingen komponiert hatte und die seither als verschollen gilt.

Solisten der Uraufführung waren außer Oskar Schlemmer (unter dem Pseudonym Walter Schoppe) das Tänzerehepaar Albert Burger und Elsa Hötzel.

Twilight

Pas de deux. Musik: John Cage (»The Perilous Night« für präpariertes Klavier); Choreographie: Hans van Manen; Ausstattung: Jean-Paul Vroom; Uraufführung: Het Nationale Ballet, Stadsschouwburg, Amsterdam, 20. Juni 1972. (Dauer: 13 Minuten.)

Hans van Manen zeigt in seinem Pas de deux »Twilight« die Natur und die Möglichkeiten der Bewegungen einer Tänzerin, die nicht in Spitzenschuhen, sondern in hochhakkigen Pumps tanzt. Sie kann sich weder auf der flachen Sohle noch auf der Spitze bewegen, was ihrer Motion eine durchdringende blitzende Schärfe verleiht, ohne jemals vulgär zu wirken – wie man das erwarten könnte. Darüber hinaus beschränkt es den Radius der Bewegung, vor allem bei den Sprüngen.

Im ersten Teil umrunden sich die Tänzer lediglich; der Dialogcharakter des Duetts kommt nur auf die Weise zum Ausdruck, wie sie einander ansehen. Nach und nach versuchen die Partner immer wieder, das gleiche zu tun wie der andere oder ihn herauszufordern oder zu verführen.

Die Gefühlsmomente werden immer explosiver – und schließlich wechselt die Tänzerin die Schuhe. Sie trägt nun statt der Pumps Spitzenschuhe.

Die Bewegungen werden jetzt leidenschaftlicher, temperamentvoller, schneller – bis der Gipfel der Auseinandersetzung erreicht ist.

Der Pas de deux schließt mit der Überwindung der Leidenschaften und endet mit harmonisch fließenden Bewegungen für das Paar.

Hans van Manen (s. »Adagio Hammerklavier«) versteht seinen Pas de deux sehr einleuchtend als einen Tanz für »präparierte Füße« – zu Cages Musik für »präpariertes Klavier«.

Getanzt wurde die Uraufführung von Alexandra Radius und Han Ebbelaar, dem Tänzerpaar, das Hans van Manen vor allen anderen bevorzugt, seitdem er für Het Nationale

Ballet in Amsterdam arbeitet. »Twilight« war die erste Choreographie van Manens für das Ensemble.

Das Duett gehört zum Ballettrepertoire des deutschen Fernsehens.

Undine (Ondine)

Ballett in drei Akten und fünf Bildern. Libretto: Hans Werner Henze und Frederick Ashton nach Friedrich de la Motte-Fouqué; Musik: Hans Werner Henze; Choreographie: Frederick Ashton; Ausstattung: Lila de Nobili; Uraufführung: Royal Ballet, Royal Opera House, Covent Garden, London, 27. Oktober 1958. (Dauer: abendfüllend.)

Personen: Tirrenio, der König des Wassers; Undine, eine Nymphe, seine Tochter; Palemon, ein junger Ritter; Beatrice, dessen Verlobte; ein Eremit; Jäger; Gäste; Tritonen; Nymphen; Fischer; Seeleute; Diener.

I. Akt, 1. Bild: Vor dem Tor eines Schlosses ist eine Jagdgesellschaft versammelt (Allegretto). Der junge Ritter Palemon will seiner Verlobten, der stolzen Beatrice, ein goldenes Amulett schenken. Sie weist den Schmuck zurück und schließt sich der ins Schloß ziehenden Jagdgesellschaft an. Palemon, allein zurückgeblieben, versinkt in Gedanken (Moderato). Da erscheint zwischen den Schleiern eines kleinen Wasserfalls die Nymphe Undine (Adagio). Sie verzaubert den jungen Ritter dadurch, daß sie ganz hingerissen ist von ihrem eigenen Schatten (»Schattentanz«; Andante con moto). Er vergißt darüber seine Verlobte und nähert sich der Nymphe, die erschreckt in den Wald flieht. Palemon folgt ihr. Beatrice, die das beobachtet hat, ruft die Jäger herbei und macht sich an die Verfolgung ihres Verlobten.

2. Bild: Undine und der verliebte Palemon tanzen durch den Wald. Der Vater der Nymphe, der König des Mittelmeers, Tirrenio, tritt auf (Allegro assai). Er ist nicht damit einverstanden, daß seine Tochter, ein Wasserwesen, einen

Menschen liebt. Er stellt Palemon einen Wasserfall in den Weg (Un poco meno mosso) und ruft Tritonen und Nymphen auf, mit allen Mitteln die Liebenden zu trennen (Vivace). Aber der junge Ritter ist tapfer, hält die Nymphe fest in seinen Armen (Largo) und besiegt durch die damit bewiesene Liebe die Wassergeister (Pas de deux; Adagio – Allegro – Adagio). Ein Eremit traut das ungleiche Paar in Gegenwart von Tirrenio und Gefolge. Da nahen Beatrice und die Jäger. Tirrenio zeigt den Liebenden den Fluchtweg, den der Eremit dann gutgläubig der in ihrem Stolz gekränkten Beatrice verrät (Pantomime). Aber die Tritonen zerstreuen die Verfolger (Stretta).

II. Akt, 1. Bild: In einem kleinen Mittelmeerhafen wird ein Segelschiff zur Fahrt vorbereitet. Palemon und Undine gehen an Bord (Adagio; Pas de matelots). Überraschend erscheint Beatrice. Die Liebenden wollen die ehemalige Verlobte Palemons für sich gewinnen. Sie laden sie ein mitzufahren. Das Schiff sticht in See.

2. Bild: Auf hoher See fühlt sich Undine in ihrem Element. Spielerisch-naiv beschwört sie Wellen und Wind. Das Schiff gerät so sehr ins Schaukeln, daß Seeleute und Gäste hin- und hergeworfen werden, was zunächst noch eher tänzerischen Charakter hat (Rocking dance), bis das Meer zu stürmisch wird und sie sich festhalten müssen, was Beatrice zum Anlaß nimmt, die Matrosen gegen die Nymphe aufzuhetzen, obwohl Undine die Wellen besänftigt. Im folgenden Pas de trois will Palemon seiner Geliebten das Amulett schenken, das Beatrice ausgeschlagen hat. Jetzt aber will auch sie es haben. Sie entreißt es Palemon und spielt damit. Da greift Tirrenio ein. Eine Welle trägt ihn hoch auf die Höhe des Decks. Er entreißt das Amulett Beatrice und sinkt ins Meer zurück. Beatrice, obwohl entsetzt, triumphiert. Denn nun hat sie alle auf ihrer Seite. Selbst Palemon schwankt. Undine, die das erkennt, versucht in ihrer Verzweiflung (Molto mosso), den angerichteten Schaden wiedergutzumachen. Sie greift in die hochgehenden Wellen und holt ein wunderschönes Schmuckstück aus Korallen aus dem Wasser. Sie schenkt es Beatrice; Palemon nimmt es ihr weg und wirft es in die See zurück. Die Matrosen bedrohen Undine; Tirrenio greift zum zweitenmal ein. Er entfacht einen Sturm und holt Undine zu sich ins Meer zurück. Das Schiff zerbricht unter der Gewalt der Wogen.

Finsternis legt sich über die Szene. Im Schein der Blitze sieht man, daß sich Palemon, Beatrice und die Seeleute auf eine Klippe retten konnten.

III. Akt: Schloßhalle mit großer Terrasse im Hintergrund. Beatrice und Palemon haben geheiratet. Aber der junge Ritter, der vor dem Einzug der Hochzeitsgäste einen Augenblick in der Halle allein geblieben ist, denkt dennoch an Undine. Sie erscheint ihm als Vision (Adagio). Beatrice weckt Palemon aus seinen Träumen. Die Hochzeitsgäste füllen die Halle. Es wird getanzt: Pas de seize mit Entrée (Allegro – Adagio), Variation (Allegro moderato), Variation (Adagio), Coda (Andante – Allegro brillante) und Reprise der Entrée. Auf dem Höhepunkt des Festes tritt eine neapolitanische Gauklertruppe auf. Es sind Tirrenio und sein Gefolge.

Divertissement der Gaukler (die unterlegte Musik ist der Form nach ein kleines Klavierkonzert): Ensembletanz von drei Solistenpaaren, accompagniert von sechs Corps-de-ballet-Paaren (Allegro brillante); Pas de six (Klaviersolo); Pas de trois (Meno mosso); Pas de trois (Allegro assai); Pas de vingt-quatre (Più mosso); Pas de trois; Pas seul (Alla breve); Pas de deux für zwei Mädchen; Pas de six; Pas d'ensemble (Coda).

Nach dem Divertissement werfen die Gaukler ihre Masken ab und geben zu erkennen, wer sie wirklich sind: Tirrenio, Nymphen und Tritonen. Unter den Gästen bricht eine Panik aus. Sie flüchten. Beatrice sucht Zuflucht bei Palemon. Der stößt sie zurück. Über die Terrasse kommt Undine in die Halle. Sie tanzt vor Palemon (Adagio). Palemon will sie zurückgewinnen (Pas de deux; Passacaglia). Als er sie schließlich küßt, sinkt er tot zu Boden. Das Meer überflutet die Halle.

Der Komponist »wählte ein größeres Kammerorchester, bestehend aus 2 Flöten, 1 Oboe, 1 Englischhorn, 1 Klarinette, 1 Baßklarinette, 1 Fagott, 1 Kontrafagott, 4 Hörnern, 3 Trompeten, 2 Posaunen, 1 Tuba, Pauken, Klavier (abwechselnd mit Celesta), 2 Harfen, etwas Schlagzeug und Streichern, und versuchte die Ausführbarkeit den Gegebenheiten einer reisenden Ballett-Truppe, wie sie das Royal Ballet ist, die von Stadt zu Stadt das Orchester wechselt, anzupassen, mit anderen Worten: die Musik mußte in einer minimalen Probenzeit aufführbar sein. Dadurch war eine weitere Begrenzung technischer Natur gegeben, die aber auch gleichzeitig einen Anreiz bedeutete. Die beiden Harfen werden zuweilen konzertant geführt, unter fast gänzlicher Vermeidung der ihnen typischen Glissandi und Arpeggi, ihr Klang steht für die ätherische Undine und für ihr Volk und verhärtet sich manchmal, wenn er in das Klavier hinübergeht, oder verflüchtigt sich in die Streicherflageoletts und die Celesta. Auf diese Weise sollte eine schwerelose Klanglichkeit entstehen, den dunkel tönenden Elementen des übrigen Orchesters entgegengesetzt, die auf der irdischen Seite Palemons stehen. Wenn die dunklen und die hellen Elemente aufeinandertreffen würden, würden stärkere Spannungen entstehen, Schmerz. Tirrenio, der Tritonenkönig, hat seine eigenen Rufsignale, dem die Luft- und Wassergeister folgen, wie auch für Undine eigene Intervalle da sind, die sich hier und da zu melodischen Gebilden ausdehnen. Auch Palemon hat seine ihm zugehörige Klangwelt, die meistens in tiefen Streichern und solistischen Holzbläser-Ariosi erscheint und zu deren Eigenart es gehört, daß sie oft opernhaft rezitativisch ›sprechen‹.« (Aus: »Tagebuch eines Balletts, Undine«, von Hans Werner Henze, Verlag R. Piper & Co., München.)

Seit Erscheinen der Undine-Erzählung von *Friedrich de la Motte-Fouqué* (1777–1843) im Jahre 1811 wurde sie immer wieder als Grundlage für Schauspiele, Opern und Ballette verwendet. Die wichtigsten Ballette waren Paul Taglionis »Undine, die Wassernymphe« (1836), Jules Perrots (s. »Giselle«) und Fanny Cerritos »Ondine ou la Naïade« (1843) und Taglionis Neufassung seines ersten Balletts »Coralia oder der ungetreue Ritter« (1847). Aus der Perrotschen »Ondine« stammt der berühmte »Schattentanz«, zu dessen Realisierung 1843 zum erstenmal Scheinwerfer angewendet wurden.

Die Autoren der modernen »Undine« hatten die Absicht, der Mittelmeerwelt, deren Hafenatmosphäre, Sommer- und See-Ambiente Gestalt zu verleihen. Daß durch die Ausstattung *Lila de Nobilis* dann doch die Nebelwelt des Nordens die Oberhand behielt, widerspricht zumindest der »südlich« gestimmten Partitur *Hans Werner Henzes* (s. »Der Idiot«).

Dagegen ist Frederick Ashton (s. »Façade«) etwas anderes gelungen, was mindestens so bestimmend für die Entstehung der »Undine« war, nämlich ein Ballett für Margot Fonteyn zu schaffen. Mit ihrer Gestaltung der Titelrolle ging die englische Assoluta (1919–91) in die Ballettgeschichte ein.

Unkrautgarten

Ballett von Reinhild Hoffmann. Konzept: Reinhild Hoffmann und Johannes Schütz; Musik: Gerald Barry; Choreographie: Reinhild Hoffmann; Bühnenbild und Kostüme: Johannes Schütz; Uraufführung: Bremer Ballett, Concordia, Bremen, 13. Dezember 1980.

I. *Stühle.*
II. *Mutter – Kind.*
III. *Flügel.*
IV. *Ehepaar.*
V. *Cancan.*

VI. *Vater – Mutter – Sohn.*
VII. *Spieglein, Spieglein an der Wand . . .*
VIII. *Leitfigur.*
IX. *Tisch.*
X. *Stühle.*

»Bildkräftiges Körpertheater« hat Jochen Schmidt einmal ihre Art Ballett genannt. Und Horst Koegler faßt den Begriff Tanz im Zusammenhang mit Reinhild Hoffmann so weit, »daß er praktisch jede Art von Bewegung einschließt. Zu Tanz, zu künstlerischem Tanz wird die Bewegung durch die Gestaltungskraft der Choreographin, durch ihren Willen zu Struktur und Form, durch ihr kompositorisches Vermögen. Was sie vor allem von Pina Bausch unterscheidet, ist ihr ausgeprägtes Formbewußtsein. Hoffmanns ›Unkrautgarten‹ ist das offenkundige Produkt einer ganz genau auskalkulierten Konzeptionsdramaturgie. Nichts bleibt dem Zufall überlassen, jedes Detail hat seinen exakten dramaturgisch-choreographischen Stellenwert. Undenkbar, etwas umzustellen oder gar auszulassen. Kontraste zwischen Individuum, kleinerem Ensemble und Masse, zwischen hell und dunkel, zwischen langsam und schnell werden ganz bewußt gesetzt. Das alles addiert sich [. . .] zu einer Aussagekraft von bestechender Reinheit und Klarheit.«

Jochen Schmidt beschreibt das Stück »Unkrautgarten« in der »Frankfurter Allgemeinen Zeitung« folgendermaßen: »Johannes Schütz, mitverantwortlich auch für das Gesamtkonzept, hat der Choreographin einen Raum gebaut, der halb Treibhaus, halb Klinik ist: farblich diagonal zweigeteilt in eine schwarze und eine weiße Hälfte. Am Rande der schwarzen ist Erde aufgeschüttet, und Glasplatten lehnen an der Wand; am Rande der weißen befinden sich ein gutes halbes Dutzend Türen, durch die das Ensemble ein- und auszieht und durch die zuweilen helles Seitenlicht fällt . . .

Auch die Musik enthält Elemente des Wahnsinns: Gerald Barry hat unter anderem Gedichte eines Schizophrenen namens Alexander vertont, die der Psychiater Leo Navratil publiziert hat; und er singt sie selbst mit gleichzeitig weicher und schriller Stimme zu Klavier-, Cello- oder Celesta-Tönen. ›Nicht jeder Mensch hat einen Mund – mancher Mund ist disqualifiziert‹, lauten diese nur sekundenkurzen Lieder. Oder auch: ›Es fangt schön an das Leben. So schön schwer ist es auch.‹ An zentraler Stelle läßt Barry als ›Wahnsinn der Beine‹ eine grelle Cancan-Musik ausbrechen, zu der Reinhild Hoffmann die ingeniösesten Bilder ihres Stückes eingefallen sind: ein obszöner Hexensabbat aus schwarzen Rüschen und rosa Haut, halb Ku-Klux-Klan-Veranstaltung, halb blasphemisch-sadistische Orgie. Die Männer tragen schwarze Kleider mit weiten Röcken, unter denen sie die Frauen auf die Szene geschmuggelt haben.«

»Schizophrenie« nennt Jens Wendland in der »Süddeutschen Zeitung« den Grund dieser Collage. »Nach dem einleitenden Bild ›Stühle‹ die Episode ›Flügel‹, in der das Ensemble Vogelschwingen zärtlich hereinträgt, in die Luft wirft, gegen die schwarze Wand klatscht. Reinhild Hoffmann verfolgt eine einfache Dialektik: Wahnträume von einer Freiheit, die es für diese Menschen längst nicht mehr gibt, korrespondieren mit Bildern ihrer Vergangenheit, ihrer Kindheit. Tänzer scheren aus zu Nummern wie ›Mutter – Kind‹, ›Ehepaar‹ oder ›Vater – Mutter – Sohn‹. Zwei Tänzerinnen demonstrieren, wie die schützende Hand der Mutter zum Zwang wird, alle Ansätze einer freien Bewegung bei dem Kind erdrückt, erstickt. Das Mädchen, das übermütig zuerst einen Ball rollt, dessen Klang durch die ganze Passage wie ein Echo vom Tonband ertönt, reckt sich hoch, wird aber unfrei gebrochen, und schließlich hilflos von seiner Mutter ins sogenannte Leben geschickt, dessen Fortsetzung, den gewaltsamen Vollzug der Ehe, ein Paar erzählt. Jeder bleibt für sich allein, zieht sich zurück auf narzißtische, schützende Gebärden.«

Unkrautgarten

Reinhild Hoffmann, 1943 geboren, hat, wie man der Beschreibung entnehmen kann, längst zu einer eigenen Art des Tanztheaters gefunden, die sie von der Pina Bauschs (s. »Blaubart«) unterscheidet. Zuvor hat sie, wie Jens Wendland in einer Porträtskizze formuliert, »spüren müssen, daß sie kaum auf diesen labilen, subjektiv geprägten Ausdruckstanz bauen« konnte, wie sie ihn während ihrer Ausbildung unter Kurt Jooss (s. »Großstadt«) an der Essener Folkwang-Schule kennengelernt hatte. Sie mußte sich an andere Kunstmittel halten. »In den Balletten Reinhild Hoffmanns ist dieses ›Halten‹ wirklich handfest, konkret zu greifen. Die Choreographin hat sich nämlich sehr schnell einen ebenso lapidaren wie unverwechselbaren Personalstil dadurch erworben, daß sie sich an Gegenstände, an Requisiten hält und diese in Bewegungslitaneien aus einer gestörten sozialen Umwelt bindet. Reinhild Hoffmanns tänzerische Dramaturgie trägt zu der herben, ja asketischen Optik ihrer Arbeiten bei durch eine klare, manchmal in den Bühnenbildern auch so sichtbare schwarz-weiße Dialektik« (Wendland). Zu ihren berühmt gewordenen Solostücken, die diesen Kunstgriff praktizieren, gehören »Rouge et Noir« (1976) und das »Solo mit Sofa« (1977). Zu ihren wichtigsten Ensemble-Choreographien, die sie 1978–1986 als Direktorin des Bremer Balletts entworfen hat, zählen »Fünf Tage, fünf Nächte« (1979, Musik: György Ligeti), »Hochzeit« (1980, Igor Strawinsky / Jürgen Tamchina), »Erwartung / Pierrot Lunaire« (1982, Arnold Schönberg), »Könige und Königinnen« (1982, Peer Raben) und »Callas« (1983).

Die Unterrichtsstunde (La Leçon)

Ballett in einem Akt. Libretto: Flemming Flindt nach Eugène Ionesco; Musik: Georges Delerue; Choreographie: Flemming Flindt; Ausstattung: Bernard Daydé; Uraufführung: Opéra Comique, Paris, 6. April 1964. (Ursprünglich war »Die Unterrichtsstunde« ein Fernsehballett; Erstsendung: Danmarks Radio Television, 16. September 1963.)

Personen: Der Ballettmeister; die Pianistin; eine Ballettelevin.

Ein Ballettsaal. Die Pianistin bereitet das nächste Training vor. Es läutet. Ein junges Mädchen erscheint. Die Pianistin zeigt ihr den Umkleideraum. Wenn sie umgezogen zurückkehrt, tritt der Ballettmeister auf. Zuerst verläuft das Training gut. Aber mit komplizierten Übungen auf der Spitze hat das Mädchen Schwierigkeiten und beklagt sich. Die Pianistin wird hinausgeschickt. Der Ballettmeister fordert das Mädchen auf, fortzufahren. Er wird wütender und wütender. Das Mädchen ist hypnotisiert von ihm. Am Ende verliert der Ballettmeister die Gewalt über sich und erwürgt sie. (Siehe auch Reclams Schauspielführer.)

Mit »Die Unterrichtsstunde« hat sich der weltberühmte Tänzer *Flemming Flindt* (geb. 1936) einen Namen als Choreograph gemacht. Die Adaptation seines Stücks hat *Eugène Ionesco* (geb. 1912) ausdrücklich autorisiert. Er schrieb auch für Flindts zweites Ballett »Le Jeune Homme à Marier« das Libretto. Der weltweite Erfolg der »Unterrichtsstunde« trug Flindt die Berufung zum Direktor des Kgl. Dänischen Balletts in Kopenhagen ein. Dort hatte er als Balletteleve angefangen. Von 1981 bis 1988 war Flindt, der drei Jahre zuvor durch Henning Kronstam auf seinem Posten abgelöst wurde, künstlerischer Direktor des Dallas Ballet.

Solisten der Uraufführung waren Josette Amiel, Flemming Flindt und Tsilla Chelton.

La Valse

I Choreographisches Gedicht in einem Akt. Libretto und Choreographie: Bronislawa Nijinska; Musik: Maurice Ravel; Ausstattung: Alexandre Benois; Uraufführung: Ballet Ida Rubinstein, Monte Carlo, 12. Januar 1929.

Personen: Er; Sie; Gäste: Damen, Mädchen, Husaren, Dragoner, Kammerherren.

Ein Ballsaal im eleganten Paris von 1860. Pate gestanden hat zu dem »choreographischen Poem« ein Gemälde von Eugène Lami, der ein Schilderer der Gesellschaft des Dritten Kaiserreichs war. Das bewegte Bild einer glanzvollen Soiree ist der ganze Inhalt des Balletts der Nijinska, die es für Ida Rubinstein (Sie) und Anatol Wilzak (Er) arrangierte.

II Ballett in zwei Teilen von George Balanchine. Musik: Maurice Ravel (»La Valse« und »Valses Nobles et Sentimentales«); Kostüme: Karinska; Uraufführung: New York City Ballet, City Center, New York, 20. Februar 1951.

1. Teil: Valses Nobles et Sentimentales. Getanzt wird vor einem durchsichtigen Schleier, hinter dem Lüster einen großen Saal ahnen lassen. Der erste Walzer ist die Ouvertüre; den zweiten tanzt ein Mädchen-Pas-de-trois; der dritte Walzer ist ein Pas de deux, sehr leicht, schwebend. In der folgenden Variation sieht man ein anderes Paar mit hohen Sprüngen. Den fünften Walzer erlebt man als romantisches Duo eines verliebten Paares – das Mädchen löst sich von seinem Partner und tanzt den sechsten Walzer als Solo. Nun kommen zwei Tänzerinnen hinzu. Sie begegnen dem Paar. Ein drittes Mädchen eilt von der anderen Seite herbei. Drei Mädchen – die des ersten Auftritts – tanzen. Nachdem die Ballerina abgetreten ist, holen die drei Mädchen den Tänzer herbei (siebenter Walzer; Pas de quatre). Eine musikalische Pause – alle, die bisher schon auf der

Bühne waren, kommen zurück und vereinigen sich zu einem Ensemble. Alle ab.

Die Bühne ist leer. Ein Mädchen in Weiß tritt auf. Sehnsüchtig folgt sie der Musik des achten Walzers. Im Hintergrund erscheint ein Kavalier – doch sie sehen einander nicht, bis sie der Tanz zueinanderführt. Sie reicht dem Kavalier die Hand, er hebt sie hoch und trägt sie hinaus.

2. Teil: La Valse. Der Saal verdunkelt sich, der blaue Vorhang im Hintergrund ist hochgezogen – ein Kavalier eilt auf die Bühne, er sucht jemand, den er nicht finden kann. Da fällt das Licht auf drei Tänzerinnen – die Gesuchte ist nicht unter ihnen. Andere Paare überqueren in großer Eile die Bühne. Die Stimmung hat sich gegenüber dem ersten Teil verwandelt. Es herrscht eine unheimliche Atmosphäre. Acht Paare vereinigen sich zum ersten Walzer in einem großen weiten Kreis. Die farbigen Kleider der Mädchen kontrastieren zu dem nun schwarzen Hintergrund. Die Kandelaber sind umflort. Die schwarzen Schleier wehen in den Saal. Neue Paare kommen, die Partner wechseln, jeder Tänzer hat nun zwei Partnerinnen.

Solo der Ballerina des fünften Walzers mit Partner – ein wiegendes gefühlvolles Thema, dem sich auch einige Mädchen überlassen. Die weiße Ballerina tritt auf. Unruhe bestimmt ihren fluktuierenden Tanz. Unheil kündigt sich an: Aus dem dunklen Hintergrund schreitet ein schwarzer Kavalier nach vorne. Ein Page folgt ihm, der einen Spiegel und einen schwarzen Mantel trägt. Der Kavalier nähert sich dem weißen Mädchen und hält ihr den Spiegel aus schwarzem Glas vor. Sie erschrickt und will sich von ihm wenden, doch wie hypnotisiert leistet sie keinen Widerstand. Er legt ihr einen schwarzen Schleier und den Mantel um, überreicht ihr lange schwarze Handschuhe, schmückt sie mit schwarzen Juwelen und führt sie zum Walzer. Jetzt überreicht er ihr ein Bukett schwarzer Blumen. Der Tanz steigert sich. Der Fremde hält das Mädchen fest im Arm. Unter dem wehenden schwarzen Mantel leuchtet ihr weißes Kleid hervor. Ihr Gesicht wird immer bleicher, während sie dem Fremden unverwandt in die Augen blickt. Nun steigert sich der Walzer zu höchster Leidenschaft – das Mädchen stirbt tanzend in den Armen des Fremden. Er läßt sie zu Boden gleiten und geht langsam hinaus.

Das tote Mädchen wird hinausgetragen. Die Paare drehen sich zum Walzer-Finale wie in einem Strudel.

Maurice Ravel (s. »Boléro«) hat »La Valse« ursprünglich für die Ballets Russes komponiert. Aber Diaghilew lehnte eine Aufführung des Balletts ab. Erst *Ida Rubinstein* (s. oben, I) brachte das Stück, das inzwischen den Beifall der Konzertbesucher gefunden hatte, auf die Bühne.

Ravel hat über seine Komposition gesagt: »Ich habe dieses Werk als eine Art Apotheose des Wiener Walzers aufgefaßt, mit dem sich in meinem Geiste die Vorstellung eines phantastischen und unentrinnbaren Wirbels verbindet. Ich stelle mir diesen Walzer im Rahmen eines kaiserlichen Hofes um 1855 vor.« Genau das hat *Balanchine* (s. »Agon«) in seiner Version choreographiert, einen »unentrinnbaren Wirbel«, eine »walzend« untergehende Welt. »La Valse«, oft unterbewertet, gehört zu Balanchines Hauptwerken.

Verklärte Nacht

Ballett in einem Akt. Musik: Arnold Schönberg (Streich-Sextett »Verklärte Nacht«); Choreographie: Jiří Kylián; Ausstattung: Jiří Kylián; Kostüme: Joop Stokvis; Uraufführung: Nederlands Dans Theater, Koninklijke Schouwburg, Den Haag, 21. Oktober 1975.

Der Komposition »Verklärte Nacht« liegt ein Gedicht von Richard Dehmel »Weib und Welt« zugrunde: Eine Frau und ihr Geliebter gehen nachts durch einen Wald. Sie erwartet ein Kind von ihrem Mann, den sie aber nicht liebt, und erzählt dieses ihrem Geliebten. Obwohl beide die Problematik ihrer Situation erkennen, macht ihre große

Liebe füreinander sie fähig, den Schmerz zu überwinden und das Kind als Frucht ihrer Verbindung anzunehmen.

Ausgeführt wird das Ballett von sechs Tänzern, von denen drei das Paar und den ungeliebten Mann darstellen und die übrigen die inneren Spannungen – das Gefühlsleben.

In einer Serie von Pas de deux und Pas de trois zeichnet Kylián in »Verklärte Nacht« das ganze Spektrum zwischen liebender Zärtlichkeit und besitzergreifender Aggressivität – in vollkommener Korrespondenz mit Schönbergs ebenso expressiver wie lyrischer Kammermusik. Das Bewegungsmaterial, das Elemente des Modern Dance nahtlos in das klassische Vokabular integriert, ist von einer atemberaubenden Schönheit.

»Ein süperbes, völlig ausgereiftes Ballett ist ihm zu Schönbergs ›Verklärte Nacht‹ gelungen. Hinreißend getanzt von einem Tänzer-Sextett, folgt seine Choreographie minuziös der sehnend-zehrenden Spannungskurve von Schönbergs Musik und modelliert die Gefühlskonflikte eines Paares, dessen Harmonie durch einen Außenseiter gestört wird. Eine große Choreographie, unbedingt vorzuziehen Tudors ›Pillar of Fire‹ [s. d.] zur gleichen Musik.« (Horst Koegler)

Andere bedeutende Ballett-Versionen zur »Verklärten Nacht« von Schönberg haben Peter van Dyk 1958 in Paris, Erich Walter 1961 in Wuppertal und Heinz Spoerli (1982 für das Basler Ballett) geschaffen.

Der verlorene Sohn (Le Fils Prodigue)

Ballett in drei Szenen. Libretto: Boris Kochno; Musik: Serge Prokofjew; Choreographie: George Balanchine; Ausstattung: Georges Rouault; Kostüme: Vera Strawinsky; Uraufführung: Diaghilews Ballets Russes, Théâtre Sarah Bernhardt, Paris, 21. Mai 1929.

Personen: Der verlorene Sohn; der Vater; die Schwestern; die Sirene; zwei Freunde; Kumpane; Mädchen.

Die Handlung basiert auf dem Gleichnis vom verlorenen Sohn (Lukas 15,11–24).

1. Szene: Der Abschied. – Vor dem Haus des Vaters packen die beiden Freunde des Sohnes die für die beabsichtigte Reise in die Fremde benötigten Sachen zusammen. Der Sohn kommt dazu; seine Schwestern bedrängen ihn, den Plan aufzugeben. Voller Abenteuerlust tanzt er vor Freunden und Schwestern (Allegretto; Presto), bis der Vater auftritt und ihn ebenfalls beschwört, daheim zu bleiben (Andantino). Es kommt zum Streit zwischen Vater und Sohn (Presto; Meno mosso; Allegro risoluto). Aber der Sohn läßt sich nicht von seinem Entschluß abbringen. Er zieht mit den Freunden in die Fremde (Andante irresoluto).

2. Szene: Nicht die beste Gesellschaft versammelt sich zu einem Festgelage (Marsch; Allegro festoso). Der Sohn ist dabei scheinbar herzlich willkommen. Eine Sirene tritt auf. Sie will den Sohn durch ihren Tanz betören (Moderato scherzoso). Die beiden Freunde des Sohnes tanzen zur Unterhaltung der Gäste (Allegro brusco). Der Sohn ist so hingerissen von der Sirene, daß er sie zum Tanz auffordert (Pas de deux; Adagio – Allegretto). Das Gelage steigert sich (Allegro festoso) bis zur völligen Trunkenheit des Sohnes (L'Ivresse). Die Sirene, die falschen Freunde und die Saufkumpane rauben den seiner Sinne nicht mehr Mächtigen aus (Presto). Sie erniedrigen ihn (Pillage). Allein bleibt er zurück. Von Gewissensbissen geplagt (Andante assai), beschließt er heimzukehren. Kaum ist er aufgebrochen, da kehrt die Bande zurück, die Beute zu teilen (Vivo).

3. Szene: Der Sohn steht wieder vor dem Haus seines Vaters. Er ist zerlumpt, krank, voller Heimweh (Andante pianissimo dolcissimo). Die Schwestern finden ihn, erkennen ihn (Allegro). Der Vater kommt dazu. Der Sohn kniet nieder. Da der Vater keine Regung zu zeigen scheint, steht er auf und geht beschämt davon. Der Vater holt ihn zurück, verzeiht ihm und führt ihn ins Haus.

Der Georgier *George Balanchine* (s. »Agon«) hat die Choreographie für den »Verlorenen Sohn« kurz vor Diaghilews Tod (am 19. August 1929 in Venedig) für dessen Ballets Russes geschaffen, und zwar in Zusammenarbeit mit den Russen *Prokofjew* (s. »Le Chout«), *Boris Kochno* und *Serge Lifar* (s. »Phèdre«), dem Darsteller des verlorenen Sohnes. Er selbst sagt, daß ihm nicht so sehr die biblische Version als vielmehr die Darstellung der Geschichte vom verlorenen Sohn auf alten byzantinischen Ikonen vorgeschwebt habe. So sind gewisse Veränderungen gegenüber der biblischen Geschichte zu verstehen. Gerade die Simplizität des Vorganges hatte Diaghilew veranlaßt, von Kochno das Libretto für dieses Ballett zu verlangen. *Georges Rouault* (1871–1958), der große französische Maler, dessen ganzes Werk auf die Darstellung von Menschheitsthemen gerichtet ist, wurde von Diaghilew für das Bühnenbild gewonnen.

Bei der Uraufführung tanzte Serge Lifar die Titelrolle, Felia Dubrowska die Verführerin, Michael Fedorow den Vater, die beiden Freunde: Leon Woizikowsky und Anton Dolin.

Die Legende vom verlorenen Sohn war außerdem Anlaß zu den gleichnamigen Balletten von Kurt Jooss (s. »Großstadt«) auf Musik von Fritz Cohen (s. »Der grüne Tisch«), 1931 in Essen, und von Ivo Cramér auf Musik von Hugo Alfvén, in Stockholm 1957.

Vier Gesänge für Frauenchor

Ballett in vier Sätzen. Musik: Johannes Brahms; Choreographie und Kostüme: Heinz Spoerli; Uraufführung: Basler Ballett, Schloßtheater, Ludwigsburg, 6. September 1980.

1. »Es tönt ein voller Harfenklang«: Zu Beginn stehen rechts in einer vertikalen Reihe die sechs Mädchen, während gleichzeitig die sechs Männer in Schüben gegen diese »Mauer« anzutanzen scheinen – weich, lyrisch, ohne alle Aggressivität. In der Partnerschaft, die schließlich gefunden wird, pflanzt sich eine klassische Tanzfigur wie die Arabesque penchée in einer Wellenbewegung von einem Paar zum anderen fort, bis schließlich alle Mädchen in einer Diagonale weggetragen werden. Eine neue Reihe entsteht in der Bühnenmitte, und auch diesmal pflanzt sich ein Bewegungsmotiv wellenförmig vom einen zum andern fort. Aus einer Gruppe, die sich im Bühnenhintergrund kristallisiert, schert ein Solopaar aus. Das Mädchen liegt wie leblos in den Armen des Tänzers, bevor es zu den anderen zurückgetragen wird: ein Eindruck, der sich im Ensemble wiederholt. Immer erwecken Körperhaltungen so etwas wie Trauer, Schmerz, Sehnsucht. In gehobenen Sprüngen löst sich die Szene auf. Zurück bleibt ein einziger Tänzer.

2. »Komm herbei, Tod«: Solo des Mannes, der immer wieder mit abgewinkelten Armen verharrt – so, als wollte er etwas Unbestimmtes abwehren. Nach einer Serie leichter Sprünge erscheint eine Partnerin. Sie hängt sich an seine Schulter, sinkt schließlich zu Boden. Die anderen Paare kommen dazu: die Männer tragen die Mädchen in zeitlupenhaft verzögerten Sprüngen. Die Szene verdichtet sich. Nachdem die Mädchen wieder weggetragen worden sind, wiederholt der Tänzer sein Solo vom Anfang.

3. »Der Gärtner«: In leichten, schnellen Bewegungen werden zwei Männer und ein Mädchen auf die Bühne geführt. Während die eine Tänzerin nach einem kurzen Pas de trois auf den Boden sinkt und kniend verharrt, erscheinen zwei andere und beginnen einen Pas de quatre, der sich rasch in einen reihenförmigen Pas de cinq ausweitet. Auch hier wiederholen sich die Rückbeugen, die wie ein Motiv sich durch das ganze Ballett ziehen. Am Ende bleiben die Mädchen wie ermattet liegen. Doch sie richten sich wieder auf, beginnen aufs neue einen Pas de quatre, der von einem Pas de trois abgelöst wird. Zuletzt wiederholt sich nach einem kurzen Zwischenspiel des Ensembles die Szene des Anfangs.

4. »Gesang aus Fingal«: Aus einer Gruppe im Bühnenhintergrund löst sich ein Mädchen, den Körper wie im Schmerz gekrümmt, die Augen bedeckt vor lauter Kummer. Ein Solist eilt herbei. Er trägt sie, stützt sie, stellt sie in eine Arabesque penchée. In einem weiten Kreis führt er sie über die Bühne, das Mädchen beginnt wieder zu tanzen – um alsbald erneut ihren Körper aufbäumen und zurücksinken zu lassen im unbegreifbaren Leiden. Immer wieder löst sie sich aus seinem Schutz, um ihn erneut zu suchen. Die anderen Mädchen treten hinzu und übernehmen die Trauergeste. Zuletzt erscheinen die Männer. In einer Umkehrung des ersten Satzes endet das Ballett: Nun sind es die Männer, die in einer vertikalen Reihe stehen.

Heinz Spoerli hat das viersätzige Ballett im Auftrag der Ludwigsburger Schloßfestspiele zu den »Vier Gesängen für dreistimmigen Frauenchor und zwei Hörner und Harfe, op. 17« von *Johannes Brahms* (s. »Initialen R. B. M. E.«) choreographiert. Es ist vielleicht sein schönstes, sein eigenstes, das er je geschaffen hat. Jochen Schmidt in der »Frankfurter Allgemeinen Zeitung«: »Es ist nicht nur der zwingend-sanfte, weitab von jeder Schablone sich ereignende Fluß der Choreographie selbst, der den Zuschauer mitreißt. Überzeugend auch Spoerlis oft überraschende Lösungen und Wendungen, die – scheinbar widersinnig – im Unerwarteten die plausibelste Entwicklung von Bewegungen und Beziehungen finden. Sehr schön immer wieder die Kontrapunktierung der Gruppen, das Spannungsverhältnis zwischen ihnen, die Raumaufteilung, auch die Souveränität und Gelassenheit, mit der diese Choreographie sich zuweilen selbst korrigiert.« Und die »Basler Zeitung« urteilt: »Spoerli bindet die frühen Kompositionen von Johannes Brahms in einen Zusammenhang ein, der nicht nur eine choreographische Gliederung erkennen läßt, die sich am Ende gewissermaßen erfüllt, sondern auch eine Stimmung schafft, die sehr genau der romantischen Verschleierung der Musik entspricht wie der Todessehnsucht, die sich aus den Gedichten Shakespeares, Eichendorffs oder Ossians herauslesen läßt. Die schattenhaften Silhouetten des ersten Satzes, die klare Aufschlüsselung des Raums, die Vielschichtigkeit der Bewegungen und die wiederkehrenden Gesten (die gleichsam nebenbei Bedeutung signalisieren): Sie ermöglichen dem Brahms-Ballett eine Tiefendimension, die das große Gefühl unangetastet läßt, dabei aber jede Sentimentalität verhindert.«

Spoerli, 1941 in Basel geboren, war von 1973 bis 1991 Ballettchef in seiner Heimatstadt. Von Walter Kleiber ausgebildet, begann er dort unter Wazlaw Orlikowsky seine Tänzerkarriere. Entscheidende Eindrücke gewann er durch Todd Bolender während eines dreijährigen Engagements in Köln. 1971 nach Wanderjahren mit den verschiedensten Compagnien Kanadas in die Schweiz zurückgekehrt, choreographierte er 1972 in Genf mit »Le Chemin« das Ballett, das ihm die Verpflichtung nach Basel eintrug. Seitdem hat er am Stadttheater getan, was notwendig und zum jeweiligen Zeitpunkt als richtig erschien: Er hat abendfüllende Ballette wie »Giselle« (s. d.), »Romeo und Julia« (s. d.), »Nußknacker« (s. d.) und »Coppélia« (s. d.) auf ihre Repertoire-Tauglichkeit überprüft. Er hat neue Großformen für Stücke wie den »Sommernachtstraum« (s. d.), »Undine« (s. d.), »La Fille Mal Gardée« (s. d.), »Orpheus und Eurydike« und »John Falstaff« entwickelt. Er hat die verschiedensten Musiken interpretiert, bald mit dem Basler Jazz-Großmeister George Gruntz kooperiert, bald in »Chäs« auf eine wundervoll erheiternde Weise mit der

Schweizer Folklore geliebäugelt, hat mit den »Vier Gesängen für Frauenchor« sein bestes Werk geschaffen und mit »Pulcinella« (s. d.) die wohl spritzigste Strawinsky-Interpretation. Er hat alles versucht, mit der Sprache experimentiert, für ein Medium wie das Fernsehen ungewohnte Ausdrucksbereiche erschlossen, sich mit dem Modern Dance auseinandergesetzt – und ein Ensemble aufgebaut, das heute keine internationale Konkurrenz mehr zu fürchten braucht. Als Choreograph ist Spoerli, der seit 1991 als Ballettchef der Deutschen Oper am Rhein in Düsseldorf/Duisburg fungiert, weltweit gefragt. Viele seiner Stücke werden mittlerweile auch von anderen Compagnien interpretiert.

Vier letzte Lieder

Ballett in vier Teilen. Musik: Richard Strauss (Vier letzte Lieder, 1950); Choreographie: Rudi van Dantzig; Ausstattung und Beleuchtung: Toer van Schayk; Uraufführung: Het Nationale Ballet, Stadsschouwburg, Amsterdam, 16. Mai 1977. (Dauer: 22 Minuten.)

»Die Texte der vier Lieder (drei von Hesse, eins von Eichendorff) habe ich nicht wörtlich genommen. Ich habe versucht, die Atmosphäre des Werks in Bewegung zu übersetzen. Für mich ist die Essenz von dem, was ich gemacht habe, in den Versen von Hermann Hesse (das zweite Lied: ›September‹) enthalten: ›Sommer lächelt erstaunt und matt / In den sterbenden Gartentraum. / Lange noch bei den Rosen / Bleibt er stehen, sehnt sich nach Ruh. / Langsam tut er die großen / Müdgewordenen Augen zu.‹« (R. van Dantzig.)

Die »Vier letzten Lieder« hat *Rudi van Dantzig* zu *Richard Strauss'* gleichnamigem Schwanengesang (der ein Jahr nach seinem Tod, 1949, erschien) choreographiert, der den Tod als ein unvermeidliches und natürliches Geschehen begreift, das Frieden und Erlösung bringt – wie das auch in den vier unterlegten Gedichten von Hesse und Eichendorff zum Ausdruck kommt. In den ersten drei Liedern ist das Vergehen der Natur, wie es sich in der Aufeinanderfolge der Jahreszeiten und im Kommen der Nacht darstellt, das Generalthema. Der letzte Gesang zum Sonnenuntergangsgedicht von Joseph von Eichendorff gibt ein Vorgefühl von der nahenden, endgültigen Einsamkeit.

Die Choreographie akzentuiert diese Gefühle und verleiht dem Werk darüber hinaus eine zusätzliche Dimension, indem sie durch den Bruch, den jede menschliche Bindung einmal erfährt, auf das unausbleibliche Ende alles Irdischen hinweist. Die Essenz des Werks entspricht Rudi van Dantzigs Verweis auf Hesses »September«; die Struktur des Balletts aber reflektiert vor allem Eichendorffs Gedicht, das von der Ahnung des Todes handelt.

Das Thema jedes einzelnen Gedichts wird von einem Paar ausgedrückt, zu dem sich während aller vier Pas de deux ein männlicher Solist gesellt, der so etwas wie den »Engel des Todes« verkörpert, die Paare auseinanderbringt, und im Finale alle acht Tänzer, die einander bei der Hand halten, in die Welt der Schatten führt.

Rudi van Dantzigs Idee, die Vergänglichkeit alles Irdischen, auch der Liebe zwischen zwei Menschen – und seien sie noch so einig oder noch so verschieden (beides kann ja dem Zusammenleben förderlich sein) – im Tanz sichtbar zu machen, ist ihm vor allem deswegen so überaus überzeugend gelungen, weil er tatsächlich nicht am literarischen Inhalt der von Strauss vertonten Gedichte kleben geblieben ist, sondern sich darüber hinaus ganz der Musik, ja noch mehr der Stimme von Gundula Janowitz (Aufnahme mit den Berliner Philharmonikern unter Herbert von Karajan) überlassen hat. »Ich wollte in der Schönheit der Körper die Schönheit dieser Stimme sichtbar machen«, die im übrigen in ihren Farben geradezu dazu erschaffen scheint, den Schwanengesang von Richard Strauss und die herbstlich gestimmten Verse von Hermann Hesse und Joseph von Eichendorff zu einer unauflösbaren Einheit zu verschmelzen. Um so höher ist die Leistung Rudi van Dantzigs einzuschätzen. Sein Ballett geht in dieser Einheit auf. *Toer van Schayks* herbstliche Horizonte und seine herbstlaubfarbenen Kostüme fügen sich ebenfalls nahtlos ins Ganze ein. Die »Vier letzten Lieder« gehören im schmalen Werkverzeichnis Rudi van Dantzigs zu den wegweisenden Balletten. Mit »Monument voor een gestorven Jongen« (s. d.) im Idiom von Martha Graham hatte er zuerst Interesse für Het Nationale Ballet in Amsterdam geweckt, das damals noch im Schatten des Nederlands Dans Theaters in Den Haag stand. »Ramifications«, ein Solo zu Musik von Ligeti und einer Arie von Purcell, markierte die Konsolidierung des Ensembles, zu dem inzwischen der andere bedeutende holländische Choreograph unserer Zeit, Hans van Manen, gestoßen war. »Vier letzte Lieder« signalisiert nun eine Compagnie, die auf den akademischen Tanz setzt, ohne dabei ihren zeitgenössischen Anspruch aufzugeben. Im Gegenteil: Gerade die »Vier letzten Lieder« beweisen, daß man mit den klassischen Pas, wenn man sie frei benutzt, also ohne sich vom Kodex einschränken zu lassen, den heutigen Menschen evidenter machen kann als durch die wahrhaft »gesuchten« Bewegungen sogenannter Experimente.

»Vier letzte Lieder« steht am Ende einer thematischen Entwicklung, die mit »Monument voor een gestorven Jongen« begann, das fast nur die Schattenseiten der (sexuellen) Liebe darstellte, sich in »Ramifications« (s. d.) in süße Verzweiflung über die Unmöglichkeit der Liebe wandelt, um in der Strauss-Choreographie das Werden und Vergehen der Liebe in schöner Resignation hinzunehmen.

»Erstaunt registriert man, daß Ballett heute sich noch leisten kann, Schönheit derart ungebrochen und unverletzt darzustellen, ohne im mindesten antiquiert oder eskapistisch zu wirken – daß klassischer Tanz nach wie vor Inhalte zu übermitteln imstande ist, die auch ganz bewußt im hier und heute verwurzelten Zeitgenossen in seinem Innersten anrühren und betreffen.« (Horst Koegler.)

Die vier Temperamente

Klassisches Ballett in fünf Sätzen. Musik: Paul Hindemith; Choreographie: George Balanchine; Ausstattung: Kurt Seligmann; Uraufführung: Ballet Society, New York, 20. November 1946.

Das Konzert »Thema mit vier Variationen (Die vier Temperamente)« für Streichorchester und Klavier von Paul Hindemith aus dem Jahre 1940 basiert auf der Einteilung der menschlichen Natur in vier Temperamente: melancholisch, sanguinisch, phlegmatisch und cholerisch. Zuweilen werden diese Temperamente den vier Elementen parallel gesetzt: Erde, Wasser, Feuer und Luft. Weder der Komponist noch der ihm folgende Choreograph haben es aber auf eine literarische Verdeutlichung oder gar auf Illustrierung abgesehen.

A. Thema: Moderato. Drei Paare tanzen drei Pas de deux. Sie folgen jeweils einem musikalischen Gedanken, bis sich das konzertierende Klavier und das Orchester zum vollen Thema zusammenfinden.

B. Erste Variation: Melancholisch. Langsam. Zur Solovioline, die zaghaft gegen das konzertierende Klavier ansingt, tanzt ein sehr einsamer Tänzer. Zum Presto gesellen sich ihm zwei Mädchen. Die Streicher spielen mit Dämpfern. Die drei Tänzer übersetzen diese »gedämpfte« musikalische Stimmung in Tanz. Der »Langsame Marsch«, vom Soloklavier mit expressiven Rhythmen akzentuiert, ruft vier geheimnisvolle Mädchen auf den Plan, die sehr stolz, kühl und unnahbar einen Pas de quatre tanzen.

C. Zweite Variation: Sanguinisch. Walzer. Eine Ballerina und ihr Partner tanzen mit weit ausgreifenden Bewegungen, beschwingt, heiter und hingebungsvoll, von einer Vierergruppe begleitet.

D. Dritte Variation: Phlegmatisch. Moderato. Zum Soloklavier, das unbegleitet die dritte Variation einleitet, tanzt zunächst auch nur ein Tänzer ohne rechte Lust. Seine Bewegungen werden erst bestimmter, wenn die Musik ins

Allegretto übergeht. Vier Mädchen kommen hinzu. Sie zwingen den Phlegmatiker zum Pas de cinq auf das Allegretto scherzando.

E. Vierte Variation: Cholerisch. Vivace. Nach der kurzen Variation einer Ballerina, die das cholerische Temperament darstellt, kommen alle vorher aufgetretenen Tänzer wieder auf die Bühne, um noch einmal ihre jeweiligen Charaktere vorzustellen und gemeinsam (Appassionato) das Finale zu tanzen, das durch hohe Hebungen bemerkenswert ist.

Balanchine (s. »Agon«), der oft als der »abstrakte Choreograph« unseres Jahrhunderts gilt, besitzt die Gabe, die Konstellation menschlicher Körper zueinander in seinen Balletten besonders beziehungsvoll zu motivieren. »Die vier Temperamente«, ursprünglich für eine Hochschulfeier entworfen und dabei in theatralischen Kostümen gezeigt, sind vom New York City Ballet ins Repertoire genommen und damit der ganzen Ballettwelt bekannt geworden. Allerdings wird dieses »Klassische Ballett in fünf Sätzen« seitdem im Tänzertrikot des Trainingssaals dargeboten: dadurch aber gewinnt der tanzende Mensch eine weit über das Theatralische hinausreichende Evidenz. Die Solisten-Elite des New York City Ballet – Maria Tallchief, Tanaquil LeClercq, Herbert Bliss und Todd Bolender – verhalf dem musikalischen Meisterwerk zu seinem tänzerischen Äquivalent.

Die Vogelscheuchen

Ballett von Günter Grass nach der Erzählung aus dem Roman »Hundejahre«; Libretto: Günter Grass; Musik: Aribert Reimann; Choreographie: Marcel Luipart; Bühnenbild: Erich Kondrak; Kostüme: Liselotte Erler; Uraufführung: Deutsche Oper, Berlin, 7. Oktober 1970.

Personen: Der Gärtner; seine Tochter; Vogelscheuchen: der Präfekt, die Äbtissin, Grenadier, Hallelujascheuchen; Seevögel; Vögel; Vogelscheuchengruppen: Ritter ohne Kopf, Nonnen mit Fallsucht, Grenadiere, Uniformierte.

I. Akt: Im Garten. Der Gärtner ist besorgt um die Ordnung in seinem Garten, in dem Vögel Einzug gehalten haben. Seine Tochter kann den erzürnten Vater nicht ernst nehmen. Aus Widerspruch holt sie die Vögel zurück. In seiner Ratlosigkeit beginnt der Vater, eine Vogelscheuche zu gestalten. Mit der Existenz der Scheuche wird eine neue Welt ins Leben gerufen – die der Vogelscheuchen. Sie ist durch ihren Präfekten vertreten, dem der Gärtner dankbar ist, daß er ihn von den Vögeln befreit. Zum Erschrecken des Vaters findet der Präfekt Gefallen an seiner Tochter. Er weckt ihre Neugier, und sie verläßt mit ihm den Vater, um sich in die Welt der Vogelscheuchen entführen zu lassen.

II. Akt: In der Welt der Vogelscheuchen. Die Äbtissin bereitet den Empfang des Präfekten mit dem Mädchen vor. Nach ihrer Ankunft werden dem Mädchen die Scheuchengruppen von der Äbtissin vorgestellt, dann soll ihm die Vogelscheuchensprache gelehrt werden, bevor es widerstrebend zur Trauung geführt wird. Der Hochzeitszug steigert sich zur Springprozession, deren Höhepunkt das Mädchen benutzt, um zu entfliehen.

III. Akt: Im Garten. Der zurückgekehrten Tochter verbietet der Vater das Haus. Das Mädchen bricht zusammen, da kommen schon die Scheuchen, um es in ihr Reich zurückzuholen. Der Vater besinnt sich und will die Tochter halten – zu spät: Die Vögel haben sich in das Geschehen gemengt und überfallen den Gärtner. Es gibt nur eine Möglichkeit; mit scheuchenartigen Bewegungen die Vögel abzuhalten. Zuvor hat er die Vögel gebannt – doch jetzt ist er selbst zur Vogelscheuche geworden.

Über »Die Vogelscheuchen« schrieb Klaus Geitel in der »Welt«:

»*Günter Grass* will anderes, als dem Ballett eine simple kleine Handlung erfinden, die sich ohne psychologischen Ballast tänzerisch darstellen läßt. Kein Zweifel: Grass liebt das Ballett.

Gleich sein erster Essay war ›der Ballerina‹ gewidmet: eine zärtliche Huldigung, nachdenklich und verschmitzt, der ›gequälten, auswärtsgedrehten Schönheit‹ des Balletts dargebracht. Er hat dem Choreographen *Marcel Luipart* [s. ›Abraxas‹], der nun auch in der Deutschen Oper Berlin ›Die Vogelscheuchen‹ zur Uraufführung einstudieren durfte, bereits mit den ›Fünf Köchen‹ und den ›Stoffresten‹ zwei Balletthandlungen zugespielt.«

Solisten der Uraufführung waren Frank Frey, Eva Evdokimova, Klaus Beelitz, Silvia Kesselheim und Monika Radamm.

Voluntaries (In memoriam John Cranko)

Ballett in einem Akt. Musik: Francis Poulenc (Konzert für Orgel, Streicher und Schlagzeug); Choreographie: Glen Tetley; Ausstattung: Rouben Ter-Arutunian; Uraufführung: Stuttgarter Ballett, Großes Haus der Württembergischen Staatstheater, Stuttgart, 22. Dezember 1973.

»Warum ein Poulenc-Konzert? Seit frühester Jugend hat Orgelklang für mich eine ganz eigene Faszination (mein Großvater war Pastor in Pittsburgh/Pennsylvania). Die Orgel erscheint mir immer wie eine Stimme Gottes. Dann lernte ich Poulencs Musik kennen und fand in ihr viele Entsprechungen. Sie ist geheimnisvoll, auch lyrisch, oft fröhlich, im ganzen sehr nach innen gekehrt.

Inspiration durch die Musik? Nun, es kann auch umgekehrt gehen. Die Inspiration kann auch vom Tänzer her kommen. Ich will nicht allein auf die Musik hören, ich will auch sehen, was der Tänzer tut, wenn ich mit ihm arbeite. Ich kann nicht nur Noten in Schritte übersetzen.

Zum Titel? ›Voluntaries‹ werden in der Musik freie Orgel-Improvisationen genannt, die man vor, während oder nach dem Gottesdienst spielt, zum Beispiel während der Kollekte. Sie können auch, wie ein Musik-Lexikon sagt, zur Erprobung des Instruments oder zum Talentbeweis für den Organisten dienen.

Mein Ballett ist als eine Folge lose miteinander verbundener ›Voluntaries‹ gedacht.« (Glen Tetley.)

Poulencs Orgel-Konzert von 1938 (ein Auftrag der Prinzessin Polignac und auch derselben gewidmet) ist im Stil einer Fantasie Buxtehudes entworfen, baut auf einem einzigen Thema auf und spielt ohne Pause. Es beginnt mit einem majestätischen Andante, dem Allegro giocoso und danach ein durchsichtiges Andante folgen. Weiter geht es mit einem glühenden, erregenden Allegro. Dann führt eine ruhige, langsame Passage zurück zum ursprünglichen Allegro. Noch einmal wird das kraftvoll feierliche Eingangsthema aufgenommen, dann findet das Werk seinen verhaltenen Abschluß.

Die Uraufführung von »Voluntaries« wurde von Marcia Haydée, Birgit Keil, Richard Cragun, Vladimír Klos, Reid Anderson getanzt. Es wurde u. a. vom Londoner Royal Ballet übernommen.

Die weiße Rose

Ballett in zwei Teilen nach Oscar Wildes Märchen »Der Geburtstag der Infantin«. Musik: Wolfgang Fortner; Choreographie: Jens Keith; Ausstattung: Paul Seltenhammer; Uraufführung: Städtische Oper, Berlin, 28. April 1951.

Personen: Die Infantin von Spanien; der Zwerg; die Traumvorstellungsgestalt des Zwerges als schöner Jüngling; Zeremonienmeisterin; Zeremonien-

meister; Hofdamen und Höflinge; die Gespielinnen der Prinzessin; der Kinder-Torero; der Gaukler mit der Schlange; die Tänzerin mit dem Bären; Tänzerknaben; Zigeunerin; die weiße Rose; die Nachtigall; der Pfau; Blumen und Vögel; ein Spiegelbild (Singstimme: Altsolo; Chor).

I. Teil: Spielt vor dem Escorial. Introduzione (Adagio). Am Hof des spanischen Königs wird der Geburtstag der Infantin gefeiert. Das Fest beginnt mit einer Pavane (Einzug des Hofes; L'istesso tempo), die mit der Huldigung der Prinzessin endet. Sie antwortet mit einem sehr bewegten Tanz (Allegro), dem eine Musette der eingeladenen Kinder folgt, an die sich ein Pas de trois der Erwachsenen, des Kanzlers, des Großinquisitors und der Oberhofmeisterin, anschließt (Sarabande).

Zur Unterhaltung der Gäste werden eine Reihe von Schauspielen aufgeführt. Zunächst imitieren Kinder einen Stierkampf: Der Toreador (Bolero) tritt gegen den als Stier verkleideten Sohn des französischen Gesandten an (Thema und fünf Variationen). Der Stier wird erstochen. Großer Beifall.

Es folgt ein afrikanischer Gaukler mit einer Schlange (Trio I; Air de Gaita). Diese Nummer wird vom Tanz der jungen Tänzerin mit dem Bären (Trio II; Air varié) abgelöst. Tänzerknaben der Kirche von Nuestra Señora del Pilar huldigen der Infantin mit einem Umzug (Andante) und einer feierlichen Berceuse. Zigeuner, von einer Sängerin und einem Chor begleitet, tanzen einen leidenschaftlichen Polo.

Die Prinzessin wird mit einem lebendigen Geburtstagsgeschenk überrascht: mit einem Zwerg (Poco andante). Er tanzt fünf Variationen (Poco allegretto; Agitato; Poco mosso bis zu Poco grazioso, l'istesso tempo), in denen er das ausdrückt, was er fühlt: Angst und Hoffnung, Sehnsucht und Liebe, Trauer und Freude. Da man versteht, was er tanzt, erhält er viel Beifall. Die Prinzessin wirft ihm sogar eine weiße Rose zu. Er küßt sie inbrünstig. Die Prinzessin fordert ihn auf, seinen Tanz fortzusetzen. Aber der Oberhofmeister gibt unmißverständlich zu verstehen, daß die

Geburtstagsfeier nun ein Ende haben müsse. Nach vorgeschriebenem Zeremoniell verläßt man den Saal. Nur der Zwerg bleibt zurück. Immer wieder die Rose küssend, tanzt er mit grotesker Unbeholfenheit und träumt davon, ein anderer zu sein.

II. Teil: Wechselt von den Gärten des Escorial in die Gemächer des Schlosses.

Der Zwerg versteht die Sprache der Blumen. Er sucht sie auf, ihnen die weiße Rose zu zeigen und von seiner Liebe zu erzählen (Ballet des fleurs; Allegro moderato). Die Blumenhexe aber meint, daraus könne nichts Gutes werden. Die Blumen schließen ihre Kelche – sie verschließen sich dem Zwerg. So sucht er die Tiere auf (Ballet des animaux; Allegro). Der Nachtigall zeigt er sogar die Rose der Prinzessin. Als aber der Pfau, der Vertreter höfischer Etikette im Tierreich, von des Zwerges seltsamer Liebe hört, hat der Stolze nur Verachtung für den Buckligen übrig. Da ziehen sich auch die anderen Tiere zurück.

Vom Duft der Rose betäubt, schläft der Zwerg ein (Interlude d'action; Poco andante). Hinter dem Zwerg erscheint ein schöner Jüngling, die Gestalt gewordene Wunschvorstellung des Buckligen von sich selbst. Der Jüngling nimmt dem Schlafenden die Rose aus der Hand und tanzt. Ihm gesellt sich, vom Palast herschwebend, die Traumerscheinung der Prinzessin (Pas de deux; Andante con moto). Der Zwerg erwacht. Die Traumgestalten sind verschwunden. Aber er träumt weiter voller ungestillter Sehnsucht (Quasi valse). Vor einem verhangenen Spiegel im Innern des Palastes finden ihn, der erstarrt zu sein scheint, die Prinzessin und ihre Gespielinnen (Allegro). Sie tanzen alle miteinander, der Zwerg in Erinnerung an seinen Traum, die Prinzessin und ihre Freundinnen verspielt, belustigt (Boogie; Variations du pas de deux). Der Prinzessin wird erst bewußt, daß es der Zwerg ernst meint, als er sie zu umarmen versucht. Sie zieht den Vorhang vom Spiegel und zeigt dem Zwerg lachend sein wahres, häßliches Gesicht (Pas d'action; Allegro). Auch die anderen Kinder lachen ihn aus. Der Zwerg tanzt vor dem Spiegel, die eigene häßliche Erscheinung mit Abscheu und wie einen rivalisierenden Eindringling betrachtend (Poco allegretto); er will gegen diesen Spiegelmann kämpfen. Als er erkennt, daß ihn sein eigenes Spiegelbild anblickt, stürzt er zu Boden und stirbt. Ratlosigkeit bemächtigt sich aller Umstehenden. Die Prinzessin läßt den Kanzler rufen, der ergeben den Tod des Zwergs feststellt. Diener tragen den Toten hinaus. Erschreckt flüchten die Kinder nach der anderen Seite. Verwundert und ein wenig unwillig, ihres Spielzeugs beraubt zu sein, steigt die Infantin (Pavane: Einzug des Hofes [1. Bild]) auf den Thron. Sie empfängt den Kanzler, die Hofgesellschaft und die noch etwas verschüchterten Kinder zur Huldigung. Mit einer großen Reverenz aller Versammelten vor der Infantin schließt das Ballett.

Wolfgang Fortner (s. »Carmen«) bewies schon mit seinem ersten Ballett die Affinität für die Gattung. Die Partitur ist in Nummern durchkomponiert (20 insgesamt), die den choreographischen Notwendigkeiten gerecht werden. Der Choreograph der Uraufführung, *Jens Keith,* hielt sich eng an das Libretto. Solisten waren Suse Preisser, Erwin Bredow und Rainer Köchermann.

Wendungen

Zwei Ballette von John Neumeier. 1. Streichquintett C-Dur von Franz Schubert. Choreographie: John Neumeier; Ausstattung: Marco Arturo Marelli; Uraufführung: Ballett der Hamburgischen Staatsoper, Hamburg, 11. Dezember 1977.
2. Vierte Sinfonie von Gustav Mahler. Choreographie: John Neumeier; Ausstattung: Marco Arturo Marelli; Uraufführung: Royal Ballet, Royal Opera House, Covent Garden, London, 31. März 1977.

Jemand soll Strawinsky gefragt haben, ob ihn die Längen in der Musik Schuberts einschläfern. »Was tut's«, entgegnete er, »da ich mich beim Erwachen im Paradies wähne?« Genau diesen Eindruck erweckte *John Neumeier* (s. »Dritte Sinfonie von Gustav Mahler«) mit der Choreographie zum »Streichquintett C-Dur von Franz Schubert«, das er unter dem Titel »Wendungen« mit der »Vierten Sinfonie von Gustav Mahler« zu einem abendfüllenden Ballett zusammengefaßt hatte. Selten hat Neumeier größere Ansprüche gestellt und sie erfüllt.

Neumeier hat mit dieser Choreographie einen entscheidenden Schritt vorwärts getan. Er hat das Spätwerk Schuberts (wahrscheinlich 1828 entstanden, aber erst 1850 uraufgeführt) in ein für seine Begriffe einfaches, aber um so augenfälligeres Bewegungsvokabular übersetzt. Das Quintett ist für Streicher komponiert, für zwei Violinen, eine Viola und zwei Violoncelli. Der besondere Klang der Saiteninstrumente, seine federnde Fülle, seine schwebende Melodienkraft, sein himmlisches Adagio werden sichtbar zugleich in den stählernen Schritten der Mädchen wie in ihren fließenden Armbewegungen. Beide sind stets Ausdruck der Musik. Das spezifische Bewegungsmaterial für die Beine ist uns geläufig von Balanchine (s. »Agon«), noch mehr aber von Hans van Manen (s. »Adagio Hammerklavier«), von dem Neumeier auch die besondere Adagio-Qualität dieser Choreographie übernommen zu haben scheint – der Vergleich mit van Manens »Adagio Hammerklavier« drängt sich auf. An dieser, man kann nur sagen »sehr reifen« Arbeit Neumeiers aber fällt auf, wie sehr er sich der Bedeutung der Ports de bras (Armbewegungen) bewußt ist – immer bewußt war. Mit einer einzigen runden, zärtlichen Motion eines Armes verdeutlicht er eine ausklingende Kantilene, transportiert er Akustisches ins Optische: Der Arm wird zum Lied! Das Lied wird zum Arm!

Neumeier hat im ersten Satz seiner »Dritten Sinfonie von Gustav Mahler« ein eindrucksvolles Beispiel für den Männertanz gegeben. Zu Schuberts Quintett hat er nun gezeigt, daß er ebensogut für Frauen choreographieren kann. Das Ballett ist überwiegend für sie und ihr besonderes Sensorium gestellt. Erst im zweiten Satz kommt das männliche Element hinzu – als Gegensatz und als Ausdruck der »Brucknerschen Kauzigkeit«, die Schubert in vielen seiner Kompositionen vorweggenommen hat – oder die ihm wie allen wirklich österreichischen Musikern (z. B. auch Mahler) eigen war.

Die Stimmung dieses Balletts auf einer völlig weiß ausgeschlagenen Bühne ist die des blauen Himmels (dessen Farbe in den Kleidern der Mädchen aufgegriffen wird) und seiner Tinten, die sich malerisch nicht wiedergeben lassen. So wie Schuberts Musik ständig zwischen Dur und Moll wechselt, so wechselt das Blau des Himmels ständig – und doch gibt er sein farbliches Geheimnis nicht preis. Strawinsky hatte recht mit seiner Bemerkung, er wähne sich im Paradies.

Daraus könnte man folgern, Neumeier habe ein Bild der heilen Welt geschaffen (das hat er auch, jedenfalls die Wunschvorstellung davon), aber im letzten Satz wird durch einen Ländler, der tanzt und doch nicht tanzen will, deutlich gemacht, daß das Paradies nicht von dieser Erde ist. »Beide Komponisten, Schubert und Mahler, stellen dem Chaos nicht eine in sich abgeschlossene musikalische Ordnung entgegen. Nicht graziöse oder grimmige Vernunft lenkt die Vorgänge; sie hätten sich an vielen Stellen in anderer Richtung wenden können. Wir fühlen uns nicht als Herren der Situation, sondern eher als deren Opfer. Für viele von uns entspricht dies den Erfahrungen in einer Welt, deren katastrophal anwachsende Probleme sich jeder Lösung zu verschließen scheinen.« (Gerhard Brunner)

Neumeiers Choreographie zur »Vierten Sinfonie von Gustav Mahler« ist werkgerecht nicht so bedeutungsgeladen wie die zur »Dritten Sinfonie von Gustav Mahler«.

Neumeier hat sich dazu eine Geschichte ausgedacht, die von den Licht- und Schattenseiten des Lebens, vom Komischen und Tragischen und den Zwischenbereichen berichtet, die Geschichte von einem Jungen, der zugleich naiv und intelligent, rein wie der »Joseph in Ägypten« und sinnlich wie ein »faunischer Knabe« ist. Wer konnte eine solche Figur besser verkörpern als der im Vorjahr durch Neumeiers »Josephslegende« zu Weltruhm gelangte Kevin Haigen. Er durchlebte (in der Hamburger Aufführung später) die Stationen des »Beginnens« und der »Schatten«, der Freundschaft und der Liebe neugierig verschmitzt, überschwenglich spontan und koboldhaft komisch.

Der dritte Satz »Abendwende« erinnert mit seinem Pas de deux an das unvergeßliche Duo von Zhandra Rodriguez und François Klaus in der »Dritten Sinfonie von Gustav Mahler«. Nur daß er einfacher und darum prägnanter in der Bewegung als sein Vorgänger ist und diese besondere Adagio-Qualität besitzt, die das ganze, später entstandene Schubert-Ballett auszeichnen. Höhepunkt dieses Duetts ist ein sich daraus entwickelnder Pas de trois mit Kevin Haigen. Er ist in seinen Balance-Figuren so außerordentlich ästhetisch, so unwirklich schön, daß Kevin Haigen dies als zu schön zu finden scheint und flüchtet.

Das Vokabular Neumeiers in der »Vierten Sinfonie von Gustav Mahler« steht zwischen der »Dritten« und dem Schubert-Quintett. Es markiert eine Entwicklungsstufe in Neumeiers Schaffen. Was er in der »Vierten« in London begann, hat er im »Quintett« rundum verwirklicht.

»Das ›Streichquintett von Franz Schubert‹, Hauptteil der ›Wendungen‹, zählt ohne Zweifel zu seinen reifsten Leistungen in den letzten Jahren.« (Hartmut Regitz.)

Von *Franz Schubert* (1797–1828) wurden einzelne seiner Kompositionen Balletten zugrunde gelegt. Zu den wichtigsten Schubert-Balletten gehören »Der Tod und das Mädchen« (Choreographie: Erich Walter; Wuppertal 1964) und »Labyrinth« (Choreographie: Léonide Massine; 7. Sinfonie; New York, 1941).

Getanzt wurde die Uraufführung in Hamburg von Marianne Kruuse, Lynne Charles, Rosa Sicart, Max Midinet, Ivan Liška, Beatrice Cordua, Kevin Haigen, Eugen

Ivanics, François Klaus, Colleen Scott, Roy Wierzbicki. Die Uraufführung der »Vierten Sinfonie von Gustav Mahler« in London tanzten u. a. Lynn Seymour, Wayne Sleep und David Wall.

Der Widerspenstigen Zähmung

Ballett in zwei Akten und zehn Szenen. Libretto: John Cranko nach Shakespeare; Musik: Kurt-Heinz Stolze nach Domenico Scarlatti; Choreographie: John Cranko; Ausstattung: Elisabeth Dalton; Uraufführung: Stuttgarter Ballett, Württembergische Staatstheater, Großes Haus, Stuttgart, 16. März 1969. (Dauer: abendfüllend.)

Personen: Baptista, ein reicher Edelmann; Katharina und Bianca, seine Töchter; Gremio, Lucentio und Hortensio, Biancas Freier; Petrucchio, ein Edelmann; Freudenmädchen; Wirt; Schneider; Hutmacher; Petrucchios Diener.

I. Akt, 1. Szene: Vor Baptistas Haus. Der Geck Hortensio, der launische Student Lucentio und der alte Roué Gremio sind verliebt in Baptistas jüngere Tochter Bianca. Sie bringen ihr ein Ständchen dar, werden aber überrascht durch seine mißlaunige ältere Tochter Katharina. Baptista erklärt, daß vor Bianca erst Katharina unter die Haube kommen müsse. Die Nachbarn protestieren lärmend gegen die nächtliche Störung.

2. Szene: In einer Taverne. Die erfolglosen Freier ziehen sich in eine Schenke zurück, wo sie Petrucchio entdecken, dessen Geld von zwei Dirnen gestohlen worden ist. Die Freier schlagen ihm vor, Katharina zu heiraten, die eine beachtliche Mitgift zu erwarten hat. Petrucchio stimmt zu.

3. Szene: Im Hof von Baptistas Haus. Petrucchio hält bei Baptista um die Hand Katharinas an. Die drei Freier – als

Gesang-, Musik- und Tanzlehrer verkleidet – nützen die Gelegenheit, um mit Bianca zu flirten. Katharina sträubt sich, willigt aber nach einer stürmischen Auseinandersetzung in die Heirat ein.

4. Szene: Katharinas Hochzeit. Während der Hochzeitsfeier benimmt sich Petrucchio abscheulich und entführt schließlich Katharina vor den Gästen.

II. Akt, 1. Szene: Die Reise zum Haus Petrucchios. Durch Sturm und Regen führt Petrucchio sein widerspenstiges Weib nach Hause.

2. Szene: Petrucchios Küche. Katharina kommt hungrig und durchnäßt an. Unter dem Vorwand, die Mahlzeit wäre für seine Frau nicht gut genug, weist Petrucchio das vorbereitete Essen zurück und läßt sie hungern.

3. Szene: Karneval. Lucentio überredet die beiden Dirnen, sich als Bianca zu verkleiden. Hortensio und Gremio lassen sich durch die Maskeraden täuschen und heiraten die Dirnen.

4. Szene: Petrucchios Haus. Katharina hungert und friert. Als Petrucchio selbst an ihren Kleidern Mängel findet, bricht ihr Widerstand allmählich zusammen.

5. Szene: Die Reise zu Biancas Hochzeit. Allmählich freundet sich Katharina mit Petrucchios heiterem Wesen an.

6. Szene: Biancas Hochzeit. Während Katharina und Petrucchio ein liebevoll harmonisierendes Paar bilden, scheinen die Ehe von Lucentio mit Bianca sowie die Verbindungen von Gremio und Hortensio mit den beiden Dirnen unter keinem guten Stern zu stehen. (Siehe auch Reclams Schauspielführer.)

Dieses Werk widmete *John Cranko* (s. »Die Befragung«) seinem langjährigen Intendanten in Stuttgart, Professor Walter Erich Schäfer.

Domenico Scarlatti (1685–1757) hat neben einigen Opern über 550 Klavier-Sonaten hinterlassen. »Der Gedanke, nach Musik von ihm ›Der Widerspenstigen Zähmung‹ zu choreographieren, kam von Walter Erich Schäfer. ›Nach Scarlatti‹ sei hier in einem weiten Sinn verstanden. Zuweilen werden Themen seiner Sonaten variiert, dann wieder ganz allgemein für Scarlatti typische formale Schemata aufgegriffen. Manchmal ging es auch lediglich um eine Anlehnung an das Klangidiom des italienischen ›Concerto grosso‹ jener Zeit. In jedem Fall gab seine farbig vielfältige, vitale Musik gerade für eine solche Ballettkomödie die ideale Anregung.« (Kurt-Heinz Stolze; s. »Onegin«.)

Klaus Geitel sieht in Crankos »Der Widerspenstigen Zähmung« die erste Ballettkomödie in unserem Jahrhundert, die mit denen August Bournonvilles (s. »Napoli«) aus dem 19. Jahrhundert konkurrieren könne.

Bestechend ist zunächst der knappe Aufriß der Handlung. Cranko hat viel Nebenwerk gekappt, die »Zähmung« auf ihre wichtigsten Stationen beschränkt. Das Ganze dauert eineinhalb Stunden. Dennoch geht von Shakespeare nichts verloren, einmal weil viele Nuancen in den bis ins Detail durchgezeichneten Charakteren stecken, zum anderen, weil in die Choreographie alles Wichtige eingearbeitet wurde. Der Stoff mußte sich Cranko anbieten, denn er legitimiert geradezu seinen in jenen Jahren entwickelten »unerbittlichen« Stil der gerissenen, gestoßenen, geworfenen Bewegungen, der der terroristischen Qualität der Avantgardemusik verwandt, aber doch ungleich menschlicher und darum shakespearischer ist. Zunächst reißt, stößt und wirft Katharina, und dann wird sie von Petrucchio nach allen Regeln der Kunst gerissen, gestoßen und geworfen.

Mit der »Widerspenstigen« von Cranko geht es einem wie bei Avantgarde-Filmen. Wie man dort die Filmgeschichte, so muß man hier die Ballettgeschichte kennen, um bestimmte Bezüge zu verstehen. Vor allem aber muß man auch ein bißchen vom Kino selbst wissen, um so recht die Slapstick-Technik zu erkennen, die Cranko hier aus verständlichen dramaturgischen Gründen und aus lauter Spaß an der Freude anwendet. Aber das Amüsement ist ebenso groß, wenn man das alles ganz naiv betrachtet.

Mit »Der Widerspenstigen Zähmung« ertanzte sich vor allem einer der Stuttgarter Tänzer Weltruhm: Richard Cragun in der ihm von Cranko auf den Leib geschneiderten Rolle des Petrucchio. Technisch blendet er hier durch Triple-Tours en l'air.

John Crankos »Widerspenstige« ist ein Ereignis, wie es nur alle paar Jahre einmal auf der Bühne erscheint.

Solisten der Uraufführung waren Richard Cragun (Petrucchio), Marcia Haydée (Katharina), Susanne Hanke (Bianca), Egon Madsen (Gremio), Heinz Clauss (Lucentio), John Neumeier (Hortensio).

Wien, Wien, nur du allein

Ballett in zwei Teilen mit einem Zwischenspiel. Libretto: Maurice Béjart; Musik: Ludwig van Beethoven, Alban Berg, Joseph Haydn, Richard Heuberger, Johann Mayer, Wolfgang Amadeus Mozart, Arnold Schönberg, Franz Schubert, Johann Strauß (Sohn), Anton Webern; Choreographie: Maurice Béjart; Bühnenbild und Kostüme: Nuno Côrte-Real; Beleuchtung: Bernard De Coster; Uraufführung: Ballet du XXe Siècle, Cirque Royal, Brüssel, 14. März 1982. (Dauer: abendfüllend.)

Personen: Engel-Lilli; Ludwig; die Gräfin; Schönheit; Constance; Hans Sorglos; Franz; der Wanderer; Nacht und Tränen; die Verlobte; Conradin; Charis; Werner; Schwesterlein; drei Engel; Und so weiter; der Pianist.

In seinem Programmheft meint *Maurice Béjart* (s. »Lieder eines fahrenden Gesellen«), der Zuschauer müsse nicht unbedingt die Idee des Choreographen begreifen, das Ballett sei schließlich eine offene Kunst, in der sich jeder wie in einem Spiegel wiederentdecken könne. Gleichwohl schildert er in »Wien, Wien, nur du allein« natürlich das Ende einer Epoche, und er zeigt auch, wo dieses Ende

zwangsläufig stattfindet: in Wien nämlich, in der Stadt der Musik, die ihm wie geschaffen scheint für einen Tanztraum, aus dem es auch bei ihm einmal ein Erwachen geben muß. Aber Béjart sieht darum nicht schwarz. Er weiß, daß auf einen Winter ein Frühling folgen muß, weiß, daß aus Ruinen ein neues Leben, eine neue, menschlichere Zeit erstehen kann.

Nicht zufällig nennt Béjart sein Ballett in zwei Teilen und einem Zwischenspiel »Wien, Wien, nur du allein«. Er will operettenselig auf die falsche Fährte locken. Der Anfang beweist es: ein Paar in weißer Gala-Robe erscheint auf den schwarzen Treppen, die hinab in den Bunker führen, der zwei Stunden lang zum Schauplatz der getanzten Erinnerungen wird. Ein Walzer erklingt. Harmonie stellt sich ein. Doch das vorgestellte Glück hat bereits einen Sprung. Die kaputte Schallplatte wiederholt immer wieder die gleiche Phrase. Die Tänzer beginnen zu wanken, knicken ein. Ihre Bewegungen erstarren.

Aus dem Dunkel der Hinterbühne drängen sich vierzehn Solisten ans Licht, unter ihnen Stuttgarts Ballettchefin Marcia Haydée – Tänzer, denen Béjart so eigentümlich vielsagende Namen wie »Schönheit« oder »Nacht und Tränen«, »Und so weiter« oder »Hans Sorglos« gegeben hat. Sie alle sind zum Zusammensein verurteilt. Es gibt keine Ausflucht. Die einzige Tür, die ins Freie führen könnte, ist mit Brettern vernagelt. In der Wand klafft ein gefährlicher Riß. In den Musikpausen erschüttert ein dumpfes Donnergrollen den Raum, in dem sich die Eingeschlossenen im Kreis ihrer Ängste und Vorurteile drehen.

Sie alle können zueinander nicht kommen. Lilli liebt Ludwig, der die Gräfin begehrt, die sich wieder in Lilli verliebt hat. Die Schönheit verzehrt sich nach Hans Sorglos, der um Constanze wirbt, die wiederum der Schönheit verfallen ist. Ein Schicksal vereint den Wanderer, die Figur, die Béjart »Nacht und Tränen« genannt hat, und einen gewissen Franz (Schubert?), ohne daß zwischen ihnen so etwas wie Liebe, so etwas wie Freundschaft möglich ist. Ein anderes zwingt Charis, die Verlobte und Conradin zusammen. Kurz, die Dreierkonstellationen, die Béjart zwischen seinen Tänzern herstellt, verhindern jede Zweisamkeit. Denn kaum hat sich eine Einigkeit angedeutet, drängt sich auch schon ein anderer dazwischen, von Eifersucht oder Mißgunst getrieben. Am Schluß erlebt Lilli am eigenen Leib den blutigen Tod der Lulu, während aus den Lautsprechern das Finale der Lulu-Suite Alban Bergs ertönt. Den einzigen, die sich mit ihren Gefühlen voll aufeinander konzentrieren können (und trotzdem scheitern), sind Werner und sein Schwesterlein, aber deren Inzest-Verhältnis wird von der Gesellschaft verurteilt.

Béjart hat seinem Abgesang auf unsere Zeit eine vielschichtige Gestalt gegeben. Er bleibt nicht an der Oberfläche, begnügt sich nicht mit spektakulären Effekten, auch wenn er sie nicht ausspart. Die Musik, die von Beethoven, Haydn und Mozart bis hin zu den anderen der Wiener Schule jüngeren Datums reicht, ist ihm Anlaß zu einer behutsamen, im höchsten Maße berührenden Choreographie. Ja selbst Stücke wie »Brüderlein und Schwesterlein« von Johann Strauß oder der schöne Schnofler-Tanz eines Johann Mayer verführen ihn nicht zur Trivialität. Im Gegenteil. Zu einem bewegenden Augenblick inspiriert ihn gerade ein Walzer wie »An der schönen blauen Donau«: Er erlöst am Ende alle Tänzer aus ihrer Verzweiflung, läßt sie, während sich im Hintergrund einen Spalt weit der Himmel öffnet, die Schönheit des wiedergewonnenen Lebens ahnen, gibt ihnen die tröstende Gewißheit eines Wiederbeginns.

Im einzelnen interpretiert Béjart folgende Kompositionen: Im ersten Teil die »Serenade« op. 24, 1. Satz, von Arnold Schönberg, Haydns »Minuetto da Ballo«, Hob. IX:4, Nr. 1; Anton Weberns »Fünf Stücke für Orchester«, op. 10, Haydns »Sechs deutsche Tänze«, Hob. IX:12, Nr. 12; den »Lindenbaum« aus der »Winterreise«, den »Tanz« aus dem Vokalquartett D. 826 und »Des Tages Weihe« aus dem Vokalquartett D. 763 von Schubert sowie »Im Chambre Séparée« aus dem »Opernball« von Richard

Heuberger, die »Drei Stücke für Kammerorchester« von Schönberg, die »Drei Lieder« op. 18 von Webern, »Nehmt meinen Dank, ihr holden Gönner«, KV 383, von Mozart und den Schnofler-Tanz von Johann Mayer. Im Zwischenspiel ist die »Tritsch-Tratsch-Polka« von Johann Strauß (Sohn) zu hören. Der zweite Teil wird mit dem 4. Satz aus der »Serenade für Flöte, Violine und Bratsche« op. 25 von Beethoven fortgesetzt. Es folgen das Ständchen »Leise flehen meine Lieder« von Schubert, der Walzer »Rosen aus dem Süden« von Strauß in der Bearbeitung Schönbergs, Haydns »Ungarische Tänze«, Nr. 28, Schönbergs »Eiserne Brigade« (Marsch für Streichquartett und Klavier) und die »Herzgewächse« op. 20 (nach dem Gedicht von Maeterlinck), »Brüderlein und Schwesterlein« aus der »Fledermaus« von Johann Strauß, das »Adagio final« aus der »Lulu-Suite« von Alban Berg sowie der Strauß-Walzer »An der schönen blauen Donau«.

Solisten der Uraufführung waren Marcia Haydée, Shonach Mirk und Jorge Donn.

Der wunderbare Mandarin

Pantomime in einem Akt. Libretto: Menyhért Lengyel; Musik: Béla Bartók; Inszenierung: Hans Strohbach; Uraufführung: Städtische Bühnen, Köln, 28. November 1926.

Personen: Drei Strolche; das Mädchen; der alte Kavalier; der Jüngling; der Mandarin.

Szene: Im Zimmer einer Prostituierten.

Der erste Strolch durchstöbert seine Taschen nach Geld – ohne Erfolg. Der zweite Strolch durchsucht die Schublade des Tisches – er findet nichts. Nun erhebt sich der dritte vom Bett, geht auf das Mädchen zu, gebietet ihm energisch, sich ans Fenster zu stellen und Männer von der Straße heraufzulocken, die ausgeraubt werden sollen. Das Mädchen widersetzt sich zunächst, dann aber geht es zögernd zum Fenster.

Erstes Lockspiel (Moderato). Es erblickt einen Mann. Schon kommt er die Treppe herauf. Die Strolche verstekken sich. Ein alter schäbiger Kavalier tritt ein. Seine Gesten sind komisch, aber unmißverständlich (Comodo). Als das Mädchen Geld verlangt, winkt er ab. Er wird zudringlich. Die Strolche springen aus ihren Verstecken hervor, ergreifen den alten Kavalier und werfen ihn hinaus (Vivace).

Zornig fordern sie das Mädchen auf, einen anderen Mann anzulocken. *Zweites Lockspiel* (Sostenuto). Diesmal ist es ein schüchterner Jüngling. Ihn zu ermutigen, streichelt es ihn, untersucht gleichzeitig seine Taschen und beginnt mit ihm zu tanzen, zunächst schüchtern (Allegretto), dann immer leidenschaftlicher (Più mosso). Das geht den Strolchen zu weit. Sie schmeißen den Jüngling hinaus.

Sie verlangen von dem Mädchen, einen »geeigneten Mann« herbeizuschaffen. *Drittes Lockspiel* (Sostenuto). Mit Schaudern erblickt es eine unheimliche Gestalt. Die Strolche verbergen sich. Der Mandarin tritt ein, bleibt unbeweglich in der Tür stehen. Das Mädchen flieht entsetzt an das andere Ende des Zimmers. – Allgemeine Bestürzung. Die Strolche winken verstohlen aus ihren Verstecken dem Mädchen, es solle den Mandarin näherlocken. Endlich überwindet es seinen Abscheu und winkt den Mandarin heran. Es ist ihm unbegreiflich, daß er so unheimlich dasteht und es nur anstarrt. Zwei Schritte des Mandarins. Zurechtrücken des Stuhls – der Mandarin setzt sich. Unschlüssig, ratlos bleibt das Mädchen vor ihm stehen. Schließlich bezwingt es seinen Widerwillen und beginnt zaghaft zu tanzen. Dieser Tanz gipfelt in einem wilderotischen Furioso. Der Mandarin läßt dabei keinen Blick von dem Mädchen. Allmählich erwacht in ihm die Leidenschaft. Das Mädchen sinkt dem Mandarin in den Schoß; er beginnt zu zittern; das Mädchen erschaudert in seiner Umarmung. Es will sich von ihm losreißen. Doch nun stürzt der entflammte Mandarin ihm nach (Sempre vivace) –

dabei stolpert er, erhebt sich aber blitzschnell wieder und setzt seine Jagd noch leidenschaftlicher fort. Er erreicht das Mädchen. Sie kämpfen miteinander. Da springen die Strolche hervor, erfassen den Mandarin, reißen ihn von dem Mädchen los und berauben ihn. Dann beschließen sie, den Mandarin zu töten – ihn zu ersticken. Man schleppt ihn zum Bett, überhäuft ihn mit Kissen, Decken – einer der Strolche legt sich obenauf. Man wartet eine Weile. Plötzlich erscheint der Kopf des Mandarins zwischen den Kissen. Er blickt sehnsüchtig nach dem Mädchen. Die vier erschaudern (Adagio). – Erneut stürzen die Strolche sich auf den Mandarin. Einer zieht ein altes rostiges Schwert hervor und sticht es dreimal in den Mandarin (Ritenuto) – sie lassen ihn los, er schwankt, strauchelt, scheint zusammenzubrechen. Aber er rafft sich wieder auf und stürzt sich auf das Mädchen – die drei Strolche hindern ihn daran und halten ihn fest (Agitato). Sie hängen ihn am Lampenhaken mitten im Zimmer auf (Grave). Die Lampe fällt zu Boden und erlischt. Der Körper des Mandarins beginnt grünlich zu leuchten – seine starren Augen heften sich auf das Mädchen. Entsetzt schaut das Verbrecherquartett auf den Mandarin. Das Mädchen winkt den Strolchen. Sie nehmen den Erhängten ab. Der Mandarin fällt zu Boden und stürzt sich erneut auf das Mädchen (Vivo). Nun widersetzt sich das Mädchen nicht mehr. Sie umarmen einander. Die Sehnsucht des Mandarins ist endlich gestillt. Seine Wunden beginnen zu bluten. Er stirbt (Lento).

Das Libretto dieses Balletts war lange Zeit ein Hindernis für die Komposition. Als op. 19 (in der Zeit vom Oktober 1918 bis Mai 1919) entstanden, fand das Werk erst 1926 auf die Bühne, jedoch wurde es unmittelbar nach der Uraufführung vom Kölner Oberbürgermeister Konrad Adenauer (auf Antrag der Zentrumsfraktion in der Stadtverordneten-Versammlung) vom Spielplan abgesetzt. In Budapest, der Heimat *Béla Bartóks* (s. »Der holzgeschnitzte Prinz«), war das Werk zweimal angenommen und zweimal verworfen worden, noch ehe es aufgeführt werden konnte. Der Choreograph Aurel von Milloss (s. »Marsyas«) half dem Ballett an der Mailänder Scala und 1961 auch in Köln zum Erfolg; für das New York City Ballet choreographierte Todd Bolender das Werk. Als die beste Version gilt heute die von László Seregi (Budapest, 1970).

Die Musik Bartóks – ein Biograph nennt sie den »Paroxysmus des Lärms und Aufruhrs« – verlangt eine expressive Gestik. Es ist im Sinne der Urheber, die Strolche wie hetzende Schakale darzustellen, die ihren Lockvogel ausschicken, Opfer verbotener Lüste zu fangen, um sie dann mit erpresserischer Skrupellosigkeit zu vernichten. Die Verklärung der von Schuld erniedrigten Kreatur allein durch das Wunder der Liebe ist *Menyhért Lengyels* Idee. Gustav Oláh interpretiert: »Was Bartók hier in Musik setzte, war entflammte Begierde, war die ungeheure Beständigkeit menschlicher Willenskraft, die selbst den Tod besiegt.« Aber weil ein Bett auf der Bühne war, wurde das Stück verboten.

Der Zauberladen (La Boutique Fantasque)

Ballett in einem Akt. Libretto: André Derain nach der »Puppenfee«; Musik: Gioacchino Rossini – Ottorino Respighi; Choreographie: Léonide Massine; Ausstattung: André Derain; Uraufführung: Diaghilews Ballets Russes, Alhambra Theatre, London, 5. Juni 1919.

Personen: Der Puppenhändler; sein Gehilfe; zwei Ladendiener; ein Dieb; die Engländerin und ihre Freundin; eine amerikanische Familie (Eltern und zwei Kinder); der russische Kaufmann mit seiner Frau, dem Sohn und vier Töchtern. – Die Puppen: das Tarantella-Paar; die Spielkarten (2 Königinnen, 2 Könige); der Snob und der Melonenverkäufer; der Kosaken-Offizier mit den 5 Kosaken; das Kosaken-Mädchen; die beiden Pudel; das Cancan-Paar; zwölf Puppen à la Cancan.

Ouvertüre: Im Stil eines slawischen Marsches.

Szene: Spielzeugladen. Großes, elegantes Geschäft. Es soll etwas Phantastisches, Ungewöhnliches an sich haben.

Der Ladeninhaber ist ein Gentleman und eine Art moderner Coppelius. Ihm stehen ein Gehilfe und zwei Ladendiener zur Seite. Daß es ein lohnendes Unternehmen ist, beweist der erste »Kunde«: ein Dieb.

Die dienstbaren Geister vertreiben den Eindringling. Nun erscheinen zwei alte englische Jungfern; es folgt die amerikanische Familie: Vater, Mutter, Sohn und Tochter. Sie wollen Puppen sehen. Eilfertig werden ein italienisches Bauernmädchen und ihr Liebhaber herbeigebracht. Tamburinschlagend tanzen sie Tarantella (Allegro con brio). – Die Kinder der Amerikaner versuchen den feurigen Tanz nachzuahmen. Inzwischen haben die Ladendiener vier Puppen herbeigetragen, die Königinnen und Könige eines Kartenspiels vorstellen (Höfische Mazurka).

Als neue Kundschaft tritt eine große russische Familie auf: Vater, Mutter, Sohn und fünf Töchter. Die Ladies mokieren sich über sie, die Amerikaner mustern die Russen kaum anders als die Puppen. – Inzwischen haben die beiden Ladendiener eine merkwürdig skurrile Gruppe hereingetragen: einen armen Melonenverkäufer, der seine Früchte auf einem Schubkarren mit sich führt, und einen eleganten Herrn, den Snob. Sie bilden einen großen Kontrast: Der Elegant ist eitel und blasiert und gar nicht sympathisch, der drollige Melonenverkäufer dagegen ein Bild froher Zufriedenheit. Sie geraten aneinander in einer Scharade mit dem Titel »Hochmut kommt vor dem Fall« (Lento modéré; Più vivo). Diese Szene verlangt nicht nur virtuose Gelenkigkeit, sondern auch Darstellungskraft.

Rasch folgen die Szenen aufeinander: Kosaken paradieren, ein Offizier und fünf Soldaten und ein Kosaken-Mädchen (Pas de six; Allegretto marcato). In ihren bunten Uniformen exerzieren sie ein slawisches Defilé; der Tanz endet damit, daß das Kosaken-Liebchen dem Offizier um den Hals fällt.

Den Kunden, die sich inzwischen angefreundet haben, gefällt alles sehr gut, aber zum Kummer des Puppenhändlers kaufen sie nicht. Deshalb bietet er ihnen etwas Besonderes an: ein Paar wohldressierter Pudelhunde. Der Pudelherr ist ein feiner pechschwarzer Kavalier, die Pudeldame trägt ein blütenweißes »Fell« (Pudeltanz; Allegretto brillante).

Mitten im Tanz sind die Puppenpudel stehengeblieben. Der Puppenhändler und sein Gehilfe bemühen sich, sie dennoch an den Mann zu bringen. Unentschiedenheit, Ablehnung, Verlangen nach noch mehr. Jetzt also muß die Hauptattraktion herbei, ein Puppenpaar im Pariser Stil, das Cancan tanzen wird. In einem seidenen Ballkleidchen stellt sich die Tänzerin, als Gigolo ihr Partner vor. Mit den ersten Takten des Allegretto grottesco zündet ihr Cancan beim Käuferpublikum.

Alle sind begeistert. Die Russenkinder wollen unbedingt die charmante Tanzpuppe, die kleinen Amerikaner den Cancan-Gigolo haben. Am nächsten Morgen wollen die Käufer ihre Puppen holen. Das heißt, daß das Cancan-Paar getrennt werden soll.

Die Käufer und Schaukunden verabschieden sich. Der Ladeninhaber und sein Personal verlassen müde das Geschäft.

Es ist Abend geworden. Da treten die Cancan-Tänzer wieder auf, sich gegenseitig unverbrüchliche Treue zu schwören. Auf eine Valse lente (Andantino moderato) tanzen sie einen großen Pas de deux. Ein Nocturno vereinigt alle Puppen. Sie geloben, zusammenzustehen gegen die Menschen.

Als am Morgen der Puppenhändler und sein Gehilfe den Laden wieder aufschließen, scheint alles unverändert. Sobald sie darangehen, die beiden verkauften Puppen zu verpacken, können sie das Cancan-Paar nirgends finden. Sie sind außer sich. Da kommen auch schon die Amerikaner und kurz darauf die Russen. Als sie ihrem Unmut Luft machen wollen, erschrecken die Menschen zutiefst, denn die Puppen stürmen heran und formieren sich. Der Kosakenführer übernimmt das Kommando, die drolligen Pudel werden zu drohenden Bestien, und das Puppenheer treibt den Ladeninhaber samt Kunden in die Flucht. Finale: Galopp, Vivacissimo. Fest der Puppen, die die Menschen besiegten.

André Derain (1880–1954) hat die Handlung des Balletts »Der Zauberladen« immer nur als eine »Übersetzung« der alten Wiener »Puppenfee« interpretiert sehen wollen. Er hat dem Zauber der Puppenwelt den Zauber der Liebe hinzugefügt. Wie sein Wiener Kollege, der Theatermaler Gaul, hat Derain nicht nur das Libretto geschrieben, sondern auch das Bühnenbild gemalt und die Kostüme entworfen. – Die Musik stützt sich auf *Gioacchino Rossini* (1792–1868). Aus seinem Klavier-Album »Les Riens« nahm *Ottorino Respighi* (1879–1936) einige der Speisekarten- und Küchenstücke. Er bediente sich des »Capriccio Offenbachique« und auch des berühmten Tenorschlagers »Danza! Danza!«. Respighi hat alles so glücklich arrangiert, daß eine Ballettmusik aus einem Guß entstanden ist.

Die Choreographie *Léonide Massines* (s. »Le Beau Danube«) ist das Muster für alle späteren Aufführungen geblieben. Die Aufführung des Diaghilew-Balletts hatte den Glanz und den Esprit des Phantastischen. Cecchetti tanzte den Puppenhändler. Der Russe war Serge Grigoriew. Das Tarantella-Paar waren Lydia Sokolowa und Leon Woizikowsky. Die Spielkarten-Mazurka führten Lubow Tschernitschewa und Vera Nemtschinowa an; der Snob war Idzikowsky, die Cancan-Tänzer waren Lydia Lopokowa und Léonide Massine. Das Ballett hatte von Anfang an großen Erfolg, nicht weniger als zuvor die »Puppenfee«.

Fachwortverzeichnis

Absoluter Tanz → Abstraktes Ballett.

Abstraktes Ballett, in den zwanziger Jahren aufgekommener Terminus, im Zusammenhang mit den Zielsetzungen der abstrakten Malerei. Abstraktes Ballett verzichtet auf Thema und literarischen Inhalt.

Adagio (it.), *Adage* (frz.) hat im Ballett außer der entsprechenden musikalischen Bedeutung (langsam, ausdrucksstark) einen selbständigen Sinn: 1. heißt so der langsame Teil des Ballett-Exercice, 2. bezeichnet Adagio einen Teil des → Pas de deux, 3. wird Adagio benützt zur Benennung des Zusammenwirkens von Ballerina und Ballerino; im Adagio hält, stützt und hebt der Ballerino seine Partnerin.

Aérien, der Luftige. Ehrenname für Tänzer.

Air de danse, Solo-Tanzlied lyrischen oder dramatischen Charakters.

Akademischer oder *klassisch-akademischer Tanz,* Synonym für klassisches Ballett.

Allegro gibt im Ballett außer der entsprechenden musikalischen Bedeutung (mit Schnelligkeit und Virtuosität) noch den Terminus für den schnellen Teil des Exercise.

Allemande, altdeutscher Reigentanz; Teil der Tanz- → Suite.

Aplomb → Équilibre.

Apotheose, prächtiges Schlußbild, worin meist eine symbolische Erhöhung des Grundgedankens dargestellt wird.

Arabesque und *Attitude* sind die ausgeprägtesten und verbindlichsten Posen des klassischen Tanzes; sie demonstrieren zugleich die Bedeutung des Schwerpunkts und des Gegengewichts. Für den Laien sind die beiden Figuren am leichtesten am *gestreckten* Spielbein der *Arabesque* und am *geknickten* Spielbein der *Attitude* zu unterscheiden. – Die am häufigsten vorkommende *Arabesque* ist die, bei welcher der Tänzer bei gestrecktem Standbein das Spielbein nach hinten streckt und den entsprechenden Arm nach vorne, so daß sie eine Diagonale bilden. – Carlo Blasis (1797–1878), der große italienische Pädagoge und Ballettschriftsteller, nennt die *Attitude* »eine Art Nachahmung der so sehr bewunderten Haltung des Florentiner Merkurs von Giovanni da Bologna«. Die meisten Merkur-Statuen auf neuzeitlichen Gebäuden, vor allem Banken (Gott der Kaufleute!), posieren »en attitude«.

Assoluta ist der höchste Rang einer Primaballerina, den das zaristische Ballett innerhalb eines Jahrhunderts nur zweimal verliehen hat, nämlich an Pierina Legnani (1895) und Mathilde Kschessinskaja (1901). Heute allgemein gebräuchlich als Bezeichnung der ersten Ballerina bei mehreren Ballerinen in einer Compagnie.

Attitude → Arabesque.

Ausdruckstanz, von Isadora Duncan (1877–1927) aus Protest gegen das klassische Ballett geschaffene Bühnentanzform, zunächst beschränkt auf den einzelnen → *Podiumstänzer,* der sein Bewegungsvokabular völlig frei und subjektiv selbst schuf. Besonders verbreitet in Deutschland; darum *German Dance* genannt, auch *Freier Tanz.* Von Martha Graham (geb. 1894) objektiviert zum → *Modern Dance.*

Bacchanal, Tanzorgie.

Balance → Équilibre.

Ballabile (it.), Gruppentanz ohne Solisten, Ensemble-Finale eines Balletts.

Ballade, ursprünglich italienisches Tanzlied; choreographische Anwendung für getragenen Solotanz.

Ballerina, Solistin im klassischen Ballett.

Ballerino, Solist im klassischen Ballett.

Ballet blanc, weißes Ballett, ursprünglich 2. Akt des romantischen Balletts, Vorläufer des → abstrakten Balletts, da Handlung zugunsten des Tanzes auf ein Minimum reduziert; die Tänzerinnen tragen lange Knieröcke aus weißer Gaze mit einer weißen Seidenkorsage, zugleich die typische Ballerinenfrisur (Mittelscheitel, die Ohren bedeckt, Haarknoten), später statt der Knieröcke Tutus (kreiert in »La Sylphide«; → auch »Giselle«, 2. Akt; »Schwanensee«, 2. und 4. Akt; »Les Sylphides«).

Ballet d'action, den Handlungsablauf tragender Teil eines Balletts. Im romantischen Ballett identisch mit dem 1. Akt *(bunter Akt)* im Gegensatz zum 2. Akt, → Ballet blanc *(weißer Akt).* Als übergeordneter Begriff: → Handlungsballett.

Ballet pur → Abstraktes Ballett.

Ballett. Noch im 19. Jahrhundert war auch in Deutschland die international übliche Schreibweise Ballet gebräuchlich. Vom it. ›ballare‹ (tanzen) über ›balleti‹, den Diminutiv von ›balle‹ (Tanzlied). Theaterform, die sowohl den absoluten Tanz (→ Abstraktes Ballett) wie die in Tanz übersetzte Handlung (→ Handlungsballett) umfaßt. → auch Choreographie.

Ballon, Gütebezeichnung: leichter Absprung vom Boden, mühelos elegantes Aufsetzen.

Barre, Stange im Ballettsaal. – *à la barre,* Teil des → Exercise, der an der Stange stattfindet.

Battement, Schlagen des Spielbeins; das gestreckte Spielbein öffnet – mit schleifendem und sich streckendem Fuß – aus einer geschlossenen Position, hebt sich zur mittleren Höhe einer genannten Richtung und schließt mit schleifendem Fuß wieder in die Ausgangsposition zurück.

Batterie, Zusammenschlagen der Beine und Füße, gewöhnlich in der Luft.

Benesh-Notation (→ Notation), 1955 von den Engländern Joan und Rudolf Benesh veröffentlichte Methode zur Aufzeichnung von Tänzen und Balletten, bei der unter den Notenlinien für die Musik auf zusätzlichen Notenlinien Symbole für die Bewegungen eingetragen werden. Hat sich in Westeuropa und Nordamerika durchsetzen können.

Berceuse, Wiegenlied, vielfältige Verwendung auch im choreographischen Gebrauch.

Bergamasca, lebhafter italienischer Volkstanz (Provinz Bergamo), in Form und Rhythmus sehr frei; innerhalb eines und desselben Tanzes Wechsel zwischen Alla breve und $^6/_4$-Takt.

Bien parado (span.), triumphierendes Verharren des Tänzers in der Schlußpose.

Blues, Tanz der amerikanischen Neger, teils sentimentalen Charakters; Wiege, Steigschritt, Hüftenschritt.

Bolero (span. volero = fliegen), spanischer Paartanz, von Kastagnetten begleitet, Rhythmuswechsel von $^3/_4$ zu $^2/_4$ (→ »Boléro«).

Boogie-Woogie, exzentrischer Jazztanz (Vereinigung von Ragtime und Blues); ursprünglich benannte man so eine besondere Technik des Jazz-Pianisten, Blues zu begleiten.

Bourrée (ital. borea), altfranzösischer Volkstanz aus der Auvergne, dessen eigentlicher Reiz darin besteht, daß drei Schritte auf vier Schläge verteilt werden müssen. Über den Gesellschafts- in den Theatertanz eingegangen. – *Pas de bourrée; Pas de bourrée couru* (Pas de bourrée chaîné) heißt die Aneinanderreihung, der Bewegungsfluß (meist in schnellem Tempo), es ist das »und« der choreographischen Sprache (Zwischenbewegung, Vorbereitung, Bewegungsantrieb).

Boutade. 1. Kapriziöser Tanz in schnellem Rhythmus. – 2. Bezeichnung für improvisierte Ballette (»Dornröschen«, 2. Akt, 1. Szene gilt als eine – freilich künstlerisch geplante – Boutade).

Breakdance, Anfang der siebziger Jahre als »schwarzer« Straßentanz in New Yorker Armenvierteln entstanden, verbindet betont rhythmische, akrobatische, aber auch pantomimische Elemente in einer Weise, die sich an keine herkömmliche Technik hält. Getanzt zu Rap und Funk, wurde der Breakdance in den achtziger Jahren vor allem durch Filme wie »Flashdance«, »Wild Style« und »Beatstreet« populär.

Brisé, Beinschlag in der Luft. Der Tänzer springt vom Boden ab, schlägt ein Bein gegen das andere und landet auf beiden Füßen in der 5. Position.

Bunter Akt → Ballet d'action.

Cabriole, Sprung, bei dem die Beine bei schräger Lage in der Luft zusammengeschlagen werden.

Cake-Walk, ursprünglich Marsch der amerikanischen Neger, komischer Tanz (→ »Brouillards«).

Cancan, wilder nordafrikanischer Tanz (Nachahmung des Affentanzes); in Frankreich seit 1830 bekannt; lange verfemt; fand Aufnahme in den Bühnentanz. Ursprünglich Ausdruck sinnlicher Entfesselung, ist er jetzt ein Medium überschäumender Lebensfreude.

Capriccio, aus dem Musikalischen übernommene Bezeichnung für einen teils drolligen, teils bizarren Tanz.

Carmagnole, französischer Volkstanz, besonders beliebt während der Revolution von 1789.

Chaconne, alter italienischer und spanischer Tanz, langsamer ¾-Takt. Ein Baßthema (Basso ostinato) wird beharrlich während des ganzen Stückes beibehalten.

Changement de pieds, der Tänzer springt aus der 5. Position, wechselt die Fußstellung und landet wieder in der 5. Position.

Chanson dansée, kabarettistischer Tanz mit akrobatischem Charakter.

Charaktertanz. Mit Charaktertanz wird in der Ballettkonvention in erster Linie bezeichnet, was auf nationale Elemente des Tanzes aufbaut. Sie werden *in die* Choreographie übernommen (»Polowetzer Tänze«) oder choreographisch *übersetzt.* In der modernen

Choreographie hat Charaktertanz eine speziellere Definition: sie besagt soviel wie *Typtanz*; erstrebt eine dem darzustellenden Typus entsprechende choreographische Verbindlichkeit; Übereinstimmung formaler und charakteristischer Kennzeichnung. Nicht zu verwechseln mit German Dance (→ Ausdruckstanz). – Entsprechend den traditionellen Bezeichnungen gibt es neben dem *Danseur en caractère* (für Nationaltänze) den *Danseur en demicaractère,* der in der Regel die komischen und grotesken Rollen übernimmt.

Charleston, amerikanischer Volkstanz aus Süd-Carolina, USA. Wurde in den zwanziger Jahren unseres Jahrhunderts zum beliebtesten Gesellschaftstanz.

Choreograph. Ausgang 17., Beginn 18. Jahrhundert, als dieser Terminus zum ersten Male verwendet wurde, bedeutete Choreograph Tanzschreiber. Das Wort machte den Sinnwechsel zum Erfinder und Gestalter von Tänzen, zum »Architekten« eines Balletts, durch. Balanchine charakterisiert den Choreographen als denjenigen, der »wie ein Dichter neue Mittel und Wege findet, um etwas mitzuteilen«.

Choreographie, wörtlich, aber mißverständlich: Tanzschrift (dazu → Notation); tatsächlich: *fixierte Ausformung eines ganzen Balletts oder eines Tanzes.* Choreographie, eine komplexe Kunst: Tanzkomposition, Raumbeherrschung, Verdeutlichung eines Stoffes mit den Mitteln der Bewegung unter Zuhilfenahme von Farbe und Licht (Bühnenbild, Kostüme, Beleuchtung) in Übereinstimmung mit Musik.

Choreologe → Choreologie.

Choreologie, Bezeichnung der Disziplin, die sich mit der → Notation von Balletten befaßt.

Coda (Koda) (it. = Schwanz), entsprechend dem Musikterminus Schlußanhang, choreographisch letzter Teil, beim → Pas de deux; Abschluß eines → Ballabile.

Colin-Maillard (frz.), Blindekuh-Spiel als Tanzform des 18. Jahrhunderts.

Comédie-ballet, ursprünglich das mit der Komödie verknüpfte Ballett (18. Jahrhundert), später eigener Ballett-Typus (→ »La Fille Mal Gardée«).

Commedia dell'arte, italienische Stegreifkomödie (16. bis 18. Jahrhundert) mit bleibenden Typen (→ »Pulcinella«).

Contredanse (Kontertanz), geht auf die englischen *Countrydances* (ländliche Tänze) zurück; *Rounds* und *Longways,* Rundreigen, die sich ausdrücklich mit Paartanzfiguren mischen. Besonders im 17. Jahrhundert in choreographisch rein figurierten Ensembles (Vierpaar-Tänzen) – Quadrillen, Cotillon – verwertet.

Corps de ballet, Gruppe der Tänzer ohne solistische Aufgaben, *Gruppentänzer.* Im höfischen Ballett war die tanzende Gesellschaft der bewegte Rahmen der sich produzierenden Tänzer. Im 18. Jahrhundert bildete das Corps de ballet zuerst eine Vervielfältigungs-Staffage, die Multiplikation des Solisten mit perspektivisch-architektonischen Absichten; lebendiges Ornament und Rankenwerk, das Individualismus ausschloß. Drill und militante Zucht bezweckten eine höchstmögliche Exaktheit, Symmetrie und insektenhafte Präzision. – Seit Angiolini und Noverre, erst recht aber vom romantischen Ballett an, wurde das Corps de ballet mit dramaturgischen Funktionen betraut (→ »La Sylphide«; »Giselle«), seine Mitglieder aber noch nicht individualisiert. Erst Michail Fokine hat in der Nachfolge Lew Iwanows (→ »Schwanensee«), wie in seiner »Magna Charta der Choreographie« (1914) niedergelegt, erreicht, daß »die Gruppe nicht nur ein bloßes Ornament ist . . . Das neue Ballett macht eine Gruppe von Tänzern zum bewegten Ausdruck einer Gemeinschaft«. Balanchine (1954): »Jeder Tänzer innerhalb einer Gruppe muß ein Solist sein.« – Die Zugehörigkeit zum Corps de ballet bedeutet für den einzelnen Tänzer die permanente Schule auf der Bühne für die Bühne; das Corps de ballet ist das Reservoir, dem die Solisten entwachsen.

Gliederung des Corps de ballet: *Eleven* (vorbereitende Zugehörigkeit), zweite und erste *Quadrille, Coryphées.* Es gibt auch die Einteilung in zweiten und ersten *Plan.* Innerhalb des *Cadre* des Ballettcorps sind die Coryphées als *»Chefs de file«* für die korrekten Ausführungen des Ensembles verantwortlich (letzteres ist nur an der Pariser Opéra von Bedeutung).

Cortège, feierlicher Aufzug (Marschordnung).

Coryphée → Corps de ballet.

Courante (Kurante), »laufender Tanz«; Werbetanz mit Umgang; die »hurtig im Zickzackweg laufende Courante«; am Hofe Ludwigs XIV. war die Courante eine feierliche *Danse très grave;* ging in die → Suite als lebhafter Nachtanz zur Allemande ein (Dreitakt: 3/2, 3/4, 6/4).

Csárdás, ungarischer Tanz (2/4- oder 4/4-Takt), der nach einer rhapsodisch getragenen Einleitung in einen wild bewegten, höchst leidenschaftlichen Hauptteil übergeht (→ »Coppélia«).

Dansante (frz.), wörtlich »Tanz«; wird choreographisch als übergeordneter Begriff in Gegensatz zu → Pas d'action gestellt. Die *Scène dansante* faßt eine Reihe von rein figuralen Pas zusammen (→ »Dornröschen«); *Pas dansante* (→ »La Valse«).

Danse (frz.), Tanz im allgemeinen Sinn.

Danse d'amour, Liebestanz.

Danse d'école, Bezeichnung für das klassische Ballett als akademische Gattung; auch den Kodex der festgelegten Ballettschritte meinend.

Danse infernale, Höllentanz.

Danse macabre, Totentanz (→ »Der grüne Tisch«).

Danse sacrale, Kult-Tanz (→ »Le Sacre du Printemps«).

Danse simple, Figuraltanz; Gegensatzbezeichnung zu → Danse d'action (eine Handlung darstellender Tanz); auch Synonym für → Divertissement.

Danseur noble, international gültige Graduierung für den Tänzer klassischer Partien und Partner der klassischen Ballerinen (z. B. Albrecht in »Giselle«, Siegfried in »Schwanensee«).

Danse vertige, Taumeltanz (→ »Dornröschen«; vgl. auch den Todestanz der »Giselle«).

Défilé, parademäßiger Vorbeimarsch; choreographischer Aufzug des gesamten Ensembles; Brauch an der Opéra zu Paris, das gesamte Ballett-Ensemble bei besonderem Anlaß vorzustellen.

Demi-caractère → Charaktertanz.

Demi-plié → Plié.

Derwischtanz, ursprünglich aus Kleinasien und Ägypten, religiöse Bewegungsekstase; rasender Drehtanz.

Développé nennt man das Heben eines Beines mit abgebogenem Knie und langsames Entfalten – Heben oder Strecken – des Beines vor-, seitwärts oder zurück.

Divertissement. 1. Eine Aneinanderreihung formal verschiedener Tänze. – 2. Ein selbständiges Ballett, das zwar ein die Tänze zusammenklammerndes Generalthema, aber keine eigentliche Handlung hat. – 3. Teil eines Handlungsballetts, der, aus dem Ganzen gelöst, auch selbständig dargeboten werden kann (z. B. »Auroras Hochzeit« aus »Dornröschen« oder »Die Glockenweihe« aus »Coppélia«). – 4. Ein aus einem Handlungsballett gelöster Grand Pas de deux, der als selbständige Nummer dargeboten wird (z. B. »Der schwarze Schwan« aus »Schwanensee«; »Der blaue Vogel« aus »Dornröschen«).

Échappé, das mit beiden Füßen gleichzeitig unternommene Aufschwingen aus einer geschlossenen Position und Rückfall in eine offene Position.

Elevation (frz. = Erhebung) wird von Agrippina Waganowa definiert als »hohe Sprünge, verbunden mit → Ballon«; Balanchine erklärt die Elevation als die »Befähigung, mit der sich der Tänzer vom Boden erhebt, um einen Sprung zu machen, und das Vermögen, in der Luft anzuhalten«.

Eleve, Ballettschüler (→ Corps de ballet).

en arrière, nach hinten.

en attitude → Arabesque.

en avant, nach vorne.

en dedans, einwärts (gegen den Körper).

en dehors, auswärts (vom Körper weg).

en face, von vorn, gegenüber.

Ensemble, allgemeiner Tanz. *Pas d'ensemble:* von einer größeren Solistengruppe ausgeführter, gemeinsamer Tanz mit individuellen Motionen.

Entr'acte, szenischer Übergang, Zwischenakt.

Entrada (Intrada) = Entrée. Eröffnungsstück bei der Ballettsuite; feierlicher Einzug der Tänzer: neuer Tanzabschnitt (→ »Dornröschen«).

en travesti, Darstellung eines Mannes durch eine Frau (z. B. Franz in → »Coppélia«) oder umgekehrt (z. B. Aschenbrödels Schwestern in → »Cinderella«).

Entrechat (frz.) wird hergeleitet vom it. ›intrecciare‹ = weben, flechten. Entrechat bezeichnet jene Form der Elevation, in welcher der Tänzer aus dem Plié gerade in die Höhe springt und seine Füße einige Male gekreuzt gegeneinanderschlägt. Besonders virtuoser »Schritt in der Luft«, der Kraft, Energie und Brillanz erfordert. Entrechat wird immer im Zusammenhang mit einer Zahl genannt: *Entrechat trois, – quatre, – cinq, – six, – sept, – huit.* Zum Entrechat six sagt die Waganowa: ». . . nicht zu hoch springen, weil während eines hohen Sprunges jeder Zeit hat, alle Schläge auszuführen. Die Brillanz der Ausführung kann nur in einem kleinen Sprung zur Geltung kommen, da dieser Schritt große Exaktheit und Schnelligkeit verlangt.«

Entrée, Auftritt, Tanzbeginn jedes Abschnittes.

Équilibre (Gleichgewichtssinn) wird in der Ballettsprache oft auch durch das Wort *Aplomb* ersetzt. Im allgemeinen besagen beide Ausdrücke, daß der Tänzer über vollkommene Körperbeherrschung *(Balance)* verfügt. Speziell wird mit Équilibre die Fähigkeit bezeichnet, eine Pose, zum Beispiel die Arabesque, auf der Spitze eines Fußes auszubalancieren und so lange das Gleichgewicht zu halten wie möglich.

Étoile (Stern) werden die an höchster Stelle der Hierarchie stehenden Ballett-Solisten der Pariser Oper genannt *(Première danseuse étoile* und *Premier danseur étoile).*

Exercice, Training der Bühnentänzer. Klassisches Exercice zerfällt in einen langsamen Teil (Adagio) und einen schnellen (Allegro), wird zunächst an der Stange, dann im Raum ausgeführt. Dauer: ca. 1½ Stunden.

Fandango, spanischer Nationaltanz (Paartanz); ⅜-Takt, mit Kastagnettenrhythmus, crescendierend in Zeitmaß und Ausdruck (→ »Der Dreispitz«).

Farandole, provenzalischer Kolonnentanz, ⁶⁄₈-Takt; die Paare halten sich an den Händen oder sind mit Bändern verbunden (→ »Dornröschen«).

Farruca, asturischer Zigeunertanz von besonderer Leidenschaftlichkeit, mit Gitarrenbegleitung (→ »Der Dreispitz«, »Don Quixote«).

Feerie, allgemeines Zauberstück mit großer Ausstattung; im Ballett (selten gebraucht) Bezeichnung und Abgrenzung der Stoffwelt (»Les Sylphides«, »Giselle«).

Flamencotänze, Tänze der Zigeuner (Gitanos) Spaniens, lokalisiert auf Andalusien. Sie sind die schönsten, farbigsten und interessantesten Tänze Spaniens. Kunsttanz auf dem Boden der Folklore. Sie gruppieren sich in *Alegrias, Bulerias, Farruca, Gitana, Seguiriya, Soleares, Tanguillo, Zapateado* (→ »Der Dreispitz«).

Folklore, Volkstanz; Übernahme von Volkstänzen ins choreographische Material.

Forlana (Furlana), italienischer Bauerntanz aus Friaul; lebhafter, lustiger Paartanz im ⁶⁄₄- oder ⁶⁄₈-Takt.

Fouetté (frz. = gepeitscht) *en tournant,* Drehung des Standbeins (meist auf Spitze), wobei das freischwingende Spielbein als »Propeller« dient. Ein besonders bravouröser Pas, in der Regel der Tänzerin vorbehalten (→ »Schwanensee«).

Foxtrott, amerikanischer Gesellschaftstanz, während des Weltkriegs 1914–18 nach Europa importiert.

Freier Tanz → Ausdruckstanz.

Furioso, leidenschaftlicher, formsprengender Tanz (in der böhmischen Folklore ist der Eifersuchtstanz Furiant bekannt) (→ »Giselle«).

Gaillarde, kräftig-fröhlicher italienischer Tanz im Tripel-Takt; in der Suite Nachtanz zur Pavane oder Passamezzo. Geschicklichkeitstanz. Choreographisch häufig als Buffon-Tanz angewendet, aber auch als seriöser Freudentanz.

Gala, festliches Ballett. Als Gala bezeichnet man Vorstellungen mit solchen gemischten Programmen, die alle Möglichkeiten der theatralischen Wirksamkeit des Balletts vereinigen: dramatischen und virtuosen Tanz, Solistenkunst und Ensembleleistung.

Galopp, rascher Rundtanz im $^2/_4$-Takt; choreographisch meist als Finaletanz des Ensembles benützt; oft wird auch das ganze → Ballabile als Galopp komponiert.

Gavotte, geradtaktiger altfranzösischer Volkstanz, der sich zum Gesellschaftstanz stilisierte (17. Jahrhundert) und im 18. Jahrhundert auf die Bühne kam, reichfiguriert, meist als Pas de deux, aber auch als Ensembletanz.

German Dance → Ausdruckstanz.

Gigue, ursprünglich englischer heiterer Hüpftanz, $^6/_8$-, $^9/_8$-, $^{12}/_8$- oder $^4/_4$-Takt mit 12 Achteltriolen. In der → Suite der Schlußtanz. Choreographisch sehr beliebte Allegroform.

Gitana, Zigeunertanz; besonders als Lieblings- und Nationaltanz ungarischer und spanischer Zigeuner bekannt.

Glissade, Gleitschritt, zählt zum wichtigsten choreographischen Material. Meistens Sprungvorbereitung.

Gobulez, Taubentanz, russischer Nationaltanz, grotesker Männertanz.

Grand jeté (frz. jeter = werfen), wörtlich Herauswerfen eines Beines; besonders wirkungs- und ausdrucksvoller Sprung, der die Schwerelosigkeit, das Luftige des Tanzes betont (→ »Les Sylphides«). In der Vollendung ein »Spagat in der Luft«.

Grand Pas, ein mit besonderem choreographischem Aufwand gestalteter Tanz, der an dramaturgisch bedeutungsvoller Stelle steht (»die Große Arie des Balletts«) und zum *Pas de bravour* entwickelt wird (→ »Dornröschen«, »Don Quixote«).

Großvatertanz, heiterer Familientanz gemächlicher Art, Zug durchs Haus in der Art einer Promenade (→ »Nußknacker«).

Gruppentänzer → Corps de ballet.

Habanera (Havannahera), spanischer Tanz in langsamer Bewegung und geradem Takt (→ »Carmen«).

Handlungsballett, Ballett, das im Gegensatz zum → abstrakten Ballett eine Handlung, einen Stoff, eine Idee in Tanz übersetzt.

Intermezzo, Zwischenspiel.

Introduktion, Einleitung.

Jazz, ursprünglich Tanzmusik der afro-amerikanischen Neger; heute selbständige Gattung der Kunstmusik (vgl. »Reclams Jazzführer«).

Jazz Dance, wie die Jazz-Musik von den amerikanischen Negern entwickelt, greift auf afrikanische Tanztechniken zurück. Als Begriff erstmals 1917 genannt, ist der Jazz Dance inzwischen längst als eigenständige Tanzform neben dem → Modern Dance etabliert wie auch als Teil des Show-Business anerkannt. Choreographen wie Alvin Ailey, Jerome Robbins oder Paul Taylor haben sich in ihren Stücken dieses Bewegungsidioms bedient, um eine besondere Wirkung zu erzielen.

Jeté, Sprung; → Grand jeté.

Jeu, Spiel; Scherz, Tanz der Lebensfreude.

Jeune premier, erster Liebhaber (Theaterjargon); gilt auch für das Ballett.

Jota, spanischer Tanz (Aragon, Andalusien, Kastilien), walzerartiger ($^3/_8$- oder $^3/_4$-Takt) spanischer Tango. In der Regel mit Gesangsbegleitung (→ »Der Dreispitz«).

Jota aragonesa, eine von drei Personen getanzte Jota (→ »Don Quixote«).

Kabuki, japanische Theaterform mit stark tänzerischem Akzent.

Kastagnette, Klapper-Instrument (Ebenholz-Muscheln), das zur rhythmischen Verschärfung vom Tänzer selbst geschlagen wird; vor allem im spanischen und neapolitanischen Tanz gebraucht (→ »Der Dreispitz«).

Kinetographie → Labanotation.

Kolo, slawischer Kreisreigen, in dessen Mitte ein einzelner oder ein Paar oder auch Paare auf eigenen Rhythmus tanzen.

Korowod, altslawischer Mädchentanz (→ »Der Feuervogel«).

Krakowiak (Cracovienne), polnischer Nationaltanz im $^2/_4$-Takt, von graziösem Charakter, die Musik häufig synkopiert. Zeitweilig europäischer Gesellschaftstanz.

Labanotation (→ Notation), 1953 in den USA entstandene Weiterentwicklung der von Rudolf von Laban (1879–1958) unter dem Titel *»Kinetographie«* 1928 veröffentlichten Methode zur Aufzeichnung von Tänzen und Balletten.

Ländler, Volkstanz, dem Walzer verwandter Dreher aus dem Alpenland (besonders Österreich und Bayern). Eine Abart: *Tyrolienne.*

Maillot, badeanzugähnliches Trikot für Frauen.

Maître de ballet, Ballettmeister.

Manège (der Zirkussprache entlehnt), meint die Umrundung der ganzen Bühne durch den (meistens männlichen) Tänzer in der → Variation. (→ auch Promenade.)

Marcia, Marsch.

Marcia funebre, Trauermarsch.

Mazurka, polnischer Nationaltanz im ¾-Takt, ruhiger als der Walzer, betont aber den 2. Taktteil; wird von mindestens vier (meist aber acht) Personen getanzt (→ »Le Beau Danube«, »Coppélia«, »Dornröschen«).

Menuett oder *Minuet,* die »Königin der Tänze«, reich figurierter französischer Tanz höfischen Ursprungs; ruhiger ¾-Takt. Viel benützte choreographische Form (→ »Jeu de Cartes«).

Modern Dance (→ Ausdruckstanz), auf der von Martha Graham geschaffenen Technik basierend, welche die Erkenntnisse der deutschen (Mary Wigman) und amerikanischen (Ruth St. Denis, Ted Shawn) Podiumstänzer vom einzelnen Tänzer auf eine Gruppe von Tänzern übertragbar machte. Bühnentanzform, die hauptsächlich in den USA gepflegt wird.

Musette, nach dem Dudelsack benannter französischer Volkstanz; als selbständiger Tanz mit ländlichem Charakter in den Pastoralen sehr beliebt; mitunter als Trio in Gavotte oder Menuett verwendet (→ »Les Petits Riens«).

Nô, japanische Theaterform mit stark tänzerischem Akzent.

Notation, Methode zur schriftlichen Aufzeichnung von Tänzen und Balletten. Seit Mitte des 15. Jahrhunderts immer neue Versuche, eine allgemeinverständliche Notation zu schaffen. Heute gebräuchlich: → Labanotation (1953) und → Benesh-Notation (1955).

Notturno (Nocturno), Nachtstück.

One step → Schieber.

Pantomime (aus dem Griechischen), szenische Darbietung durch wortloses Mienen-, Gesten- und Gebärdenspiel in Verbindung mit Tanz. Die Ballettpantomime (Kategorie: »La Fille Mal Gardée«) geht auf Noverre und Angiolini – als Reaktion auf das erstarrte Figuralballett – zurück. Im romantischen Ballett stehen pantomimische Elemente gleichwertig neben reinem Tanz (→ »La Sylphide«, »Giselle«, »Coppélia«). Balanchine: »Die Pantomime ist begrenzt. Es gibt gewisse Dinge, bei denen es unsinnig wäre, wollte man sie im Ballett zu verdeutlichen versuchen ... und damit rechnen, von allen verstanden zu werden.«

Die Pantomime des 18./19. Jahrhunderts hat einige verbindliche Zeichen entwickelt: *Ich* (mich, mein): mit den Mittelfingern beider Hände zugleich auf sich selbst zu deuten; *Du:* mit der offenen Hand auf die gemeinte Person deuten (im Zorn nur mit dem Zeigefinger, z. B. Hilarion in »Giselle«); *Kuß:* die Lippen werden mit dem Finger berührt; *Tanz:* die Hände kreisen im Gegenrhythmus über dem Kopf; *Liebe:* beide Hände werden aufs Herz gepreßt; *Heirat (Verlobung):* der linke Zeigefinger wird auf den Ringfinger der rechten Hand gelegt; *Prinz (Prinzessin):* beide Hände werden über das Haupt genommen und dort in der Form einer Krone geformt; *Halt!:* die Hand wird beschwörend erhoben. Auf ähnliche Weise werden Leid, Dankbarkeit, Trauer, Vergessen, Erinnern, Verletztsein, Schlaf, Tod und andere *allgemeine Verhaltensweisen* ausgedrückt. Sie sind, wie Fokine sagt: konventionelle Gesten. Das neue Ballett hat sich von dieser Konvention weitgehend befreit und neue, individuelle Ausdrucksmöglichkeiten entwickelt.

Pas (frz. = Schritt). Der Tanzschritt ist nicht zu verwechseln mit dem gewöhnlichen Gehschritt. Ein Pas ist die Bewegung des ganzen Körpers. Die Ballettschule kennt *Pas droits* (gerade), *Pas ronds* (rund), *Pas tortillés* (gewunden), *Pas glissade* (gleiten), *Pas sauté* (springen), *Pas sur les pointes* (Spitzengang). – Pas wird auch als Synonym für Tanz gebraucht.

Pas d'action, Teil eines dramatischen Balletts; ist nicht reiner Tanz, aber auch nicht reine Pantomime, sondern eine Verschmelzung von beidem; rezitativischer Tanz (→ »Apollon Musagète«, »Dornröschen«, »Der Feuervogel«).

Pas de bourrée (→ Bourrée), Schrittwechselschritt, der gewöhnlich auf der Spitze (Tänzerin) oder dem Fußballen (Tänzer) ausgeführt wird. Die Schritte sind in der Regel so kurz, daß die Beine kaum bewegt werden.

Pas de chat, Katzensprung, mit dem rechten, seitlich hochbeugenden Knie nach rechts springen, in der Luft das nachspringende Bein ebenfalls sofort seitlich gebeugt hochziehen.

Pas de deux, Tanz für zwei. Zwar ist dem wörtlichen Sinne nach jedes tänzerische Duett ein Pas de deux, doch der Terminus meint eine fest fixierte choreographische Form: Ein Pas de deux ist in fünf Teile gegliedert: 1. Entrée; 2. Adagio (s. d. Ziffer 2, 3); 3. Variation Ballerina; 4. Variation Ballerino; 5. Coda.

Pas de trois, Tanz für drei (→ »Schwanensee«, 1. Akt). *Pas de quatre,* Tanz für vier (→ »Pas de Quatre«, »Schwanensee«,

2. Akt); *Pas de cinq,* Tanz für fünf; *Pas de six,* Tanz für sechs (→ »Dornröschen«, »Schwanensee«, 3. Akt); *Pas de sept,* Tanz für sieben; *Pas de huit,* Tanz für acht; *Pas de neuf,* Tanz für neun. Mehr als neun Tänzer bilden, sofern die Motionen solistisch behandelt sind, einen *Pas d'ensemble.*

Passepied, von einem altfranzösischen Schiffertanz aus der Bretagne hergeleiteter munterer Gesellschaftstanz, der schon im 18. Jahrhundert für den Schautanz verwendet wurde, für ein oder mehrere Paare, 3/8- oder 6/8-Takt.

Pas seul, Solo-Tanz (der berühmte »Sterbende Schwan« der Pawlowa); in der Ballettsprache gibt es dafür ein Synonym: → Variation.

Pavane, der »große Tanz« im spanischen Hofzeremoniell, ernst und stolz, mit Schrittfolgen vor- und rückwärts (16./17. Jahrhundert); später auch mit Rundfiguren. Aufgenommen in die Suite, mit der Gaillarde als Nachtanz.

Pirouette (wörtlich: Fußkreisel), Drehung des auf einem Bein stehenden Körpers um die ganze Achse. Die Tänzerin dreht auf der Spitze *(en pointe),* der Tänzer auf Halbspitze *(demipointe).*

Plié (frz. = Kniebeuge), eine der fundamentalen Übungen des Exercice; im tänzerischen Bewegungsverlauf macht Plié die Schwung- und Fliehkraft vereinigt wirksam.

Podiumstänzer → Ausdruckstanz. Die berühmtesten Podiumstänzerinnen waren Isadora Duncan (1877–1927) und Mary Wigman (1886–1973).

Polka, böhmischer Rundtanz mit Zweitritt.

Polo, aus Andalusien stammender spanischer Nationaltanz im lebhaften 3/4-Takt; Teil der Seguidillas (fortgesetzte Tänze).

Polonaise (irrtümlicherweise als polnischer Nationaltanz bezeichnet), rhythmischer Schreittanz mit geometrischen Figuren; im Gegensatz zum Marsch im 3/4-Takt, rechter und linker Fuß wechseln in der Betonung (→ »Dornröschen«).

Port de bras, die Positionen und Bewegungen der Arme.

Position, Stellung und Bewegung der Füße (im klassischen Ballett insgesamt fünf Positionen) und Arme.

Premier danseur étoile, erster Solotänzer der Pariser Oper.

Première danseuse étoile, an der Pariser Oper gebräuchliche Bezeichnung für Primaballerina.

Primaballerina, Primoballerino, erste Solistin mit der Befähigung für klassische Partien (z. B. Odette-Siegfried in »Schwanensee«,

Giselle-Albrecht in »Giselle«, Aurora-Désiré in »Dornröschen«).

Promenade, Schreittanz, Überleitung, szenische Veränderung und Umgruppierung, Vorbereitung auf einen dramaturgisch und choreographisch betonten Tanz.

Quadrille → Corps de ballet.

Rag (ein Jazz-Begriff), scharf gehämmerter Rhythmus, dem eine volksliedhafte Melodie gegenübergestellt wird. Polka und Marsch der europäischen Tradition mischen sich im Rag mit der rhythmischen Auffassung der Neger.

Reigen bedeutet sowohl Chortanz in langer Reihe (wobei sich die Reihe verschlingen, wieder strecken und lösen kann) als auch den Kreistanz (älteste Tanzart, die in den Kinderspielen immer wiederkehrt) und außerdem Springtanz im ¾-Takt. Choreographisch mit archaisierendem Charakter verwendet (→ »Le Sacre du Printemps«).

Relevé, sich auf die Spitze (Pointe) oder Demi-pointe erheben.

Reverenz, aus dem höfischen Begrüßungszeremoniell übernommene Form der ballettistischen Verbeugungen und Begrüßungen. – *Riverenza grave,* feierliche Begrüßung auf vier Takte getragener Musik.

Rigaudon, Volkstanz aus der Provence, lustigen, tändelnden Charakters; Alla-breve-Takt.

Ritornell (ital. = Wiederkehr), aus der Musik in die Choreographie übernommener Terminus; Vor-, Zwischen- und Nachtanz mit Wiederholung des gleichen choreographischen Gedankens.

Romanesca, altitalienischer ⁶⁄₈taktiger Volkstanz mit Schleifschritten und Sprüngen.

Romanze, aus der Musik übernommener Terminus. Liedhafter Tanz sentimentalen Charakters.

Rond de jambe, das Bein wird auf dem Boden oder in der Luft im Halbkreis oder Kreis bewegt.

Rondo (Rondeau), Rundtanz mit Gesang, bestehend aus Solo (Copla, Couplet) und Refrain (Ripresa, Ritornell). Taktart nicht fixiert (gerader oder Tripeltakt).

Sarabande, ursprünglich zügellos ausgelassener spanischer Frauentanz maurischer Herkunft; galt als eine »Schande für Spanien« und wurde 1598 von Philipp II. verboten. – Die französische Sarabande des 17./18. Jahrhunderts ist ernst und gravitätisch. Teil der → Suite. Choreographisch als Tanz der Erhabenheit und Würde (→ »Dornröschen«).

Sauté (frz. sauter = springen), wird zur Modifizierung eines Schrittes oder einer Pose hinzugefügt, wenn sie im Sprung dargeboten wird, z. B. *Sauté en arabesque; Rond de jambe en l'air sauté* usw.

Scène, im Ballett als Synonym für → Pas d'action oder → Pantomime verwendet.

Scharade, figurales Rätselspiel, ins Tänzerische übersetzt.

Scherzo, entsprechend der musikalischen Bezeichnung, lebhafter, übermütiger Tanz.

Schieber, dem *One step* ähnlicher, lebhafter Schiebetanz im 2/4-Takt.

Serenade, Abendständchen, choreographisch analog der musikalischen Bezeichnung.

Siciliano, alter Volkstanz aus Sizilien, gemächlicher 6/8- oder 12/8-Takt.

Stange im Ballettsaal → Barre.

Suite (Partita), eine Folge mehrerer, im Charakter kontrastierender Tänze; durch die gleiche Tonart zusammengehörig. Satzfolge seit dem 18. Jahrhundert: *Allemande, Courante, Sarabande, Gigue.* Auch andere Zusammensetzungen möglich.

Sur les pointes, Spitzen(schuh)tanz, der Tänzerin vorbehalten (→ »La Sylphide«).

Tableau (frz. = Bild), choreographisch für eine in sich geschlossene Szene.

Tango, südamerikanischer Tanz im 2/4-Takt mit Wechsel-, Knickschritt, langsamen Kreuzschritten und Stillstandshemmungen; der spanische Tango ist eine Jota im 3/4-Takt, walzerartig.

Tanztheater, als Begriff gebraucht, um sich vom Ballett abzusetzen. Meint in der Regel gleichzeitig eine Abkehr von der hierarchischen Struktur des akademischen Tanzes und seiner Technik wie die Hinwendung zu freieren Bewegungsformen (→ Modern Dance).

Tarantella, italienischer Volkstanz in lebhaftem 3/8-Takt, mit unwiderstehlicher Lebenslust dargeboten.

Terpsichore, die Muse des Tanzes, im Gefolge Apollos; dargestellt mit Leier und Stäbchen (→ »Apollon Musagète«).

terre à terre, »am Boden« im Gegensatz zu »in der Luft«; → auch Elevation.

Totentanz. 1. Der Tod als Tänzer: *Danse macabre* (siehe → »Der grüne Tisch«). – 2. Kultische Tänze um einen Toten (→ »Le Sacre du Printemps«). – 3. Tänzerisches Spiel mit dem Tode, bei dem sich eine Person totstellt (→ »Pulcinella«).

Tour, Drehung des Körpers auf einem Bein (Synonym für Pirouette). – *Tours,* Klassifikation aller Drehungen in der Ballett-Technik.
Tour en l'air, Drehung in der Luft.
Trikot, enganliegendes Kostüm des Tänzers.
Tutu, tellerartiger kurzer Tanzrock der Ballerina im Gegensatz zum Knierock des romantischen Balletts.
Tyrolienne → Ländler.
Valse (frz. = Walzer), im Ballett – entsprechend dem internationalen Gebrauch der französischen Fachsprache – so bezeichnet.
Variation, Solo-Tanz, Synonym für → Pas seul.
Walzer, deutscher Volkstanz im ¾-Takt (Dreischritt).
Weißer Akt → Ballet blanc.
Zapateado → Flamencotänze.

Abbildungsverzeichnis und Quellennachweis

Titelverzeichnis

Kursive Seitenzahl: Ballet wird in einem eigenen Artikel besprochen.

Personenverzeichnis

A = Ausstattung, Bühnenbild; Ch = Choreographie; K = Kostümentwurf; L = Libretto; M = Musik; T = Tänzer, Tänzerin; Tp = Tanzpädagogik, -theorie. – *Kursive* Seitenzahlen: ausführlichere Nennung, meist mit biographischen Angaben.

Inhalt